Hansen/Bode
Marketing & Konsum

Ursula Hansen · Matthias Bode

MARKETING & KONSUM

Theorie und Praxis
von der Industrialisierung
bis ins 21. Jahrhundert

VERLAG FRANZ VAHLEN MÜNCHEN

Copyright © 1999
Verlag Franz Vahlen GmbH, München
Graphic Design: Jörg Werner, Hannover
Satz , Scans und Druck:
Druckerei Freimann & Fuchs, Hannover
Printed in Germany

CIP-Titelaufnahme der Deutschen Bibliothek
Hansen, Ursula:
Marketing und Konsum: Theorie und Praxis
von der Industrialisierung bis ins 21. Jahr-
hundert / Ursula Hansen; Matthias Bode. –
München: Vahlen 1999
ISBN 3-8006-2277-7
NE: Bode, Matthias:

ISBN 3-8006-2277-7

Vorwort

Die Beschäftigung mit der Entwicklungsgeschichte des Marketing versteht sich als Arbeit an seinem fehlenden Gedächtnis. Sie soll zeigen, auf welche Weise das Marketingdenken von jenen Problemen geprägt ist, die in einer Marktwirtschaft zu einer bestimmten Zeit unter bestimmten Bedingungen vorherrschen. Dabei liegt der Schwerpunkt unserer Arbeit in gegenwärtigen Marketingansätzen, die allerdings nicht unter der Fragestellung betrachtet werden, was ist, sondern wie es geworden ist. Angesichts der Gefahren dynamischer und ausdifferenzierender Wissenschaftsentwicklungen soll eine Bilanz gezogen werden, mit der die Entwicklungslinien und der derzeitige Zustand der Theoriebildung des Marketing im Wandel ihres situativen Kontextes interpretiert und in Hinblick auf ihre Tragfähigkeit für mögliche zukünftige Verläufe dargestellt wird.

Damit soll zum einen dem naiven Fortschrittsglauben entgegengewirkt werden, der davon ausgeht, daß alles immer besser wird. Das heutige Marketingwissen ist nach unserer Auffassung durchaus nicht als Anhäufung sukzessiv verbesserter Erkenntnisse zu verstehen. Neben vielen Brüchen gab es bspw. schon zu Beginn des Jahrhunderts moderne Techniken und Erkenntnisse, die später unter anderen Bezeichnungen wieder auftauchten. Zum anderen soll einer kurz greifenden Anwendungsorientierung begegnet werden, die erfolgreiches Marketingdenken auf die simple Anwendung einzelner Instrumente reduziert. Erst das Wissen um die jeweiligen Gegebenheiten des marktlichen und gesellschaftlichen Umfeldes ermöglicht u. E. ein Urteil über Einsatzmöglichkeiten, Wirkungsgrenzen und wechselseitige Wirkungsbeziehungen.

Das vorliegende Buch beschäftigt sich mit dem Thema Marketing und Konsum. Diese Verbindung des Marketing mit Fragen des Konsums trägt dem Tatbestand Rechnung, daß der Konsum als eigentliches Ziel aller Marketingbemühungen sowie auch als wichtigster Kontextfaktor der Marketingevolution anzusehen ist.

Wenn hier eine historische Betrachtungsweise vorgenommen wird, so ist eine wissenschaftstheoretische Positionierung im Rahmen geschichtswissenschaftlicher Auffassungen unabdingbar. Einer der wichtigsten diesbezüglichen Konfliktpunkte ist die sich ständig erneuernde Diskussion um die subjektiven Einflüsse des Forschers und die Gewährleistung von Objektivität der geschichtlichen Darstellung. Letztlich steht dahinter die grundlegende Frage, ob Geschichte entdeckt oder gemacht wird. Nach den Erfahrungen mit diesem Buch müssen wir uns zu einer eher subjektiven Auffassung darüber bekennen, was eine historische Betrachtung leisten kann. Marketing und Konsum sind in Theorie und Praxis eine so komplexe und vielfältige Materie, daß allein schon die Schwerpunktsetzungen von dem bestimmt sein müssen, was uns als Autoren wichtig erschien. Dazu kommt, daß eine lange und wichtige Strecke der dargestellten Geschichte von der Autorin selbst erlebt und mitgestaltet wurde und diese insofern selbst betroffen ist[1]. Ein kleiner Versuch einer Objektivierung besteht in einer Umfrage bei Kolleginnen und Kollegen, die in Deutschland derzeitig Marketinglehrstühle an Universitäten leiten, zur Bedeutung von Fachgeschichte sowie zu den als wichtig empfundenen fremden und eigenen Beiträgen (vgl. Anhang I). Die Ergebnisse aus einem erfreulich hohen Rücklauf und engagierter Bearbeitung wurden von uns sorgfältig beachtet. Dadurch hoffen wir, daß unsere Rekonstruktion der Marketinggeschichte zumindest einen hohen Grad an Überschneidung mit anderen subjektiven Entwürfen aufweist.

Methodisch gehört es zu der Konzeption des Buches, daß wir Zeitdokumente in Gestalt von Bildmaterial aus Werbung und Kunst, literarischen Texten und auf einer CD Musikbeispiele[2] zum Thema Konsum aus der Schlager-, Rock- und Popszene präsentieren, die den historischen Kontext des Marketing in seinen jeweiligen Phasen veranschaulichen. Wir wollen unseren Lesern damit einen breiten und alltagsbezogenen Verständniszugang anbieten und insbesondere den studentischen Lesern die Augen dafür öffnen, daß die Beschäftigung mit Wissenschaft nicht an der Universitätstür aufhören muß. Wir möchten mit diesem Vorgehen auch einen breiten Leserkreis an Universitäten, Fachhochschulen und interessierte Laien ansprechen und für das Thema motivieren.

Die umfangreiche Literaturrecherche und Materialaufbereitung, die für die Entstehung dieses Buches notwendig war, erforderte einen größeren Kreis von Helfern. Wir danken Herrn Jörg Werner für die liebevolle und kompetente grafische Gestaltung des Buches, Herrn Dr. Thorsten Hennig-Thurau für die kritische Manuskriptdurchsicht und Frau Inge Brauns für unermüdliche und sorgfältige Korrekturarbeiten; weiterhin den Damen und Herren Natalia I. Tolstikova, Sandra Lahmann, Oliver Wruck, Daniel Bornemann und Fahim Alefi, die bei der Literaturrecherche geholfen haben. Schließlich haben wir uns für das Zustandekommen der CD bei PolyGram GmbH, David Volksmund Verlag, WEA Records / Warner Music Germany GmbH, Jens Gallmeyer, Intercord Tonträger GmbH und Herbert Grönemeyer zu bedanken, die uns die Rechte an den Musiktiteln überlassen haben und weiterhin insbesondere Wolfgang Stute und Konrad Haas für das Arrangement und die Koordination der Coveraufnahmen.

Hannover, Herbst 1998   Ursula Hansen; Matthias Bode

---

1 Ein Indikator von Subjektivität mag schon im Literaturverzeichnis mit der Häufigkeit der Nennung eigener Werke sichtbar werden, die jenseits von falscher Eitelkeit eher der subjektiv empfundenen Problemwahrnehmung entspricht.
2 Die Musikbeispiele sind mit dem Zeichen ☻ den Buchausführungen zugeordnet und im Anhang II mit ihren Liedtexten wiedergegeben.

Inhaltsverzeichnis

Abbildungsverzeichnis

Abkürzungsverzeichnis

ABWL	Allgemeine Betriebswirtschaftslehre
ACR	Association for Consumer Research
ADM	Arbeitskreis Deutscher Marktforschungsinstitute
AgV	Arbeitsgemeinschaft der Verbraucherverbände e.V.
AIO-Ansatz	Activities-Interests-Opinions-Ansatz
AMA	American Marketing Association
AMOS	Analysis of Moment Structures
ASEAN	Association of Southeast Asian Nations
asw	absatzwirtschaft
B.C.	before Christ
BFuP	Betriebswirtschaftliche Forschung und Praxis
BIP	Bruttoinlandsprodukt
BSP	Bruttosozialprodukt
BUND	Bund für Umwelt und Naturschutz Deutschland
CD-I	Compact Disk Interaktiv
CD-Rom	Compact Disk Read Only Memory
CIM	Computer-Integrated Manufacturing
CME	Computer-Mediated Environment
CNN	Cable News Network, Inc.
DBW	Die Betriebswirtschaft
Dinks	Double Income no Kids
DSS	Decision Support System
ECR	Efficient Consumer Response
EJM	European Journal of Marketing
ERA	European Retail Alliances
EU	Europäische Union
F&E	Forschung und Entwicklung
FAQ	Frequently Asked Questions
FAZ	Frankfurter Allgemeine Zeitung
FCKW	Fluorchlorkohlenwasserstoff
GfK	Gesellschaft für Konsumforschung e.V.
GOM	Gesellschaftsorientiertes Marketing
Grumps	Grown up Matured People
GWB	Gesetz gegen Wettbewerbsbeschränkungen
HBR	Harvard Business Review
HM	Harvard Manager
HWA	Handwörterbuch der Absatzwirtschaft
HWB	Handwörterbuch der Betriebswirtschaft
HWM	Handwörterbuch des Marketing
IJRM	International Journal of Research in Marketing
imug	Institut für Markt – Umwelt – Gesellschaft
JAMS	Journal of the Academy of Marketing Science
JAR	Journal of Advertising Research
JB.AVF	Jahrbuch der Absatz- und Verbrauchsforschung
JCM	Journal of Consumer Marketing
JCP	Journal of Consumer Policy
JCR	Journal of Consumer Research
JM	Journal of Marketing
JMM	Journal of Macromarketing
JMR	Journal of Marketing Research
JR	Journal of Retailing
KrW-/AbfG	Kreislaufwirtschafts- und Abfallgesetz
KZfSS	Kölner Zeitschrift für Soziologie und Sozialpsychologie
LISREL	Linear Structural Relationship
MA	Markenartikel
MADAKOM	Marktdaten-Kommunikation
Marketing-ZFP	Marketing - Zeitschrift für Forschung und Praxis
MDS	Multidimensionale Skalierung
MTV	Music Television - MTV
NAFTA	North American Free Trade Area
NGO	Non Government Association
NIÖ	Neue Institutionenökonomie
OECD	Organisation for Economic Cooperation and Development
OPEC	Organization of the Petroleum Exporting Countries
PIMS	Profit Impact on Market Strategies
PoS	Point of Sale
PR	Public Relation
PTS PROMT	Predicasts Overview of Markets and Technology
S-O-R-Modell	Stimulus-Organismus-Response-Modell
SB	Selbstbedienung
SERVQUAL	Services Quality

SGF	Strategische Geschäftsfelder
SMR	Sloan Management Review
SOCAP	Society of Consumer Affairs Professionals in Business
SR-Modell	Stimulus-Response-Modell
SSI	Survey Sampling, Inc.
TQM	Total Quality Management
UK	United Kingdom
UN	United Nations
UWF	UmweltWirtschaftsForum
VALS-Ansatz	Value-Lifestyle Groups
WCED	World Commission on Environment and Development
WiSt	Wirtschaftswissenschaftliches Studium
WISU	Das Wirtschaftsstudium
WWF	World Wildlife Fund
WWW	World Wide Web
Yuppie	Young Urban Professional
ZAW	Zentralausschuß der Werbewirtschaft
ZfB	Zeitschrift für Betriebswirtschaft
ZfbF	Schmalenbachs Zeitschrift für betriebswirtschaftliche Forschung
ZfhF	Zeitschrift für handelswissenschaftliche Forschung

1 Methodologische Basis der Untersuchung

1.1 Grundverständnis und Zielsetzung

1.2 Methodik

1 Methodologische Basis der Untersuchung

1.1 Grundverständnis und Zielsetzung

Der Lebenszyklus wissenschaftlicher Werke zum Marketing wird immer kürzer. Seine Dauer unterscheidet sich kaum noch von der Zeit des Schreibens. Eingeläutet wird die Abschwungphase oft durch das Urteil der Veralterung bzw. der Unfähigkeit, das aktuelle Marktgeschehen noch adäquat erklären zu können. Und in der Tat scheint sich die Welt so schnell zu verändern, daß Begriffe aus dem Marketing- und Konsumbereich, wie z. B. Kommunikation und Distribution oder Selbstverwirklichung und soziale Beziehung, aufgrund sich ändernder sozialer und wirtschaftlicher Strukturen und Verhaltensweisen andere Bedeutungen erhalten, so daß sie zeitspezifisch angewendet werden müssen. Daraus könnte zum einen die Schlußfolgerung gezogen werden, daß Theorie immer weiter getrieben werden sollte, um mit Veränderungen Schritt zu halten, ohne dabei zurückzuschauen und dadurch wertvolle Zeit zu verlieren. Diese Haltung entspricht dem verbreiteten Verständnis der gegenwärtigen Marketingwissenschaft, in der die Zeit nur als universelle Gegenwart an der Schwelle zur Zukunft vorkommt und die daher durch Ahistorizität geprägt ist. Zum anderen könnte gerade die *historische Kontextgebundenheit* der Marketingtheorie zum Thema gemacht werden. In diesem Sinne wird Vergangenes interessant, indem Umwelteinflüsse auf das Marketing wie auch Einflüsse des Marketing auf die Umwelt in ihrer Entwicklung wertvolle Einsichten für die Gegenwart verschaffen.

> „Um vernünftig zu handeln, mit Sachverständnis sich am Wirtschaftsleben beteiligen zu können, genügt es nicht einer Routine des Wissens, *wie* in verschiedenen Situationen *verfahren* werden muß, einer Kunstlehre, sondern für einen denkenden Menschen ist das *Verständnis* der Situationen selbst notwendig."
> *Léon Gomberg,* 1903, S. 16

Dieser alternativen Forschungsstrategie steht ein Verständnis von „Geschichte" im Marketing als Untersuchung der Vergangenheit entgegen, der bestenfalls eine beschaulich-anekdotenhafte Rolle zugewiesen wird, auf die man bei Jubiläen zurückgreift. Bereits 1871 kritisierte *Friedrich Nietzsche* in seiner Schrift „Vom Nutzen und Nachteil der Historie für das Leben" dieses antiquarische Geschichtsverständnis, das mit einem Rückzug von den Problemen der Gegenwart gleichgesetzt wird (vgl. *Borchmeyer,* 1996). In unserem Verständnis meint „Historisch" nicht, was vor langer Zeit einmal war, sondern eine Betrachtung der Gegenwart und der Zukunft aus einem Bewußtsein dessen heraus, woher das Jetzt sich entwickelt hat: was sich über die Zeit verändert oder nicht verändert hat und in welchen Zusammenhängen zur Situation und zur Zeit dies geschah [1].

Im Marketing ist es deshalb wichtig, sich der historischen Wurzeln bewußt zu sein und aus der Geschichte zu lernen, gerade wenn man über das Vergangene hinaus will und die Zukunft erforschen möchte. Diese Meinung teilt auch *Baker* in seinem Blick auf die Zukunft des Marketing:

> „In building our new temple of knowledge we bury the foundations of the old with scarcely a thought as to their ability to support the new edifice. If we are wrong then, surely, the whole structure is liable to topple about our ears."
> „… in creating our vision of the future perhaps what we need most of all is a greater awareness of our past."
> *Michael J. Baker,* 1995b, S. 1005, 1015

Die Konsequenzen einer historischen Perspektive reichen von den betrachteten Phänomenen bis hin zum wissenschaftlichen Selbstverständnis der Marketingwissenschaft. So handelt es sich bei *Marketingaktivitäten* und *Marketingdenkweisen* selber um *historische Phänomene*, die durch ahistorische Ansätze nicht vollständig erfaßt werden können. Viel zu oft wird der geschichtliche Charakter durch eine kurzfristige Operationalisierung der Problembereiche vernachlässigt. Die Gefahr besteht dabei in der Annahme einer stabilen Marktumwelt und einer Abstraktion von zeitlichen und kontextualen Bedingtheiten der zugrunde gelegten Verhaltensannahmen (vgl. *Smith/Lux,* 1993, S. 597; *Tietz,* 1993c, S. 226). Zudem fördert diese Betrachtung eine Konzeptionalisierung des Wandels im Rahmen bekannter, linearer Muster (wie z. B. beim Familien- oder Produktlebenszyklus). Die historische Perspektive setzt dem ein Verständnis entgegen, das die geschichtliche Realität in ihren Diskontinuitäten und wechselhaften Umbrüchen wahrnimmt.

Für die *Marketingwissenschaft* kennzeichnet allein schon der Wandel des disziplinären Selbstverständnisses ihre Historizität. Auch hier verlief die Evolution von engen zu weiten Konzepten, von ökonomischen zu sozialen Betrachtungsweisen oder vom Instrumentalen zum Prozessualen keineswegs reibungslos oder linear. Die dominante Fixierung der Marketingwissenschaft auf die Gegenwart erweist sich dabei als Stolperstein für ihre systematische Weiterentwicklung.

Die Negierung jeglichen Erkenntniswertes älterer Quellen für neue Problemlagen zeigt zudem ein Wissenschaftsverständnis, das als „Kumulationstheorie" bezeichnet wird (vgl. *Fullerton,* 1987, S. 100). Die Annahme ist hierbei, daß Schritt für Schritt neue Erkenntnisse gewonnen werden, die aufeinander aufbauen und sich

---

1 Vgl. dazu die Einschätzung von *Savitt,* 1980, S. 52: „Historical study helps to establish an identity for a discipline by providing some idea of where it is and what it is." oder die Metapher von *Hollander* (1986), der die in die Zukunft gerichtete Relevanz der historischen Perspektive mit dem Rückspiegel vergleicht, der zum Vorwärtsfahren benötigt wird. In einer der wenigen deutschen historischen Marketingpublikationen betont *Leitherer* (1961, S. 10) insbesondere den Nutzen der historischen Betrachtung zur Einschätzung aktueller Theorieentwicklungen.

kontinuierlich verbessernd auf ein höheres Niveau hinbewegen. Die historische Perspektive kann aufzeigen, daß sich die Marketingtheorie nicht von groben, naiven Konzepten langsam und linear zu immer weiter verbesserten und verfeinerten Konzepten entwickelt hat. Immer wieder kam es zu Brüchen, die auch in Zukunft zu erwarten sind. Insofern kann es sich als trügerische Illusion erweisen, daß das Marketing sich nach einem dornenreichen Weg zu seiner heutigen vollendeten Reife entwickelt hat. Durch die Konzentration auf Wandel und Kontext bildet die historische Marketingwissenschaft somit ein Gegengewicht zu einem problematischen „Gegenwartszentrismus" (vgl. *Sherry*, 1991, S. 561). Es fördert ein Denken in Entwicklungsmustern und Kontexten sowie ein Umgehen mit Diskontinuitäten. Dies erscheint uns umso notwendiger angesichts der zukünftigen Herausforderungen an das Marketing, die aus der zunehmenden Dynamik, Komplexität und interkulturellen Verflechtung der Marktbedingungen resultieren.

In diesem Sinne versteht sich die vorliegende Aufarbeitung der Entwicklungsgeschichte des Marketing als *Arbeit an dem fehlenden Gedächtnis des Marketing*. Sie knüpft an Publikationen wie die von Eugen Leitherer aus dem Jahre 1961 an, der die Geschichtslosigkeit mit den Worten kritisierte: „Wie manch andere Wissenschaft ist sie sich ihrer eigenen Kontinuität nur unvollkommen bewußt - und darum ist sie auch in vielen lebenswichtigen Fragen sehr unsicher." (*Leitherer*, 1961, S. 10)[2]. Hier dient die historische Marketingwissenschaft der Identitätssicherung und der Orientierungshilfe. Daneben soll aber auch ein Aspekt zum Tragen kommen, wie er sich in dem Verständnis von Geschichte bei dem Kulturhistoriker *Johan Huizinga* ausdrückt. Für ihn stellt sich die Geschichte als kollektive Verpflichtung einer Kultur dar, die Verantwortung im Bewahren wie in der Kritik und in der Distanzierung zeigt (vgl. *Boshof/Düwell/Kloft*, 1994, S. 18). Unser individuelles Erkenntnisinteresse an der Marketinggeschichte basiert somit nicht nur auf wissenschaftlicher Neugier und der Annahme einer methodologischen Relevanz der historischen Perspektive. Es resultiert auch aus einem kritisch-reflektierten Respekt gegenüber der Lebensleistung vergangener Generationen von Marketingwissenschaftlern, deren intellektuelles Erbe zu wenig gewürdigt und genutzt wird. Eine geschichtliche Analyse des Marketing erweist sich u. E. somit als sinnvoll und notwendig[3], weil sie

– ein Bewußtsein schaffen kann für die *räumliche und zeitliche Bedingtheit* vorfindbarer Marketinginstitutionen, -funktionen und -aktivitäten,

– die *Basis für Entwicklungsprognosen* und Einschätzungen für Veränderungsmöglichkeiten liefern kann,

– *Erklärungsansätze für die Entwicklung wissenschaftlicher Problemstellungen* zur Verfügung stellen kann,

---

2 Als weitere Ausnahmen im deutschsprachigen Raum, die eine geschichtliche Betrachtung der Marketingtheorie vornehmen vgl. z. B. *Krulis-Randa*, 1981; *Meffert*, 1992, oder *Bubik*, 1996.

3 Vgl. auch zur vertiefenden Nutzung einer historischen Marketingperspektive in der Marketingdidaktik *Nevett*, 1989; *Witkowski*, 1989, sowie *Nevett*, 1991, der die Potentiale einzelner historischer Methoden für die Marketingpraxis aufzeigt.

– eine Voraussetzung für die systematische *Weiterentwicklung der Marketingwissenschaft* darstellt.

Die historische Perspektive meint in unserem Sinne das Verständnis der Gegenwart als „Zeitgeschichte", weil nicht nur betrachtet wird, was ist, sondern auch, wie es geworden ist (vgl. *Borowsky/Vogel/Wunder*, 1989, S. 121). Dabei liegt der Schwerpunkt auf den *derzeitig maßgeblichen Ansätzen* der Marketingtheorien, die im Wandel ihres situativen Kontextes interpretiert und in Hinblick auf ihre Tragfähigkeit für vermutliche zukünftige Entwicklungen dargestellt werden.

Marketing wird als eine unternehmerische Tätigkeit betrachtet, mit der Austauschbeziehungen zwischen Produzent und Abnehmer gestaltet werden, sei es, daß die Unternehmensprozesse marktgerecht gesteuert werden oder daß für die Vermarktung von Gütern und Dienstleistungen Marktbildung und -beeinflussung betrieben wird. Aktivitäten, die heutzutage mit dem Begriff „Marketing" gekennzeichnet werden, gab es rudimentär schon immer[4]. So bestand z. B. in jedem Gesellschafts- und Wirtschaftssystem in all seinen Entwicklungsstadien die *Notwendigkeit der Güterverteilung und der Ausrichtung der Produktion von Waren auf deren Verwendung.* Obwohl die Verteilungssysteme sehr unterschiedlich benannt wurden, dienten sie doch alle dem gleichen Zweck, nämlich der Verteilung von Gütern - wie auch immer diese geartet oder hergestellt worden waren. Gemeinsam ist ihnen auch die Tatsache, daß es sich bei allen Systemen um die Verteilung von ökonomischen Gütern handelt, über die auch schon immer in irgendeiner Weise disponiert werden mußte (vgl. *Bartels,* 1974, S. 75).

Erst in diesem Jahrhundert wurden derartige Tätigkeiten allerdings als *„Marketing"* bezeichnet. Neu ist im Zusammenhang mit diesem Begriff:

– die systematische Marktorientierung unternehmerischer Tätigkeit,

– die Vielfalt des Instrumentariums und

– die wissenschaftliche Beschäftigung mit den Hintergründen des Marktgeschehens.

Die Verwissenschaftlichung des in Unternehmen schon immer in irgendeiner Form vorhandenen marktbezogenen Tätigkeitsfeldes ist auf zwei Ursachen zurückzuführen:

– Im Übergang zum 20. Jahrhundert gab es im Laufe der Industrialisierung gravierende Umbrüche innerhalb der Rahmenbedingungen für diese Tätigkeiten.

– Die sich daraufhin stark verändernden Tätigkeiten gewannen an wirtschaftlicher und sozialer Bedeutung, und es entstanden dafür neue Sichtweisen (vgl. *Bartels,* 1988, S. 3f.).

---

4 Vgl. z. B. Arbeiten wie „6000 Jahre Werbung" (*Buchli,* 1962-1966) oder „The Origins of Marketing: Evidence from Classical and Early Hellenistic Greece (500-300 B.C)" (*Nevett/Nevett,* 1994).

In diesem Beitrag wird das Marketing in Beziehung zum Konsum gesetzt und damit zugleich auf den Bereich konsumgerichteter Produkte und Dienstleistungen eingeschränkt. Der Konsum wird als wichtiger Kontrapunkt zum Marketing gesehen, und die Interdependenz der Entwicklungen beider Handlungsbereiche gilt als zentraler Erklärungstatbestand für die Marketingtheorie. Konsum wird im weiteren Sinne aufgefaßt als Ge- und Verbrauch von Produkten und Dienstleistungen einschließlich ihrer Entsorgung, wobei es sich überwiegend – aber nicht immer – um marktentnommene Leistungen handelt.

1.2 Methodik

1.2.1 Historische Perspektive

Eine Marketingwissenschaft, die sich der historischen Perspektive bedient und über das Erzählen von Geschichte(n) hinausgeht, muß sich mit der Geschichtswissenschaft auseinandersetzen, will sie sich nicht den Dilettantismus-Vorwurf einhandeln. Für unsere Zwecke sollen hierfür stellvertretend die Fragen nach dem konstitutiven Verständnis (Was ist Geschichte?), dem regulativen Verständnis (Wie entwickelt sich Geschichte?) und dem perspektivischen Verständnis (Wird Geschichte gemacht oder entdeckt?) skizziert werden.

Analog zum relevanten Erkenntnisobjekt der Marketingwissenschaft stellt sich in der Geschichtswissenschaft die Frage nach dem *konstituierenden* Verständnis. Und ebenso wie im Marketing gibt es hier differierende Vorstellungen über das, was die Geschichte ausmacht. Eine Alltagstheorie könnte hier in der Zuweisung bestehen, daß alles Vergangene der Geschichtswissenschaft zugeordnet wird. Nun hat sich aber auch in der Marketingwissenschaft gezeigt, daß die Trennung in Vergangenheit, Gegenwart und Zukunft keine objektive, sondern eine kontingente, d. h. eine festgelegte, aber auch anders mögliche Vorstellung ist [5]. Bezogen auf die Vergangenheit ist zunächst jedes Einzelereignis im nächsten Augenblick schon ein unwiederbringliches, vergangenes Ereignis. In diesem Sinne wäre dann die Marketingwissenschaft zum größten Teil eine „historische" Wissenschaft. Eine explizite „gegenwartsbezogene" Marketingwissenschaft muß also eine andere Grenze zwischen Gegenwart und Vergangenheit ziehen. Die „Gegenwart" im Marketing kann sich auf die momentanen Marktverhältnisse beziehen (nur ein Jahr oder die 90er Jahre?), auf die Erfahrungen der jetzigen Marketingpraktiker und -wissenschaftler (als das „moderne Marketing") oder auf den Gedanken der marktorientierten Unternehmensführung (als Phase ab den 60er Jahren). Je fremder und anders sich etwas gegenüber dem eigenen Horizont darstellt, desto eher wird es der Vergangenheit zugeordnet (vgl. *Borowsky/Vogel/Wunder,* 1989, S. 20).

„Durch diesen Wald von Sonderplädoyers sucht sich der Historiker tastend seinen Weg, versucht, die Wahrheit in vergangenen Ereignissen zu fassen und herauszufinden, ‘wie es wirklich war'. Er entdeckt, daß die Wahrheit subjektiv und kein Ganzes ist, daß sie sich aus kleinen Stücken zusammensetzt, die verschiedene Menschen gesehen, erlebt und berichtet haben. Sie ist wie ein Muster, das man durch ein Kaleidoskop sieht: sobald der Zylinder geschüttelt wird, bilden die zahllosen farbigen Teilchen ein neues Bild. Und doch sind es dieselben Teilchen, die eben noch einen ganz anderen Anblick boten. Hier liegt das Problem aller Aufzeichnungen von Menschen, die bei vergangenen Ereignissen mitagiert haben. Das berühmte Ziel, zu schildern, ‚wie es wirklich war', bleibt uns für immer unerreichbar."

Barbara Tuchman, 1965[1962], S. 525

---

5 Vgl. z. B. die kulturvergleichenden Studien zu unterschiedlichen Zeitvorstellungen von *Schroeder et al.,* 1993, und *Morello,* 1993. Ein Ergebnis stellt hier der Beleg des signifikanten Einflusses verschiedener Konzepte der Beziehung von Vergangenheit-Gegenwart-Zukunft auf die Unternehmenskultur dar (vgl. *Morello,* 1993, S. 30).

Dadurch werden aber auch Gegenwart und Vergangenheit zu sich überschneiden-
den Zeitbereichen. Für den Historiker steht deshalb weniger die „Vergangenheit"
im Vordergrund, als vielmehr die Frage nach den *Entwicklungen im Zeitablauf*:

> „Geschichte ist die Abfolge von Veränderungen menschlicher Lebensverhältnis-
> se, sofern sie für uns durch Interpretation von Zeugnissen rekonstruierbar
> wird."
> *Richard Schaeffler*, 1991, S. 6

Im Mittelpunkt steht hier zunächst der Begriff der *Veränderung* als zentrale
Kategorie der historischen Wissenschaft. Dadurch wird in der Geschichtswissenschaft die Geschichte nicht als *Gegenstand* sondern als eine *Betrachtungsweise* zur
konstitutiven Idee. Dies findet sich auch in dem Verständnis der historischen
Marketingwissenschaft wieder. Mit einer historischen Perspektive werden hier
Phänomene des Wandels bzw. der Kontinuität über die Zeit betrachtet sowie die
Zusammenhänge, in denen dieser Wandel (oder dessen Ausbleiben) geschieht
(vgl. *Fullerton*, 1987, S. 98; *Savitt*, 1980, S. 53). Neben der Betonung der Veränderung kann als weiteres Merkmal einer historischen Perspektive das Bestreben
angeführt werden, historische Phänomene in ihrer *Komplexität* und *Spezifität* zu
betrachten (vgl. *Fullerton*, 1988, S. 109).

Diese Charakteristika der historischen Perspektive begründen auch die kulturge-
schichtliche Tradition der Geschichtswissenschaft. Im Gegensatz zur Naturwissenschaft, die tendenziell das allgemeine, wiederholbare und von den Umständen
abstrahierende gesetzmäßige Wissen anstrebt, steht für die Geschichtswissenschaft
tendenziell das spezielle und in den situativen Zusammenhang eingebettete Wissen
im Vordergrund[6]. Neben diesem kulturwissenschaftlichen Verständnis finden sich
in der Geschichtswissenschaft allerdings ebenso Stränge, die sich methodologisch
eher an den Naturwissenschaften anlehnen, wie z. B. die französische Schule der
Annales (vgl. *Firat*, 1987, S. 436).

Inzwischen hat sich vor allem in den USA eine historische Marketingwissenschaft
entwickelt, deren methodologische Vielfältigkeit einen Stand der Auseinandersetzung mit der Geschichtswissenschaft widerspiegelt, der über ein punktuelles Ausleihen von Konzepten hinausgeht (vgl. *Jones*, 1995, S. 29f.). Grundlegende Unterschiede zeigen sich dabei insbesondere im *regulativen Verständnis*, das als Vorverständnis das geschichtliche Geschehen strukturiert (vgl. *Meran*, 1985, S. 60f.).
So kann die Entwicklung der Geschichte als eine Kreisbewegung im Sinne einer
Wiederkehr von Ereignissen betrachtet werden (zyklisches Verständnis), als
zielgerichtet im Sinne einer linearen Entwicklung (teleologisches Verständnis) oder
im Sinne einer evolutionären Entwicklung als ungerichtet angesehen werden.

---

6 Vgl. z. B. *Dilthey*, 1922[1883], der aus diesen Gründen für die Geschichtswissenschaft das hermeneutische Prinzip des „Verstehens"
dem naturwissenschaftlichen Prinzip des „Erklärens" entgegensetzte.

Derartige regulative Konzeptionen sind prinzipiell nicht neu für die Marketing-theorie. So findet sich das zyklische Verständnis z. B. in der Interpretation der Betriebsformendynamik des Handels (vgl. *McNair*, 1931; *Nieschlag*, 1954); das teleologische Verständnis drückt sich aus in der Hypothese der Entwicklung von der Produktions- zur Abnehmerorientierung, wenn sie als lineare Entwicklung hin zu dem Ziel der „vollen Entfaltung" des Marketing verstanden wird (vgl. *Keith*, 1960); und das evolutionäre Verständnis liegt schließlich bei der Analyse von Organisationen als sich ausdifferenzierenden sozialen Systemen vor (vgl. *Sydow*, 1992; *Malik*, 1993).

In dem hier geteilten Verständnis von Entwicklung wird zwar die Besonderheit einzelner Ereignisse gesehen, deshalb aber nicht die Verbindung zwischen geschichtlichen Ereignissen vernachlässigt. Innovative Marketingpraktiken entwickeln sich nicht ohne die kreative Nutzung bestehender Praktiken. Insofern lassen sich bestimmte Entwicklungsmuster als Wahrscheinlichkeitsfelder abbilden. Kritisch werden allerdings abstrakte, kausale Entwicklungsmuster oder teleologische Entwicklungsmodelle gesehen (vgl. *Nevett*, 1991, S. 19). Wichtig ist hierbei, daß damit auch jede Gleichsetzung von zeitlicher „Entwicklung" mit „Verbesserung" abgelehnt wird. In unserem Verständnis entwickelt sich Geschichte nicht gesetzmäßig auf ein bestimmtes Ziel hin, sei es das Ziel der Entfaltung des Weltgeistes *(Hegel)*, der klassenlosen Gesellschaft *(Marx)* oder der vollen Entfaltung der Marketingphilosophie.

Das *perspektivische Verständnis* der Geschichtswissenschaft ist das Resultat der spezifischen Beziehung zwischen den zu erforschenden Problemen und dem Forscher. Zum einen ist der Historiker auf geschichtliche Quellen angewiesen, um Ereignisse zu verstehen. Hier ist die zeitspezifische Prägung der Sichtweisen, Interessen oder Erfahrungen zu berücksichtigen. Zum anderen färben gegenwärtige Sichtweisen die Einblicke in die Vergangenheit, da auch der Forscher selber ein geschichtliches Wesen ist. Hier besteht die Gefahr, daß wir Sprach-, Denk- und Verhaltensmuster der Gegenwart auf frühere Zeitperioden projizieren und diese damit falsch interpretieren. Historische Fakten sind deshalb zunächst vor dem Hintergrund des dazugehörigen Erkenntnishorizonts einzuordnen.

Mindestens ebenso wichtig wie die damalige Perspektive ist der Einbezug des Prozesses, in dem ein Wissenschaftler aus heutiger Perspektive einen sinnvollen Zusammenhang aus vergangenen Geschehnissen produziert. Diese kritische Reflexion des Wechselverhältnisses zwischen dem eigenen und fremden Standort ist eine zentrale Aufgabe des Historikers (vgl. *Borowsky/Vogel/Wunder*, 1989, S. 15), wobei es sich fragt, ob die Reflexion die subjektiven Einflüsse des Forschers ausschalten kann und eine Objektivität der geschichtlichen Darstellung zu gewährleisten ist. Letztendlich steht dahinter die grundlegende Frage, ob Geschichte *entdeckt* oder *gemacht* wird. Dieser Problembereich ist auf die doppelte Bedeutung des Konzepts der Geschichte zurückzuführen. Seit dem Mittelalter werden als Bedeutungen der Geschichte einerseits das objektive Geschehen und andererseits das subjektive Erfassen der Geschichte unterschieden und begrifflich als res factae (das Tatsächliche) und res fictae (das Erzählte, Fiktive) bezeichnet (vgl. *Meran*, 1985, S. 28). Die Vorstellung des „Entdeckens" der Geschichte orientiert sich an dem Ziel der Geschichtswissenschaft, wie es im 19. Jahrhundert durch *Leopold von Ranke* (1874[1824], S. VII) formuliert wurde: „Bloss sagen, wie es eigentlich gewesen". In der gängigen Interpretation dieses Satzes wird damit die Forderung der *objektiven* Darstellung verbunden, als Identität von res factae und res fictae[7]. Wie in dem vorangestellten Zitat der Historikerin *Barbara Tuchman* wird in der heutigen Geschichtswissenschaft ein so verstandener Objektivitätsanspruch im strengen Sinne für nicht realisierbar gehalten (vgl. *Rüsen*, 1986, S. 85). Schon das Suchen nach Quellen weist auf einen *subjektiven* Einfluß des Forschers hin.

Bei *Johann Gustav Droysen*, der im 19. Jahrhundert die Grundlagen zur Historischen Methode entwickelte, heißt es dazu:

> Die Forschung „... muß wissen, was sie suchen will; erst dann findet sie etwas."
> *Johann Gustav Droysen*, 1977[1937], S. 35

Kein zufälliges Finden bestimmt die Materialsammlung, sondern die Strukturierung, die sich über die spezifische Forschungsfrage und das theoretische Vorverständnis entwickelt. Über die Materialsammlung (= Heuristik), Materialprüfung (= Kritik), deren Auswertung (= Interpretation) und Darstellung zeigt sich das vermittelnde Element des Forschers in allen Phasen des historischen Erkenntnisprozesses (vgl. dazu *Meran*, 1985, S. 80ff.). Im Sinne der obigen Fragestellung nach dem Erschaffen oder Entdecken von Geschichte steht hier die *Rekonstruktion von Geschichte* als Ausgangspunkt. Der konstruktive Anteil der Geschichtsschreibung wird als nicht aufhebbar angesehen. Allerdings besagt das nun nicht, daß damit jeglicher Objektivitätsanspruch aufgegeben werden kann, so daß jeder seine „eigene Geschichte" erzählt. Vielmehr orientiert sich die Geschichtswissenschaft an einer formalen Objektivität, bei der das systematische Vorgehen, die Offenlegung von Forschungsperspektive und verwendeten Quellen durch eine intersubjektive Nachprüfbarkeit wissenschaftlich geteilte Konstruktionen ermöglichen soll (vgl. *Borowsky/Vogel/Wunder*, 1989, S. 18). Insofern ist eine derartige historische Perspektive gar nicht so weit entfernt von *Karl Popper*, dem Referenzpunkt des Kritischen Rationalismus, wenn er für die Erkenntnistheorie die Vermutung und Widerlegung in den Mittelpunkt stellt:

> „Die Theorien selbst sind Versuche, die Lösung eines Problems zu erraten. Wenn mich jemand fragt: 'Woher weißt Du?', so antworte ich: 'Ich weiß nicht, ich rate nur. Und wenn Du an meinem Problem interessiert bist, bitte kritisiere meine Vermutung; und wenn Du einen Gegenvorschlag machst, dann laß mich versuchen, ihn meinerseits zu kritisieren'."
> *Karl R. Popper*, 1995[1958], S. 10

---

[7] Eine historische Analyse dieses berühmten Diktums zeigt allerdings, daß *Ranke* damit keineswegs den ihm zugesprochenen Objektivitätsanspruch erhob, sondern vielmehr eine Kritik der damaligen moralisierenden Geschichtsbetrachtung intendierte (vgl. *Repgen*, 1982).

1.2.2 Verhältnis von Theorie und Praxis

Unser Anliegen richtet sich darauf, Theorieentwicklungen im Marketingbereich in ihrem situativen Kontext zu beschreiben und zu interpretieren, um sie auf diese Weise als historische Phänomene zu verstehen. Das perspektivische Verständnis der Geschichtswissenschaft verweist auf die Problematik der Beziehung zwischen dem vergangenen Geschehen und dessen Darstellung. Im Zusammenhang der Marketinggeschichte tritt das ebenso komplexe Verhältnis von Theorie und Praxis hinzu [8]. Wenn wir nämlich Praxis als Welt realer Phänomene und Theorie als Nachdenken über diese Phänomene interpretieren, dann müssen wir folgende Dilemmata konstatieren:

– Die Praxis erschließt sich nur durch bestimmte Wahrnehmungen, die ihrerseits von theoretischen Konzepten prädisponiert sind. Die Beschreibung realer Phänomene ist ja bereits eine Funktion von Theorie. Wenn beispielsweise soziale Strukturen unserer Gesellschaft beschrieben werden sollen, bedienen wir uns eines bestimmten Konzeptes, nämlich etwa der Milieutheorie. Damit ergibt sich ein Strukturierungsproblem für unsere Darstellung, indem Elemente der Marketingtheorie bereits verwendet werden, um ihren praktischen situativen Kontext zu beleuchten. Dabei können dann auch noch Zeitverschränkungen entstehen, wenn nämlich theoretische Modelle nicht zeitgleich sind mit den zu beschreibenden realen Phänomenen.

– Theorie wird zu einem realen Phänomen, sofern sie angewendet wird und Eingang findet in praktisches Handeln. Wenn z. B. ein Marketingmanager das Konzept der Marktsegmentierung realisiert, dann verändern sich reale Markt-situationen. Umgekehrt werden in der Marketingpraxis Konzepte entwickelt, die theoretisch verarbeitet werden und somit Anstoß für die Weiterentwicklung der Theorie geben.

Diese Interdependenz zwischen Theorie und Praxis wirft die Frage auf, *wer* eigentlich Theorie und *wer* Praxis betreibt. Üblicherweise wird in der historischen Marketingwissenschaft eine Trennung von „Marketing Thought" und „Marketing History (im Sinne von Praktiken, Aktivitäten und Prozessen)" vorgenommen, bei der eine institutionelle und personelle Zuordnung durch Universität/Wissenschaft-ler auf der einen und Markt/Praktiker auf der anderen Seite erfolgt (vgl. *Jones*, 1995, S. 24). Allerdings findet eine zunehmende Vermischung statt, indem von Un-ternehmen und Beratungsfirmen verstärkt Marketingkonzepte entwickelt werden, die von sog. Theoretikern des Marketing aufgegriffen werden, während umgekehrt diese Theoretiker zunehmend Praxisberatung betreiben.

Es ist sinnvoll, sich zur Zuweisung von Aufgaben auf die Funktionen der Wissen-schaft zu besinnen. Es sind dies:

---

8 *Savitt* (1980, S. 53) charakterisiert die theoretische und praktische Seite der Marketinggeschichte als „... two distinct but inextricably intertwined components."

– Beschreibung,

– Erklärung,

– Handlungsempfehlung in praktisch-normativem Sinne,

– Kritik und Utopie in normativem Sinne.

Die *Beschreibung* verschafft eine strukturierende Sichtweise auf die Praxis und stellt die einfachste Funktion der Theoriebildung dar. Im Rahmen der *erklärenden Aufgabenstellung* werden Beziehungen bzw. ursächliche Zusammenhänge für reale Phänomene gesucht (vgl. Abel, 1981, S. 92ff.). Sie kann als Domäne wissenschaftlicher Arbeit betrachtet werden und stellt die systematische Voraussetzung für *Handlungsempfehlungen in praktisch-normativem Sinne* dar, weil Kausalbeziehungen unter gewissen Bedingungen in Ziel-Mittelrelationen verwandelt werden können. Die Marketingwissenschaft hat sich von Beginn an weitgehend als praktisch-normative Wissenschaft verstanden. In dieser Hinsicht findet die stärkste Vermischung zwischen praktischem Handeln und Theoriebildung statt und damit auch eine Vermischung der Funktionsverteilung zwischen den teilhabenden Personen. Gerade für die jüngere Zeit ist hier zu bedenken, daß nicht immer genügend zwischen systematisch erarbeiteten und auf Erklärung beruhenden Handlungsempfehlungen und intuitiv entstandenen Rezeptologien unterschieden wird.

Die *kritische Funktion* der Theoriebildung beruht auf normativen Setzungen für gesellschaftlich wünschenswerte Entwicklungen, die aus einer Kritik an bestehenden Zuständen resultieren. In dieser Hinsicht hat sich die herrschende Marketingwissenschaft eher abstinent verhalten, was auf den großen Einfluß der wissenschaftstheoretischen Position des Kritischen Rationalismus und der damit verbundenen Werturteilsdiskussion zurückzuführen ist[9]. Allerdings stellt sich zu dieser Position die Frage, wer denn sonst eine kritische Aufgabe wahrnehmen sollte, wenn nicht die Wissenschaft in ihrer privilegierten gesellschaftlichen Situation.

Unter Berücksichtigung der beschriebenen Interdependenzen zwischen Theorie und Praxis und den Vermischungen der Funktionsverteilungen zwischen den teilhabenden Personen gehen wir in diesem Beitrag wie folgt vor:

Zunächst werden Herausforderungen aus dem *praktischen Marketingumfeld* dargestellt. Diese werden aufgeteilt nach verschiedenen Umweltsegmenten und ihren Faktoren:

– *demographische Faktoren* (z. B. Altersaufbau, Geschlechterverteilung der Bevölkerung),

---

9 Vgl. dazu *Raffée*, 1993, der auch auf Basis des Kritischen Rationalismus bzw. eines fortgeschrittenen Kritischen Rationalismus die Möglichkeit eines aufklärerisch-emanzipatorischen Wissenschaftsverständnisses sieht. Anders dagegen z. B. *Murray/Ozanne* (1991), die aus einer amerikanischen Perspektive heraus die emanzipatorische Ausrichtung der Marketingwissenschaft erst durch andere Wissenschaftskonzeptionen wie der Kritischen Theorie für realisierbar halten.

– *sozio-ökonomische Faktoren* (volkswirtschaftliche Entwicklungen, wie z. B. BSP, Einkommensverteilung, Beschäftigungsquote),

– *sozio-kulturelle Faktoren* (Bestand an Wissen, Erfahrungen und Traditionen, Werten und Normen und Grundeinstellungen als geistiger Hintergrund für die Entwicklung von Märkten),

– *technologische Faktoren* (z. B. technische Erfindungen für Produkte und Produktionsprozesse),

– *politisch-rechtliche Faktoren* (z. B. Gesetze und Verordnungen; Institutionen der politischen Willensbildung),

– *ökologische Faktoren* (Faktoren, die den Austausch mit der natürlichen Umwelt bewirken, wie z. B. Ressourcenverbrauch, Abfallaufkommen, Emissionen).

Diese Faktoren bestimmen das *Makroumfeld* des Marketing. Sie werden in einem nächsten Schritt auf die Marktsituation *(Mikroumfeld)* bezogen, um aus diesem situativen Kontext zeitspezifische Aufgabenstellungen für das Marketing abzuleiten.

Bezogen auf die Darstellung dieses historischen Handlungsrahmens werden *Konsequenzen für die Marketingtheorie* und ihre Anwendung gezogen. Im Rahmen dieser Theorieinterpretation wird keine scharfe Trennung zwischen theoretischer Grundlagenbildung und angewandtem Marketinghandeln vorgenommen, denn es gilt hier zu bedenken, daß das Handeln ebenso wenig ohne ein Nachdenken geschieht, wie auch das Nachdenken nicht getrennt vom Handeln (vgl. *Jones,* 1995, S. 23). Insofern erläutern wir die Geschichte des Marketing als einen interdependenten Prozeß von theoretischer Entwicklung und ihrer Anwendung in praktischem Handeln.

Die Interpretation der Marketingtheorie im Wechselspiel mit ihrem praktischen Kontext geschieht auf der Basis des *Quellenstudiums wissenschaftlicher Beiträge und praxisorientierter Darstellungen und Materialien.* Dieses Vorgehen wirft große Auswahl-, Zuordnungs- und Auslegeprobleme auf und erfordert Wissen darüber, wie sich Wissenschaft im Verhältnis zur Praxis entwickelt. Anstöße für innovative Theorien und deren Diffusion und Durchsetzung resultieren zum einen aus dem praktischen Problemlösungsbedarf und der Problemlösungskraft einer Theorie. Abgesehen von dieser *Sachebene* der Argumentation hat insbesondere der Wissenschaftssoziologe *Thomas S. Kuhn* (1970) die Aufmerksamkeit auf eine *soziale Ebene* gelenkt. Er zeigte auf, daß sich ein Paradigmawechsel in der Wissenschaft auch unter dem Einfluß der Wissenschaftsgemeinschaft und ihren vielfältigen irrationalen Unwägbarkeiten, wie z. B. wissenschaftlichem Prestige und Kompetenzängsten, vollzieht. Wenn diese These akzeptiert wird, dann ergeben sich daraus deutliche Interpretationsprobleme der Wissenschaftsentwicklung aus ihrem situativen praktischen Kontext, weil die soziale Ebene der Wissenschaftsgemeinschaft als weiterer Einflußfaktor nur schwer rekonstruierbar ist. Aus diesem Grunde haben wir die beabsichtigten Aussagen über Theorie- und Praxiszusammenhänge mit größter Vorsicht getroffen. Im übrigen darf keinesfalls angenommen werden, daß zwischen praktischen Phänomenen und theoretischer Analyse eine simple morphologische Entsprechung bestünde. In diesem Sinne wäre es naiv, die Charakterisierungen der Phänomen- und der Theorieebene völlig gleichzusetzen, wie z. B. die Annahme, daß komplexe Phänomene auch komplexe Theorien brauchen.

Ein weiteres, unsere Aufgabe erschwerendes Faktum besteht darin, daß die Marketingtheorie in Deutschland durch Entwicklungsanstöße aus dem Ausland, und hier vornehmlich aus den USA, wesentlich beeinflußt wurde. Unverkennbar waren desöfteren für deutsche Wissenschaftler US-amerikanische Impulse aus Forschung und Lehre so dominierend, daß sie – unbeachtet von teilweise abweichenden Praxisentwicklungen in den USA und in der Bundesrepublik Deutschland – diese aufgegriffen und verarbeitet haben. Es war daher nötig, daß wir uns entsprechend eingehend mit den Theorieeinflüssen aus den USA beschäftigt haben, so daß dieses Buch fast schon als eine deutsch-US-amerikanische Entwicklungsgeschichte betrachtet werden kann. Damit erweisen wir uns als Autoren allerdings nicht anglophil, sondern wir folgen nur den Akteuren unserer Geschichte.

Ausgehend von der wechselseitigen Beeinflussung von Marketing und Gesellschaft werden punktuell *sozio-kulturelle* Artefakte integriert, die einen inhaltlichen Bezug zu den jeweiligen historischen Entwicklungen besitzen. Kultur bezeichnet hierbei in dem anthropologischen Verständnis ein „... historisch überliefertes System von Bedeutungen, die in symbolischer Gestalt auftreten, ... ein System, mit dessen Hilfe die Menschen ihr Wissen vom Leben und ihre Einstellungen zum Leben mitteilen, erhalten und weiterentwickeln." (*Geertz,* 1987, S. 46). In Artefakten als materieller Kultur verkörpert sich dieses geteilte Bedeutungssystem. Im Mittelpunkt stehen hier marktliche Artefakte, z. B. zeitspezifisches Werbematerial, daneben werden aber auch nicht-marktliche Artefakte, wie literarische Texte, präsentiert. Für Historiker bilden derartige Quellen ein wichtiges Informationsmaterial. In der Marketingwissenschaft wurden die Erkenntnismöglichkeiten sozio-kultureller Artefakte aus den Bereichen Literatur, Malerei, Musik oder Film bisher noch nicht systematisch genutzt. Allerdings könnten ihre Potentiale von der Generierung von Forschungshypothesen, über die Veranschaulichung, bis hin zur Nutzung als Daten reichen [10]. Die Besonderheit dieser Potentiale von sozio-kulturellen Artefakten sieht *Belk* (1986, S. 23) darin, daß sie Erkenntnisse über Erfahrungen vermitteln können, während wissenschaftliches Datenmaterial die Erkenntnis über ein Phänomen hervorbringt. Im Sinne einer „dichten Beschreibung" (vgl. *Geertz,* 1987) kann z. B. ein Roman wie *Emile Zola's* „Au Bonheur des Dames (Paradies der Damen)" einen gänzlich anderen Zugang zu der Einkaufs-

---

10 Vgl. hierzu den Grundsatzartikel von *Belk,* 1986. Ein Umsetzungsbeispiel findet sich bei *Friedman* (1991), der in empirischen Erhebungen die Häufigkeit von Markennamen in Romanen oder Musikstücken als Indikator für den Grad des gesellschaftlichen Materialismus nimmt.

erfahrung im Warenhaus am Ende des 19. Jahrhunderts vermitteln, als es „wissenschaftlicheres" Datenmaterial zur Veränderung von Marktanteilen im Handel mit seinen systematisierenden Vorteilen vermag [11]. In diesem Sinne dienen die verwendeten Artefakte der Veranschaulichung und der Nutzung unterschiedlicher Erkenntniszugänge.

Wir verbinden damit auch die These, daß die spezifische Perspektive, mit der das Marketing das Alltagshandeln der Menschen betrachtet, nur eine unter vielen anderen darstellt. Diese Perspektive unterteilt das Handeln in marktlich-relevante und nicht marktlich-relevante Phänomene. Die Abgrenzung des disziplinären Objektbereichs stellt eine wissenschaftliche Grundvoraussetzung dar. Diese Grenzziehung ist aber eine künstliche. Sie kann sich je nach Erkenntnisinteressen und Forschungsfragen verändern. Wenn Menschen sich in der sozialen Interaktion über den letzten Urlaub, das neue Auto des Nachbarn oder die unmögliche Frisur des Kollegen unterhalten, sprechen Marketingwissenschaftler von Produkterfahrungen, Einstellungsbildung in der Vorkaufphase oder Mund-zu-Mund-Werbung. Es besteht zum einen die Gefahr des „Marketing-Imperialismus", wenn die Grenze so weit verschoben wird, daß das gesamte Handeln der Menschen als marketingspezifisches Handeln betrachtet wird. Zum anderen gibt es die Gefahr der „Marketing-Scheuklappen", wenn der Zugang auf marktliche Phänomene aus einer anderen Perspektive, wie z. B. aus soziologischer, literaturwissenschaftlicher oder kulturanthropologischer Sicht, nicht mehr wahrgenommen wird. Insofern dienen die sozio-kulturellen Artefakten einem historischen Zweck der Veranschaulichung, sie sollen aber ebenso daran erinnern, daß marktliche Phänomene auch Spuren außerhalb des eigentlichen Marketingbereichs hinterlassen haben, nämlich im Alltag der Menschen.

1.2.3 Phaseneinteilung der Marketingentwicklung

Der Zeitraum unserer Untersuchung erstreckt sich von der Industrialisierung bis in das 3. Jahrtausend. Der Ausgangspunkt wurde mit der Industrialisierung gewählt, weil diese mit der Schaffung von Massenmärkten den Einstieg in moderne Marktbearbeitungsprobleme erbracht hat. Die Betrachtung der Entwicklung seit dieser Zeit ist eine Frage der Periodisierung. Diese wird in der Geschichtswissenschaft nicht als Deskription eingeordnet, da in ihr auch immer historische Theorien enthalten sind (vgl. *Rüsen*, 1986, S. 74). Phaseneinteilungen sind wandelbar und je nach Forschungsfrage unterschiedlich strukturiert. Im Rahmen der Marketingentwicklung könnte die Darstellung kontinuierlich der Zeitachse folgen. Einen derartigen Vollständigkeitsanspruch haben wir allerdings nicht, sondern werden zur Kennzeichnung des Wandels Blitzlichter auf vier verschiedene, u. E. besonders

---

11 In der Marketingpraxis sind hier die Vorbehalte weniger ausgeprägt. Dies zeigt sich nicht nur in der Rolle sozio-kultureller Artefakte als unerschöpflichem Symbol-Pool der Werbung. So wird etwa der Roman „Generation X" von *Douglas Coupland* (1992) von Praktikern inzwischen wie eine Marktforschungsstudie benutzt, die detailliert das Lebensgefühl einer Zielgruppe beschreibt (vgl. *Ritchie*, 1995).

wichtige Phasenabschnitte der Marketingentwicklung werfen. In diesem Sinne sehen wir in den Phasen die „begrifflichen Zäsuren innerhalb des dauernden Flusses des Geschehens" (*Boshof/Düwell/Kloft*, 1994, S. 13). Die gewählte Methode hat den Vorteil, zentrale Elemente des historischen Ablaufs zu erfassen, wobei allerdings Ausblendungen in Kauf genommen werden müssen. Diese zeigen sich aber bei jeder Grenzziehung, mit der Einbrüche, Diskontinuitäten und Veränderungen auf Kosten weiterlaufender Strukturen betont werden. Selbstverständlich ist auch die Auswahl von Phasen subjektiv und – wie jede andere auch – mit ihren spezifischen Vor- und Nachteilen verbunden.

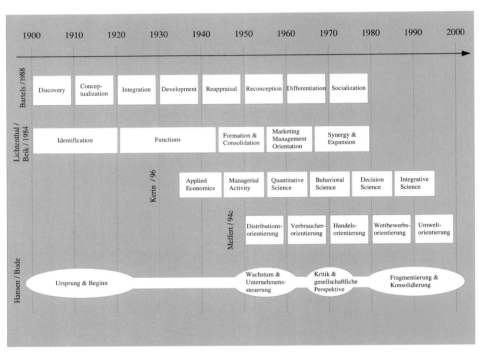

Abb. 1-1: Übersicht zu Phaseneinteilungen

Aus der Gegenüberstellung verschiedener bestehender Phaseneinteilungen wird deutlich, daß es die *„eine, richtige"* Periodisierung nicht geben kann. Vielmehr kommt hier die Abhängigkeit der Einteilung von den spezifischen Forschungsfragen zum Ausdruck. So steht für *Bartels* (1988) die amerikanische Marketingwissenschaft im Vordergrund. Sein Strukturierungsprinzip sind 10-Jahresabstände, in denen er die prägnantesten Entwicklungen thematisch zusammenfaßt. Die amerikanische Marketingwissenschaft steht ebenso im Mittelpunkt der Phaseneinteilung von *Lichtenthal/Beik* (1984) und *Kerin* (1996). Ihre Abweichungen von *Bartels* resultieren aus anderen Strukturierungsprinzipien. Während bei *Lichtenthal/Beik* die Phasengrenzen anhand veränderter Lehrbuchdefinitionen des Marketing festgesetzt werden, setzt *Kerin* an der Publikationsgeschichte des *Journal of Marketing* an und versucht, über die Verbindung von inhaltlicher Interpretation der Artikel und den offiziellen Richtlinien der Herausgeber auch die sich hier artikulierende Marketingpraxis tendenziell mit einzubeziehen. Bei *Meffert*

(1994c, S. 6, 12) steht die deutsche Marketingwissenschaft im Vordergrund, bei der aber auch amerikanische Einflüsse berücksichtigt werden. Sein Strukturierungsprinzip orientiert sich an dem inhaltlichen Focus und dem Anspruchsspektrum des Marketing, das hier sowohl die theoretische Ausformung als auch die Marketingpraxis umfaßt. Unsere Phaseneinteilung bezieht sich primär auf die deutschsprachige Marketingwissenschaft und ihre Vorläufer, bei denen die amerikanische Marketingwissenschaft in ihren Einflüssen auf die deutsche Situation integriert ist. Im Gegensatz zu der kontinuierlichen Strukturierung liegt unser Schwerpunkt auf zentralen Entwicklungsmomenten, die in ihrer Auswirkung in Theorie und Praxis berücksichtigt werden. Diese einzelnen Momente werden allerdings nicht statisch, sondern in ihrer Entstehungs- und Entwicklungsdynamik analysiert, wodurch Bezüge zu vorhergehenden Ereignissen unter spezifischen Fragestellungen hergestellt werden. Eine Erweiterung erfolgt in der Einbeziehung des gesellschaftlichen Kontextes für die jeweiligen Phasen.

Wir beginnen mit der Industrialisierung als erster Phase. Aus ihr folgte in Verbindung mit der Massenproduktion die Bildung und Bearbeitung von Massenmärkten. Eine der *Wurzeln des Marketing* liegt in der Entwicklung des *Markenartikels* als zentraler Marktinnovation der Jahrhundertwende. Die Nachwehen der Industrialisierung reichen bis in die 20er Jahre, die insofern in diese Phase einbezogen werden.

Es folgt als zweite Phase die Zeit der 50er und frühen 60er Jahre nach dem zweiten Weltkrieg, als der Traum einer Wohlstandsgesellschaft für alle machbar schien und das Marketing sich als Konzept einer *Unternehmenssteuerung vom Markt her* in diesem Sinne große Dienste erwarb.

Die dritte Phase in den späten 60er und frühen 70er Jahren ist dann gekennzeichnet durch Kritik an der Konsumgesellschaft mit ihrer Habenmentalität. Diese betraf das Marketing im Kern und hat in der Theorieentwicklung zu *Modifikationen des Konzeptes* geführt, indem eine *gesellschaftliche Perspektive* einbezogen wurde.

Die vierte Phase ab Ende der 70er Jahre ist gekennzeichnet durch dynamische Prozesse des Wertewandels und der gesellschaftlichen Umstrukturierungen in Form von Ausdifferenzierung und Individualisierung einerseits und der Bildung integrierender neuer Gruppenkonstellationen andererseits. Dem entspricht in der Marketingentwicklung ein Prozeß der *Fragmentierung und Konsolidierung.*

Mit diesen Phasen sind Kernelemente der Marketingentwicklung angesprochen, die mit wichtigen Veränderungsprozessen des situativen Kontextes jeweils gut korrespondieren. Ein Problem ergibt sich nun allerdings insofern, als einige wichtig erscheinende Aspekte der Marketingentwicklung der Logik dieser Phaseneinteilung nicht ohne weiteres beizuordnen sind. Dazu gehören z. B. institutionelle Veränderungen im Handel oder mediengetriebene Prozesse im industriellen Marketing. Wir werden derartige Entwicklungen sozusagen als

Nebenstränge unserer Phasenlogik behandeln, wohl wissend, daß es teilweise durchaus sehr wichtige Marketingaspekte sind, die nur in bezug auf den Leitgedanken unserer Einteilung nebengeordnete Bedeutung haben.

1.2.4 Verwendete materielle Methoden

Jede Untersuchung bedient sich bestimmter Sachkategorien als leitender Perspektive, mit denen eine Strukturierung, aber auch eine Problemselektion möglich wird. Sie stellen sozusagen die Brille dar, durch die das Forschungsfeld betrachtet wird. Diese Sachkategorien sind im Laufe der Theoriebildung des Marketing entwickelt worden und haben jeweils die Problemsichtweise strukturiert. Es wird unsere Aufgabe sein, die historische Logik der Theorienentwicklung darzustellen. Gleichzeitig werden wir uns aber auch dieser Kategorien bedienen und damit das in ihnen enthaltene theoretische Potential anwenden. Darum ist schon hier eine kurze Erläuterung zum Verständnis unseres Vorgehens notwendig, wenngleich an anderen Stellen eine zeitgerechte vertiefende Erläuterung vorgenommen werden muß. Das folgende Erklärungsschema dient zur Einordnung der verwendeten Ansätze.

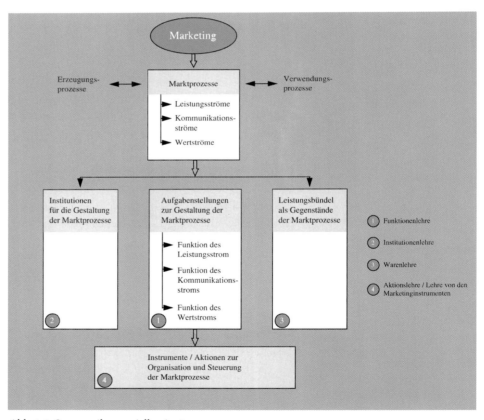

Abb. 1-2: Systematik materieller Ansätze

Marketing befaßt sich mit Marktprozessen (vgl. im folgenden *Abb. 1-2*) zwischen Produktion und Konsum. Diese Marktprozesse vollziehen sich in Waren-,

Kommunikations- und Wertströmen. Die Gestaltung der Marktprozesse dient der Überwindung von Spannungen zwischen Produktions- und Konsumbereich. Die dabei entstehenden Aufgaben werden aus einzelbetrieblicher Sicht nach verschiedenen Funktionen gegliedert, die sich auf die drei genannten Ströme beziehen. Damit befaßt sich der Ansatz der *Funktionenlehre,* der in diesem Buch wie folgt verwendet wird:

I *Vermittlungsfunktionen des Warenstroms*
a) Funktion der quantitativen Warenumgruppierung (Sammeln, Aufteilen)
b) Funktion der qualitativen Warenumgruppierung (Sortimentierung, Aussortierung, Warenveredlung und -pflege einschl. Kundendienst)
c) Funktion der Raumüberbrückung (Warentransport)
d) Funktion des zeitlichen Ausgleichs (Lagerhaltung, Vordisposition)

II. *Vermittlungsfunktionen des Kommunikationsstroms*
e) Funktion der Angebots- und Nachfrageermittlung (Beschaffungs- und Absatzmarktforschung)
f) Funktion der Angebots- und Nachfragelenkung (Angebots- und Nachfragepräsentation durch persönliche und nicht persönliche Kommunikation)

III. *Vermittlungsfunktionen des Wertstroms*
g) Funktion der Preisermittlung (Kalkulation)
h) Funktion des zeitlichen Zahlungsausgleichs (Kreditierung, Vorfinanzierung)

Angesichts der mit Marktprozessen verbundenen Aufgaben stellt sich die Frage, wer sie als Träger mit welcher Kompetenz wahrnehmen kann und welche Rückwirkungen von ihnen auf die Marktprozesse ausgehen. Diese Perspektive wird von der *Institutionenlehre* verfolgt. Hierin hat der Handel als hauptamtliches Marktorgan besondere Bedeutung. Die Marktprozesse sind in Verlauf und Aufgabenstellung für die institutionellen Träger je nach Warenart unterschiedlich, die zwischen Produktion und Konsum bewegt werden soll. Aus diesen Überlegungen heraus hat sich der *warenanalytische Ansatz* entwickelt, der die Merkmale von Produkten hinsichtlich ihrer marktprägenden Wirkung untersucht.

Die Gestaltung der Marktprozesse erfolgt den Aufgaben entsprechend mit dem Einsatz eines marktpolitischen Instrumentariums bzw. durch ein Inventar marktbeeinflussender Aktionen. In dieser Richtung bilden die Aktionsbereiche oder Instrumente des Marketing die strukturstiftende Denkkategorie des Aktions- bzw. *Instrumentalansatzes des Marketing:*

– Leistungspolitik (Produkt, Sortiment, Service),

– Kommunikationspolitik (Werbung, Public Relations, Verkaufsförderung),

– Entgeltpolitik (Preispolitik, Absatzfinanzierung),

– Distributionspolitik (Marktwege, Logistik).

2 Ursprung und Beginn des Marketing

2.1 Herausforderungen aus dem Marketingumfeld

2.1.1 Ausgewählte Impulse des Makroumfeldes

2.1.1.1 Technologische Faktoren

2.1.1.2 Demographische, sozio-ökonomische und politisch-rechtliche Faktoren

2.1.1.3 Sozio-kulturelle Faktoren

2.1.2 Marktsituation und daraus folgende Aufgaben und Lösungsansätze

2.1.2.1 Wandel der Funktionen zwischen Produktion und Konsum

2.1.2.2 Institutionelle Veränderungen

2.1.2.2.1 Interdependenz von funktionaler und institutionaler Entwicklung

2.1.2.2.2 Entwicklung ausgewählter neuer Betriebsformen des Handels

2.1.2.3 Die Entwicklung des Markenartikels als Integration produktionswirtschaftlicher, funktioneller und institutioneller Veränderung

2.2 Theoretische Entwicklungen als vorbereitende Konzepte des Marketing

2.2.1 Die Entstehung der Betriebswirtschaftslehre

2.2.2 Die Entwicklung einer industriellen Absatzlehre

2.2.3 Materielle Forschungsansätze

2.3 Zusammenfassende Charakterisierung

2 Ursprung und Beginn des Marketing

Der historische Ursprung des Marketing liegt in der Industrialisierung und ihren ökonomischen und gesellschaftlichen Auswirkungen. Der Begriff der Industrialisierung wird oft technisch-wissenschaftlich als „Übergang von der handarbeitsorientierten zur maschinenorientierten Tätigkeit" (*Henning*, 1979, S. 111) definiert. Hier beziehen wir uns auf ein umfassenderes Verständnis, das im Sinne eines Modernisierungsprozesses den sozialen, politischen und wirtschaftlichen Umbruch ganzer Gesellschaften auf dem Weg zur Industriegesellschaft bezeichnet (vgl. *Kiesewetter*, 1989, S. 15). Für die Periodisierung der Industrialisierung zeigen sich in der wirtschaftshistorischen Forschung je nach verwendeten Abgrenzungskriterien die unterschiedlichsten Ansätze. Über den Bezugspunkt der theoretischen und praktischen Entwicklung des Marketing konzentrieren sich die folgenden Ausführungen auf die Zeitphase um die Jahrhundertwende, in der die Industrie in Deutschland schließlich ihre wirtschaftlich und gesellschaftlich dominante Stellung einnahm. Diese Phase, die von der Reichsgründung 1871 bis in die 20er Jahre reicht, ist von verschiedenen Einbrüchen, wie z. B. dem Ersten Weltkrieg, gekennzeichnet. Jedoch erscheint uns der gewählte Zeitraum als erste Phase der Marketingentwicklung sinnvoll, da erst im Ablauf dieser Zeit die Auswirkungen der Industrialisierung langsam zur Normalität wurden. Im folgenden soll gezeigt werden, wie sich in diesem Zusammenhang die Absatzlehre als Vorläufer des Marketing herausgebildet und die absatzwirtschaftliche Praxis entscheidend zur Entstehung der modernen Industriegesellschaft beigetragen hat.

Mit der Industrialisierung begannen die „*Modernen Zeiten*". Nie zuvor in der Menschheitsgeschichte hatte sich das Leben der Menschen in kurzer Zeit so stark verändert. Es war das Ende einer alten und der Aufbruch in eine neue Welt. Aus heutiger Perspektive ist die radikale Erschütterung nur schwer erahnbar, die durch Neuerungen dieser Zeit, wie z. B. Elektrizität, Fotografie, Telefon, Fließbandproduktion oder Warenhäuser, ausgelöst wurden. Was bedeutet es für die Wahrnehmung der Welt, wenn auf bloßen Knopfdruck Energie herangeschafft wird, wenn andere Kontinente plötzlich in Hör- und Sprechweite gelangen, wenn Massenprodukte die Eigenproduktion der Haushalte ersetzen oder Millionen von Menschen das Lebensumfeld dörflicher Gemeinschaften mit dem Fabrikleben in den entstehenden Großstädten eintauschen müssen? Im Zusammenspiel von Wissenschaft und Technik entwickelte sich ein bis dahin unbekanntes Welt- und Menschenbild.

Die absatzwirtschaftliche Praxis hat zu dieser Entwicklung wichtige Impulse gegeben. Der Konsum moderner Massenprodukte wurde für immer mehr Menschen zu einem nicht mehr wegzudenkenden Bestandteil ihres Lebens. Diese Veränderungen des Alltags werden oft in ihren Auswirkungen unterschätzt. Dabei

Robert Musil beschreibt diese Umbruchphase der Jahrhundertwende in seinem Roman „Der Mann ohne Eigenschaften" mit den Worten: „Aus dem ölglatten Geist der zwei letzten Jahrzehnte des neunzehnten Jahrhunderts hatte sich plötzlich in ganz Europa ein beflügelndes Fieber erhoben. Niemand wußte genau, was im Werden war; niemand vermochte zu sagen, ob es eine neue Kunst, ein neuer Mensch, eine neue Moral oder vielleicht eine Umschichtung der Gesellschaft sein sollte."

Robert Musil, 1932, S. 55

spielen sie eine zentrale Rolle bei der Herausbildung der modernen westlichen Welt, wie z. B. dem sinkenden Einfluß von Traditionen und Kirche, dem neuen Verständnis dessen, was unter einem „Individuum" zu verstehen ist, bis hin zur Veränderung des Zeitempfindens durch die permanente Erneuerung von Moden und Stilen (vgl. *McCracken,* 1992[1987], S. 30f.). Unabhängig von Bewertungen ist festzustellen, daß die Geschichte des 20. Jahrhunderts untrennbar mit den Entwicklungen des Marktes und des Konsums verbunden ist.

2.1 Herausforderungen aus dem Marketingumfeld

2.1.1 Ausgewählte Impulse des Makroumfeldes
2.1.1.1 Technologische Faktoren

Im Zuge der Industrialisierung veränderten sich die Produktions- und Absatzverhältnisse aus technologischen Gründen erheblich. Es entstanden große Produktionspotentiale, wozu folgende Faktoren beigetragen haben:

– Der *technische Fortschritt* innerhalb der Produktion. Zu Beginn der Industrialisierung waren es zunächst die Dampfmaschinen, die als technische Neuerungen den Produktionsprozeß veränderten. Gegen Ende des 19. Jahrhunderts setzten sich Elektromotoren durch, die den Vorteil einer dezentralen Antriebskraft besaßen. Die Elektrifizierung veränderte dadurch die Arbeitsprozesse bis in die kleinste Werkstatt und führte zu einer neuen Welle der Industrialisierung um die Jahrhundertwende (vgl. *Rübberdt,* 1972, S. 102). Neben den Basisinnovationen stand die verstärkte Anwendung des technischen Fortschrittes im Rahmen der Verbesserung von Produktionsverfahren. Diese Prozeßinnovationen prägten auch die sog. „Wissenschaftsindustrien" (Maschinenbau, Chemische Industrie, Elektroindustrie, Optik, etc.), die ab der Reichsgründung die zweite Industrialisierungsphase in Deutschland bestimmten.

– Die *Spezialisierung und Rationalisierung der Arbeitsprozesse* und Verbesserung der Organisationsabläufe. Als markanter Höhepunkt dieser Entwicklung gilt der Einsatz der Fließbandproduktion 1913 von *Henry Ford* für sein Modell T, die sich bis zum Ende der 20er Jahre als Symbol der neuen Produktionsweise durchgesetzt hat [12]. Eng damit verbunden ist der „Taylorismus", der die Rationalisierung der menschlichen Arbeit beschreibt. Begründet wurde diese Arbeitsorganisation Ende der 80er Jahre des 19. Jahrhunderts durch *Frederick W. Taylor,* der auf der Basis von Zeit- und Bewegungsstudien die Optimierung der kleinsten Arbeitsschritte anstrebte. Nach der Jahrhundertwende setzte sich dieses System über strikt rationalisierte Arbeitsteilung, Vorgaben von Fertigungszeiten und Stücklöhnen in allen Industrieländern durch (vgl. *Prinz,* 1990, S. 21ff.).

---

12 Vgl. die zeitgenössische literarische Umsetzung bei *Sinclair,* 1985[1937].

❏
Das Fließband (hier in den Ford-
Werken) ermöglichte produktions-
technisch die Entwicklung von
Massenmärkten.

Quelle: *Armanski,* 1988

– Der Ausbau leistungsfähiger Verkehrswege, wie Eisenbahnbau, Kanalbau,
Straßenbau, als notwendige *Infrastruktur* der Massenproduktion. Zum einen
wurde sie für den Rohstoff- und Energietransport benötigt, zum anderen für die
Belieferung des nationalen Absatzmarktes. Die Industrie war insofern von der
Schaffung des modernen Verkehrs abhängig, sie ermöglichte ihn aber auch.
Insbesondere der Eisenbahnverkehr spielte eine dominante Rolle während der
Industrialisierung. Die Vernetzung kleinerer Eisenbahnlinien zu einem einheit-
lichen Verkehrsgebiet gegen Mitte des 19. Jahrhunderts erhöhte die Wett-
bewerbsfähigkeit von bisher schlecht erreichbaren Regionen und löste wichtige
Investitionsimpulse aus. Neben den Verkehrswegen haben die Kommunikations-
technologien, wie Postwesen, Telegrafenverkehr und Telefon, zu einer weiteren
infrastrukturell bedingten Marktintegration geführt (vgl. *Kiesewetter,* 1989,
S. 261ff.)

Folgende Schilderung vermittelt ein Bild der damaligen Wohnverhältnisse einfacher Arbeiter am Beispiel des Ruhrgebietes:

„Der Zuzug der Industriehungrigen aus Polen, aus dem Osten und aus anderen Agrargebieten Deutschlands ließ in den Gründerjahren jene Zechenkolonien entstehen, die heute noch, trotz allem, den Typ für stark Dreiviertel aller Arbeiterwohnungen im Ruhrbezirk darstellen. In diesen Kolonien, die von den Schachtgerüsten der Zechen drohend überschattet werden, sieht ein Haus wie das andere aus. … Da Erwerbslosigkeit im Ruhrgebiet ein unausweichliches, unwiderrufliches Fatum ist, hat jede Stadt ihre Teufelsinsel, und all diese Marterstätten sind dicht bevölkert. Ja, man muß sogar noch Miete zahlen, um zugelassen zu werden.

Schon in den Gängen umfängt einen der undefinierbare Gestank, der treue Begleiter der Not. Er legt sich ätzend und hart auf die Brust und erschwert das Atmen. Es sind die Ausdünstungen von über hundert Menschen, die da in einem Bretterkäfig zusammengepfercht sind, Säuglinge und Greise und Kranke und Wöchnerinnen. Ein Koksofen verbreitet übelriechende Wärme, die die Luft spröde und trocken macht. Männer rauchen aus kurzen Mutzpfeifen einen Tabak durchaus unedlen Wachstums. Frauen, mit verhärmten, scharfen Zügen und ins Bittere verzogenen Mundwinkeln, starren somnambul ins Leere. Was bleibt einem noch zu hoffen übrig, nach jahrelangem Wohnen in einem Raum, der aus der Baracke mit Militärschranken abgeteilt wurde, ohne Fenster, ohne direktes Tageslicht, ohne frische Luft? Dennoch gibt es selbst unter diesen Ärmsten der Armen, die die grausamste Not hier zusammensperrte, noch beneidetete Glückliche: jene, die eine Wohnecke am Fenster haben.“

Georg Schwarz, 1931, S. 145-157

2.1.1.2 Demographische, sozio-ökonomische und politisch-rechtliche Faktoren

Der Übergang von der landwirtschaftlichen zur industriellen Volkswirtschaft drückt sich in der Beschäftigtenstruktur und den Wertschöpfungsanteilen aus. Während sich die Dominanz des Sekundären Sektors (Industrie, Handwerk) gegenüber dem Primären Sektor (Landwirtschaft, Bergbau etc.) – gemessen an dem Anteil der Beschäftigten – erst kurz vor dem ersten Weltkrieg realisierte, fand dieser Wandel bezogen auf die Wertschöpfung bereits gegen Ende des 19. Jahrhunderts statt (vgl. *Walter*, 1995, S. 113). In diesem Zeitraum führte die *wirtschaftliche Entwicklung* zu einer Verdreifachung des realen Nettosozialproduktes pro Kopf der Bevölkerung - gemessen in Preisen von 1913 (vgl. *Henning*, 1979, S. 26).

Als Konsequenz der Industrialisierung vollzog sich eine grundlegende Umgestaltung der Bevölkerungsstruktur. Hervorzuheben ist zunächst das starke *Wachstum der Bevölkerung*. Zwischen 1816 und 1913 stieg die Bevölkerungszahl von 25 auf 67 Millionen (vgl. *Ritter/Kocka*, 1982, S. 34). Verantwortlich dafür war vor allem der Fortschritt auf medizinischem und hygienischem Gebiet, der die durchschnittliche Lebenserwartung erhöhte und zum Rückgang der Sterblichkeitsrate (hier primär der Kindersterblichkeit) führte. Im Zusammenspiel mit der Industrialisierung entsprach diese Entwicklung der Notwendigkeit eines erhöhten Arbeitsbedarfs und eines erforderlichen Nachfragepotentials.

Weiterhin ist ein durchgehendes Phänomen der Industrialisierung die *Mobilität*, die vom Land in die expandierenden Städte und vor allem in die sich entwickelnden Industriegebiete führte. Zur Reichsgründung wies Deutschland gerade 8 Städte über 100 000 Einwohner auf. Die Volkszählung 1925 ergab bereits 45 Großstädte (vgl. *Abelshauser/Faust/Petzina*, 1985, S. 198). Diese Entwicklung führte zur Herausbildung eines städtischen Proletariats mit großen sozialen Problemen. Als wesentliche Einflußfaktoren gelten dafür die höheren Lebenskosten der Stadt; die Herauslösung aus den sozialen Zusammenhängen der Großfamilie oder Nachbarschaft, die bei einsetzender Arbeitslosigkeit als Unterstützung in der Stadt fehlte, sowie eine sich erst langsam herausbildende städtische Infrastruktur und Verwaltung (wie z. B. Wasserversorgung oder Abfallbeseitigung), die der Expansion gewachsen war.

2.1.1.3 Sozio-kulturelle Faktoren

Die komplexen Veränderungen der Gesellschaften während und durch die Industrialisierung werden mit dem Begriff der *Modernisierung* umschrieben (vgl. *Boudon/Bourricaud*, 1992, S. 343). Charakteristisch hierfür sind die beschleunigte Zirkulation von Gütern, Personen und Informationen; die Veränderung der sozialen Organisation und die Entkirchlichung der Gesellschaft. Allzu oft wird dabei die entscheidende Rolle von Absatzwirtschaft und Konsum für die Modernisierung der westlichen Gesellschaften vernachlässigt. Eine „angebotsseitige"

Geschichtsschreibung, die technische Innovationen und produktive Kapazitäts-steigerungen betont, muß deshalb durch eine „nachfrageseitige" Betrachtung er-gänzt werden. In diesem Sinne wird hier die Entstehung einer *Konsumkultur* [13] als dominantem sozio-kulturellen Impuls des Makroumfeldes beschrieben. So wie die Kultur mit ihren spezifischen Werten und Normen auch die Einstellung zum Konsum prägt, so entfaltet die Art und Weise des Konsums auch wieder eine kul-turelle Wirkung. Das Konzept der Konsumkultur geht aber über die Beschreibung von Wechselbeziehungen hinaus. Die funktionale Komponente wird durch eine inhaltliche Komponente ergänzt. Diese Charakterisierung der „Art und Weise" der Wechselbeziehung bezieht sich auf die Besonderheiten westlicher Gesellschafts-formen des 20. Jahrhunderts. Für *Rassuli/Hollander* (1986, S. 5) zählen dazu ein Konsumniveau über dem Existenzminimum für einen größeren Teil der Gesell-schaft, die Dominanz des Austausches gegenüber der Eigenproduktion, eine ge-sellschaftliche Akzeptanz des Konsums und ein individuell variierender Konsum, der als Teil der Persönlichkeit eines Menschen wahrgenommen wird.

Was für einen Menschen des ausgehenden 20. Jahrhunderts vielleicht wie Selbst-verständlichkeiten klingen mag, hat sich in Deutschland erst im 19. Jahrhundert entwickelt und nach der Jahrhundertwende langsam durchgesetzt. Im folgenden kann die Entstehung der Konsumkultur über drei Tendenzen skizziert werden:

a) Wandel der Sozialstruktur: Die Demokratisierung des Konsums,

b) Wandel der Familienstruktur: Der Übergang von der Eigen- zur Fremdversorgung,

c) Wandel der Konsumethik: Die Entstehung eines Konsumbewußtseins.

ad a)   Wandel der Sozialstruktur: Die Demokratisierung des Konsums
Vor der Industrialisierung gab es eine ausgeprägte Konsumnormierung. Es war z. B. genau festgelegt, was bei Hochzeiten gegessen werden durfte, wie Gräber ausge-schmückt und welche Kleider getragen werden durften. Die Normierung unter-schied sich nicht nur zwischen verschiedenen Kulturen, sondern auch innerhalb der Kulturen in Abhängigkeit vom sozialen Ort der festen Hierarchie [14]. Ein indi-viduell variierender Konsum war nur den Oberschichten vorbehalten. Im Laufe der Industrialisierung änderte sich die Sozialstruktur der Gesellschaft und damit auch die Rolle des Konsums. Mitte des 19. Jahrhunderts war es zunächst das aufstrebende industrielle Bürgertum, das ein neues Konsumverhalten entwickelte. *Thorstein Veblen* (1986[1899]) prägte hierfür um die Jahrhundertwende – bezogen auf die amerikanischen Verhältnisse – den Begriff des demonstrativen Konsums. Während das vorindustrielle Bürgertum in Deutschland sich noch den Werten der Sparsamkeit, Bescheidenheit und Zurückhaltung verpflichtet sah, versuchte das

---

13 Vgl. *Agnew*, 1993, als Übersicht zur historischen Analyse der Konsumkultur und als Monographie *Lury*, 1996.
14 Bis in das 16. und 17. Jahrhundert reichen auch die Anti-Luxusgesetze, die einen nicht „standesgemässen Konsum" untersagten (vgl. *Hollander*, 1984).

industrielle Bürgertum der zweiten Hälfte des 19. Jahrhunderts, seine neue Identität über Luxuskonsum und auffälligen Konsum auszudrücken. Während vorher der ästhetische Stil des Klassizismus oder des Biedermeiers dominierte, drückte sich jetzt der „Repräsentationsdrang" des Bürgertums im Historismus aus, als hemmungsloses Zusammenstellen willkürlicher geschichtlicher Formen (vgl. *Selle*, 1994, S. 68).

❏
Der Salon eines deutschen Professors als überfüllter Vorzeigeraum Ende des 19. Jahrhunderts.

Quelle: *Selle,* 1994

„Es ist die Ära des allgemeinen und prinzipiellen Materialschwindels. Getünchtes Blech maskiert sich als Marmor, Papiermaché als Rosenholz, Gips als schimmernder Alabaster, Glas als köstlicher Onyx. Die exotische Palme im Erker ist imprägniert oder aus Papier, das leckere Fruchtarrangement im Tafelaufsatz aus Wachs oder Seife. Die schwüle rosa Ampel über dem Bett ist ebenso Attrappe wie das trauliche Holzscheit im Kamin, denn beide werden niemals benützt; hingegen ist man gern bereit, die Illusion des lustigen Herdfeuers durch rotes Stanniol zu steigern. ... Eine prächtige Gutenbergbibel entpuppt sich als Nähnecessaire, ein geschnitzter Wandschrank als Orchestrion; das Buttermesser ist ein türkischer Dolch, der Aschenbecher ein preußischer Helm, der Schirmständer eine Ritterrüstung, das Thermometer eine Pistole."
Egon Friedell, 1948, S. 360

Gegen Ende des 19. Jahrhunderts wuchs der Anteil der Arbeiterschaft, und die Bedeutung der Angestelltenschicht nahm im Laufe der gesellschaftlichen Arbeitsteilung rapide zu. Obwohl der Armutskonsum für eine Vielzahl von Menschen immer noch die beherrschende Alltagsrealität darstellte, mehrten sich die Zeichen eines gesamtgesellschaftlichen Wandels im Konsum. Insbesondere die Facharbeiter versuchten, sich in dieser Zeit mittels des nun entstehenden „massenproduzierten Luxus" an der Ästhetik des Bürgertums zu orientieren. Dominantes Merkmal der Angestellten war die Abgrenzung im Konsum gegenüber der Arbeiterschicht trotz oftmals nur geringer ökonomischer Unterschiede. Ein wesentliches Merkmal ist insgesamt zunächst eine *gesamtgesellschaftliche Ausweitung* des Konsums über die Grundbedürfnisse hinaus [15].

Der Konsum veränderte sich aber auch *qualitativ,* indem sich die feste soziale Konsumnormierung aufzulösen begann:

> „Mit dem Wegfall der alten Standesunterschiede, dem Schwinden des Altüberkommenen, der Verflechtung der Verkehrsbeziehungen über alle Länder- und Erdteilschranken hinweg, erblaßten schnell die altvererbten Unterschiede der Lebensführung zwischen Stadt und Land, Klasse und Stand, zwischen Völkern und Rassen, Abend- und Morgenland."
> *Julius Hirsch*, 1925, S. 10

Dies heißt nun nicht, daß die Klassenunterschiede im Konsum aufgehoben wurden. Die Diskrepanzen zwischen Reich und Arm waren um die Jahrhundertwende immer noch extrem ausgeprägt. Die Anonymität der Großstädte und die Ansätze einer *sozialen Mobiliät* [16] zwischen den Schichten förderten nun aber einen Konsum, der individueller ausgestaltet werden konnte. Ein signifikantes Merkmal dafür ist die Entwicklung eines modischen Bekleidungsverhaltens, das um die Jahrhundertwende erstmals alle Klassen und Schichten umfaßte (vgl. *Jacobeit/Jacobeit*, 1995, S. 288).

ad b) *Wandel der Familienstruktur: Der Übergang von der Eigen- zur Fremdversorgung*

Als ein weiteres Merkmal der Konsumkultur setzte sich in dieser Zeit die Befriedigung der Konsumbedürfnisse über den marktlichen Austausch endgültig durch. Die Familie war bis zum Beginn der Industrialisierung für den Großteil der Bevölkerung immer noch die wichtige, sich selbst erhaltende ökonomische Einheit, in der produziert und konsumiert wurde. Sie bildete die Form der sozialen Existenz, die beherrscht war von einer Situation des chronischen Mangels und dem Kampf ums Überleben. Die Herausbildung von Massenmärkten führte aber nicht nur zu einer räumlichen, zeitlichen und kommunikativen, sondern auch zu einer sozialen Trennung von Produktion und Konsum im Familienkontext. Ende der 20er Jahre

---

15 Dies spiegelt sich selbst in Nahrungs- und Genußmitteln wie Kaffee, Tee, Kakao, Südfrüchte oder Tabak wider, die bis Mitte des 19. Jahrhunderts nur den oberen Schichten zugänglich waren und sich ab 1900 zu alltäglichen Konsumprodukten wandelten (vgl. *Kiesewetter*, 1989, S. 110).

16 Ausgeprägter war die soziale Mobilität in den USA. Aber selbst die Illusion einer sozialen Mobilität kann konsumwirksame Impulse freisetzen. Wo vorher der gesellschaftliche Status den Konsum vorbestimmte, war nun eine Orientierung des Konsums auch an angestrebten höheren Schichten möglich.

gingen 2/3 des Einkommens über die Ladentische des Handels für Güter, die vor noch nicht einmal 100 Jahren noch innerhalb der Familie produziert wurden (Nahrung, Kleidung, Teile der Wohnungseinrichtung) oder für vorher unbekannte Güter (Zahnpasta, elektrische Haushaltsgeräte, etc.). Eng verbunden ist damit die gesellschaftliche Abwertung der häuslichen Tätigkeit. Nach dem Verlust der ökonomischen Funktion der Familie als produktivem Ort zählte die Familie nun hauptsächlich als emotionales Netz, und die Frau entwickelte sich zur Spezialistin für den Familienkonsum [17]. Hierauf reagierte auch die Marketingpraxis dieser Zeit, indem sie die Frau als primäre Zielgruppe anvisierte (vgl. *Kap. 2.1.2.2.2*).

ad c) Wandel der Konsumethik: Die Entstehung eines Konsumbewußtseins
Angesichts der durch die Industrialisierung stark gestiegenen produktiven Kapazitäten stellt sich die Frage, wie sich die entsprechende Nachfrage entwickeln konnte. Eine ökonomische Erklärung sieht in den steigenden Einkommen die wesentliche Ursache. Dazu kamen die oben angeführten Entwicklungstendenzen des individuellen Konsums aufgrund der veränderten Sozialstruktur und die notwendig gewordene Fremdversorgung aufgrund der veränderten Familienstrukturen. Außerdem trug die absatzwirtschaftliche Praxis, die in dieser Zeit eine wichtige Rolle als Nachfragestimulanz spielte, dazu bei. Von besonderer Bedeutung war jedoch die veränderte moralische Bewertung des Konsums.

Die Entstehung des Massenkonsums als notwendigem Pendant zur Massenproduktion war keine logische oder natürliche Entwicklung, denn am Anfang der Industriegesellschaft stand keine Begeisterung der Menschen für die vielen neuen Produkte. Es war zunächst erforderlich, ein entsprechendes *Konsumentenbewußtsein* zu formen. Die Menschen mußten erst einmal davon überzeugt werden, immer neue Konsumwünsche zu haben, bevor diese Wünsche als Nachfrage nach bestimmten Produkten aufgespürt und bearbeitet werden konnten (vgl. *McCracken*, 1992[1987], S. 37). Die Menschen, die früher zum größten Teil ihre konsumierten Produkte selbst hergestellt oder vom örtlichen Handwerker bezogen hatten, mußten zu Konsumenten in der Industriegesellschaft erzogen werden, in der man von einem umfangreichen Warensortiment umgeben ist, das sich ständig wandelt und von unbekannten Menschen und in einer nicht unmittelbar einsehbaren Umgebung produziert wurde.

Für einen Konsumenten des 20. Jahrhunderts ist das Begehren von neuen Gütern und Dienstleistungen „normal". Für den vor-modernen, traditionsgeleiteten Konsumenten umfaßte dagegen das, was existiert, auch alles, was existieren kann. Das Neue galt als gefährlich und das Begehren von neuen Dingen als selbstsüchtig, blasphemisch und die traditionelle Ordnung bedrohend (vgl. *Campbell*, 1987,

---

17 Vgl. *Ewen*, 1976, S. 167. Anzumerken ist dabei, daß in dieser Zeit auch viele Frauen in der Industrie oder als Angestellte tätig waren. Im mittleren Bürgertum, in dem die traditionellen Vorbehalte gegenüber arbeitenden Frauen noch am ausgeprägtesten waren, nahmen Frauen dagegen eher möglichst unauffällig Heimarbeit an (vgl. *Jacobeit/Jacobeit*, 1995, S. 215).

Das Kino war für die Zeit ab 1910 ein populäres Freizeitvergnügen, das als „Theater der kleinen Leute" besonders von den Arbeitern und Angestellten genutzt wurde. Schon in dieser Phase hatte das Kino eine konsumsozialisierende Funktion, indem es Konsumideale und Stilvorbilder prägte. Explizit wurde aber auch die neue Konsumethik propagiert: „Wenn du bei der Arbeit unzufrieden bist, kannst du dein Glück immer noch in der Freizeit beim Konsum finden". Daß die Darstellung des alltäglichen Konsums ein wichtiger Bestandteil der Faszination des Kinos für die sog. „Masse" war, kommt in einer der ersten deutschen Kinokritiken zum Ausdruck [19]:

„Dann folgt die wesentlichste Eigenschaft des Lichtbildtheaters: seine absolute *Modernität*. Es kann gar nichts anderes sein als durch und durch Gegenwart. Das Leben, welches das Lichtbild schildert, ist unser eigenes Dasein. Die Straßen, durch die wir gehen, das Auto, die elektrische Bahn, die Zimmer, in denen wir wohnen, unsere Kleidung, unsere Art zu essen, unsere ganze Form zu leben, finden wir auf den Films wieder. Die eigentümlich vibrierende Atmosphäre unserer Tage, die nervöse, schnelle, abkürzende Existenz des modernen Menschen wird auf einen Augenblick aus dem Tanz und Wechsel der Zeit herausgenommen und erlebt einen Moment der Verewigung. ... Wir sehen uns selber leben. Was am Tage uns quält und hemmt, die ganze verwirrende Vielfältigkeit der modernen Existenz, hier, wo wir kein Wollen haben, das gehemmt werden könnte, gelangen wir dazu, es rein in seinem Wert an sich zu genießen."

Alfred Baeumler, 1992[1912], S. 190f.

S. 39). Ein wichtiger Schritt bedeutete hier die *Aufklärung* des 18. Jahrhunderts, die zum ersten Mal die Idee des Fortschritts durchsetzte. Bis dahin war es üblich, in der Vergangenheit die Verkörperung der Überlegenheit zu sehen (wie z. B. in den antiken Zivilisationen). Die Säkularisierung des 19. Jahrhunderts führte aber nicht nur zu einer positiven Bewertung des Fortschritts und zu dem Aufstieg der Wissenschaften. Es änderten sich auch die religiösen Lehrmeinungen. Statt die Erwerbs- und Konsummentalität zu verurteilen (wie in Form von Gier und Unersättlichkeit als Todsünde), wurde sie jetzt auch als „Gottes Wille" gedeutet (vgl. *Belk,* 1983, S. 515) [18].

„All in all, the adaptation and interweaving of discourses of consumption and morality ensured that society 'could have its material cake and eat it morally too'." *Paul Glennie,* 1995, S. 182

Dieser kulturelle Hintergrund eröffnete für die in die Städte ziehenden Menschen die Möglichkeit eines neuen Lebensmittelpunktes abseits der Arbeit. In den traditionellen Kulturen vor der Industrialisierung hatte der Ort der Produktion (Familie und Dorfgemeinschaft) demgegenüber auch die Befriedigung von Bedürfnissen in Form von Naturverbundenheit, Geborgenheit und Liebe versprochen. Während früher das Alter als Anhäufung von produktivem Know-how gegolten hatte, erforderte die Arbeit in der Fabrik die Fähigkeit der Stärke, die Jugend verkörpert. Im Laufe der Industrialisierung verstärkte sich die (auch durch Marketingaktivitäten geförderte) Einstellung, nun im Konsum die Bedürfnisbefriedigung zu suchen. Höhepunkt dieser Entwicklung waren die 20er Jahre bis kurz vor der Weltwirtschaftskrise (sowohl in den USA als auch in Deutschland), in der die Gesellschaft als Ganzes darin übereinstimmte, daß der Weg zum Glück mit immer mehr Gütern und Dienstleistungen gepflastert sei (vgl. *Leiss/Kline/Jhally,* 1990, S. 90).

2.1.2 Marktsituation und daraus folgende Aufgaben und Lösungsansätze

Die beschriebenen Herausforderungen des Makroumfeldes brachten für die Unternehmen einen starken Wandel ihrer Marktsituation und der daraus resultierenden marktlichen Aufgaben mit sich. Dieser soll im folgenden anhand des oben beschriebenen Modells der Leistungsströme *(vgl. Kap. 1.2.4)* strukturiert und dargestellt werden, die zwischen Produktion und Konsum verlaufen und mit verschiedenen Aufgabenstellungen bzw. Funktionen verknüpft sind.

---

18 Vgl. auch die Arbeiten von *Max Weber* (1920), der die asketische Lebensführung und die Selbstdisziplin als Elemente einer protestantischen Ethik mit dem ökonomischen Prinzip der Investition und Akkumulation verknüpft und so den ökonomischen Erfolg der Industrialisierung mit der religiösen Einbettung erklärt. *Campbell* (1987) zeigt, daß auch die zur gleichen Zeit entstehende hedonistische Konsumethik (als ein Begehren nach dem Neuen und nach der realen Einlösung imaginärer Versprechen) ihren Ursprung in religiösen Wurzeln hat (vgl. *Hansen/Bode,* 1995, S. 9).

19 Vgl. auch *O'Guinn/Faber/Rice,* 1985, mit Bezug auf den amerikanischen Film und Konsum- Kontext dieser Zeit.

2.1.2.1 Wandel der Funktionen zwischen Produktion und Konsum

I. Vermittlungsfunktionen des Warenstromes
Quantitative Warenumgruppierung
Im Verlauf der Industrialisierung fand eine zunehmende Verwendung kapital-intensiver Massenproduktionsverfahren statt, wodurch eine *Konzentration der Produktion* stattfand. Dadurch sind die Anforderungen der quantitativen Warenumgruppierung in ihrer Ausprägung der Aufteilung von Großmengen ständig gestiegen.

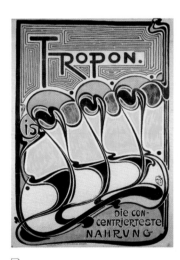

❑

Der Belgier *Henry van de Velde* war 1897/1898 der erste bedeutende Künstler, der eine Verpackung gestaltete. Hier für die Eiweißnahrung Tropon.

Quelle: *Leitherer/Wichmann*, 1987

> „Die im Zeichen des Großbetriebes stehende moderne Wirtschaftsentwicklung hat diese quantitativen Inkongruenzen besonders für solche Güter vergrößert, die den Gegenstand des Massenverbrauchs bilden, und ist im Begriffe, sie durch die zunehmende Industrialisierung auf stets neue Gebiete auszudehnen. War in früheren Wirtschaftsepochen der Handwerker imstande, den verteilenden Verkauf der Erzeugnisse seines Kleinbetriebes an den Verbraucher selbst zu besorgen, so mußte dieser direkte Vorgang mit dem Uebergang der Produktion an den Großbetrieb aufhören. Zahlreiche Beispiele bieten hierzu eine Illustration; um nur einige zu nennen: Nadeln, Knöpfe, Textilien, Schuhe, Hüte, aber auch Brennstoffe, wie Holz und Kohle für den Hausbrand, Mehl, Zucker."
> *Karl Oberparleiter*, 1930, S. 39

Qualitative Warenumgruppierung
Die Intensität und wirtschaftliche Bedeutung der qualitativen Warenumgruppierung ist mit der Industrialisierung allein schon dadurch stark gewachsen, daß wesentlich mehr Produkte wegen der zunehmenden Fremdversorgung vermarktet werden mußten und somit eine *Funktionserweiterung* stattfand. Ein weiterer Effekt liegt in einer *Funktionsverschiebung* vom Handel auf die Hersteller im Zusammenhang mit der Warenveredelung und –pflege. Diese war ursprünglich eine bedeutende Aufgabe des Handels. Er war handwerklich orientiert und mußte oft spezielle physische Veränderungen an den Produkten vornehmen, um sie verkaufsgeeignet und konsumreif zu machen – zumeist in Abstimmung auf individuelle Bedürfnisse der Käufer. Im Verlauf der Industrialisierung erforderte die Massenproduktion zunehmend ein *rationelles Massendistributionssystem*, so daß sich die handwerksnahe und personalintensive Durchführung der Warenveredelungs- und -pflegeleistungen im kleinbetrieblichen Handel zu einem Engpaß entwickelte. Demzufolge wurde diese Funktion auf die Herstellerbetriebe verlagert, indem auf individuell an den Verwendern ausgerichtete Veredelungs- und Pflegeleistungen an den Waren verzichtet wurde und dadurch eine Integration dieser Funktion in die Produktionsprozesse möglich war.

Julius Hirsch prägte für diesen Verlagerungsprozeß den Ausdruck „Zug zum fertigen Produkt", den er mit folgenden Beispielen erläuterte:

❑

Die Ornamentik des Jugendstils wurde von Henry van de Velde inhaltlich in Bezug zum Produkt gesetzt. Während die schwungvolle formale Gestaltung „Energie" ausdrücken soll, erinnert die Farbwahl an Eier als Grundstoff des Produktes.

Quelle: *Rademacher/Grohnert*, 1992

„Als im Jahre 1866 in Berlin der erste Laden mit fertigem Schuhwerk eröffnet wurde, konnte der Andrang nur mit Polizeiaufgebot geregelt werden. ... In seiner Darstellung der Bielefelder Wäscheindustrie schildert *Tittel* anschaulich, wie etwa um 1890 herum die Herstellung der Wäscheausstattung dem Haushalt entgleitet, und wie sich dann an die alte Bielefelder Leinenindustrie die 'Wäscheausstattungsgeschäfte' angliedern. Das geht so bis zu den Nahrungsmitteln: Die gebrauchsfertigen Suppenwürfel, Nährmittel und andern 'fertigen Packungen' werden noch durch die französischen Massenfilialbetriebe mit ihren 10-Cts.-Paketen mit gemahlenem Kaffee, fertigen Suppenrationen usw. überboten; in dieser Erleichterung des letzten Verbrauchs erblicken die französischen Massenzweiggeschäfte eine Hauptursache ihrer ersten Erfolge."
Julius Hirsch, 1925, S. 9f.

Raumüberbrückung

Mit der Konzentration der Produktion ging eine räumliche Erweiterung der Märkte einher. Die dadurch *zunehmenden Entfernungen* zwischen Produktions- und Verwendungsstandorten führten zu einer Intensivierung der Raumüberbrückungsfunktion. Gleichzeitig fand eine starke Evolution des Verkehrswesens statt, die eine Delegation der Transportfunktion auf das Transportgewerbe ermöglichte. Außerdem verringerten sich in qualitativer Hinsicht die Risiken und Schwierigkeiten des Gütertransports. Insgesamt gibt es also konträre Impulse für die Veränderungen dieser Funktion.

Zeitlicher Ausgleich

Durch zunehmende Kapitalintensität der Produktionsverfahren ist im Vergleich zur flexibleren handwerklichen Erzeugungsweise der *zeitliche Ausgleich zur Sicherung der Produktionskontinuität* wichtiger geworden. Verbesserungen in den Konservierungstechniken haben allerdings für verschiedene Produktbereiche eine Vereinfachung der Funktionserfüllung erbracht.

II. Vermittlungsfunktionen des Kommunikationsstromes
Angebots- und Nachfrageermittlung

Die Angebots- und Nachfrageermittlung beinhaltet die Beschaffung von Informationen über Beschaffungs- und Absatzmärkte. Mit der Industrialisierung und der Entstehung von Massenmärkten wurde diese Funktion immer dringlicher für die Hersteller. Angebots- und Nachfrageermittlung wurden bis in den Beginn des 20. Jahrhunderts nur in geringem Ausmaß und in wenig entwickelter Form betrieben. Vielmehr bildeten Erfahrung und Intuition den wesentlichen Zugang, wobei der Handel als Mittler zwischen Produzent und Konsument eine maßgebliche Rolle hatte. Erst als die industriellen Produktionsverfahren für anonyme Märkte Marketinginformationen als Planungsgrundlage voraussetzten, begannen die Hersteller mit systematisch betriebener Marktforschung und machten sich damit unabhängiger vom Handel. Die Funktion der Angebots- und Nachfrageermittlung verschob sich also auf Hersteller und später auf Marktforschungsinstitute. Dabei waren in den Anfängen der Marktforschung die Fragestellungen relativ einfach

In einer Beschreibung der Veränderungen durch die Werbung aus dem Jahre 1880 wird geradezu euphorisch verkündet:

„Die moderne Reklame ist ein wahrer Proteus an Gestalten und Formen. Sie ist es, die dem städtischen Treiben sein charakteristisches Gepräge aufdrückt. Sie bedeckt alle leeren Mauern mit Inschriften, sie blickt aus allen Schaufenstern, stellt sich uns auf Weg und Steg entgegen, hängt sich an das Große und schließt einen neuen Freundschaftsbund mit den kleinsten Objecten des täglichen Bedarfs."

J.H. Wehle, 1880, S. 23

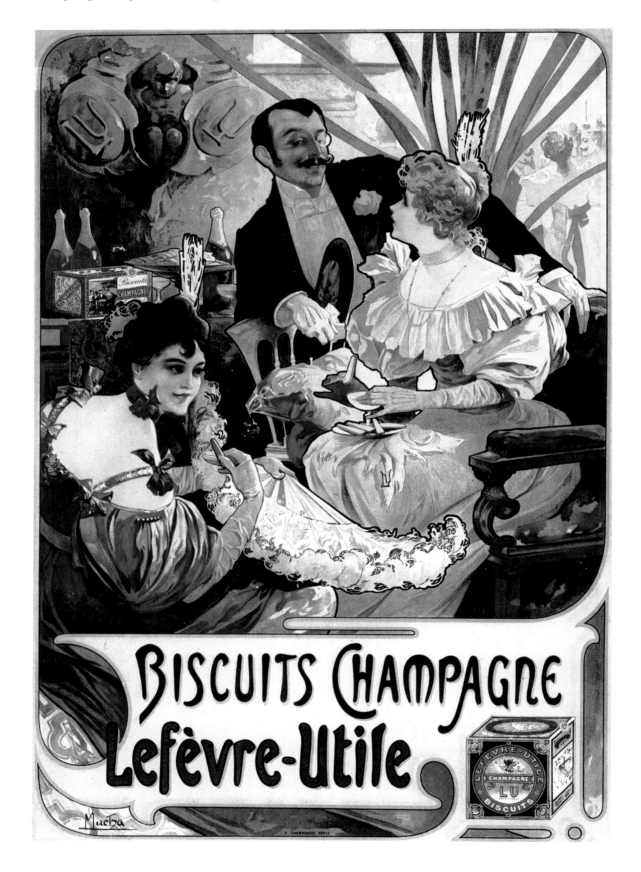

In seinem Buch „Babbitt" beschreibt *Sinclair Lewis* 1922 auf satirische Art und Weise die neue amerikanische Konsumentenkultur der 20er Jahre, insbesondere deren provinzielle und konformitäts-produzierende Ausformungen. Babbitt, ein Mittelklasse-Geschäfts-mann, wird in seiner Angst vor eigener Meinung beschrieben. Sicherheit verleihen ihm in dieser Situation die verschiedenen Un-ternehmer- und Politiker-Clubs so-wie die Werbung. Zum Ausdruck kommt hier auch die Spannung zwischen der neuen Konsumgesell-schaft und den 'traditionellen Werten' (im Zitat erwähnt als 'joy, passion and wisdom'):

„Just as he was an Elk, a Booster, and a member of the Chamber of Commerce, just as the priests of the Presbyterian Church determined his every religious belief and the se-nators who controlled the Republi-can Party decided in little smoky rooms in Washington what he should think about disarmament, tariff, and Germany, so did the large national advertisers fix the surface of his life, fix what he believed to be his individuality. These standard advertised wares – toothpastes, socks, tires, cameras, instantaneous hot-water heaters – were his symbols and proofs of excellence; at first the signs, then the substitutes, for joy and passion and wisdom."

Sinclair Lewis, 1922, S. 80f.

❑
Abb. S. 34
Ein Plakat von *Alfons Mucha* aus dem Jahr 1896. Ungewohnt für diese Zeit war die fehlende Domi-nanz des umworbenen Produktes. Dafür waren damals seine Plakate, insbesondere mit idealisierten Frauengestalten, als Kunstdrucke umso populärer.

Quelle: *Ellridge,* 1992

und bezogen sich auf leicht erfaßbare Tatbestände des Marktgeschehens. Entspre-chend schlicht waren die zum Einsatz gelangenden Marktforschungsmethoden.

Die Entwicklung der Marktforschung stand in engem Zusammenhang zur Werbung und zu der Entdeckung des Markenartikelsystems. Die Werbung war als direkte Verbindung zwischen Produzent und Konsument ein wichtiger Bestandteil des Markenartikels und die Marktforschung wiederum eine wichtige Grundlage für die Werbung (vgl. *Mataja,* 1910, S. 419).

Angebots- und Nachfragelenkung
Angebots- und Nachfragelenkung (in der Literatur auch als Markterschließungs-, Kontakt-, Interessenwahrungs-, Beratungs- und Werbefunktion benannt) enthält die Aufgabe der Angebots- und Nachfragepräsentation durch persönliche und unpersönliche Kommunikation. Vor der Industrialisierung wurde die Angebots-präsentation überwiegend vom Handel auf der Basis persönlicher Kommunikation durch Kontaktierung und Inspektion der Ware vorgenommen. Ein Treffen der Marktpartner war also erforderlich. Die Entstehung von Massenmärkten erforderte hier rationellere Verfahren der Präsentation. So wurde neben der persönlichen Kommunikation mit der Werbung ein adäquates Instrument der un-persönlichen Warenpräsentation entwickelt und ausgebaut. Sie ist massenwirksam in der Kontaktschaffung und insofern geeignet, auf anonymen Massenmärkten Transparenz über die Angebotssituation zu schaffen.

Daneben spielte die Werbung aber auch eine wichtige Rolle in der *Erziehung zum Konsumenten*. Durch den Wandel von der Land- zur Stadtbevölkerung, die eine wachsende Entfernung vieler Menschen von ihren historischen und kulturellen Wurzeln mit sich brachte, löste sich auch der traditionelle Rahmen auf, in dem der Konsum Bedeutung erhielt. Hier wurde der Boden für die Werbung bereitet, die diese Funktion zu übernehmen versuchte. Zu beobachten ist dies anhand des Wan-dels der Werbestrategien. In den USA dominierte bis 1910 in der Werbung die Hervorhebung der Qualität und der Gebrauchsfunktion der Produkte (auch be-dingt durch die vielen neuartigen Produkte). Danach wurden vor allem in den 20er Jahren die symbolischen Qualitäten der Produkte hervorgehoben, indem z. B. die Produkte und ihr Konsum mit Status, Gesundheit und sozialer Anerkennung ver-bunden wurden (vgl. *Leiss/Kline/Jhally,* 1990, S. 138f.).

Zwar kann die Wirtschaftswerbung auf eine lange Geschichte zurückblicken, ein bedeutender Wirtschaftsfaktor wurde sie allerdings erst am Anfang des 20. Jahr-hunderts. So gelten die ersten 25 Jahre des 20. Jahrhunderts als die Periode der Werbung, in der die Werbeausgaben am schnellsten wuchsen. Zu beobachten ist dies vor allem in den englischsprachigen Ländern. Allein in den USA entwickelten sich die Werbeausgaben von $15 Millionen 1870 über $71 Millionen 1890 auf über $2000 Millionen am Ende der 20er Jahre, die sich auf die Werbeträger Zeitung, Magazin und - ab den frühen 20er Jahren - auf das Radio und das Kino verteilten (vgl. *Leiss/Kline/Jhally,* 1990, S. 98, 116).

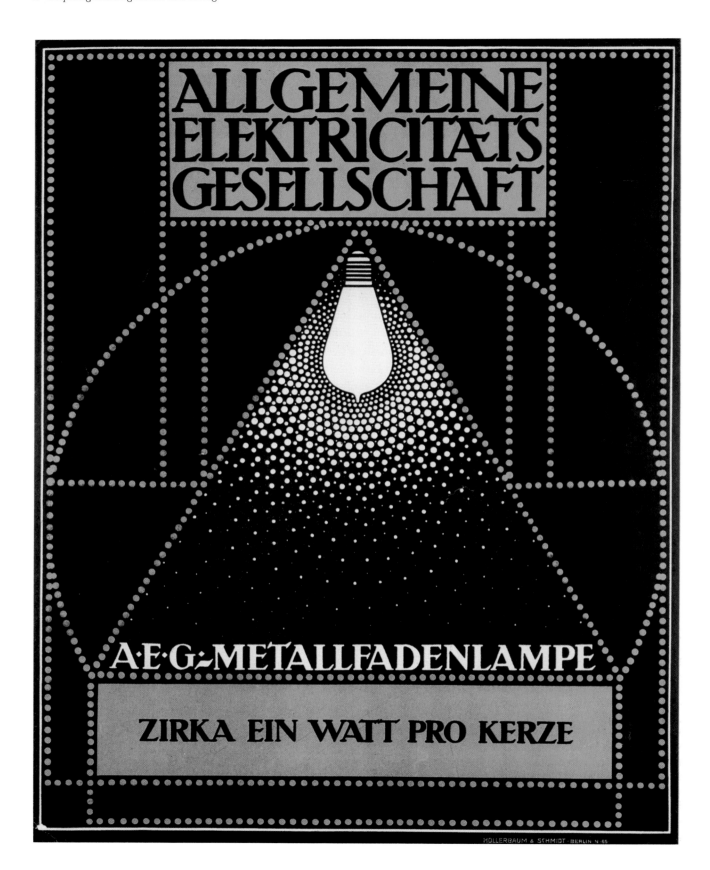

Das Werbewesen in Deutschland entwickelte sich nicht so schnell wie in den USA. Ein wesentlicher Grund lag in der noch weit verbreiteten Ablehnung des neuen Geistes im Wirtschaftsleben insbesondere durch das traditionelle Bürgertum. Zum einen war dieses Ressentiment gegenüber einem „marktschreierischen Reklameunwesen" allgemein mit einer kulturpessimistischen Distanz zu den radikalen gesellschaftlichen Veränderungen der Industrialisierung verbunden. Der Generation zur Mitte des 19. Jahrhunderts war bewußt, daß der Einzug von Fabriken und Maschinen eine neue Wirtschaftsmoral mit sich bringen würde, aber auch den Verlust der traditionellen Werte. Zum anderen liegen die Wurzeln in einem jahrhundertealten Zunft- und Ständedenken, das einem direkten Werben um Kunden zuwidersprach. Noch Ende des 18. Jahrhunderts waren Konkurrenzmaßnahmen wie Werbung oder Preisunterbietungen verpönt oder sogar verboten. Der ehrbare Kaufmann hatte in seinem Laden auf Kundschaft zu warten. In den Statuten der Leipziger Kramer-Innung hieß es zu dieser Zeit: „Kein Kramer soll dem anderen seine Kunden auf einigerlei Weise abspenstig machen" (*Borscheid,* 1995, S. 22). Ab Mitte des 19. Jahrhunderts setzte sich die Werbung auch in Deutschland durch[20]. Die Impulse kamen im wesentlichen von den Fabriken, für die Werbung als Kontaktanbahnung auf nationalen Märkten eine Notwendigkeit wurde und die das Wettbewerbsdenken sowie die Gewinnmaximierung auch in den Handelsbereich hineintrugen.

Die Unvermeidlichkeit der Werbung im modernen Wirtschaftsleben wurde schließlich auch von den (vielen) Kritikern erkannt. Der Widerstand verschwand aber nicht plötzlich, sondern konzentrierte sich auf die verschiedensten Initiativen zur Beschränkung der Werbung, was folgende Beispiele belegen:

– Die während der Gründerzeit um 1870 entstehende Nutzung von Schaufenstern als Werbemittel wurde mittels eines „Blendzwanges" bekämpft, der die gesetzliche Verhängung von Schaufenstern an Sonn- und Feiertagen anordnete. Dem „ruhelosen Erwerbsstreben" sollte zumindest an diesen Tagen Einhalt geboten werden. Nach Protestresolutionen der verschiedenen Handelskammern und anderer kaufmännischer Vereinigungen wurden im Verlaufe des ersten Jahrzehnts des 20. Jahrhunderts die Verordnungen aufgehoben (vgl. *Reinhardt,* 1995a, S. 124).

– Die öffentliche Werbung mittels Lichtreklame, Fassaden- oder Dachwerbung und Streckenreklame an Eisenbahnlinien und Straßen wurde zunächst mittels „Verunstaltungsgesetzen" bekämpft. Neben der möglichen gesundheitlichen Gefahr einer Überreizung wurde als Hauptargument die Verschandelung von

❑
Abb. S. 35
Im Gegensatz zum Jugendstil drückte sich bei dem Architekten und Graphiker *Peter Behrens* in dem Plakat von 1907 eine abstrakte und reduzierte Ästhetik aus, die als Vorläufer des Bauhaus-Design gilt. Sein Verständnis von Technik als Mittel und Ausdruck von Kultur konnte er bei AEG im Sinne der später so genannten „Corporate Identity" von der Architektur bis zum Briefpapier umsetzen.

Quelle: *Bäumler,* 1996

---

20 Wichtige erste historische Einschnitte waren die Etablierung der Pressefreiheit und die Aufgabe des staatlichen Anzeigenmonopols nach den revolutionären Ereignissen um 1848, die zu einem Aufschwung der Anzeigenwerbung führte, sowie das durch *Erich Litfaß* und seine Plakatsäule entstehende Plakatwesen ab 1855 (vgl. *Reinhardt,* 1995b, S. 45).

Landschaft und Stadtarchitektur angeführt (vgl. *Brune-Berns*, 1995, S. 108). Überregionale Berühmtheit erlangte der Streit um die Alsterarkaden in Hamburg, bei der verunstaltende Reklame über das Baupflegegesetz 1912 verboten wurde (vgl. *Hedinger*, 1996).

❏

In diesem Zeitschriftenheft von 1924 artikulierte der als Dadaist bekannt gewordene *Kurt Schwitters* das Credo der von ihm gegründeten Künstlergruppe „Ring ‚neue werbegestalter'". Statt sich individueller Künster zu bedienen, solle die Werbung sich auf die Kunst selber, hier im Sinne einer konstruktivistisch geprägten funktionalen Typographie beziehen.

Quelle: *Lottner*, 1990

Erst in den 20er Jahren wurde die Werbung in Deutschland zur Selbstverständlichkeit und zum integralen Bestandteil der städtischen Kultur und des individuellen Lebensstils. Kinowerbung, Himmelsschreiber, die sog. Sandwichmänner (mit Werbetafeln behängte Personen) oder Reklamewagen in jeglicher Variation entsprachen nun dem Zeitgeist des modernen großstädtischen Lebens.

III. Vermittlungsfunktionen des Wertstroms
Preisermittlung

In Zeiten eines mangelhaften Kommunikations- und Verkehrssystems war die Preisermittlung eine wichtige Funktion des Handels. Im Vergleich zu Herstellern und Verwendern hatte der Handel Informationsvorteile aufgrund seiner Sachkenntnisse über Produkteigenschaften, Bezugsquellen und Absatzmöglichkeiten. Die Marktbedeutung des Handels wurde aber insbesondere durch den Ausbau des Kommunikationssystems eingeschränkt. Hersteller verschafften sich durch Marktforschung die notwendigen Marktkenntnisse für eigene Preisbildung und versuchten, diese bis hin zum Verbraucher durchzusetzen.

Zeitlicher Zahlungsausgleich

Von besonderem Interesse ist die Entstehung der Konsumfinanzierung, d. h. der Kreditierung von Konsumkäufen. Vor allem vom Einzelhandel getragen, diente die Konsumfinanzierung in den Anfängen der Industrialisierung der *Förderung des Massenkonsums* durch die *Notfinanzierung armer Konsumenten*. Sie wurde zunächst in der traditionellen Form des Anschreibens und des offenen Buchkredits und später in der neuen Form der Teilzahlungsfinanzierung betrieben, die den Massenabsatz industriell höherwertiger Konsumgüter ermöglichen sollte [21]. Das

Eher paternalistische Gründe veranlaßten *Josef Hellauer* 1927 zu einem warnenden Hinweis auf die Gefahren der Kreditierung:

„Das Schlimmste ist, daß durch die Konsumfinanzierung zu überflüssigem Verbrauch, für den gegebenenfalls die entsprechende Wirtschaftsgrundlage fehlt, verleitet werden kann. Schafft man erst aus dem vorhandenen Einkommen an, dann muß man auf minder wichtigen Verbrauch, zu dessen Deckung die Mittel fehlen, verzichten. Wird dagegen bei der Anschaffung Kredit gewährt, dann nimmt man sie eventuell vor in der ungewissen Hoffnung, daß das künftige Einkommen zur Schuldabzahlung ausreichen werde. Ist das dann nicht der Fall, dann erleidet entweder der Gläubiger Schaden, oder der Schuldner kann einen Teil des nützlichen Verbrauchs, der vielleicht für sein oder seiner Familie Wohlergehen erforderlich wäre, nicht vornehmen. – Natürlich kann es auch umgekehrt sein. Es kann infolge des Kredits eine nützliche Anschaffung (z. B. von Kleidern oder Möbeln) stattfinden, zu der es in anderen Fällen nicht käme, weil das Einkommen in leichtsinniger Weise

❏ Die Konsumfinanzierung als primäre Werbeaussage in einer Anzeige der Berliner Morgenpost von 1905.

Quelle: *Ferber*, 1985

21 Für den Sozialwissenschaftler *Daniel Bell* (1976, S. 84) gehört zu den drei sozialen Innovationen, die den Massenkonsum des 20. Jahrhunderts ermöglichten, neben der Fließbandproduktion und der Entwicklung des wissenschaftlichen Marketing die „... Popularisierung von Ratenzahlungen, die gründlicher als irgendeine andere soziale Innovation die alte protestantische Angst vor Schulden beseitigte."

auf unnütze Ausgaben (Vergnügun-
gen, Alkohol) verzettelt wurde. Hier
erscheint die Konsumfinanzierung
als ein Mittel, das zum Sparen für eine nützliche Anschaffung (im nachhinein) zwingt. – Die Verleitung zu
unwirtschaftlichen Anschaffungen
scheint mir aber näher zu liegen."

Josef Hellauer, 1927, S. 71f.

Ausmaß der Kreditfunktion wird deutlich, wenn man berücksichtigt, daß um 1900 bis zu ³/₄, in manchen Handelszweigen bis zu ⁹/₁₀ aller Verkäufe „auf Borg" vorgenommen wurden (vgl. *Hirsch,* 1925, S. 235f.). Erst in den 20er Jahren wurde diese Funktion von den Banken und Sparkassen übernommen, die sie vorher aus risikopolitischen und ertragswirtschaftlichen Gründen abgelehnt hatten.

2.1.2.2 Institutionelle Veränderungen
2.1.2.2.1 *Interdependenz von funktionaler und institutionaler Entwicklung*

Die Entwicklung der distributiven Institutionen, d. h. der Organisationsformen der Absatz- und Beschaffungswirtschaft, hängt mit der Funktionsentwicklung in der Weise zusammen, daß diese eine adäquate Organisation der Erfüllung von Funktionen in Institutionen bedingt, die ihrerseits wiederum zurückwirken.

In institutioneller Hinsicht ist von Interesse:

a) die *zahlenmäßige* und größenmäßige Entwicklung von Handelsbetrieben,

b) die *vertikale Stufenteilung* und die *horizontale Branchenteilung* im Handel, d. h. die Strukturierung der Arbeitsteilung,

c) die Entwicklung von *Hilfsgewerben* innerhalb der Absatzwirtschaft.

ad a)   Zahlenmäßige Entwicklung
Ermöglicht durch die Einführung der Gewerbefreiheit und erforderlich durch die Entwicklung zu Massenproduktion und Massenmärkten und die dadurch hervorgerufene Intensivierung der vorzunehmenden Funktionen, kam es zu einer *starken Zunahme* von Handelsbetrieben (vgl. *Hirsch,* 1925, S. 20; *Tietz,* 1993a, S. 80):

– Anwachsen der *Betriebszahlen* (allein von 1882-1907 um 76 %),

– Zunahme der *Handelsdichte,* d. h. Handelsbetrieb pro 10 000 Einwohner, von 113, 1 (1875) auf 152, 4 (1925),

– Trend zu *größeren Betriebseinheiten* (Während zwischen 1875 und 1925 die Anzahl der Betriebe bezogen auf die Bevölkerungszahl um 35 % stieg, wuchs in der gleichen Zeit diese Relation für die Beschäftigtenzahl um fast 200 %.).

ad b)   Vertikale Stufenteilung und horizontale Branchenteilung
Vertikale Stufenteilung: Vor allem das starke Anwachsen der quantitativen und räumlichen Überbrückungsaufgaben bedingte die Hintereinanderschaltung von Groß- und Einzelhandelsbetrieben, d. h. die Verlängerung des Marktweges von Erzeugnissen.

Horizontale Branchenteilung: Differenzierungen in Warenangebot und -verwendung machten Beschränkungen der Funktionserfüllung auf spezifische Produktgruppen notwendig. Dadurch kam es zur Durchbrechung alter Branchengliederungen: Während es bspw. 1882 im Zensus nur 15 Unterarten (Gewerbeklassen) des Warenhandels gab, so waren es 1907 bereits 48. Noch imposanter ist der Anstieg der Branchenbezeichnungen, der sich von 43 (1837/38) auf über 1000 (1907) entwickelte (vgl. *Hirsch*, 1925, S. 23).

ad c) Entwicklung von Hilfsgewerben
Die Ausdehnung der Funktionen und gestiegene Anforderungen an ihre Erfüllung führten zu einer vielgestaltigen Ausgliederung von Hilfsgewerben.

Beispiele:

Funktion	Beispiel
Raumüberbrückung	Transportgewerbe
Zeitlicher Ausgleich	Lagerungsgewerbe
Angebots- und Nachfrageermittlung	Marktforschungsinstitute
Nachfragelenkung	Vertreter, Makler, Werbeagenturen
Zeitlicher Zahlungsausgleich	Kreditgewerbe

2.1.2.2.2 Entwicklung ausgewählter neuer Betriebsformen des Handels

Die neuen distributiven Aufgaben in Verbindung mit der Massenproduktion führten auch zur Entwicklung von Großbetriebsformen des Handels, die eine adäquate *Massendistribution* ermöglichten. Diese brachten Funktionsvereinigungen und Branchenzusammenführungen mit sich.

Das Warenhaus als neue Betriebsform
In der Tradition von Markthallen und Passagen stehend, wurden in Frankreich die ersten Warenhäuser um 1850 entwickelt. Berühmt wurde hier das vom Eiffel-Turm-Erbauer entworfene „Au Bon Marché" (vgl. *Fullerton*, 1994, S. 247). Um 1860 gab es die ersten Warenhäuser in den USA. Es folgten später in Deutschland (vgl. *Strohmeyer*, 1980, S. 76ff.):

1876 Georg Wertheim in Stralsund,
1879 Leonard Tietz (später Kaufhof) in Stralsund,
1881 Rudolph Karstadt in Wismar,
1882 Hermann Tietz (später Hertie) in Gera,
1885 Theodor Althoff (1920 Fusion mit Karstadt) in Dülmen.

Das Warenhaus bildete eine wichtige Nahtstelle zwischen Massenproduktion und Massenkonsum. Als erste Betriebsform des Einzelhandels war es auf die Distribution industriell produzierter Massenwaren abgestellt. Das Ziel bestand in der

❏
Abb. S. 42
Das Warenhaus Tietz in Hamburg um 1912. Das Einkaufen verwandelte sich in ein Konsumerlebnis.

Quelle: *Plagemann*, 1984

❏
Die Warenhäuser erkannten früh die Potentiale der Lichtreklame. Hier umgesetzt in Form einer feierlich geschmückten Fassade des Warenhaus Wertheim in Berlin 1900.

Quelle: *Bäumler,* 1996

Einen Einblick in die Attraktivität des Einkaufs in einem Warenhaus vermittelt ein Ausschnitt aus dem Roman „Au Bonheur des Dames" (Paradies der Damen) von *Émile Zola* (1976[1883]). Der Roman erzählt die Geschichte eines Mädchens vom Lande, das zunächst von den städtischen Konsumattraktionen überwältigt wird, um später den neuen Wettbewerbsgeist auch für sich selber privat umzusetzen. Mit Bezug auf die legendären Kaufhäuser „Bon Marché" und „Louvre" beschreibt *Zola* den Einbruch neuer Konsumangebote und – praktiken am Ende des 19. Jahrhunderts anhand des Warenhauschefs *Octave Mouret,* der den Typus des neuen industriellen Unternehmers verkörpert. Thematisch werden hier schon die sozio-kulturellen Auswirkungen einer „Demokratisierung des Luxus" aufgegriffen, die Individualisierung der Menschen als Konsumenten sowie die Inszenierung des Konsums in theatralischen Konsumtempeln.

Erhöhung der Umlaufgeschwindigkeit der Produkte und der Gewinnrealisierung durch Umsatzvolumina bei relativ niedrigen Handelsspannen. Das neue Geschäftsprinzip „Großer Umsatz, großer Nutzen" bedeutete den Übergang vom handwerksmäßigen Kleinbetrieb zum „kapitalistischen Großbetrieb" im Handel auf der Grundlage planvoller Rationalisierung (vgl. *Hirsch,* 1910, S. 12; 1925, S. 239). Zur Umsetzung wurden folgende im Vergleich zum seinerzeit vorherrschenden kleinbetrieblich strukturierten Fachhandel innovative Ideen realisiert, die konstitutive Merkmale dieser Betriebsform bildeten (vgl. *Leitherer,* 1978, S. 166):

– breites und mitteltiefes Sortiment nach dem Prinzip des „*alles unter einem Dach*",

– *offene Warenpräsentation,* die dem Kunden einen direkten Kontakt zur Ware ermöglichte,

– ausgeprägte *Preiskonkurrenz,* die dem zunftmäßigen Geist des damaligen Einzelhandels völlig neu war,

– Festpreise mit *Preisauszeichnung,* wodurch das sonst übliche Handeln und Feilschen entfiel [22],

– Einführung des *Umtauschrechtes* und

– *zentraler Standort* im Stadtkern.

Zur Unterstützung des angestrebten Massenumsatzes wurden verstärkt Zeitungswerbung [23] und attraktive Schaufenstergestaltung eingesetzt. Weitere Instrumente des Handels, wie z. B. Sonderverkäufe, Ausverkäufe (damals als „Weiße Wochen" bezeichnet) oder Sonderangebote, wurden schon in dieser Phase beim Warenhaus genutzt.

Entscheidenden Einfluß auf den Erfolg dieser Betriebsform hatte das neue Stadtgefühl am Ende des 20. Jahrhunderts. Das Transportwesen hatte Fortschritte gemacht, man brauchte nicht mehr in der unmittelbaren Nachbarschaft einzukaufen, und insbesondere für die neuen Schichten der sich in den Großstädten sammelnden Arbeiter, Angestellten und Beamten wurde das Warenhaus zum sozialen Zentrum. Der gesamte Akt des Einkaufens hatte sich damit fundamental verändert. Es war zum erstenmal möglich, umherzugehen und die Waren anzuschauen, ohne zum Kauf verpflichtet zu sein. Für *McCracken* (1992[1987], S. 40) realisiert sich hier die neue „Freiheit des vorweggenommenen Genusses". Man kleidete sich wie zu einem Ausflug, traf Bekannte und informierte sich über die neuesten Moden.

---

22 Das Feilschen war Bestandteil des „Nahrungprinzips" im traditionellen Detailhandel. Der „standesgemäße Verdienst" des Einzelhändlers basierte dabei auf einem festen Abnehmerkreis. Das persönliche Verhältnis zu den Kunden beinhaltete auch eine einkommensabhängige Preiskalkulation und -aushandlung (vgl. *Gerlach,* 1988, S. 20). Im Warenhaus wurde dagegen zunächst nicht einmal ein Kredit gewährt, um den Kapitalumschlag zu erhöhen. Bei *Mataja* (1910, S. 372) erklärt dazu ein französischer Warenhauschef: „Die häufige Wiedererstattung des Kapitals ... ist eine der Grundlagen des neuen Systems. Nach dem Worte des Leiters des Louvre muß man fortwährend sein Geld wiedersehen."

23 Eng verbunden damit ist die Expansion des städtischen Zeitungswesens, deren Haupteinnahme Ende des 19. Jahrhunderts die Markenartikel- und Warenhauswerbung bildete.

„Man begann aufzubrechen, unordentliche Haufen von Stoffen bedeckten die Ladentische, das Gold klimperte in den Kassen, während die ausgeplünderte, vergewaltigte Kundschaft halb vernichtet fortging, mit befriedigter Wollust und in der geheimen Scham ob einer in einem zweideutigen Haus gestillten Begierde. Mouret war es, der sie in dieser Weise besaß, der sie durch seine ununterbrochene Anhäufung von Waren, durch die Preisherabsetzungen und das Rückgaberecht, seine Galanterie und seine Reklame in der Gewalt hatte. Er hatte sogar die Mütter gewonnen, er herrschte über alle mit der Brutalität eines Despoten, dessen Laune Familien zugrunde richtet. Seine Schöpfung führte eine neue Religion herauf, die Kirchen, die der wankende Glaube nach und nach veröden ließ, wurden in den nun unbeschäftigten Seelen durch seinen Basar ersetzt. Die Frau verbrachte jetzt bei ihm ihre leeren Stunden, die Stunden des Schauderns und der Unruhe, die sie einst in den Kapellen verlebte: unerläßliche Verausgabung nervöser Süchtigkeit, wiederauflebender Kampf eines Gottes gegen den Gatten, unaufhörlich erneuerter Kult des Körpers, dazu das göttliche Jenseits der Schönheit. Wenn er seine Türen geschlossen hätte, wäre auf der Straße ein Aufstand ausgebrochen, das verzweifelte Geschrei der Frommen, die man daran hindern wollte, zur Beichte und zum Tisch des Herrn zu gehen."

Émile Zola, 1976[1883], S. 669f.

Hiermit begann sich das Einkaufen von der „Hausarbeit" zu lösen, um langsam als eine Freizeitaktivität wahrgenommen zu werden, die sich in den städtischen Lebensstil einpaßte [24]. Nicht unwesentlich trug dazu bei, daß das Warenhaus zur Zeit seiner Entstehung für die Hauptzielgruppe der Frauen [25] neben der Kirche den einzigen öffentlichen Platz bildete, den sie gemäß der Moralprinzipien ohne Begleitung ihres Ehemannes aufsuchen durften.

Während sich die amerikanischen Warenhäuser aus großen sieben- bis achtstöckigen Lagerhäusern entwickelten, waren die europäischen Warenhäuser von Anfang an repräsentativer und aufwendiger gestaltet, durch Glas- und Stahlkonstruktionen (in enger Anbindung an die zeitgleichen Weltausstellungen), große Lichthöfe, reiche Verzierungen und kostbare Ausstattungen. Um dem Image des „Billigen" entgegenzuarbeiten und auch die „höheren Stände" anzusprechen [26], wurde neben der Erweiterung des Warenangebotes eine Vielzahl von Maßnahmen zur Aufwertung getroffen, wie z. B. besser geschultes Personal, zusätzliche Dienstleistungen (Frei-Haus-Lieferung, Reisebuchungen, Bücherausleihe), Filmvorführungen, Konzerte oder auch Kunstausstellungen (vgl. *Gerlach*, 1988, S. 50; *Hirsch*, 1925, S. 243).

Um die Jahrhundertwende hatte sich das Warenhaus durchgesetzt. Allein für Preußen weist die Statistik von 1901 bereits 109 Warenhäuser auf, und kurz vor dem ersten Weltkrieg wurde für ganz Deutschland (in Abhängigkeit von der definitorischen Abgrenzung) von ungefähr 400 Warenhäusern ausgegangen (vgl. *Gerlach*, 1988, S. 62). Anzukämpfen hatte diese Betriebsform besonders gegen eine vom mittelständischen Einzelhandel getragene Kritik. Besorgt um ihre Existenz wurden Sonderbesteuerungen als Mittelstandsschutz gefordert. Während in den USA derartige Versuche scheiterten, wurde in Deutschland 1900 das Preußische Warenhaussteuer-Gesetz rechtskräftig (vgl. *Leitherer*, 1978, S. 166; *Schudson*, 1984, S. 150). Später griffen die Nationalsozialisten diese Kritik zur Erschließung neuer Wählerschichten wieder auf und verbanden sie mit antisemitischem Ressentiment.

Der Versandhandel als neue Betriebsform

Zeitgleich mit der Gründung der Warenhäuser entwickelten sich auch die ersten Versandgeschäfte. Als Voraussetzungen für die Entstehung des Versandhandels gelten:

– die *gestiegenen Realeinkommen* auch der Käuferschichten außerhalb der Großstädte,

---

24 *Hirsch* (1910, S. 115) spricht hier von der Einführung des „... in Amerika so beliebte[n] Shopping" und verweist auf die Aussage: „Früher ging man ins Geschäft, um zu kaufen; jetzt kauft man, weil man gerade im Geschäft ist."

25 Vgl. *Mataja*, 1910, S. 327, der in einem speziellen Kapitel „Die Frauen und die Reklame" die „herrschende Stellung der Frau beim Einkauf" betont. Ergänzend weist er darauf hin, daß auch Produkte wie Rasierklingen in Frauenzeitungen beworben werden sollten, da sie zum größten Teil von den Ehefrauen gekauft würden. Vgl. auch den amerikanischen Klassiker „Selling to Mrs. Consumer" von *Christine Frederick*, 1929.

26 Wie *Strohmeyer* (1980, S. 78) erwähnt, führte dieses Image anfänglich zu Vorbehalten bei der „besseren Kundschaft", die angab, für Dienstboten einzukaufen oder um neutrales Verpackungsmaterial bat.

– die *Unfähigkeit des lokalen Einzelhandels*, deren neue Bedürfnisse zu
befriedigen,

– die Entwicklung eines *leistungsfähigen Post- und Verkehrswesens*,

– der *Fortschritt in der Druck- und Vervielfältigungstechnik* (insbesondere für
bildliche Wiedergaben im Katalog),

– eine *verbesserte Rechtshilfe* für die Durchsetzung der Vertragserfüllung.

Zu unterscheiden sind hier vier Entwicklungsformen:

– Der *Einzelhandel* (insbesondere die Warenhäuser) wollte zunächst die gehobene
Landbevölkerung als Abnehmer mit Waren erreichen, die ansonsten nur in den
großen Städten erhältlich waren. Zudem versprach man sich eine bessere Auslastung von Betrieb und Personal, wenn z. B. während der Reisezeit als toter Saison ein Versandgeschäft stimuliert werden könnte. Als Vorteil ergab sich, daß die
Zeitungsanzeigen der größeren städtischen Händler auch auf dem Lande bekannt
waren und ein allmählicher Übergang von dem Zusenden einzelner Preislisten
bis zum Versandhandel genutzt werden konnte. Erst nach dem Ersten Weltkrieg
begann sich der so entwickelnde Versandhandel auch auf die weitere, einkom-
menschwächere Landbevölkerung zu konzentrieren und in Konkurrenz zum
ländlichen Handel zu treten (vgl. *Stratmann*, 1996, S. 4).

– In umgekehrter Richtung von den Regionen in die Stadt enwickelten sich lokal
verankerte *Spezialversandgeschäfte*. Durch die weitgehende Spezialisierung auf
einzelne agrarische und gewerbliche Produkte waren sie auf ein hinreichend
großes Absatzgebiet angewiesen, das über die eigene Region hinausreichte. Von
größerer Bedeutung waren hier insbesondere der Butterversand aus Schleswig-
Holstein; Kaffee und Tee aus Bremen, Textilwaren aus Bielefeld, Schmuck und
Silberwaren aus Pforzheim sowie Musikinstrumente aus dem südlichen Vogtland
(vgl. *Nieschlag*, 1949[1939], S. 15) [27].

– Daneben gab es auch *größere Hersteller*, die einen Versandhandel einrichteten.
Neben dem Ausnutzen des Images eines günstigeren Bezuges lag die Motivation
im wesentlichen in der Möglichkeit eines direkten Kundenkontaktes: „Der Absatz ist dann nicht mehr vom guten Willen eines vermittelnden Zwischenhandels
abhängig, Firma und Ware werden dem Publikum selbst bekannt, es wird in einem noch stärkeren Maße erreicht, was auch durch Einführung einer Marke in
den Verbraucherkreisen angestrebt wird" (*Mataja*, 1910, S. 396).

– *Originäre Versandhäuser* wie Montgomery Ward (gegründet 1872) und Sears
Roebuck (gegründet 1886) entstanden dagegen zuerst in den USA. Als Großbetriebe definierten sie sich nicht mehr über die angebotenen Waren, sondern allein

Der amerikanische Präsident
Franklin D. Roosevelt wurde
einmal gefragt: Wenn sie die
Möglichkeit hätten, welches Buch
würden sie jedem Sowjetbürger
überreichen? Seine Antwort war
nicht die Bibel, die Biographie eines
großen amerikanischen Staatsman-
nes oder eine romanhafte Behandlung des amerikanischen „way of
life". Er entschied sich für den
Katalog des Versandhändlers Sears.

Vgl. *Richard Tedlow*, 1990, S. 261

---

27 Für *Hirsch* (1925, S. 246) sind darüber hinaus für den Spezialversand auch solche Waren von Bedeutung, „... die man nicht gern am Ort
bezieht oder bei nicht standesmäßigen, billigen Bezügen". Vgl. auch *Mataja*, 1910, S. 404, der allein in einer Ausgabe der Zeitschrift
„Fliegende Bätter" von 1905 auf ca. 160 verschiedene Anzeigen von Spezialversendern kommt.

über die Geschäftsform, also dem Vertrieb durch den Versand. Im Gegensatz zu Deutschland war dafür die Ausgangssituation günstiger, wie z. B. die dünne Besiedlung in weiten Gebieten ohne ausreichenden Einzelhandel und die stärker ausgeprägten Konsumbedürfnisse einschließlich der dafür notwendigen finanziellen Mittel auch in ländlichen Gebieten.

Der Vorteil des Versandhandels besteht in den Kosteneinsparungen gegenüber dem stationären Handel bezüglich Laden, Standort und Warenpräsentation und dem landesweiten Kundenkreis, der unabhängig von Ladenöffnungszeiten im Katalog

❏
Der Sears Katalog von 1897 versprach mit der Metapher des Füllhorns ein für jeden bezahlbares Leben im Überfluß.

Quelle: *Tedlow,* 1990

auswählen kann. Durch das Distanzprinzip als konstituierendem Merkmal dieser Betriebsform wird der Katalog zum wichtigsten Kontaktelement. Ein erheblicher Nachteil liegt aber für den Kunden in der mangelnden Möglichkeit einer Prüfung der Ware vor dem Kauf. Verschiedene Maßnahmen wurden angewandt, um das Vertrauen aufzubauen, das der Kunde bisher seinem ihm gut bekannten örtlichen Händler gewährte. So sicherte sich z. B. Montgomery Ward die Unterstützung ländlicher Farmer-Vereinigungen, gab die inzwischen legendäre Garantiezusicherung: „satisfaction guaranteed – or your money back" und versuchte, den Katalog zu „vermenschlichen". Es tauchten Bilder von Geschäftsgründern, Angestellten und Kunden auf. Geschäftsbanken bekundeten die Seriösität des Unternehmens.

❏

August Stukenbrok gründete 1890 eine Fahrradhandlung, aus der das erste deutsche Versandgeschäft hervorging. Hier ein Ausschnitt aus dem sogenannten „Preisbuch" von 1926.

Quelle: *Stukenbrok, 1974*

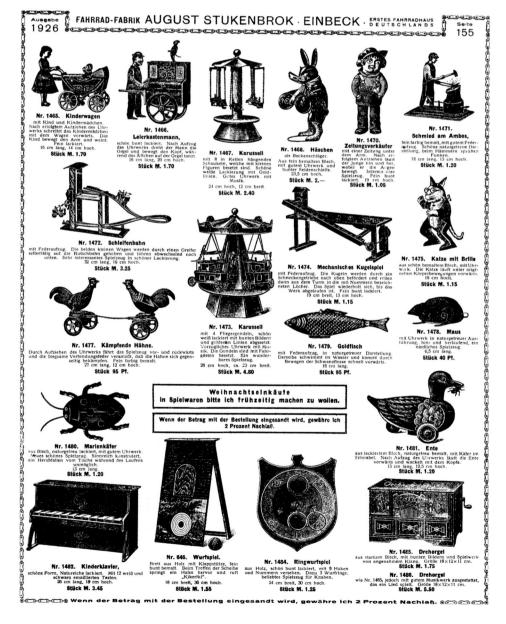

Das Geschäftsgebäude und die Fabriken der Hersteller wurden gezeichnet, und mit besonderer Vorliebe wurden Briefe begeisterter Kunden abgedruckt. Es fehlte auch nicht der Hinweis, daß die Waren in neutraler Verpackung verschickt würden. So wurde berücksichtigt, daß der lokale Händler, der besonders in kleineren Städten eine wichtige gesellschaftliche Position einnahm, nichts von der Untreue seiner Kunden bemerken konnte. Ab 1905 versuchte es Sears mit Sammelbestellern. Das Konzept erwies sich als erfolgreich, und allein bei Sears wuchs die Anzahl verteilter Kataloge von ca. 300 000 (1897) auf über 6 1/2 Millionen (1908). Dieser Katalog hatte 1908 auf fast 1200 Seiten knapp 3 Millionen Worte vorzuweisen (vgl. *Tedlow*, 1990, S. 274). Besonders in den ländlichen Gegenden wurde die halbjährliche Ankunft eines neuen Kataloges zu einem wichtigen gesellschaftlichen Ereignis[28].

Ähnlich wie das Warenhaus in großen Städten schaffte der Versandhandel in ländlichen Gebieten die distributiven Voraussetzungen dafür, daß handwerkliche Produktion und lokaler Konsum zu industrieller Massenproduktion und nationalem Konsum überführt werden konnten. Eine Analyse der ersten amerikanischen Versandhandelskataloge zeigt auf, daß sich diese Übergangsposition auch inhaltlich und formal nachweisen läßt. So wurden bis in die 20er Jahre die Produkte derart beworben, daß es den Anschein erweckte, es handele sich immer noch um selbstgefertigte Dinge, nur mit dem einen Unterschied, daß sie jetzt in größeren Mengen und größerer Vielfalt erhältlich waren. Handwerkliche Werte standen im Vordergrund, und die bildliche Präsentation von Fabriken bestand aus Außenansichten der Gebäude in idyllischen Landschaften ohne Menschen und Maschinen. Wenn sich auch die Gesellschaft durch die Industrialisierung radikal verändert hatte, so war die implizite Botschaft noch immer: in der sozialen Welt der Werte und des Verhaltens ist alles noch so, wie es einmal war (vgl. *Leiss/Kine/Jhally*, 1990, S. 79).

Nachdem der Versandhandel sich lange Zeit als erfolgreiche Betriebsform am Markt durchsetzen konnte, stellten sich in Zeiten größerer wirtschaftlicher Einbrüche, wie sie gegen Ende der 20er Jahre sowohl in Europa wie in den USA zu verzeichnen waren, schlagartig existentielle Probleme ein. Diese resultierten aus der Preis- und Sortimentskontinuität, die notwendigerweise mit der Gültigkeitsdauer des Katalogs verbunden ist. In dynamischen Marktsituationen wächst der Vorteil der kleineren stationären Einzelhändler, kurzfristig und flexibel auf Marktveränderungen reagieren zu können. Dies spürte besonders der Universal-Versandhandel in den USA, der als Reaktionsform die Errichtung von stationären Läden wählte und somit den Warenversand mit dem Residenzprinzip ergänzte. Die strukurellen Krisennachteile waren für den Versandhandel in Deutschland weniger ausgeprägt. Er profilierte sich stärker über die besondere Preiswürdigkeit

---

28 Vgl. auch *Enzensberger*, 1962[1960], S. 168, der eine kritische Rezension des Neckermann-Kataloges von 1960 mit den Worten begründet: „Ein Ethnologe aus dem Jahr 3000 könnte aus diesem Katalog genauere und fruchtbarere Schlüsse auf unsere Zustände ziehen als aus unserer ganzen erzählenden Literatur."

und profitierte teilweise noch von der Krise durch die erhöhte Nachfrage nach billigen Waren geringerer Qualität (vgl. *Nieschlag*, 1949[1939], S. 15).

2.1.2.3 Entwicklung des Markenartikels als Integration produktionswirtschaftlicher, funktioneller und institutioneller Veränderung

„Ich wünschte, ich könnte so etwas wie Bluejeans erfinden. Etwas, damit sich die Leute an einen erinnern. Einen Markenartikel."

Andy Warhol, zitiert nach *Ellerbrock*, 1995, S. 371

Als Revolution im Bereich des Marktes und als eine durchschlagende, das Marketing einläutende Innovation ist der *Markenartikel* anzusehen. Seine Entwicklung fand mit dem Industrialisierungsprozeß statt. Bis kurz vor der Wende ins 20. Jahrhundert endeten die Einflußmöglichkeiten der Hersteller beim Absatz industrieller unmarkierter Produkte am Fabriktor. Sie verkauften ihre Waren nicht *durch*, sondern *an* den Handel (vgl. *Hansen*, P., 1970, S. 26). Für den Konsumenten blieb der Hersteller unbekannt, und der Händler dominierte die Warenverteilung. Im Zusammenspiel der am Absatz beteiligten Institutionen erwies sich im Laufe der Industrialisierung der Handel immer mehr als Schwachstelle. Die handwerksnahe und personalintensive Händlertätigkeit der Warenveredelung und -pflege entsprach nicht mehr den Anforderungen an ein *rationelles Massendistributionssystem* als notwendiger Ergänzung der Massenproduktion (vgl. *Hundt*, 1987, S. 81). In dieser Situation begannen die Hersteller, einige Teilfunktionen der Ausrichtungsleistung, die der Handel bisher unrationeller und teurer erfüllt hatte, selbst auszuführen. So stellten z. B. vor der Industrialisierung das Wiegen, Messen, Mischen und Verpacken der Ware, also die *qualitative und quantitative Warenumgruppierung*, wichtige Funktionen des Handels dar. Diese wurden auf die Hersteller verlagert und *in die Produktionsprozesse integriert („Zug zum fertigen Produkt")*. Damit war auch für das industrielle Markenwesen die Vorbedingung erfüllt, daß zur Markierung konsumreife und verkaufsgerecht verpackte Erzeugnisse notwendig sind. Denn erst eine Verpackung erlaubt es, ein Produkt deutlich in Form, Farbe und Namen von den namenlosen Produkten unterscheidbar zu machen und dem Verwender über die Werbung zu kommunizieren.

„Früher gabs eine einfache Papierdüte mit einem daraufgedruckten Spruch; ebenso lagen die Leckerbissen frank und frei auf den Tafelaufsätzen in der Mitte des Tisches. Jetzt sind die Düten in allerhand hohle Figuren, in Fackeln etc. umgewandelt, und die Bonbons und Schokoladen stecken in den reizendsten Hüllen, z. B. in goldenen Stiefeln, in silbernen kleinen Badewannen oder pupurnen Hundehütten, dreimastigen Segelschiffen, goldenen Renaissance-Laternen mit bunten Glasscheiben, Stulpenstiefeln. ... Unzählige Waren und Werte würden bei aller Genialität in der Technik, Industrie und Kunst immer sehr unansehnlich und reizlos bleiben, wenn man sie nicht zu packen, zu bekleiden, mit Etiketten und schöner Gewandung zu versehen gelernt hätte. Kleider machen Leute und auch Wert und Ware."
Rudolf Cronau, 1887, S. 50, 52

In einer ersten Entwicklungsphase bis ca. zur Reichsgründung stand die Herkunftsbestimmung als Funktion der Marke im Vordergrund (vgl. *Leitherer,* 1955, S. 548), wobei die Hersteller bekannte Herkunftsimages, wie z. B. Brüsseler Spitzen, Solinger Stahl oder Lübecker Marzipan für ihre Marken ausnutzten. In der Folge löste sich dann die Marke von einer einfachen Herkunftsbezeichnung und entwickelte sich zum Markenartikel als System für Fertigwaren [29]. Es entstanden um die Jahrhundertwende herum klassische Markenartikel, wie Odol von Lingner, Persil von Henkel, Dr. Oetkers von Oetker, Nivea von Beiersdorf und Maggi's Suppenwürze von Julius Maggi, die sich bis heute am Markt behaupten konnten.

❏

Ab 1898 schrieb Pelikan als eines der ersten deutschen Unternehmen Wettbewerbe für Plakate aus, an denen sich viele namhafte Künstler beteiligten. Das ca. 1913 angefertigte Plakat stammt von *Ludwig Hohlwein*, einem der bekanntesten deutschen Plakatkünstler.

Quelle: *Döring,* 1994

---

29 *Mataja* sprach 1910 (S. 418) von dem „Markenverkaufssystem".

❏
Ähnlich wie bei dem Pelikan Plakat zeigt sich bei dem Salamander Plakat von *Ernst Deutsch (-Dryden)* aus dem Jahr 1912 der Einfluß des Sachplakats. Dies zeichnet sich durch eine Reduktion in Bild und Text allein auf Produktdarstellung und Markenname aus.

Quelle: *Rademacher/Grohnert*, 1992

❏
Die Kraft einer Marke zeigt sich in dem Aktivierungspotential beim Kontakt mit dem Konsumenten. Die Konstanz des Erscheinungsbildes, wie bei 100 Jahren Maggi-Würze-Flasche, trägt wesentlich dazu bei.

Quelle: Maggi, Frankfurt/Main

Bekannte Autoren wie *Wilhelm Busch, Joachim Ringelnatz, Erich Maria Remarque, Bertolt Brecht* oder *Kurt Schwitters* arbeiteten zeitweilig als Reklametexter für berühmte Markenartikler. Hier ein Beispiel von *Frank Wedekind*, der 1886 nach Abbruch seines Studiums (das er wegen seiner schriftstellerischen Interessen vernachlässigt hatte) bei Maggi bis Mitte 1887 fest angestellt wurde und in dieser Zeit mehr als 150 Reklametexte verfaßte.

„Eine neue Erfindung. – Täglich werden, dank den Fortschritten der Wissenschaft, neue Erfindungen gemacht, aber nicht alle dienen der Menschheit zum Heil. Viele sind einzig da, um unsere Bedürfnisse zu vermehren, unsere Begehrlichkeit zu erhöhen und unser Leid zu vergrößern, im Falle wir ihres Genusses nicht theilhaftig werden. Anders die Erfindung des Herrn Julius Maggi, die ‘Suppen-Nahrung’ aus Hülsenfrüchten, die in reicher Menge und durchaus leichtverdaulicher Form alle zum besten Gedeihen des Körpers erforderlichen Bestandtheile enthält und dank ihrer bequemen Verwendbarkeit wie ihres geringen Preises ein Segen für die ganze Menschheit werden kann."

Frank Wedekind, in *VinVon*, 1992, S. 56

❑
In der Zeichnung „Zi. 22 likan"
arbeitete *Kurt Schwitters* 1926 mit
dem Abdruck einer Packung Tafel-
salz durch Pelikan Kohlenpapier.
Ästhetisch fällt eine Unterscheidung zwischen diesem Kunstwerk
und Schwitters künstlerischen
Werbeentwürfen schwer.

Quelle: *Bäumler,* 1996

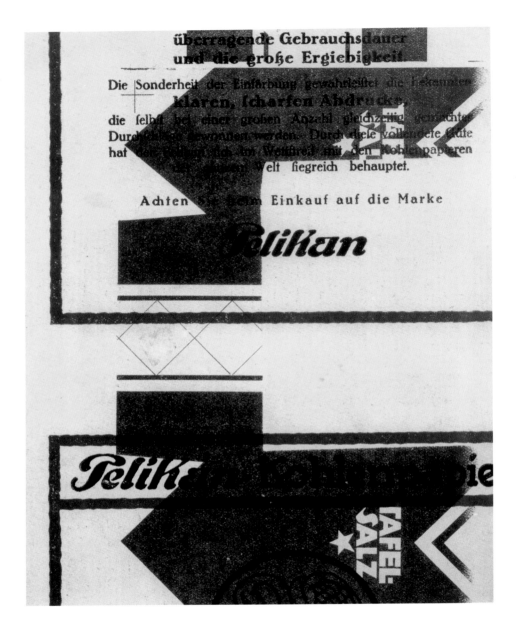

Der Markenartikel wurde als ein innovatives System absatzwirtschaftlicher
Prinzipien entwickelt. Dazu gehörten seinerzeit insbesondere Markierung und
Qualitätskonstanz; Beeinflussung der Endabnehmer durch Sprungwerbung;
vertikale Preisbindung und damit Kontrolle des Preisgeschehens über den Handel
hinweg sowie ubiquitärer Vertrieb (vgl. *Hansen,* P., 1970, S. 30ff.). Mit diesem
absatzwirtschaftlichen System konnten sich die Hersteller vom Handel emanzi-
pieren, indem bei erfolgreichen Markenartikeln durch Kundennachfrage Druck auf
die Händler ausgeübt wurde.

„... das zuerst durch die Reklame unterrichtete und angeregte, dann durch die Erfahrung belehrte Publikum folgt eben weniger den Anpreisungen des Detailhändlers, sondern sucht und verlangt die ihm bekannten Marken – häufig bei seiner mangelnden Warenkenntnis sehr zu seinem Nutzen. Begehrt das Publikum aber die Erzeugnisse eines bestimmten Produzenten, eine gewisse Marke, so muß der Händler eben diese führen, selbst dann, wenn es ihm persönlich besser paßte, andere Artikel abzusetzen."
Viktor Mataja, 1910, S. 422

Der Erfolg des Markenartikels war seinerzeit beeindruckend und beruhte auf folgenden Komponenten:

– Niedrige *Produktionskosten* durch Ausnutzung der Skalenerträge bei mengenmäßiger Ausweitung,

– *Stabilisierung des Umsatzes* durch Unabhängigkeit vom Handel und Aufbau von Alleinstellungspositionen im Endverbrauchermarkt,

– Durchsetzung *höherer Endverkaufspreise*, sofern durch Marketingmaßnahmen, wie insbesondere Markierung, Qualitätsstruktur und Werbung, monopolähnliche Positionierungen gegenüber der Konkurrenz erreicht werden können.

2.2 Theoretische Entwicklungen als vorbereitende Konzepte des Marketing

„My experience with the Procter and Gamble Company had convinced me that a manufacturer seeking to market a product had to consider and solve a large number of problems before he gave expression to the selling idea by sending a salesman on the road or inserting an advertisement in a publication. I surveyed the very meager literature of business which was available at that time and was astonished to find that the particular field ... had never been treated by any writer. I decided to prepare a correspondence course covering this phase of business activity. ... A name was needed for this field of business activity. I remember the difficulties I had in finding a suitable name, but I finally decided on the phrase 'Marketing Methods'."

Ralph Starr Butler, 1940, in *Bartels*, 1988, S. 295

Erste theoretische Verwendungen des Begriffes Marketing finden sich in den USA und gelangten von dort nach Deutschland. Daher ist gerade für die Nachzeichnung der anfänglichen Entwicklung ein Blick nach Amerika notwendig.

Die Vorlesung, die von *Ralph Starr Butler* 1910 an der Universität von Wisconsin gehalten wurde, zählt sicherlich mit zu den ersten Marketingvorlesungen. Die Vorstellung von einem Wissenschaftler, der abends vor dem Kamin sitzend eine Eingebung hat und die Marketingtheorie erfindet, ist bestimmt reizvoll, insbesondere, wenn sein Haus später zum Marketingmuseum wird und alle 50 Jahre ein großer Marketinggeburtstag in seinem Namen gefeiert wird. Doch die Geschichte der Marketingtheorie ist komplexer. Zum einen benutzten zwischen 1900 und 1910 verschiedene Wissenschaftler meist unabhängig voneinander das Wort „Marketing" in unterschiedlichen Verwendungen [30]. Zum anderen hängt die Entwicklung des Marketing nicht nur an dem Begriff. In Deutschland z. B. ist der Begriff

---

30 Als weitere „Gründerväter" werden in der Literatur z. B. erwähnt: *Edward David Jones*, der 1903 an der University of Michigan Vorlesungen über Distribution, Preis, Qualität und Handelsfragen gehalten hat (vgl. *Maynard*, 1941, S. 382); *Henry Charles Taylor*, der 1901 als Vorlesungstext an der University of Wisconsin einen Report der United States Industrial Commission namens „Distribution and Marketing of Farm Products" verwendete (vgl. *Jones*, 1994, S. 71) oder *Arch W. Shaw*, dessen Vorträge 1912 am Harvard College über das Konzept der Marketingfunktionen bei *McGarry* (1953, S. 33) als „eigentliche" Geburtsstunde der Marketingtheorie bezeichnet wird.

„Marketing" erst in den 60er Jahren zu finden, was aber nicht heißt, daß es vorher keine Marketingtheorie in Deutschland gab [31].

Hier stellt sich zunächst die Frage, was eine Theorie überhaupt konstituiert. Ohne in eine wissenschaftstheoretische Diskussion einzusteigen, kann als kleinster gemeinsamer Nenner ein systematisch geordnetes Gefüge (System) von Begriffen und Aussagen über ein Phänomen als Theorie bezeichnet werden [32]. Orientiert man sich an dieser Definition, so ist die Zeit vom Beginn des 20. Jahrhunderts bis in die 30er Jahre als Gründungsphase der Marketingtheorie in den USA zu bezeichnen, wobei folgende Entwicklungsschritte erkennbar sind:

– Zunächst wurde in den USA bis ca. 1910 der Phänomenbereich festgesteckt. Danach setzte sich für die Beschäftigung mit den Funktionen und Institutionen des Absatzprozesses der Name „Marketing" durch.

– In einem zweiten Schritt konzentrierte man sich bis ca. 1920 auf die Begriffe und Aussagen einer Marketingtheorie, die den Absatzbereich strukturieren sollten.

– In den 20er Jahren erfolgte dann der Versuch, die einzelnen Begriffe und Aussagen in einen geordneten Zusammenhang zu bringen. Die in dieser Zeit erschienenen Lehrbücher faßten die Grundsätze des Marketing zusammen, die in überarbeiteter Form z. T. noch bis in die 50er und 60er Jahre Einfluß auf die Konzeption der Marketingtheorie hatten [33].

Diese Entwicklung spiegelt sich auch in der Institutionalisierung der amerikanischen Marketingtheorie wider. Im Rahmen der *American Economic Association* trafen sich ab 1915 die ersten Marketingwissenschaftler. Dieser Kreis gründete 1924 die *National Association of Teachers of Marketing and Advertising*. Das gestiegene Praktikerinteresse am Marketing führte zur Gründung der *American Marketing Society* (1930). Hieraus entwickelten sich die auch heute noch wichtigsten Marketingorgane: das *Journal of Marketing* (1936) und als Zusammenschluß der Wissenschaftler und Praktiker die *American Marketing Association* (1937) (vgl. *Bartels*, 1988, S. 27ff.).

Betrachtet man die Entwicklung aus dem Wissen heraus, daß die Marketingtheorie inzwischen eine weltweit etablierte universitäre Disziplin ist, könnte fast zwangsläufig angenommen werden, daß sich Praktiker und Theoretiker damals begeistert auf das neue Betätigungsfeld stürzten. In der Realität sah das aber anders aus. Die Praktiker waren anfänglich von dem Nutzen einer Marketingtheorie noch nicht überzeugt, und die ersten Marketingwissenschaftler waren zunächst nicht bestrebt,

---

31 So mag an dieser Stelle der Hinweis genügen, daß z. B. die ersten amerikanischen Marketingwissenschaftler auch in Deutschland studiert haben und von der Deutschen Historischen Schule stark beeinflußt wurden (vgl. *Lazer/Shaw*, 1988, S. 147). Diesen Einfluß betonen auch *Jones/Monieson* (1990, S. 111), die darüber hinaus die absatz- und handelswissenschaftlichen Vorlesungen an deutschen Universitäten um die Jahrhundertwende würdigen.

32 Vgl. *Konegen/Sondergeld*, 1985, S. 141, und *Zaltman/Pinson/Angelmar*, 1973, S. 76, mit einer Übersicht verschiedener Definitionen.

33 Als Beispiele sind hier zu nennen *Clark*, 1922 (die letzte überarbeitet Version erschien 1962); *Maynard/Weidler/Beckman*, 1927 (bis in die 9. Auflage 1973); und *Converse*, 1930 (bis in die 7. Auflage 1965).

eine neue Theorie zu begründen, sondern angewandte Ökonomie zu betreiben [34].
Als wichtige Faktoren, die dennoch zur Entwicklung einer Marketingtheorie
beigetragen haben, sind zu betrachten:

– *Die Erklärungslücke der traditionellen Ökonomie*
Strukturen und Entwicklungen in den nationalen, anonymen Massenmärkten of-
fenbarten eine immer größere Diskrepanz zwischen theoretischen Annahmen
und realen Verhältnissen. Hier suchten einige Ökonomen, die sich in die Richtung einer Marketingtheorie entwickelten, im Gegensatz zur traditionellen Ökonomie nach realitätsnäheren Erklärungen des Marktgeschehens, wobei insbesondere die Rolle von Handel und Verbrauchern empirisch fundierter analysiert
werden sollte. Zudem strebte man an, mehr praktische Handlungsempfehlungen
zur Steuerung der Märkte zu entwickeln.

– *Die Verunsicherung und Kritik gegenüber den neuen Institutionen und Praktiken
der Marktbearbeitung und -beeinflussung*
Die mit der Werbung geschaffenen neuen Kommunikationsformen, Produkt-
konzeptionen und Betriebsformen des Handels und der mit diesen Veränderungen einhergehende Wandel der Kaufsituationen wurden heftig angegriffen. Die
sich etablierenden Marketingtheoretiker wollten deshalb die veränderten Marktverhältnisse nicht nur beschreiben und erklären, sondern sie auch rechtfertigen.

In Deutschland entwickelte sich eine der amerikanischen Marketingtheorie
vergleichbare systematische Absatzlehre erst ab Mitte der 20er Jahre, nachdem die
Auswirkungen der industriellen Revolution und die Bedeutung der Absatzpro-
blematik offensichtlich geworden waren. Obwohl sich die Marketingtheorie in
deutlicher Abhängigkeit zeitverschoben zu den USA entwickelt hat, soll der
spezifisch deutsche Prozeß dennoch im folgenden näher beschrieben werden, da

– in Deutschland auch wichtige eigenständige theoretische Erkenntnisse gewonnen
wurden,

– eine andere Entwicklung der Marktumwelt zu unterschiedlichen Schwerpunkten
in der theoretischen Arbeit führte und

– diese unterschiedlichen Entwicklungen insbesondere nach dem Zweiten Weltkrieg eine reibungslose Verbindung amerikanischer und deutscher Marketingtheorie erschwerten.

Nr. 1
„Man wird heut betrogen in eene
Tour.
Ick koofte mir kürzlich 'ne große
Uhr.
Na det is een Ding, die macht
Pläsier,
wenn die uff zwee steht, schlägt se
vier,
und denn is't halb neun ungefähr,
ick wund're mir über garnischt
mehr!“

Otto Reutter, 1917

---

34 Nach einer ersten Phase der kritischen Auseinandersetzungen verkündete der Gründungspräsident der AMA *Frank R. Coutant* (1938,
S. 269f): „Finally, we have laid to rest the ghost that there are irreconcilable differences in the viewpoints of the teachers and the
practioners of marketing science." Dieser „Geist" ruhte nicht allzu lange und beherrscht als kritischer Dialog zwischen Praxis und
Theorie bis heute die Marketingwissenschaft.

2.2.1 Entstehung der Betriebswirtschaftslehre

Bis in die 30er Jahre hinein war in Deutschland die Beschäftigung der betriebswirtschaftlichen Absatzwissenschaft stark geprägt von der Handelssicht, so daß hierin ein Vorläufer der Marketingwissenschaft zu sehen ist. Diese handelsgeprägte Sichtweise begründet sich aus der Entstehung der Betriebswirtschaftslehre, die ihren Ursprung in der Gründung der Handelshochschulen hatte. Die ersten Handelshochschulen entstanden 1898 in Leipzig, Aachen und Wien [35].

Der Antrieb zu diesen Gründungen war weniger ein akademisches, wissenschaftliches Interesse, sondern die verstärkte Nachfrage der Praxis nach kaufmännisch ausgebildeten Fachkräften, die durch die Einführung von Handelshochschulen befriedigt werden sollte. Daneben stand am Beginn auch das Bestreben nach einem gesteigerten Ansehen des Handels. So wurden die ersten Gründungen fachlich und finanziell von Handelskammern und kaufmännischen Kooperationen gefördert.

Als *Aufgaben* der Handelshochschulen wurden in einem ersten Gründungsprogramm unter anderem aufgeführt (vgl. *Berger*, 1979, S. 60):

– Pflege des kaufmännischen Ansehens (Hebung des Sozialprestiges, das damals niedriger als das der Beamten war),

– Stärkung des Einflusses von Kaufleuten auf die Rechtspflege und Verwaltung. Nur für Akademiker bestand die Möglichkeit, Mitglied in gesetzgebenden Körperschaften zu werden (Schutzzoll- und Sozialgesetzgebung verstärkten die Beachtung des Einflusses des Staates auf das marktliche Geschehen),

– Ausbildung von Handelshochschullehrern.

Die damals gelehrte Handelswissenschaft hatte ihre Ursprünge in den Handelswissenschaften des 19. Jahrhunderts. Allerdings hatte diese keinerlei theoretischen und wissenschaftlichen Ansprüche, sondern diente in erster Linie der Vermittlung praktischen Wissens für den kaufmännischen Nachwuchs. Für das zu gestaltende Programm der Hochschulen ergab sich zum einen die Frage nach dem zukünftigen *Praxisverständnis* und zum anderen nach den zu lehrenden *Inhalten* [36].

Zum Praxisverständnis
In diesem Problemfeld standen sich Befürworter einer reinen Wissenschaft und Vertreter einer praktischen Wissenschaft im Sinne einer Kunstlehre gegenüber.

„Die Handelshochschulen waren nur eine Form, der Inhalt mußte noch hineingetragen werden. Ja, es will sogar erscheinen, daß man die Handelshochschulen nur gegründet hat, um auf eine besondere Weise dem vorwärts strebenden Kaufmann etwas von Nationalökonomie, Recht und Naturwissenschaften zukommen zu lassen. Man kommt leicht in Versuchung, auf die Handelshochschulen in ihrem Kindheitsstadium die alte bekannte Fabel anzuwenden, nämlich: Als der liebe Gott die Hochschulen erschuf, gab er jeder Fakultät und jeder Fachhochschule ihr Arbeitsgebiet. Alle hatten empfangen, aber eine stand noch leer da: es war die Handelshochschule. Der liebe Gott hatte nichts mehr und sagte, die anderen möchten sich der armen Schwester annehmen. Das taten sie. Sie sagten: 'Komm her, arme Schwester, wir alle geben Dir ein Stückchen von unserem Ueberfluß'. So entstand ein Gebilde, was man Handelshochschule nannte."

Alfred Isaac, 1923, S. 43

---

35 Weitere Gründungen erfolgten 1901 in Köln, Frankfurt/Main; 1906 in Berlin; 1908 in Mannheim; 1910 in München, 1915 in Königsberg und 1919 in Nürnberg (vgl. *Isaac,* 1923, S. 200f.)

36 Um diese Frage zu beantworten, wurde 1903 ein Preisausschreiben des Verbandes für das kaufmännische Unterrichtswesen durchgeführt. Die Aufgabe bestand in der sog. „Aufstellung eines Grundrisses für die akademische Behandlung der Handelsbetriebslehre" (vgl. *Schudrowitz,* 1968, S. 104). Preisträger war *Léon Gomberg,* der die Position der reinen Wissenschaft vertrat.

– Reine Wissenschaft

Es wurde argumentiert, daß eine reine Wissenschaft im Sinne von Verstehen der Marktprozesse Voraussetzung für vernünftiges Handeln im Wirtschaftsleben sei und allein die Beschäftigung mit praktischen Handlungsvorschlägen keinen Wissenschaftscharakter besäße (vgl. *Moxter*, 1957, S. 13). Vertreter dieser Position waren *Léon Gomberg, Moritz Weyermann* und *Hans Schönitz,* deren Motivation in erster Linie in der akademischen Anerkennung der Handelswissenschaft lag.

„Wissenschaft [hat] nicht Ratschläge zu erteilen, sondern will Tatsachen erkennen; alles was aus dieser Erkenntnis durch irgendwelche Verwertung weitererzielt wird, ist nicht mehr Wissenschaft."
Moritz Weyermann und Hans Schönitz, 1912, S.13

– Kunstlehre (anwendungsbezogene Wissenschaft)

Demgegenüber stand die Tradition der Handelswissenschaft als Kunstlehre und das Interesse der Initiatoren der Handelshochschulen aus der Praxis. Die Theorie sollte anwendungsbezogen sein und zur Gestaltung der Praxis beitragen. Vertreter sind hier *Gustav von Mevissen,* einer der Gründungsinitiatoren der Handelshochschulen, und als engagiertester Verfechter *Eugen Schmalenbach.*

„Ich mißtraue den sogenannten Wissenschaften; sie verlassen sich auf die Vollkommenheit des menschlichen Geistes, und es ist nicht weit her mit diesem Geiste. Wo man eine Kunstlehre neben der Wissenschaft hat, da ist die Kunstlehre sicherer und vertrauenerweckender."
Eugen Schmalenbach, 1911/1912, S. 314

Diesem ersten Methodenstreit sollten später weitere folgen. Zunächst entwickelte sich aber die Handelswissenschaft an den Hochschulen sehr stark als Kunstlehre.

Zu den Inhalten

Eine Modifikation bezüglich der älteren Tradition der Handelswissenschaften bestand in der Zweiteilung des Faches, bei dem eine Trennung zwischen dem innerbetrieblichen und dem außerbetrieblichen Bereich erfolgte:

– Außerbetriebliche Fragestellungen

Die Perspektive auf Vorgänge, die außerhalb des Handelsbetriebes liegen, wurde der *Handelslehre* zugeordnet. Sie sollte Wechselwirkungen aller am Güteraustausch beteiligten Unternehmen betrachten und im einzelwirtschaftlichen Interesse die gesamtwirtschaftliche Aufgabe des Handels und deren institutionelle Verwirklichung untersuchen. Diese Fragestellung erschien im Anschluß an den Produktivitätsstreit um den Handel aus Rechtfertigungsgründen notwendig. Bereits die Physiokraten hatten die distributive Tätigkeit des Handels als unproduktiv abqualifiziert, weil nur materielle Veränderungen an Produkten als wertschaffend anerkannt wurden (Ausnahme war die logistische Funktion). Dieser

Produktivitätsstreit um den Handel wurde später verschiedentlich fortgesetzt und auch von *Karl Marx* aufgegriffen.

– *Innerbetriebliche Fragestellungen*
Die Beschäftigung mit innerbetrieblichen Vorgängen der Unternehmung wurde der *Handelsbetriebslehre* zugeordnet. Nach *Johann Friedrich Schär* (1911, S. 28) bestand die Aufgabe darin, „Anleitung zu geben, wie man ein kaufmännisches Geschäft einrichten und führen muß, damit es seinen Zweck erreicht."

Insbesondere die Handelslehre stellte in Deutschland eine der Wurzeln marketingtheoretischen Wissens dar, da in ihr ein Verständnis für Aufgaben einer Unternehmung im Zusammenhang mit Marktsteuerungsprozessen geschaffen wurde.

Aus den Handelswissenschaften entwickelte sich die Privatwirtschaftslehre (ab ca. 1911) und später die Betriebswirtschaftslehre [37] (ab ca. 1919), womit folgende Veränderungen verbunden waren:

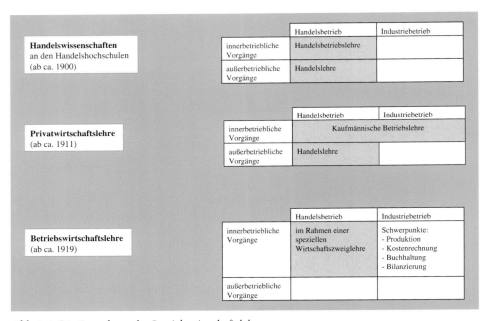

Abb. 2-1: Die Entstehung der Betriebswirtschaftslehre

– Die anfänglich vorhandenen volkswirtschaftlichen Anteile wurden immer mehr zugunsten einer einzelwirtschaftlichen Perspektive aufgegeben.

– Wurde im Rahmen der Privatwirtschaftslehre noch betont, daß keinesfalls *nur* der Handelsbetrieb betrachtet werden sollte (was der Ausdruck „Kaufmännische

---

[37] Die Durchsetzung der Bezeichnung „Betriebswirtschaftslehre" ist stark auf den Einfluß von *Heinrich Nicklisch* zurückzuführen (vgl. *Sundhoff*, 1979, S. 255). Zusammen mit *Georg Obst* gründete er 1907 die „Zeitschrift für Handelswissenschaft und Handelspraxis", die ab 1930 unter dem Namen „Die Betriebswirtschaft" weitergeführt wurde. Weitere wichtige betriebswirtschaftliche Zeitungsgründungen sind 1906 die „Zeitschrift für handelswissenschaftliche Forschung", herausgegeben von *Eugen Schmalenbach* (später als „Zeitschrift für betriebswirtschaftliche Forschung") und die ab 1924 von *Franz Schmidt* herausgegebene „Zeitschrift für Betriebswirtschaft" (vgl. *Schneider*, 1981, S. 180f.).

Betriebslehre" statt „Handelsbetriebslehre" zum Ausdruck bringen soll), verlagerte sich der Schwerpunkt innerhalb der Betriebswirtschaftslehre immer mehr in Richtung Industriebetrieb.

– Die Behandlung der marktlichen Probleme, wie sie noch in der Handelslehre angelegt ist, wurde immer mehr zugunsten der innerbetrieblichen Probleme vernachlässigt.

2.2.2 Entwicklung einer industriellen Absatzlehre

Anfang der 20er Jahre ergab sich für die Behandlung von Absatzfragen industrieller Unternehmen folgende Situation: Die Betriebswirtschaft hatte sich fast vollständig auf die Produktions- und Kostenprobleme industrieller Unternehmen konzentriert. Hier wurden wissenschaftliche Fortschritte gemacht, die für die weitere Etablierung der Betriebswirtschaftslehre ein wichtiges Fundament bildeten. Dagegen gab es für die Absatzseite des industriellen Wirtschaftens nach dem ersten Weltkrieg noch keine nennenswerten Untersuchungsergebnisse. Auch die in den Handelswissenschaften erarbeiteten Ansätze zu Absatzfragen konnten aufgrund ihrer spezifischen Handelssicht diesen Mangel nur bedingt beheben.

Während sich in den USA inzwischen eine Marketingtheorie entwickelt hatte, gab es ein Vakuum in der deutschen Betriebswirtschaftslehre (vgl. *Leitherer*, 1961, S. 103). Diese Diskrepanz zeigte sich auch in der Unternehmenspraxis, als in den 20er und 30er Jahren Absatzprobleme durch steigende Investitionen und Fixkosten immer mehr zu einer Existenzfrage wurden und den vergrößerten Produktionseinrichtungen verringerte Absatzmöglichkeiten gegenüberstanden. Während in den USA die Unternehmen ihre Absatzprobleme durch verstärkte und intensivere Marktbearbeitung (zunächst besonders durch Marktforschung und Werbung) zu lösen versuchten, zeigten sich in Deutschland tendenziell andere Reaktionen. Hier wurde mehr versucht, den Absatz mittels Rationalisierung der Produktion und dadurch erzielbare Kostensenkungen zu steigern. Konkurrenz wurde in erster Linie als Preiskonkurrenz betrachtet.

„Und so ist [durch den abnehmenden Anteil proportionaler Kosten, U.H./M.B.] die moderne Wirtschaft mit ihren hohen fixen Kosten *des Heilmittels beraubt*, das selbsttätig Produktion und Konsumtion in Einklang bringt und so das wirtschaftliche Gleichgewicht herstellt. Weil die proportionalen Kosten in so großem Umfange fix geworden sind, fehlt der Wirtschaft die Fähigkeit der Anpassung der Produktion an die Konsumtion, und es tritt die merkwürdige Tatsache ein, daß zwar die Maschinen selbst immer mehr mit automatischen Steuerungen versehen werden und so der menschlichen Hilfe entraten können; daß aber die Wirtschaftsmaschinerie im ganzen, die große Volkswirtschaft, ihr selbständiges Steuer verloren hat."
Eugen Schmalenbach, 1928, S. 245

Erst ab der zweiten Hälfte der 20er Jahre entwickelte sich aus verschiedenen Einzelarbeiten eine industrielle Absatzlehre. Der grundlegend neue Gedanke bestand nun darin, die Marktabhängigkeit der Unternehmen zu betonen. Bisher wurde an der Frage gearbeitet, wie besser produziert werden kann. Jetzt stellte man auch die vorher übergangene Frage, was überhaupt produziert werden sollte. Das erklärte Ziel bestand in der wissenschaftlichen Analyse des gesamten Absatzkomplexes der Produktionsbetriebe und des Einflusses der Verbraucher auf Markt und Produktion.

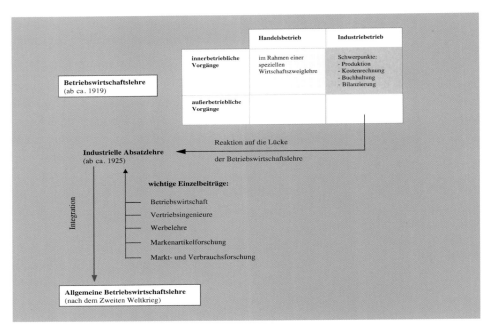

Abb. 2-2: Die Entwicklung einer industriellen Absatzlehre

Folgende wichtigen Beiträge sind hier zu erwähnen:

– *Zur Integration der Absatzlehre in die Betriebswirtschaftslehre*
Otto Schnutenhaus machte 1927 mit seinem Buch „Absatztechnik der amerikanischen industriellen Unternehmung" auf die Lösung der Absatzprobleme durch intensivere Marktbearbeitung in den USA aufmerksam. Hier wurde auf die Bedeutung der Absatztechnik, als 'Lehre vom Verkaufen' für eine erfolgreiche Bewährung am Markt hingewiesen. Als einzelne Funktionen des Absatzes führte er auf: Marktforschung, Werbung, Nachrichten, Verkauf, Verpackung, Versand und Geldeinzug. Sein Bestreben war die Integration der Absatzlehre in die Betriebswirtschaftslehre. Dies wird auch deutlich in seinem 1932 erschienen Artikel zum Gebiet der Absatzlehre (vgl. *Schnutenhaus*, 1932)[38]. Weitere betriebswirtschaftliche Arbeiten zur Absatzlehre finden sich bei *Fritz Findeisen*, 1925. Allerdings versuchte er, eine Legitimation der Absatztheorie in den

---

38 Dort kritisiert *Schnutenhaus* (1932, S. 648) als Fehler der Betriebswirtschaftslehre, daß sie die „Innenwelt des Betriebes (auch den Verkauf) von seinen zentral-betrieblichen Beziehungen zur Außenwelt trennen zu müssen glaubte."

Kostenauswirkungen zu begründen. Er knüpfte also nicht am Markt an, sondern immer noch an einem innerbetrieblichen Denken.

– *Zum Vertrieb*

Im Rahmen der in der Praxis entstandenen Beiträge über die Marktbearbeitung hatte das 1931 vom *Verein Deutscher Ingenieure* veröffentlichte Vertriebshandbuch für industrielle Betriebe großen Einfluß. Dort wollte man eine wissenschaftliche Betriebsführung auf die Vertriebstätigkeit übertragen und setzte einen besonderen Schwerpunkt auf die vorbereitende und begleitende Marktbeobachtung beim Vertrieb.

– *Zur Werbung und Markenartikelforschung*

Als wesentliche Teilgebiete, die später in die Absatzlehre integriert wurden, sind die Werbelehre (vgl. *Mataja*, 1910; *Seyffert*, 1914, 1929) und die Markenartikelforschung (vgl. *Findeisen*, 1924; *Bergler*, 1933) zu betrachten. Angesichts der großen Bedeutung, die das Markenartikelsystem als Marketinginnovation der Jahrhundertwende hatte und mit ihm eng verbunden die Werbung, sind diese Werke historisch besonders interessant. Im Rahmen der Markenartikelforschung wurden die Gestaltungsmerkmale und ihre Wirkung auf den Markterfolg untersucht. Einen wichtigen theoretischen Fortschritt bedeutete die Konzeption des Markenartikels als Absatzmethode bei *Mataja* (1910) und *Findeisen* (1924). Die Gestaltungsmerkmale und Erfolgsbedingungen des Markenartikels wurden seinerzeit z. T. sehr kontrovers diskutiert.

– *Zur Marktforschung*

Als ein weiterer elementarer Baustein der Absatzlehre gilt die in einem engen Zusammenhang mit der Werbelehre und der Markenartikelforschung stehende Markt- und Verbrauchsforschung. Nachdem in den USA schon im ersten Jahrzehnt des 20. Jahrhunderts die Marktforschung verbreitet war [39], entstand die deutsche Markt- und Verbrauchsforschung erst Ende der 20er Jahre. Die von *Wilhelm Vershofen* und *Erich Schäfer* geprägte Richtung verstand sich als Grundlagen- und Methodenforschung. Den Ausgangspunkt bildete der Gedanke *Vershofens*, „… daß alle rationale Betriebsführung nichts nützen kann, wenn der Markt für die Erzeugnisse fehlt oder sich als zu klein erweist." (*Schäfer*, 1928, S. 9). Die Sichtweise veränderte sich hier, indem die Wirtschaft vom Verbraucher und nicht vom Produzenten gesehen wurde. Der Verbraucher wurde als das bewegende Element der Wirtschaft betrachtet, nach dessen Wünschen sich die Wirtschaft gestaltet. Somit wurden theoretische Grundlagen zu seinem Verhalten erarbeitet, die später im Mittelpunkt der Marketingwissenschaft standen. Die Arbeiten von *Vershofen* und *Schäfer* bildeten auch die Basis für die praktischen

---

39 Die systematische Marktforschung entwickelte sich in den USA im ersten Jahrhunderts (vgl. *Waller/Jones*, 1988, S. 157). Durchgeführt wurde sie vorwiegend von der Marketingpraxis (insbesondere von Werbeagenturen und Medienunternehmen). Die akademische Marktforschung konzentrierte sich hier während der 20er Jahre auf die Fragebogen-Methodik (z. B. Sample, Größe, Fragenformulierung). In den 30er Jahren setzte dann eine Adaption komplexerer mathematisch-statistischer Verfahren ein (vgl. *Germain*, 1994, S. 97).

Arbeiten des Institutes für Wirtschaftsbeobachtung der deutschen Fertigware an der Nürnberger Hochschule (heute Gesellschaft für Konsum-, Markt- und Absatzforschung, GfK).

Nachdem die Betriebswirtschaftslehre die außerbetrieblichen Aspekte von der Untersuchung der Unternehmung abgelöst hatte, wurde über diese Arbeiten zur Absatzlehre der Schritt unternommen, die Produktion nicht mehr als Selbstzweck zu betrachten. Es wurde die Beziehung zwischen Produktion und Verbrauch erarbeitet und auf die gefährliche Illusion hingewiesen, die Unternehmung als etwas Unabhängiges, von der Außenwelt (dem Markt) Getrenntes, aufzufassen.

So entstand eine Absatzlehre, die sich aus verschiedenen Teilgebieten und Einflüssen zusammensetzte, aber in dieser Situation kein geschlossenes Ganzes repräsentierte. Zu sehr wurden die Absatzfragen als Spezialgebiete behandelt, die ohne begrifflich-systematischen Zusammenhang mit dem Kern der Betriebswirtschaftslehre standen (vgl. *Schäfer*, 1981, S. 9).

2.2.3 Materielle Forschungsansätze

Als eine bedeutsame Leistung in dieser Zeit ist die Entwicklung verschiedener materieller Methoden (vgl. *Kap. 1.2.4*) zu betrachten, mit denen die Art und Weise der theoretischen Analyse von Marktphänomenen bezeichnet wird.
Im Bereich des Absatzes wurde die erste Systematisierung in den USA entwickelt. *Arch W. Shaw* unterschied 1912 den *commodity approach* (Warenansatz), den *institutional* (Institutionenansatz) und den *functional approach* (Funktionenansatz) (vgl. *Shaw*, 1912, S. 703). Nicht zuletzt wurde durch diese methodologische Fundierung die schnellere Entfaltung und das ausgeprägtere wissenschaftliche 'Selbstbewußtsein' der amerikanischen Absatzlehre gegenüber der deutschen ermöglicht [40].

– Der *Warenansatz* ist der älteste Ansatz. In ihm steht am Beginn eines Forschungsprogramms die Frage: *Wie* beeinflußt eine bestimmte Ware den marktlichen Vermittlungsprozeß? Er hat sich aus Untersuchungen entwickelt, die den Weg landwirtschaftlicher Produkte von ihrem Anbau bis in den Haushalt analysierten. Von ihren Vertretern wurde eine allgemeine Absatzlehre nicht für möglich gehalten, und man entwickelte spezielle Absatzlehren für Weizen, Baumwolle, Kohle, Petroleum etc., da man davon ausging, daß jede Ware andere Anforderungen an die zu leistenden Distributionsaufgaben stellt. Allerdings ist die Aussagefähigkeit solcher Ansätze mangels Generalisierbarkeit nur begrenzt. Dieser Mangel wird durch ein warentypologisches Vorgehen gemildert [41]. Die

---

40 Vgl. zu den einzelnen Ansätzen *Hansen,* 1990, S. 8-10; *Leitherer,* 1961, S. 111-116.
41 Vgl. zu den begrifflich klassifizierenden und typologischen Methoden des Warenansatzes *Knoblich,* 1969.

Warentypologie ist im Rahmen des warenanalytischen Ansatzes als eine methodische Konzeption entstanden, durch die eine abstrahierende Zusammenfassung
problemrelevanter Warenmerkmale und damit eine mittlere Abstraktion mit aus-
reichender Anschaulichkeit der Ergebnisse für Produktgruppen ermöglicht wird.
Die 1923 von *Melvin T. Copeland* entwickelte Unterscheidung in convenience,
shopping und speciality goods ist auch heute noch eine übliche Vorgehensweise [42].

Consumer Goods For Retail Distribution
convenience goods: „... are those customarily purchased at easily accessible
    stores. ... The consumer is familiar with these articles; and as soon as he
    recognizes the want, the demand usually becomes clearly defined in his
    mind. ... Typical retail establishments carrying convenience goods are
    grocery stores, drug stores, and hardware stores.“

shopping goods: „... are those for which the consumer desires to compare prices,
    quality, and style at the time of the purchase. Usually the consumer
    wishes to make this comparison in several stores. ... The typical shopping
    institution is the department store.“

specialty goods: „... are those which have some particular attraction for the
    consumer, other than price, which induces him to put forth special effort
    to visit the store in which they are sold and to make the purchase without
    shopping. ... For speciality goods the manufacturer's brand, the retailer's
    brand, or the general reputation of the retail store for quality and service
    stands out prominently in the mind of the consumer.“
Melvin T. Copeland, 1923, S. 282ff.

– Der *Institutionenansatz* fragt: *Wer* verrichtet die marktlichen Leistungen? Er
zählt zu den ältesten Ansätzen in der gesamten wirtschaftswissenschaftlichen
Literatur und entwickelte sich aus dem Warenansatz. Meistens bleibt er beschränkt auf die Definition und Beschreibung der einzelnen Institutionen, die
marktliche Leistungen erbringen, ergänzt mit den wichtigsten Zahlenangaben
und konkreten Beispielen (statistisch-deskriptiv). Da aber die Betriebsformen einem ständigen Wandel unterliegen und Beschreibungen schnell veralten, entwickelte sich eine andere Richtung des Institutionenansatzes, die gerade diesen
dynamischen Aspekt der zeitlichen Veränderung der Institutionen untersucht
(dynamisch-genetisch).

– Der *Funktionenansatz* ist als wichtiger Schritt in der Weiterentwicklung einer
Handelslehre zu bewerten. Hier wird gefragt, *was* getan wird, welche Aufgaben

Ⓢ Nr. 2
„A cigarette that bears a lipstick's
traces
An airline ticket to romantic places
And still my heart has wings
These foolish thins
Remind me of you“

Billie Holiday, 1935

---

42 Vgl. auch die Erweiterung um preference goods von *Holbrook/Howard,* 1977, und die Verfeinerungen von *Enis/Roering,* 1980;
    Murphy/Enis, 1986. Die Entwicklung anderer Typologien, wie z. B. von *Aspinwall* (1958) mit einer Einteilung in rote, orange und
    gelbe Güter (basierend auf der Länge der Lichtstrahlen des Farbspektrums), folgten wesentlich später und zeigen, welche große
    Aussagekraft diesem Ansatz beizumessen ist.

für den Markt erfüllt oder welche Leistungen erbracht werden müssen, um Produkte zwischen Herstellungs- und Konsumprozeß zu vermitteln. Dieser Ansatz wurde von *Arch W. Shaw* 1912 in den USA begründet (vgl. *Shaw,* 1912) und ist dort allgemein weit ausgeprägter zu finden als in der deutschen Literatur, wo die Funktionalbetrachtung als eigenständige Grundlage einer handelswissenschaftlichen Darstellung erst 1930 vor allem durch *Karl Oberparleiter* richtig verbreitet wurde:

Die Funktionen des Warenhandels

I Räumliche Funktion als Ausgleich räumlicher Unterschiede zwischen Erzeugung und Verbrauch

II Zeitliche Funktion als Ausgleich zeitlicher Unterschiede zwischen Erzeugung und Verbrauch

III Quantitätsfunktion als Ausgleich der Mengenunterschiede zwischen Erzeugung und Verbrauch

IV Qualitätsfunktion als Ausgleich der Qualitätsunterschiede zwischen Erzeugung und Verbrauch

V Kreditfunktion als Überbrückung der Kapitalunterschiede

VI Werbefunktion als Überbrückung psychischer Unterschiede

Karl Oberparleiter, 1930, S. 5, 8

Durch die späte Entwicklung und Rezeption der Funktionalbetrachtung im deutschen Raum wird die hier länger anhaltende Bindung an die Perspektive der Institution „Handel" erklärbar (vgl. *Schenk,* 1970). In den USA wird dieser Ansatz als eine der wichtigsten Entwicklungen im Rahmen der Marketingtheorie betrachtet und war dort bis in die frühen 60er Jahre zentraler Bestandteil der Marketingtheorie (vgl. *Faria,* 1983, S. 160). Dies drückte sich z. B. bei dem wichtigen amerikanischen Marketingwissenschaftler *Paul Converse* (1945, S. 19) aus, wenn er die Bedeutung des Funktionenansatzes mit der Entwicklung der Atomtheorie in der Physik gleichsetzte. Innerhalb dieses Ansatzes entstanden Versuche, die unterschiedlichen Funktionen systematisch zu erfassen, was zu den verschiedensten Funktionskatalogen führte und eine Reichhaltigkeit ohne Einheitlichkeit produzierte (vgl. *Sheth/Gardner/Garrett,* 1988, S. 23).

Entscheidend ist aber, daß durch das Aufzeigen der von der Produktion funktionell zu trennenden Absatzaufgaben der Absatz als vollwertiger Prozeß neben der materiellen Produktion anerkannt wurde. Mit der Funktionenlehre konnte wissenschaftlich die Produktivität des Handels im Rahmen seiner immateriellen Leistungen aufgezeigt werden. Zudem förderte die Funktionalanalyse auch die Entwicklung einer industriellen Absatzlehre, die der stofflich orientierten Produktionslehre gleichwertig ist.

2.3 Zusammenfassende Charakterisierung

Die Industrialisierung war durch die Bildung von Massenmärkten der Promotor für den Einstieg in die Entwicklung des Marketing, und dieses hat umgekehrt großen Einfluß auf die Gestaltung der „Modernen Zeiten" gehabt. Zwischen der technisch forcierten Produktion und den sozio-kulturell notwendigen Adaptionen im Konsum entstanden Vermittlungsfunktionen, die nach Art und Ausmaß gänzlich neue Dimensionen hatten. Damit verbunden waren weitreichende institutionelle Umstrukturierungen, wie z. B. die Bildung neuer Betriebsformen im Handel, die aus kleinbetrieblich zünftlerischen Strukturen der Distribution herauswuchsen.

Während im Zusammenhang mit der Industrialisierung das technische Innovationspotential jederman vor Augen steht, wurden die umwerfenden distributionswirtschaflichen Innovationen jener Zeit nur selten bedacht. Dazu gehört insbesondere die Erfindung des Markenartikels als absatzwirtschaftliches System, mit dem die Wahrnehmung der marktlichen Aufgaben neu strukturiert und gestaltet wurden. Der mit der Industrialisierung verbundene fundamentale gesellschaftliche und wirtschaftliche Wandel erstreckte sich hinsichtlich der Realisierung seiner Folgen bis in die 20er Jahre hinein mit Unterbrechungen durch den Ersten Weltkrieg.

Vor diesem realen Hintergrund entstand – zeitverschoben zu den USA – mit wechselhaften Impulsen eine Absatz- und Handelslehre als Vorläufer der Marketingtheorie. Die Uneindeutigkeit der theoretischen Entwicklung ist in dem allgemeinen Rahmen der Geschichte der Betriebswirtschaftslehre zu sehen, die sich in jener Zeit seit der Gründung der ersten Handelshochschule (1898) als wissenschaftliche Disziplin etablieren mußte und sich dabei mit der seit langem bestehenden Nationalökonomie zu arrangieren hatte. Es sind zwei verschiedene Theorieströme als Vorläufer der Marketingtheorie zu unterscheiden. Zum einen leisteten die Handelswissenschaften relevante Beiträge, die zu Beginn der kaufmännischen Lehre an den Universitäten den Kern der späteren Betriebswirtschaftslehre ausmachten und den Handelsbetrieb zum institutionellen Fokus erhob. In seiner Marktorientierung auf der Beschaffungs- und Absatzseite war dieser Unternehmenstyp für die spätere Marketingtheorie im Rahmen distributionswirtschaftlicher Betrachtungen von besonderem Interesse. Im Übergang zur Betriebswirtschaftslehre vollzog sich ein Wandel des institutionellen Fokus vom Handels- zum Industriebetrieb. Dadurch wurden zunächst die noch in der Handelslehre diskutierten außerbetrieblichen, marktlichen Prozesse vernachlässigt. Zum anderen entwickelten sich Bausteine einer industriellen Absatzlehre mit der Werbelehre, der Markenartikel- und Vertriebsforschung, der Markt- und insbesondere der Verbrauchsforschung als Vorläufer der Konsumverhaltenstheorie. Diese beiden theoretischen Strömungen fanden dann in den 50er Jahren Eingang in eine geschlossene Marketingtheorie.

Exkurs: 20 übersprungene Jahre

1945 begann in Deutschland eine neue Zeitrechnung: die sog. „Stunde Null". Die Alliierten Kräfte hatten eine zwölfjährige Schreckensherrschaft beendet und ermöglichten den Aufbau eines demokratischen Nachkriegsdeutschland. Die Geschichte der Bundesrepublik Deutschland ist seitdem geprägt von der Hypothek einer nationalsozialistischen Vergangenheit, die zum Zweiten Weltkrieg führte und einen zivilisatorischen Bruch durch den mit industriellen Methoden vollzogenen Völkermord beinhaltet. Zwischen Verdrängung und Verarbeitung zieht sich diese Zeitphase durch die Mentalitätsgeschichte der Deutschen, angefangen von dem „Neubeginn der Stunde Null", dem Historikerstreit der 80er Jahre, der „Normalisierung durch die vereinigte Berliner Republik", bis hin zur aktuellen Diskussion um „Hitlers willige Vollstrecker" (vgl. *Goldhagen,* 1996).

Diese Jahre werden innerhalb unseres Beitrags zur Marketinggeschichte nicht behandelt. Das Reden und das Schweigen über den Nationalsozialismus vollzieht sich in einem immer noch höchst sensiblen politischen, psychologischen und moralischen Kontext. Deshalb bedarf es hierzu einer Begründung.

Zunächst ist auf die Logik dieses Buches, insbesondere auf die historische Vorgehensweise zu verweisen. Um die Wandlungsprozesse des Marketing herauszuarbeiten, konzentrieren wir uns auf Phasenabschnitte, die als Kulminationspunkte Modifikationen und Innovationen von Theorie und Praxis mit übergreifender Relevanz beinhalten. Die 30er und 40er Jahre verkörpern elementare Einschnitte aus einer gesellschaftspolitischen, nicht aber aus einer marketingspezifischen Perspektive heraus. Für die amerikanische Marketingwissenschaft sind die Veränderungen der 50er Jahre von einer fundamentalen Bedeutung in der weiteren Entwicklung der Marketingwissenschaft, während die 30er und 40er Jahre eher als Zusammenfassung und Verfeinerung des bis dahin erarbeiteten Standes der 20er Jahre zu begreifen sind. Für die deutsche Marketingwissenschaft stehen ebenso die 50er und frühen 60er Jahre im Vordergrund, die durch das Spannungsfeld der Rezeption amerikanischer Ansätze und der Überprüfung möglicher Anknüpfungspunkte an die 20er Jahre gekennzeichnet sind.

Desweiteren sind Autoren wie *Hundt* anzuführen, in deren Einschätzung die Betriebswirtschaftslehre prinzipiell eine inhaltliche Distanz zum Nationalsozialismus bewahrte (vgl. *Hundt,* 1977, S. 115). Eingeschlossen ist dabei auch die Absatztheorie. Hätte sich dagegen eine eigenständige „faschistische Absatztheorie" entwickelt, wäre dies ein konzeptioneller Grund zur Behandlung gewesen. Erübrigt sich damit aber eine generelle Auseinandersetzung der Marketingwissenschaft mit dieser Zeitphase? Wir glauben, daß diese Diskussion sinnvoll ist und noch aussteht, aber in diesem Buch aus der methodischen Vorgabe heraus nicht geleistet werden kann. Zudem würde auch ein kurzer chronologischer Abriß der Ereignisse über wenige Seiten der Thematik nicht gerecht werden. Bei dieser notwendigen Auseinandersetzung handelt es sich um eine komplexe und anspruchsvolle Aufgabe, die nur auf Basis intensiver Recherchen und (solange es noch möglich ist) unter Einbezug beteiligter Personen Einordnungen, Bewertungen und Schlußfolgerungen erlaubt. Für eine derartige Untersuchung wären folgende Ebenen zu berücksichtigen:

– *Die individuelle Ebene*

Auf dieser Ebene stellt sich die Frage nach Verhalten, Motivlage und Geschichte einzelner Wissenschaftler. Neben solchen wie *Eugen Schmalenbach*, der sich 1933 vorzeitig emeritieren ließ (weil er sich nicht von seiner jüdischen Ehefrau trennen wollte), stehen Wissenschaftler wie *Heinrich Nicklisch*, der im gleichen Jahr die Betriebswirtschaftslehre in den Dienst des Führers stellen wollte (vgl. *Nicklisch*, 1933); *Georg Bergler*, der bis 1945 im Reichsausschuß für Absatzwirtschaft arbeitete (und kurz darauf wieder umstandslos an die wissenschaftlichen Vorkriegsarbeiten anknüpfte), oder *Carl Hundhausen*, der noch 1943 die kriegsdienende Werbung als Beitrag zur Erhaltung und Stärkung des deutschen Siegeswillens verstand und kurz darauf – begeistert von der amerikanischen Praxis – eines der ersten deutschsprachigen Werke über Public Relations mit dem Titel „Werbung um öffentliches Vertrauen" publizierte[43]. Hierbei handelt es sich um individuelle Biographien. In den Worten von *Schneider* (1981, S. 145) ging die Mehrzahl der Wissenschaftler „(wie die Mehrzahl der Angehörigen anderer Berufe) bis 1938 freudig mit und hofft ab 1943 aufs nackte Überleben".

– *Die theoretische Ebene*

Hier sind Affinitäten und Diskrepanzen zwischen nationalsozialistischer Ideologie und theoretischer Absatzlehre zu diskutieren. Zu warnen ist dabei vor dem Fehlschluß einer allzu naiven Identität von individuellem ethisch-politischen Verhalten und wissenschaftlichem Werk. Ein wie auch immer geartetes Mitläufertum kann nicht per se zur theoretischen Diskreditierung führen. Als Beispiel für die theoretische Ebene kann der Ansatz von *Hans Domizlaff* angeführt werden, der bis heute als einer der Begründer der Markentechnik hochgeschätzt wird[44]. Seine Werbepsychologie basierte auf einer tiefen Massenverachtung und dem Bekenntnis zur Notwendigkeit einer führenden Elite. Theoretisch setzte sich diese antidemokratische Ideologie in einem Werbeverständnis um, das explizit nicht informieren, sondern die „Massenseele" manipulieren und beherrschen wollte. Insofern sah er die Potentiale der Markentechnik ebenso für Margarine wie für die nationalsozialistische Partei. Sein Traum vom Werbeleiter des Deutschen Reiches erfüllte sich allerdings nicht[45].

---

43 Vgl hierzu die Studie von *Westphal*, 1989, S. 155, 160, zur Werbung im Dritten Reich.
44 Vgl. z. B. die Serie des Marketing Journal, 1981, H. 5, 6; 1982, H. 1, „Lernen von Hans Domizlaff". Sein Standardwerk von 1939 („Die Gewinnung des öffentlichen Vertrauens") wurde 1982 in 3. Aufl. publiziert.
45 Vgl. *Gries/Ilgen/Schindelbeck*, 1995, S. 45-73, und *Herbert/Hundt*, 1987, als kritische Analysen der Arbeiten von *Hans Domizlaff*.

– Die pragmatische Ebene

Eng verbunden mit der theoretischen Affinität stellt sich die Frage nach Art und Weise der Verwertung von wissenschaftlichen Ergebnissen. Was in diesem Buch später im Rahmen der Marketingethik besprochen wird, kann auch in bezug zum Nationalsozialismus untersucht werden. Ein Beispiel ist die damalige Marktforschung, der ein hoher Stellenwert im zentralisierten Werbewesen der Nationalsozialisten eingeräumt wurde. Ab 1940 gab es die Unterabteilung „Marktforschung" bei dem 1933 gegründeten „Werberat der deutschen Wirtschaft", der wiederum dem Reichsministerium für Volksaufklärung und Propaganda unterstand. Hier wurden Marktanalysen und Absatzmöglichkeiten für Länder wie Norwegen, Schweden, Holland oder Estland erarbeitet, die somit den deutschen Truppen folgten bzw. vorauseilten (vgl. *Westphal,* 1989, S. 139f.).

Diese spezifischen Fragen gehen über den zentralen Fokus des vorliegenden Buches hinaus. Eine tiefergehende Analyse und Beantwortung steht noch aus. Unser „Überspringen von 20 Jahren" impliziert dabei keine generelle Wertigkeit im Sinne von sekundärer Relevanz - im Gegenteil. Die methodisch notwendig gewordene Vernachlässigung hat uns daran erinnert, daß - so wichtig die Austauschbeziehungen zwischen Menschen sind - es wichtigere dahinterstehende Ideen und Werte gibt, wie die Würde und der Respekt vor jedem einzelnen menschlichen Leben.

3 Unternehmenssteuerung durch das Marketing

3.1 Herausforderungen aus dem Marketingumfeld

3.1.1 Ausgewählte Impulse des Makroumfeldes
3.1.1.1 Demographische und sozio-ökonomische Faktoren
3.1.1.2 Sozio-kulturelle Faktoren

3.1.2 Marktsituation und daraus folgende Aufgaben und Lösungsansätze
3.1.2.1 Entwicklung zum Käufermarkt: der Absatz als Engpaß
3.1.2.2 Reaktion der Anbieter: funktionelle Entwicklung

3.2 Konsequenzen für die Marketingtheorie und ihre Anwendung

3.2.1 Entwicklung von Grundpositionen
3.2.2 Das Marketingmanagement-Konzept
3.2.3 Die Systematisierung der Marketinginstrumente
3.2.4 Wissenschaftliche Fundierung der Marktforschung

3.3 Zusammenfassende Charakterisierung

3 Unternehmenssteuerung durch das Marketing

Endlich wieder
NIVEA Zahnpasta
Und dazu
in Friedensqualität
stark aromatisch
mikrofein
nachhaltig erfrischend

❏
Bekannte Marken wie Nivea (hier aus dem Jahr 1949) leisteten ihren Beitrag zur Normalisierung der Verhältnisse.

Quelle: *Kriegeskorte*, 1992

Nach dem Zweiten Weltkrieg stand die deutsche Wirtschaft vor der Aufgabe, die Kriegswirtschaft in eine Nachkriegswirtschaft umzuwandeln. Der Wiederaufbau der Produktionsanlagen hatte oberste Priorität. Dieser Umstellung folgte schnell ein wirtschaftlicher Aufschwung, der eine starke Wohlfahrtsentwicklung mit sich brachte. Es ist eine Zeit, die als *„Wirtschaftswunder"* in die bundesdeutsche Geschichte einging. Während in den 40er Jahren angesichts der Unterordnung der freien Wirtschaft unter die Zielsetzungen einer Kriegswirtschaft - in Deutschland ebenso wie in den USA – die Entwicklung des Marketing stagnierte, führte die wirtschaftliche Expansion in den 50er und frühen 60er Jahren auch zu einem Aufschwung im Marketing. Die betrachtete Zeitphase von ca. 1948 (Währungsreform) bis Mitte der 60er Jahre umfaßt in diesem Sinne eine kohärente wirtschaftliche und soziale Grundentwicklung [46].

---

46 Im Unterschied zu den chronologischen 50er Jahren finden sich in der Literatur für die hier verstandene Einheit auch die Begriffe der „Langen Fünfziger Jahre" (vgl. *Abelshauser*, 1987, S. 59) oder der „Fuffziger Jahre" (vgl. *Eisenberg/Linke*, 1980, S. 7).

❏
Abb. S. 71
Vorbereitungen für eine Ausstellung im Jahre 1953. Deutschland war sich schnell einig: Die Versprechungen des „besseren Lebens" liegen im Konsum.

Quelle: *Deutsches Historisches Museum*, 1996

In dieser Situation entwickelten sich zwei theoretische Konzeptionen, von denen die Marketingliteratur bis heute geprägt ist:

– das *Marketingmanagement-Konzept* als eine Denkhaltung des Managements, die sich in einer absatzmarktorientierten Unternehmensführung niederschlägt,

– die *Systematisierung des absatzpolitischen Instrumentariums* durch die sog. „4 P's": product, place, promotion und price.

Die Entstehung dieser Konzeptionen soll nun im Zusammenhang mit der damaligen Situation dargestellt werden.

3.1 Herausforderungen aus dem Marketingumfeld

3.1.1 Ausgewählte Impulse des Makroumfeldes
3.1.1.1 Demographische und sozio-ökonomische Faktoren

Nach dem Zweiten Weltkrieg führten überaus dynamische Entwicklungen in demographischer und sozio-ökonomischer Hinsicht zu starken Veränderungen unternehmerischer Umweltbedingungen.

Es war ein starker *Bevölkerungsanstieg* von 46 Millionen 1946 auf 60 Millionen Ende der 60er Jahre zu verzeichnen [47]. Wichtige Gründe hierfür waren:

– *drei Einwanderungswellen in Deutschland*
(vor 1949: Ostflüchtlinge; DDR-Flüchtlinge bis zum Mauerbau 1961 und Gastarbeiter ab Mitte der 60er) und

– der *Babyboom,* bedingt durch den wirtschaftlichen Aufschwung und ein Geburtenverhalten, das stark von dem Leitbild der Familie mit Kind und einer konfessionellen Sexualmoral geprägt war.

Das *Sozialprodukt* wuchs in den 50er Jahren (geprägt durch den Wiederaufbau) um durchschnittlich 8% und in den 60er Jahren, die als Nachholwirtschaft gekennzeichnet werden, um durchschnittlich 5%. Hierbei handelte es sich um einen singulären Aufschwungsprozeß. Selbst in der starken Wachstumsphase der Zeit zwischen 1871 und 1913 waren die durchschnittlichen Wachstumsraten nur halb so groß gewesen. Gleichzeitig gab es in der *Beschäftigungsentwicklung* einen Trend zur Vollbeschäftigung. Die Arbeitslosenquote von 11 % Anfang der 50er Jahre reduzierte sich in den 60er Jahren auf 1,1 %. Im historischen Vergleich kam es in dieser Situation zu einer geradezu explosionsartigen *Einkommensvermeh-*

---

47 Vgl. zu dem verwendeten Zahlenmaterial *Zapf*, 1989, sowie *Glatzer*, 1989.

rung. Allein in den 50er Jahren stieg in der Bundesrepublik das reale Volkseinkommen pro Kopf doppelt so hoch wie in den 150 Jahren zuvor [48].

Insgesamt führte diese Zeit zu einem bisher nicht gekannten Wohlstand für breite Schichten der Bevölkerung. Dieser tiefgehende Wandel der materiellen Lebensbedingungen wird in der Ausstattung der privaten Haushalte mit langlebigen Gebrauchsgütern sichtbar (vgl. *Abb. 3-1*).

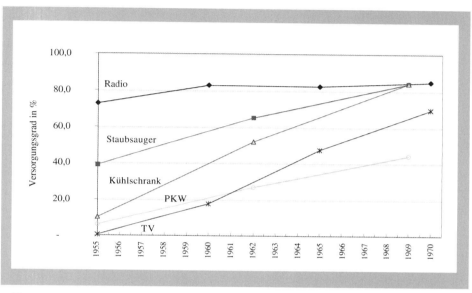

Abb. 3-1: Ausstattung der Haushalte mit technischen Geräten nach Glatzer, 1989, S. 285.

3.1.1.2 Sozio-kulturelle Faktoren

Das Motto der damaligen Zeit wird verkündet. Das Leben macht erst Spaß wenn man es zu Besitz und deshalb zu Ansehen gebracht hat.

Quelle: SPIEGEL, 1958

Wirtschaftlicher Aufschwung und neuer Wohlstand bildeten den zentralen Lebensmittelpunkt der Deutschen. Das Leben nach dem Zweiten Weltkrieg wurde geprägt von *Konsumwellen,* die den großen Nachholbedarf verdeutlichen, der sich angestaut hatte: Freßwelle, Kleidungswelle, Einrichtungswelle und Urlaubswelle. Konsum wurde als das zentrale Erlebnis für die Kriegs- und Nachkriegsgeneration zum *Leitmotiv der Gesellschaft.* Diese Entwicklung kann anhand von drei eng miteinander verbundenen Schlagwörtern charakterisiert werden, die in dieser Zeitphase in der publizistischen Öffentlichkeit heftig diskutiert wurden:

a) Die Mittelstandsgesellschaft: Massenkonsum als Lebensgefühl,

b) Die Konsumgesellschaft: Soziale Akzeptanz durch Konsum,

c) Die Konsumdemokratie: Konsum als Gesellschaftsform.

---

48 Für einen Vier-Personen-Arbeitnehmerhaushalt bedeutete dies, daß er 1950 noch mit einem Haushaltsbruttoeinkommen von 343 DM auskommen mußte. 1960 waren es schon 759 DM und Ende der 60er Jahre 1507 DM.

Die Erinnerung an ein „Gestern" ist in dieser Anzeige von 1954 noch wach. Aber die Dynamik des Wirtschaftswunders verwandelte ehemals unerreichbare Luxusgüter jetzt zu Gebrauchsgütern.

Quelle: *Böhm*, 1984

In zeitgenössischen Beschreibungen der Verhältnisse wurde dieses Lebensgefühl mit dem „Scarlet O'Hara-Erlebnis" erklärt. In dem Roman „Vom Winde verweht" wird nach der Südstaaten-Niederlage im amerikanischen Bürgerkrieg die Angst der Heldin Scarlet O'Hara beschrieben, jemals wieder den Hunger und die Demütigungen nach dem verlorenen Krieg zu erleben. Daraufhin gibt sie den Schwur ab, nie wieder Hunger zu leiden und nur nach Wohlstand und „Behagen" zu streben (vgl. *Ortlieb*, 1962, S. 52f.).

♫ Nr. 4
„Komm ein bißchen mit nach Italien,
komm ein bißchen mit an's blaue Meer
und wir tu'n als ob das Leben eine schöne Reise wär'."

Catarina Valente, Silvio Francesco, Peter Alexander, 1956

ad a) *Die Mittelstandsgesellschaft: Massenkonsum als Lebensgefühl*

Der Massenkonsum, insbesondere ab dem letzten Drittel der 50er Jahre, bot breiten Schichten erstmals die Möglichkeit, in modernen Wohnungen zu leben, über ein breites Warenangebot an Nahrungs- und Genußmitteln zu verfügen, sich modisch zu kleiden, Urlaubsreisen zu unternehmen und ein Auto zu besitzen. Der neue *Massenkonsum* brachte dabei schichtübergreifende Erscheinungsweisen hervor. Es entwickelten sich relativ einheitliche Verbrauchsgewohnheiten, wenn auch auf unterschiedlichen finanziellen Niveaus.

Damals wurde für diese Erscheinung der Begriff der „*nivellierten Mittelstandsgesellschaft*" (vgl. *Schelsky*, 1953, S. 218) geprägt, der allerdings den immer noch bestehenden Unterschieden nicht ganz gerecht wird. Die auffallende Verbreiterung der Mittelschicht rechtfertigt eher den Begriff einer „*Homogenisierung der Gesellschaft*".

„Ein neues Lebensgefühl könnte entstehen und es würde ausgehen von jener gewaltigen, keineswegs schon homogenen mittleren Schicht, die durch den Zustrom von unten so ausgeweitet worden ist. Sie ist so stark geworden, daß auch die obere Schicht sich zu ihr hin orientiert und ihre führende Rolle nicht mehr ausüben kann. Sie gibt sich Mühe, nicht allzusehr von der mittleren Schicht abzustechen. So stellt die Mitte ihre Leitbilder aus sich heraus und sie ist es, die über das Schicksal der Mode entscheidet und von der die entscheidenden Anstöße zu den Wandlungen unserer Verbrauchsgewohnheiten ausgehen."
Georg Bergler, 1961[1959a], S. 193f.

Der bundesrepublikanische Elan in den 50er Jahren konzentrierte sich damit ganz auf den *Wiederaufbau*. Nierentisch, Vespa und Fernseher wurden zum Symbol einer Zeit, die geradezu Lust an materiellen Werten empfand. In den USA war das typische Bild der amerikanischen Familie aus der Mittelklasse noch viel stärker über den Warenkontext definiert: Ein Reihenhaus am Stadtrand, ein Fernseher, ein Auto mit Haifischflossen, der Rasenmäher und Fast Food: *Güter wurden so zu dem Stoff, der den Alltag zusammenhält*.

Das Bild einer konsumdefinierten Welt wurde aber nicht nur über die kommerzielle Kommunikationspolitik der Unternehmen geprägt, sondern auch in der Alltagskultur, wie in Schlagern und Filmen, vermittelt (vgl. *Maase*, 1992, S. 161). In Deutschland läßt sich dies sehr genau während der Reisewelle beobachten: Gab es am Anfang einen Italienboom in Filmen und Liedern (Caprifischer etc.), so zogen Filme und Schlager weiter nach Peru, Mexiko, Hawaii bis ins Phantasieland Maratonga, als sich der deutsche Tourismus langsam nach Italien ausbreitete [49].

---

49 Vgl. zum deutschen Urlaubstourismus der 50er Jahre *Schildt*, 1995, S. 180-202, und allgemein zur kulturgeschichtlichen Bedeutung des Verreisens in der Bundesrepublik nach 1945 *Hutter*, 1996.

„Nach amerikanischer Auffassung ist der Besitz eines Autos für ein anständiges Leben ebenso unerläßlich wie ein WC und eine angemessene Wohnung. Wir bekommen einen richtigen Schreck, wenn wir gelegentlich eine bürgerliche Familie ohne Wagen treffen."

Pierre Martineau, nach Bongard, 1964, S. 91

ad b) Die Konsumgesellschaft: Soziale Akzeptanz durch Konsum

In Verbindung mit der positiven Haltung zum Konsum muß aber ebenso ein starker Konformitätsdruck gesehen werden. In den USA war es die Zeit der McCarthy-Ära und des kalten Krieges, in der ein „Anders-Sein und -Aussehen" als Zeichen einer Abwendung von der amerikanischen Gesellschaft gewertet wurde, oft mit dem Verdacht einer Zuwendung zum „gottlosen Kommunismus" (vgl. *Ewen*, 1976, S. 211; *Mamiya*, 1992, S. 114f.). Dagegen versprach die Wahl der richtigen Konsumgüter ein sicheres und allgemein anerkanntes Leben.

Auch in Deutschland wandelten sich in der zweiten Hälfte der 50er Jahre *Konsumstandards vermehrt zu Moralstandards* (vgl. *Gries/Ilgen/Schindelbeck,* 1995, S. 106). Zeitgenössische Autoren erkannten diese Wandlung im Konsumverhalten, waren sich aber noch unsicher über deren Einordnung und Bewertung. So sprach Bergler von der klassengebundenen Normierung des Konsums, wie sie früher „normal" war, als das „Dienstmädchen sich eben nicht so anziehen [konnte] wie die Gnädige und wenn ihr das 'von Rechts wegen' zehnmal gestattet war" (*Bergler,* 1961[1959b], S. 208). Neu war nun, daß die Freiheit des individuellen Konsums größer wurde, es trotzdem aber wieder Konsumstandards gab: „Der Zwang zur Anpassung kann da leicht in eine merkwürdige Art von 'Weltanschauung' umgedeutet werden: 'Ohne einen solchen Rock kann sich kein junges Mädchen auf der Straße sehen lassen'" (*Bergler,* 1961[1959b], S. 211). In dieser Zeit, in der Benimmbücher reißenden Absatz fanden, häuften sich die Beispiele für derartige Konsumimperative in der Werbung [50].

❏

Eine „väterlich" anmutende Ermahnung der Bekleidungsindustrie, die „korrekten" Erscheinungsformen zu beachten.

Quelle: *Sailer,* 1965

❏

In zeit-typischer Versform verwendet die UHU Werbung von 1956 einen Ordnungshüter als Konsuminstanz, der den Standard des faltenlosen und gestärkten Oberhemdes kontrolliert.

Quelle: *Gries/Ilgen/Schindelbeck,* 1995

---

50 Selbst in der Diskussion auf dem Godesberger Parteitag der SPD wird mahnend davon gesprochen, daß aus den schichtenfixierten Konsumbeschränkungen schon fast eine „allgemeine soziale Konsumpflicht" geworden wäre (vgl. *Kluth,* 1957, S. 20).

In der Erzählung „Hierzulande" beschreibt *Heinrich Böll* den Besuch eines Freundes, der emigrierte und nun wieder zurück nach Deutschland kommt. Der Ich-Erzähler sucht Antwort auf die Frage, auf welche Formel diese neue Bundesrepublik Deutschland zu bringen sei.

„Der Taxifahrer nahm die Zigarette, die mein Besucher ihm anbot, dankend an; er würde niemals – und vielleicht ist diese Erkenntnis der Teil einer Formel – dem Fahrgast eine angeboten haben; nicht etwa, weil er geizig wäre, sondern weil dieser für ihn in diesem Augenblick etwas repräsentiert, das in diesem Lande angebetet und zugleich verachtet wird: Kunde. Volkswirtschaftlich ausgedrückt: Verbraucher. Wir sind ein Volk von Verbrauchern. Krawatten und Konformismus, Hemden und Nonkonformismus, alles hat seine Verbraucher, wichtig ist nur, daß es sich – ob Hemd oder Konformismus – als Markenartikel präsentiert."

Heinrich Böll, 1961, S. 130

„Eines der Glaubensbekenntnisse an die Zukunft ist der Kaufakt. Jedesmal, wenn wir einen neuen Wagen kaufen oder uns entschließen, einen neuen Anzug, ein Paar Schuhe, ein Haus anzuschaffen, ist die Grundlage unserer Entscheidung eine Lebensphilosophie, eine Weltanschauung. Kaufen ist mehr als nur eine kommerzielle Funktion."

Ernest Dichter, 1964[1961], S. 181

David Riesman war einer der ersten, der die Begriffe der Mittelstandsgesellschaft und der Konsumgesellschaft in seinem kritischen Buch über die 'Lonely Crowd' verband. Das Buch erschien 1958 als deutsche Taschenbuchausgabe und hat in einer breiten und engagierten öffentlichen Diskussion den Zeitgeist beeinflußt [51]. Für *Riesman* verkörpert diese Entwicklung des Konsums und seiner gesellschaftlichen Bedeutung eine Herausbildung der *„Außenlenkung"* des Menschens (vgl. im folgenden *Riesman*, 1958[1952]). Er geht davon aus, daß sich in verschiedenen Gesellschaftsformen über Sozialisationsprozesse spezifische Charaktertypen herausbilden, die eine bessere Anpassung an die jeweiligen Umstände ermöglichen und betrachtet dies über verschiedene Jahrhunderte hinweg.

So sieht er im Verlauf der abendländischen Geschichte das Mittelalter als eine Epoche an, in der die meisten Menschen – und hier insbesondere der „alte" Mittelstand, wie Bankiers, Händler und Handwerker – traditionsgeleitet waren und ein Charaktertyp vorherrschte, den er als *„innengeleiteten"* Menschen bezeichnet. Dessen Ziele und Normen sind frühzeitig durch die Eltern und damit ihre Schichtzugehörigkeit geprägt, wodurch eine gesellschaftliche Konformitätssicherung erreicht wird. *Riesman* benutzt das Bild eines seelischen *„Kreiselkompasses"*, der – einmal von den Eltern in Gang gesetzt – ihn beharrlich auf Kurs und von späteren äußeren Ereignissen unberührt läßt. Dieser Charaktertyp sieht wenig individuellen Gestaltungsspielraum in seinem Leben, materielle Ausprägungen zeigen sich in einem Knappheitsbewußtsein, der Betonung von Sparsamkeit und dem Wert an Arbeit.

Die Entwicklung der modernen Massengesellschaft in den Städten, verbunden mit Massenkommunikation und Massenkonsum, führte nun gemäß *Riesman* zur Herausbildung des *„außengeleiteten"* Menschen als neuem Charaktertyp. Dieser entwickelt neue Formen der sozialen Anpassung, wobei ein „Verbrauchsbedürfnis" als Demonstration sozialer Zugehörigkeit entsteht. Der außengeleitete Mensch ändert seine Ziele mit den Umständen und ist ständig beeinflußt von dem, was um ihn herum passiert. Besonders wichtig ist dabei die peer-group, die Gruppe der Kollegen und Freunde. Eingebettet in ein von Film, Radio und Fernsehen geprägtes Umfeld steuert sie das Verhalten. Das Bedürfnis nach Anerkennung und Lenkung durch andere, das über das bisher bekannte Maß hinausgeht, wird zur eigentlichen Steuerungsquelle des Konsumverhaltens. Gegenüber dem Bild des Kompasses steht für den außengeleiteten Menschen das Bild der *Radaranlage*. Ständig auf Empfang eingestellt, verändern sich die angestrebten Ziele mit der Steuerung durch die von außen empfangenen Signale.

ad c) Die Konsumdemokratie: Konsum als Gesellschaftsform
Die noch junge Bundesrepublik war eine durch Krieg und nationalsozialistische Verbrechen zerrüttete Gesellschaft. Der Konsum im Sinne einer Gesellschaftsform

---

51 Von 1958-1968 erreichte das Buch in der deutschen Übersetzung „Die einsame Masse" 12 Auflagen mit insgesamt ca. 100 000 Exemplaren.

leistete einen wesentlichen Beitrag zur *Stabilisierung.* Dies wurde möglich, indem der wachsende Wohlstand, die Optionsvielfalt des Konsums sowie das neue individuelle Glücks- und Erfolgsstreben in einer engen Beziehung zur Bundesrepublik wahrgenommen wurde (vgl. *Wildt*, 1994, S. 266). Allerdings wurden damals auch kritische Stimmen laut, die vor der „Konsumdemokratie" warnten, in der die Politik den Politikern überlassen wird, während sich der Bürger wie in einem Warenhaus ab und zu etwas aussucht (vgl. *Riesman,* 1958[1952], S. 201f.).

Die Kritik an der gesellschaftspolitischen Relevanz des Konsums zeigt, daß sich massive sozio-kulturelle Veränderungen nicht bruchlos ereignen. Für den Großteil der deutschen Bevölkerung richtete sich aber der vorherrschende Wunsch darauf, über den Konsum ein Teil der modernen Gesellschaft zu werden, was sich auch in der ausgeprägt positiven Haltung gegenüber der Bundesrepublik als Wohlstandsgesellschaft und dem Konsum ausdrückte. So wurde das Sparen nicht mehr als hoher Wert an sich betrachtet, sondern eher als ein egoistisches Zurückhalten von

❏
Mit dem Schlagwort „modern" begann sich in den frühen 60er Jahren das Leben von der Starre der Adenauer-Zeit zu entfernen. Hier in einer Marlboro Anzeige von 1962.

Quelle: *Kriegeskorte*, 1992

❏
Ebenso bildet bei der Acella Anzeige von 1961 die „Modernität" das dominante Verkaufsargument. Typisch für die 60er Jahre auch das Anzeigenformat, mit dominantem Foto, darunter Text und einer weiteren kleinen Abbildung.

Quelle: Das Beste, 1961

Ressourcen, die als treibende Kraft der wirtschaftlichen Entwicklung gebraucht werden und so zu einem allgemeinen Wohlbefinden beitragen. Die Lebensqualität wurde in den Möglichkeiten des Konsums gesehen und der Besitz verschiedener *Güter als Eintrittskarte in die moderne Industriegesellschaft.*

Eine Leitbildfunktion übernahm dabei die amerikanische Gesellschaft. Amerikanische Politiker, Schauspieler und Musiker wurden zu Vorbildern einer Generation. Dies spiegelte sich auch im alltäglichen Konsum (Jeans, Coca Cola, Rock and Roll) wider, obwohl noch ein großer Unterschied in den Konsumniveaus zwischen USA und Deutschland bestand. Amerika verkörperte aber die moderne Gesellschaft der Zukunft, und die damals heftig diskutierte „Amerikanisierung" ist untrennbar mit einer „Konsumorientierung" verbunden[52]. Als Kern der „amerikanischen Idee" formuliert in diesem Sinne *Schönberger* (1995, S. 198) in seiner Untersuchung zur Bedeutung des Marshallplans: „Amerika ist Demokratie und Demokratie ist Konsum". Somit war die *Charakterisierung der Idee der freien Welt durch Konsumgüter* der vorherrschende Zeitgeist in dieser Situation, wobei der Zeitgeist eine allgemeine Haltung bzw. Stimmung verkörperte, die auch im Konsumentenverhalten zum Ausdruck kam und grundlegende Richtlinien widerspiegeln konnte, an denen sich Marktentscheidungen orientierten.

Ein markantes Beipiel für die damalige Instrumentalisierung der politischen Rolle des Konsums ist die sog. Küchen-Debatte (vgl. *Mamiya*, 1992, S. 114f.):

> Auf dem Höhepunkt des Kalten Krieges gab es 1959 in Moskau eine Ausstellung, die als Portrait Amerikas verschiedene Lebensbereiche einer typischen amerikanischen Familie vorstellen sollte. Ziel war es, der sowjetischen Bevölkerung ein Bild über das Leben in den USA zu vermitteln. Betont wurde hierbei, daß Politik oder Militärisches natürlich außen vor bleiben würden. Bei der Eröffnung führte der damalige amerikanische Vizepräsident *Richard Nixon* den sowjetischen Parteichef *Nikita Chruschtschow* durch die Ausstellung. In einer typischen amerikanischen Küche kam es zu einer Diskussion um Waschmaschinen. *Nixon* sagte: „Wir hoffen hiermit, auch unsere Vielfalt und die Vorteile der Entscheidungsfreiheit zu zeigen. Wir mögen es nicht, wenn alle Entscheidungen von staatlichen Stellen vorgegeben werden. Wäre es nicht besser, wenn wir uns im Wettstreit um die bessere Waschmaschine befinden würden und nicht um die stärksten Raketen?"

Diese Episode fand einen starken Widerhall in den amerikanischen Medien. Die ideologische Konkurrenz zwischen den westlichen Marktgesellschaften und dem Kommunismus wurde hier zugespitzt auf den Konsum und Konsumentscheidungen. Ein signifikanter Faktor ist dabei, daß der Konsum den Vorteil einer Alltagsnähe besitzt, wodurch seine Symbolkraft für viele Menschen weitaus größer ist als es abstrakte politisch-ideologische Konzepte jemals sein können.

In der Bundesrepublik zeigten sich vergleichbare Phänomene während der Bundestagswahl 1957, in der die CDU mit *Konrad Adenauer* die absolute Mehrheit errang. Zum ersten Mal in der deutschen Nachkriegsgeschichte wurden bei einer Wahlkampagne auch Werbefachleute hinzugezogen[53]. Neben dem Slogan „Keine Experimente" wurde als Leitlinie des Wahlkampfes ausgegeben: „Das

---

52 Vgl. *Maase*, 1992, S. 158, und zur Diskussion um die „Amerikanisierung" der Bundesrepublik, *Greiner*, 1997.
53 Zu ihnen gehörte *Hubert Strauf*, der den Slogan „Mach mal Pause" für Coca Cola entwickelt hat (vgl. *Gries/Ilgen/Schindelbeck*, 1995, S. 99). In einer Zeit, in der sich erst langsam die 5-Tage-Woche durchsetzte und zum ersten Mal das Wort von der „Managerkrankheit" auftauchte, gewann der Slogan ab 1955 eine breite Popularität. Das „Schaffen, Schaffen, Schaffen" durfte auch mal unterbrochen werden, und zwar durch den Konsum. Als sich Mitte der 60er Jahre erste Krisenerscheinungen zeigten, wurde der Slogan abgesetzt: „Dieser Slogan hat sich mit anderen Worten überlebt. 'Mach mal Pause' hat seinen Sinn in einer Zeit verloren, in der die Arbeitszeit als Unterbrechung der Pause angesehen wird" (*Bongard*, 1964, S. 89).

Einkaufsnetz bestätigt es: Uns allen geht es besser. Wohlstand für alle ist und wird Wirklichkeit."

„Auf diesem Parteitag der CDU liegt uns aber im besonderen noch daran, dem Begriff 'Wohlstand für Alle' über seine materielle Auslegung hinaus noch einen neuen und höheren Inhalt zu geben. Wir treten damit sozusagen in eine neue Phase der Sozialen Marktwirtschaft ein, in der Wohlstand dem einzelnen mehr als nur Befreiung von materieller Not und sozialer Sicherheit bringen, sondern

❑

Schon im Wahlkampf von 1953, als der wirtschaftliche Aufschwung für viele noch eher eine Versprechung war, setzte die CDU primär auf die neuen Konsummöglichkeiten.

Quelle: *Diederich/Grübling*, 1989

❏

Der deutsche Durchbruch von
Coca-Cola ist mit diesem berühmten Slogan (hier auf einem Plakat
von 1959) verbunden, der zunächst
intern wegen „Befehlston und
Schnoddrigkeit" abgelehnt wurde.

Quelle: *Diederich/Grübling*, 1989

❏

Die Ikone des Wirtschaftswunders:
Ludwig Erhard im Wahlkampf
1957. Durch den Einfluß der Wer-
bepraxis dominierten nun
„Produktpersönlichkeiten" auch
die politische Werbung. Nach der
Zeit der Entbehrungen symbolisierte Körperfülle damals noch
den erreichten Wohlstand.

Quelle: *Langguth*, 1995

> ein neues Lebensgefühl wecken soll. ... [J]e lebendiger auch die Sehnsucht jedes einzelnen Menschen ist, fernab jeder kollektivistischer Sicherheit kraft eigener Leistung Unabhängigkeit und innere Freiheit zu gewinnen, desto zuversichtlicher können wir sein, daß uns der wachsende Reichtum nicht versklaven, sondern befreien wird."
>
> *Ludwig Erhard*, 1962[1957], S. 341, 345

3.1.2 Marktsituation und daraus folgende Aufgaben und Lösungsansätze

3.1.2.1 Entwicklung zum Käufermarkt: der Absatz als Engpaß

⊛ Nr. 3
„Wer soll das bezahlen,
wer hat das bestellt,
wer hat soviel Pinke Pinke,
wer hat soviel Geld?"

Jupp Schmitz, 1949

Nach dem Zweiten Weltkrieg war die Marktkonstellation von einem Überhang der Nachfrage gekennzeichnet (= *Verkäufermarkt*). Eine starke Position am Markt hatten die Anbieter inne, deren Engpässe im Bereich der Produktion lagen. Hinzu kamen Transportprobleme durch die Zerstörung wichtiger Verkehrswege. Der Absatz war dagegen allein schon durch den starken Nachholbedarf gesichert, wodurch die Stellung der Nachfrager am Markt geschwächt wurde.

Im Laufe der späten 50er Jahre fand eine Veränderung statt, indem das Angebot schneller expandierte als die Nachfrage. Nicht mehr die Produktionskapazitäten, sondern der Absatz entwickelte sich nun zunehmend zum Engpaß der betrieblichen Entwicklung. In den USA bestanden schon in den frühen 50er Jahren Sorgen darüber, daß der Verbrauch den Fortschritten in der Produktionsausweitung nicht mehr folgen könne, und auf Teilmärkten drohte eine Überproduktion. Diese *Käufermarkt-Situation* ergab sich nicht gleichzeitig in allen Wirtschaftszweigen und mit derselben Intensität. Es zeigte sich aber eine Entwicklung, die sich – von der Konsumgüterindustrie und hier insbesondere von der Markenartikelindustrie ausgehend – später auch im Bereich der Investitionsgüter und Dienstleistungen vollzog[54].

Zu den typischen Begleiterscheinungen der beginnenden Käufermärkte zählen folgende Entwicklungen:

Nachfrageseitig
Das ökonomische Wachstum führte zu einer starken *Wohlstandsverbesserung*. Gestiegene Einkommen machten einen höheren Lebensstandard möglich. Es sank der Anteil des Einkommens, der für die unmittelbaren Notwendigkeiten der Deckung von Grundbedürfnissen ausgegeben werden mußte[55]. Immer mehr

---

54 Dabei ist zu betonen, daß es auch in früheren Zeiten schon Käufermarkt-Situationen gegeben hatte. Beispiele dafür sind Deutschland kurz vor dem Ersten Weltkrieg und Mitte der 20er Jahre sowie die USA in den 20er Jahren. So spricht *Bergler* (1961[1958], S. 42, Hervorhebung im Original) davon, daß sich „... erstaunlich schnell der Zustand des *Käufermarktes* [entwickelte], den ein großer Teil der aktiv tätigen Unternehmer eigentlich nur noch aus Erzählungen kannte." Ende der 30er Jahre formulierte der amerikanische Marketingwissenschaftler *George Burton Hotchkiss* sogar die These von der geschichtlichen Normalität der Käufermärkte (vgl. *Rassuli/Hollander*, 1987, S. 445).

55 Diese „disponible Kaufkraft" ist empirisch nur schwer zu erfassen, da der Grundbedarf nicht exakt definierbar ist. *George Katona* (1960, S. 128) erwähnt allerdings Untersuchungen, in denen auch für die USA eine gegenüber den Vorkriegsjahren stark gestiegene disponible Kaufkraft (nominal und real) in den Nachkriegsjahren ermittelt wurde.

Kaufkraft stand für nicht lebensnotwendige Güter zur Verfügung. Dabei *stiegen die Ansprüche* an die Produkte, die Wünsche wurden differenzierter und die Befriedigung sozialer und geschmacklicher Bedürfnisse immer wichtiger. Der Konsument schaute weniger auf den Gebrauchswert, wie z. B. Nährwert und Haltbarkeit von Waren, sondern wollte *Freuden der modischen Abwechslung* durch ästethische Produktvariationen erleben und sich mit *Prestigeeigenschaften* seines Konsums soziale Geltung verschaffen.

Angebotsseitig

Dem stand eine Zunahme der *Angebotsvielfalt* und des spürbaren Angebotsdruckes für die Unternehmer gegenüber. Durch die *wachsende ausländische Konkurrenz* traten mehr Anbieter in den Markt ein. Der Einfluß von Mode und technischen Entwicklungen *verkürzte die Produkt-Lebenszyklen* und führte zu einem Prozeß ständig schneller werdender Kreation und Variation von Produkten.

❏
Basierend auf Marktforschungsstudien versuchte Triumph 1964 den Absatz durch neue, differenziertere Produkte zu erweitern: Die Freizeitkleidung für Frauen, insbesondere berufstätige, unverheiratete Frauen.

Quelle: *Neumann/Sprang*, 1965

❏
Konnte bis Mitte der 50er Jahre allein das Vorhandensein von Gütern noch als Argument verwendet werden, so zeigt diese Werbung von 1961, daß neue Konsumgründe angeführt werden mußten

Quelle: Das Beste, 1961

3.1.2.2 Reaktion der Anbieter: funktionelle Entwicklung

Die Situation des Käufermarktes führte in Verbindung mit dem beschriebenen Wandel zur Konsumgesellschaft insbesondere zur

a) Weiterentwicklung der Teilfunktionen der
   (1) Nachfrageermittlung und
   (2) Nachfragelenkung,

b) Übertragung von Absatzfunktionen des Handels auf Hersteller und Konsumenten,

c) Umorientierung vom technologisch-produktionsorientierten Denken zum Absatzdenken.

ad a1) Weiterentwicklung der Teilfunktion der Nachfrageermittlung
Durch die veränderte Marktsituation erhöhten sich die Anforderungen an die Nachfrageermittlung. Wo früher oftmals Intuition, Risikobereitschaft oder einfach Glück ausreichten, wurde der Einsatz der Marktforschung zur Marktanalyse und -beobachtung für den Unternehmenserfolg zunehmend wichtig. Gleichzeitig bedurfte es verfeinerter Methoden, um die durch die wachsende Bedeutung geschmacklicher und sozialer Zusatznutzen komplexer werdenden Markttatbestände zu erfassen. Dies führte zu den folgenden Entwicklungen:

– *Interne Institutionalisierung der Marktforschung*
   Es erfolgte eine Institutionalisierung der Marktforschung innerhalb der Unternehmung als Ausdruck der Relevanz und des erweiterten Anwendungsbereiches. Die Ergebnisse der Marktforschung dienten jetzt nicht mehr nur zur Entwicklung von Verkaufsstrategien (einschließlich Werbung), sondern wurden zur Preisfestsetzung, zur Standortplanung bis hin zur Produktplanung eingesetzt. Dies ist eine entscheidende Erweiterung, da nun Informationen über die Nachfrager als Grundlage der Produktentwicklung fungierten und somit ein Einbezug von unternehmerischen Aspekten über die Kommunikationspolitik hinaus erfolgte [56].

– *Externe Institutionalisierung der Marktforschung*
   Der starke Bedarf nach gesicherten Marktforschungserkenntnissen der Unternehmenspraxis führte zu der Gründung vieler Markt- und Sozialforschungsinstitute in der Zeit des Wirtschaftswunders. Anfang der 60er Jahre gab es hier bereits an die 40 Institute (vgl. *Bongard*, 1966[1963], S. 82). Zu nennen sind neben Instituten, wie EMNID, Nielsen und dem Institut für Demoskopie Allensbach, vor allem die Gesellschaft für Konsumforschung (GfK), die sich schon früh mit Haushaltspanels am Markt etablierte, Kaufkraftkarten (regionale

---

56 Vgl. *Behrens*, 1966, der einen Überblick zu Arbeitsgebieten und Organisationsstruktur der damaligen betrieblichen Marktforschung gibt.

Absatz-Kennziffern) entwickelte und als Besonderheit „Korrespondentenbe-richte" erhob, bei denen „normale Verbraucher" Interviews zu Einkaufsgewohn-heiten durchführten [57]. Daneben waren es vor allem die deutschen Nieder-lassungen amerikanischer Werbeagenturen wie Young & Rubicam, McCann oder Thompson, die im Sinne eines umfassenden Angebotes auch Markt- und Werbeforschung betrieben.

– Diskussion der Motivforschung

In der praktischen Markt- und Sozialforschung der 50er Jahre wurden primär quantitative Verfahren mit einfachen, direkten Erhebungsmethoden durch-geführt, die sich allerdings vielfach als ungeeignet erwiesen, die neuen Probleme der Unternehmenspraxis zu erfassen. Hier stellten sich mit differenzierteren unbeständigen Ansprüchen der Kunden bisher unbekannte qualitative Anforde-rungen an die Methodik der Marktanalyse und -prognose. In dieser Situation sorgte ein amerikanischer Ansatz für großes Aufsehen, der als Motivforschung die Lösung der damaligen Unternehmensprobleme versprach (vgl. z. B. *Martineau,* 1959[1957]; *Dichter,* 1964[1961]). Mit psychologischen und psycho-analytischen Verfahren wie Tiefeninterviews oder Assoziationstests sollten zum erstenmal die „wirklichen" Beweggründe des Kaufens ermittelt werden. Die Antworten auf die Frage nach dem „Warum" des Kaufens seien auf einer unter-bewußten Ebene verankert, die quantitative Verfahren nicht erreichen könnten. Neben dem Vorteil, daß die qualitativen Verfahren der Motivforschung wesent-lich preisgünstiger waren als repräsentative Befragungen und aus dem Vorbild-land Amerika stammten, war der „staunenswerte Optimismus" (vgl. *Bergler,* 1961[1958], S. 52) gegenüber der Einbeziehung von wissenschaftlichen Diszi-plinen wie der Psychologie (und zum Teil der Soziologie) ein wesentlicher Grund für die positive Aufnahme der Motivforschung durch die damalige Unternehmenspraxis. Interessanterweise vollzog sich der Streit zwischen den sog. *„Tiefenboys"* der Motivforschung und den *„Nasenzählern"* der statistischen Marktforschung (vgl. *Kropff,* 1960, S. 15, 82) zunächst in der publizistischen Öffentlichkeit unter Ausschluß der wissenschaftlichen Marktforschung. Mit verantwortlich dafür war die Kritik der Motivforschung von *Vance Packard* mit seiner Publikation „Die geheimen Verführer" (1958[1957]). Während sich die Öffentlichkeit angesichts der scheinbar unbegrenzten Manipulationsmöglich-keiten besorgt zeigte, förderte dies nur noch das Interesse der Unternehmens-praxis [58].

ad a2) Weiterentwicklung der Teilfunktion der Nachfragelenkung

Eine Lösung des Absatzproblems versprach eine Intensivierung der *Werbung als Instrument der Nachfragelenkung.* Dadurch sollte eine Anpassung der Nachfrage an das Angebot möglich werden.

---

57 Vgl. *Ott,* 1959, der zum 25-jährigen Jubiläum die Nachkriegsgeschichte der GfK beschreibt.
58 Die später einsetzende Diskussion innerhalb der wissenschaftlichen Marktforschung wird als Bestandteil der Marketingtheorie in *Kap. 3.2.4* beschrieben.

Nach Schätzungen vervierfachten sich fast die Werbeausgaben in den USA in diesem Zeitraum von 1950 knapp 6 Milliarden US$ auf knapp 20 Milliarden US$ am Ende der 60er Jahre, was u. a. auf die Nutzung des neuen Mediums Fernsehen zurückzuführen ist (vgl. *Schudson*, 1984, S. 67). In der Bundesrepublik Deutschland hatten sich allein schon von 1952 bis 1962 die Werbeausgaben (als Bruttowerbeumsätze) auf nahezu 3 Milliarden DM mehr als verfünffacht (vgl. *Schildt*, 1995, S. 105). Dieser Anstieg erhöhte den Anteil der Werbeausgaben am Bruttosozialprodukt, wodurch sich eine Annäherung an Quoten anderer westlicher Industriegesellschaften vollzog.

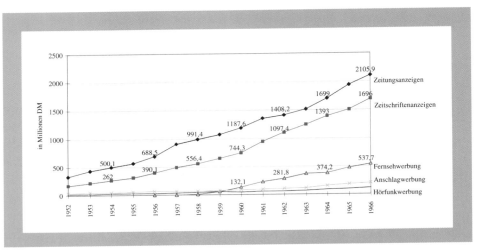

Abb. 3-2: Bruttowerbeumsätze 1952-1966 ausgewählter Werbemittel nach ZAW, 1970, S. 21.

Die Werbung veränderte sich in dieser Zeit nicht nur *quantitativ*, sondern auch *qualitativ*, wofür folgende Gründe anzuführen sind:

– *technologische Entwicklung*
Die Entfaltung der Werbung folgte der Ausdifferenzierung *kommunikationstechnologischer* Entwicklungen und ihrer zunehmenden Akzeptanz in der Bevölkerung. So wurde das Radio als weit verbreitetes Medium intensiver genutzt, das Kino wurde zum bedeutenden Kommunikationsträger, die Zeitschriften wurden breiter in ihrem Angebot, und die Reproduktionstechniken im Privatbereich verbesserten sich. Vor allem kam das alles überragende Medium Fernsehen dazu, das bald zum Hauptmedium für nationale Markenkampagnen wurde (vgl. *Abb. 3-2* und *Schatz*, 1989, S. 396). Nicht nur die Kombinationsmöglichkeiten der medialen Nutzung stiegen, auch das kommunikative Potential der Werbegestaltung wuchs (hier insbesondere durch das Fernsehen mit dem Zusammenspiel aus Bild, Sprache und Musik).

– *organisatorische Entwicklung*
Die wachsende Komplexität der Marktprobleme führte zu einer stärkeren Verknüpfung vorher eher nebeneinander getroffener, unternehmerischer

Entscheidungen. Die *Werbung wurde innerhalb der Unternehmung auf allen Ebenen in den gesamten Marketingkomplex integriert.* Auf der obersten Ebene sollte sie im Zusammenhang mit den allgemeinen Geschäftszielen berücksichtigt werden, auf der mittleren Ebene bezüglich der Abstimmung mit anderen Mitteln der Absatzförderung und auf der ausführenden Ebene der Werbegestaltung mit Fragen des Produktes, der Marke und des Preises (vgl. *Bartels,* 1988, S. 46). Auffällig in dieser Zeit ist auch ein Hang zur Überbetonung der Werbung in ihrer Bedeutung für das Unternehmen[59]. Die Konsequenzen können anhand der konzeptionellen Veränderung der Werbung gezeigt werden.

– konzeptionelle Entwicklung
Die intensivierte Erforschung der Beweggründe für den Konsum schlug sich in einer psychologisch fundierteren Konzeption des Konsumenten und seines Verhaltens nieder. Dies fand eine Umsetzung in den kommunikativen Strategien der Werbung. Jetzt standen nicht mehr das Produkt und seine Eigenschaften im Vordergrund, sondern der Konsument dieser Produkte und das personalisierte Produkt, das mit sozialen Hinweisen versehen wurde. Angesichts der oben beschriebenen sozio-kulturellen Tendenzen wurde der Nutzen dieser Produkte insbesondere für den zwischenmenschlichen Bereich herausgestellt (die glückliche Familie, das romantische Paar etc.).

Zur Strategie der emotionalen Produktdifferenzierung durch die Werbung merkt *Peter Brückner* an:

„Sah Wirtschaftswerbung lange Zeit hindurch ihre Aufgabe darin, sachliche Eigenschaften des Produkts, die der Befriedigung von Bedürfnissen dienen, in Werbe-Aussagen zu übersetzen und entsprechende Informationen argumentativ an den Verbraucher zu vermitteln ..., so beginnt nun das Erzeugnis, wie es in den Lagern der Produzenten gestapelt wird, zum bloßen Rohstoff für die Ware zu werden. Es ist die Werbung selbst, die Waren aus Objekten produziert, die nur noch für den Techniker 'Fertigungserzeugnisse' sind."
Peter Brückner, 1967, S. 53

Verständlich wird diese Strategie angesichts einer zunehmenden Angleichung von Fertigungstechnologien auf vergleichbaren Qualitätsstufen. Dies führte dazu, daß sich die Produkte am Markt in ihrer objektiven Beschaffenheit oft nicht mehr wesentlich unterschieden. In solchen Fällen können die durch Werbung geschaffenen Produkteigenschaften wichtiger als das Produkt selbst werden.

Gleichzeitig war auch der Glaube an die Möglichkeiten der Steuerbarkeit des Menschen in dieser Zeit groß. Dies muß im Zusammenhang mit einem allgemeinen Machbarkeitsoptimismus und einer Wissenschaftseuphorie gesehen werden, bei

Die symbolische Aufladung des Produktes wird bei der Reyno Werbung von 1961 über die Einbettung in eine natürliche Umgebung intendiert. Aus dem kühlen und erfrischenden Frühsommertag wird die kühle und erfrischende Zigarette.

Quelle: Das Beste, 1961

---

59 So spricht man in damaligen Lehrbüchern z. B. von Werbung als „... the solid foundation on which the entire business rests" (*Whittier,* 1955, S. VIII, zitiert nach *Bartels,* 1988, S. 46).

❏
Als emotionaler Bezugspunkt fungiert in der Wienerwald Kampagne von 1964 die traditionelle Klischee-Familie. Bis zu dieser Zeit wurden gezeichnete Abbildungen mit dem Argument bevorzugt, daß Fotos „zu kalt" und „zu realistisch" seien.

Quelle: *Kriegeskorte,* 1995

**Am Sonntag bleibt die Küche kalt -
da geh'n wir in den Wienerwald!**

Eine prächtige Idee: die ganze Familie geht sonntags in den Wienerwald. Mutti hat einmal in der Woche „Ferien vom Herd". Sie braucht nicht zu kochen, nicht anzurichten und abzuspülen!

Im Wienerwald gibt es knusprige Hendl, goldbraune pommes frites und pikante Salate, - ein richtiges Sommeressen! Und dazu den köstlichen Wienerwald-Wein, auch zum Mitnehmen für Zuhause, Picknick und Reise.

In mehr als 70 Städten in Europa und Amerika bieten über 140 Brathendlstationen freundliche Gastlichkeit.

Wienerwald

- täglich von 11 Uhr vormittags bis in die späte Nacht.

der das Vertrauen in die stetige Weiterentwicklung der Wissenschaft ausgeprägt war und das „Mögliche" auch immer mit dem „Zu-Machenden" gleichgesetzt wurde. Ein besonders prägnantes Beispiel kommt bei dem Motivforscher *Ernest Dichter* zum Ausdruck:

> „Menschliche Wünsche sind das Rohmaterial, mit dem wir arbeiten. Ihre planmäßige Steuerung ist die Form, die das Bild der Menschen prägt, sie ist die wichtigste Waffe im Arsenal dieser Welt."
> *Ernest Dichter,* 1964[1961], S. 9

ad b) Übertragung von Absatzfunktionen des Handels auf Hersteller und Konsumenten

Aus der Massenproduktion und dem Massenkonsum resultierte die Notwendigkeit einer effizienten Form der Warendistribution. Dies ermöglichte die *Selbstbedienung im Handel*, die sich als mechanisiertes Verkaufsverfahren gegen Ende der 50er Jahre in Deutschland durchsetzte. Sie beseitigte einen Rationalisierungsengpaß, den *McNair* 1958 mit den Worten beschrieb: „Goods are manufactured by horsepower but distributed by manpower" [60]. Zum einen werden dabei Funktionen vom Handel auf die Konsumenten verlagert, wie z. B. das selbständige Auswählen und Transportieren der Ware zur Kasse, zum anderen übernimmt der Hersteller Verkaufsfunktionen des Handels mit der Produkt- und Verpackungsgestaltung, wodurch ein weitgehend beratungsfreies Produkt garantiert wird, oder mit der Kommunikationspolitik, die die Ware „vorverkauft". Für den Handel ermöglicht die Selbstbedienung eine Kostenreduktion, Steigerung der Personalproduktivität und eine Ausnutzung potentieller akquisitorischer Wirkungen, sofern die Konsumenten diese Verkaufsform als Vorteil empfinden.

Ihren Ursprung hatte die Selbstbedienung in den USA, wo sich erste Beispiele für Selbstbedienung bereits 1916 als experimentelles Novum finden. Eine Etablierung in breiterem Maßstab fand dort in den 20er Jahren zu Zeiten der Wirtschaftskrise statt, als einige Händler den Verbrauchern die Möglichkeit des billigeren Einkaufs offerierten, sofern sie auf alle sonst üblichen Leistungen verzichteten (vgl. *Nieschlag*, 1972, S. 214). In Deutschland bestanden – abgesehen von vereinzelten Vorläufern – bis zur Mitte der 50er Jahre prinzipiellere Bedenken, die sich auf die

❏

Die Bedeutung der Selbstbedienung zeigt das Hilfsmittel Einkaufswagen, das bald als Metapher für den gesamten Konsum verwendet wurde. Hier die „Supermarkt Lady" (1970) von *Duane Hanson*. Die schillernden Versprechungen der Warenwelt werden durch die nüchterne, realistische Darstellung konterkariert.

Quelle: *Bär/Bignens,* 1994

❏

In den 80er Jahren entwarfen die Stiletto Studios in Anlehnung an die Readymade-Prinzipien von *Duchamp* die Kunstmöbel „Consumer's Rest". Positive Lebensentwürfe werden nicht mehr außerhalb des Konsums gesucht, sondern finden sich im individuell gestalteten Konsum.

Quelle: *Albus/Borngräber,* 1992

---

60 Feststellung von *McNair* auf der Bostoner Konferenz über Warenverteilung von 1958, zitiert nach *Schulz-Klingauf,* 1960, S. 10.

❑
1956 ist die Selbstbedienung noch ungewohnt. Ohne Verkäufer und Theke konnten die Produkte nun von den Konsumenten begutachtet werden.

Quelle: *Knoll/Reinoß, 1974*

Mitte der 50er Jahre publizierte *Allen Ginsberg* eine Gedichtsammlung, die mit dem titelgebenden „Howl" die amerikanische Kultur nachhaltig erschütterte und veränderte. Weniger bekannt ist das hier enthaltene Gedicht „A Supermarket in California". Dort wird in expliziter Anlehnung an den berühmten Poeten der amerikanischen Landschaft *Walt Whitman* der Supermarkt als Bestandteil einer urbanen Landschaftsform beschrieben. Was in Deutschland zu dieser Zeit noch bestaunt wird, ist in den USA bereits ein etablierter Ort des sozialen Lebens. Diese realen Unterschiede ermöglichen eine - in dem damaligen Deutschland wohl nur schwer nachvollziehbare - kulturelle Manifestation der Poesie des verträumten Schlenderns in der Warenwelt.

A Supermarket in California

What thoughts I have of you tonight, Walt Whitman, for I walked down the sidestreets under the trees with a headache self-conscious looking at the full moon.

In my hungry fatigue, and shopping for images, I went into the neon fruit supermarket, dreaming of your enumerations!

What peaches and what penumbras! Whole families shopping at night! Aisles full of husbands! Wives in the avocados, babies in the tomatoes! - and you, Garcia Lorca, what were you doing down by the watermelons?

hohen Investitionskosten und auf die vermutete fehlende Sachkompetenz der Kunden richteten. Zur breiteren Durchsetzung trugen dann größere Zusammenschlüsse wie Einkaufsgenossenschaften oder freiwillige Ketten bei, die im Lebensmittelhandel die Selbstbedienung einführten (vgl. *Abb. 3-3*) [61].

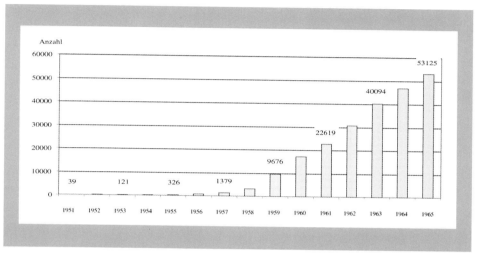

Abb. 3-3: Entwicklung der Selbstbedienungsläden im Lebensmittel-Einzelhandel nach Disch, 1966, S. 60.

Auf der Kundenseite herrschte zunächst Verwirrung und Unsicherheit angesichts des unmittelbaren Kontaktes mit der ungewohnten Warenfülle. Mit zunehmender Erfahrung verbesserte sich die Akzeptanz, und es wurden vor allem als Vorteile der Selbstbedienung die Zeitersparnis des Einkaufs und die ungestörte Auswahl gesehen (vgl. *Wildt*, 1994, S. 190f.). Diese „Freiheit der Wahl" steht in einer engen Beziehung zu den oben dargestellten sozio-kulturellen Veränderungen im Konsumverhalten. Die Wahlmöglichkeiten stiegen, das Angebot wurde vielfältiger, und die Konsumenten wollten in dieser Situation weniger eine intensive Beratung als vielmehr individuelle Kaufentscheidungen treffen. Insofern wurde die Übernahme von Handelsfunktionen nicht als notwendiges Übel erlebt.

„Die Verbraucher übernahmen offensichtlich gern einen Teil der Funktionen, die bisher der Handel ausgeübt hatte, oder – genauer – sie waren sich dessen kaum bewußt; denn die Selbstbedienung kam ihren Wünschen weit entgegen. Sie gehört zum 'mündig' gewordenen Konsumenten."
Robert Nieschlag, 1972, S. 215

---

61 Einflußreich und förderlich war die Gründung des „Instituts für Selbstbedienung" im Jahre 1957.

I saw you, Walt Whitman, childless, lonely old grubber, poking among the meats in the refrigerator and eyeing the grocery boys.

I heard you asking questions of each: Who killed the pork chops? What price bananas? Are you my Angel?

I wandered in and out of the brilliant stacks of cans following you, and followed in my imagination by the store detective.

We strode down the open corridors together in our solitary fancy tasting artichokes, possessing every frozen delicacy, and never passing the cashier.

(...)

Allen Ginsberg, 1956, S. 23

ad c) *Umorientierung vom technologisch-produktionsorientierten Denken zum Absatzdenken*

Trotz der Verbesserung der einzelnen Instrumente des Marketing spürten viele Unternehmen nur allzu deutlich die Grenzen der Aufnahmefähigkeit der Märkte. Als eine gefährliche Selbsttäuschung erwies sich die Annahme, daß sich ein Wachstum allein durch die expansive Bevölkerungs- und Einkommensentwicklung in Verbindung mit einer verfeinerten, ansonsten aber traditionellen Art der Marktbearbeitung ergäbe. Desweiteren merkten viele Unternehmen erst spät, manchmal zu spät, daß nicht ihr angebotenes Produkt den zu bearbeitenden Markt definiert, sondern der zugehörige Bedarf aus Sicht der Konsumenten. So wurde ein Verständnis dafür wach, daß Eisenbahngesellschaften nicht Eisenbahnfahrten sondern Beförderungsmöglichkeiten anbieten, Filmproduzenten nicht auf einem Markt der Spielfilme agieren sondern auf einem Unterhaltungsmarkt und Rechenschieber-Fabrikanten, die nur den Markt der Rechenschieber im Auge hätten, auf dem eigentlich relevanten Markt der Rechenkapazitäten den Taschenrechner übersähen. Die unangemessene Konzentration auf das Produkt statt auf den Bedarf wurde als „Marketing-Kurzsichtigkeit" bezeichnet (vgl. *Levitt*, 1960). Dementsprechend fand mit Unterstützung der Marketingwissenschaft eine allmähliche Umorientierung statt, die sich auf den Rahmen bezog, in dem die Marketinginstrumente ihre Ausrichtung und Anwendung finden. Das technologisch-produktionsorientierte Denken wurde immer mehr durch das Absatzdenken ersetzt. Hier liegen wichtige Impulse für die Verbreitung des *Marketingdenkens als Führung vom Markt* her. Diese Konzeption soll nun in ihrer theoretischen Ausgestaltung genauer betrachtet werden.

3.2 Konsequenzen für die Marketingtheorie und ihre Anwendung

3.2.1 Entwicklung von Grundpositionen

Am Anfang der 50er Jahre waren in Deutschland nur unscharfe Konturen im Bereich der Markt- und Absatzlehre erkennbar (vgl. *Meffert, 1989c*, S. 337). Dies änderte sich im Laufe der 50er Jahre nur wenig. Nur drei Bücher erschienen bis kurz vor Beginn der 60er Jahre in Deutschland, die sich mit Absatzproblemen beschäftigten und an die Vorkriegszeit anknüpften [62]. Verständlich wird diese Situation unter dem Aspekt, daß sich praxisbezogene Absatzprobleme zunächst kaum stellten. Mit der realen Situation des Wiederaufbaus korrespondierte

---

[62] Neben der Neuauflage von *Erich Schäfer* (1950): Die Aufgaben der Absatzwirtschaft (1. Aufl. 1943), waren dies: *Waldemar Koch* (1950): Grundlagen und Techniken des Vertriebs (obwohl als Lehrbuch konzipiert, steht weniger eine allgemeine Vertriebs-(Absatz)Theorie im Vordergrund, als vielmehr die detaillierte, praxisnahe Darstellung betrieblicher Absatzmittel); *Carl Ruberg* (1952): Verkaufsorganisation (mit dem Schwerpunkt auf Gliederung und Einsatz der betrieblichen Absatzorgane) und *Erich Gutenberg* (1955): Grundlagen der Betriebswirtschaftslehre, Bd. 2: Der Absatz (als konsequente Weiterführung des ersten Bandes über die Produktion wird auch hier der Absatz rein einzelwirtschaftlich als Folge der industriellen Produktion aufgefaßt). Vgl. dazu *Leitherer*, 1961, S. 108; *Schudrowitz*, 1968, S. 213.

vielmehr eine primär theoretische Beschäftigung mit produktions- und kostentheoretischen Fragen.

Dies zeigt sich auch bei *Erich Gutenberg*, der mit seinem grundlegenden theoretischen Werk der Produktion als *Leistungserstellung* den Absatz als *Leistungsverwertung* nachordnete. Wie noch zu sehen sein wird, hatten amerikanische Wissenschaftler in dieser Zeit bereits Konzepte erarbeitet, die diesen Phasenablauf als nicht mehr adäquat erscheinen ließen. Eine derartige Sichtweise ist insofern von großer Bedeutung, als sie auch wesentlich die Objektordnung der Disziplin bestimmt. *Gutenberg* hat dennoch mit seiner anerkannten Autorität einen positiven Einfluß ausgeübt, indem er der Absatzlehre durch seine Behandlung in Deutschland gewisse Weihen verlieh, sie sozusagen „parkettfähig" machte und mit anderen Gebieten der Betriebswirtschaftslehre zu einem Gesamtsystem zusammenfügte.

Erst Anfang der 60er Jahre lebte die deutsche Absatzlehre auf, und es verbreitete sich im Verlauf dieses Prozesses zunehmend der Begriff „Marketing". Dies war eine dynamische und konflikthafte Entwicklung, für die einerseits praktische Anstöße und andererseits Einflüsse aus der Rezeption amerikanischer Marketingwissenschaft richtungsweisend waren.

Die Absatzwissenschaftler sahen sich neuen praktischen Herausforderungen gegenüber, die aus wirtschaftlichem Wachstum und der gleichzeitigen Herausbildung von Absatzengpässen resultierten. Die Konsumenten wurden in ihrem Verhalten dynamischer und schwieriger verstehbar. Zwar gab es zunehmend praktische Marktforschung über Marktentwicklungen und Kaufverhalten, es fehlte jedoch ein theoretisches Fundament, das deduktiv zur Hypothesengenerierung oder induktiv zur theoretischen Erkenntnisentwicklung aus den empirischen Studien heraus hätte genutzt werden können. Daraus entstanden die folgenden neuen Bedürfnisse der unternehmerischen Praxis:

– Die Erkenntnisse der Absatzlehre sollten ein *wissenschaftlicheres Niveau* haben.

– Zugleich sollte die *Unternehmensperspektive* verstärkt werden.

Die beiden Anforderungen stießen auf eine Absatzlehre, die noch von der Vorkriegszeit mit ihrer Konzentration auf den Einzelhandel geprägt war und Absatzfragen als Spezialgebiete ohne Integration mit der Allgemeinen Betriebswirtschaftslehre behandelte [63].

In diese Situation hinein, die in gewisser Weise als wissenschaftliches Vakuum betrachtet werden muß, gelangten aus den USA Informationen über eine „neue

❏
Der Glaube an Wissenschaft, Forschung und Technik als Heilsbringer der Zukunft war im Alltag der Menschen fest verankert, worauf die Schwarzkopf Werbung von 1962 aufbauen konnte.

Quelle: *Kriegeskorte*, 1995

---

63 So wurden bspw. in der Zeitschrift für Betriebswirtschaft bis 1959 die Absatzphänomene unter der Rubrik „Handels- und Warenverkehr" behandelt.

Art" der Behandlung von Absatzfragen, nämlich über das Marketing. Die Diskussion darüber wurde zunächst weniger in wissenschaftlichen Zeitschriften, sondern in der publizistischen Öffentlichkeit wie in der FAZ und DIE ZEIT geführt (vgl. *Bubik*, 1996, S. 151). Die deutsche Unternehmenspraxis interessierte sich stark für die amerikanische Herangehensweise, da die neuartigen Marktprobleme - und hier insbesondere Käufermarktsituationen - nach dem Wiederaufbau schon länger die Märkte in den USA bestimmt hatten (vgl. *Hammel*, 1963, S. 12).

Hans Fischer eröffnete sein Buch „Marketing oder die Verwirrung der Begriffe" dazu mit den Worten:

„Marketing – ein magisches Wort, einem Zauberschlüssel vergleichbar, Forderung und Verheißung zugleich!"
Hans Fischer, 1959, S. 7

Die deutsche Diskussion über das amerikanische Marketing vollzog sich zwischen euphorischer Überschätzung und traditionsorientierter Geringschätzung. Erschwert war die wissenschaftliche Rezeption [64] durch die populäre Diskussion, die eher von der Suche nach schnellen Patentlösungen und unklaren Vorstellungen über den eigentlichen Gehalt gekennzeichnet war. Auch z. T. generationsbedingte wissenschaftspragmatische Motive, wie die Bedrohung traditioneller Ansätze und die Aufstiegschance durch neuartige Ansätze können für eine Spaltung der Wissenschaftler maßgebend gewesen sein.

Die folgenden konträren Stellungnahmen machen die Konflikte dieser Rezeptionsphase amerikanischer Marketingwissenschaft deutlich:

Erich Schäfer spricht im nachhinein von dem „... ungehinderte(n) Einströmen ausländischer, vor allem amerikanischer Literatur. Eine riesige, in ihrer Qualität zunächst kaum zu differenzierende Literatur über 'Marketing' stand da auf einmal vor den deutschen Fachleuten. ... Die früheren Beiträge deutscher Absatzforschung wurden weitgehend vergessen oder abgeschoben. Neue Veröffentlichungen auf diesem Feld stützten sich fortan fast ausschließlich auf amerikanische Quellen."
Erich Schäfer, 1981, S. 8f.

Bei *Robert Nieschlag* stellt sich die Situation 1959 dagegen wie folgt dar: „Der breite Strom an Literatur und Information, der seitdem [gemeint ist die Währungsreform, U.H./M.B.] unser Land befruchtet, ist zu einem beglückenden Erlebnis geworden. Der Kontakt mit dem Ausland, vor allem den Vereinigten Staaten, ist auf dem Gebiete der Absatzwirtschaft und des Handels heute vielleicht besser als je zuvor."
Robert Nieschlag, 1959, S. IX

---

64 So versucht *Heinz Weinhold* (1961) aufzuzeigen, daß das Marketing über analoge deutsche Absatzkonzeptionen hinausgeht. Er beginnt aber zunächst mit der Distanzierung von dem Marketing als ein „in der Praxis eingebürgertes Schlagwort" (S. 339), das dort als Amerikanismus lediglich eine besondere Aktivität und Fortschrittlichkeit suggeriert.

Im Rahmen dieser Rezeptionsphase stand in Deutschland die Frage im Vordergrund, ob das Marketing nur ein „ausländischer" Name für die deutsche Absatzlehre sei oder eine marktliche inhaltliche Modifikation darstelle. Dazu sind zwei fundamentale Entwicklungstendenzen zu behandeln, die sich in der amerikanischen Marketingtheorie in den 60er Jahren vollzogen hatten:

a) die theoretische Fundierung durch die Öffnung zu den Nachbardisziplinen: die *verhaltenswissenschaftliche Orientierung*,

b) die Erarbeitung einer wissenschaftlichen realitätsnahen Position: die *Entscheidungsorientierung*.

Zu diesen beiden Wissenschaftsperspektiven bestand unter den amerikanischen Marketingtheoretikern bereits ein weitgehender Konsens, während sie in Deutschland über die Absatz- und Handelslehre hinausgehend im Kontext der Allgemeinen Betriebswirtschaftslehre Gegenstand heftiger Diskussionen bis hin zu einem Methodenstreit waren, dessen Protagonisten *Erich Gutenberg* (1953) und *Konrad Mellerowicz* (1952) waren. *Gutenberg* vertrat die Position, daß für die Betriebswirtschaftslehre die einzig relevante Nachbardisziplin die Nationalökonomie sei, methodisch ein naturwissenschaftlich-mathematisches Vorgehen vorzuziehen wäre und der Wert der Theorie oberste Priorität besitze. Dagegen stand eine Position, die den Praxisbezug verstärken wollte und ein verhaltenswissenschaftlich orientiertes Vorgehen präferierte, indem insbesondere die Psychologie und Soziologie als relevant und erkenntnisreich erachtet wurden. Unter den deutschen Wissenschaftlern der Absatz- und Handelslehre wurden diese Positionen wie folgt diskutiert:

*ad a)   Theoretische Fundierung durch die Öffnung zu den Nachbardisziplinen:
         die verhaltenswissenschaftliche Orientierung*
Die Perspektive einer verhaltenswissenschaftlichen Orientierung hat zwei Dimensionen, nämlich zum einen die *inhaltliche* Frage der Kategorien, unter denen Marktsubjekte betrachtet werden sollen, und zum anderen die *wissenschaftssoziologische* Frage, wie diese Forschung wissenschaftlich zu organisieren ist. Die folgenden Äußerungen zeigen diese Dimensionen:

Ein Vertreter der verhaltenswissenschaftlichen Absatzforschung war *Wilhelm Vershofen*, der betonte, daß „... das Marktgeschehen aber als bloße Güterbewegung nicht zu erklären und zu verstehen ist. Man muß vielmehr auch die Eigenart des Trägers dieses Geschehens, nämlich den Menschen, gerade in der Marktsphäre, zu verstehen suchen. Deshalb muß man unter anderem auch psychologische und soziologische Erklärungskategorien berücksichtigen." *Wilhelm Vershofen*, 1960, S. 81

> *Erich Schäfer* greift das Argument auf, „... daß die Berücksichtigung sozialer oder psychologischer oder sonstwelcher Aspekte des Betriebslebens außerordentlich wichtig sei." Er wirft aber ein: „Wer will das bestreiten? Es ist nur die Frage, welche Folgerungen hieraus gezogen werden sollen. Ich finde, die Folgerungen für die Forschung sind längst gezogen, indem sich die verschiedensten Wissenschaftszweige u. a. mit den für sie einschlägigen Aspekten des Betriebslebens beschäftigen."
> *Erich Schäfer*, 1952, S. 613

Zweifel und Bedenken bestanden in Deutschland weniger in inhaltlicher Hinsicht, sondern mehr unter dem Aspekt wissenschaftlicher Unergiebigkeit der Übernahme verhaltenswissenschaftlicher Erkenntnisse in die betriebliche Absatzlehre. Diese wurde auch als modische Zeiterscheinung (vgl. *Löffelholz*, 1952, S. 393) oder sogar als zu „amerikanisch" abgetan, was deshalb „mitteleuropäischen kulturellen Entwicklungen" widerspräche (vgl. *Schäfer*, 1952, S. 612).

Demgegenüber wurde in Amerika über die verhaltenswissenschaftliche Orientierung und den Bezug auf anerkannte Disziplinen wie die Psychologie und Soziologie gleichermaßen die Praxisanbindung wie auch die wissenschaftliche Legitimation angestrebt [65]. Aus der amerikanischen Marketingwissenschaft sind als Beispiele folgende Modellentwicklungen bzw. -übernahmen dieser Zeitphase relevant (vgl. *Sheth/Gardner/Garrett*, 1988, S. 110-119), die in Deutschland erst mit einer zeitlichen Verzögerung adaptiert und weiterentwickelt wurden:

Psychologie:
– Ein früher Pionier war *George Katona* (1953, 1960), der als Nationalökonom das Kaufverhalten mit psychologischen Ansätzen empirisch untersuchte. Seine Arbeiten hatten damals auch einen wesentlichen Einfluß auf die deutsche Forschung, wie z. B. in Form der *sozialökonomischen Verhaltensforschung* des Kreises um *Günter Schmölders* (1963).

– Früh wurden Konzepte aus der kognitiven Psychologie in der amerikanischen Marketingwissenschaft entliehen. Dazu zählte die *Theorie der kognitiven Dissonanz* von *Leon Festinger* (1957), die Anfang der 60er Jahre zu einer Vielzahl von Studien führte und insbesondere durch die Betrachtung der Situation nach einer Kaufentscheidung die weitere Forschung prägte.

– Die mikroökonomische Theorie der Nutzenmaximierung wurde durch die *Theorie des wahrgenommenen Risikos* von *Raymond Bauer* (1960) abgelöst. Es bestand eine formale Ähnlichkeit durch die Zweckrationalität der hier relevanten

❏
Das weniger „despektierliche" Verhältnis der Nordamerikaner zum Konsum drückte sich ebenso in der Kunst aus, in der alltägliche Konsumobjekte zum künstlerischen Gegenstand wurden. Anders als in Deutschland waren der Karriere von *Andy Warhol,* hier mit „One Hundred Campbell's Soup Cans" von 1962, auch seine Arbeiten als kommerzieller Werbegraphiker oder Schaufenstergestalter nicht abträglich.

Quelle: *Böhm,* 1984

---

65 Hinzuweisen ist darauf, daß auch umgekehrt Soziologen und Psychologen in den USA nach dem Zweiten Weltkrieg problemloser in die Marketingwissenschaft wechselten oder Marktphänomene analysierten, während in Deutschland die marktlichen Untersuchungen eines ausgebildeten Psychologen und Soziologen mit den Worten kommentiert wurden: „Dr. Reinhold Bergler zählt zu den wenigen Wissenschaftlern in der Bundesrepublik, die sich nicht zu fein sind, sich mit menschlichem Konsumverhalten auseinanderzusetzen." (*Bongard,* 1966[1963], S. 103).

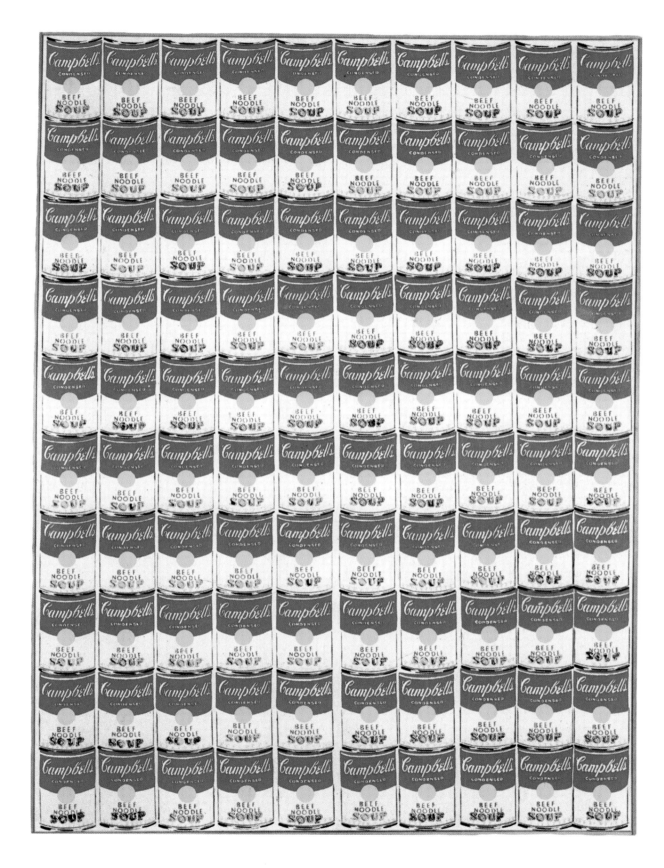

Schadensminimierung. Entscheidend war aber die Konzeptionalisierung des Risikos als subjektive Größe.

– Die in der Mikroökonomie als fix angenommenen Bedürfnisse wurden in der verhaltenswissenschaftlichen Forschung zunächst durch die Motivationstheorien von *Abraham Maslow* (1954) ersetzt. Bis heute findet sich die *Motivationshierarchie*, die einzelne Motivationen nach der Dringlichkeit für das Verhalten anordnet, in den Lehrbüchern zum Konsumentenverhalten.

Soziologie:
– Die sich immer deutlicher artikulierende soziale Dimension marktlicher Phänomene führte zu einer verstärkten Bezugnahme auf soziologische Theorien. Sehr populär wurden die Untersuchungen zum *Einfluß von Referenzgruppen* auf das Kaufverhalten durch *Francis Bourne* (1957). Hier konzentrierte sich die Forschung zunächst auf die Ermittlung der Intensität des Einflusses je nach Produktart.

– Eng damit verbunden waren die Untersuchungen von *Elihu Katz* und *Paul Lazarsfeld* (1955) zur *Meinungsführerschaft*. Die empirische Kritik an einer direkten Beeinflussung der Individuen durch Massenmedien veränderte insbesondere die Bewertung der kommunikationspolitischen Instrumente im

❏
Die Bildsprache der Werbung in dem Gemälde „Still Life #35" von *Tom Wesselmann* aus dem Jahr 1963. In diesen frühen Pop-Art Arbeiten zeigt sich noch eine Ambivalenz zwischen Faszination und Kritik der Konsumkultur, die in den darauffolgenden Jahren zunehmend durch eine Radikalkritik verdrängt wurde.

Quelle: *Buchsteiner/Letze*, 1994

Marketing. Das hier entwickelte Konzept des „two-step flow of communication" führte zur stärkeren Beachtung der Mund-zu-Mund-Werbung sowie zur indirekten Ansprache von Konsumenten über vorher anvisierte Meinungsführer.

– Angesichts der bisher ungekannten Geschwindigkeit von neuen Produktentwicklungen und Markteinführungen erkannten die Marketingwissenschaftler schnell die Potentiale des Modells der *Diffusion von Innovationen* in sozialen Systemen von *Everett Rogers* (1962). Der soziale Einfluß wird dabei als diffusionsendogener Faktor neben verschiedenen diffusionsexogenen Einflußfaktoren untersucht. Bis in die heutige Zeit wird sein Modell als Grundlage für eine Vielzahl empirischer Studien genutzt.

Diese Phase der verhaltenswissenschaftlichen Marketingforschung kann als Dominanz von „single construct approaches" charakterisiert werden (vgl. *Raij*, 1985, S. 11). Ab Mitte der 60er Jahre veränderte sich das Forschungsziel hin zur Arbeit an integrierenden Gesamtmodellen des Konsumentenverhaltens (vgl. *Kap. 4.2.2.1*).

Insgesamt führte die amerikanische Etablierung der verhaltenswissenschaftlichen Ausrichtung zu zwei entscheidenden Veränderungen in dieser Zeit. Zum einen wurden durch sie die hypothetischen Annahmen der ökonomischen Theorie durch reale, empirisch gestützte Verhaltensannahmen ersetzt. Zum anderen erfolgte eine theoretische Umsetzung der praktischen Relevanz des Konsum- und Marktgeschehens. Für die amerikanische Marketingwissenschaft resultierte daraus eine Vorreiterrolle. In Deutschland wurde die verhaltenswissenschaftliche Ausrichtung dagegen erst Ende der 60er Jahre nachgeholt trotz so engagierter Befürworter, wie *Robert Nieschlag*, der 1963 sein Plädoyer für die verhaltenswissenschaftliche Ausrichtung mit den Worten beendete:

„In der gegenwärtigen Entwicklungsphase der Betriebswirtschaftslehre kommt es m. E. darauf an, alle Saiten zum Klingen zu bringen und damit dem Fach zur weiteren Entfaltung zu verhelfen. ... Zu neuen Ufern lockt ein neuer Tag! Aber es sollte uns zu allen für uns wichtigen Ufern locken."
Robert Nieschlag, 1963, S. 558f.

Die Diskussion um die Interdisziplinarität der Marketingwissenschaft ist bis heute nicht abgeschlossen. Eine zusammenfassende Gegenüberstellung von Positionen zeigt folgende Argumentationspunkte:

Kritik der Interdisziplinarität
– Es erfolgt eine *Überschreitung des Zuständigkeitsbereiches* der Marketingwissenschaftler.

– Es entsteht ein damit verbundenes *Dilettantismus-Risiko,* wenn sich Wissenschaftler als Fachfremde in anderen Disziplinen betätigen[66].

– Verhaltenswissenschaftliche Untersuchungen besitzen oft ein *anderes Erkenntnisinteresse.*

Verteidigung der Interdisziplinarität

– Viele reale Marketingprobleme können ohne Einbezug der verhaltenswissenschaftlichen Nachbardisziplinen nur *unvollständig behandelt* werden.

– Das Dilettantismus-Risiko kann durch eine *verstärkte interdisziplinäre Zusammenarbeit* vermindert werden.

– Die Marketingwissenschaft wird durch neue theoretische Konzepte und Modelle bereichert, wenn die *Problemanpassung* (problem-fit) beachtet wird.

In diesem Sinne liegt aus heutiger Perspektive die Betonung weniger auf einem generellen Für oder Wider der Interdisziplinarität. Vielmehr ist die prozessuale Qualität ausschlaggebend, bei der ein theoretisch fundiertes Ausleihen von extern entwickelten Konstrukten im Vordergrund steht (vgl. *Hansen/Bode,* 1997, S. 66 – 69).

ad b)   Erarbeitung einer wissenschaftlichen realitätsnahen Position: die Entscheidungsorientierung

Zur wissenschaftlichen Positionsbestimmung der Absatzlehre waren – eng verbunden mit der verhaltenswissenschaftlichen Problematik - in zweierlei Hinsicht Konflikte auszutragen, nämlich einerseits eine Absicherung ihres Wissenschaftscharakters gegenüber einer Kunstlehre und andererseits eine Erfüllung realitätsnaher Aussagekraft gegenüber realitätsferner reiner Theorie[67].

In dem oben angesprochenen Methodenstreit vertrat *Gutenberg* für die Betriebswirtschaftslehre und damit auch für die Absatzlehre den Standpunkt reiner Theorie. Seine wissenschaftlichen Arbeiten sind stark von der volkswirtschaftlichen Mikroökonomie beeinflußt, was sich in a priori-Prämissen wie dem Rationalitätsverhalten der Wirtschaftssubjekte oder der vollkommenen Information der Nachfrager zeigte. In einem Vortrag auf der „Wissenschaftlichen Tagung des Verbandes der Hochschullehrer für Betriebswirtschaft e. V." im Jahre 1966 betonte er:

---

66 „Wem die Geduld fehlt (und vielleicht auch die Selbstbescheidung), die Forschungsarbeit reifen zu lassen, der wird immer wieder nach 'Neuausrichtung' des Faches rufen, sich an neuen Schlagworten berauschen und nach allen Seiten blicken, um besondere 'Erfolgs'chancen ausfindig zu machen. Man tritt als Künder neuer grundlegender Ideen auf, ohne ernsthafte Arbeit auf dem gepriesenen Betätigungsfelde zu leisten und richtet so per Saldo mit der Neuausrichtung herzlich wenig aus - es sei denn, daß man sich und das Fach bei wirklichen Fachleuten des usurpierten Gebietes lächerlich macht und so an dem Ast sägt, auf dem man selbst sitzt" (*Schäfer,* 1952, S. 611f.).

67 Vgl. im Rahmen des amerikanischen Methodenstreits als Befürworter einer Wissenschaftsposition *Cox/Alderson,* 1950, und als Vertreter einer Kunstlehre *Hutchinson,* 1952, sowie zusammenfassend Buzzell, 1963.

„Wissenschaft ist eine Sache des Denkens. Erfahrung ist viel, aber Denken ist mehr, auch in einer so praxisnahen Disziplin wie der Betriebswirtschaftslehre." Und er plädierte dafür, daß „... der Disziplin jene Spontanität erhalten bleibt, die sich mehr am Gedanken als an den Tatsachen entzündet und deren Ergebnisse zunächst mehr die Logik als das praktische Bedürfnis befriedigen."
Erich Gutenberg, 1966, S. 2, 17

Die amerikanischen Marketingwissenschaftler und ihre deutschen Anhänger verfolgten demgegenüber einen anderen Weg, indem sie über die theoretische Fundierung des Marketing ihre Praxisrelevanz erhöhen wollten [68].

„It is the ironic paradox that the ever increasing demands from business executives have forced marketing men to become more theoretical. The kinds of questions executives are asking call for rigorous techniques in problem solving, which in turn need to be rationalized in terms of some general theoretical perspective."
Wroe Alderson, 1957, S. 4

Angesichts drängender Anforderungen aus der Praxis verstärkte sich das Bestreben nach einer realitätsnahen Theorie, aufgrund derer der Praxis Handlungsempfehlungen gegeben werden konnten. Die Marketingtheorie sollte auf der Basis der betrieblichen Marktlehre zu einer Marketingmanagement-Lehre ausgebaut werden. Sie wurde als *praktisch-normative* Wissenschaft entwickelt und bildete einen Vorreiter für die weitere Umsetzung in der Allgemeinen Betriebswirtschaftslehre (vgl. *Kirsch*, 1979, S. 108f.) [69].

Ausgangspunkt wissenschaftlichen Bemühens bildeten hier die in der unternehmerischen Praxis vorfindbaren Ziele, zu deren Erreichen auf der Basis wissenschaftlicher instrumentaler Erkenntnisse Handlungsempfehlungen erarbeitet werden. Es ging der Marketingtheorie zu dieser Zeit um eine Handlungslehre, der aber im Gegensatz zu den voruniversitären Rezeptologien systematische wissenschaftliche Erkenntnisse über Sachverhalte des Marktgeschehens zugrunde gelegt werden. Dies ermöglichte erst die Entstehung einer wissenschaftlichen Lehre der marktorientierten Unternehmensführung gegenüber einer Kunstlehre. *Robert Nieschlag* drückte diese Veränderung, wie sie über die amerikanische Marketingwissenschaft gefördert wurde, mit den Worten aus:

---

68 Für die weitere Entwicklung der amerikanischen Marketingwissenschaft hat die Evaluation der Business Schools durch die Ford Foundation und Carnegie Foundation Ende der 50er Jahre einen wesentlichen Beitrag geleistet. Dort wurde die Kritik an der Ausbildung funktionaler Spezialisten geübt. Aus unternehmenspraktischer Perspektive wurde die Forderung formuliert, bei der Ausbildung exaktere, wissenschaftlichere Verfahren zu verwenden. Nicht zuletzt über hohe Summen gezielt vergebener Forschungsgelder prägten die Stiftungen die amerikanische Marketingwissenschaft (vgl. *Lazer/Shaw*, 1988, S. 149f.; *Kerin*, 1996, S. 5).
69 Wegweisend für die Etablierung des entscheidungsorientierten Ansatzes in der deutschen Betriebswirtschaftslehre war *Edmund Heinen* mit seiner Arbeit zum Zielsystem der Unternehmung von 1966. Vgl. auch *Katterle*, der 1966 für eine wissenschaftstheoretische Orientierung der Betriebswirtschaftslehre an *Karl Popper* plädierte, sowie *Sabel*, 1971.

> „Das so verstandene Marketing galt früher als etwas, was der Intuition, dem Fingerspitzengefühl, dem begabten unternehmerischen Einfall überlassen war, wurde als etwas angesehen, was man nicht lehren und lernen konnte, was einem in die Wiege gelegt worden sein mußte. In diesem Bereich ist man in der Tat mehr und mehr eingedrungen und hat wesentliche Teile dieses Prozesses systematisiert und überschaubar gemacht."
> *Robert Nieschlag*, 1963, S. 552

Grundlage dieser Entwicklung war die Verarbeitung der wissenschaftstheoretischen Position des von *Karl Popper* geprägten *Kritischen Rationalismus.* Dieser wendet sich gegen jene Ausformung einer reinen Theorie, die sich in einer Art „Modellplatonismus" (vgl. *Albert*, 1967, S. 331ff.) durch realitätsferne Modellprämissen und pauschale Anwendung der ceteris-paribus-Klausel gegen die Wirklichkeit und eine intersubjektive Überprüfbarkeit immunisiert. Der Realitätsbezug wird hier gewährleistet, indem wissenschaftliche Aussagen erst dann allgemein anerkannt werden, wenn sie sich an der Realität bewährt haben.

Die wissenschaftliche Fundierung förderte in dieser Phase die allgemeine Anerkennung des Marketing als eigenständiger Disziplin. Ihre substantielle Weiterentwicklung kann nun mit dem *Marketingmanagement-Konzept* als theoretischer Grundlage für die Wandlung vom technologisch-produktionsorientierten Denken zum Absatzdenken und der *Systematisierung der Marketinginstrumente* gezeigt werden.

3.2.2 Marketingmanagement-Konzept

Die Bedeutung des Marketingmanagement-Konzeptes liegt in dem Wandel von einer funktionsorientierten Sichtweise zu einer unternehmensbezogenen Denkhaltung. Hiermit löste sich die Marketingtheorie von dem traditionellen betriebswirtschaftlichen Terminus „Absatz" und gab nunmehr eine Unternehmensphilosophie wieder, die *eine Führung der gesamten Unternehmung vom Markt her* anstrebt. In einer Situation, die den Absatz zum dominanten unternehmerischen Engpaß werden ließ, lautete die Handlungsempfehlung: *Zur Erreichung der Unternehmensziele ist das Denken und Handeln aller Unternehmensbereiche an den Bedürfnissen und Wünschen der Abnehmer auszurichten.*

Das Marketing verstand sich als managementorientiert und betonte, daß für den Unternehmenserfolg der wichtigste Aspekt nicht darin besteht, was das Unternehmen herzustellen gedenkt, sondern was der Kunde zu kaufen beabsichtigt. Obwohl von *Keith* (1960) als „Marketing Revolution" bezeichnet, mag dies zunächst wenig neu oder revolutionär klingen. Hinweise zur Ausrichtung der Unternehmenspraxis am Kunden finden sich sowohl in früheren amerikanischen als auch deutschen Arbeiten. So forderte *Erich Schäfer* bereits 1928 (S. 9) in seinem Marktforschungsbuch für den Unternehmer: „Seine Produktions- und Absatz-

„The customer is the foundation of a business and keeps it in existence. He alone gives employment. And it is to supply the customer that society entrusts wealth-producing resources to the business enterprise. ... Because it is its purpose to create a customer, any business enterprise has two – and only these two – basic functions: marketing and innovation. ... Marketing is the distinguishing, the unique function of the business. ... Actually marketing is so basic that it is not just enough to have a strong sales department and to entrust marketing to it. Marketing is not only much broader than selling, it is not a specialized activity at all. It is the whole business seen from the point of view of its final result, that is, from the customer's point of view. Concern and responsibility for marketing must therefore permeate all areas of the enterprise."

Peter Drucker, 1954, S. 35f.

dispositionen müssen also ständig am Markte orientiert sein." *Arthur Lisowsky* (1936, S. 11) kritisierte in seiner Diskussion der Unternehmensorientierung am Absatzengpaß sogar die Verkündung des „... fast schon zum Schlagwort gewordenen Satzes vom 'Primat des Absatzes'." Der Anklang, den das Marketingmanagement-Konzept um 1960 gefunden hat, ist also zunächst nicht durch eine radikale Innovation begründbar. Vielmehr ist hier das Aufeinandertreffen von Käufermärkten, einer starken Nachfrage der Unternehmenspraxis nach adäquaten Handlungsempfehlungen, der engeren Anbindung des Marketing an die Unternehmensführung und nicht zuletzt das Eigenmarketing der Marketingwissenschaftler ausschlaggebend gewesen (vgl. *Bubik*, 1996, S. 144). Das Marketingmanagement-Konzept wurde zu einer schnell und einfach kommunizierbaren Idee.

Einen wesentlichen Beitrag zur Etablierung des Marketingmanagement-Konzeptes lieferte *Robert J. Keith*, indem er die *Abnehmerorientierung* von Unternehmungen anderen Orientierungen wie der *Produktions- und Verkaufsorientierung* gegenüberstellte. In seinem Artikel von 1960 beschrieb er die Entwicklung des Nahrungsmittelherstellers 'Pillsbury' (dessen Direktor er war) vom Ende des 19. Jahrhunderts bis zum damaligen Zeitpunkt. *Keith* sah in diesem Beispiel eine unternehmerische evolutorische Entwicklung, bei der die Abnehmerorientierung als letzte Reifephase des Marketing den anderen Orientierungen gegenübergestellt wurde [70].

Ausgehend von dieser Publikation wurde das Phasenschema zu einem festen Bestandteil der Marketinglehrbücher. Die folgende Darstellung orientiert sich an einer modernen Fassung des Schemas, die um Annahmen, Forderungen und Bedingungen der verschiedenen Orientierungen erweitert wurde (vgl. dazu *Hill/Rieser*, 1990, S. 10-21).

– *Produktionsorientierung*
Produktionsorientierte Unternehmen gehen von der *Annahme* aus, daß der Abnehmer dann kauft, wenn das Produkt verfügbar und billig ist. Als Folgerung ergibt sich daraus, die Fertigungskosten zu minimieren, um das Produkt billig anbieten zu können.

Zeitlich wird diese Haltung meist vom Beginn des 20. Jahrhunderts bis in die 20er Jahre eingeordnet (vgl. *Fullerton*, 1988, S. 108). Wie oben beschrieben, versuchten insbesondere deutsche Unternehmen in den 20er Jahren, so ihren Absatz zu sichern. *Angemessen* kann diese Orientierung auf Märkten sein, wo nicht differenzierbare und nur den unmittelbaren Gebrauchsnutzen erfüllende Produkte (wie z. B. Rohstoffe oder Halbfabrikate) gehandelt werden, deren

---

70 In seiner Veröffentlichung unterteilte er die hier als „Abnehmerorientierung" bezeichnete Phase in eine „marketing oriented"- und eine „marketing control"-Phase (*Keith*, 1960, S. 37f.). Als „marketing control" verstand er die zukünftige, vollständige Durchdringung der Unternehmung durch das Marketing. Diese Unterscheidung spielte in allen weiteren Verwendungen des Ablaufschemas keine Rolle mehr.

Massenproduktion zudem die Realisierung hoher Skalenerträge ermöglicht. Außerdem ist sie ökonomisch nur erfolgreich auf Käufermärkten oder bei Monopolen.

Problematisch wird die Produktionsorientierung aber dann, wenn sich die Kundenansprüche zunehmend erweitern und das Preisargument für die Kaufentscheidung nicht mehr allein ausschlaggebend ist.

– *Verkaufsorientierung*

Unternehmen mit dieser Orientierung gehen von der *Annahme* aus, daß die Käufer einen natürlichen *Kaufwiderstand* insbesondere bei nicht lebensnotwendigen Gütern haben, der durch intensive Verkaufsanstrengungen überwunden werden muß. Als logische *Folgerung* resultiert daraus die Konzentration auf den Absatz der Produkte und die Intensivierung von Verkaufsanstrengungen. Dies war die verstärkte Reaktion der amerikanischen Unternehmen auf die Absatzprobleme in den 20er Jahren.

Das *Problem* der Verkaufsorientierung liegt in der Vorstellung, daß ein Produkt nicht *gekauft* wird, sondern *verkauft* werden muß. Deshalb soll der Kunde gemäß dieser Vorstellung zum Kauf überredet werden, was nicht selten zu aggressiven Verkaufs- und Vertriebspraktiken führt. Damit wird aber die Bedeutung der Kundenzufriedenheit für den Markterfolg unterschätzt, die sich in hohen Wiederkaufraten, Marken- und Firmentreue und positiver Mund-zu-Mund-Werbung niederschlägt.

– *Abnehmerorientierung*

Die Abnehmerorientierung des Marketingmanagement-Konzeptes kehrt nun die Denkrichtung um. Es wird hinsichtlich der Produktions- und Verkaufsorientierung die implizite Annahme kritisiert, daß der Unternehmer schon im voraus wisse, was der Kunde will. Dadurch würde die Fertigung und das Fertigungs-Know-how Ausgangspunkt des unternehmerischen Handelns und der Absatz zur Konsequenz der Produktion. Die Abnehmerorientierung besagt nun dagegen, daß umgekehrt das Produkt und seine Produktion zur Konsequenz der Marketingaktivitäten werden muß. Der Ausgangspunkt ist hier der Markt, und Bezugsobjekte sind die Kundenwünsche, auf denen koordinierte Marketingaktivitäten aufbauen, um Gewinn durch die Zufriedenstellung der Kundenwünsche zu erzielen. Dazu *Theodore Levitt* (1960, S. 50): „Selling focuses on the needs of the seller, marketing on the needs of the buyer"[71].

Diese periodische Einteilung der Marketingpraktiken wird oft mißverstanden. Als mögliche Fehlinterpretationen sind hier anzuführen:

⊛ Nr. 5
„Laufen Sie, wenn's sein muß raufen Sie und dann verkaufen Sie mit Konjunkturgewinn."

Hazy Osterwald-Sextett, 1960

---

71 Ähnlich die Formulierung von *John B. McKitterick* (1957, S. 78): „So the principal task of the marketing function in a management concept is not so much to be skillful in making the customer do what suits the interests of the business as to be skillful in conceiving and then making the business do what suits the interests of the customer."

– Der Phasenablauf wurde von *Keith* anhand *eines* Unternehmens erläutert. Falsch ist eine Interpretation, die hierin eine fundierte historische Beschreibung vom Wandel der Marketingpraxis sieht. Im Gegenteil kommen historische Marketinguntersuchungen zu dem Ergebnis, daß diese Periodisierung in ihrem zeitlichen Ablauf nicht haltbar sei (vgl. *Rassuli/Hollander,* 1986, S. 9; *Fullerton,* 1988, S. 120).

– Der Phasenablauf beschreibt keine zielgerichtete (geschichtliche oder firmenspezifische) Evolution, bei der sich das „bessere" Konzept notwendigerweise durchgesetzt hat. Vielmehr konnte gezeigt werden, daß die Erfolgswirksamkeit der Orientierungen nicht von der Idee per se, sondern von den *situativen Handlungsbedingungen* abhängt (vgl. *Houston,* 1986, S. 85).

Werden diese Mißverständnisse vermieden, so kann der eigentliche Wert dieses Phasenkonzeptes gewürdigt werden. In seiner stereotypen Gegenüberstellung von Unterschieden zwischen den verschiedenen Orientierungen trug es nicht unwesentlich zur Popularisierung und Diffusion des Marketingmanagement-Ansatzes bei. Bis heute bildet dieser mit seinen zwei Komponenten den Kern des Marketingverständnisses[72]:

– *Informationsgewinnung*
Die Bedürfnisse und Wünsche der Kunden bilden den Ausgangspunkt des unternehmerischen Handelns und sind dafür zu ermitteln.

– *Marktgestaltung*
Die Abnehmerorientierung erfordert die Integration und Koordination aller Unternehmensfunktionen zur Erfüllung der ermittelten Bedürfnisse und Wünsche.

Für das Verständnis dieses Marketingmanagement-Konzeptes ist zu bedenken, in welcher historischen Situation es entwickelt wurde: Es war die Zeit des wirtschaftlichen Wachstums und des Wohlstandes, die Grundbedürfnisse waren weitestgehend befriedigt, und vielfach waren Käufermärkte entstanden. Der Konsum wurde als positiver Bestandteil des Alltags erlebt, und die Zunahme der frei verfügbaren Einkommen erlaubte es den Konsumenten, ihre Bedürfnisse auf sehr unterschiedliche Art zu befriedigen. Als sich die Umwelt veränderte, zeigte sich, daß auch das Marketingmanagement-Konzept nicht unbelastet von inhärenten Problemen ist.

3.2.3 Systematisierung der Marketinginstrumente

Für die Umsetzung des Marketingdenkens im Unternehmen stellt sich somit die Frage nach den Instrumenten bzw. Aktionsbereichen des Marketing. Um ein

---

72 Diese überragende Dominanz führte *Jolson* (1978, S. 81) zu der Aussage: „The Marketing Concept is so ubiquitous in the marketing classroom that the naive student of marketing is generally led to believe that firms who fail to employ this philosophy are business criminals."

Aussagesystem für die wissenschaftliche Analyse zu gewinnen, ist hierbei das Ordnen der Aktivitäten der Marktbildung und -beeinflussung zu Bereichen notwendig. Dabei besteht die Gefahr, daß die Aktivitäten zu weit aufgefächert werden, wodurch die Systematik an Struktur verliert oder zu grob ist, wenn zu viele unterschiedliche Instrumente zusammengefaßt werden. Es wurden verschiedene Systematiken entwickelt, wobei dies weniger eine Frage der Richtigkeit sondern der *Praktikabilität* ist.

Als *Marketingmix* wird die Kombination der Marketinginstrumente bezeichnet, die das Unternehmen zur Erreichung seiner Marketingziele auf dem Zielmarkt einsetzt. Eine der ersten Erwähnungen findet sich bei *Neil Borden's* Präsidentenansprache 1953 auf der Tagung der American Marketing Association (vgl. *Waterschoot/Bulte*, 1992, S. 84). Er griff damit eine Anregung von *James Culliton* auf, der in einem anderen Zusammenhang von der Unternehmensaufgabe des richtigen „Mischens von Zutaten" sprach (vgl. *Borden*, 1964, S. 2). Populär wurde der Marketingmix allerdings erst durch die Einteilung des Instrumentariums von *E. Jerome McCarthy* (1960). Seine Unterscheidung in *product, place, promotion* und *price* gilt bis heute noch als eine klassische Darstellung[73] und wurde in Deutschland mit den Instrumenten Produkt, Distribution, Kommunikation und Preis häufig angewendet. Die damaligen Definitionen von *E. Jerome McCarthy* werden im folgenden durch das klassische Verständnis der Instrumentalbereiche ergänzt:

Die Nierenform (hier bei einem Blumen-Beistelltisch) gilt als prototypisches Symbol der 50er Jahre. Neue Materialien und Verarbeitungsverfahren förderten asymmetrische, verspielte Produktgestaltungen im Alltag.

Quelle: *Jaeger/Jaeger*, 1988

Produkt- und Programmpolitik

> „In the product area, we will specifically cover the problems of (1) selection of a product or product line, (2) adding or dropping items in a product line, (3) branding, (4) packaging, and (5) standardization and grading. In short, the product area is concerned with *developing the 'right' product for the target consumer*."
> McCarthy, 1960, S. 47

Unter Produktpolitik wird jener Komplex unternehmerischer Handlungsmöglichkeiten der absatzpolitischen Marktbildung und -beeinflussung verstanden, der sich auf die physischen Eigenschaften eines Produktes einschließlich seiner Verpackung und Markierung bezieht. In der Literatur werden der industriellen Produktpolitik meist die Programmpolitik und teilweise der Service als Teilbereich zugeordnet.

Teilinstrumente:

– Produktgestaltung i. e. S.,

– Gestaltung der Verpackung,

Als Beispiel für die „gute Form" gilt die funktionalistische Stringenz der Braun Produkte, die von der Hochschule für Gestaltung Ulm - Nachfolginstitution des Bauhaus' - entworfen wurden. Hier die berühmte Radio-Phono-Kombination SK 4 von 1965, im Volksmund auch als „Schneewittchensarg" bezeichnet.

Quelle: *Erlhoff*, 1990

---

73 Die „4 P's" stehen in einem engen Zusammenhang zu der materiellen Methode des Funktionenansatzes. Bei *McCarthy* bildeten z. B. sieben Marketingfunktionen den Ausgangspunkt, aus denen heraus er die vier Instrumentalbereiche entwickelte.

– Markierung,

– Zusammenstellung des Produktprogramms,

– Service.

Distributionspolitik

> „Wholesaling, retailing, transportation, storage and financing are discussed. Under 'place' will be considered all the problems, functions, and institutions involved in *getting the right product to the target consumer.*"
> *McCarthy,* 1960, S.47

Die Distributionspolitik umfaßt alle marktlichen Tätigkeiten einer Unternehmung, die sich auf physische Bewegungen eines Produktes von dem Ort seiner Entstehung bis zu dem Ort seines Konsums beziehen. Dies beinhaltet die Auswahl und Gestaltung von Marktwegen und dabei wesentlich die Frage der Einschaltung des Handels in qualitativer und quantitativer Hinsicht.

Teilinstrumente:

– Wahl von Marktwegen,

– Gestaltung der Marktwege,

– Logistik (Lagerung, Transport).

Kommunikationspolitik

> „The third 'P', Promotion, is concerned with *any method which communicates to the target consumer* about the right product which will be sold in the right place at the right price. In this category, all the problems of sales promotion, advertising, and the development, training and utilization of a sales force must be covered – that is, the development of the 'promotional mix'."
> *McCarthy,* 1960, S. 47

Die Kommunikationspolitik enthält alle Maßnahmen der Marktbildung und -beeinflussung, die speziell der Informationsvermittlung gewidmet sind.

Teilinstrumente:

– Werbung als Kommunikationsform auf der Basis unpersönlicher Werbemedien,

– Persönlicher Verkauf,

– Verkaufsförderung,

– Public Relation.

Preispolitik

> „The nature of competition in the markets has some bearing on this problem, as do the existing trade practices, such as markups, discounts, and terms of sale. ... Thus, price is concerned with *determining the 'right' price* to move the right product to the right place with the right promotion to the target consumer."
> *McCarthy,* 1960, S. 47

Die Preispolitik umfaßt alle Maßnahmen zur Ermittlung und Festsetzung des monetären Äquivalents für eine Leistung nach Höhe, Struktur, optischer Präsentationsform und zeitlicher Variation.

Teilinstrumente:

– Preishöhe,

– Preisstellungsmethode,

– Preispräsentation,

– zeitlicher Preisverlauf.

Diese Grundformen des absatzpolitischen Instrumentariums haben sich mit kleineren Abweichungen in der inhaltlichen Abgrenzung weit verbreitet (vgl. zur aktuellen Diskussion *Kap. 5.2.4.3*). Die beiden folgenden Konzeptionen zeigen im Rahmen deutscher Literatur diesen Grundkonsens bei geringfügigen Veränderungen:

Erich Gutenberg (1956), S. 15 Die absatzpolitischen Instrumente:	*Eugen Leitherer* (1964, S. 7f.) Absatzwirtschaftliche Aktionsbereiche:

Absatzmethode
  – Vertriebssysteme
  – Absatzform
  – Absatzweg
	Produktgestaltung

	Werbung
	Absatzorganisation
Produktgestaltung	Preise
Werbung	
Preispolitik	Absatz- und Konsumfinanzierung

Die Gestaltung des Marketingmix ist ein komplexes Entscheidungsproblem[74]. Dabei ist zu berücksichtigen, daß die einzelnen Instrumente Unterschiede aufweisen bezüglich:

---

74 Vgl. als frühe zeitgenössische Publikation dazu *Beyeler,* 1964, sowie später *Topritzhofer,* 1974 und *Kühn,* 1984.

– der Zwangsläufigkeit ihres Einsatzes
(Unterscheidung in Kern- und Zusatzinstrumente),

– dem Grad ihrer Beeinflußbarkeit
(flexibel variierbar vs. langfristig konstant),

– der Fristigkeit ihrer Wirkung
(kurz- vs. langfristige Wirkungen).

Die Komplexität der Marketingmix-Problematik resultiert aus vielseitigen substitutionalen und komplementären Wirkungszusammenhängen verschiedener Intensitäten zwischen den Instrumenten (vgl. zur aktuellen Diskussion *Balderjahn*, 1993).

In der beschriebenen späten Nachkriegsphase wurden wichtige Bausteine für den Einsatz der Marketinginstrumente entwickelt. In einigen Einschätzungen wird hier für die USA von der „Blütephase der Marketingtheorie" gesprochen (vgl. z. B. *Brown*, 1995, S. 184), und dies gilt auch für die Bundesrepublik Deutschland. Viele konzeptionelle Überlegungen, die aus dieser Zeit stammen, zählen auch heute noch mit mehr oder weniger starken Modifikationen zum Grundbestand des Marketingwissens. Dazu zählen z. B. für die Produktpolitik der Produktlebenszyklus (*Levitt*, 1965), für die Kommunikationspolitik die Hierarchie der Werbewirkungen (*Lavidge/Steiner*, 1961), für die Preispolitik die Skimming- und Penetrationsstrategien (*Dean*, 1950) und für die Distributionspolitik verhaltenswissenschaftliche Absatzkanal-Theorien (*Alderson*, 1957).

Zusammenfassend war neben der ständig wachsenden wissenschaftlichen Fundierung vor allem die Einbeziehung des produktpolitischen Instrumentariums in das Marketing von großer Bedeutung. Dadurch löste sich das Marketing „vom Ende des Fließbandes" im Sinne der Trennung von Leistungserstellung und Leistungsverwertung.

So wurde auch die schon bei der Gründung der Betriebswirtschaftslehre angelegte Trennung von relativ unabhängigen außer- und innerbetrieblichen Bereichen relativiert. Die Prämisse, daß das Marketing und nicht die Produktion bestimmen solle, welche Produkte wie auf den Markt gebracht werden, gewann seit dieser Zeit an Akzeptanz.

3.2.4 Wissenschaftliche Fundierung der Marktforschung

Seit dem Ursprung des Marketing zu Beginn des 20. Jahrhunderts entwickelte sich die Marktforschung in einer engen Beziehung zu dem jeweilig dominierenden Marketingverständnis und den sich daraus ergebenden Problemdefinitionen. Solange der physische Distributionsprozeß im Vordergrund stand, genügten einfache Marktforschungsverfahren wie Beobachtung und sekundärstatistische Auswertun-

„Der Produktionsapparat und der Verteilungsapparat werden endlich eine *Einheit,* die ihre Maßnahmen aufeinander abstimmen, nachdem die Grundsätze bester Bedürfnisbefriedigung erkannt wurden. Erst nachdem diese Schritte getan sind, wird die Produktion angekurbelt. In dieser Hinsicht bedeutet Marketing [im Gegensatz zum deutschen 'Absatz', U.H./M.B.] eine *neuartige Erscheinung* im modernen Wirtschaftsleben."

Heinz Weinhold, 1961, S. 345

gen. Als in den 20er Jahren langsam die aktive Bearbeitung von Märkten als Problem erkannt wurde, gewannen Umfragetechniken an Bedeutung, deren Verfeinerung bis in die 40er Jahre im Mittelpunkt der amerikanischen wissenschaftlichen Marktforschung stand [75]. Im Laufe der 50er und 60er Jahre führte die Durchsetzung des Marketingmanagement-Konzeptes auch zur fundamentalen Veränderung der Marktforschung. Zum einen wurden *neue Untersuchungsprobleme* relevant. Neben der Erforschung von Marktdaten wurden z. B. systematische Analysen des absatzpolitischen Instrumentariums entwickelt (von der Verfügbarkeit, der optimalen Kombination bis hin zur Wirkungsanalyse), so daß nun des öfteren statt von Marktforschung von Marketingforschung gesprochen wurde [76]. Durch die Entscheidungsorientierung des Marketing veränderten sich die *Anforderungen an das Datenmaterial*. Die Marktforschungsnutzer benötigten möglichst quantifizierbare, den gesamten Entscheidungsprozeß umfassende Informationen. Gleichzeitig wurde die *Rolle der Marktforschung* durch das Marketing als Führungsphilosophie wichtiger.

> „Marktforschung soll dazu dienen, die Markt-Überschau mit Hilfe wissenschaftlicher Methoden weitestmöglich für die Zwecke der Unternehmensführung herzustellen. ... Je systematischer die Marktforschung betrieben wird, desto mehr werden ihre Ergebnisse als Grundlage für unternehmerische Entscheidungen dienen können."
> *Hans Fischer*, 1960, S. 701

Als 1960 *Julius Schwenzer* im Handwörterbuch der Betriebswirtschaft den Stand der Marktforschung beschrieb, bildeten seine wichtigsten theoretischen Bezugspunkte die Arbeiten von *Erich Schäfer* („Grundlagen der Marktforschung" in der dritten Auflage, 1953, das auf sein Buch von 1928 zurückgeht) und *Wilhelm Vershofen* („Handbuch der Verbrauchsforschung", 1940). In diesen Arbeiten gab es einen verhaltenswissenschaftlichen Bezug über Kulturanthropologie und Sozialpsychologie, der sich insbesondere in der Tradition der Bedarfs-, Motiv- und Verbrauchsforschung des Nürnberger Kreises um *Vershofen* ausdrückte.

> „Zwar ist immer wieder versucht worden, für die menschliche Verhaltensweise Gesetze oder wenigstens Gesetzmäßigkeiten zu statuieren, aber der erstrebte Erfolg ist doch ausgeblieben. ... Seit der Mensch in die Wirtschaft eingeführt ist,

---

[75] Vgl. zur frühen Entwicklungsgeschichte der amerikanischen Marktforschung *Germain*, 1994; *Wright-Isak/Prensky*, 1993, und *Lockley*, 1974.

[76] Der Begriff „Marketing Research" hat sich in der amerikanischen Marketingwissenschaft inzwischen etabliert. Im Rahmen einer gängigen Begriffsabgrenzung wird „Marketing Research" im deutschen mit „Absatzforschung" bzw. „Marketingforschung" übersetzt und unterscheidet sich von der Marktforschung durch den Untersuchungsgegenstand (vgl. *Meffert*, 1998b, S. 89f.). Danach geht die Marktforschung durch die Einbeziehung von Beschaffungsmärkten oder Kapitalmärkten über die Absatzforschung hinaus, und die Absatzforschung beinhaltet im Gegensatz zur Marktforschung auch die innerbetrieblichen Tatbestände. In diesem Buch wird diese Differenzierung nicht vorgenommen und allgemein von „Marktforschung" gesprochen. Damit soll zum einen der große Bereich der Überschneidung mit der amerikanischen Marketing Research und die Dominanz der Absatzmarktforschung zum Ausdruck gebracht werden. Zum anderen wird über die Dynamik der untersuchten Phänomene eine trennscharfe Unterscheidung immer schwieriger. Der alternative Begriff „Marketingforschung" erscheint als problematisch, da er zu einer semantischen Konfusion beiträgt, wenn damit jegliche Forschung im Bereich des Marketing (also z. B. auch Grundlagenforschung) verbunden wird (vgl. *Hüttner*, 1992, S. 722).

fragt der Wissenschaftler, von welchen Trieben und Motiven läßt er sich leiten, wenn er sich im wirtschaftlichen Raume bewegt. Und dahinter erhebt sich die Frage nach dem Warum. An dem Tag, da mit dieser Bezugnahme die Frage nach dem Warum gestellt wurde, ist die Verbrauchsforschung auch zur Motivforschung geworden."
Georg Bergler, 1961[1959c], S. 270f.

Hier wurde eine wissenschaftliche Marktforschung entwickelt, die als Gegengewicht zu der Überbetonung der rationalen Verhaltenselemente der Mikroökonomie und der Oberflächlichkeit einfacher Umfragen der Marktforschungspraxis zu verstehen ist. Sie versuchte, sowohl den rationalen, aber auch emotionalen und irrationalen Elementen des menschlichen Verhaltens gerecht zu werden und quantitative Methoden (hier auch als „Objektanalyse" bezeichnet) durch qualitative Methoden (hier auch als „Subjektanalyse bezeichnet) zu ergänzen. Dieser eigenständige, deutsche Ansatz der Marktforschung wurde allerdings nicht konsequent weitergeführt. Einer der Gründe dafür war der Erfolg und Niedergang der amerikanischen Motivforschung (Motivation Research).

Wie bereits im Rahmen praktischer Marktgestaltung beschrieben *(Kap. 3.1.2.2)*, war die amerikanische Motivforschung in der deutschen Unternehmenspraxis außerordentlich erfolgreich. Die populäre Diskussion darüber, die einen starken Bekanntheitsgrad durch die Kritik von *Vance Packard* (1958[1957]) erhielt, spaltete die deutschen Motivforscher und schwächte ihren Einfluß [77]. *Hanns F.J. Kropff* kommentierte einen typischen deutschen Artikel zur Motivforschung mit den Worten:

„Wie in fast allen Fällen, in denen ein Autor eine Kritik an der tiefenpsychologischen Methode qualitativer Verbrauchsforschung lediglich auf der Grundlage des Buches von Vance Packard geschrieben hat, geht der Verfasser an wesentlichen Erkenntnissen vorbei, die aus einer intensiveren Betrachtung der Entwicklung, der Methoden und Techniken sowie der positiven und negativen Ergebnisse der Praxis erwachsen. Würde er sich die Mühe gemacht haben, die Entwicklung der qualitativen Markt- und Verbrauchsforschung in den USA und in Deutschland bis zum Jahre 1943 zu verfolgen, so wäre es ihm wahrscheinlich möglich gewesen, ein klares Urteil zu erhalten, was an der amerikanischen Motivforschung neu ist, was bedenklich oder gar gefährlich sein könnte."
Hanns F.J. Kropff, 1960, S. 401f.

Der Erfolg der Motivation Research in der Unternehmenspraxis begründete sich mit dem Auftreten als „neue Heilslehre" und als „Zauberschlüssel für die Lösung aller und jeder Fragen" (*Bergler*, 1961[1959c], S. 279). Dies führte aber gleichzeitig auch zu ihrem Niedergang im Laufe der 60er Jahre. Wissenschaftlich unhaltbare

---

77 Vgl. z. B. die Erwiderung von *Vershofen* (1960) auf die Kritik an der deutschen Motivforschung von *Berth* (1959).

Reduktionen des Kaufverhaltens auf sexuelle Triebe und symbolische „Analysen", wie z. B. daß „Männer Hosenträger tragen, um der Gefahr der Kastrierung zu entgehen", oder daß „Frauen beim Kuchenbacken den Akt des Kindergebärens vollziehen", verleiteten *Kropff* (1960, S. 72f.) zu dem Urteil, dieser Ansatz „... schwankt zwischen dem klassischen Geistesblitz des gerissenen Werbefachmannes, primitiver Albernheit und drastischer Obszönität." Gleichzeitig verschwanden aber ebenso die deutschen Ansätze der Motivforschung, die mit der psychoanalytischen Motivation Research gleichgesetzt wurden.

Erst Mitte der 80er Jahre wurde im Rahmen der interpretativen Konsumentenforschung die Tradition qualitativer Ansätze in Form von symbolischen Image- und Produktanalysen bei Wissenschaftlern wie *Gardner* und *Levy* (vgl. *Gardner/Levy*, 1955; *Levy*, 1959) wiederentdeckt. Auf dieselben Forscher bezieht sich *Kropff* (1960, S. 125) in seinem vergeblichen Versuch der Rehabilitation einer wissenschaftlichen Motivforschung. Heute ist diese Forschungstradition in der deutschen Forschungslandschaft in Vergessen geraten oder wird in Form ihres amerikanischen Pendants importiert[78].

Neben qualitativen Ausprägungen der Marktforschung gab es Entwicklungen zunehmend subtiler *Quantifizierung*, in denen die amerikanische Marktforschung eine Vorreiterrolle gegenüber der deutschen einnahm. Eine der Wurzeln war die Übernahme der methodologischen Orientierung amerikanischer *empirischer Sozialwissenschaften*. Dort hatte sich ein an *Naturwissenschaften* orientiertes Selbstverständnis herausgebildet. Menschliches Verhalten unterscheidet sich demnach nicht grundsätzlich von naturwissenschaftlichen Erkenntnisobjekten, so daß im Prinzip mit gleichen Methoden nach Ursache-Wirkungsbeziehungen geforscht werden kann (vgl. *Crespi*, 1974, S. 34). Dieses adaptierte Selbstverständnis kam dem Streben nach wissenschaftlicher Legitimierung des Marketing angesichts eines hohen Ansehens der Naturwissenschaften entgegen[79]. Außerdem entsprachen die Intentionen einer Suche nach allgemeinen Gesetzmäßigkeiten auch dem Ideal der Unternehmenspraxis, Verhaltensweisen erklären, prognostizieren und - wenn möglich - beeinflussen und kontrollieren zu können.

Als *Erhebungsmethoden* setzten sich in Anlehnung an die Psychologie zunehmend *experimentelle Verfahren* durch. Erst das Experiment erlaubt die Prüfung von Kausalhypothesen unter kontrollierten Bedingungen und bildet somit einen fundamentalen Baustein für das naturwissenschaftliche Wissenschaftsverständnis.

---

78 Bezeichnend dafür *Tomczak* (1992, S. 82), der die quantitative „Mainstream-Marketingforschung" kritisiert und für ein „gleichberechtigtes Miteinander von quantitativer und qualitativer Marketingforschung" eintritt, ohne auf genau diese Forschungstradition der deutschen Absatz- und Verbrauchsforschung zumindest zu verweisen.

79 Schon früh wurde in der amerikanischen Marketingwissenschaft dieses Verständnis formuliert. In einer der frühen marketinghistorischen Publikationen schildert *George Schwartz* (1963, S. 4f.) exemplarisch diese Haltung anhand von Äußerungen bei *Holman*, der 1913 die (für amerikanische Mentalitäten nicht untypische) Position vertrat: Es sei äußerst unwahrscheinlich, daß der Herrgott die Milliarden und Aber-Milliarden Facetten des Universums nach bestimmten Regeln und Prinzipien erschaffen habe und ausgerechnet einen winzigen Teil im Chaos gelassen haben soll, nämlich die Werbung und den Verkauf von Waren.

Die Quantifizierung in der amerikanischen Marktforschung erfolgte zudem durch die *Adaption mathematischer, fortgeschrittener statistischer und ökonometrischer Konzepte*, wie sie in den amerikanischen empirischen Sozialwissenschaften schon länger üblich waren [80]. Sie führte im Bereich der *Datenanalyse* in dieser Zeit zur Verwendung methodisch anspruchsvoller statistischer Verfahren, wie der *Faktorenanalyse* oder der *multiplen Regressionsanalyse*. Dazu beigetragen haben auch erste Ansätze in der Elektronischen Datenverarbeitung, die bereits 1963 zu der Anthologie „Marketing and the Computer" von *Alderson* und *Shapiro* führten. Methodisch ergab sich damit die Möglichkeit, ohne ökonomischen Mehraufwand eine größere Zahl von Variablen (inklusive subjektiver Wahrscheinlichkeiten) in Modellen aufzunehmen und zu berechnen, was die Formulierung realitätsnäherer Forschungsansätze ermöglichte.

In Deutschland waren die Auffassungen zu den Anwendungsmöglichkeiten der quantitativen Marktforschung in den 60er Jahren noch zurückhaltender. So kommentiert *Eugen Leitherer* z. B. im Jahre 1966:

„Die neuralgischen Phänomene im Bereich der betrieblichen Marktlehre sind häufig genug einer mathematischen Umschreibung und insbesondere einer Quantifizierung bislang nicht oder kaum oder nur mit größeren Schwierigkeiten zugänglich – im Unterschied zur industriellen Produktion oder auch im Bankenbereich etwa. Im Absatzbereich sind – zumindest bis jetzt und bis auf weiteres - sehr viele Phänomene nur qualitativ faßbar."
Eugen Leitherer, 1966, S. 565 [81]

Erst ab Mitte der 70er Jahre wurde die quantitative Entwicklung der Marktforschung in Deutschland verstärkt.

3.3 Zusammenfassende Charakterisierung

Nach dem Zweiten Weltkrieg hatte der Wiederaufbau der deutschen Wirtschaft oberste Priorität. Das deutsche Wirtschaftswunder mit dem Ziel des „Wohlstands für alle" entwickelte legendäre Bedeutung. Nach den Entbehrungen des Krieges entstand eine konsumdefinierte Welt, in der Güter zu dem Stoff wurden, der den Alltag zusammenhält, und als Eintrittskarte in die moderne Industriegesellschaft dienten. Diese „massenhafte" Lust am Konsum stand in einem wechselseitigen Verhältnis zu marktorientierten Aktivitäten der Unternehmen, die ihrerseits

---

[80] Vgl. *Buzzell*, 1964. Fokuspunkt war ein Ende der 50er Jahre von der Ford Foundation gefördertes Programm am Harvard Institut für Grundlagenmathematik, bei dem ausgewählte ökonomische und betriebswirtschaftliche Professoren Umsetzungsmöglichkeiten für die Unternehmenspraxis untersuchen sollten. Es waren daran Marketingprofessoren wie *Robert Buzzell*, *Frank Bass* oder *Philip Kotler* beteiligt, die daraufhin die mathematische Ausrichtung entscheidend förderten (vgl. *Bartels*, 1988, S. 200).

[81] Ähnlich auch *Raffée* (1969, S. 43) drei Jahre später, der in seiner Arbeit zum Informationsverhalten die qualitativen Aspekte hervorhebt, da „... bei dem jetzigen Stand der Haushaltstheorie erst die nicht-quantitativen Grundlagen geschaffen werden müssen, ehe eine fruchtbare quantitative Analyse des Konsumentenverhaltens einsetzen kann."

stimulierende und gestaltende Einflüsse ausübten. Zu einem Ausbau des Marketingkonzeptes kam es aber erst, als in den 60er Jahren aufgrund von Angebotsüberhängen Marktengpässe auftraten und viele Unternehmen die Notwendigkeit einer systematischen Marktentwicklung erkannten. Es bahnte sich eine Umorientierung von technologisch-produktionsorientiertem Denken zum Absatzdenken an. In diesem Rahmen wurden verfeinerte Methoden der Marktforschung eingesetzt, um die komplexen Marktzusammenhänge und die Hintergründe des Verhaltens von Marktteilnehmern zu erfassen und zu verstehen. Insbesondere die Werbung wurde als Instrument der Marktbeeinflussung weiterentwickelt, und es herrschte ein geradezu euphorischer Glaube an die Möglichkeiten einer Steuerbarkeit der Konsumenten. Als effizientere Form der Warendistribution wurde Selbstbedienung eingeführt. Diese praktische Entwicklung von Marketingelementen wurde durch das Einströmen US-amerikanischer Gedanken beflügelt, in denen Marketing als magisches Zauberwort des unternehmerischen Erfolgs erschien.

In der Theorie hatte zunächst *Gutenberg* in verdienstvoller Weise in seinem grundlegenden Werk zur Allgemeinen Betriebswirtschaftslehre den Absatz als Leistungsverwertung instrumentell aufgearbeitet und dabei Nähe zu der mikroökonomischen Theorie hergestellt. In Abgrenzung und sogar im Konflikt dazu fand in den 60er Jahren mit starker Anlehnung an US-amerikanische Einflüsse ein Umdenken in Richtung einer Marketingtheorie statt, die sich durch eine verhaltenswissenschaftliche Öffnung zu den Nachbardisziplinen und durch eine praktisch-normative Entscheidungsorientierung kennzeichnet. Dabei ist gerade der enge Bezug zur amerikanischen Theorie unter den deutschen Wissenschaftlern oft ein Streitpunkt gewesen. Insgesamt stand Mitte der 60er Jahre als Ergebnis das Marketingmanagement-Konzept, mit dem die Führung der gesamten Unternehmung vom Markt her postuliert wurde. Dieses Konzept erfuhr eine Fundierung durch wissenschaftliche Methoden der Marktforschung und eine operative Konkretisierung durch den Ausbau der Marketinginstrumente, den sog. „4 P's".

Der zentrale Gedanke der Kundenorientierung als Ausgangspunkt des unternehmerischen Handelns ließ Marketingmanager ideologisch zum Dienenden am Kunden werden in einer Welt, in der Konsum als Lebenshaltung die Menschen begeisterte. Diese heile Marketingwelt wurde durch die Konsumkritik der folgenden Phase empfindlich gestört.

4 Erweiterung des Marketing und Einbeziehung der gesellschaftlichen Perspektive

4 Erweiterung des Marketing und Einbeziehung der gesellschaftlichen Perspektive

Ende der 60er Jahre zeichnete sich auch in Deutschland ein gesamtgesellschaftlicher Umbruch ab. Der soziale Konsens der Nachkriegsjahre löste sich auf, und die Unternehmenslandschaft sah sich mit der Notwendigkeit einer Modernisierung nach dem Ende des Wirtschaftswunders konfrontiert. Charakteristisch für

❏
Auf dem Höhepunkt des Studentenprotests im Mai 1968 wurde die Kunst- und Architekturausstellung „Triennale" in Mailand besetzt. Ein Großteil der Jugend sah in den elterlichen Symbolen einer modernen Gesellschaft nur noch „Wohlstandsmüll".

Quelle: *Schepers*, 1998

derartige Phasen, in denen mit bestimmten, als unumstößlich empfundenen Traditionen und Konventionen gebrochen wird, sind zwei Reaktionsformen: Zum einen wird der Verlust an Sicherheit als bedrohlich erlebt, zum anderen zeigt sich aber auch eine aktivitätsfördernde Euphorie, bei der vorher selbst undenkbare Veränderungen für möglich gehalten werden.

Einzelne Gruppen begannen, ihre Positionen in der Gesellschaft und die Werte dieser Gesellschaft als Ganzes zu hinterfragen. Im Bereich der Wirtschaft wurde insbesondere das Marketing als die präsente, nach außen wirkende Aktivität der Unternehmen zum Zielobjekt zahlreicher ideologie- und sozialkritischer Angriffe aus verschiedenen Lagern. Während in den 50er und frühen 60er Jahren die durch wachsenden Konsum symbolisierte moderne Gesellschaft das positive Leitbild prägte, tauchte in den 70er Jahren verstärkt der Begriff vom *„Konsumterror"* auf, und die Marketingaktivitäten wurden als ein „exponierter Teil der Bewußtseinsindustrie" kritisiert.

Die Auseinandersetzungen mit gesellschaftlicher Konsumkritik und mit Veränderungen und Differenzierungen im Konsumbereich lösten Weiterentwicklungen des Marketingmanagements aus, führten darüber hinaus aber auch zu einem Hinterfragen der Leistungsfähigkeit und Aussagekraft des Marketingkonzeptes und zum Entwurf alternativer, die Marketingperspektive erweiternder Ansätze.

Ein weiterer Problembereich entstand mit Entwicklungen des Handels, der mit seiner zunehmenden wirtschaftlichen Bedeutung neben den Konsumenten zu einem zweiten wichtigen Adressaten des Marketing heranwuchs.

4.1 Herausforderungen aus dem Marketingumfeld

4.1.1 Ausgewählte Impulse des Makroumfeldes
4.1.1.1 Demographische und sozio-ökonomische Faktoren

Die *Bevölkerungsentwicklung* Ende der 60er und in den 70er Jahren war von einem *starken Geburtenrückgang* geprägt. Ab 1972 überstieg die Zahl der Gestorbenen die Zahl der Geburten, d. h. es gab kein natürliches Bevölkerungswachstum mehr. Das Schlagwort vom „Pillenknick" führt hier leicht in die Irre, da dieser rapide Umschwung viele Ursachen hatte. Dazu gehörten die besonderen Umstände des vorherigen Babybooms (nachgeholte Geburten nach dem Krieg, wirtschaftlicher Aufschwung, Orientierung an traditionellen Familiengrößen) und der nun veränderte Kontext, wie zunehmende wirtschaftliche Probleme und veränderte Einstellungen zu Sexualität und Familie. Stark beeinflußt war die Bevölkerungsentwicklung dieser Zeit durch Zu- und Abwanderungen von Gastarbeitern, die den Arbeitskräftemangel in den 60er Jahren beheben sollten [82].

In der *ökonomischen Entwicklung* vollzogen sich in dieser Zeit z. T. schmerzhafte *Strukturbrüche.* Ein erstes Zeichen war das Nullwachstum 1966/1967 am Ende der durch überdurchschnittliche Wachstumszahlen geprägten Nach- und Aufholphase der deutschen Wirtschaft. Einen deutlichen Einschnitt bildete die Ölkrise 1973. Die Produktionsdrosselung der OPEC führte innerhalb weniger Wochen zu einer

---

82 Zwischen 1961 und 1970 ist eine Zunahme des Ausländeranteils von 1,2 % der Bevölkerung auf 4,3 % zu verzeichnen. Als die wirtschaftliche Entwicklung sich in den 70er Jahren zunehmend verschlechterte, wurde die Zuwanderung durch den Anwerbestopp (1974-1978) reduziert. Vgl. zu dem verwendeten Zahlenmaterial *Statistisches Bundesamt,* 1989, S. 34; *Zapf,* 1989, S. 104.

Verdreifachung des Rohölpreises. Dies verstärkte eine Entwicklung, die durch zunehmende Inflationsraten, steigende Arbeitslosigkeit und einen Rückgang der Wachstumsrate des Sozialproduktes gekennzeichnet war [83]. Die Ursachen für diese Krisenerscheinungen der 70er Jahre sind vielfältig. Neben dem Ölpreisschock zählen dazu (vgl. *Helmstädter,* 1989, S. 250-253):

– die Aufwertung der DM (1973), wodurch sich die deutschen Exporte verteuerten und der inländische Wettbewerb durch billigere Importe schärfer wurde,

– Inflationsimpulse durch noch feste Wechselkurse und inflatorische Tendenzen im Ausland (z. B. in den USA, wo aus Protest gegen die steigenden Lebenshaltungskosten Käuferstreiks organisiert wurden) (vgl. *Selter,* 1982[1973], S. 32),

– zunehmende Verschuldung des Staates,

– die Annahme, man könne durch Inkaufnehmen von erhöhter Inflation die Arbeitslosigkeit senken.

Insgesamt gesehen beendete diese Phase der ökonomischen Umbrüche die Euphorie des Wirtschaftswunders und den Glauben an eine permanente Steigerung des Wohlstandes. Das Programm gesellschaftlicher Veränderungen wurde auch von der Dringlichkeit eines *ökonomischen Krisenmanagements* verdrängt. Die Grenzen des Staates in der Steuerung der gesellschaftlichen und ökonomischen Prozesse wurden bewußt nach einer Phase, in der die Machbarkeit überschätzt wurde [84].

4.1.1.2 Sozio-kulturelle Faktoren

Ende der 60er Jahre zeigte sich, daß die Affirmation der industriellen Gesellschaft mit ihrem Wohlstand und ihren Konsummöglichkeiten ihre soziale Bindungskraft verlor. Es war die Zeit politisch-gesellschaftlicher Konflikte: Rassenunruhen, Vietnamkrieg, Studentenbewegung, Außerparlamentarische Opposition, Pariser-Mai-Unruhen, Demonstrationen gegen die Notstandsgesetze. All dies verweist auf ein verändertes sozio-kulturelles Klima, das überall in der westlichen Welt zu beobachten war. Eine Generation artikulierte ihr Unbehagen gegenüber der Erstarrtheit, Selbstzufriedenheit und Unbeweglichkeit der Wohlstandsverhältnisse. Das antiautoritär geprägte Lebensgefühl forderte den Widerspruch der auf äußeren Erfolg, wirtschaftliche Prosperität und geordnete Zustände fixierten Eltern heraus. Diese mußten zur Kenntnis nehmen, daß ihre Anstrengungen für Wiederaufbau, Karriere und Wohlstand nicht mehr gewürdigt wurden (vgl. *Benz,* 1989, S. 59).

---

83 Inflationsrate: durchschnittlich 3-4 % in den 60er Jahren und 8 % zu Beginn der 70er Jahre. Arbeitssituation: während in den 60er Jahren noch Mangel an Arbeitskräften herrschte, stieg die Arbeitslosenquote in den 70er Jahren von durchschnittlich 1 % auf über 4 %. Sozialprodukt: Rückgang von durchschnittlich 5,2 % in den 60er Jahren auf 1,9 % Anfang der 70er Jahre.

84 Das große Vertrauen auf die Gestaltungskraft des Staates während der 60er Jahre zeigt sich auch in der Übernahme der Verantwortung für Preisniveaustabilität, Vollbeschäftigung, Wirtschaftswachstum und außenwirtschaftliches Gleichgewicht durch das „Stabilitäts- und Wachstumsgesetz" 1967.

Die Strumpfmarke „Hudson" konzipierte 1968 einen neuen Markenauftritt. Laut der Werbeagentur sollte die neue Werbebotschaft „Denn ich trage was ich will" einen neuen individuellen Verhaltenstrend widerspiegeln. Hudson sprach „… verständnisvoll die Evas auf ihre Seele, ihre Sehnsüchte und ihre Träume an." (*Neumann/Sprang/Hattemer*, 1968, S. 298). Für das Kölner Agitprop-Kabarett *Floh de Cologne* zeigte sich darin weniger „Verständnis" als vielmehr offen zur Schau getragene „Konsummanipulation", die sich auf den freien Willen und die Individualität beruft. In ihrem Programm „Zwingt Menschen raus" von 1968 hieß es dazu:

Hudson

Für mich waren Sommer, Sonne
und Nivea nicht dasselbe.
Ich gehöre nicht zu den sieben
Prozent der Männer,
Die ihre Wäsche täglich wechseln.
Ich habe kein Ajax ins Becken
gespritzt.
Ich habe kein 00 ins Klo gestreut.
Ich habe kein Eau de Cologne
gesprüht.
Ich habe noch nie Rasierlotion
genommen …
Und ich habe keinen Deodorant-
Spray.
Ich kein Haartonic, Intimspray,
Tosan.
Ich kein Brisk, Russisch Leder, Fit,
Hattric, Pitralon …
Ich wußte nicht, daß es unterneh-
mungslustige Schuhe gibt.
Ich wußte nicht, daß man
Körpergeruch beseitigen kann,
Bevor er entsteht.
Ich habe noch nie bewußt Produkte
Der Bayer-Forschung getragen …

Ich trage einen Schlafanzug.
Ich wirke ärmlich.
Mir fehlt die persönliche Note.
Ich kann nicht genießen.
Ich habe keinen Erfolg
– bei den Frauen
– bei den Männern
– überhaupt.

Im Zuge dieser Auseinandersetzungen diffundierten neue Ansichten und Werte. Sie wurden zwar nur von einer Minderheit formuliert, waren aber so präsent, daß sie sich zu den beherrschenden Fixpunkten der gesellschaftlichen Diskussion entwickelten. Es wurde soziale Gerechtigkeit gefordert, sexuelle Freiheit proklamiert, die Geschlechterrollen wurden neu definiert und eine Verweltlichung der Gesellschaft angestrebt (vgl. *Fabris*, 1990, S. 68). Man begab sich auf den Weg zum „Eigentlichen" und „Wahren", war von dem moralischen Bankrott des „Establishments" überzeugt und bemitleidete eine Gesellschaft, die sich verzaubert den

Die Mode. So schön! Einfach, natürlich, individuell. Wichtiger als jemals zuvor: die Beine, die Strümpfe. Für mich. Hudson.

Hudson

Hudson – denn ich trage, was ich will.

Ich bin schwach.
Ich bin farblos, ich bin langweilig.
Ich bin ohne Schwung. Ich bin
unglücklich ...
Ich bin unmodern.
Ich bin unnatürlich.
Lasset uns kaufen: Ich kaufe.
Ich kaufe - also bin ich.
Also bin ich - glücklich
Hudson - denn ich kaufe, was ich
will
Hudson denn ich kaufe was ich will
Hudson denn ich kaufe was
Ich will Hudson
Denn ich kaufe was
Ich will Hudson ...

Gerd Wollschon, zitiert nach *Kühn*,
1992, S. 346

❏
Ein Beispiel für die Werbekampagne
der Hudson-Strumpffabrik von
1967.

Quelle: *Neumann/Sprang/
Hattemer*, 1968

❏
Bei der 1968 erschienenen Platte
„Sell out" der Band „The Who"
kann auch eine Ironisierung den
Widerspruch nicht verbergen, wenn
die Kritik an der Konsumgesell-
schaft selber wieder den
„Warencharakter" annimmt.

Quelle: Plattencover

„*Oberflächenreizen der Konsumwelt*" hingab. Hier vollzog sich eine Absage an den „american way of life", der als Konsummodell vorher Leitbildfunktion ausgeübt hatte.

Die *Konsumkritik* bildete einen Schwerpunkt innerhalb des Selbstverständnisses der Protestbewegung. Symptomatisch dafür war z. B. ein weitreichendes Verständnis selbst für Eskalationen, wie Brandanschläge auf Warenhäuser als Symbole des „Konsumterrors". Und die damals berühmteste Polit-Rockgruppe *Ton, Steine, Scherben* sang dazu „Macht kaputt, was euch kaputt macht" (vgl. ☻ Nr. 7). Der Konsum wurde nicht mehr als Ausdruck der Freiheit des Individuums betrachtet (einschließlich der Verantwortung für das wirtschaftliche Wachstum), sondern war mit Vorstellungen der *Entfremdung* besetzt. Der Besitz von Konsumgütern wurde als individueller Ausdruck einer Gesellschaft der Verschwendung und des Über-flusses verstanden. Gängige Statussymbole galten in dieser Bewegung nicht mehr als Prestige-Indikatoren, sondern als Zeichen sozialer Ungerechtigkeit.

Eine theoretische Grundlage für die Konsumkritik lieferten Sozialwissenschaftler wie *Erich Fromm* und *Herbert Marcuse*, die damit gleichzeitig einen großen

THE WHO SELL OUT

Replacing the stale smell of excess with
the sweet smell of success,
Peter Townshend, who, like nine out of ten stars,
needs it. Face the music with Odorono,
the all-day deodorant that
turns perspiration into inspiration.

THE WHO SELL OUT

This way to a cowboy's breakfast.
Daltrey rides again. Thinks: "Thanks to Heinz
Baked Beans every day is a super day".
Those who know how many beans make five
get Heinz beans inside and outside at
every opportunity. Get saucy.

Aufruf an die Seelenmasseure

Ihr suggeriert den Leuten die Bedürfnisse ein, die sie nicht haben!
Ihr stopft sie voll mit Produkten, damit sie sich ihrer wahren Bedürfnisse nicht mehr bewußt werden!
Ihr sorgt dafür, daß die Menschen nur noch arbeiten müssen, um konsumieren zu können, und dadurch Konsum mit Arbeit identisch wurde!
Ihr habt erreicht, daß der subtile Zwangskonsum die Möglichkeit einer Welt ohne Arbeit verschleiert!
Ihr habt die Lüge *consumo, ergo sum* zur Wahrheit inthronisiert!
Deshalb seid *Ihr* die Prediger der Unterdrückung.
Wir fordern Euch auf:
Hört auf mit der totalen Manipulation des Menschen!
Hört auf, den durch Euch verblödeten Menschen auszunützen durch das Einpeitschen immer neuer Parolen!
Hört auf, die Menschen als knetbare Masse zu betrachten, die dumpf Eueren eingehämmerten Befehlen gehorcht!
Wir wagen zu prophezeien:
Der Mann auf der Straße wird eines Tages der repressiven Gesellschaft und seiner selbst bewußt werden.
Das Selbstverständnis von sich und der Gesellschaft wird ihn befähigen zu erkennen, wer am Untermauern des falschen Ganzen interessiert ist. Er wird wissen, was er zerschlagen muß, um sich zu befreien! Er wird wissen, daß seine Befreiung nur möglich ist in einer freien Gesellschaft! ...

Aus einem Flugblatt der „Subversiven Aktion", Mai 1964 (abgedruckt in *Goeschel*, 1968, S. 56f.). Diese Gruppe, zu der u. a. *Dieter Kunzelmann* und *Rudi Dutschke* gehörten, entwickelte neue, für die Studentenbewegung prägende Protestformen. Mit diesem Flugblatt (und lauter Musik) wurde eine Tagung vom Bund Deutscher Werbeleiter und Werbeberater gesprengt. In dem darauffolgenden Strafverfahren

praktischen Einfluß auf die linksintellektuellen Konsumgegner ausübten. *Fromm* hat seine diesbezügliche Einschätzung in der berühmt gewordenen Metapher von der Entwicklung einer „Seins- in eine Habengesellschaft" ausgedrückt. Während die kranke Existenzweise des Habens ganz vom Besitzdenken geprägt ist (*Fromm* spricht dabei auch vom „Marketing-Charakter"), verkörpert sich in der gesunden Existenzweise des Seins Selbstvertrauen, Identitätserleben, Solidarität und Liebe sowie das Erkennen, „... daß die volle Entfaltung der eigenen Persönlichkeit und der des Mitmenschen das höchste Ziel des menschlichen Lebens ist" (*Fromm*, 1979[1976], S. 163) [85]. Das argumentative Grundmuster lief auf die Postulation von „falschen" bzw. „künstlichen" Bedürfnissen hinaus (vgl. *Israel*, 1972, S. 186-228; *Hondrich*, 1983).

Fromm ging davon aus, daß in der Konsumgesellschaft das Individuum psychisch Schaden nimmt, da es hier eine systematische Tendenz gibt, die falschen Bedürfnisse zu befriedigen oder die wahren Bedürfnisse auf eine ungesunde Art und Weise zu befriedigen. Um den „gesunden und vernünftigen Konsum" zu bestimmen, forderte er eine neue interdisziplinäre Wissenschaft, in der die Natur menschlicher Bedürfnisse untersucht wird:

> „Wir werden differenzieren müssen, welche Bedürfnisse in unserem Organismus entspringen; welche das Ergebnis des kulturellen Fortschritts sind; welche einen Ausdruck individuellen Wachstums darstellen; welche synthetisch sind und dem Menschen von der Industrie aufgezwungen werden; welche aktivieren und welche passiv machen; welche in Krankheit und welche in psychischer Gesundheit wurzeln."
> *Erich Fromm*, 1979[1976], S. 169f.

Inhaltlich bezeichnete er als „wahre" Bedürfnisse (vgl. *Fromm*, 1967[1963], S. 37ff.):

– das Bedürfnis nach sozialen Beziehungen zu anderen,

– das Bedürfnis nach schöpferischer Tätigkeit,

– das Bedürfnis nach festen Wurzeln,

– das Bedürfnis nach Orientierung.

Ähnlich unterscheidet *Marcuse* zwischen „wahren" und „falschen" Bedürfnissen:

> „'Falsch' sind diejenigen, die dem Individuum durch partikuläre gesellschaftliche Mächte, die an seiner Unterdrückung interessiert sind, auferlegt werden: diejenigen Bedürfnisse, die harte Arbeit, Aggressivität, Elend und Ungerechtig-

---

85 Vgl. auch *Guy Debord*, 1974[1967], mit seiner Publikation „Die Gesellschaft des Spektakels". Dort konstatiert er eine weitere Verschiebung vom Haben zum Scheinen, die später in der Diskussion zur Postmoderne wieder aufgegriffen wurde.

wegen groben Unfugs wurden die Initiatoren mit der folgenden richterlichen Urteilsbegründung freigesprochen: „Es handelte sich bei der Zuhörerschaft um Werbeleiter und Werbeberater, die ruhig etwas härter angefaßt werden könnten, da diese ja auch ihrerseits die Opfer ihrer Werbung nicht mit Samthandschuhen anfassen."

Albrecht Goeschel, 1968, S. 57 (vgl. auch *Dreßen/Kunzelmann/Siepmann*, 1991, S. 160f.)

keit verewigen. Ihre Befriedigung mag für das Individuum höchst erfreulich sein, aber dieses Glück ist kein Zustand, der aufrechterhalten und geschützt werden muß, wenn es dazu dient, die Entwicklung derjenigen Fähigkeit (seine eigene und die anderer) zu hemmen, die Krankheit des Ganzen zu erkennen und die Chancen zu ergreifen, diese Krankheit zu heilen. Das Ergebnis ist dann Euphorie im Unglück. Die meisten der herrschenden Bedürfnisse, sich im Einklang mit der Reklame zu entspannen, zu vergnügen, zu benehmen und zu konsumieren, zu hassen und zu lieben, was andere hassen und lieben, gehören in diese Kategorie falscher Bedürfnisse."
Herbert Marcuse, 1967[1964], S. 25

Für *Marcuse* kann der Mensch also im Moment seinen Konsum sogar genießen, obwohl diese Befriedigung u. U. seinen eigentlichen Bedürfnissen widerspricht. Er bezeichnet dies als Verkörperung des „eindimensionalen" Menschen, der durch die Massenkommunikation so beeinflußt wird, daß er in seinem Denken eingeschlossen ist und daran gehindert wird, seine „wahren" Bedürfnisse zu erkennen.

Zusammenfassend stellen sich „falsche" Bedürfnisse aus dieser Richtung so dar, daß sie

– auf eine Art und Weise *sozial erzeugt* sind, die negativ beurteilt wird (z. B. durch „partikuläre Mächte", „Massenkommunikation", „Bewußtseinsindustrie") und

– *soziale Folgen* haben, die ebenfalls negativ eingeschätzt werden (z. B. fehlende Autonomie).

Kritisch kann gegenüber diesem Ansatz eingewendet werden, daß

– die *Trennung* von wahren und falschen Bedürfnissen aufgrund ihrer Natürlichkeit bzw. gesellschaftlichen Prägung problematisch ist, da menschliche Bedürfnisse immer auch eine gesellschaftliche Komponente haben (vgl. *Wiswede*, 1972, S. 161).

– die negative Einschätzung der durch „partikuläre Mächte" erzeugten „falschen" Bedürfnisse zum einen den Nachweis erfordert, daß Massenkommunikation neue Bedürfnisse schaffen kann und zum anderen, daß diese neuen Bedürfnisse den wahren Bedürfnissen zuwiderlaufen. Dies ist aber letzten Endes nicht falsifizierbar, sondern nur über ein *Werturteil* möglich.

4.1.1.3   Politisch-rechtliche Faktoren

Unter den politisch-rechtlichen Faktoren war die rasante Entwicklung der Verbraucherpolitik einschließlich des rechtlichen Verbraucherschutzes in den 70er Jahren von besonderer Bedeutung. Sie soll daher im Mittelpunkt der folgenden Betrachtung stehen (vgl. *Hansen/Stauss*, 1982; *Kuß*, 1991, S. 141ff.; *Hansen*, 1993).

Mit dem Begriff *Verbraucherpolitik* wird eine politische Praxis von Institutionen und Personen bezeichnet, die auf die Verbesserung der Verbraucherposition in der Marktwirtschaft abzielt (vgl. *Kuhlmann,* 1990, S. 10). *Träger* der Verbraucherpolitik sind neben staatlichen Instanzen eine Reihe von staatlich geförderten Institutionen, die als Verbände die Verbraucherinteressen vertreten sollen, sowie Dienstleistungsinstitutionen, die – wie die Stiftung Warentest und die Stiftung Verbraucherinstitut Berlin – für die Verbraucherarbeit spezifische Dienstleistungen bereitstellen. Als *Instrumente* der Verbraucherpolitik stehen dem Staat und den Verbraucherorganisationen Maßnahmen der Wettbewerbspolitik, die Verbraucherinformation und -beratung, die Verbraucherbildung, der rechtliche Verbraucherschutz sowie die Verbraucherorganisierung und institutionelle Vertretungen zur Verfügung.

Die Verbraucherpolitik ist bereits nach dem Zweiten Weltkrieg mit der Gründung der Arbeitsgemeinschaft der Verbraucherverbände e. V. (AgV) und den Verbraucherzentralen installiert worden, hatte jedoch in jener Zeit für das Marketing noch wenig Bedeutung. Sie folgte in ihren Anfangszeiten einem *Wettbewerbsmodell* im Sinne der neu statuierten sozialen Marktwirtschaft, mit dem in der Stärkung des Wettbewerbs die beste Verbraucherpolitik gesehen wurde. Dieser Vorstellung eng verbunden war das *Informationsmodell der Verbraucherpolitik* mit dem führenden Leitbild vom informierten und aufgeklärten Verbraucher (vgl. *Kuhlmann,* 1970). Entsprechend wurde das Instrument der Informations- und Beratungspolitik als Ergänzung bzw. Korrektur der anbieterseitigen Kommunikationsstrategien ausgebaut, um die Markttransparenz zu erhöhen.

Stärkere gesellschaftspolitische Relevanz erreichte die Verbraucherpolitik in den 70er Jahren, wozu von zwei Seiten her Impulse beigetragen haben: zum einen war es in Deutschland die gesellschaftliche Protest- und Reformbewegung, die mit ihrer Konsumkritik und ihrer Suche nach den „wahren" Bedürfnissen ein zentrales Thema der Verbraucherpolitik aufgegriffen hatte; zum anderen kamen wesentliche Anstöße aus den USA mit dem sich dort ausbreitenden consumerism. Darunter versteht *Selter* (1982[1973], S. 26) organisierte Aktionen von Verbrauchern, „... die – auch in Koalition mit anderen Organisationen – versuchen, durch Oppositionstechniken, wie Boykott, Streik, Alarmierung der Öffentlichkeit und des Gesetzgebers ihre Marktmacht und ihren Einfluß auf die gesellschaftliche Produktion und deren Folgen zu erhöhen" [86]. Wichtige Anstöße erhielt diese Bewegung durch sozialkritische Publikationen, in denen Verbraucherprobleme auf populäre Art und Weise aufgearbeitet werden, wie z. B. von *Vance Packard* mit seinen geheimen Verführern (1958[1957]) und *John Kenneth Galbraith* mit der Gesellschaft im Überfluß (1959[1958]) und der modernen Industriegesellschaft (1968[1967]), der eine Umkehrung von der Konsumenten- zur Produzentensouveränität feststellte.

---

86 Vgl. zur damaligen Einordnung des consumerism in der deutschen Marketinglandschaft *Müller-Heumann,* 1971; *Meffert,* 1973, und *Grüneberg,* 1973.

Aber auch die amerikanischen Präsidenten *Kennedy, Johnson* und *Nixon* traten in dieser Zeit mit eigenen Programmen für verbraucherpolitische Ziele ein. Als besonders einflußreich erwiesen sich die von *John F. Kennedy* im Jahre 1962 proklamierten Verbraucherrechte:

Consumer Bill of Rights

1. The right to safety - to be protected against the marketing of goods that are hazardous to health or life.

2. The right to be informed - to be protected against fraudulent, deceitful, or grossly misleading information, advertising, or labeling or other practices and to be given the facts needed to make an informed choice.

3. The right to choose - to be assured, wherever possible, access to a variety of products and services at competitive prices.

4. The right to be heard - to be assured that the consumer interest will receive full and sympathetic consideration in the formulation of government policy.

John F. Kennedy, zitiert nach *Chonko*, 1995, S. 155f.

Praktische Anstöße kamen in den USA vor allem durch den Verbraucheranwalt *Ralph Nader*[87]. Sein Engagement förderte die Entstehung von privaten Test-Institutionen, von Organisationen, die Verbraucherbeschwerden und -klagen unterstützten; es wurden Verbraucherzeitschriften und -bücher publiziert, viele kleine Aktionsgruppen entstanden, und es kam zur Gründung einer ganzen Reihe von speziell für Verbraucherbelange zuständigen öffentlichen Institutionen in den USA. Ein besonderes Charakteristikum der von Nader initiierten oder von seinem Erfolg motivierten Gruppen ist die *Selbstorganisation,* die den Aktionen eine Basislegitimation verlieh.

Der Erfolg des consumerism in den USA ist auf die spezifische politische und gesellschaftliche Situation zurückzuführen, in der angesichts von Vietnamkrieg und „Rassenunruhen", Umweltverschmutzung und Armut der Glaube an die Gerechtigkeit der vorzufindenden Ordnung schwand und immer mehr Gruppen ihre Benachteiligungen empfanden und ihren Anteil am versprochenen „american dream" einforderten. Der Import des consumerism in die Bundesrepublik fand zwar in dem erwarteten Ausmaß nicht statt, es sind jedoch deutliche Anregungen festzustellen. Wenngleich im Prinzip hier die Verbraucherpolitik eine *fremdorganisierte Formierung* behielt, kamen Ideen eines *Gegenmachtmodells* (vgl. *Scherhorn et al.*, 1975) zum Durchbruch. Im Sinne des Leitbildes eines kollektiv handelnden

---

[87] Ab 1963 prangerte *Nader* fehlerhafte Konstruktionen der Automobilindustrie an (vgl. *Nader*, 1965). Insbesondere seine Buchpublikation stieß auf ein starkes öffentliches Interesse und führte bei einem kritisierten Modell von General Motors zu einem Rückgang der Verkaufszahlen um 93%. General Motors machte den Fehler, *Nader* zu beschatten, um ihn persönlich zu diskreditieren. Nachdem dies publik wurde und General Motors sich öffentlich entschuldigen mußte, beschleunigte sich eine Gesetzgebung bezüglich Sicherheitsstandards und der Einfluß *Nader's* wuchs: „Indeed, amongst the teenage population and college crowd, Nader took on the dimension of a folk hero, and his panache and influence was strong and persistent and is to this day" (*Kelley*, 1973, S. 49). In jüngerer Zeit trug er 1997 wesentlich zum Entstehen einer Konsumentenbewegung gegen die Monopolmacht des Softwareunternehmens Microsoft bei.

marktmächtigen Verbrauchers sollte durch Unterstützung von Verbraucher-organisationen eine Gegenmacht zur Stärkung der Marktstellung des Verbrauchers herbeigeführt werden. Darüber hinaus wurden Vorstellungen von *Beteiligungs-modellen* entwickelt, mit denen die Dysfunktionalitäten des Marktes dadurch gemildert werden sollten, daß den Verbrauchern eine aktivere Rolle in einer früh-zeitigen Mitwirkung an der Angebotsgestaltung eingeräumt wurde (vgl. *Biervert/ Fischer-Winkelmann/Rock*, 1977, S. 205ff.).

Während sich diese Konzepte wenig durchsetzen konnten, war der Ausbau des *Verbraucherschutzmodells* (vgl. *Simitis*, 1976) äußerst einflußreich, das unter einem geradezu konträren Leitaspekt den Verbraucher als schutzbedürftig ansah und den instrumentellen Schwerpunkt in der Schaffung eines verbraucherorientierten Rechtsrahmens sah. So wurden im Anschluß an den ersten Bericht der Bundesregierung zur Verbraucherpolitik (1971) allein in der ersten Hälfte der 70er Jahre mehr als 100 einschlägige Rechtsvorschriften erlassen (vgl. *Leuer*, 1978, S. 102) [88].

Wie sich die Entwicklung der Verbraucherpolitik aus der Marketingperspektive dargestellt hat, wird im folgenden Kapitel mit den Konsequenzen für die Markt-situation gezeigt.

4.1.2 Marktsituation und daraus folgende Aufgaben und Lösungsansätze

Die Märkte waren in der Phase der späten 60er und 70er Jahre von zahlreichen Umbrüchen und Veränderungen gekennzeichnet, die bis in die heutige Zeit hinein-reichen. Für die Marketingpraxis waren vor allem drei Faktoren wichtig, mit denen sie sich auseinanderzusetzen hatte:

– Verbraucherkritik an der Marketingpraxis,

– Differenzierung der Konsumenten und

– Machtentwicklung des Handels.

Diese Entwicklungen führten zu Marktverhältnissen, die nicht nur im taktisch-operativen sondern auch im strategischen Bereich der Unternehmungen eine Neudefinition der Geschäftspolitik erforderten. Wie noch zu sehen sein wird, waren viele Unternehmen dazu nicht in der Lage, überlebten geschwächt oder schieden sogar aus dem Markt aus, und neue Unternehmen begannen sich zu etablieren.

---

88 Vgl. zu den betriebswirtschaftlichen Konsequenzen am Beispiel der verschärften Produzentenhaftung *Standop*, 1978.

4.1.2.1 Verbraucherkritik an der Marketingpraxis

Ein herausragendes Merkmal dieser Zeit war der Umschlag von einer positiv gefärbten Grundhaltung zur Industriegesellschaft und zum Konsum in ein verstärktes Kritikpotential. Diese Entwicklung hat sich natürlich in den Branchenmärkten und -segmenten in unterschiedlicher Stärke und Ausprägung niedergeschlagen. Sie traf die einzelnen Unternehmen zum einen auf der Ebene *individueller Kundenbeziehungen* in Form von „Abwanderung und Widerspruch" (vgl. *Hirschman,* 1974[1970]) und zum anderen auf der Ebene *kollektiver Unzufriedenheitsäußerungen*, die von Vorwürfen an einzelnen Marketinginstrumenten bis zur Verurteilung der gesamten Marketingpraxis reichten. Die folgende Auflistung kritischer Aspekte aus der damaligen Diskussion zeigt, daß mehrere Dimensionen von unterschiedlicher Grundsätzlichkeit angesprochen wurden (vgl. *Hansen/Stauss,* 1982, S. 8f.; *Fischer-Winkelmann/Rock,* 1977, S. 131):

– Durch die Werbung werden bei an sich austauschbaren Produkten *künstliche Unterschiede* aufgebaut. Sie vermittelt zuwenig relevante Produktinformationen, es werden falsche und irreführende Angaben gemacht, und sie wirkt wettbewerbsbeschränkend.

– Es werden Produkte hergestellt, die vorzeitig funktionsunfähig werden *(physische Veralterung)* oder durch ständige Neugestaltung zum Neukauf anregen, obwohl die vorherigen Produkte noch brauchbar sind *(psychische Veralterung)*. Zudem haben die Verbraucher zuwenig Einfluß auf die Angebotserstellung.

– Die Verwendung der Preishöhe als zusätzliches Prestigemerkmal sowie als Instrument der Kaufkraftabschöpfung führt zu *überhöhten Preisen*.

– Durch mitverursachte Konsummuster (Autos, Waschmittel, Wegwerfprodukte) und Begleiterscheinungen wie Werbematerial und unnötige Verpackungen trägt das Marketing zu *Ressourcenverschwendung* und *Umweltverschmutzung* bei.

Kotler faßte diese kritische Marketingperspektive in dem selbstironischen Satz zusammen:

> „Marketing, so wird etwa gesagt, veranlasse die Leute, Dinge zu kaufen, die sie nicht brauchen und für die sie kein Geld haben, um Leuten zu imponieren, die sie gar nicht mögen."
> *Philip Kotler,* zitiert nach *Hill/Rieser,* 1990, S. 16

Die Unternehmen, die sich in den Jahren davor noch als Helden des Wirtschaftswunders fühlen durften, hatten eine lange Wachstumsphase hinter sich. Die zunehmende Kritik traf sie in einem Moment, in dem auch die ökonomischen Handlungsspielräume enger wurden. Ihre Reaktionen waren sehr unterschiedlich und reichten von Widerstand bis innovativer Nutzung für kreative Veränderungen des Marketing. Herausragende Beispiele in diesem letztgenannten Sinne bieten in den USA Giant Food Inc., eine Lebensmitteleinzelhandelskette, und in der

❑ Schluß mit der „unbequemen", altmodischen Mehrwegflasche. 1967 bewarb die Glasindustrie stolz als Produktinnovation die Einwegflasche. Mögliche Kritik sah man nur bei Heimat- und Naturschutzvereinen, die über einen Hinweis auf den Bestimmungsort Mülleimer beruhigt werden sollten.

Quelle: *Neumann/Sprang/Hattemer,* 1968

Ⓐ Nr. 8
„Oh lord won't you buy me a Mercedes Benz.
My friends all drive porsches,
I must make amends."

Janis Joplin, 1971

Schweiz die Migros Konsumgenossenschaft, die das verbraucherpolitische Forderungs- und Kritikpotential in ihre Geschäftspolitik integrierten, indem sie Verbraucherabteilungen (consumer affairs departments) gründeten, um damit in ihren Unternehmen das Verständnis für die Erwartungen und Unzufriedenheiten der Verbraucher zu verbessern und mit diesen in einen Dialog zu treten [89].

❏
Der Versuch, die kritische Jugend mit etwas Verständnis und Humor zu erreichen in einer Anzeige von 1971. Gleichzeitig artikuliert sich hier auch eine Wende, in der die Gesellschaftskritik ihre reale Bedrohung verlor und auf beliebig verwendbare Symbole reduziert werden konnte.

Quelle: *Kriegeskorte*, 1995

❏
Die Afri-Cola Kampagnen (hier von 1968) machten den Werbefotografen *Charles Wilp* zur Legende, und das vormals altmodische Getränke zum Synonym des Zeitgeistes. Seine formal-ästhetischen Übernahmen aus der Jugendbewegungen veränderten die Werbung.

Quelle: Afri Cola GmbH, Köln

4.1.2.2   Differenzierung der Konsumenten

Die im Rahmen des Makroumfeldes beschriebenen sozialen Strukturveränderungen wirkten sich in der Marktsituation in der Weise aus, daß in einem dynamischen Wandel verschiedene Konsumentengruppierungen entstanden, die eine *Ausdifferenzierung der Branchenmärkte* mit sich brachte, während die 50er und 60er Jahre durch relativ einheitliche Verbrauchergewohnheiten gekennzeichnet waren. Ein besonderer Differenzierungsimpuls ging von der sog. *Generationslücke* aus.

89 Verkörpert wurde diese Politik durch *Esther Peterson* als Leiterin der Verbraucherabteilung von Giant Food, die als Assistentin des Ressorts für Verbraucherfragen im Weißen Haus 1971 in die Unternehmung überwechselte und durch ihre Position innerhalb des Topmanagements die vorher geforderten Verbraucherprogramme praktisch und innovativ umsetzen konnte (vgl. *Peterson*, 1974). Bei der Migros Konsumgenossenschaft wurde diese Unternehmensstrategie durch das Vermächtnis von Gottlieb Duttweiler ermöglicht. Beide Unternehmen waren mit ihrer „Strategie innovativer Nutzung" auch in ökonomischem Sinne sehr erfolgreich.

Niemals zuvor war der Unterschied zwischen Eltern und Kindern so groß gewesen. Die Protestbewegungen bildeten hierfür einen sichtbaren Ausdruck. Für die nach dem Zweiten Weltkrieg geborene Generation (in den USA auch als „Baby Boomer" bezeichnet) wurde Wohlstand zur Normalität, Jugend war nicht nur eine Übergangsphase zum Erwachsenenstadium, sondern entwickelte sich zu einem eigenen Lebens- und Konsumstil. Dazu gehörten auch Zeichen der Zugehörigkeit und Abgrenzung zu den Erwachsenen [90].

Die Entwicklung zu einer differenzierten Konsumstruktur wurde durch die *Medien* unterstützt. Es entstanden Special-Interest-Zeitschriften, und insbesondere in den USA entwickelten sich neben den großen nationalen die lokalen speziellen Radiosender. Auch das Fernsehprogramm wandelte sich und nahm zunehmend Nischensendungen (wie z. B. Musikprogramme für Jugendliche) auf.

Diesen Differenzierungstendenzen entsprechend und sie gleichzeitig verstärkend, entwickelte sich die Marketingstrategie grundlegend. Während eine typische Strategie der 50er und 60er Jahre noch mit dem Ziel zu kennzeichnen ist, „Profit durch Masse" zu erreichen und durch einheitliche Produkte, Kommunikation und Distribution mit niedrigen Kosten und niedrigen Preisen Marktpotentiale eines Produktes auszuschöpfen, wurde nun die *Marktsegmentierung* als neues und fast revolutionäres Konzept angewendet [91]. Statt einen Gesamtmarkt mit einem Produkt zu durchdringen, wird hier der Markt in möglichst homogene Teilmärkte aufgespalten, die differenziert bearbeitet werden. Dieser Segmentierungsgedanke beschränkte sich nicht nur auf convenience-Produkte, sondern setzte sich über viele Anwendungsbereiche bis hin zu specialty-Produkten durch, so daß einige Autoren wegen seiner umfassenden Bedeutung darin sogar das entscheidende Kriterium des modernen Marketing sehen (vgl. z. B. *Tedlow,* 1993, S. 15; *Leiss/ Kline/Jhally*, 1990, S. 329). Zu seiner Realisierung trugen unterstützend neue Methoden der Marktforschung mit einer verbesserten, differenzierten Informationsgrundlage und die differenzierte Medienwelt bei. Die Werbetreibenden ihrerseits haben Spezialisierungen der Medien verstärkt, da sie von quantitativen auf qualitative segmentspezifische Erfolgsmessungen der Werbekontakte übergingen [92].

---

90 Diese Zeichen wurden sowohl in der Musik (von Elvis, den Beatles bis hin zum Woodstock-Festival) wie auch in der Kleidung (z. B. in der Levis 501-Jeans oder später dem Bundeswehr- Parka in Deutschland) gefunden. D. h., trotz vehementer Konsumkritik diente wiederum der Konsum zur symbolischen Artikulation des „Anders-Seins". Für die angegriffenen Fachvertreter artikulierte sich hier eine Scheinheiligkeit, die *Wiswede* (1972, S. 157) in dem zugespitzten Bild formulierte, „... daß Konsumkritik besonders lautstark von denen vorgetragen wird, die selbst sehr rege am Konsumsystem teilhaben; der Konsumkritik äußernde, dabei whiskey-schlürfende und sich am eigenen Swimming-pool räkelnde beleibte Herr ist zutiefst unglaubwürdig in seiner Haltung; sie scheint vielmehr einer bloß äußerlichen Attitüde zu entspringen, die Behagen am angeblichen Unbehagen produziert."

91 Vgl. *Kotler,* 1974[1972], S. 162. Vgl. auch z. B. *Fullerton,* 1988, S. 113f., der historische Belege dafür anführt, daß Unternehmen in großem Maße schon vor 1930 Segmentierungsansätze praktiziert haben.

92 Vgl. *Leiss/Kline/Jhally,* 1990, S. 147, die den Wandel durch das Segmentdenken am Beispiel der Werbeagenturen verdeutlichen: Von den 92 größten amerikanischen Werbeagenturen 1966 existierten 1979 nur noch 51. Die restlichen Agenturen waren danach nicht in der Lage, sich auf die Erfordernisse einer segmentspezifischen, kommunikativen Ansprache umzustellen.

Beispiel für den Wandel in den Marketingstrategien bietet der Wettbewerbskampf der Giganten Cocal Cola und Pepsi. Ziel von Coca Cola war es, mit *einem* Produkt (einzige Veränderung: Einführung der Familienflasche) *jeden* Konsumenten zu erreichen, egal ob jung oder alt, schwarz oder weiß, Stadt- oder Landbevölkerung (vgl. *Tedlow*, 1993, S. 17ff.). Der Hauptwettbewerber Pepsi dagegen konzentrierte sich ab Mitte der 60er Jahre gezielt auf den städtischen Mittelklasse-Jugendlichen, nachdem er jahrelang erfolglos eine Niedrigpreis-Strategie anwendete. Mit der sog. „Pepsi-Generation" als Zielgruppe entstand eine der erfolgreichsten Kommunikations-Kampagnen der Marketinggeschichte.

❑
Die Erfindung der „Pepsi Generation" als wichtiger Einschnitt in der Segmentierungstechnik, hier von 1964.

Quelle: *Tedlow*, 1990

4.1.2.3 Machtentfaltung des Handels

Eine in ihrer Bedeutung nicht zu unterschätzende Veränderung der Marktsituation ging für die Hersteller von der Machtentfaltung des Handels aus, die sich zwar schon länger angebahnt hatte, sich jedoch in den 70er Jahren stark beschleunigte. Ein Blick zurück zeigt, daß noch nach dem Zweiten Weltkrieg der Handel im wesentlichen auf seine Verteilerfunktion reduziert war. Seit den 60er Jahren verlagerten sich die Machtverhältnisse in den Marktwegen zugunsten des Handels. Für *Oehme* (1992, S. 16) vollzog sich – analog zur industriellen Entwicklung – eine „*merkantile Revolution*". Konzentrationsprozesse entstanden durch Fusionen oder durch internes Wachstum, das im Handel durch Filialisierungen innerhalb einer Branche oder im Übergriff auf andere Branchen stattfindet (vgl. *Schenk/ Tenbrink/Zündorf*, 1984). Die Kooperationsformen entwickelten sich zunächst durch mittelständische Selbsthilfe in Form von freiwilligen Ketten und Einkaufs- genossenschaften und wurden insofern vom Gesetzgeber im Rahmen der Mittel- standsförderung unterstützt. Doch auch sie folgten einer Dynamik, die von losen zu straffen Organisationen führte und damit faktisch einen Konzentrationseffekt hervorrief. Kooperations- und Konzentrationsformen brachten eine Integration verschiedener Marktwegstufen mit sich und waren insofern je nach Ausgangs- punkt mit Prozessen der *Vorwärts- oder Rückwärtsintegration* [93] verbunden.

Wie in *Abb. 4-1* verdeutlicht, wuchsen die Einzelhandelsumsätze während dieses Konzentrations- und Kooperationsprozesses um mehr als das Doppelte bei gleichzeitig starker Verringerung der Einzelhandelsunternehmen.

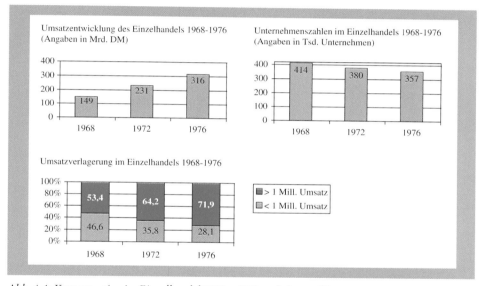

Abb. 4-1: Konzentration im Einzelhandel 1968 – 1976 nach Batzer/Täger, 1985

Als Begründung für die Machtentfaltung des Handels waren

a) vertikale und

b) horizontale

Wettbewerbsverhältnisse maßgeblich.

ad a) Vertikale Wettbewerbsverhältnisse (Hersteller-Handel-Beziehung)
Zwischen Handel und Hersteller bestanden Machtkämpfe um die Führerschaft in den Marktwegen. Große Markenartikelhersteller mit kräftigen Markenartikeln

---

93 Gemeint sind mit diesen Begriffen Verknüpfungen der Stufen eines Marktweges, die auf Funktions- oder Eigentumsbasis zustande kommen können. Je nach vertikaler Richtung werden vorwärts- oder rückwärtsschreitende Verknüpfungen unterschieden.

verfügten über Machtpotentiale, mit denen sie die Marktwege ihren Marketing-konzeptionen entsprechend steuern konnten. Demgegenüber entwickelte sich nach dem Prinzip der *countervailing power* (vgl. *Galbraith,* 1952) eine Handels-macht, mit der eine Emanzipation von der Marketingführerschaft der Hersteller intendiert war (vgl. *Bender,* 1974). Bei der Entwicklung eigener Marketing-konzeptionen wirkte sich für den Handel die Aufhebung der Preisbindung (1974) vorteilhaft aus, weil sie eine autonome Preispolitik für die Händler ermöglichte und den Markenartikel schwächte. Begünstigend war zudem, daß die Konsumen-ten zunehmend ihre Kaufentscheidungen an den point of purchase verlagerten, wodurch die vom Handel gestaltete Kaufsituation an Einfluß gewann. So wurde der Handel für die Hersteller oft zum Engpaß, der ihre Entfaltungsmöglichkeiten einschränkte. Diese Situation erforderte in zunehmendem Maße neben dem kon-sumorientierten „*pull-Marketing*" eine Ergänzung durch handelsgerichtetes „*push-Marketing*"[94], mit dem die Hersteller auf Handelsebene untereinander in Wettbewerb um die Gunst des erstarkten Handels gerieten.

ad b) Horizontale Wettbewerbsverhältnisse (Handel-Handel-Beziehung)
Der Wettbewerb zwischen den Handelsunternehmen war – wie die Zahlen in *Abb. 4-1* andeuten – von einem Ausleseprozeß zugunsten der Großunternehmen geprägt. Insofern ist die Machtentfaltung des Handels auch aus einem horizontalen Verdrängungswettbewerb heraus zu erklären. Klein- und Mittelbetriebe des Handels unterlagen einer Managementschwäche vor dem Hintergrund gestiegener betriebswirtschaftlicher und insbesondere marktpolitischer Anforderungen. Die Kooperationsbewegung ist in diesem Zusammenhang als eine Stärkung des Mittel-standes durch Zusammenschluß zu verstehen, der sich gegen die Großbetriebe richtete. Dazu kam die Entwicklung neuer Betriebsformen, wie Verbrauchermärk-te, SB-Warenhäuser und Fachdiscounter, die einen starken Konkurrenzdruck ausübten (hier vor allem ab 1967 ALDI).

4.2 Konsequenzen für die Marketingtheorie und ihre Anwendung

Als theoretische Entwicklungslinien der 70er Jahre können drei Perspektiven her-ausgehoben werden, die mit den situativen Marktbedingungen korrespondieren:

– *Modifikation des Marketingkonzeptes* in Auseinandersetzung mit der Verbraucherkritik,

– *Weiterentwicklung der Marketingmanagement-Lehre* in Auseinandersetzung mit der Ausdifferenzierung des Konsums und mit zunehmender Dynamik und Komplexität der Märkte,

---

94 Unter pull-Strategien werden Marktbearbeitungsstrategien verstanden, die sich an den Endverbraucher richten mit dem Ziel, den Han-del indirekt über die Sogwirkung der Verbrauchernachfrage zu beeinflussen. Demgegenüber richten sich push-Strategien direkt an den Handel und dienen dazu, Produkte in den Handel hineinzuverkaufen („Waren hineinzupushen").

– *marketingtheoretische Berücksichtigung des Handels* in Auseinandersetzung mit seiner Machtentfaltung.

4.2.1 Modifikation des Marketingkonzeptes

Die Veränderungen der Marketingtheorie lassen sich durch eine neue Sichtweise charakterisieren, in der das Marketing im Kontext des gesamtgesellschaftlichen Systems gesehen wurde. Wissenschaftler erforschten nicht nur den Einfluß einer bestimmten gesellschaftlichen Situation auf das Marketing, sondern auch umgekehrt, den Einfluß des Marketing auf die Gesellschaft. Diese Perspektivenänderung ist nicht zuletzt auf die massive Verbraucherkritik in dieser Phase zurückzuführen. Nachdem die Bedürfnisse und Wünsche der Konsumenten in dem gerade wissenschaftlich etablierten Marketingkonzept den Ausgangspunkt unternehmerischen Handelns darstellten, mußte es fast paradox erscheinen, daß sich gerade die Vertreter dieser Marketingphilosophie, die sich offiziell als „Dienende am Konsumenten" verstanden, dem Vorwurf ausgesetzt sahen, eine einseitig unternehmensorientierte Disziplin zu betreiben, die gesellschaftlich problematische Sozialtechniken entwickelt (vgl. *Hansen/Stauss,* 1983, S. 81). Hatte das Marketing versagt oder beruhte die Verbraucherkritik „... auf einer allgemeinen Störung des seelischen Gleichgewichts des Zeitgenossen" (*Angehrn,* 1974, S. 3)?

„In the very broadest sense, consumerism can be defined as the bankruptcy of what the business schools have been calling the 'marketing concept'."

Kommentar der Business Week von 1969, zitiert nach *Bell/Emory,* 1971, S. 37

Die Reaktionen der Wissenschaftler waren unterschiedlich. So wurde zum einen konstatiert, das Marketingkonzept sei bisher mehr ein Lippenbekenntnis gewesen, als daß es wirklich praktiziert worden wäre (vgl. z. B. *Grüneberg,* 1973, S. 446). Mit dieser Annahme konnte – unberührt von der Kritik – an der Verfeinerung des Marketinginstrumentariums weitergearbeitet werden. Es wurde aber zum anderen auch die Ansicht vertreten, daß die Kritik weniger auf eine mangelnde Umsetzung zurückzuführen sei, sondern auf inhärente Probleme des Marketingkonzeptes verweise (vgl. z. B. *Dohmen,* 1972, S. 176). Im folgenden soll diese Position näher betrachtet werden. Hierzu werden zunächst die Mängel einer traditionellen Interpretation des Marketingkonzeptes im Sinne einer Bedürfnisorientierung beschrieben, um anschließend die in dieser Zeit entwickelten Alternativen zum Marketingkonzept vorzustellen.

4.2.1.1 Relativierung der Bedürfnisorientierung

Im Rahmen der kritischen Einschätzung des Marketingkonzeptes wurde darauf verwiesen, daß es als marktorientierte Unternehmenspolitik nicht eindeutig sei und die Orientierungsleistung von Bedürfnissen an Grenzen stoße[95]. Zu den Problemfeldern zählen im einzelnen:

---

[95] Vgl. hierzu im folgenden *Hansen/Stauss,* 1983. Vgl. auch *Lisowsky,* 1936, der bereits viele Kritikpunkte an der Bedürfnisorientierung vorwegnahm. Zwar vollzog sich diese frühe Diskussion nicht im Kontext des Marketing als Grundkonzeption der Unternehmensführung. Es finden sich aber trotzdem interessante, zukunftsweisende Ansatzpunkte, wie bspw. die Option einer Relativierung der Bedürfnisorientierung in Abhängigkeit von der Lebensphase eines Unternehmens.

Bedürfnisorientierung und der Stellenwert anderer Marktgegebenheiten

Eine primär konsumentengerichtete Marketingplanung kann zwar situativ als berechtigt gelten, Entwicklungen innerhalb der unternehmerischen Umwelt verdeutlichen aber in dieser Phase, daß der Markterfolg auch entscheidend von anderen Faktoren beeinflußt wurde. Dazu gehören:

– *Konkurrenten*

Ihre Bedeutung offenbarte sich z. B. in dem erhöhten Wettbewerbsdruck durch internationale Konkurrenz und in der DM-Aufwertung (1973). Allgemein steigt der Einfluß dieses Marktfaktors bei Veränderungen von Verkäufer- zu Käufermärkten [96].

– *Handel*

Die Nachfragemacht des Handels zeigte Grenzen eines Konsumgütermarketing.

– *Lieferanten*

Durch die Rohstoff- und Energieverteuerung der frühen 70er Jahre mußten die Unternehmen teilweise Abhängigkeiten vom Beschaffungsmarkt schmerzlich erkennen.

Diese Aspekte des marktlichen Umfeldes zeigten, daß Bedürfnisbefriedigung eine notwendige, aber keine hinreichende Bedingung für die Erfolgssicherung ist. Sie sollte deshalb in eine erweiterte Marktumfeldorientierung integriert sein.

Aussagefähigkeit und Praktikabilität der Bedürfnisorientierung

Im Sinne der praktisch-normativen Betriebswirtschaftslehre hatte sich die herrschende Marketingtheorie die Aufgabe gestellt, der Praxis Handlungsempfehlungen zu geben. Gemessen an diesem Anspruch stellte sich die Frage, welche absatzpolitischen Verhaltensweisen aus der empfohlenen Bedürfnisorientierung abgeleitet werden können. Hier sind Zweifel an der praktischen Leistungsfähigkeit und speziell an der Eindeutigkeit der möglichen Handlungsempfehlungen geäußert worden. *Fischer-Winkelmann* (1972, S. 37) geht sogar so weit, daß er die Orientierungsleistung von Bedürfnissen insgesamt in Frage stellt. Für ihn ist die Bedürfnisorientierung eine Leerformel, mit der jede unternehmerische Verhaltensweise gerechtfertigt werden könnte.

Als Gründe für die Skepsis gegenüber den Bedürfnissen als Handlungsorientierung wurden Argumente unterschiedlicher Positionen angeführt:

– Es wird keine Aussage darüber getroffen, an *welchen* Bedürfnissen man sich orientieren solle. Eine explizite Aussage wird dazu im Marketingkonzept nicht

Ⓜ Nr. 6

„Are you worried and distressed?
Can't seem to get not rest?
Put our product to the test.
You'll feel just fine
Buy a big bright green pleasure machine!"

Simon & Garfunkel, 1966

---

96 Es wird hier auch die Position vertreten, daß die Konkurrenzsituation den Grad der Bedürfnisorientierung bestimme. Gemäß dieser Argumentation sollten nicht die Kundenbedürfnisse per se befriedigt werden sondern besser, als es die Konkurrenz tut (vgl. z. B. *Sachs/Benson*, 1978).

gemacht. Die Praxis zeigt, daß im Markt primär *kurzfristige, individuelle* Bedürfnisse berücksichtigt werden.

Gerade die Verbraucherpolitik kritisierte zu jener Zeit die mangelnde Berücksichtigung langfristiger, kollektiver Bedürfnisse und verwies auf mögliche Konflikte zwischen kurz- und langfristigen Bedürfnissen (vgl. *Kotler*, 1972b, S. 54). Eine Übersicht der möglichen zu befriedigenden Bedürfnisse gibt *Arndt* mit einer Bedürfnistypologie nach Zeit- und Trägerdimensionen *(Abb. 4-2)*

	Time Dimension of Needs	
Locus of Needs	Short-term	Long-term
Individual	Immediate private needs	Long-run private needs
Collective	Immediate collective needs	Long-run collective needs

Abb. 4-2 : Bedürfnistypologie nach Arndt, 1978, S. 103

Der Roman von *Simone de Beauvoir* „Les Belles Images" spielt im Milieu der neuen Mittelschicht in Paris Mitte der 60er Jahre. Die weibliche Protagonistin Laurence arbeitet in einer Werbeagentur, ihr Mann widmet sich seiner Karriere und ihr Liebhaber ist Werbepsychologe. Im Mittelpunkt steht die Leere einer durch das Marketing produzierten „Welt der schönen Bilder" und die Kritik an einer allein auf materiellen Wohlstand fixierten Gesellschaft. Aber statt von einer einfachen Dichotomie „falscher" und „wahrer" Bedürfnisse auszugehen, wird hier sowohl die Ermittlung der Bedürfnisse als auch die Ambivalenz bestehender Bedürfnisse problematisiert.

„Sie setzt sich an ihren Schreibtisch. Sie muß sich die Ergebnisse der letzten Meinungsbefragungen ansehen, die unter Luciens Leitung stattgefunden haben; sie schlägt die Akte auf. Das ist langweilig, es ist

– Es werden keine Angaben über den *Konkretisierungsgrad* der Bedürfnisse gemacht (z. B. vom Bedürfnis nach Schönheitspflege als abstrakter Kategorie bis hin zu dem konkretisierten Bedürfnis nach einem spezifischen Pflegeprodukt). Je weniger der Konkretisierungsgrad fortgeschritten ist, desto unbestimmter ist die Orientierungsleistung.

– Die Bedürfnisentwicklung bzw. die Art von Konkretisierungsprozessen wird wesentlich von der *Marktbearbeitung und -beeinflussung* gesteuert. So wird ein Auto nicht nur wegen des Mobilitätsbedürfnisses gekauft, sondern auch aufgrund eines Bedürfnisses nach Selbstdarstellung oder nach sozialer Anerkennung. Dabei hat der Konsument häufig erst durch das Marketing gelernt, daß diese Bedürfnisse mit einem Produkt zu befriedigen sind. Letztlich zeigt sich ein Widerspruch zwischen der geforderten Bedürfnisorientierung einerseits und der für Unternehmen notwendigen Bedürfnisspezifizierung und -beeinflussung andererseits [97]. Daraus resultiert das Paradoxon: Je erfolgreicher ein Unternehmen den Markt steuern kann, desto weniger ist das Marketing als Unternehmensführung vom Markt und speziell von Bedürfnissen her vorstellbar.

---

[97] Bereits 1954 findet sich diese Position in der Werbekritik von *David Potter* (1954, S. 188). Er ging davon aus, daß die Konsumenten durch das Marketing gelernt haben, zu mögen, was sie bekommen, statt zu bekommen, was sie mögen.

sogar deprimierend. Das Glatte, das Glänzende, das Leuchtende, der Traum vom Gleiten, von kühler Perfektion; Symbole der Erotik und Symbole der Kindheit (Unschuld); Schnelligkeit, Beherrschung, Wärme, Sicherheit. Lassen sich alle Geschmacksrichtungen durch solch rudimentäre Trugbilder erklären? Oder sind die befragten Verbraucher ganz besonders rückständige Leute? Nicht anzunehmen. Sie leisten eine undankbare Arbeit, diese Psychologen: zahlreiche Fragebögen, Raffinessen, ausgeklügelte Fragestellungen, und immer wieder stößt man auf die gleichen Antworten. Die Leute wollen das Neue, aber ohne Risiko; sie wollen das Amüsante, aber es muß seriös sein; sie wollen Prestige erwerben durch Anschaffungen, die nicht viel kosten (...) das magische Erzeugnis, das unser Leben umkrempeln wird, ohne etwas daran zu verändern."

Simone de Beauvoir, 1981[1966], S. 30

Ideologie-Verdacht

Angesichts der Einschränkungen bezüglich der Eindeutigkeit einer Bedürfnisorientierung wurde die positive Resonanz des Marketingkonzeptes von einigen Autoren eher darauf zurückgeführt, daß es das Marketinghandeln positiv auszeichnet und legitimiert (vgl. *Kroeber-Riel*, 1974, S. 34f.). Erfüllt der Anbieter nämlich die Bedürfnisse und Wünsche der Konsumenten, dann tragen auch die Konsumenten selbst die Verantwortung für negative gesellschaftliche Folgen des Marktangebotes. Marketing erschien so in einer gesellschaftlich dienenden Funktion, als Erfüllungsgehilfe des Verbrauchers:

> „Bezugspunkt unseres Wirtschaftssystems ist der Konsument resp. Verwender einer Leistung, dessen Kaufentscheidungen gewissermaßen die Funktion eines Scherbengerichts über die Anbieter erfüllen."
> *Nieschlag/Dichtl/Hörschgen*, 1968, S. 59

> „Marketing bedeutet nichts anderes, als der Gesellschaft zu einem bestimmten Lebensstandard, zu Wohlstand zu verhelfen."
> *Dichtl*, 1970b, S. 101

Kritik fand der ideologische Gehalt derartiger Aussagen, da mit ihnen eine normative Setzung als ein zu beobachtender Sachverhalt dargestellt wird. Existierende Gegensätze zwischen Käufer und Verkäufer sind demnach von vornherein ausgeblendet. Verantwortlichkeiten werden negiert und die Maßnahmen der Marktbearbeitung bagatellisiert. Zudem beinhaltet das Versprechen der Bedürfnisbefriedigung nur die im Markt auftauchenden, mit Kaufkraft versehenen Bedürfnisse.

> „Diese Aussagen [gemeint sind Thesen wie in den obigen Zitaten, U.H./M.B.] sind Scheinaussagen, pseudowissenschaftliche Sätze, Floskeln - was ihre wissenschaftliche Brauchbarkeit aus-, ihre meist unentdeckt bleibende ideologische Manipulierung und Verwendbarkeit aber einschließt! ... Echte absatztheoretische Erkenntnisse über die Wirkungszusammenhänge am Markt würden die Möglichkeit erschließen, die pseudorationale Maskerade der an der traditionellen Rede vom 'Ziel der Wirtschaft' aufgehängten ideologischen Denkschemata zu zerstören, um die wahren sozialen Gegebenheiten auf den Märkten zu enthüllen, die verdunkelt werden sollen oder ausgeklammert werden."
> *Wolf F. Fischer-Winkelmann*, 1976, S. 77

Wenn aber die Bedürfnisorientierung keine eindeutige Handlungsorientierung geben kann und hier die getroffenen Entscheidungen nicht einfach über externe Größen abzuleiten sind, dann stellt sich verstärkt die Frage nach der Legitimierung des jeweiligen unternehmerischen Handelns. In der klassischen Formulierung von *Lavidge* heißt dies:

> „In evaluating the opportunities for new products and services, for example, the role of marketing people heretofore has focused largely on the question: Can it be sold? During the 1970s there will be increasing attention to: *Should* it be sold? Is it worth its cost to society?"
> *Robert J. Lavidge,* 1970, S. 27

Die Kritik am Marketing hat zu einigen wissenschaftlichen Vorschlägen geführt, die einen Ausweg aus der (von einigen Autoren damals so empfundenen) „Krise des Marketing" anboten.

4.2.1.2 Erweiterungs- und Vertiefungskonzepte

Bei der Entwicklung alternativer Marketingkonzepte können zwei Dimensionen unterschieden werden:

– Zum einen vollzog sich eine *Ausweitung* („broadening") des Marketing. Der Ansatzpunkt zur Veränderung betrifft die *Marketinganwender* (Wer kann Marketing nutzen?) und die *Marketingobjekte* (Marketing für was?). Das praktische Betätigungsfeld für das Marketing wurde hier auf nicht-kommerzielle Organisationen bis hin zur Anwendung bei allen Austauschprozessen erweitert. Dazu gehören das *Non-Business-Marketing* (vgl. *Kotler/Levy,* 1969; *Kotler/Zaltman,* 1971) und das *Generic Marketing* (vgl. *Kotler,* 1972a).

– Zum anderen gab es eine *Vertiefung* („deepening") des Marketing, die sich in einer veränderten Grundhaltung niederschlug. Während bei der Ausweitung des Marketing die Ziele und Instrumente grundsätzlich unverändert gelassen wurden, liegt bei der Vertiefung der Ansatzpunkt zur Veränderung in der *Zieldimension* des Marketing. Es wurden hier Ansätze erarbeitet, die eine Ergänzung der gewinn- und rentabilitätsorientierten Marketingkonzeptionen durch soziale Zielinhalte anstrebten. Dazu gehören das *Human Concept* (vgl. *Dawson,* 1969) und das *verbraucherzentrierte Marketing.*

4.2.1.2.1 *Non-Business-Marketing und Social Marketing*

Inhaltliche Ausgestaltung
Im Rahmen einer erweiterten Anwendung des Marketing wurde eine Übertragung der absatzmarktorientierten Denkhaltung der Unternehmen auf Institutionen vorgeschlagen, die ihre Leistungen nicht privatwirtschaftlich verwerten.

Eine Unterscheidung von Non-Business- und Social Marketing ist nicht immer eindeutig. Sie wird aber in der Literatur meist so vorgenommen, daß sich das Non-Business-Marketing durch den Anwender definiert und das Social Marketing über das Marketingobjekt (vgl. auch *Kap. 5.2.5*). Social Marketing ist dann der Entwurf, die Durchführung und Überwachung von Programmen, die darauf abzielen, die Akzeptanz sozialer Ideen zum Nutzen der Gesellschaft zu beeinflussen (z. B. Bekämpfung der Umweltverschmutzung, des Massenverkehrs und des Drogenmißbrauchs) (vgl. *Kotler/Zaltman*, 1971, S. 5).

Zu den potentiellen *Anwendern* zählen öffentliche Anbieter, Berufsverbände, Kirchen, karitative Vereinigungen, Parteien, Universitäten etc.. Das *Marketingobjekt* wird hier von physischen Gütern und Dienstleistungen auf öffentliche Güter (Verwaltungsleistungen), Personen (Politiker, Stars), Organisationen (Parteien, Kirchen) und Ideen (Geburtenkontrolle, Bildung) erweitert. Zur Anwendung gelangt das gesamte Marketinginstrumentarium, von der Marktforschung, der Segmentierung bis zum koordinierten Einsatz der Marketinginstrumente.

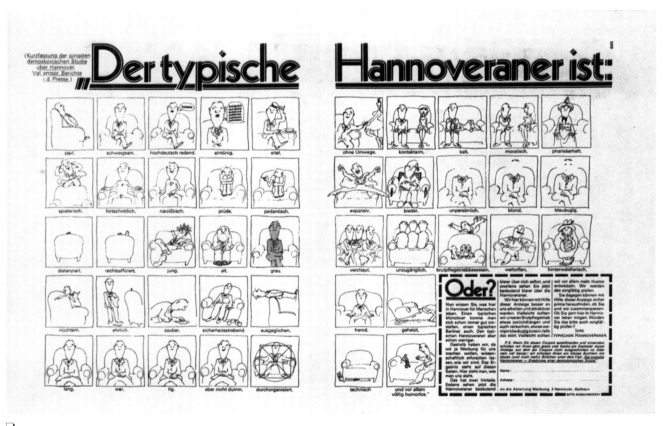

❏
Ein Beispiel von 1970 für das Städte-Marketing, mit dem Versuch der Repositionierung des Image von Hannover.

Quelle: *Neumann/Sprang/ Hattemer*, 1971

❏
Ein Slogan, der ab 1967 einen
Imagewandel der Deutschen
Bundesbahn einleitete und zu
einem geflügelten Wort wurde.

Quelle: *Diederich/Grübling,* 1989

❏
Ein Jahr später, 1968, nutzte die
Studentbewegung den bekannten
Slogan mit veränderter Bedeutung.
Erst der Verkaufserfolg des zunächst privat gedruckten Plakates
überzeugte den SDS, seine anfänglichen Vorbehalte gegenüber den
(zudem noch ironischen) Marketingmaßnahmen für die eigene
Institution abzulegen.

Quelle: *Diederich/Grübling,* 1989

Selbstverständnis

Die Vertreter dieses Ansatzes gehen davon aus, daß die positiven Elemente des
Marketingkonzeptes auf nicht-kommerzielle Institutionen aus folgenden Gründen
übertragen werden sollten:

– Es wird konstatiert, daß alle Organisationen in irgendeiner Weise Marketing
  betreiben - gleichgültig, was immer sie tun -, ob eine Kirche neue Mitglieder
  sucht oder Wohlfahrtsorganisationen neue Spender. Sie haben daher nur die Wahl
  zwischen gutem oder schlechtem Marketing. Also können hier Marketingpraktiker ihr Expertenwissen einsetzen (vgl. *Kotler/Levy,* 1969, S. 15).

– Es wird angenommen, daß mit diesem Konzept die Konzentration auf kommerzielle, marktorientierte Bedürfnisse und die Parteilichkeit des traditionellen
  Marketing überwunden werden können. Die Erweiterung des Anwendungs-
  bereichs für das Marketing ist unter diesem Gesichtspunkt nicht unabhängig von
  der Marketingkritik zu sehen. Wenn nämlich gewisse Legitimationszweifel an
  den Mitteln des Marketing erhoben werden, dann könnten diese – so die
  Argumentationslogik – nach dem Prinzip „der Zweck heiligt die Mittel" durch
  ein positives Anwendungsfeld beseitigt werden (vgl. *Specht,* 1974a, S. 114, 117).
  Die Aussage von *Andreasen,* einem der profiliertesten Vertreter des Social

Marketing, zeigt, daß derartige Strategien einer „moralischen Rehabilitation" des Marketing sich auch in den persönlichen Motivationslagen und Forschungsinteressen der Marketingwissenschaftler wiederfanden:

> „My friends in sociology and political science were worrying about issues like poverty [and] the Vietnam war ... while I was busy teaching my students how to market Chevrolets and Clairol shampoo. [Social Marketing] opened my eyes to the potential for marketing to work positively for the good of society beyond merely (to use a classroom cliche of the time) delivering a better standard of living."
> *Alan R. Andreasen* in *Braus,* 1995, S. 60

Problematik
Es ergeben sich mögliche dysfunktionale Konsequenzen, wenn ein technologisches Vermarktungsdenken auf weite Bereiche des gesellschaftlichen Lebens übertragen wird. So ist zu fragen, ob die angenommene Austauschbarkeit von Marketingobjekten den sozialen Problembereichen wirklich gerecht wird (vgl. *Tucker,* 1974, S. 32f.). Es wird vermutet, daß die fehlende Problematisierung der Marketingobjekte ein rein funktional-rationales Denken widerspiegelt. Damit wird die praktische Seite des Problems über politisch-ethische Überlegungen gestellt. Dem kann entgegengehalten werden, daß z. B. bei der Vermarktung von Katzenfutter und der Umsetzung einer Anti-Drogenpolitik wesentliche Unterschiede bestehen: So bleibt z. B. fraglich, wie die sozialen Probleme bestimmt werden, wie und von wem die Prioritäten zu setzen sind und ob nicht auch die Gefahr mißbräuchlicher Anwendung besteht (wenn z. B. die Anti-Drogenpolitik nur zur Bedienung von Ressentiments potentieller Wähler dient) [98].

Diese Probleme des Non-Business- und Social Marketing sind durchaus ernst zu nehmen, wenn auch damit keine grundsätzliche Ablehnung zu begründen ist. Sie zeigen aber, daß bei der Ausgestaltung mit Sensibilität für den entsprechenden Anwendungsbereich verfahren werden muß, was insbesondere für die Definition einer kundenorientierten Leistungspolitik gilt. Außerdem sind Implementierungsprobleme psychologischer Art zu beachten, die häufig aus einer Ablehnungshaltung der nicht-kommerziellen Anwender gegenüber dem Marketing resultieren.

4.2.1.2.2   Generic Concept of Marketing

Inhaltliche Ausgestaltung
Der Objektbereich des Generic Marketing ist noch weiter gefaßt. Als Kernbegriff des Marketing wird der „*Austausch*" zugrunde gelegt [99]. Ein vollzogener Aus-

---

98   Vgl. auch *Laczniak/Lusch/Murphy,* 1979, die derartige ethischen Implikationen des Social Marketing diskutieren.

99   In einem Brief an *Robert Bartels* erzählt *Philip Kotler,* daß ihm diese Idee gekommen sei, als er sich die Frage stellte: Wo haben Marketingleute eigentlich Kompetenz? So sind z. B. Ökonomen Experten für Mangel, Politiker für Macht und Anthropologen für Kultur. Aber Marketingleute? Wenn überhaupt, wissen sie unter welchen Bedingungen zwei oder mehr Parteien etwas von Wert austauschen (vgl. *Bartels,* 1988, S. 257). Allerdings ist dieser Gedanke nicht neu. Der zentrale Aspekt des Austauschgedankens für das Marketing geht auf *Wroe Alderson* (1965) zurück, der damit aber keine derartige Diskussion auslöste wie einige Jahre später *Kotler.*

tausch (Transaktion) führt zur Übertragung von Werten (Produkt, Geld, Zeit, Energie, Gefühle). Das Generic Marketing beschäftigt sich mit der Anregung, Stimulierung, Erleichterung und Bewertung von Transaktionen zwischen mindestens zwei sozialen Einheiten (vgl. *Kotler,* 1972a, S. 49). Marketing kann somit als eine allgemeine Kategorie menschlichen Verhaltens verstanden werden. Der Marketingpraktiker, der sein Produkt dem Markt anpaßt, tut dann das gleiche wie der Lehrer, der seinen Unterricht vorbereitet, oder der Pfarrer, der seine Predigt auf die Bedürfnisse seiner Gemeinde abstimmt und schließlich die Hausfrau, die sich beim Kochen nach dem Geschmack ihrer Familie richtet (vgl. *Bartels,* 1974, S. 75).

Um die Grenzverschiebung des Marketing zu verdeutlichen, unterscheidet *Kotler* drei *Bewußtseinsebenen* des Marketing (vgl. *Kotler,* 1972a, S. 47ff.):

– Bewußtseinsebene 1
   Das traditionelle Bewußtsein ordnet das Marketing der Unternehmenssphäre zu. Dadurch werden hier nur marktliche Transaktionen betrachtet.

– Bewußtseinsebene 2
   Durch die Einbeziehung von Organisations-Kunden-Transaktionen, die nicht unbedingt über den Markt geregelt werden müssen, vollzieht sich ein Bewußtseinswandel hin zum Non-Business- und Social Marketing.

– Bewußtseinsebene 3
   Hier werden die immer noch bestehenden Einschränkungen der zweiten Stufe aufgehoben: Das Marketing ist als ein Prozeß für alle sozialen Einheiten und für alle Austauschbeziehungen anwendbar und in der Praxis seit langem sichtbar.

Selbstverständnis
Vertreter dieses Ansatzes argumentieren, daß die Erweiterung des Marketing auf alle sozialen Interaktionen der Idee einer Verhaltenswissenschaft entspricht. Dies fördert die Entwicklung einer allgemeinen Markttheorie, die den Markt als ein System von Austauschbeziehungen sieht.

Als Vorteile werden erwähnt:

– Schnittstellen zu anderen Disziplinen werden deutlicher, und Möglichkeiten des *Wissenstransfers* verbessern sich.

– Problemsensibilisierung und *Einsatzmöglichkeiten für Marketingfachleute* steigen, da sie nun ihre Handlungen in einem erweiterten Kontext betrachten können.

– Partikularistische Denkweise und Parteilichkeit der traditionellen Ansätze werden verändert. Nicht mehr die Gegnerschaft von Verkäufer vs. Käufer oder Produzent vs. Konsument steht im Vordergrund, sondern die *Interaktion zweier sozialer Einheiten.* Damit wird die Hoffnung verbunden, daß diese Auffassung zu einer wirklichen pluralistischen Marketingwissenschaft führt (vgl. *Raffée/Specht*, 1974, S. 385).

Problematik

– Bei der hier verwendeten Definition stellt sich die Frage nach dem *Identitätsprinzip* der Marketingwissenschaft. Darunter wird das Prinzip verstanden, das einer Wissenschaft den von anderen Disziplinen abgegrenzten, eigenständigen Charakter gibt. Fehlt aber die Abgrenzung, besteht die Gefahr einer Überdehnung. Wenn selbst die Liebe als Erkenntnisobjekt dem Marketing zugeordnet wird, droht mangelnde Präzision und abnehmender Informationsgehalt bei zunehmend abstrakter werdenden Aussagen [100].

– Hier erscheint, wie beim Non-Business- und Social Marketing, die Entscheidungsbildung wichtiger als der Gegenstand, über den entschieden werden soll. Ein geändertes Praxisverständnis, das über die Anwendung des Marketinginstrumentariums von Fachleuten hinausgeht, ist dabei nicht zu beobachten (vgl. *Fischer-Winkelmann/Rock*, 1976, S. 26).

4.2.1.2.3 Human Concept

Inhaltliche Ausgestaltung

Das Human Concept versteht sich als eine vertiefende Konzeption mit einer veränderten Grundrichtung. Diese basiert insbesondere auf der Forderung, daß die monistische Zielorientierung der Gewinnerwirtschaftung durch ein plurales Zielsystem mit der Berücksichtigung gesellschaftlicher Nutzenarten ersetzt werde. Die consumerism-Bewegung wird als Hinweis auf eine veränderte Makroumwelt in Richtung einer humaner werdenden Gesellschaft gedeutet. Das Human Concept nimmt diesen Wandel auf und hält eine *„aufgeklärte Profitmaximierung“* [101] eines Unternehmens als notwendig, um in dieser veränderten Umwelt zu überleben. Die aufgeklärte Profitmaximierung verweist auf drei Zielebenen [102]:

– die Entfaltung der Fähigkeiten der Organisationsmitglieder als *inneres soziales Ziel*,

– die Erzielung eines *notwendigen Profits* im Rahmen der unmittelbaren Umweltbeziehungen des Unternehmens und

– die Realisierung des *externen sozialen Zieles* durch Erfüllung der wirklichen menschlichen Bedürfnisse (Sicherheit, Würde und Trost).

---

100 *Heribert Meffert* (1973, S. 330f.) sieht hierin „... nicht nur die Gefahr einer gewissen Sprachverwirrung, sondern auch den anmaßenden Versuch, traditionell selbständige Bereiche (wie z. B. die Psychologie) durch das Marketing zu usurpieren."
101 *Leslie Dawson* (1969, S. 38) versteht darunter den Kompromiß aus unternehmensbezogener Profitmaximierung unter Berücksichtigung gesellschaftlich bestimmter Grenzen.
102 Vgl. *Dawson,* 1969, S. 36f. Die Unterteilung der Unternehmensumwelt in unmittelbare und äußere Umwelt ähnelt der Unterteilung von *Raffée* (1975) in Umsystem I und Umsystem II.

Selbstverständnis

Vertreter dieses Ansatzes verstehen sich als Anwälte einer gesellschaftlichen Veränderung zum Besseren und formulieren die dafür notwendigen Verhaltensänderungen. Da die materialistische Orientierung zerfalle und das humane Zeitalter begonnen hätte, könne das traditionelle Marketingkonzept hier keine Orientierungshilfen geben [103]. Deshalb werden Marketingmanager über das Human Concept aufgefordert, Führungsrollen in der Fortentwicklung der Gesellschaft zu „neuen (höheren) Maßstäben moralischen Verhaltens" zu übernehmen (vgl. *Dawson,* 1969, S. 32). Hervorzuheben ist hier zum einen das Aufzeigen von unternehmerischen Risiken einer Nichtbeachtung der gesellschaftlichen Veränderungen. Zum anderen liegt die Bedeutung des Ansatzes in der Thematisierung marketingethischer Probleme, indem die vormals oft als gegeben angenommene Identität von Verantwortung und Marktorientierung hinterfragt wird.

Problematik

– Der Glaube daran, daß die Welt ständig humaner werde, kann weder belegt noch erklärt werden.

– Der Optimismus, unternehmerische Gewinnziele seien konfliktlos unter Berücksichtigung humaner Ziele erreichbar, dokumentiert eine unrealistische Harmonievorstellung (vgl. *Raffée,* 1979, S. 33).

– Die Frage, warum gerade Marketingmanager dafür prädestiniert sein sollen, die Armut und soziale Ungerechtigkeit zu bekämpfen, bleibt unbeantwortet. Es ist ungeklärt, woher das dazu nötige Wissen kommen soll und wie dieser Machtzuwachs zu legitimieren ist [104].

4.2.1.2.4 Verbraucherzentriertes Marketing

Inhaltliche Ausgestaltung

Unter dem Begriff „Verbraucherzentriertes Marketing" fassen wir konzeptionelle Überlegungen zum Marketing zusammen, in denen die Kritik am Marketing im Sinne einer Orientierung an den Problemen und Wünschen der Verbraucher explizit aufgegriffen werden. Dies erfolgte auf zwei Ebenen:

– In bezug auf den *einzelnen Konsumenten* wurde die Perspektive auf die Zufriedenheit nach dem Kauf erweitert. Wirkliche Bedürfnisbefriedigung wurde in einer den Kauf verlängernden Sicht als Zufriedenstellung der Konsumenten interpretiert. In diesem Sinne erschien es kritikwürdig, den Grad der Bedürfnis-

---

[103] „A marketing concept inevitably casts the industrial organization in the role of one of society's more predatory creatures, a giant corporation stealthily and eagerly stalking the marketplace, always at the ready to leap upon a new market opportunity or to devour a competitor." (*Dawson,* 1969, S. 35). Ähnliche Argumentationen, wenn auch z. T. mit größerer Nähe zum traditionellen Marketingkonzept, finden sich bei *Lazer,* 1969; *Robin,* 1970; *Gelb/Brien,* 1971, und *Spratlen,* 1972.

[104] Weitere, diese Problematik betreffenden Aspekte werden im Rahmen des Abschnitts zur Marketingethik diskutiert (vgl. *Kap. 5.2.5.4*).

befriedigung – wie traditionell üblich – an den kurzfristigen Erfolgskategorien Umsatz und Gewinn zu messen, da Kauf noch kein Indikator für die Zufriedenstellung der Konsumenten sei, sondern aufgrund eines Mangels an wahrgenommenen Kaufalternativen zustande kommen könne. Infolgedessen entwickelte sich – insbesondere im amerikanischen Raum – eine umfangreiche Forschung über die Bedingungen, unter denen Kauf/Nichtkauf Ausdruck von Zufriedenheit/Unzufriedenheit ist und damit seine marktwirtschaftliche Funktion als Votum für gewünschte Anbieterleistungen erfüllt, und über sonstige Artikulationsmöglichkeiten (z. B. Beschwerden) der Konsumenten am Markt. Dazu ist 1970 das Werk von *Albert Hirschman* über Abwanderung und Widerspruch (exit und voice) entstanden, in dem der Autor auf die mangelhafte Berücksichtigung von Widerspruch in der ökonomischen Theorie verweist. In diesem Kontext ist in Amerika und vereinzelt auch in Deutschland die Beschwerdeforschung [105] entstanden, in der insbesondere das Beschwerdeverhalten der Konsumenten und beschwerdestimulierende strategische Maßnahmen der Anbieter, wie z. B. die Einrichtung von Verbraucherabteilungen [106], behandelt werden. Weiterhin wurde im Sinne einer Verbesserung der Marketingmaßnahmen über Partizipationsmöglichkeiten [107] der Konsumenten an Entwicklungen des Marketinginstrumentariums, insbesondere der Produkt- und Innovationspolitik, nachgedacht.

– In bezug auf *verbraucherpolitische Institutionen* wurde der Frage nachgegangen, inwieweit der grundsätzliche Interessenkonflikt zwischen Anbietern der Wirtschaft und Verbraucherinstitutionen durch Formen einer verstärkten und verbesserten Interaktion und Kommunikation geregelt werden kann. Es wurden Formen eines verstärkten Dialogs zum Vorteil beider Marktseiten hinsichtlich ihrer Realisierungschancen überprüft [108].

Selbstverständnis
Vertreter dieses Ansatzes haben den ursprünglichen Anspruch des Marketingkonzeptes in bezug auf die Orientierung an Kunden und deren Bedürfnissen ernst genommen. Die Kritik am Marketing war Anlaß, unternehmerischen Erfolg als Maßstab einer geglückten Bedürfnisorientierung zu hinterfragen und über Verfahren nachzudenken, mit denen der Anspruch des Konzeptes besser realisiert werden könnte.

---

105 Vgl. hier als frühe Arbeiten im anglo-amerikanischen Sprachraum *Andreasen/Best,* 1977; *Grønhaug,* 1977, sowie die Konferenzbände von *Hunt,* H.K., 1977, und *Day,* 1977. Ende der 80er Jahre wurde aus diesen Zusammenhängen heraus das „Journal of Consumer Satisfaction, Dissatisfaction, and Complaining Behavior" gegründet. Vgl. zur deutschen Beschwerdeforschung *Meffert/Bruhn,* 1981; *Bruhn,* 1982a; *Riemer,* 1986, sowie *Hansen/Schoenheit,* 1987.
106 Vgl. *Greyser/Diamond,* 1974; *Fornell,* 1978; *Hansen,* 1979; *Hansen/Stauss,* 1979; sowie den Reader von *Hansen/Schoenheit,* 1985.
107 Vgl. *Hansen,* 1982, die Monographie von *Hansen/Raabe/Schoenheit,* 1988, sowie *Raabe,* 1993b. Vgl. auch *Kap. 5.2.4.2.4* zur aktuellen Diskussion der Konsumentenbeteiligung.
108 Vgl. als Überblick den Reader von *Hansen/Stauss/Riemer,* 1982. In Zusammenarbeit mit der Stiftung Verbraucherinstitut Berlin wurde vom Lehrstuhl Markt und Konsum der Universität Hannover Mitte der 80er Jahre eine Schwerpunktreihe „Marketing und Verbraucherarbeit" beim Campus-Verlag gegründet. Gemeinsamer Bezugspunkt der hier veröffentlichten Beiträge ist die Analyse dialogischer Beziehungen zwischen Unternehmen und Konsumenten.

Problematik

Der Ansatz des verbraucherzentrierten Marketing wurde – obwohl er an den eigenen Ansprüchen der Marketingtheorie anknüpfte – als normativ verdächtigt und fand in Deutschland zunächst wenig Verbreitung und Akzeptanz. Der Grund liegt darin, daß versäumt wurde, die Beziehung zwischen unternehmerischen Erfolgszielen und Zielen des Einsatzes verbraucherzentrierter Verfahren der Zufriedenheitsverbesserung herzustellen und zu konkretisieren. Auf diese Weise wurde die Orientierung an Verbraucherzufriedenheit als Postulat für „moralisch gutes" Marketinghandeln und weniger als marketingstrategisches Erfolgshandeln interpretiert. Die Weiterentwicklung dieses Ansatzes unter marketingstrategischen Gesichtspunkten findet sich in der Konzeption des Beziehungsmarketing der 90er Jahre (vgl. *Kap. 5.2.4.4*).

4.2.1.2.5 Akzeptanz der Konzepte im Vergleich

Rückblickend läßt sich feststellen, daß die *Erweiterungskonzepte* von Wissenschaft und Praxis weitestgehend akzeptiert wurden. Ein Grund dafür lag u. a. darin, daß hier weniger Modifikationen des traditionellen Marketingkonzept im Vordergrund standen, als vielmehr zusätzliche Anwendungsmöglichkeiten für das Marketing. Eine geringere Wirkung hatten die *Vertiefungskonzepte.* Insbesondere die nachlassenden sozialen Proteste und die ökonomischen Krisenerscheinungen in den 70er Jahren verminderten den wahrgenommenen Problemdruck. Es änderten sich zwar nicht die konstatierten Probleme (wie Umweltverschmutzung oder dysfunktionale soziale Auswirkungen des Marketing), aber deren gesellschaftliche Artikulation. Der von vielen Vertretern prognostizierte Trend einer Zunahme der consumerism-Bewegung (vgl. z. B. *Scheel/Wimmer,* 1974, S. 302) trat zunächst nicht ein. Für die USA resultierte hieraus unmittelbar ein nachlassendes wissenschaftliches Interesse an Vertiefungskonzepten, da der amerikanische consumerism sich primär als soziale Bewegung manifestierte. Dies war in Deutschland weniger ausgeprägt, wodurch die Diskussion von *Fischer-Winkelmann/Rock* (1977, S. 133) überspitzt als „… exegetische und epigonale Abspiegelung der literarischen Diskussionen in den USA (um ein dort diagnostiziertes soziales Phänomen!)" charakterisiert wurde. Dafür erschwerte eine spezifische ideologische Polarisierung die Vertiefungsdiskussion in Deutschland. Jede Kritik am Marketing wurde schnell zur Systemfrage hochstilisiert, zum Angriff auf das „freie Unternehmertum" und auf die Marktwirtschaft an sich.

„Das alles läuft unter der Parole: Schutz der Verbraucher. Es wird geradezu eine Verbraucherschutzpsychose heraufbeschworen und ein Gegensatz zwischen Verbrauchern und Wirtschaft – d. h. vorwiegend Handel und Industrie – zu konstruieren versucht, der gelegentlich fast klassenkämpferische Züge anzunehmen beginnt."
O. V., 1972, S. 362

Die Polarisierung erschwerte nicht nur eine Adaption der Vertiefungskonzepte bei Vertretern einer klassischen Marketingkonzeption [109]. Sie verhinderte auch eine gemeinsame Position der Vertreter eines modifizierten Marketingkonzeptes, wenn bspw. die Forderung nach langsamen, realistischen Umsetzungsschritten als Verhinderung eines „wirklichen" Wandels abgelehnt wurde [110]. Erst über veränderte Rahmenfaktoren fanden später die Vertiefungsaspekte neues Interesse, wie in gesellschaftsorientierten Ansätzen, dem ökologischen Marketing oder der Marketingethik [111].

4.2.2 Die Weiterentwicklung der Marketingmanagement-Lehre

Die Marketingwissenschaftler stürzten sich natürlich nicht in ihrer Gesamtheit auf die Arbeit an der Modifikation des Marketingkonzeptes. Diese bildete zwar einen (neuen) Schwerpunkt, jedoch wurde weit mehr an der Verfeinerung der Marketingmanagement-Lehre gearbeitet. Im Vordergrund standen dabei der Ausbau der Konsumentenforschung, der Beginn des strategischen Marketing sowie die Arbeit an Reaktionsstrategien auf die gesellschaftliche Kritik.

4.2.2.1 Ausbau der Konsumentenforschung

Aus der Entwicklung des Marketingmanagement-Konzeptes i. S. einer an den Kundenbedürfnissen orientierten Unternehmensführung resultierten in den 60er Jahren wichtige Forschungsansätze zum Konsumentenverhalten. Gegen Ende der 60er Jahre wurde daran gearbeitet, diese einzelnen Ansätze zusammenzufassen [112]. Das Ziel bestand in der Entwicklung einer integrativen Theorie des Konsumentenverhaltens. Aus der angewandten Verhaltenswissenschaft und der empirischen Marktforschung entstand die Konsumentenforschung als eine eigenständige Disziplin. Eine Grundlage dafür bildete zum einen die Publikation der ersten Lehrbücher [113]. Zum anderen gingen entscheidende Impulse von der Gründung der „Association for Consumer Research (ACR)" 1969 und des „Journal of Consumer Research" 1974 aus. Das zugrunde gelegte Selbstverständnis lautete nach *Kernan* (1995, S. 490): „Consumer research was not marketing research, or public-opinion research, or psychological research, or sociological research, but all of these – and more." [114].

---

109 Typisch hier die Vorbemerkung zu einer moderaten Forderung nach Aufnahme sozial verantwortlicher Elemente im Marketing: „Dem Verfasser geht es nicht darum, 'einer Kader-Truppe systemzerstörender Ultralinker' aus den eigenen Reihen Vorschub zu leisten, sondern mit Nüchternheit einen Ist-Zustand zu analysieren und daraus Konsequenzen aufzuzeigen" (*Dohmen,* 1972, S. 170).

110 Vgl. z. B. *Fischer-Winkelmann/Rock,* 1977, S. 150. Bezeichnend ist hier auch die Kritik an einer Bezugnahme auf die unternehmerische Perspektive, da deren „konservativ-reaktionärer" Charakter das eigentliche Problem sei (vgl. *Fischer-Winkelman/Rock,* 1977, S. 141f.).

111 Vgl. auch als rückblickende Einordnung und Bewertung der Erweiterungs- und Vertiefungskonzepte für die amerikanische Situation *Arnold/Fisher,* 1996, sowie zu aktuellen Weiterentwicklungen *Kap. 5.2.5.*

112 Vgl. auch *Müller-Heumann,* 1971, S. 113, der als einen Grund für den consumerism die Diskrepanz zwischen marketingtheoretischer Forderung nach Orientierung an den Kundenbedürfnissen und „ungenügenden Einsichten in den Entscheidungsprozeß des Konsumenten" sieht.

113 Für die USA waren dies vor allem *Nicosia* (1966); *Engel/Kollat/Blackwell* (1968) und *Howard/Sheth* (1969). Zu den ersten deutschen Publikationen zählen *Raffée* (1969); *Schulz* (1972); *Kroeber-Riel* (1973) und die erste Auflage des wichtigsten deutschen Lehrbuchs zum Konsumentenverhalten *Kroeber-Riel* (1975).

114 Zwar wurde der Anspruch einer übergreifenden, interdisziplinären Konsumentenforschung in den USA bis heute nur begrenzt eingelöst, die Interaktion mit traditionellen Verhaltenswissenschaften war und ist dort aber ausgeprägter als in Deutschland. Hier stehen mit wenigen Ausnahmen (vgl. z. B. *Rosenstiel,* 1969; *Rosenstiel/Ewald,* 1979) Psychologen oder Soziologen der Konsumentenforschung eher distanziert gegenüber.

Inhaltlich wirkte das *Totalmodell* von *John Howard* und *Jagdish Sheth* (1969) richtungsweisend für die weitere Entwicklung der Konsumentenforschung, das hier kurz skizziert werden soll (vgl. *Abb. 4-3*). Es teilt mit ähnlichen Modellen von *Nicosia* (1966) und *Engel/Kollat/Blackwell* (1968) als Grundcharakteristika die Prozeßorientierung und die Berücksichtigung von Rückkoppelungen durch Lernen und Erfahrung. Gegenüber den anderen Modellen besitzt es aber den Vorteil, daß die Inkorporation der verschiedenen Einzelansätze wissenschaftstheoretisch begleitet wurde und zudem auf der Basis eines umfangreichen empirischen Projektes entstand.

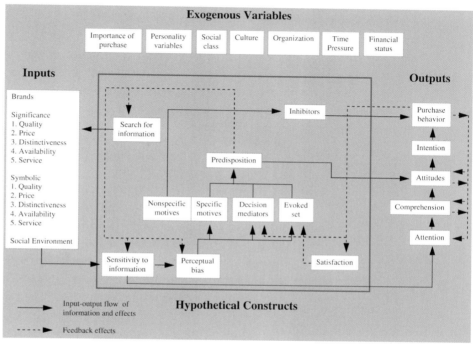

Abb. 4-3 : Vereinfachte Darstellung des Kaufverhaltensmodells nach Howard/Sheth, 1968, S. 471

Das Modell basiert auf einem neobehavioristischen Ansatz. Gegenüber einem behavioristischen Stimulus-Response-Modell (SR-Modell) unterscheidet es sich dadurch, das ein vormals als „blackbox" bezeichnetes Bindeglied jetzt als Organismus (= S-O-R-Modell) eine zu erklärende Modellvariable ist. Grundsätzlich unterscheiden *Howard/Sheth* Input- und Outputvariablen sowie hypothetische Konstrukte[115.] Während der Input kommerzielle und soziale Stimuli umfaßt, bilden die Outputvariablen den Kaufprozeß in Form einer Wirkungshierarchie ab. Diese beiden Variablengruppen werden als Abstraktionen erster Ordnung betrachtet, die durch Operationalisierung der Beobachtung zugänglich gemacht werden können.

---

115 Als weitere Klasse werden exogene Variablen angeführt, die im wesentlichen die soziale Umwelt der Konsumenten umfassen, aber modellinhärent nicht erklärt werden.

So kann z. B. die Einstellung durch ein Polaritätenprofil gemessen werden. Demgegenüber sind hypothetische Konstrukte Abstraktionen höherer Ordnung, die aufgrund zusätzlicher Bedeutungen operational nicht vollständig erschließbar sind (vgl. *Raffée*, 1974b, Sp. 1030). Bei *Howard/Sheth* stehen hierbei Lernkonstrukte, die „Programme" zur Problemlösung bilden, und Wahrnehmungskonstrukte, die der Informationsaufnahme und -verarbeitung dienen, im Vordergrund[116].

Dieses Totalmodell kann als ein Forschungsprogramm aufgefaßt werden, das auf folgenden Annahmen und Thesen basiert (vgl. *Raij*, 1985, S. 11):

– Konsumenten nehmen Informationen selektiv und gefiltert auf. Ihre Kaufentscheidungen basieren auf unvollständigen Informationen.

– Konsumenten verarbeiten Informationen, entwickeln Wahlkriterien und versuchen, rational zu handeln. Der Einfluß von passiv oder aktiv aufgenommenen Informationen sinkt bei steigender Konsumerfahrung mit dem Produkt oder der Marke.

– Je nach Kauftyp (extensives, begrenztes oder habitualisiertes Problemlösungsverhalten) werden die Konstrukte in unterschiedlichem Ausmaße relevant.

Die Bedeutung dieses Modells für die Entwicklung der Konsumentenforschung belegt die Vielzahl an Studien, die an diesem Modell in der Folgezeit ansetzten. Insofern ist im nachhinein die heuristische Funktion besonders hervorzuheben. Einzelne Wirkungsmechanismen des Modells wurden als Hypothesen empirisch untersucht, und die Ergebnisse konnten wiederum in einen Gesamtkontext eingeordnet werden. Darüber hinaus prägte das *Howard/Sheth*-Modell methodisch die Konsumentenforschung bis in die 80er Jahre über folgende Aspekte:

– Die Konsumentenforschung versteht sich als *verhaltenswissenschaftliche* Disziplin. Durch den S-O-R-Ansatz werden die Prozesse des Organismus nicht mehr als außer-ökonomische Erkenntnisphänomene behandelt. Ihre Beschreibung und Erklärung erfordert einen interdisziplinären Ansatz. Erst dadurch können die Informationen geliefert werden, die für absatzpolitische Entscheidungsmodelle benötigt werden (vgl. *Kroeber-Riel*, 1975, S. 2).

– Die Konsumentenforschung konzentriert sich auf *kognitive Prozesse*. Nachdem die Motivforschung der vorherigen Phase die irrationalen Vorgänge im Konsumentenverhalten betont hat, beginnt mit dem *Howard/Sheth*-Modell eine Konzentration auf rationale Entscheidungsprozesse einschließlich begrenzter oder subjektiver Rationalität. Diese kognitive Dominanz kennzeichnet die Konsumentenforschung bis in die 80er Jahre (vgl. *Bettmann*, 1979).

---

116 Die hypothetischen Konstrukte basieren auf extern entwickelten Konzepten wie der Lerntheorie, der Theorie des explorativen Verhaltens und der kognitiven Theorien.

Auch in den wichtigen partialanalytischen Forschungsfeldern dieser Zeit spiegelten sich diese Aspekte wider. So wurde in Anlehnung an *Howard/Sheth* das Beschaffungsverhalten von *Unternehmen* (vgl. *Webster/Wind,* 1972; *Sheth,* 1973) sowie von *Familien* (vgl. *Davis/Rigaux,* 1974; *Ruhfus,* 1976) analysiert. Im Mittelpunkt stand bei den Partialansätzen in den 70er Jahren aber die *Einstellungsforschung,* die von der *Howard/Sheth*-These ausging, daß Einstellungen als gelernte psychische Prädispositionen gegenüber Produkten bzw. Kaufhandlungen ein wichtiger Indikator für zukünftige Kaufentscheidungen seien. Grundlegend waren die Arbeiten von *Martin Fishbein* (vgl. *Fishbein,* 1967; *Fishbein/Ajzen,* 1975). Dort resultiert die Verhaltensintention aus der Einstellung gegenüber dem Verhalten und einer normativen Komponente, die Normen der Referenzgruppe beinhaltet. Erst in den 80er Jahren begann die Dominanz der Einstellungsforschung in Wissenschaft und Praxis nachzulassen (vgl. als Übersicht *Trommsdorff,* 1975; *Meinefeld,* 1977; *Silberer,* 1983).

In Deutschland prägten ab Beginn der 70er Jahre die Arbeiten von *Werner Kroeber-Riel* die Konsumentenforschung. Er präsentierte die internationale (meist amerikanische) Forschung in Deutschland. Seine persönliche Leistung bestand besonders darin, daß er schon in seiner ersten Auflage des Standardwerkes „Konsumentenverhalten" (1975) die international dominierende kognitive Perspektive durch eine stärkere Beachtung affektiver Komponenten erweiterte. In Form der Aktivierungstheorie wurden hier bereits früh Konstrukte wie Affekt, Emotion, Gefühl oder Empfindung in ihrer Beziehung zum Konsum betrachtet. In den USA formierte sich eine stärkere Kritik an der Vernachlässigung derartiger Konstrukte erst in den 80er Jahren (vgl. *Kap. 5.2.2.1.1*).

4.2.2.2 Beginn des strategischen Marketing

Die stetig wachsenden Märkte der 60er Jahre waren zunehmend gesättigt, und Anfang der 70er Jahre häuften sich die Krisenerscheinungen. Zu diesem Zeitpunkt wuchs innerhalb des Marketing die Erkenntnis, daß der *Planungsaspekt* der marktorientierten Unternehmensführung eine stärkere Beachtung benötige. Zudem erforderte die dauerhafte Absicherung von Unternehmen eine Hinwendung zu einem langfristigeren Planungshorizont (vgl. *Klinz,* 1969, S. 167f.). Die hierzu erarbeiteten Ansätze gelten als Geburtsstunde des strategischen Marketing. Zwar wurde auch schon vorher dieser Begriff verwendet, jedoch darunter zumeist nur die Konzipierung des Marketingmix verstanden (vgl. z. B. *Bidlingmaier,* 1973, S. 157). In den 70er Jahren setzte sich dagegen zunehmend eine Sichtweise durch, mit der die strategische Ebene als übergeordnete Zielauswahl und Festlegung von Mitteln zur Zielerreichung definiert wurde (vgl. z. B. *Kotler,* 1974[1972], S. 227). Nach dem heutigen Verständnis werden die *Ziele* als übergeordnete, anzustrebende Unternehmenszustände aufgefaßt, die *Strategien* als globale Wege zur Erreichung der Unternehmensziele und der *Marketingmix* als deren operative Umsetzung (vgl. *Marr/Picot,* 1991, S. 658f.). Die Erweiterung des Marketing in strategischer Hinsicht führte zur Annäherung von Managementkonzeptionen und Marketinglehre und verkörperte dadurch die konsequente Umsetzung des Marketingkonzeptes als Leitlinie der Unternehmensführung.

Der eigentliche Beginn einer Forschungsrichtung „strategisches Marketing" wird meist auf das Ende der 70er Jahre gelegt (vgl. z. B. *Meffert*, 1994a, S. 17). Betrachtet man aber die in der hier relevanten Phase entstandenen Arbeiten mit strategischen Fragestellungen, so bilden sie die Grundlage für das spätere Forschungsprogramm. Unter diesem historischen Aspekt und der auch heute noch tragenden Bedeutung wurden folgende Arbeiten ausgewählt:

a) *Produkt-Markt-Matrix* als Strukturierung von Marktfeldstrategien,

b) *Segmentierung* als Grundstrategie der Marktwahl,

c) *Portfolio-Konzept* als Methode der Analyse und Bewertung von Marketing-strategien.

ad a)   Produkt-Markt-Matrix als Strukturierung von Marktfeldstrategien
Der Kern strategischer Entscheidung betrifft die Wahl der zu bearbeitenden Marktfelder. Eine Strukturierung der hier möglichen strategischen Alternativen geht auf *H. Igor Ansoff* zurück, der Mitte der 60er Jahre mit der auch heute noch verwendeten Produkt-Markt-Matrix (vgl. *Abb. 4-4*) das strategische Marketing begründete (vgl. *Meffert*, 1994a, S. 19).

Produkte	Märkte	
	gegenwärtig	neu
gegenwärtig	Marktdurchdringung	Marktentwicklung
neu	Produktentwicklung	Diversifikation

Abb. 4-4: Produkt-Markt-Matrix nach Ansoff, 1966 [1965], S. 132

Die Felder dieser Matrix erklären sich wie folgt:

– Im Rahmen der *Marktdurchdringung* wird eine Absatzsteigerung über die Ausschöpfung der Marktpotentiale bei gegebenen Produkten und Märkten angestrebt. Es handelt sich somit um eine grundlegende Ausdehnungsstrategie, ohne die ein Unternehmen längerfristig nicht überlebensfähig ist, und die den

Ausgangspunkt aller weiteren strategischen Optionen bildet. Ansatzmöglichkeiten bieten hier bestehende Kunden (durch Intensivierung der Produktverwendung), neue Kunden (durch Abwerben von der Konkurrenz) und die Gewinnung bisheriger Nichtverwender.

– Die *Marktentwicklung* knüpft an den vorhandenen Produkten an und versucht, dafür neue, bisher nicht genutzte Märkte zu öffnen. Die Erschließung latenter Marktpotentiale gehört neben der Marktdurchdringung zu den historisch ältesten Wachstumsstrategien. Als Möglichkeiten ergeben sich die räumliche Ausdehnung, die Funktionserweiterung für bestehende Produkte sowie die Abnehmererweiterung [117].

– Die *Produktentwicklung* steht in einem engen Zusammenhang zu den Marktentwicklungen der 60er und 70er Jahre. Zunehmender Wettbewerbsdruck und wachsende Dynamik der Märkte bedingten eine systematische Innovationspolitik, die zu einem zentralen strategischen Baustein der modernen Unternehmung wurde. Je nach Neuigkeitsgrad können dabei echte Innovationen, Anlehnungen an bestehende Produkte und nachgeahmte Produkte unterschieden werden [118].

– Die *Diversifikation* bezeichnet das unternehmerische Engagement in neuen Aktivitätsfeldern. Sie kann als Resultat der gleichzeitigen Produkt- und Marktentwicklung verstanden werden. Grundsätzlich werden dabei nach der Nähe zum bisherigen Unternehmensangebot die Formen der horizontalen (Erweiterung über verwandte Produkte), vertikalen (Vergrößerung der Programmtiefe durch Aufnahme vor- oder nachgelagerter Produkte) und lateralen Diversifikation (Aufnahme neuer Produkte ohne sachlichen Zusammenhang zu bestehendem Programm) unterschieden. Diese Strategie entwickelte sich in der Unternehmenspraxis ausgehend von amerikanischen Unternehmen Mitte der 60er Jahre. Im Vordergrund stand dabei häufig der Aspekt der Risikoverteilung.

Als primäres Entscheidungskriterium bezeichnete *Ansoff* (1966[1965], S. 97) für die Strategiewahl den Grad an *Synergie,* die er als „2+2=5 Effekt" bezeichnete. Die produktions- und marketingtechnischen Synergiepotentiale, die u. a. durch kombinierte Nutzung von Produktionsmitteln oder Absatzkanälen entstehen, sind bei der Marktdurchdringung am höchsten und für die laterale Diversifikation am geringsten.

Trotz verschiedener Modifikationsversuche (vgl. z. B. *Scheuing,* 1972, S. 29ff.; *Kollat/Blackwell/Robeson,* 1972, S. 21f.), wird bis heute zur Bestimmung von Produkt-Markt-Kombinationen die einfache 2 x 2 Matrix von *Ansoff* genutzt.

---

117 Vgl. *Kollat/Blackwell/Robeson,* 1972, S. 219f., die die beiden letzten Möglichkeiten der „new uses" und „new users" als „market stretching" bezeichnen.

118 Empirische Untersuchungen zeigen für die USA, daß das Umsatzwachstum gegen Ende der 60er Jahre zunehmend aus neuen Produkten resultierte (vgl. *Booz/Allen/Hamilton,* 1968, S. 5). Trotz der erkannten strategischen Bedeutung wurde die Produktentwicklung Anfang der 70er Jahre oft nur im Rahmen des produktpolitischen Instrumentariums behandelt (vgl. z. B. *Bidlingmaier,* 1973, S. 232f.)

Allerdings wurde ab den 70er Jahren schnell die kontextuale Einbettung des *Ansoff*-Modells deutlich. Die Strategieoptionen beziehen sich nämlich ausschließlich auf wachsende Märkte und vernachlässigen die strategische Relevanz des Handelns anderer Marktteilnehmer, wie Handel, Wettbewerber oder Konsumenten (vgl. *Meffert*, 1994a, S. 111).

ad b)   Segmentierung als Grundstrategie der Marktwahl
Die Entscheidung über die Differenzierung bzw. Abdeckung des Marktes ist der grundlegenden Strategierichtung über die Produkt-Markt-Kombination nachgelagert. Zu Beginn der 70er Jahre wurden diese Alternativen der Markteinteilung intensiv im Rahmen des *Segmentierungskonzeptes* diskutiert. *Kotler* (1974[1972], S. 162) führte damals den „jüngsten Leitgedanken" des strategischen Marketing mit den Worten ein: „Die Marktsegmentierung stellt ein relativ neues und revolutionäres Konzept in Unternehmerkreisen dar" [119]. Seine auch heute noch verwendete Definition lautete damals:

Ein Plattencover der Band „13th Floor Elevators" von 1966. Die Produkte der Gegenkultur bildeten einen neuen Markt und begründeten eine eigene, psychedelische Ästhetik.

Quelle: Plattencover

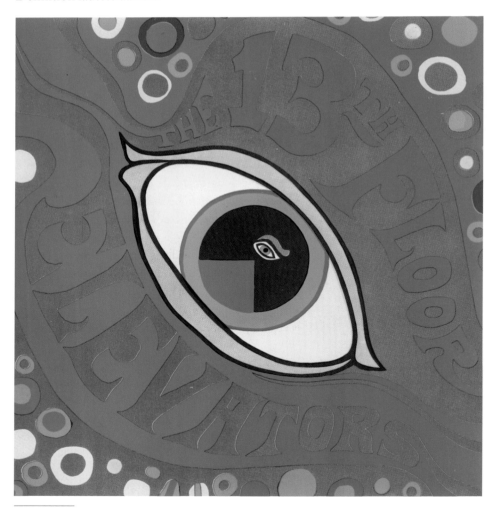

---

119 Ähnlich *Sheth* (1972, S. 129), der in der Segmentierung nicht ein System von analytischen Werkzeugen oder Techniken sieht, sondern eher eine „Managementphilosophie bzw. eine Betrachtungsweise des Marktes." Vgl. als zeitgleich erschienene erste Monographie *Frank/Massy/Wind*, 1972 und als wichtige deutschsprachige Werke *Bauer*, E.,1977; *Böhler*, 1977, sowie *Freter*, 1983.

„Die Marktsegmentierung ist die Aufteilung eines Marktes in homogene Unter-
gruppen von Kunden, von denen jede als Zielmarkt angesehen werden kann, der
mit einem bestimmten Marketingmix erreicht werden soll."
Philip Kotler, 1974[1972], S. 163

Einen historischen Bezugspunkt der Segmentierung bildet die Arbeit von *Wendell
Smith* (1956). Dort begründet er die Entstehung der Marktsegmentierung u. a. aus
den veränderten Produktionsbedingungen, indem die technischen Fortschritte
auch bei kleineren Produktionsmengen Skalenvorteile ermöglichen, und den neuen
Absatzverhältnissen: „General prosperity also creates increased willingness 'to pay
a little more' to get 'just what I wanted'" (*Smith*, 1956, S. 7). Zum Durchbruch
gelangte die Segmentierung aber erst gegen Mitte der 60er Jahre, als sich die Ausdifferenzierung der Konsumenten und ihrer Wünsche (vgl. *Kap. 4.1.2.2*) umfassend am Markt bemerkbar machte. Zudem führten die zunehmend gesättigten
Märkte und die wachsende Konkurrenz zu einem verschärften Wettbewerb.
Unternehmen versuchten, Wettbewerbsvorteile verstärkt über einen *höheren Grad
an Bedürfnisentsprechung* zu realisieren. Dies entsprach einer Orientierung an
spezifischen, in sich homogenen Teilmärkten (vgl. *Dichtl/Müller-Heumann*, 1972,
S. 250). In der Orientierung an individuelleren Bedürfnissen der Konsumenten
wurde insofern auch eine verbesserte Realisierung des Marketingkonzeptes und
deshalb auch eine Reaktionsform auf den *consumerism* gesehen:

„Der wahrscheinlich größte Vorteil [der Segmentierung, U.H./M.B.] ist, daß das
Unternehmen von der ihm zugeschriebenen Rolle als Agent negativer sozialer
Veränderungen befreit wird. ... Gleichgültig, ob diesem negativen Image des
Marketing Tatsachen zugrundeliegen oder nicht, so scheint doch die Markt-
segmentierung, da sie auf der Befriedigung von Konsumentenwünschen und
Erwartungen beruht, ein Gutteil zu ihrem Abbau beizutragen."
Jagdish N. Sheth, 1972, S. 133

Im Vordergrund der Segmentierung steht zum einen die Identifikation einzelner
Segmente (Markterfassungsaspekt) und die strategische wie operative Umsetzung
der Segmentierung (Marktbearbeitungsaspekt).

Im Rahmen der Markterfassung konzentrierte sich die Segmentierungsforschung
auf die Auswahl geeigneter Segmentierungskriterien. Neben rein aufzählenden
Listen existiert inzwischen eine Vielzahl von Systematisierungen [120]. Im folgenden
soll auf eine Systematik aus drei Kriterienblöcken zurückgegriffen werden
(vgl. *Freter*, 1983, S. 46.):

---

120 Vgl. *Bauer*, E., 1977, S. 55ff., der die verschiedenen Kriterien nach Geltungscharakter und Meßbarkeit ordnet, sowie die Übersicht zu
verschiedenen Systematisierungsansätzen bei *Becker*, 1993, S. 230.

– *Sozio-ökonomische Kriterien*

– Geographische Kriterien (z. B. Stadt/Land, Region),

– Familienlebenszyklus (z. B. Geschlecht, Alter, Familienstatus, Haushaltsgröße),

– Soziale Schicht (z. B. Einkommen, Schulbildung, Beruf).

– *Psychographische Kriterien*

– Allgemeine Persönlichkeitsmerkmale (z. B. Lebensstil, soziale Orientierung),

– Produktspezifische Merkmale (z. B. Kaufmotive, produktspezifische Einstellungen).

– *Kriterien des beobachtbaren Kaufverhaltens*

– Preisverhalten (z. B. Kauf von Sonderangeboten),

– Mediennutzung (z. B. was und wieviel),

– Einkaufsstättenwahl (z. B. Geschäftstreue),

– Produktwahl (z. B. Markentreue, Kaufvolumen).

An diese Kriterien wurden folgende Anforderungen gestellt:

– *Kaufverhaltensrelevanz:* Die Kriterien sollten in bezug auf das Kaufverhalten zu in sich homogenen, untereinander heterogenen Segmenten führen.

– *Aussagefähigkeit und Zugänglichkeit für den Instrumentaleinsatz:* Es sollten segmentspezifische Instrumentaleinsätze möglich sein.

– *Meßbarkeit:* Die Kriterien sollten empirisch zu erfassen sein.

– *Zeitliche Stabilität:* Die Aussagefähigkeit der Kriterien sollte für einen angemessenen Zeitraum gültig sein.

– *Wirtschaftlichkeit:* Die empirische Ermittlung der Kriterien sollte in einem angemessenen ökonomischen Rahmen möglich sein.

Historisch standen zunächst die sozio-ökonomischen Kriterien im Vordergrund. Die Entwicklungen der Konsumentenforschung und der Marktforschung führten seit den 70er Jahren vermehrt zur Anwendung psychographischer Kriterien. Neben dem Einstellungskonstrukt bildeten Lebensstile einen neuen Segmentierungsansatz (vgl. *Lazer*, 1964; *Wind*, 1972). Breite Anwendung fanden insbesondere der AIO-Ansatz, der als grundlegende Konstrukte „activities", „interests" und „opinions" erfaßt, sowie der VALS-Ansatz (Value-Lifestyle Groups), der auf einer Klassifizierung der amerikanischen Bevölkerung in neun Lebensstilen basiert (vgl. *Plummer*, 1974; *Mitchell*, 1983). Entscheidend für die praktische Umsetzung war die weite Diffusion mathematisch ambitionierter Verfahren in der Marktforschung

❏
Ein Versuch der Jeansmarke Wrangler, 1970 ein Jugendsegment über die Anspielung auf den Film „Easy Rider" anzusprechen. Aus der sogenannten „sexuellen Befreiung" der Jugendbewegung wurde ein erotischer Werbestimulus.

Quelle: *Kriegeskorte*, 1995

und die Entwicklung der Elektronischen Datenverarbeitung [121]. Multivariate Verfahren erlaubten auch, die Beziehungen zwischen Segmentierungskriterien und Kaufentscheidung zu untersuchen. Desweiteren ermöglichten methodische Instrumente wie die Faktorenanalyse oder die multiple Diskriminanzanalyse eine Reduktion der Kriterien auf eine umsetzbare Anzahl von Variablen (vgl. *Dichtl/ Müller-Heumann*, 1972, S. 252).

Der Aspekt der *Marktbearbeitung* beinhaltet mögliche strategische Optionen und die dementsprechende instrumentale Umsetzung. Ausgangspunkt bildet die Frage, ob der ganze Markt oder einzelne Segmente im Markt bedient werden sollen (Massenmarkt oder Marktsegmentierung) und wie viele Segmente in Betracht kommen (vollständige oder teilweise Erfassung). Diese strategischen Basisalternativen können somit anhand der in *Abb. 4-5* dargestellten Matrix systematisiert werden. Im einzelnen ergeben sich damit folgende Strategietypen:

	Grad der Differenzierung	
Abdeckung des Marktes	undifferenziert	differenziert
vollständig	undifferenziertes Marketing 1	differenziertes Marketing (Gesamtmarkt) 3
teilweise	konzentriertes Marketing 2	selektiv-differenziertes Marketing (einzelne Segmente) 4

Abb. 4-5: Segmentspezifische Marktbearbeitungsstrategien nach Becker, 1993, S. 217

– *Strategietyp 1* entspricht dem klassischen Markenartikelkonzept: Der Produkt- und Marketingmix wird insgesamt so ausgerichtet, daß die größtmögliche Zahl von Abnehmern angesprochen wird. *Sheth* (1972, S. 132) bezeichnete dies als „Schrotflinten-Ansatz". Diese Logik entspricht der Massenproduktion, indem über große Absatzmengen Kostenersparnisse gesucht werden.

– *Strategietyp 2* unterscheidet sich von ersterem dadurch, daß er zwar ebenfalls massenhaft angelegt ist, sich aber auf bestimmte Globalabschnitte eines Marktes konzentriert. Ein derartiges globales Abgrenzungsmerkmal kann z. B. im Waschmittelmarkt ein Vollwaschmittel besitzen, das sich primär für Waschen in der Waschmaschine eignet. Die Kostenvorteile des undifferenzierten Marketing werden hierbei mit den Vorteilen einer zielgruppengenauen Segmentbearbeitung verbunden.

---

[121] Vgl. *Johnson*, 1971. Wobei *Bartels* (1988, S. 135) anmerkt, daß die Wirkungskette nicht immer von den zu lösenden Problemen zur Entwicklung dafür adäquater Verfahren verlief. Oftmals waren zunächst die neuen Techniken verfügbar, die dann erst zu neuen Problemdefinitionen führten.

– *Strategietyp 3* beschreibt eine Segmentierungsstrategie, bei der möglichst der gesamte segmentierte Markt differenziert bearbeitet wird. Diese Differenzierung kann sich auf das gesamte Marketingprogramm (inkl. des Produktes) beziehen oder nur auf einen Teil der Marketinginstrumente. Im allgemeinen verhilft das differenzierte Marketing dem Unternehmen zu höheren Gesamtumsätzen als das undifferenzierte Marketing. Allerdings steigen dabei auch die Kosten.

– *Strategietyp 4* beschränkt sich dagegen auf einzelne Segmente. Neben den geringeren Kosten steht hier die Überlegung im Vordergrund, daß bei den spezifischen Segmenten eine stärkere Unternehmensbindung durch umfassendere Kenntnisse und Befriedigung der Segmentbedürfnisse aufgebaut werden kann. Zu berücksichtigen ist dabei das erhöhte Risiko durch die Abhängigkeit von einzelnen Segmenten.

ad c) *Portfolio-Konzept als Methode der Analyse und Bewertung von Marketingstrategien*

Die Übertragung des finanzwirtschaftlichen Portfolio-Konzepts auf das strategische Management bzw. Marketing Anfang der 70er Jahre bedeutete den Durchbruch des strategischen Marketingmanagements. Bis heute stellt es das am weitesten verbreitete Instrument des strategischen Managements dar. Hintergrund der Entstehung bildete die Praxis amerikanischer Großunternehmen, die gegen Ende der 60er Jahre ihre Geschäftätigkeiten durch Diversifikationen stark erweitert hatten. Ihr Grundproblem bestand nun in der möglichst „ausgewogenen" Struktur der verschiedenen Geschäftsbereiche (vgl. *Müller-Stewens,* 1995, Sp. 2042). Die daraufhin von der Boston Consulting Group entwickelte Portfoliotechnik basierte auf dem Grundgedanken, daß die Optimierung der einzelnen Strategien im Kontext einer integrativen Gesamtbetrachtung erfolgen muß (vgl. *Henderson,* 1971).

Den Ausgangspunkt des Portfolio-Konzeptes bildete die Suche nach Schlüsselgrößen des Unternehmenserfolgs, die im Rahmen des PIMS-Forschungsprojektes (Profit Impact on Market Strategies) empirisch untersucht wurden [122]. Hierbei ergab sich, daß der *Marktanteil* am stärksten mit dem Unternehmenserfolg (gemessen an der Rentabilität und dem cash flow) positiv korreliert (vgl. *Buzzell/ Gale/Sultan,* 1975). Daher bildet der Marktanteil als *Unternehmenskomponente* eine der Basisgrößen des Portfoliokonzeptes, aufgrund dessen strategische Alternativen entwickelt und bewertet werden. Argumentativ gestützt wurde die Relevanz des Marktanteils durch das Konzept der *Erfahrungskurve,* das bei gestiegenen Produktions- und Absatzmengen von erhöhten Kostensenkungspotentialen für das gesamte Unternehmen ausgeht. Als zweite Basisgröße wurde das *Marktwachstum* ermittelt. Es verkörpert eine *Umweltkomponente,* da es als externe Größe die Attraktivität der verschiedenen Märkte ausdrückt. Das Portfoliokonzept erweitert somit die Produkt-Markt-Matrix, die sich nur auf die Unterneh-

---

122 Vgl. als Übersicht zum PIMS-Projekt *Buzzell/Gale,* 1987, und allgemein zu strategischen Erfolgsfaktoren *Haedrich/Tomczak,* 1996, S. 65ff..

menskomponente konzentriert. Den modelltheoretischen Hintergrund hierfür bildet das Konzept des *Produktlebenszyklus.* Demzufolge unterliegt der Produktabsatz zeitlich determinierten Gesetzmäßigkeiten. Ein idealtypischer Verlauf vollzieht sich über die Phasen Einführung, Wachstum, Reife, Sättigung und Rückgang [123]. Die Unternehmens- und Umweltkomponente bilden die Dimensionen der Portfolio-Matrix, innerhalb derer die verschiedenen Strategischen Geschäftsfelder eines Unternehmens zugeordnet werden. Die Abgrenzung der Strategischen Geschäftsfelder (SGF) erfolgt in der Praxis oft in mehrstufigen Verfahren. Zur Anwendung gelangen dabei Heuristiken, die der Auswahl im Rahmen der Segmentierung ähneln. Im Unterschied zu der marktgerichteten Segmentierung sind hier aber auch unternehmensinterne Gesichtspunkte wie Kostenpotentiale von Relevanz. Als Grundschema ergibt sich die in *Abb. 4-6* dargestellte Portfolio-Matrix (vgl. *Dunst*, 1979, S. 97).

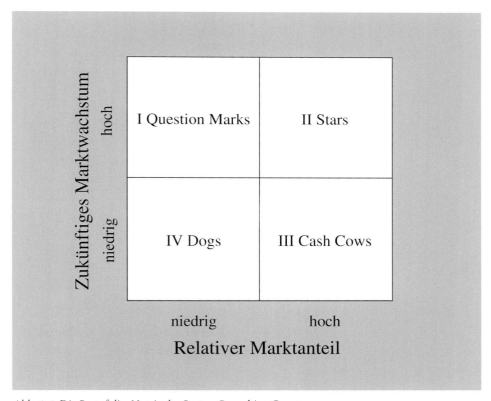

Abb. 4-6: Die Portofolio-Matrix der Boston Consulting Group

Als Optimierungskriterium dient die Idee langfristig ausgeglichener Geldströme im gesamten Unternehmen. Auf dieser Basis werden folgende *Normstrategien* für die einzelnen Geschäftsfelder abgeleitet (vgl. *Becker*, 1993, S. 361):

---

123 Vgl. Freudenmann, 1965, S. 7ff.; *Dichtl,* 1970a, S. 52ff.; *Scheuing,* 1972, S. 259ff. Die biologische Analogie eines „Werdens und Vergehens" von Produkten ist nicht ohne Kritik geblieben. Neben fehlenden empirischen Belegen für den idealtypischen Verlauf steht vor allem die Problematik im Vordergrund, daß der Lebenszyklus gleichzeitig Ausgangs- und Bezugspunkt unternehmerischer Maßnahmen sein soll (vgl. *Hoffmann,* 1972).

– *I Question Marks:* Für dieses Strategische Geschäftsfeld, das oft am Beginn eines Produktlebenszyklus angesiedelt ist, wird typischerweise ein negativer cash flow [124] angenommen. Die Normstrategie besteht deshalb in der Steigerung des Marktanteils (Offensivstrategie), bzw. bei ungünstiger Marktsituation in der Vorbereitung eines Marktausstiegs.

– *II Stars:* Das SGF befindet sich als Marktführer in einem Wachstumsmarkt, und es wird von einem ausgeglichenen cash flow ausgegangen. Als Normstrategie wird das Halten bzw. der Ausbau der Marktanteile vorgeschlagen (Wachstumsstrategie).

– *III Cash Cows:* Für derartige SGF als Erfolgsobjekte in der Sättigungsphase ergibt sich aufgrund niedriger Kosten und hoher Gewinnspanne ein deutlich positiver cash flow. Die Normstrategie liegt in der Abschöpfung des cash flow, der in die zu entwickelnden SGF investiert werden sollte (Gewinnstrategie).

– *IV Dogs:* Als SGF mit geringem Marktwachstum und kleinem Marktanteil befindet es sich typischerweise am Ende des Produktlebenszyklus und weist einen ausgeglichenen bis negativen cash flow auf. Als Normstrategie wird hier die Vorbereitung eines Marktausstiegs empfohlen (Desinvestitionsstrategie).

Als entscheidender Vorteil dieses Ansatzes gilt die integrative Planung für die unterschiedlichsten Geschäftsfelder. Das Basismodell existiert inzwischen in vielen verschiedenen Ausformungen. In enger Beziehung zu veränderten Marktkonstellationen und neuen Problemlagen wurden so bspw. Konkurrenz- oder Technologieportfolios entwickelt (vgl. *Müller-Stewens*, 1995, Sp. 2051f.). Die Modifikations- und Adaptionsmöglichkeiten trugen wesentlich zu dem Erfolg dieses Konzeptes bei. Allerdings müssen auch Problembereiche des Portfolio-Konzeptes angeführt werden (vgl. z. B. *Becker*, 1993, S. 370):

– die Schwierigkeit einer empirischen Erhebung der Rahmendaten und der Abgrenzung der Strategischen Geschäftsfelder,

– die Konzentration auf wachsende Märkte und Vernachlässigung von erfolgreichen Nischenstrategien,

– die Extrapolation gegenwärtiger Marktbedingungen ohne methodische Berücksichtigung möglicher Chancen und Risiken zukünftiger Marktsituationen,

– die fehlenden Ansatzpunkte zur instrumentalen Ausgestaltung des Marketing und

- die Gefahr einer mechanischen Anwendung von Normstrategien.

---

[124] Die Kennzahl des cash flow wird zur Charakterisierung der Ertragskraft eines Geschäftsfeldes oder Unternehmens verwendet. Sie errechnet sich aus dem Periodengewinn abzüglich aller nicht einzahlungswirksamen Erträge und zuzüglich aller nicht auszahlungswirksamen Aufwendungen.

4.2.2.3 Konzepte von Reaktionsstrategien auf gesellschaftliche Kritik

Die Gesellschaftskritik am Marketing hat eine theoretische Beschäftigung mit möglichen Reaktionsformen des Marketing als spezieller Thematik der Marketingstrategie angeregt. So erarbeitete *Laurence Feldman* (1971, S. 58f.) ein Konzept idealtypischer Reaktionsformen mit folgenden Unterscheidungen:

- *Ignoranz* als Nichtwahrnehmung oder bewußte Nichtbeachtung der verbraucherpolitischen Forderungen,

- *Widerstand* gegen gesellschaftliche Veränderungen durch PR-Maßnahmen und Lobbytätigkeit,

- *Anpassung* des Marketing entsprechend der verbraucherpolitisch bedingten Änderung des Aktionsrahmens,

- *Innovation* als frühzeitige und kreative Nutzung verbraucherpolitischer Impulse für Veränderungen des Marketing.

Als Gründe für eine innovative Strategie wurden vor allem angeführt:

„Consumerism is promarketing. The consumer movement suggests an important refinement in the marketing concept to take into account societal concerns. ... Consumerism can be profitable. The societal marketing concept suggests areas of new opportunity and profit for alert business firms."
Philip Kotler, 1972b, S. 49

„A second reason for individual firms to react to the challenges posed by consumerism is to minimize government action."
*Norman Kangun et a*l., 1975, S. 8

Als problematisch erweist sich bei der Betonung *profitabler* Aspekte der Kritikbewegung allerdings die realitätsfremd unterstellte Harmonie von Konsumenten und Unternehmen. Konträr dazu wurde sogar die Position vertreten, daß innovative Reaktionsstrategien per se zu kritisieren seien: „Die profitable Vermarktung von Verbraucherkritik durch die kritisierten Unternehmer (als Mitverursacher dieser Kritik) - ist das das verbrauchergerechte bzw. gesellschaftlich wünschenswerte Marketingkonzept?!" (*Fischer-Winkelmann/Rock*, 1977, S. 140f.).

So wichtig die ethischen und sozialen Implikationen des consumerism und der Entwicklung möglicher Reaktionsstrategien waren und sind, verfehlte diese Diskussion den wissenschaftlichen Aspekt einer umfassenden Beschreibung und Erklärung der Kritik und damit zusammenhängender potentieller Reaktionsstrategien. Erst in den 80er Jahren wurde diese Lücke von *Bernd Stauss* (1985) geschlossen, der den Aspekt der Determinanten einer Wahl von Reaktionsstrategien betonte. Sein Modell (*Abb. 4-7*) zeigt das Reaktionsverhalten als

❏
Um sich als zukunftsorientiertes Unternehmen zu positionieren, betonte Hartmann & Braun 1970 seine gesellschaftliche Funktion und Verantwortung. Die Kampagne griff nebem dem Umweltschutz auch Themen wie „Wegwerfgesellschaft" oder „Welternährungsproblem" auf.

Quelle: *Neumann/Sprang/ Hattemer,* 1971

entscheidungsorientierten Verarbeitungsprozeß hinsichtlich eines externen Stimulus (z. B. verbraucherpolitische Kritik) gemäß eines S-O-R-Modells für das Unternehmensverhalten.

Auf den Verarbeitungsprozeß gesellschaftspolitischer Kritik wirken verschiedene Determinanten als Rahmenfaktoren ein, die in umwelt-, unternehmens- und personenspezifische Faktoren eingeteilt werden. Die Kenntnis über Wirkungsweisen dieser Faktoren erleichtert Verständnis und Prognose des unternehmerischen Verhaltens im Kontext gesellschaftspolitischer Kritik und Forderungen. Besonders hervorgehoben sei der Einfluß des öffentlichen Kritik- und Forderungspotentials: Hohe Potenz [125], hoher Konkretisierungsgrad bezüglich des Adressaten und zeitliche Präzision verbraucherpolitischer Kritik und Forderung stärken bei den Unter-

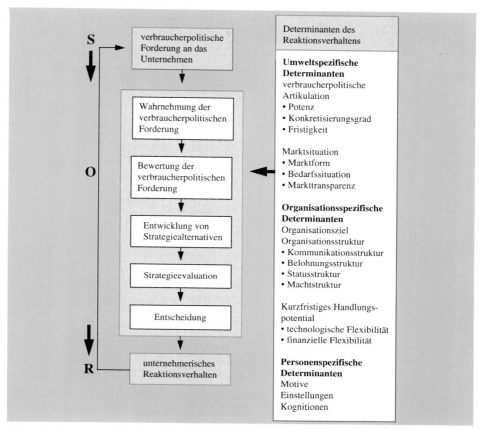

Abb. 4-7: *Grundmodell der unternehmerischen Reaktion auf verbraucherpolitische Forderungen (Quelle: Stauss, 1985, S. 73).*

nehmen die Wahrnehmung eines verbraucherpolitisch orientierten Handlungsbedarfs. Diese Elemente bestimmen den öffentlichen Druck, unter den eine Unternehmung geraten kann, und aktualisieren seine Risikovermeidungsperspektiven.

Die Erforschung von Konzepten im Umgang mit Kritik hat seit den 70er Jahren weiterhin eine Rolle gespielt und führte zur Konkretisierung der verschiedenen Reaktionsstrategien. So entstand in diesem Zusammenhang später z. B. das Thema des sog. Skandalmarketing und als Ausprägung eines konstruktiven und innovativen Reaktionskonzeptes das Dialogmarketing (vgl. *Kap. 5.2.5.4.1*).

---

125 Potenz einer öffentlichen Artikulation resultiert aus der Marktverbreitung der Forderung, dem Sanktionierungspotential der Artikulation, der Unterstützung durch Medien und politische Instanzen sowie der Bedeutung in der Kaufentscheidung.

4.2.3 Marketingtheoretische Berücksichtigung des Handels

Zu Beginn des 20. Jahrhunderts hatte die Handelsperspektive trotz realer Dominanz industrieller Unternehmen die theoretische Analyse von Absatzfragen in Deutschland geprägt. Es folgte dann ab Mitte der 20er Jahre die Beschäftigung mit den Absatzproblemen industrieller Unternehmen, die aber nicht *ergänzend* betrieben wurde, sondern für lange Zeit die absatztheoretische Betrachtung des Handels verdrängte. Erst in den 70er Jahren wurde dieser Mangel behoben, wobei zwei verschiedene Perspektiven verfolgt wurden. Zum einen wurde im Rahmen des *Handelsmarketing* der Handel als Marketingakteur wahrgenommen und zum anderen durch das *handelsorientierte Marketing* (vertikale Marketing) als Marktpartner angesprochen, für den von den Herstellern spezielle Marketing-konzeptionen entwickelt werden mußten.

4.2.3.1 Handelsmarketing

Der Handel als marketingtreibende Institution wurde in den Anfängen der Marketingtheorie in Deutschland stark vernachlässigt. Aber auch bei *Philip Kotler*, dessen Buch Marketing-Management 1972 in den USA und als Übersetzung 1974 in Deutschland erschien, wurde der Handel als Marketer nicht erwähnt, obwohl *Kotler* 5 Arten und 18 Unterarten des Marketing (bis hin zum Ruhm- und Beifallsmarketing) unterschied.

Erst mit der Entwicklung der Handelsmacht wurde ein eigenständiges Handelsmarketing als wissenschaftliche Aufgabe erkannt. Mit der veränderten Marktposition der Großbetriebsformen entstand der Wille einer eigenständigen Marktbearbeitung und damit einer Emanzipation von der Herstellerbeeinflussung. Die Großbetriebe des Handels entwickelten ein betriebswirtschaftlich orientiertes Management, das eine marktorientierte systematische Unternehmensführung durchsetzen wollte. Schließlich erforderten auch die Eigenmarkenkonzepte die Anwendung von Vermarktungsstrategien.

Der Begriff „Handelsmarketing" tauchte erstmals in deutschen Publikationen um 1973 auf [126]. Es etablierte sich im Vergleich zum industriellen Marketing allerdings nur langsam. Ein Grund könnte inhaltlich in der starken Komplexität des Gegenstandes liegen, durch die eine Anwendung theoretisch exakter Methoden erschwert wird. Wissenschaftssoziologisch war wahrscheinlich das geringe Sozialprestige des Handels in akademischen Kreisen ein Problem.

In Anlehnung an das Herstellermarketing wird das Handelsmarketing definiert als planvolle, an Unternehmenszielen und Rahmenfaktoren ausgerichtete und

---

[126] Vgl. *Petermann*, 1972; *Jonsson*, 1973; *Nieschlag*, 1973, und als erste umfangreiche Monographie eines integrierten Absatz- und Be-schaffungsmarketing des Handels *Hansen*, 1976.

❏
Der „Beatshop" von Kaufhof
vermarktete 1966/1967 den englischen Carnaby-Stil in Deutschland.
Unternehmen erkannten, daß selbst
die kritischsten Jugendbewegungen
noch Marktpotentiale besitzen, wie
z. B. ästhetische Innovationen, die
in den Massenmarkt diffundieren.

Quelle: *Schepers*, 1998

koordinierte Tätigkeit der Bildung und Beeinflussung von Absatz- und
Beschaffungsmärkten durch Handelsunternehmen (vgl. *Hansen*, 1976, S. VI). Die
Notwendigkeit eigenständiger handelsspezifischer Marketingkonzeptionen
resultiert demnach aus der besonderen Leistung des Handels, der in seiner
Doppelrolle als Dienst- und Sachleister Waren verschiedener Hersteller mit unter-
schiedlichen eigenen Dienstleistungen kombiniert. Desweiteren agiert der Handel
aufgrund seiner Stellung auf zwei Märkten: dem Absatz- und Beschaffungsmarkt.
Eine Marketingkonzeption für den Handel muß deshalb der *beidseitigen
Marktausrichtung* in Form eines integrierten Konzeptes des Absatz- und
Beschaffungsmarketing Rechnung tragen.

Die Absatz- und Beschaffungspolitik des Handels kann in die in *Abb. 4-8* dargestellten Aktionsbereiche aufgegliedert werden (vgl. *Hansen*, 1990, S. 49ff.).
Die absatz- und beschaffungswirtschaftlichen Aktionsbereiche scheinen nur auf
den ersten Blick spiegelbildlich und gleichwertig zu sein. Zu beachten ist aber, daß
Leistung und Gegenleistung vertauscht sind und gänzlich andere Marktsituationen
vorliegen, so daß die zu Bereichen zusammengefaßten Aktivitäten andere
Ausprägungen und Intensitäten aufweisen.

Im Vergleich zum Herstellermarketing zeigen sich neben der beidseitigen
Marktausrichtung und der komplexen Abstimmungsproblematik zwischen dem
Absatz- und Beschaffungsmix folgende Besonderheiten (vgl. *Schenk*, 1980, S. 46ff.;
Oehme, 1992, S. 444ff):

Absatzwirtschaftliche Aktionsbereiche	Beschaffungswirtschaftliche Aktionsbereiche
– Standortpolitik	
– Warenpolitik	– Warenpolitik
· Sortimentspolitik	· Sortimentspolitik
· Produktpolitik	· Produktpolitik
– Verkaufsgestaltung	– Einkaufsgestaltung
– Preispolitik	– Preis- und Bestellmengenpolitik
– Absatzfinanzierung	– Beschaffungsfinanzierung
– Absatzwerbung	– Beschaffungswerbung
– Kundenservice	– Lieferantenservice
– Beschwerdepolitik	

Abb. 4-8: Systematisierung der Handlungsmöglichkeiten zu Aktionsbereichen

– Im Gegensatz zu den Herstellern, die sich gegenüber den Verbrauchern vorrangig mit dem Produkt im Markt positionieren, sind Handelsunternehmen primär mit ihren Unternehmen im Markt präsent (*Institutionelle Marktpräsenz*). So prägen der Standort und die Betriebsform in großem Maße den Kundenkontakt und die Kundenbindung.

– Händler fügen dem Produkt *mit ihren Dienstleistungen spezifische Qualitäten* hinzu, so daß Produkte, die am Fabriktor noch identisch sind, sich in den Regalen des Handels stark unterscheiden.

– Händler haben *geringe spezifische Investitionen*. Sie können daher schnell auf kurzfristige Marktveränderungen mit Sortiment, Preispolitik, Warenpräsentation und Kommunikationspolitik reagieren.

– Jede Kaufhandlung ermöglicht zwischen Käufer und Verkäufer einen *persönlichen Kontakt* (außer beim Distanzprinzip). Dieser bietet vielfältige akquisitorische Gestaltungsmöglichkeiten und enthält darüber hinaus informatorisches Potential. Im Gegensatz zum Hersteller, der aufgrund seiner Distanz zum Verbraucher Informationen über die Nachfrage gesondert ermitteln muß, hat der Einzelhandel unmittelbaren Informationszugang. Insbesondere durch die zunehmende EDV-Erfassung ergeben sich für ihn weitere Möglichkeiten der systematischen Angebots- und Nachfrageermittlung (z. B. durch Scannerkassen).

– Das *Wachstum* einer Verkaufsstelle ist stark begrenzt und abhängig vom Absatzpotential einer Region im Umkreis ihres Einzugsbereichs. Unternehmenswachstum findet daher dezentral durch zusätzliche Verkaufsstellen statt. Daraus ergibt sich als Aufgabe, eine Koordination zentraler und dezentraler Führungsentscheidungen herzustellen.

4.2.3.2 Handelsgerichtetes Marketing im Rahmen der Distributionspolitik (vertikales Marketing)

Während im Handelsmarketing der Handel selber als Anwender des Marketing untersucht wurde, ist er im Konzept des vertikalen bzw. handelsorientierten Marketing Adressat einer Marktbearbeitung des Herstellers (vgl. *Hansen*, P., 1972; *Steffenhagen*, 1972). Seine Bedeutung wurde in der marketing channel-Theorie (vgl. *Alderson*, 1954; *Mallen*, 1967) untersucht, die mit verhaltenswissenschaftlichen Kategorien (z. B. Machtkonstellationen, Konfliktformen, Rollenverteilungen) die sozialen und ökonomischen Beziehungen zwischen Hersteller und Handel erklärt hat. Auf dieser Grundlage wurde der Handel in seiner Rolle als gatekeeper (vgl. *Hansen*, 1976, S. 56ff.) gewürdigt, der über die Distributionschancen von Informationen und Waren der Hersteller entscheidet. Diese Sichtweise wurde mit zunehmender Machtentfaltung des Handels relevanter.

Das Konzept des vertikalen Marketing enthält folgende Elemente:

– *Ziele*
Die Zielfestlegung richtet sich auf die Gestaltung der Beziehungen zum Handel, wie z. B. die Verteilung von Funktionen und Spannenerträgen; weiterhin stellt die motivationale und inhaltliche Einbindung des Handels in das Marketingkonzept des Herstellers eine zentrale Zielkategorie dar.

– *Strategien und Strategiestile*
Grundlegende strategische Entscheidungen liegen in der Selektion der Absatzmittler und in vertraglichen Festlegungen über die Zusammenarbeit. Eine Frage des Strategiestils richtet sich auf Grundsätze des Umgangs miteinander, die von friedlicher Kooperation mit Formen positiver Anreizpolitik bis hin zur aggressiven kämpferischen Durchsetzung von Interessen mit Formen der Konfliktunterdrückung reicht. Eine in der damaligen Literatur stark diskutierte Frage, die von Gruppen- und Verbandsinteressen geprägt war, betraf die „natürliche" Eignung von Herstellern oder Handel zur Marketingführerschaft (vgl. *Stern*, 1967a; *Little*, 1970; *Kümpers*, 1976).

– *Einsatz handelsgerichteter Marketinginstrumente*
Im Rahmen der Operationalisierung des vertikalen Marketing sind die Marketinginstrumente bzw. Aktionsbereiche auf den Handel auszurichten, wobei teilweise ein Problem der Abstimmung mit konsumgerichteten Maßnahmen zu lösen ist. Als Grundlage der instrumentellen Gestaltung dienen Kenntnisse über das Beschaffungsverhalten des Handels und hier insbesondere seines Verhaltens bei der Regalplatzvergabe. In dieser Hinsicht wurde die

❑
Eine handelsgerichtete Werbung von 1970 mit dem zentralen Argument für die Listung im Handel: die Markenmacht, die zusätzliche Käufe generiert.

Quelle: *Neumann/Sprang/Hattemer*, 1971

Gestaltung des handelsgerichteten Marketinginstrumentariums als *Wettbewerb um den Regalplatz* [127] interpretiert.

Als Instrumente des handelsgerichteten Marketing stehen insbesondere zur Verfügung (vgl. *Hansen, P.*, 1972, S. 112-118):

– Angebotsprogramm (z. B. Verankerung von Rationalisierungspotentialen für den Handel im Rahmen der Produkt- und Programmpolitik, Realisierung von akquisitorischen Elementen in der Verkaufssituation),

– Service (Dienstleistungen, die dem Handel gegenüber gewährt werden),

– Spannen- und Rabattpolitik,

– Kommunikation gegenüber dem Handel (einschließlich der Versorgung mit Verkaufsargumenten gegenüber dem Konsumenten,

– Logistik, Lieferbereitschaft, Lagerhaltung.

4.3 Zusammenfassende Charakterisierung

Ende der 60er und im Verlauf der 70er Jahre löste sich der soziale Konsens der Nachkriegszeit auf. Es war die Zeit politisch-gesellschaftlicher Konflikte. Neue Ansichten und Werte diffundierten durch die Gesellschaft und führten zu sozialer Ausdifferenzierung. Einer der wesentlichen Angriffspunkte war der Konsumbereich, dessen „Oberflächenreize" bis hin zum „Konsumterror" kritisiert wurden. Es entwickelte sich die Verbraucherpolitik zu einer Gegenmacht des Marketing mit dem Ausbau verbraucherpolitischer Instrumente. In anderem Zusammenhang erfuhr das Herstellermarketing eine weitere Einschränkung durch die Machtentfaltung des Handels.

Die Marketingtheorie reagierte auf diese Situation in differenzierter Form. Als Antwort auf die Kritik am Marketing wurde mit der Entwicklung von Erweiterungs- und Vertiefungsansätzen eine Modifikation des Marketing-konzeptes vorgenommen. Die Intention bestand in der Erweiterung potentieller Anwendungsfelder und der inhaltlichen Umorientierung in Richtung einer Aufnahme gesellschaftlicher Ziele. Daneben – und sicherlich auch dominierend – wurde das Marketingmanagement-Konzept weiter ausgebaut. Hier war - mit einem timelag zu der amerikanischen Forschung – die Weiterentwicklung der verhaltenswissenschaftlichen Konsumforschung als Grundlage der Marketing-anwendung vorherrschend und ließ einen eigenständigen Forschungsbereich entstehen. Diese Konsumverhaltensforschung stand in neo-behavioristischer

---

[127] Dieses Konstrukt geht auf *James. P. Cairns* (1962) zurück und wurde von *Peter Hansen* (1972) in den deutschen Sprachraum einge-führt und weiterentwickelt.

Forschungstradition. Im Rahmen des Marketingmanagement-Konzeptes dominierte in dieser Zeit angesichts komplexer werdender Marktphänomene die theoretische Ausgestaltung des strategischen Marketing, das insbesondere mit Marktsegmentierungskonzepten eine Problemlösung für die Ausdifferenzierung der Märkte bereitstellte. Auch Reaktionsformen auf gesellschaftliche Kritik bildeten ein Thema der strategischen Marketinggestaltung. Großes Interesse entwickelte sich schließlich ebenso in bezug auf den Handel und führte zu Konzepten des handelsgerichteten bzw. vertikalen Marketing im Umgang mit der vorwärts treibenden Handelsmacht.

So entfaltete sich insgesamt ein differenzierter Ausbau der Marketingtheorie, der sich in den 80er und 90er Jahren steigerte zu einer Situation der Fragmentierung und Konsolidierung.

5 Fragmentierung und Konsolidierung des Marketing

5.1 Herausforderung aus dem Marketingumfeld

5.1.1 Ausgewählte Impulse des Makroumfeldes

5.1.1.1 Demographische und sozio-ökonomische Faktoren

5.1.1.2 Sozio-kulturelle Faktoren

5.1.1.3 Technologische Faktoren

5.1.1.4 Ökologische Faktoren

5.1.2 Marktsituation und daraus folgende Aufgaben und Lösungsansätze

5.2 Konsequenzen für die Marketingtheorie und ihre Anwendung

5.2.1 Erfolge und Krisen: Die zwei Gesichter der Marketingwissenschaft

5.2.2 Ausbau von Theorien zur Verhaltens- und Informationsgrundlage

5.2.2.1 Konsumentenforschung

5.2.2.2 Marktforschung

5.2.3 Informations- und Institutionenökonomische Ansätze

5.2.3.1 Marketingtheoretische Umsetzung der Neuen Institutionenökonomie

5.2.3.2 Einschätzung der institutionenökonomischen Ansätze

5.2.4 Ausbau der Marketingmanagement-Theorie

5.2.4.1 Ausdifferenzierung der Marketingmanagement-Theorie

5.2.4.2 Integration der Marketingmanagement-Theorie

5.2.4.3 Ausbau der Marketinginstrumente

5.2.4.4 Nachkauf- und Beziehungsmarketing

5.2.4.5 Dienstleistungsmarketing

5.2.4.6 Internationales Marketing

5.2.4.7 Electronic Marketing

5 Fragmentierung und Konsolidierung des Marketing

Die letzte Phase umfaßt schwerpunktmäßig die 90er Jahre. Sie reicht bis in die 80er Jahre zurück und enthält Zukunftseinschätzungen bis in das 21. Jahrhundert. In den bisherigen Phasenbetrachtungen konnte gezeigt werden, wie das Marketing von der Veränderung der Umwelt beeinflußt wurde und umgekehrt auf diese einwirkte. Das Verständnis dieser Wechselwirkungen ist eine Voraussetzung, um Aussagen über zukünftige Entwicklungen zu machen. Aber wo selbst Auswirkung und Bedeutung gegenwärtiger Ereignisse nur unter Vorbehalten eingeschätzt werden können, besitzen Prognosen einen beschränkten Aussagegehalt. Dieser ist abhängig davon, daß

– im Rahmen einer Ereigniskette die mittelbar zusammenhängenden Ereignisse eintreten,

– Ereignisse, die eine Realisierung des Zielereignisses gefährden, nicht eintreten,

– die wirklich relevanten Wirkungszusammenhänge zugrunde gelegt werden und

– diese Wirkungszusammenhänge sich als zeitlich stabil erweisen.

Gerade die letzten Jahre haben gezeigt, wie schnell Prognosen revidiert werden müssen, sei es aufgrund unvorhergesehener Ereignisse (wie z. B. der Zusammenbruch des kommunistischen Machtbereiches) oder falscher Wirkungsannahmen (z. B. der direkte Schluß von ökologischen Einstellungen auf ökologisches Verhalten).

Es handelt sich bei den folgenden Trendentwicklungen der Rahmenfaktoren und ihren wahrscheinlichen Auswirkungen also um bedingte Eingrenzungen von Unsicherheit. Von Relevanz sind diese Betrachtungen insbesondere für zukünftige Marketingentscheidungen. In den letzten 10 Jahren haben sich die Diskussionen um das Marketing in viele verschiedene Felder hinein verzweigt, daher wird es schwieriger, einen Überblick über innovative Entwicklungen innerhalb des gesamten Marketing zu behalten. Einigkeit besteht aber insofern, als die entscheidende Herausforderung sowohl für die Marketingpraxis als auch für die Marketingtheorie in der sich beschleunigenden Dynamik und Diskontinuität der Umweltentwicklungen gesehen wird. Insofern ist zur Realisierung strategischer Wettbewerbsvorteile in Zukunft eine umfassende Informationsbasis über die zahlreichen und tiefgreifenden, nationalen und internationalen Veränderungen im Unternehmensumfeld zunehmend wichtig.

5.1 Herausforderungen aus dem Marketingumfeld

5.1.1 Ausgewählte Impulse des Makroumfeldes
5.1.1.1 Demographische und sozio-ökonomische Faktoren

Demographische und sozio-ökonomische Trends sind in Zukunft als marktbeeinflussende Faktoren stark im internationalen Kontext zu sehen, da sich der Aktionsradius marketingtreibender Unternehmen ständig erweitert.

Demographische Entwicklung
In der *Bevölkerungsentwicklung* zeigen sich *stagnierende bzw. sinkende Geburtenziffern* in hochindustrialisierten Ländern, während sich die Weltbevölkerung insgesamt stark vermehrt. Als letzter gesicherter Stand gilt eine Weltbevölkerungszahl von 5,8 Mrd. für 1996. In einer Langzeitprojektion der Vereinten Nationen wird die Welt im Jahre 2150 bei einer Stabilisierung der globalen Geburtsraten bei durchschnittlich etwas über zwei Kinder pro Frau von knapp 11 Mrd. Menschen bevölkert sein. Dabei werden sich allerdings die Relationen zwischen den Ländern stark verschieben. So wird in der gleichen Untersuchung geschätzt, daß sich das Verhältnis der Europäer zu den Afrikanern von 2:1 (1950) auf 1:5 verändern wird (vgl. *United Nations*, 1998).

Während aufgrund dieser Daten alle früheren Bevölkerungsprognosen für die Bundesrepublik Deutschland von einer Bevölkerungsabnahme ausgingen, muß dies heute differenzierter gesehen werden. Nicht zuletzt die politischen Veränderungen in Osteuropa führten zunächst zu einem Ausgleich der natürlichen Wachstumsschwäche durch *Wanderungsgewinne* [128], aber auch zu einem radikalen Geburtenrückgang in den neuen Bundesländern [129]. Die deutsche Vereinigung, die Öffnung der osteuropäischen Länder und der Vollzug des europäischen Binnenmarktes bewirken ein großes Potential an Wanderungsbewegungen, dessen Umfang allerdings schwer abschätzbar ist, da es politisch stark beeinflußt wird. Folgende Wanderungsbewegungen sind zu beobachten:

– von Ost nach West (Zusammenbruch des kommunistischen Einflußbereichs),

– von Süd nach Nord (Armutswanderungen),

– innerhalb der Europäischen Union.

In engem Zusammenhang mit der quantitativen Bevölkerungsentwicklung steht die *Altersstruktur.* Der Rückgang der Geburtenziffern und die Zunahme der

---

128 So betrug 1987 der Zustrom an Aus- und Übersiedlern 720000 und überstieg die Zahl der bundesdeutschen Geburten (677400) (vgl. *Schneider*, 1990, S. 271). Danach fanden vermehrt Einwanderungen aus Konfliktgebieten, wie dem ehemaligen Jugoslawien oder Rumänien, statt. Vgl. zu dem verwendeten Zahlenmaterial, wenn nicht anders angegeben, *Statistisches Bundesamt*, 1997a, 1997b.

129 Seit 1995 hat es in den neuen Bundesländern wieder einen Geburtenanstieg gegeben. Für Gesamtdeutschland ist 1996 zum erstenmal in den 90er Jahren die Geburtenzahl leicht angestiegen. Unklar ist derzeit, ob es sich dabei um eine Trendwende oder nur eine kurzfristige Schwankung handelt.

Lebenserwartung führen zu einem erheblichen Anwachsen des *Anteils der über 60jährigen* an der Gesamtbevölkerung, während sich die Altersklasse der 15–25jährigen noch weiter reduzieren wird [130]. Diese Entwicklungstendenz läßt sich mit Ausnahme von Irland für ganz Europa belegen, ist jedoch in der Bundesrepublik Deutschland am stärksten ausgeprägt (vgl. *Leeflang/van Raij*, 1995, S. 375). Die politische Ungewißheit der Wanderungsbewegungen macht Altersprognosen allerdings unsicher.

Die *Familienstruktur* in Deutschland befindet sich in einem starken Wandel, indem bei Zunahme der absoluten Anzahl an Haushalten die Haushaltsgröße ständig abnimmt. Dies zeigt sich besonders in der rapide wachsenden Klasse der *Einpersonenhaushalte* [131]. Verantwortlich dafür sind der Anstieg des Heiratsalters, rückläufige Kinderzahl, größere Scheidungsraten und veränderte Formen des Zusammenlebens [132]. Innerhalb der Europäischen Union zeigen sich starke Unterschiede der Familienstruktur. Während es in den nordeuropäischen Ländern die meisten Einpersonenhaushalte gibt, sind sie in südlichen Ländern dagegen viel seltener (vgl. *Leeflang/van Raij*, 1995, S. 376).

❏
Der Markt wird sowohl auf Anbieter- als auch Konsumenten- seite ethnisch heterogener.

Quelle: Lehrstuhl Marketing I: Markt und Konsum, *Jens Gebhardt* (Foto)

Für marktbezogene Betrachtungen ist die *ethnische Bevölkerungsstruktur* von Interesse, soweit Unterschiede im Konsumverhalten bestehen. Der für Deutschland hier primär relevante Ausländeranteil ist seit den 70er Jahren permanent gestiegen – wenn auch mit unterschiedlichen Geschwindigkeiten – und hat einschließlich der neuen Bundesländer Ende 1995 einen Anteil von knapp 9% erreicht. Die direkte Abhängigkeit von Wanderungsbewegungen macht aus oben angegebenen Gründen Prognosen schwierig. Wahrscheinlich ist aber, daß in den Bewegungen von Ost nach West und Süd nach Nord ein so starkes politisches und wirtschaftliches Druckpotential entsteht, daß die politische Steuerbarkeit schwieriger und eine weitere Zunahme wahrscheinlich ist. Die Ausländerstruktur wird heterogener, insbesondere durch die Öffnung des Ostens. Allerdings ist in diesem Zusammenhang die spezifische deutsche Ausländerkategorisierung zu berücksichtigen. Während deutschstämmige Aussiedler als deutsche Staatsbürger behandelt werden, zählen die in Deutschland geborenen Kinder ausländischer Eltern als Ausländer. Ende 1994 hielten sich schon rund 49% der Ausländer 10 Jahre und länger im Bundesgebiet auf (zeitliche Voraussetzung für eine Einbürgerung), und jeder fünfte hier lebende Ausländer wurde in Deutschland geboren.

---

130 Während sich im Zeitraum von 1955 bis 1995 der Anteil der unter 20-jährigen von 30% auf 22% reduzierte, hat der Seniorenanteil der über 60jährigen von 16% auf 21% zugenommen.

131 Für das frühere Bundesgebiet stieg die Anzahl der Einpersonenhaushalte von 19% (1950) auf 36% (1995) an. Der Mikrozensus im April 1996 ermittelte eine durchschnittliche Haushaltsgröße für das gesamte Bundesgebiet von 2,2 Personen.

132 1995 heirateten in Deutschland ledige Männer mit einem durchschnittlichen Alter von knapp 30 und ledige Frauen mit 27 Jahren. Im Laufe der Zeit müssen bei der derzeitigen Scheidungshäufigkeit etwa 30% dieser Ehen mit der Scheidung rechnen.

Sozio-ökonomische Entwicklung

Die wirtschaftliche Entwicklung der Bundesrepublik Deutschland ist seit den 70er Jahren durch einen trendmäßigen Rückgang (bei zyklischen Schwankungen) der *Wachstumsraten des realen Bruttosozialproduktes* gekennzeichnet [133]. Ein zyklischer Abschwung Anfang der 80er Jahre führte zu negativen Wachstumsraten des realen BSP, während die darauf folgenden Jahre von einem lang anhaltenden Aufschwung geprägt waren (vgl. *Abb. 5-1*).

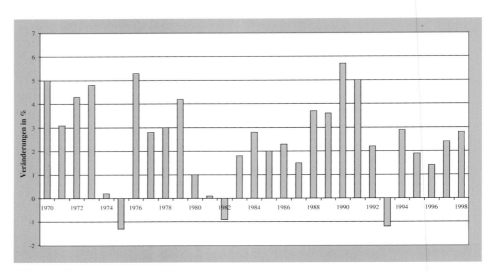

Abb. 5-1: Wachstumsraten des BIP

Die deutsche Vereinigung führte zu einem zusätzlichen Nachfrageimpuls im Westen, der durch massive Kapitaltransfers in den Osten finanziert wurde. Inzwischen hat sich die konjunkturelle Lage wieder deutlich abgekühlt.

Hinsichtlich der *Erwerbstätigkeit* sind zwei Trends besonders prägend. Zum einen findet permanent eine Verlagerung der Beschäftigten zum *tertiären Sektor* hin statt [134]. Die Bundesrepublik Deutschland und mit ihr alle anderen industriell entwickelten Länder werden damit zunehmend zu Dienstleistungsgesellschaften. Zum anderen ist die Erwerbssituation durch strukturell anhaltende Arbeitslosigkeit gekennzeichnet [135]. Eine durchgreifende Verbesserung ist derzeit eher unwahrscheinlich, da ein struktureller Umbau der Wirtschaft und die zunehmende Internationalisierung der Arbeitsmärkte ständig Arbeitnehmer „freisetzt" und die bisher eingesetzten wirtschaftspolitischen Maßnahmen wenig greifen. Die Arbeitslosigkeit beeinflußt nicht nur die Kaufkraft negativ, sondern

---

133 Sie sind von durchschnittlich 7,9 % in den 50er Jahren auf 5,2 % in den 60er bis Mitte 70er Jahren und durchschnittlich 1,9 % seit Mitte der 70er Jahre gewachsen (vgl. *Helmstädter*, 1989, S. 254). In den 90er Jahren betrugen die Wachstumsraten des realen Bruttoinlandproduktes für das gesamte Bundesgebiet durchschnittlich 1,5%.

134 1995 arbeiteten ca. 62% aller Erwerbstätigen im Dienstleistungsbereich.

135 Im Februar 1998 meldete die Bundesanstalt für Arbeit eine offizielle Arbeitslosenzahl von 4,8 Mill. (vgl. *Bundesanstalt für Arbeit*, 1998).

hat auch mittelbar Auswirkungen auf Zukunftserwartungen sowie soziales und mentales Wohlbefinden der Menschen.

Bei der Entwicklung der *Nettoeinkommen* haben sich nach langanhaltendem Anstieg während der Nachkriegszeit Einbußen erstmals 1980–1985 ergeben, als die nominelle Steigerung die Abgaben und steigenden Güterpreise nicht mehr kompensieren konnte (vgl. *Zapf*, 1989, S. 107). Zwischen 1991 und 1997 wuchs das Realeinkommen lediglich um 0,7% (vgl. *Globus*, 1998a).

Gekennzeichnet ist die Entwicklung dabei von einer *zunehmenden Polarisierung*, bei der in den oberen Bereichen der Einkommensschichten das Erwerbseinkommen wächst und in den unteren Bereichen der Anteil an Einkommensempfängern unter 1800 DM pro Haushalt zunimmt [136]. Während in den hohen Einkommensklassen der Lebensstandard noch verfeinert und individualisiert werden kann, verschärfen sich in den unteren Einkommensklassen die Auswirkungen niedriger Arbeitseinkommen, der Arbeitslosigkeit, der Reduktion sozialstaatlicher Leistungen und der zunehmenden Haushaltsverschuldung [137] bis hin zu dem Phänomen einer „*neuen Armut*".

Für die *marktwirksame Kaufkraft* gewinnt die *einkommensunabhängige* Komponente an Bedeutung, und dieser Trend wird sich fortsetzen. In Abhängigkeit von der Sparquote ist das private Geldvermögen stark angewachsen und erreicht einen Anteil von knapp 20% an der Gesamtkaufkraft. Marktrelevant wird die sog. *Erbengeneration*, die in relativ jungen Jahren über hohe vermögensbedingte Kaufkraft verfügt. Die Entwicklung des privaten Geldvermögens wird die Einkommenspolarisierung verstärken. Bei Haushalten mit höheren Gesamteinkommen wird sich die Veränderung der Verbrauchsstruktur weiter in Bereiche des höherwertigen Bedarfs (Reisen und Verkehr, Kommunikation, Bildung und Unterhaltung) verlagern.

Die wirtschaftliche Entwicklung der Bundesrepublik ist durch zunehmende *internationale Verflechtungen* der Märkte geprägt. Sie ist zwar nicht mehr der „Exportweltmeister" wie noch 1990, jedoch sind die außenwirtschaftlichen Beziehungen immer noch äußerst hoch, wobei der Handel mit den Ländern der Europäischen Union besonderes Gewicht hat [138]. Die Internationalisierung der Märkte beschränkt sich nun allerdings nicht auf Exporte und Importe. Zunehmend

---

136 So ergab der Mikrozensus im April 1995, daß 20,6% aller deutschen Haushalte mit einem monatlichen Nettoeinkommen von weniger als 1800 DM auskommen mußten.

137 Im Durchschnitt der Haushalte mit Kreditverpflichtungen betrug die noch zu zahlende Restschuld Ende 1993 11500 DM im alten Bundesgebiet. Am häufigsten verschuldet waren Haushalte mit unter 40jährigen Bezugspersonen. Verschärfend wirkt sich hierbei aus, daß die einkommens- und vermögensschwachen Bevölkerungsgruppen auch die ungünstigsten und teuersten Kredite aufnehmen (müssen) (vgl. *Sunnus*, 1992, S. 274ff.).

138 Mit einem Gesamtwert von 521 Mrd. $ war Deutschland 1996 nach den USA noch vor Japan die zweitstärkste Exportnation (vgl. *Globus Kartendienst GmbH*, 1998, Wa-4682). Der Handel mit europäischen Ländern betrug dabei 55 % aller deutschen Wareneinfuhren und 57 % der Warenausfuhren für 1995.

sind internationale Lizenzvergaben, Unternehmensgründungen mit ausländischen Partnern in Form von Joint Ventures bis hin zu Direktinvestititionen von Bedeutung.

Im internationalen Kontext kristallisieren sich drei wichtige Zusammenschlüsse heraus, die aus dem Europäischen Binnenmarkt (EU), dem Nordamerikanischen Markt (NAFTA-Abkommen) und dem asiatischen Markt (ASEAN) bestehen. Zu unabsehbaren wirtschaftspolitischen und gesellschaftlichen Unwägbarkeiten führen die Transformationsprozesse in Osteuropa und China.

5.1.1.2 Sozio-kulturelle Faktoren

In der konsumrelevanten gesellschaftlichen Entwicklung können Wandlungsprozesse auf drei markanten Ebenen festgemacht werden:

a) auf der Ebene der Werte,

b) auf der Ebene der Sozialstruktur,

c) auf der Ebene der sozialen Bedeutung des Konsums.

❏
Der demonstrierenden Jugend von 1968 wurde in den 90er Jahren ein Auto als Verwirklichung ihrer Ideale angepriesen. Der „Marsch durch die Institutionen" scheint sich für einige zumindest finanziell gelohnt zu haben.

Quelle: Wirtschaftswoche, H. 17, 1998

Früher ging man für seine Ideale auf die Straße.
Daran hat sich im Prinzip nichts geändert.

Der BMW 5er.

Bekenntnisse zeugen von Charakter – genau wie ein BMW 5er. Denn Ideale muß man nicht definieren. Man muß sie verwirklichen.

Freude am Fahren

ad a) Ebene der Werte

Der Optimismus, mit dem das „Zeitalter des Wassermannes" *(Dawson)* verkündet wurde, schlug in den 70er Jahren in Resignation um. Kollektive Entwürfe wurden zunehmend durch individuelle Ansätze abgelöst. Galt dies am Anfang noch als Rückzug in das Private, so stieg im Laufe der Jahre die soziale Akzeptanz und *Bedeutung des privaten Lebensraumes*. Man sprach von der neuen „Innerlichkeitskultur" und von Selbstfindung. „Beziehungskisten" beschäftigten junge Menschen mehr als politische und gesellschaftliche Fragestellungen. Während der 80er Jahre wandelte sich jedoch die Grundstimmung bei Beibehaltung der individualistischen Tendenz. Der Pessimismus, der sich in einer „No Future"-Haltung ausdrückte, wurde im Laufe des wirtschaftlichen Aufschwungs nach der politischen Wende 1982 durch einen Optimismus ersetzt, der als *Hedonismus* das Glück nun in den kleinen Freuden des Alltags suchte.

Innerhalb der Versuche, hier ein tiefergehendes Wandlungsmuster zu erkennen, dominiert der Begriff des „Wertewandels". *Werte* lassen sich allgemein als grundlegende Konzeptionen des Wünschenswerten charakterisieren und bilden relativ stabile Lebensleitbilder. Sie sind somit von mehr objektbezogenen Einstellungen zu unterscheiden.

Der *Wandel von Werten* bringt einen Bedeutungsverlust traditioneller Werte einer Gesellschaft und eine Hinwendung zu neuen Werten, die eine Umschichtung innerhalb der Hierarchie des Wertesystems hervorruft. Folgende Tendenzen eines Wertewandels seit den 80er Jahren können festgestellt werden:

– Die prägnanteste Entwicklung resultiert aus einer Zunahme der *Selbstentfaltungswerte, die zu einer Pluralisierung des gesellschaftlichen Wertesystems* führte (vgl. *Raffée/Wiedmann*, 1987b, S. 190).

– Mit der Selbstentfaltung stieg auch der Wert der *Individualität*. In den 80er Jahren stand der *Individualismus* stark im Vordergrund. Er übersteigerte sich zu einer Eigenbespiegelung, die narzißtische Ausmaße annahm. Für die 90er Jahre war weniger der Individualismus als vielmehr die *Individualität* prägend. Die Einzigartigkeit jedes einzelnen Menschen legitimierte nun nicht mehr per se eine Überordnung der eigenen Interessen über die der Gemeinschaft. In Prognosen wird davon ausgegangen, daß fern von dogmatischen Zwängen die Wertschätzung der Individualität zunehmend mit einer aufgeklärten, nüchternen Einbeziehung der physischen und sozialen Umwelt ausbalanciert wird (vgl. *Fabris*, 1990, S. 69).

Parallel zu der „geistig-moralischen Erneuerung", die von der konservativen Regierung in Deutschland propagiert wurde, war in England das sozio-kulturelle Klima durch den „Thatcherismus" und in den USA durch „Reaganomics" geprägt. In der populären Kultur zeigt sich diese Stimmung zugespitzt in dem prototypischen Film der 80er Jahre: „Wall Street". Die Hauptfigur (ein Börsenmakler) erklärt in einer Rede vor Studenten, welche positive Funktion die menschliche Gier besitzt. Trotz einer eher negativ angelegten Rollencharakterisierung im Film findet das Ethos des Protagonisten eine starke Resonanz. Individualistisches Leistungsstreben und konsequente Verfolgung des eigenen Nutzens sind positiv besetzt. In der Musik heißt es dazu: „You know that we are living in a material world and I am a material girl" *(Madonna:* „Material Girl", 1984, vgl. ☯ Nr. 15) [139]

---

139 In diesem Liedtext von *Madonna* zeigt sich auch ein neuer Umgang mit gesellschaftlich vorherrschenden Werten. Dominierte vorher eine Dichotomisierung, die sich in der Ablehnung oder Akzeptanz manifestierte, kam in den 80er Jahren ein gebrochener, ambivalenter Bezug auf Werte hinzu. So artikuliert *Madonna* eine überspitzte Affirmation des Konsums, ohne selbst als passiv oder manipuliert zu erscheinen. Individuell wurde nun zwischen naiver, oberflächlicher und ironischer bis zynischer Konsum-Bejahung unterschieden. In den 90er Jahren wuchs jedoch die Einschätzung, daß dies gesamtgesellschaftlich nur die Akzeptanz eines materialistischen Hedonismus verstärkte.

– Eine beachtliche Umwertung innerhalb der Wertehierarchie hat sich im letzten Jahrzehnt durch die Diffusion eines sozial-ökologischen Verantwortungsbewußtseins ergeben (vgl. *Devries*, 1997). Eine signifikante Gruppe von Konsumenten verfolgt demnach – trotz Relativierung durch eine Differenz zwischen Bewußtsein und Verhalten (vgl. *Wimmer*, 1993, S. 68) – nicht bedingungslos eine individuelle, hemmungslose Bedürfnisbefriedigung, sondern berücksichtigt sozial-ökologische Konsequenzen des eigenen Konsums. Insbesondere die Ökologie hat inzwischen den Charakter eines universellen kulturellen Wertes angenommen (vgl. *Kuckartz*, 1997, S. 453). Eng damit verbunden sind die Werte der Natürlichkeit und der Gesundheit angestiegen. Dies zeigt sich mit Ausnahme von Portugal in der gesamten Europäischen Union (vgl. *Leeflang/van Raij*, 1995, S. 376).

– Mit der Individualisierung nahm auch die *Wertschätzung von großen Institutionen und Organisationen* (wie Parteien, Gewerkschaften, Kirche, Vereinen, Unternehmen und Universitäten) ab. Die Loyalität gegenüber diesen Formen der kollektiven Bindung hat deutlich nachgelassen. Man traute ihnen weniger zu und setzte sich weniger für sie ein [140]. Die Beziehung zur Institution Unternehmung ist dabei von einer veränderten *Sichtweise zur Arbeit* betroffen. Zum einen vollzog sich ein Werteverlust der Arbeit als sinnstiftendem Zentrum, das zunehmend außerhalb der Arbeit gesucht wird (vgl. *Haudenschildt*, 1989, S. 257). Zum anderen wird die Leistungsbereitschaft innerhalb der Arbeit immer weniger als Pflichterfüllung gesehen, sondern mit dem Vorhandensein von als positiv empfundenen Arbeitsbedingungen nichtmaterieller Art verknüpft (vgl. *Kaase*, 1989, S. 213).

Exkurs: Auf dem Weg in die Freizeitgesellschaft
Die Verlagerung des Wertezentrums von der Arbeit auf die Freizeit und die Zunahme postmaterieller Werte wird oft mit dem Begriff der „Freizeitgesellschaft" verbunden. Allein hinsichtlich der quantitativen Veränderung läßt sich ein deutlicher Wandel der Anteile beobachten, wobei seit 1990 die Zeit zur freien Verfügung sogar größer als die Erwerbszeit geworden ist [141].

Im 19. Jahrhundert war Freizeit noch ein unbekannter Begriff. Die Wochenarbeitszeit deutscher Arbeitnehmer betrug zwischen 60 und 82 Stunden. Die Zeit außerhalb der Arbeit ließ gerade noch Raum für die Erfüllung der notwendigsten Verrichtungen. Der Gegensatz zur Arbeit hieß Faulheit, und Muße war einer privilegierten Schicht vorbehalten (vgl. *Wiswede*, 1991, S. 434). Dies hat sich heute entscheidend verändert, woraus sich weitreichende Konsequenzen ergeben. *Aurelio Peccei*, der Gründer des Club of Rome, markierte dazu die beiden mög-

---

140 Vgl. hierzu *Beck*, 1996, S. 19, der inzwischen unter dem Begriff der „Reflexiven Modernisierung" die Einseitigkeit dieser Betrachtung kritisiert. Die Erosion der großen Institutionen und die Auflösung von Traditionen vollzieht sich demnach nicht in einem einfachen „Vorher"- und „Nachher"-Bruch sondern kontinuierlich und mit unabschätzbaren Nebenfolgen.
141 1990 standen durchschnittlich 2100 Stunden Freizeit 2043 Stunden Arbeitszeit (inklusive Arbeitswegezeit) gegenüber (vgl. *Opaschowski*, 1997b, S. 30).

lichen Pole: Wir werden „… bald über so viel Freizeit verfügen, daß daraus entwe-der ernste Probleme für unsere Lebensgestaltung erwachsen *oder* aber ungeheure Chancen für unsere Persönlichkeit und unsere Lebensqualität" (zitiert nach *Opaschowski*, 1987, S. 367) [142].

Festzuhalten ist hier, daß trotz einer Zunahme an freier Zeit eine „Gesellschaft der Muße" nicht zu erwarten ist. Vielmehr ist eine immer stärkere Vermischung von Arbeit und Freizeit zu beobachten:

– *Freizeitelemente dringen in die Arbeit ein*
  Elemente von Freizeiterfahrung und -erleben werden auch in der Arbeit gesucht, wie z. B. Freiräume, Spaß und sinnvolles Tun. Dadurch steigen die Ansprüche an eine offenere, flexiblere, sozial und moralisch sensiblere Arbeitsorganisation.

– *Arbeitselemente dringen in die Freizeit ein*
  Es werden arbeitsähnliche Erwartungen an die Freizeit geknüpft. Freizeit muß produktiv und effizient genutzt werden. Dies zeigt sich in Weiterbildungen, Produktion für den Eigenbedarf und Gemeinschaftsarbeit, wie Nachbarschafts-hilfe, soziales Engagement oder ehrenamtliche Tätigkeit.

Freizeit wird zunehmend Konsumzeit und hier liegt die hohe Relevanz der Freizeitproblematik für das Marketing. Die Einkaufswelt wird immer mehr zur Freizeitwelt, und an das Einkaufen werden Erlebniserwartungen gerichtet. Die Shopping Malls zeigen in letzter Konsequenz die Verknüpfung aller möglichen Freizeitangebote an einem Ort: von Einkaufscentern, Kinos, Konzerten, Restaurants und Fitnesscentern bis hin zum nachbarschaftlichen Treffen am Springbrunnen. Gleichzeitig expandieren die Freizeitindustrien, wie die Sport-, Hobby- oder Touristikbranchen [143]. Die Entwicklung der letzten Jahre zeigt aber, daß dem Freizeitwachstum nicht nur finanzielle Grenzen gesetzt sind. Auch die *gesellschaftlichen und psycho-sozialen Konsequenzen der Freizeitnutzung* treten deutlicher zu Tage. Naherholungsgebiete sind überfüllt; Sport und Tourismus stoßen an Grenzen der ökologischen Belastbarkeit, und das Phänomen der „Freizeitkrankheiten" scheint bedrohlichere Ausmaße anzunehmen. Neben Freizeitunfällen häufen sich die Klagen über Unzufriedenheit bei der Freizeitge-staltung. Freizeitstreß paart sich mit Langeweile, die Suche nach neuen Auf-regungen (von Risiko-Sportarten, Abenteuerreisen bis zu Drogen) verbindet sich mit der Angst vor verpaßten Erlebnissen. 1994 wurden die Bundesbürger nach Risiken befragt, die sie mit der zukünftigen Freizeitentwicklung verbinden

---

142 Anzumerken ist hierbei, daß die Freizeit-Diskussion an sich nicht neu ist. Trotz der objektiven Marginalität an freier Zeit, gab es be-reits während der 50er Jahre eine kontrovers geführte Diskussion zur Freizeitgesellschaft in der Bundesrepublik Deutschland. Aus-löser waren dafür u. a. gewerkschaftliche Kampagnen zur 40-Stunden-Woche bzw. Fünf-Tage-Woche mit dem bekannten Slogan „Samstags gehört Vati mir". Die mit starken kulturpessimistischen Untertönen versehene Diskussion faßt *Schildt* mit den Worten zu-sammen: „Die Auffassung, daß die Eliten zu wenig, die Massen hingegen zu viel Freizeit besäßen und neu erwarben, war ein festes Element des Freizeitdiskurses" (*Schildt*, 1995, S. 374).
143 Die Ausgaben für Freizeitgüter und -aktivitäten sowie Urlaub stiegen für den Zeitraum von 1965-1985 in Deutschland um 394%. Der totale private Konsum stieg in dieser Zeit dagegen „nur" um 225% (vgl. *Grunert et al.*, 1995, S. 425). Eine Projektion des Frei-zeitkonsums bis ins Jahr 2010 findet sich bei *Opaschowski*, 1997a, S. 62.

(vgl. *Opaschowski*, 1994, S. 8). Neben der zunehmenden Umweltbelastung durch den Autoverkehr befürchtete die westdeutsche Bevölkerung in erster Linie mehr Konsumrausch in der Freizeit, mehr Freizeitstreß, mehr Passivität und mehr Oberflächlichkeit. Die ostdeutsche Bevölkerung sah die Risiken primär in einer zunehmenden Entpolitisierung und Entsolidarisierung. Zudem vermuteten die Ostdeutschen stärker als die Westdeutschen, daß mehr Freizeit auch mehr Möglichkeiten für Aggressionen freisetzt. Einig sind sie sich, daß die wachsende Kommerzialisierung der Freizeit zur Verschuldung durch zunehmend aufwendige Freizeitangebote führen wird.

ad b) Ebene der Sozialstruktur

Als sich in den 50er Jahren langsam die Mittelschicht verstärkte, wurde bereits von einer drohenden „Atomisierung" der Gesellschaft gesprochen. Die Protestbewegung und „Gegenkultur" der 60er Jahre kann als Symptom einer sich verstärkenden Differenzierung innerhalb der Gesellschaft verstanden werden. In einer Forschreibung dieser Entwicklung schien sich die Gesellschaft in den 80er Jahren vollständig aufgelöst zu haben. Traditionelle Sozialzusammenhänge wie Verwandtschaft, Nachbarschaft oder Beruf hatten ihre Bindungskraft verloren, und der individuelle Lebensentwurf war anscheinend nur noch eine Frage des persönlichen Geschmacks. Zudem vervielfachten sich die marktlichen Angebote einer Identitätskonstruktion. Das Leben eines Angestellten hatte sich früher typischerweise zwischen Ford Taunus, Skatabend und Schrebergarten abzuspielen. In den 80er Jahren konnte dagegen ein Angestellter abends seinen Anzug mit einer Lederjacke tauschen und ein Rockkonzert besuchen, während sein Kollege lieber Bügelfaltenhosen und die Kleinkunstbühne präferierte.

Der Trend zur *Individualisierung* war offensichtlichlich. Dies bedeutete aber keineswegs eine Auflösung der Sozialstruktur. Es bildeten sich vielmehr neue Sozialzusammenhänge, die sich weniger über Schichten oder Klassen definierten, sondern über spezifische *Lebensstile* [144]. Die soziale Vielfalt drückte sich seit Mitte der 80er Jahre in verschiedenen, populär diskutierten Typologien aus, die sich vor allem durch ihre kreativ-impressionistische Namensgebung hervortaten: „Dinks" (double income no kids), „Grumps" (grown up matured people), „Negos" (nette Egozentriker), „Iltis" (Ikea-liberale-tolerante Individualisten), „existentiell radikalisierte Spätjugendliche" oder der „aufgestylte Schicki-Micki aus dem City-Bereich" (vgl. *Flaig/Meyer/Ueltzhöffer*, 1994, S. 42). Am bekanntesten wurde hier die Figur des „Yuppie" (young urban professional). Dieses eigentlich als unternehmensrelevante Beschreibung möglicher Zielgruppen gedachte Konstrukt eroberte sich schnell einen Stammplatz in der medialen Öffentlichkeit [145]. Es schien den Zeitgeist der 80er Jahre zwischen Sushi-Bar, Boss-Anzügen, Futon und Fitneßklubs geradezu prototypisch zu erfassen. Nicht wenige Autoren sind

---

144 Vgl. zur theoretischen Diskussion soziologischer Konstrukte *Kap. 5.2.2.1.1.*.
145 So erklärte damals das Nachrichtenmagazin Newsweek das Jahr 1984 zum „Year of the Yuppie" (vgl. *Rust*, 1995, S. 12).

sogar der Meinung, daß erst die mediale Präsenz zur eigentlichen Bildung derartiger Gruppierungen führte (vgl. z. B. *Rust*, 1995, S. 118f.).

Insgesamt zeigt sich in den 90er Jahren durch das Wechselspiel sozialer und marktlicher Entwicklungsprozesse eine konsequente Weiterführung der schon in den 60er Jahren zu beobachtenden Individualisierungs- und Differenzierungstendenzen. Immer stärker tritt dabei aber auch eine Ironie zutage, wenn die positiv besetzte Individualität und Aura der Einzigartigkeit ihren Niederschlag in der Mitgliedschaft einer „Gemeinschaft von Individualisten" findet (*Schulze*, G., 1993, S. 119). Oder wie es 1993 in dem Titel einer Präsentation auf der Konferenz der Association for Consumer Research hieß: „If you are one in a million, there are 4000 people just like you."

ad c) Ebene der sozialen Bedeutung des Konsums

Im Gegensatz zu der Konsumkritik der 70er Jahre, die den Konsum vielfach als Entfremdung von der wirklichen Identität des Individuums ansah, erlangte er in den 90er Jahren eine neue Legitimität. Der Verlust der Arbeit als Sinnzentrum, Individualisierungsprozesse und die Herausbildung sozialer Zusammenhänge über

❏
Der traditionelle Habitus einer moralischen Aufklärung wandelt sich bei der Künstlerin *Barbara Kruger* in Irritation und Provokation. Der Fotodruck von 1987 versucht inhaltlich eine Grundthese gegenwärtiger Marketingbotschaften zu formulieren, die gleichzeitig ästhetisch als Werbeslogan präsentiert wird.

Quelle: *Bäumler*, 1996

eine geteilte Kultur führen dazu, daß eine engere Verbindung zwischen Konsumentscheidungen und sozialer Identität vollzogen wird. Damit verbindet sich die Tendenz, den Konsum zunehmend als eine soziale Aktivität zu sehen, die eine kommunikative Funktion besitzt, wobei die Produktumgebung als ein Feld von Bedeutungen interpretiert wird [146]. Dies ist an sich nichts Neues. So hat um die Jahrhundertwende schon *Thorstein Veblen* auf demonstrative Aspekte des Konsums aufmerksam gemacht. Allerdings verbindet sich heute die Einbeziehung von Produktbedeutungen bei Kaufentscheidungen immer mehr mit *einer Definition der sozialen Identität über den Konsum*. Welche Kleidung man trägt, was man liest, welche Musik man hört, was man ißt, oder in was für einem Haus man wohnt, all dies wird als aussagekräftiger über die eigene Persönlichkeit und den sozialen Status angesehen als die Ausbildung oder die Höhe des Einkommens. Der Konsum wird auf diese Weise aber auch bewußt oder unbewußt zu einem Medium, um die „wahre" oder gewünschte Identität anderen zu kommunizieren [147].

Im Laufe der horizontalen Differenzierungsprozesse steht dabei nicht mehr nur die Bedeutung des einzelnen Produktes im Vordergrund als vielmehr zusätzlich die Zusammenstellung verschiedener Produkte. In ihr soll sich der Geschmack artikulieren, mit dem man sich gegenüber anderen abgrenzt oder eine gemeinsame „Sprache" zum Ausdruck bringt. *Mary Douglas* und *Baron Isherwood*, die aus anthropologischer Sicht den Konsum erforschen, stoßen deshalb immer weniger auf Widerspruch, wenn sie die folgende provokatorisch zugespitzte These vertreten:

> „We shall assume that the essential function of consumption is its capacity to make sense."
> *Mary Douglas; Baron Isherwood*, 1979, S. 62

5.1.1.3 Technologische Faktoren

Einer der bedeutendsten Einflußfaktoren für die wirtschaftliche Entwicklung hochindustrialisierter Länder ist der technologische Wandel, der sich sowohl auf unternehmerische Prozesse (Prozeßinnovationen) wie auf Produkte (Produktinnovationen) beziehen kann. Idealtypisch ist die Rolle von Unternehmen in technologischen Prozessen wie folgt zu charakterisieren:

– *technology pull*
Bedarfsentwicklungen bzw. Marktprobleme können Anlaß für die Suche neuer

---

146 Theoretische Grundlage dieser Sichtweise bildet die Semiotik, als Wissenschaft der Zeichen. Dort geht man noch weiter und charakterisiert unsere Alltagsumgebung generell als „Reich der Zeichen". Der Semiotiker *Roland Barthes* (1964[1957], S. 90) stellt deshalb die Frage: „Wieviel wirklich *bedeutungsfreie* Bereiche durchqueren wir im Verlaufe des Tages? Sehr wenige, manchmal überhaupt keine. Ich befinde mich am Meer: gewiß enthält es keinerlei Botschaft. Aber auf dem Strand, welch semiologisches Material! Fahnen, Werbesprüche, Signale, Schilder, Kleidungen, alle stellen Botschaften für mich dar."

147 Vgl. *Fabris*, 1990, S. 72, sowie *Müller, H.-P.*, 1992, S. 123. Man braucht sich nur Kontaktanzeigen anzusehen, wo in wenigen Worten ein Bild des Verfassers kommuniziert werden soll. Oftmals sind es Konsumstile, die zur Charakterisierung verwendet werden: „Jeanstyp sucht …"; „Latzhose braucht …"; „Motorradbraut, die auch Kleider trägt, will …".

Techniken sein. Diese bedarfsinduzierte Innovationsfähigkeit führt i. d. R. zu Verbesserungsinnovationen.

– *technology push*
Neue technologische Entwicklungen bieten Impulse für die Umsetzung in Marketingaktivitäten. Diese angebotsinduzierte Innovationsfähigkeit führt eher zu umfassenden Basisinnovationen. Schwierigkeiten ergeben sich hier bei der Abschätzung der kommerziellen Verwertbarkeit. So wurde die Entwicklung der Lasertechnik zwar wissenschaftlich bewundert, war aber anfänglich ein kommerzieller Fehlschlag. Erst in jüngster Zeit ergaben sich lukrative Einsatzmöglichkeiten wie z. B. beim CD-Player oder dem Hochgeschwindigkeits-Drucker (vgl. *O'Shaughnessy*, 1988, S. 207).

Zugang und Implementierungs-Know-how für technologische Potentiale bilden wichtige Aspekte des Wettbewerbs (vgl. *Brockhoff*, 1996). Dazu werden verschiedene *wettbewerbsstrategische* Technologieformen unterschieden (vgl. *Wolfrum*, 1995, Sp. 2449). Während Schlüsseltechnologien die aktuellen Wettbewerbssituationen prägen, sind Basistechnologien bereits allgemein verfügbar. Schrittmachertechnologien befinden sich dagegen in einem frühen Entwicklungsstadium und beeinflussen die Wettbewerbssituation auf zukünftigen Märkten in starkem Ausmaß. Der Einfluß technologischer Faktoren stellt sich zunehmend als Problem der *Zeit* dar (vgl. *Gemünden*, 1993).

Die Zeitspanne zwischen dem schöpferischen Einfall und seiner erfolgreichen Umsetzung in die Praxis wird zunehmend kürzer und der zeitliche Abstand zwischen Markteinführung und maximalem Absatz kleiner. Dadurch erschwert sich die Amortisation der kontinuierlich steigenden Forschungs- und Entwicklungsausgaben. Herausforderungen ergeben sich dadurch nicht nur für die Verkürzung von Entwicklungszeiten im Rahmen eines Innovationsmanagements, sondern ebenso für die Beschleunigung der Marktakzeptanz. Handlungsmöglichkeiten werden insbesondere in der stärkeren Einbeziehung der Konsumenten in Entwicklungs- und Vermarktungsprozesse gesehen (vgl. *McKenna*, 1995, S. 88). Dadurch ergibt sich eine Verbindung zwischen der anbieterseitigen Konzentration auf die Technologien und einer abnehmerseitigen Konzentration auf Kundenbedürfnisse, die aufgrund von empirischen Forschungen und konzeptionellen Überlegungen gefordert wird (vgl. *Specht*, 1986; *Benkenstein*, 1987; *Köhler*, 1993b).

Aus inhaltlicher Perspektive haben in den 90er Jahren – neben der Biotechnologie, Materialtechnologie und Energietechnik – folgende Technologien für das Marketing eine besondere Rolle gespielt und werden in entscheidendem Maße auch die Zukunft prägen:

a) Produktionstechnologien,

b) Informationstechnologien,

c) Kommunikationstechnologien.

BRINGEN SIE IHRE
BEZIEHUNG
IN
SCHWUNG!

❏
Das Database-Marketing als internes Informationssystem zur Verbesserung der Kundenbeziehungen.

Quelle: Wirtschaftswoche, H. 17, 1998

ad a) Produktionstechnologien

Im Bereich der Produktion fand eine Revolutionierung durch die breite Diffusion der *Mikroelektronik* statt. Die Verknüpfung zwischen computergestützter Produktentwicklung (Design, Konstruktion) und computergestützter Fertigung in Form von CIM-Systemen (computer-integrated manufacturing) erhöht signifikant die Änderungs- und Fertigungsflexibilität (vgl. *Kleinaltenkamp*, 1993). Dadurch wird die Herstellung geringerer Losgrößen möglich, so daß auch bisher nicht lukrative kleine Marktsegmente bearbeitet werden können. Desweiteren wird eine intensivere Einbeziehung individueller Kundenwünsche in die Produktion durchführbar (customization).

ad b) Informationstechnologien

Neben Material, Mensch und Maschine werden Informationen zu einer an strategischer Bedeutung gewinnenden Unternehmensressource. Informationen sind Grundlage jeder systematischen Marktbearbeitung. Zu den technologischen Entwicklungen, die in diesem Bereich von besonderer Bedeutung sind, zählen:

– *Scanner-Kassen*

Durch scannergestützte Informationssysteme ist es möglich, Käufer- und Artikeldaten direkt und vollständig am Point-of-Sale zu erfassen. Von der artikel- und zeitgenauen Erfassung der Einzelhandelsverkäufe profitierten insbesondere die wissenschaftliche Marktforschung im Bereich der Panel-Forschung (durch erhöhte Reliabilität und Validität der Ergebnisse) und die Marktforschung der Handelsunternehmen. Hier werden Scanner-Daten zur Sortimentsoptimierung und zur Komplementierung geschlossener Warenwirtschaftssysteme genutzt, bei denen der gesamte Warenfluß elektronisch erfaßt werden kann [148].

– *Datenbanken*

Das Database-Marketing verdeutlicht die Anwendungsmöglichkeiten, die sich durch den Aufbau von Expertensystemen für den Marketingbereich, die Nutzung externer Datenbanken und die Verknüpfung mit internen Daten zu eigenen Marketing-Informationssystemen [149] ergeben. Hierbei werden die neuen Informationstechniken für segmentspezifische Marketingstrategien genutzt. Durch die personengenaue Speicherung von Kaufdaten können Kundenwünsche antizipiert, vielversprechende Interessenten identifiziert und treue Kunden belohnt werden. Allerdings müssen hier Vorbehalte gegenüber Mißbrauchspotentialen und datenschutzrechtliche Bestimmungen berücksichtigt werden.

---

[148] Inzwischen ist die Scanner-Kasse ein alltäglicher Anblick im Handel geworden. Allein von 1986 bis 1993 hat sich die Zahl der installierten Systeme mehr als verzwölffacht (von 966 (1986) auf 12187 (1993) (vgl. *Globus*, 1994, und zur europäischen Verbreitung *Leeflang/van Raij*, 1995, S. 382).

[149] Vgl. die Definition von *Kotler/Bliemel*, 1995, S. 181: „*Ein Marketing-Informationssystem* besteht aus Personen, technischen Einrichtungen und Verfahren zur Gewinnung, Zuordnung, Analyse, Bewertung und Weitergabe zeitnaher und zutreffender Informationen, die dem Entscheidungsträger bei Marketingentscheidungen helfen."

ad c) *Kommunikationstechnologien*

Mit dem Begriff der „neuen" Kommunikationstechnologien werden die Weiterentwicklungen bereits existierender Kommunikationstechnologien, wie etwa Telefon, Fernsehen oder Hörfunk, durch die Mikro- und Optoelektronik bezeichnet. Beispiele sind Videotext, Bildschirmtext, Kabel-, Satellitenfernsehen und Rundfunk sowie Video und Bildplattensysteme. Zunehmend erscheinen aber auch schon derartige „neue" Technologien als veraltet. Neben der Verschmelzung der einzelnen Technologien untereinander und mit den Informationstechnologien wird in Zukunft das Internet eine dominante Stellung einnehmen. Die *Abb. 5-2* stellt die für das Marketing wichtigsten Komponenten und Systeme dar, die hier einzuordnen sind (vgl. *Hensmann/Meffert/Wagner*, 1996, S. 9ff.).

❑
Auf der Basis eingegebener Konfektionsgrößen und elektronisch fotografiertem Gesicht ermöglicht das virtuelle Ankleidestudio von Kaufhof einen ersten individuellen Eindruck von der präferierten Bekleidung.

Quelle: Kaufhof Warenhaus AG, Köln

❑
Die Kunden können die Wirkung der Kleidung in verschiedenen Szenarien des sogenannten „Styling-Erlebnisspiegels" in virtuellen Ankleidestudios überprüfen.

Quelle: Kaufhof Warenhaus AG, Köln (Foto von einer Exkursion des Lehrstuhls Markt und Konsum)

Die wichtigsten Plattformen sind derzeit der Computer, das Fernsehen und die CD-Interaktiv-Systeme. Das Medium CD-I basiert auf der CD-ROM, benötigt aber ein spezielles Abspielgerät. Im Massenmarkt hat sich dieses Format deswegen nicht durchgesetzt. Eine wichtigere Rolle spielt es am point of sale (PoS) in Form von Kiosksystemen, unter denen Präsentationssysteme aus Bildschirm und Abspielkonsole mit variablem Inhalt verstanden werden (vgl. *Swoboda*, 1995). Bei dem *Interaktiven Fernsehen* wird das klassische Fernsehgerät um einen Rückkanal zum Sender erweitert (z. B. durch das Kabel oder Telefon) und ermöglicht dem Zuschauer, Einfluß auf das gesendete Programm zu nehmen. Beispiele sind hier Video-on-Demand oder interaktives Home-Shopping (vgl. *Müller/Geppert*, 1996). *PC-gestützte Medien* lassen sich in Offline- und Online-Dienste unterscheiden. Als *Offline-Medium* ist primär die CD-ROM von Relevanz. Sie bietet die multimedialen Möglichkeiten der Verknüpfung von bewegten Bildern, Text und Ton über die Plattform des PC. Neben Lexika, Nachschlagewerken, Büchern oder Software werden über die CD-ROM verstärkt auch Verkaufskataloge vertrieben. Unter *Online-Medien* wird die interaktive Bereitstellung von Informationen über ein externes Netzwerk verstanden (vgl. *Eusterbrock/Kolbe*, 1995, S. 2). Bei geschlossenen (sog. „proprietären") Diensten wird das inhaltliche Angebot von einem zentralen Provider (Anbieter von Internetzugängen) betreut und einem

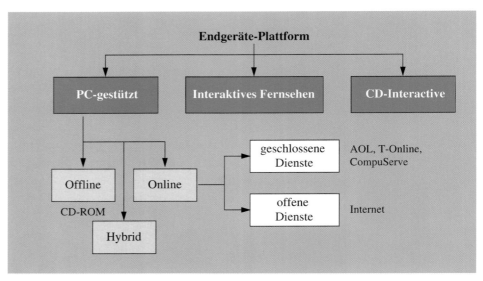

Abb. 5-2: Neue Informations- und Kommunikationstechnologien

geschlossenen Abonnentenkreis angeboten. Im Normalfall, wie bei den Beispielen AOL, T-Online oder CompuServe, beinhalten die geschlossenen Dienste auch einen Zugang zum *offenen Dienst*, dem Internet. Das *Internet* besteht aus einer Verknüpfung vieler kleiner, unabhängig voneinander arbeitenden Computer-Netzwerke. Es gibt hierbei keine zentrale Organisation oder Steuerung. Der Zugang steht prinzipiell jedem Nutzer offen. Sind die technischen Voraussetzungen gegeben, können sowohl Informationen bereitgestellt als auch abgerufen werden. *Hybride Systeme* stellen die Kombination von Online- und Offline-Medien dar, bei der z. B. eine CD-ROM bestehende Online-Strukturen für den Abruf aktueller Daten nutzt. Diese Technik wird zunehmend bei interaktiven Terminalsystemen eingesetzt.

Die Technologieanwendung wirft Probleme der *gesellschaftlichen Akzeptanz* und der Verantwortung für Folgeerscheinungen auf. Die verschiedenen Einschätzungen sozialer, kultureller und ökonomischer Folgen der Technik zeigen die gesamte Bandbreite von euphorischen Beschreibungen paradiesischer Zustände bis zu apokalyptischen Untergangsszenarien. Diese Komplexität und Ambiguität der modernen Technologien stellt für den Soziologen *Ulrich Beck* (1986) eine grundlegend neue Situation dar, für die er den Begriff der „*Risikogesellschaft*" prägte. Seine These besagt, daß im Atom-, Chemie- und Genzeitalter traditionelle Umgangsweisen mit Risiken obsolet sind. Kam früher bei einem Brand die Feuerwehr und zahlte nach einem Verkehrsunfall die Versicherung, so greift heute das traditionelle „Risiko-Versicherungs-Kalkül" nicht mehr. Als Gründe werden angeführt (vgl. *Beck*, 1991, S. 120):

– Die Folgen moderner Technologien sind zeitlich, räumlich und sozial nicht mehr eingrenzbar.

Ein STERN Titel von 1996. Die emotionale Komponente der Angst beherrscht die mediale Diskussion von Risiken.

Quelle: STERN, H. 14, 1996

Ein STERN Titel von 1995. Im Konkurrenzkampf der Medien werden Bereiche des Alltagskonsums schnell zu unheimlichen, individuellen Bedrohungen hochstilisiert.

Quelle: STERN, H. 51, 1995

– Sie sind nicht mehr monokausal nach dem Verursacherprinzip zurechenbar.

– Sie sind nicht mehr kompensierbar, nicht mehr versicherungsfähig.

Dadurch ergibt sich ein Aufeinandertreffen zweier gegenläufiger Entwicklungslinien. Zum einen existiert ein hochentwickeltes Sicherheitsniveau, das auf der Perfektionierung technisch-bürokratischer Normen und Kontrollen basiert. Zum anderen ergeben sich nie dagewesene Großgefahren, die nicht mehr kontrollierbar und verwaltbar sind. Hier sind neue Formen der öffentlichen Meinungsbildung und Entscheidungsbeteiligung notwendig, die sich sowohl abheben von einem medienerzeugten Katastrophen-Zapping (heute das „verseuchte Rindfleisch aus England", morgen die „krebserzeugenden Folgen des Handy") als auch von einer Kompetenzverschiebung zu Expertenrunden („der Wildwuchs der Gefahrenexpertokratie").

Für das einzelbetriebliche Handeln ist eine Bewertung möglicher Folgen technologischer Entwicklungen auch über den eigenen Wirkungskreis hinaus unverzichtbar geworden. Mit dem sog. *Technology Assessment* besteht ein Instrument der Informationsbeschaffung durch systematische Analysen interner und externer, kurzfristiger und langfristiger Folgewirkungen, die sich aus der Anwendung und Verbreitung technologischer Entwicklungen in ökologischer, ökonomischer und gesellschaftlicher Hinsicht ergeben (vgl. *Paschen/Gresser/Conrad*, 1978; *Lohmeyer*, 1984; *Diery*, 1996). Die Umsetzung in verantwortliches Handeln ist aber eine Frage, die nur im Kontext von betrieblichen Wertesystemen und gesellschaftlichen Macht- und Interessenkoalitionen betrachtet werden kann. Hier werden von einigen Unternehmen Verfahren des Dialogmarketing eingesetzt, die eine konsensorientierte Auseinandersetzung mit gesellschaftlichen Anspruchsgruppen herbeiführen sollen (vgl. *Hansen et al.*, 1995).

5.1.1.4 Ökologische Faktoren

Die Entstehung ökologischer Probleme
Spätestens seit Beginn der 70er Jahre [150] wurde offensichtlich, daß die Beanspruchung der natürlichen Umwelt durch die moderne Wirtschaftsweise an ihre Grenzen stieß. Lokale Rohstoff- und Entsorgungsprobleme, globale Phänomene wie der Treibhauseffekt, das Ozonloch und das Artensterben sowie zahlreiche Umweltkatastrophen und -skandale (z. B. Seveso, Bophal, Tschernobyl) hatten ein Bewußtsein für die Bedrohung der Erde geschaffen.

---

150 Wichtige Daten sind hier z. B. der Bericht an den Club of Rome über „Die Grenzen des Wachstums" (*Meadows et al.*, 1972) oder die erste Umweltkonferenz der Vereinten Nationen 1972 in Stockholm.

Abb. S. 189
„Die Grünen" initiierten einen
Wandel in der deutschen Parteien-
landschaft. Ihnen ist es mit zu
verdanken, daß ökologische Probleme inzwischen als feste Bestandteile der politischen Diskussion
anerkannt sind. Das Plakat für die
Europaparlamentswahl von 1979
betont auch ästhetisch den damaligen Unterschied zu traditionellen
Parteien: unkonventionell, farben-
froh und natürlich, statt Perfektion
und steifer Seriosität.

Lokale Umweltkatastrophen sind jedoch keinesfalls ein Phänomen der letzten
20-30 Jahre, sondern spätestens seit Beginn der Industrialisierung eine stete
Begleiterscheinung wirtschaftlicher Tätigkeit. Bereits in *Wilhelm Raabes* 1884
publizierter Erzählung „Pfisters Mühle" beschreibt der Ich-Erzähler, ein
promovierter Philologe, den Niedergang seines Vaterhauses (einer Wassermühle
mit Gastwirtschaft) in Folge einer Flußverschmutzung durch die Abwässer
einer Zuckerfabrik.

„Aus dem lebendigen, klaren Fluß, der wie der Inbegriff alles Frischen und
Reinlichen durch meine Kinder- und ersten Jugendjahre rauschte und murmelte,
war ein träge schleichendes, schleimiges, weißbläuliches Etwas geworden. ...
Schleimige Fäden hingen um die von der Flut erreichbaren Stämme des Uferge-
büsches ... Die besten alten Freunde und urältesten treuen Stammgäste – gelehrte und ungelehrte – gucken nur noch über die Hecke oder in das Gartentor ...
und sagen: 'Mit dem besten Willen es geht nicht länger, ... dieser Gestank kriegt
alles tot!'"
Wilhelm Raabe, zitiert nach Hädecke, 1993, S. 338ff.

Am Ende dieses „ersten deutschen literarisch-ökologischen Werkes" (*Hädecke*,
1993, S. 341), das auf einer wahren Begebenheit beruht, steht nicht der
moralische Zeigefinger, sondern der Verkauf der Mühle an „Fabrikbauer" und
die Beteiligung des Sohnes an einer chemischen Großreinigung, die ebenfalls zur
Flußverschmutzung beiträgt. Das ganze Buch ist also gekennzeichnet durch die
„... tiefe Gespaltenheit und Widersprüchlichkeit von Präsentation und Urteil,
das Hin- und Hergerissensein zwischen Abscheu und Faszination, die Einsicht
in die ... verborgene Verstrickung des einzelnen in das industrielle System."
Wolfgang Hädecke, 1993, S. 343

Die Einwirkung des Wirtschaftens auf die natürliche Umwelt wird in *Abb. 5-3*
deutlich. Hier stellt sich der Zusammenhang dar als Nutzung des biosphärischen
Umsystems durch das sozio-ökonomische System, in dem *Ressourcen* auf der
Inputseite entnommen und nach einer Umwandlung in Produktions-,
Distributions- und Konsumvorgängen auf der Outputseite als *Emissionen und Ab-
fälle* wieder abgegeben werden [151].

Trotz der erzielten Fortschritte im Bereich des Stoff- und Produktrecycling (vgl. z.
B. *Steinhilper/Hudelmeier*, 1993) und des nachsorgenden Umweltschutzes durch
Filter und Reinigungsanlagen, befürchten zahlreiche Wissenschaftler, daß
menschliches Leben auf der Erde langfristig unmöglich werden könnte, wenn die
Natur wie bisher als „Bergwerk" und „Müllkippe" genutzt wird (vgl. z. B.
BUND/Misereor, 1996; *Umweltbundesamt*, 1997).

---

[151] Ansätze zu einer systemischen Betrachtung des Verhältnisses von Marketing und natürlicher Umwelt finden sich bereits bei *Kotler*,
1974[1972], S. 52ff..

❏
Abb. S. 191
Der Halsschmuck von der
Designerin *Leila Albers*, Hannover,
zeigt die Ästhetik von recyceltem
Material.

Quelle: *Leila Albers*, 1998

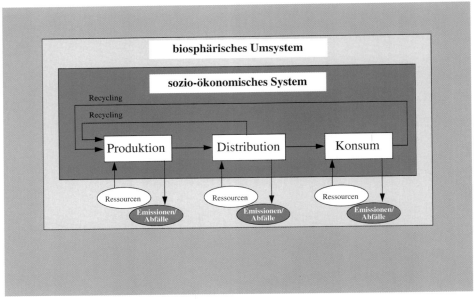

Abb. 5-3: Die Einbettung des sozio-ökonomischen Systems in das biosphärische Umsystem

Nachhaltige Entwicklung als Zielperspektive

Eine solche Entwicklung kann verhindert werden, wenn es gelingt, das
Wirtschafts- und Gesellschaftssystem auf den Pfad eines *Sustainable Development*
zu führen [152]. Das Konzept des *Sustainable Development* wurde 1987 durch den
Bericht der *World Commission on Environment and Development* (sog.
Brundtland-Kommission) in die umweltökonomische und entwicklungspolitische
Diskussion eingeführt. Es gilt spätestens seit der *United Nations Conference on
Environment and Development* im Jahre 1992, der sog. Rio-Konferenz, als
Leitbild für die globale Entwicklung. Die Brundtland-Kommission definierte
Sustainable Development als „… development that meets the needs of the present
without compromising the ability of future generations to meet their own needs."
(*WCED*, 1987, S. 8). Trotz dieses umfassenden Gerechtigkeitsanspruchs, der nur
durch Einbeziehung ökologischer und sozialer Aspekte zu verwirklichen ist, steht
in der gesellschaftspolitischen Diskussion zumindest in den Industrieländern der
Aspekt eines zukunftsfähigen Umgangs mit der Natur eindeutig im Vordergrund
(vgl. z. B. *Matten/Wagner*, 1998). Zur Operationalisierung dieses Begriffes wurden
verschiedene Prinzipien der ökologischen Nachhaltigkeit formuliert, die sich auf
drei Kernregeln reduzieren lassen:

– Bei *erneuerbaren Ressourcen* darf die Abbaurate nicht über der
  Regenerationsrate liegen.

---

152 Der Begriff der Nachhaltigen Entwicklung stammt ursprünglich aus der Forstwirtschaft und bezeichnet hier das Prinzip, Erlöse nur
   aus dem Verkauf der Erträge, nicht durch eine Schädigung des Bestandes zu erzielen.

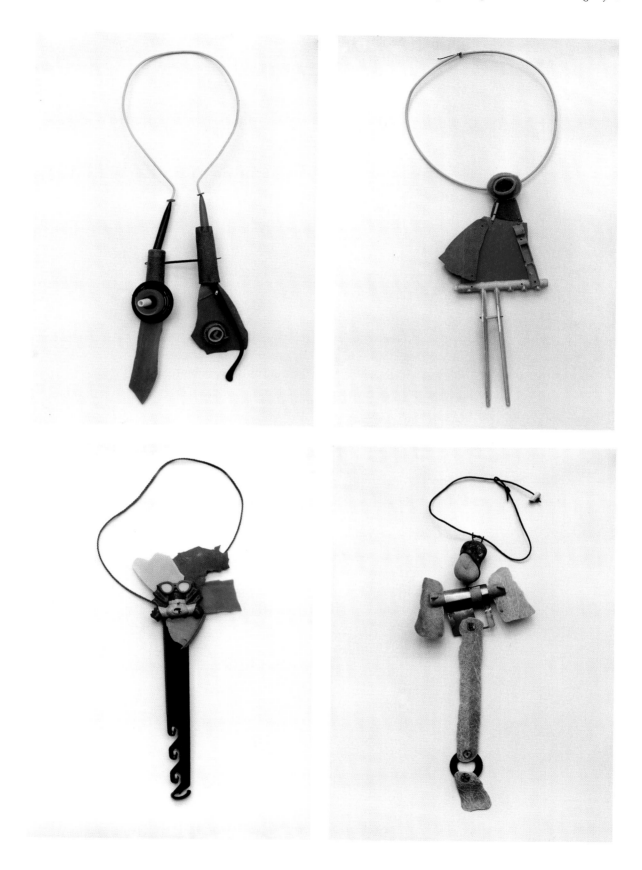

– *Emissionen* in die Umweltmedien Boden, Wasser, Luft dürfen deren Assimilationskapazität nicht übersteigen.

– *Nicht erneuerbare Ressourcen* dürfen nur in dem Maße verbraucht werden, in dem erneuerbare Substitute erschlossen werden [153].

Ökologie als Rahmenfaktor des Marketing
Eine Umsetzung der Prinzipien des Sustainable Development durch ein ökologieorientiertes Marketing wird vielfach durch den spezifischen Charakter ökologischer Probleme erschwert:

– *Wahrnehmbarkeit*
Die besonders bedrohlichen globalen Umweltprobleme wie das Ozonloch und der Treibhauseffekt haben häufig *latenten Charakter*, sind also zumindest für den Laien nicht sinnlich wahrnehmbar.

– *Langfristigkeit*
Ökologische Probleme entstehen häufig erst lange nach ihren Ursachen; gleichfalls sind auch die positiven Wirkungen eines ökologischeren Handelns vielfach erst in einer fernen Zukunft erkennbar [154].

– *Komplexität und Überbetrieblichkeit*
Die Ursachen ökologischer Probleme sind i. d. R. vielschichtig und liegen in der Verantwortung zahlreicher Wirtschaftssubjekte. Isolierte Maßnahmen einzelner Unternehmen oder Konsumenten sind insgesamt unzureichend.

– *Informationsunsicherheit*
Ökologische Probleme sind durch eine diffuse Informationslage gekennzeichnet. Grund dafür sind zum einen exogene Unsicherheiten, also systematische Wissensdefizite aufgrund der spezifischen Komplexität und Langfristigkeit. Zum anderen herrscht im Bereich der Ökologie auch endogene Unsicherheit, die durch eine interessengeleitete, teilweise bewußt verkürzte oder verzerrende Informationspolitik von Unternehmen und gesellschaftlichen Anspruchsgruppen entsteht.

– *Häufige free rider-Situationen*
Die natürliche Umwelt hat weitgehend Kollektivgutcharakter und kann auch von denjenigen Trittbrettfahrern („free ridern") genutzt werden, die sich nicht an ihrem Schutz beteiligen. Entsprechend fallen die Kosten des Umweltschutzes häufig beim einzelnen an, während der Nutzen immer auch der Allgemeinheit zugute kommt.

---

153 Ähnliche Formulierungen finden sich auch in *Umweltbundesamt*, 1997, S. 12; *BUND/Misereor*, 1996, S. 30, und *Enquête-Kommission*, 1994, S. 23f.. Eine dort ebenfalls angegebene vierte Regel, nach der das „Zeitmaß der menschlichen Eingriffe" sich den Zeitmaßen der Ökologie anzupassen hätte, stellt u. E. keinen zusätzlichen Grundsatz dar, sondern eine spezifische Interpretation der ersten drei Regeln.

154 Z. B. galt FCKW jahrzehntelang als umweltverträgliches Kühlmittel. Trotz eines inzwischen fast vollständigen Verzichts auf FCKWs findet noch immer ein Abbau der Ozonschicht statt, der durch Stoffe verursacht wird, die bereits vor mehreren Jahren emittiert wurden.

Diese Merkmale sind dafür verantwortlich, daß ökologische Probleme nicht per se, sondern nur indirekt über ihre Folgewirkungen in der Makro- und Mikro-Umwelt relevante Rahmenfaktoren für das Marketing darstellen.

So erlangen Umweltprobleme in der anthropogenen *Makro-Umwelt* nur dann Relevanz, wenn sie, z. B. durch die Vermittlung von Experten, evident gemacht und von den verschiedenen gesellschaftlich relevanten Akteuren aufgegriffen werden können. Im *sozio-kulturellen* Bereich schlägt sich die Kenntnis der Umweltprobleme bspw. in der Entwicklung ökologisch orientierter Werthaltungen und Lebensstile nieder. Auch das Entstehen von Umweltverbänden wie Greenpeace, BUND (Bund für Umwelt und Naturschutz Deutschland) oder WWF (World Wildlife Fund) ist Folge des Erkennens ökologischer Probleme. Auch im *politisch-rechtlichen* Bereich wird auf diese Entwicklungen reagiert, insbesondere in Form gesetzgeberischer Aktivitäten wie z. B. dem Umwelthaftungsgesetz (1991) und der Verpackungsverordnung (1991) [155]. Als am bedeutendsten für das Marketing wird das 1996 in Kraft getretene „Kreislaufwirtschafts- und Abfallgesetz" angesehen (vgl. *Kirchgeorg*, 1995a; *Wagner/Matten*, 1995). Diese Bedeutung erlangt es vor allem durch die Festschreibung des Grundsatzes Vermeiden vor Verwerten vor Beseitigen" (§ 4) sowie insbesondere durch die lebenszyklusweite Produktverantwortung für jeden, der „Erzeugnisse entwickelt, herstellt, be- und verarbeitet oder vertreibt" (§§ 22-26). Allerdings hängt die konkrete Durchsetzung des Gesetzes davon ab, ob entsprechende produktgruppenbezogene Rechtsverordnungen (z. B. zu Elektronikschrott, Altautos oder Batterien) erlassen werden. Außer durch derartige ordnungsrechtliche Instrumente nutzt der Staat Einflußmöglichkeiten auch durch ökonomische Anreize (z. B. steuerliche Förderung oder Subventionierung ökologischer Innovationen) oder die Vergabe von Umweltzeichen, wie dem 1977 eingeführten „blauen Umweltengel" (vgl. *Wendorf*, 1994, S. 122) [156]. In einer erweiterten Sicht der politisch-rechtlichen Rahmenfaktoren sind hier Bestrebungen zur Integration ökologischer Aspekte in die verbraucherpolitische Arbeit einzuordnen, wie sie z. B. seit 1985 durch die Aufnahme ökologischer Kriterien in die Produktuntersuchungen der Stiftung Warentest vollzogen wurden (vgl. *Moritz*, 1992).

5.1.2 Marktsituation und daraus folgende Aufgaben und Lösungsansätze

In den vorangehend behandelten Phasen wurde gezeigt, daß in der jeweiligen Marktsituation einige wenige markante Entwicklungen zu situationsspezifischen Reaktionen in Praxis und Theorie führten. Die Vorgehensweise orientierte sich da-

---

155 Zu weiteren marketingrelevanten Umweltgesetzen vgl. *Meffert/Kirchgeorg*, 1998, S. 104ff..

156 Der Blaue Engel wurde vom Bundesminister des Inneren und den Umweltministern der Länder ins Leben gerufen und wird heute von der Jury Umweltzeichen vergeben, einem unabhängigen, mit Vertretern heterogener Interessengruppen besetzten Gremium, das organisatorisch dem Umweltbundesamt angegliedert ist (vgl. *Rubik/Teichert*, 1997, S. 318).

bei nicht an einer umfassenden Beschreibung, bei der alle Marktfaktoren detailliert behandelt werden. Vielmehr wurde Wert auf das Typische und Charakteristische einer Phase gelegt. Für die Marktsituation der 80er und 90er Jahre fällt es schwer, sie zu einigen wenigen Charakteristika zu bündeln. Zum einen handelt es sich nicht wie zuvor um eine abgeschlossene Periode, bei der im nachhinein wichtige von unwichtigen Tendenzen und Fehleinschätzungen von zukunftsweisenden Beurteilungen unterschieden werden können. Zum anderen haben die letzten Jahre gezeigt, daß angesichts der unerwarteten und turbulenten Entwicklungen längerfristige Prognosen oftmals schnell revidiert werden müssen.

Im folgenden wird anhand einiger ausgewählter Trends der Versuch unternommen, die gegenwärtige Marktsituation zu beschreiben. Dabei wurden bewußt auch widersprüchliche Trends und Brüche mit einbezogen. Denn wenn es etwas Typisches der gegenwärtigen Situation geben sollte, dann ist es ihre *Heterogenität* und *Disparität*. Insofern endet hier nicht die geschichtliche Betrachtung. Historische Analyse heißt eben nicht, etwas zu untersuchen, was vor langer Zeit passierte. Das hier zugrunde gelegte historische Verständnis zeigt sich auch in der Sichtweise von Gegenwart und Zukunft: ob einfache kausale Beziehungen oder komplexe Verursachungs- und Beziehungsmuster berücksichtigt werden; ob von bekannten Mustern ausgegangen wird oder das Besondere der Situation erkannt wird; ob ein statisches oder dynamisches Denken vorherrscht (vgl. *Fullerton*, 1987, S. 98). Die historische Methode zeichnet sich gerade durch die Betonung des zeitlichen Faktors und des Wandels aus und berührt somit auch den Kern der gegenwärtigen Situation. Basierend auf diesem Verständnis werden als prägnante Merkmale der Marktsituation herangezogen:

a) Marktdynamik und -komplexität,

b) Marktsättigung,

c) Internationalisierung,

d) Individualisierung,

e) Polarisierung zwischen Erlebnis und Versorgung,

f) Sozial-ökologische Sensibilisierung,

g) Machtkonzentration und strategische Allianzen.

ad a) Marktdynamik und -komplexität
Die Entwicklungstendenzen der Rahmenfaktoren haben die komplexen Anforderungen aufgezeigt, denen sich die Anbieter in den nächsten Jahren stellen müssen. Ein wichtiges Merkmal der zukünftigen Marktsituation ist die zu-nehmende Dynamik, die in der Häufigkeit und Stärke einzelner Umwelt-veränderungen sowie in der Irregularität, mit der solche Änderungen auftreten, ihren Ausdruck findet. Produktlebenszyklen werden kürzer, modische Sortimente werden mehrmals pro Saison erneuert, und in Sekundenschnelle lassen sich

Tausende von Einzelpreisen mit einem einzigen Tastendruck ändern. Die „Zeit" ist nicht mehr nur eine Restriktion, sondern ein strategischer Wettbewerbsfaktor (vgl. *Stalk/Hout*, 1990). *Brown* (1995, S. 119) charakterisiert somit die derzeitige Marktsituation mit den Worten: „It is a world where just-in-time is just too late".

In diesem Zusammenhang wird häufig darauf hingewiesen, daß wir uns heute in einem Zeitalter der *Diskontinuitäten und Umweltturbulenzen* befinden [157]. Das Unternehmen muß mit Trends umgehen, die sich nicht mehr auf einige wenige wettbewerbsrelevante Aspekte reduzieren lassen, so daß die gesamte Unternehmensumwelt auf Entwicklungen hin beobachtet werden muß, die sich zudem überlagern und auch gegenläufig auftreten können.

Diese Turbulenzen haben zur Folge, daß

– in der Vergangenheit entwickelte Fähigkeiten und Erfahrungen nur bedingt zur Problembewältigung eingesetzt werden können, da *der Innovationsgrad von Veränderungen* sich erhöht hat,

– der Einsatz von Energie, Ressourcen und Managementkapazitäten zur Regulierung der Beziehungen zwischen Unternehmen und Umwelt zunimmt, da die *Intensität der Anforderungen aus der* Umwelt gewachsen ist,

– die für effektive Reaktionen zur Verfügung stehende Zeit sich verringert, da die Umweltveränderungen in immer *kürzeren Intervallen* auftreten,

– die Reaktionsformen eine Vielzahl von miteinander verbundenen Beziehungen berücksichtigen muß, da die *Komplexität* der Umwelt angestiegen ist (vgl. *Konrad*, 1991, S. 104).

Für die Unternehmen steht deshalb in Zukunft umso stärker die *strategische Orientierung* im Vordergrund. Allein eine langfristige und flexible Planung, bei der Ziele und Ressourcen an die sich ändernden Marktchancen angepaßt werden, ermöglicht es, die Chancen der Umweltdynamik zu nutzen und Risiken zu vermeiden. Eine notwendige Voraussetzung dafür ist die adäquate *Informationsbasis*. Um rechtzeitig auf Umfeldveränderungen reagieren zu können, reicht eine Einbeziehung etwa von ökologischen und sozio-kulturellen Faktoren in die informatorische Grundlage der Entscheidungsbildung allein nicht aus. Es gilt, *Früherkennungssysteme* innerhalb der Unternehmung zu verankern, die neben harten Fakten mehr und mehr qualitative bzw. weiche Daten (schwache Signale) aufnehmen und verarbeiten können (vgl. *Raffée/Wiedmann*, 1987b, S. 204).

ad b) Marktsättigung
In vielen Märkten bestehen nur geringe Wachstumschancen. Auf den Gebrauchsgütermärkten dominiert oft Ersatzbedarf bei weitgehend ausge-

---

[157] Vgl. *Raffée/Wiedmann*, 1987b, S. 187, sowie *Drucker*, 1969, der den Begriff der Diskontinuitäten in die Wirtschaftswissenschaften einführte.

schöpftem Ausstattungspotential, und auf Verbrauchsgütermärkten ist häufig bereits hohe Konsumintensität erreicht (vgl. *Töpfer*, 1992, S. 732). Wenn in derartig strukturell bedingten Marktsituationen rezessive Zustände hinzutreten, so verstärkt sich das Marketingproblem der Stagnation oder sogar Schrumpfung. Der Wettbewerb wandelt sich zunehmend zu einem Nullsummenspiel, in dem ein Anbieter nur noch auf Kosten anderer Anbieter Umsatzzuwächse erreichen kann (sog. Partizipationswettbewerb). In dieser Lage erhöht sich die Notwendigkeit, intensive Konkurrenzanalysen zu betreiben und in die eigenen Markthandlungen die Reaktionen der Wettbewerber einzubeziehen. Die Handlungsspielräume werden enger, so daß unerwartet negative Marktänderungen die Existenzgrundlage einer Unternehmung bereits bedrohen können. So haben in den 80er und 90er Jahren die Insolvenzen steigende Tendenz, wobei zu berücksichtigen ist, daß die Eröffnung von Konkurs- oder Vergleichsverfahren erst als letzte Handlungsmöglichkeit wahrgenommen wird und somit als Resultat vorangegangener Marktkonstellationen gedeutet werden muß.

Dem Marketing wird in dieser Situation eine ambivalente Rolle zugewiesen: Einerseits ist es Hoffnungsträger für die Verbesserung der Unternehmenslage, andererseits bieten Marktsättigungen in rezessiven Konjunktursituationen äußerst erschwerte Bedingungen für seinen Einsatz.

ad c) Internationalisierung

Auf den Märkten entsteht ein zunehmender Wettbewerb durch Anbieter, die ihren angestammten inländischen Absatzmarkt verlassen. Mit den verschiedenen Länderentwicklungen ergeben sich differenzierte Risiken und Chancenpotentiale, die tendenziell zu einer Polarisierung führen. Gewinner der Internationalisierung sind zum einen multinationale Anbieter großer Euro- oder sogar Weltmarken und kleine Anbieter höherpreisiger Nischenprodukte mit spezifischen Vorteilen, wie z. B. lokalem Wissen oder Kontakten. Schwieriger wird die Situation für dazwischen einzuordnende Anbieter mit einer „stuck-in-the-middle"-Strategie.

Folgende Entwicklungen gelten als wichtigste Gründe für die zunehmende internationale Verflechtung der Märkte (vgl. *Kreutzer*, 1989a, S. 519f.):

– *gesättigte Binnenmärkte*
  Wachstumsraten auf Auslandsmärkten werden als Substitution zu einheimischen Absatzproblemen gesehen,

– *Abbau der physischen Distanz*
  Durch einen Ausbau der Verkehrs- und Transportsysteme reduzieren sich die Entfernungen zwischen den Ländern (bezogen auf Zeit, Kosten und Anstrengungen).

– *Abbau der psychischen Distanz*
  Soweit sich Menschen in ihren Einstellungen, Verhaltensweisen und Kenntnissen (z. B. Sprache) annähern, rücken die Märkte der Welt näher zusammen. Dies gilt

für Anbieter und Nachfrager gleichermaßen. Einen großen Einfluß auf derartige Annäherungen haben Kommunikationstechnologien, die sich nicht mehr auf nationale Grenzen beschränken, indem sie zu geteilten, medialen Sozialisationserfahrungen führen. Die weltweit operierenden Medien, wie der Nachrichtenkanal CNN, der Musikkanal MTV, zunehmend Computernetze wie das Internet oder auch im Printmedien-Bereich das „Wall Street Journal", haben die Vision des „globalen Dorfes" (nach dem Medientheoretiker *Marshall McLuhan*) zwar nicht erfüllt, aber näherrücken lassen.

– *Globalisierung des Wettbewerbs*
Die Konkurrenten multinational tätiger Unternehmen entziehen sich zunehmend nationaler Bestimmung und treffen in einer Vielzahl von Ländern auf die gleichen Wettbewerber.

– *Globalisierung der Krisen*
Die internationale Ausrichtung wird auch dadurch bedingt, daß selbst ein Unternehmen, das nur auf deutschen Märkten agiert, immer weniger die globalen Märkte außer Acht lassen darf. Dies zeigt sich z. B. in der Abhängigkeit von übernationalen Institutionen wie dem Finanzmarkt [158]. Zudem wurde im Kontext der „Risikogesellschaft" schon auf die räumliche Entgrenzung der atomaren, gentechnischen und chemischen Risiken hingewiesen. Auch ökologische und soziale Problemfelder machen nicht vor nationalen Grenzen halt. Sie lassen sich sinnvoll nur durch länderübergreifende Koordination der verschiedenen Aktivitäten behandeln. So sind z. B. auch ausschließlich inländisch operierende Unternehmen von der übernationalen Diskussion um Umweltstandards innerhalb der Europäischen Union betroffen.

ad d) Individualisierung
Im Zusammenhang mit den sozio-kulturellen Rahmenfaktoren des Makroumfeldes wurde auf die zunehmende soziale Fragmentierung bis hin zur Individualisierung hingewiesen, die besonders im Konsum ausgelebt wird. Diese Individualisierung bewirkt auf kollektiver Ebene eine Zunahme der interindividuellen Heterogenität. Ein beobachtbares Beispiel dafür ist die Kleidermode, die längst nicht mehr so durchgreifend uniformierend wirkt wie noch in den 60er Jahren. Vielmehr herrscht hier und in anderen Lebensbereichen der Satz vor: „Das ist Geschmackssache!" Diese Entwicklung wird innerhalb des individuellen Konsumentenverhaltens verstärkt durch steigende intraindividuelle Heterogenität (vgl. *Gierl*, 1989, S. 422). Als grundlegendes Verhaltensmuster des „neuen Konsumenten" wird deshalb übereinstimmend seine wachsende Unberechenbarkeit herausgestellt. Er verhält sich – je nach Konsumsituation – widersprüchlich, zeigt in einer Person diametrale Verhaltensstile und gibt sich sprung- und wechselhaft (vgl. *Szallies*, 1990, S. 53).

---

158 So wurde z. B. nach dem Erdbeben Januar 1995 in Kobe/Japan eine weltwirtschaftliche Krise prophezeit, falls das Finanzzentrum Tokio davon betroffen gewesen wäre. Die Finanzkrise in den asiatischen Ländern Anfang 1998 verdeutlichte dann die Realität einer weltweiten Fortpflanzung der Krisen.

❏
Die Benson & Hedges Anzeige von
1995 verdeutlicht das Spannungsfeld der Individualisierung. Die
Argumentation beginnt mit der
Einzigartigkeit jeden Menschens
und endet in der Aufforderung
zum kollektiven Konsum eines
Produktes.

Quelle: *Art Director's Club*, 1996

SIE SIND NICHT IRGENDWER.
RAUCHEN SIE NICHT IRGENDWAS.
BENSON & HEDGES SIMPLY GOLD

Die EG-Gesundheitsminister: Rauchen gefährdet die Gesundheit. Der Rauch einer Zigarette dieser Marke enthält 1,0 mg Nikotin und 13 mg Kondensat (Teer). (Durchschnittswerte nach ISO.)

Infolge dieser Widersprüchlichkeit im individuellen Konsum ist die Rede von der
Ablösung der prototypischen Konsumentenfigur des „Otto Normalverbrauchers"
durch den postmodernen „Markus Möglich". Dieser strebt nicht mehr danach,
einen kohärenten Lebensstil auszudrücken. Vielmehr wird mit Produkten
„gespielt", um von Stimmung und Situation bestimmte (oftmals auch sich
widersprechende) Identitäten zu erleben (vgl. *Ogilvy*, 1990, S. 13).

Mit den Individualisierungstendenzen änderte sich das Verhältnis zwischen
Unternehmen und der sozio-kulturellen Strukturierung der Gesellschaft. Bis in die
70er Jahre dominierte tendenziell ein Verständnis der Marktausweitung über eine
Strategie des „kleinsten Nenners". Bezugspunkt bildete der „Mainstream" der
Gesellschaft, und die Einflüsse von kleineren Gruppierungen beschränkten sich
auf die Übernahme kultureller und symbolischer Innovationen, indem z. B.
modische Anregungen wie zerrissene Jeans aus subkulturellen Bereichen in den
Massenmarkt diffundierten. Inzwischen steht eher die „Mikrosegmentierung" bis
hin zu „segments-of-one" oder das „kundenindividuelle Marketing" im
Vordergrund (vgl. *Becker*, 1994). Insofern kann inzwischen von einem
„Mainstream der Minderheiten" gesprochen werden als Produkt der gegenseitigen
Beeinflussung einer sozialen und marktlichen Entwicklungslogik [159].

---

159 Vgl. dazu aus kritischer Perspektive *Holert/Terkessidis*, 1996. *Frank* (1997) geht sogar soweit, daß er die Interdependenzen von Unternehmen und Subkulturen nicht mehr nur auf symbolische Übernahmen beschränkt sieht. Für ihn stellt sich als qualitativer Umschlag die Prägung der modernen Unternehmenskultur durch die konsumkritischen Werte und Ideologien der „Gegenkultur" dar:
„Corporate America ist not an oppressor but a sponsor of fun, provider of lifestyle accoutrements, facilitator of carnival, our slang-
speaking partner in the quest for that ever-more apocalyptic orgasm. The countercultural idea has become capitalist orthodoxy …
[Advertising] counsels not rigid adherence to the tastes of the herd but vigilant and constantly updated individualism." (*Frank*, 1997,
S. 34).

❏
In den Levis Kampagnen von 1986 (hier in dem englischen Popkultur Magazin ID) steht die Wandlungsfähigkeit eines Produktes durch das Zusammenspiel mit anderen Produkten im Mittelpunkt.

Quelle: Worldwide Manual of Style i-D, No. 37, 1986

❏
Soziale Identitäten wurden nicht mehr durch einzelne Marken, sondern durch sogenannte „Produkt-Konstellationen" definiert und kommuniziert.

Quelle: Worldwide Manual of Style i-D, No. 33, 1986

ad e) Polarisierung zwischen Erlebnis und Versorgung

Im Zusammenhang mit der ökonomischen Entwicklung wurde bereits auf die Einkommenspolarisierung hingewiesen. Diese bietet eine Basis für die Polarisierung der Märkte zwischen Luxus und Erlebnis einerseits und Lebensnotwendigkeit und Versorgung andererseits. Dieser Trend wird vorangetrieben durch eine wachsende Bedeutung des *Konsums als Erlebnis* und damit einer inhaltlichen Wertorientierung auf der Seite des ökonomischen Wohlstandes. Beim Kauf wird tendenziell weniger gefragt: „Was möchte ich *haben*, was ich noch nicht habe", sondern: „Was möchte ich *erleben*, was ich noch nicht erlebt habe."

Gerhard Schulze (1992, S. 427ff.) führt in seinem Buch „Die Erlebnisgesellschaft" als Charakteristika der gegenwärtigen Erlebnisnachfrage auf:

– Erlebniskonsum ist *innengerichteter Konsum*. Er verweist auf Prozesse, die sich im Individuum ereignen. Eine Brille wird z. B. gekauft, weil „sie gut zu mir paßt", ein Auto, weil „es mir Spaß macht".

– Erlebniskonsum birgt *Unsicherheit* und *Enttäuschungsrisiko*. Es fragt sich für

❑
Die Restaurantkette „Planet Hollyoood" verwendet das Themengebiet Kino-Welt zur Inszenierung einer Erlebniswelt, in der die gastronomischen Angebote den Charakter von Zusatzleistungen annehmen.

Quelle: *Petra Buchholz* (Foto)

den Konsumenten, ob es gelingt, das erwartete Erlebnis zu produzieren. Produkte können dabei nur als Zutaten für die subjektiven Erlebnisse gesehen werden.

Wenn sich die Erlebnisorientierung mit der oben angesprochenen intraindividuellen Heterogenität verbindet, dann erklärt sich, daß Konsumenten mit niedrigem Einkommen nicht nur ausschließlich Versorgungsgüter kaufen und Besserverdienende dem Erlebniskonsum nachgehen. Das Prinzip des „Entweder oder" wurde abgelöst durch das Prinzip des „Sowohl als auch". Mal muß es der teuerste Champagner sein, dann wird bei ALDI eingekauft, heute wird bei McDonald's gegessen, morgen im Luxusrestaurant (vgl. *Gierl*, 1989, S. 425). Dabei ist natürlich zu beachten, daß diese allumfassende Option asymmetrisch verteilt ist, weil sie Konsumenten am unteren Ende der Einkommenspyramide nur sehr partiell ökonomisch zur Verfügung steht.

Die Polarisierung zwischen Erlebnishunger und Versorgungspflicht führt auf der Angebotsseite zu einer Polarisierung des Markenangebots. Bei Gütern und Dienstleistungen, die dagegen die „Masse" erreichen sollen, sind deswegen zunehmend Schwierigkeiten zu erwarten. Die Polarisierung schlägt sich auch in der Branchenstruktur nieder. So sind hohe Wachstumsraten der „Erlebnis- und Erfahrungsindustrien" zu beobachten. Zu den hier expandierenden Branchen zählen z. B. die Unterhaltungs-, Freizeit- und Tourismusindustrie, der Kunstbereich, aber auch die Drogenindustrie (vgl. *Ogilvy*, 1990, S. 14). Im Handel entwickelt sich auf der einen Seite der qualitätsorientierte *Erlebnishandel*, der freizeitgerechte Einkaufssituationen schafft, die als stimulierend empfunden werden, z. B. durch Shopping Malls mit kulturellen Angeboten wie Lesungen und

Konzerten (vgl. *Ahlert/Schröder*, 1990; *Weinberg*, 1992, S. 148f.; *Esch/Meyer*, 1995). Auf der anderen Seite ist der reine Versorgungshandel erfolgreich, indem er Funktionsverlagerungen auf den Konsumenten durchführt (Direktabhollager, self-scanning) und über den Preis eine Kundenbindung realisiert.

ad f) Sozial-ökologische Sensibilisierung

Auf der Ebene sozial-kultureller Faktoren der Makroumwelt ist das sozial-ökologische Verantwortungsbewußtsein als Wertetrend in einem Teil der Bevölkerung angesprochen worden. Er führt zu wachsender Sensibilisierung gegenüber den sozialen und ökologischen Dimensionen von Produktion, Distribution und Konsum. Ein umfassendes Verständnis des Konsums korrespondiert mit der zunehmenden Verbindung von Konsum und persönlichen Einstellungen und Überzeugungen. Daraus erheben sich Fragestellungen wie: Dose oder Mehrwegflasche? Fair gehandelter Kaffee oder Billigmarken vom Discounter? Fleischkonsum als Tierschützer? Kauf in einer Drogeriekette, die ihre Angestellten nur unzureichend tariflich absichert?

Früher beschränkte sich das Bewußtsein, daß über Konsum oder Konsumverweigerung ökologische oder soziale Handlungsweisen der Unternehmen positiv oder negativ sanktioniert werden können, auf eine bereits politisierte Kerngruppe. Heute zeigt sich dieser Ansatz in differenzierter Form in unterschiedlichen Konsumentensegmenten. Ein verantwortliches Konsumentenverhalten steht somit keineswegs in einem prinzipiellen Gegensatz zu den Individualisierungs- und Erlebnistrends, sondern wird Bestandteil eines intraindividuell variierenden Konsumentenverhaltens.

Eine empirische Erhebung in Zusammenarbeit von *EMNID* und dem *imug*-Institut belegt, daß die unternehmerische Verantwortung in einem breiten ökologischen und sozio-ökonomischen Spektrum gesehen wird (vgl. *Abb. 5-4*).

In der sozial-ökologischen Sensibilisierung der Konsumenten liegt für die Unternehmen und die Entwicklung ihrer Märkte ein unterschiedliches Chancen- und Risikopotential. Für sie ist es ökonomisch relevant, welches Marktpotential sich in dem jeweiligen Branchen- und Unternehmensmarkt strategisch daraus ergeben könnte, d. h. wie weitgehend Konsumenten ein sozial-ökologisch orientiertes Unternehmensverhalten honorieren, bzw. Fehlverhalten sanktionieren würden. Eine Voraussetzung stellt die angemessene Informationsvermittlung dar (vgl. *Hansen/Schoenheit/Devries*, 1994, S. 236ff.). Zur diesbezüglichen Unterstützung wurde dazu ein sozial-ökologischer Unternehmenstest [160] als Verbraucherinformation entwickelt, der den sozial-ökologisch sensibilisierten Konsumenten helfen soll, ihre Konsumziele zu realisieren und darüber hinaus für

❏
Die deutsche Version des sozial-ökologischen Unternehmenstests.

Quelle: Buchtitel

---

160 In den USA wurde dieser Unternehmenstest vom Council on Economic Priorities unter dem Titel „Shopping for a Better World" entwickelt und verbreitet. Für Deutschland vgl. *imug*, 1995.

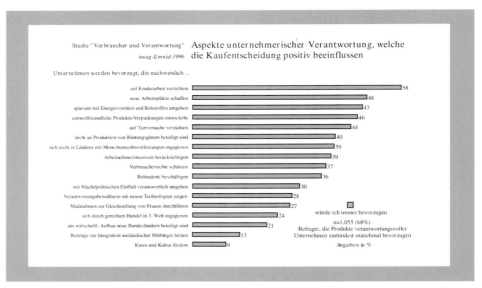

Abb. 5-4: Kaufentscheidung und unternehmerische Verantwortung (Quelle: imug, 1997, S. 63)

die in diese Richtung orientierten Unternehmen eine Positionshilfe im Markt bietet.

ad g) Machtkonzentration und strategische Allianzen
Die Märkte sind durch zunehmende Konzentration gekennzeichnet. Dies betrifft zum einen den Handel und ist somit eine Fortsetzung der Kooperations- und Konzentrationsbewegung, wie sie bereits für die 70er Jahre festgestellt wurde. So vereinten 1997 in der besonders von Konzentration heimgesuchten Lebens- mittelbranche die Top 10-Unternehmen 82% des Branchenumsatzes auf sich (vgl. *o.V.*, 1998, S. 4). Zum anderen ist aber auch der industrielle Sektor davon betroffen, in dem zunehmend große multinationale Konzerne das Bild beherrschen.

Als Begründungen dieses Konzentrationsprozesses werden aufgeführt (vgl. *Gueck/Heidel/Kleinert*, 1992, S. 204f.):

– Verhinderung des Zustroms neuer Konkurrenten durch hohe Markteintrittsbarrieren,

– technisch bedingte Mindestproduktionsgrößen zur kostenminimalen Produktion,

– steigende Aufwendungen für Forschung und Entwicklung bei gleichzeitig kürzeren Lebenszyklen,

– Globalisierung des Wettbewerbs,

– Akquisition von Konkurrenten als Strategie im Verdrängungswettbewerb bei stagnierenden Märkten.

Spezifisch für die Beziehungen zwischen Hersteller und Handel können countervailing power-Prozesse wechselseitiger Machtimpulse als Erklärung herangezogen werden, die mit Vorwärts- und Rückwärtsintegrationen verbunden sind.

In den letzten Jahren verstärken sich die Formen beteiligungsloser Verbindungen zwischen Unternehmen. Hier sind vor allem die strategischen *Kooperationen und Allianzen* zu nennen (vgl. *Kap. 5.2.4.3*). Strategische Kooperationen bezeichnen eine zeitlich befristete Zusammenarbeit von zwei oder mehr Unternehmen. Bei längerfristigerem Charakter wird von einer strategischen Allianz gesprochen. So können sich funktionale Kooperationen in einer gemeinsamen Forschung und Entwicklung oder Vertriebsorganisation zeigen, während regionale Kooperationen die Zusammenarbeit auf bestimmten regionalen Märkten bezeichnen. Schränken derartige Kooperationsverträge den Wettbewerb ein, fallen sie unter das Verbot des §1 I GWB (vgl. *Götz*, 1992, S. 1108) [161].

Besonders intensiv wurden derartige Kooperationen in Technologie-intensiven und dynamischen Branchen durchgeführt. Neben der Komplexität moderner Technologien, die ein Zusammenbringen spezifischer Know-how-Potentiale erfordern, stehen die von einzelnen Unternehmen oft nicht mehr zu tragenden F&E Kosten im Vordergrund. Dominierten in den 80er Jahren noch Firmenzusammenschlüsse und Übernahmen, so haben in den 90er Jahren die strategischen Kooperationen und Allianzen stark zugenommen.

---

[161] Beispiele für europaweite Kooperationen im Handel sind ERA (European Retail Alliances) von den Supermarktketten Ahold (Niederlande), Argyll (UK), Casino (Frankreich) und Allkauf (Deutschland) sowie Eurogroups durch Vendex (Niederlande), UK-Inno-BM (Belgien) und Rewe Zentrale (Deutschland) (vgl. *Leeflang/van Raij*, 1995, S. 379; *Lingenfelder*, 1996; *Zentes*, 1997). Während die erstere Gruppe auf europäischer Ebene bei Einkauf, Verkaufsförderung und Produktentwicklung zusammenarbeitet, beschränkt sich die Zusammenarbeit in dem letzteren Beispiel auf den gemeinsamen Einkauf von Lebensmitteln.

❑
Abb. S. 204
Knapp sechs Jahre nach Gründung des ersten Marketing-Lehrstuhls begann 1975 die Zeitschrift „absatzwirtschaft" eine Serie von Lehrstuhlportraits. Zu den ersten Portraits zählten mit der jeweiligen Originalüberschrift:

„Münsteraner Mittelstürmer" (1975): Westfälische Wilhelms-Universität Münster, *Heribert Meffert*

„Augsburger Denkfabrik" (1976): Universität Augsburg, *Paul W. Meyer*

„Die Multivariaten von Nürnberg" (1976): Friedrich-Alexander-Universität Erlangen-Nürnberg, *Erwin Dichtl*

„Der Menschenfreund aus Mannheim" (1977): Universität Mannheim, *Hans Raffée*

„Marketing hoch drei" (1978): Freie Universität Berlin, *Günter Haedrich, Karl-Heinz Strothmann, Burkhard Strümpel*

„Der Marketing-Detektor" (1978): Universität des Saarlandes Saarbrücken, *Werner Kroeber-Riel*

„Professor im vierten Semester" (1979): Universität Regensburg, *Franz Böcker*

„Marketing im Duett" (1980): Ruhr-Universität-Bochum, *Werner Hans Engelhardt, Peter Hammann*

„Göttinger Triumvirat" (1981): Georg-August-Universität Göttingen, *Hans Knoblich, Ernst Gerth, Bartho Treis*

„Professor mit Charme" (1982): Universität Hannover, *Ursula Hansen*

„Professor der zweiten Generation" (1982): Universität Bayreuth, *Hermann Freter*

„Anlagen sein Anliegen" (1983): Johannes Gutenberg-Universität Mainz, *Klaus Backhaus*

5.2 Konsequenzen für die Marketingtheorie und ihre Anwendung

Die Marketingwissenschaft ist – wie die vorangegangenen Ausführungen gezeigt haben – eine noch relativ junge Wissenschaft. Angesichts der fast zweitausendjährigen Tradition einer philosophischen Disziplin ‘Ökonomie', muß die Marketingtheorie mit ihrer noch nicht einmal hundertjährigen Geschichte wie ein Produkt in der Einführungsphase seines Lebenszyklus erscheinen. Versteht man die Marketingwissenschaft i. e. S., so hat sie in Deutschland, beginnend bei den ersten Marketinglehrstühlen (*Heribert Meffert*, 1969 in Münster), gerade einmal ihr 25-jähriges Jubiläum gefeiert.

Seit ihrer Entstehung hat sich das Profil der Marketingtheorie stark verändert. Es war ein weiter Weg von der Beschreibung des distributiven Systems, welches die landwirtschaftlichen Produkte vom Produzenten zum Konsumenten durchlaufen, bis zur Analyse und Gestaltung von sozio-ökonomischen Austauschprozessen. Theoretische Bausteine wurden entwickelt, wieder verworfen oder – innerhalb eines Prozesses der ständigen Modifikation – in das Gedankengebäude eingefügt, das den heutigen Stand der Marketingwissenschaft ausmacht.

In den folgenden Kapiteln setzen wir uns mit dieser Theorieentwicklung der 80er und 90er Jahre auseinander. Dazu haben wir die nach unserem Ermessen wichtigsten theoretischen Ansätze ausgewählt, deren Bedeutung nicht nur quantitativ an dem Aufkommen wissenschaftlicher Beiträge, sondern auch qualitativ an dem aktuellen Problemgehalt zu beurteilen ist. Die unvermeidbare Subjektivität dieses komplizierten Auswahlprozesses wurde bereits im Rahmen des *Kapitels 1.2.1* als wissenschaftstheoretisches Problem der historischen Methodik dargestellt. Sie dürfte aber gerade Marketingwissenschaftlern auch als Phänomen von subjektiven Prädispositionen und selektiver Wahrnehmung nicht ungeläufig sein. Die verschiedenen Marketingansätze werden jeweils in ihrem historischen Kontext begründet, hinsichtlich ihres Identitätskerns analysiert und in ihrer instrumentellen Konzeption beschrieben. Es folgt vor dem Hintergrund des historischen Kontextes der Versuch einer Stellungnahme zu den zu erwartenden zukünftigen Perspektiven. Die meisten der zu besprechenden Ansätze sind noch sehr jung, so daß eine endgültige Würdigung unangemessen wäre. Hier ist *Holbrook* (1987, S. 108) zu folgen, der – bezogen auf die junge interpretative Konsumentenforschung – neue theoretische Ansätze mit einem Baby verglich, dem eine Chance zur Entwicklung gegeben werden sollte: „Who knows? It might grow up to be a prince."

Wir unterscheiden im folgenden drei theoretische Arbeitsfelder. Als Basis gelten *Theorien zur Verhaltens- und Informationsgrundlage*, wobei mit der Konsumenten- und der Marktforschung Bereiche der Weiterentwicklung angesprochen werden, während die Informations- und Institutionenökonomie neue Ansätze einer Rückbesinnung auf ökonomische Ursprünge enthält. Den wesentlichsten Anteil hat der *Ausbau der Marketingmanagement-Theorie*. Hier wurde zunächst mit den polaren Prinzipien der Ausdifferenzierung und Integration eine Klammer theoretischer Entwicklungen hergestellt. Die Weiterführung der Marketinginstrumente als klassischem Bereich der Marketing-theorie wurde sehr kurz gehalten, weil zum einen in diversen grundlegenden Lehrbüchern gerade hier der Schwerpunkt gelegt wird und weil zum anderen aktuelle Problemfelder der Marketingtheorie aufgezeigt werden, in denen neue Anwendungen der Marketinginstrumente realisiert sind. Hier haben - nach unserem subjektiven Ermessen - das Nachkauf- und Beziehungsmarketing, das Dienstleistungsmarketing, das Internationale Marketing und das Electronic Marketing als Konzepte der Marketingmanagement-Theorie herausragende Bedeutung. Sie werden in wechselseitiger Beziehung zu den Rahmenfaktoren des Marktes (vgl. *Kap. 5.1.1.*) dargestellt.

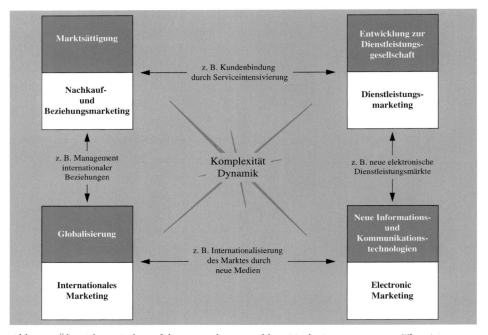

Abb. 5-5: Übersicht zu Rahmenfaktoren und ausgewählten Marketingmanagement-Theorien

Es folgt als dritter Theoriebereich der Komplex der *Erweiterungs- und Vertiefungskonzepte*, wobei neben Weiterführungen auch hier Neuentwicklungen nachzuzeichnen sind.

5.2.1 Erfolge und Krisen: Die zwei Gesichter der Marketingwissenschaft

In den Einschätzungen zum gegenwärtigen Stand lassen sich zwei extreme Positionen unterscheiden: Auf der einen Seite wird mit Stolz auf die bisherigen *Erfolge* zurückgeblickt und dem Marketing eine noch verheißungsvollere Zukunft vorausgesagt; auf der anderen Seite gibt es Einschätzungen, die von Unsicherheit, Zweifeln und Ängsten gekennzeichnet sind. In dieser Sichtweise befindet sich die Marketingwissenschaft in einer *Krise*, und es wird die Frage gestellt, ob das Marketing überhaupt eine Zukunft habe. Stellvertretend können hierzu folgende Zitate angeführt werden:

Marketing als Erfolgsgeschichte	*Marketing als Krisengeschichte*
„Es besteht kein Zweifel, daß das Marketing in den letzten 30 Jahren einen imposanten Aufstieg in Wissenschaft und Praxis genommen hat." (*Meffert*, 1994c, S. 4)	„Die Disziplin sieht sich zunehmender Kritik ausgesetzt, und die Krisensymptome mehren sich." (*Meffert*, 1995c, S. 32)
„Marketing breitet sich als bewußt betriebene Managementfunktion aus, da immer mehr Organisationen im Wirtschaftssektor, im Non Profit-Sektor und auf internationaler Ebene in vielen Wirtschaftssystemen erkennen, auf welche Weise Marketing zu besseren Leistungen im Markt und zur Wohlfahrt der Gesellschaft beitragen kann." (*Kotler/Bliemel*, 1995, S. 45.)	„Wir [gemeint sind die Marketingwissenschaftler, U.H./M.B.] werden völlig verkannt. Man sieht nicht, wie nützlich wir für die Gesellschaft sind." (*Dichtl*, 1995, S. 54)
„In den neunziger Jahren wird eine Marketingrevolution die Geschäftswelt überrollen. Die Topmanager werden die entscheidende Bedeutung des Marketing für die Zukunft ihres Unternehmens begreifen und dieses neue Denken entsprechend durchsetzen." (*Clancy/Shulman*, 1993[1991], zitiert nach *Schütz*, 1994, S. 32)	„Trotz erheblicher Anstrengungen in den letzten zwanzig Jahren ist der Einfluß der entscheidungsorientierten Marketingwissenschaft auf die Praxis vergleichsweise beschränkt geblieben." (*Simon*, 1986, S. 212)
„As the population of the world increased dramatically and marketing struggled to continually advance the general standard of living for this growing populace, many members of society began to realize that some critical resources in the environment were being placed in jeopardy. … Fortunately, the marketing discipline	„… for all its mock-scientific posturing, for all its self-satisfied claims to the contrary, for all the facile addenda on the ‘managerial implications' of published papers, for all the grandiose predictions of impending accomplishment, marketing scholarship has actually achieved very little of practical, implementable worth in the

has responded to society's call for greater analysis of marketing's impact on the environment."
(*Sheth/Gardner/Garrett*, 1988, S. 5f.)

post-war period."
(*Brown*, 1996, S. 252)

Um diese auf den ersten Blick völlig konträr zueinander stehenden Positionen genauer zu betrachten, kann für drei Anwendungsbereiche gefragt werden, was die Marketingwissenschaft erreicht hat:

a) für den *wissenschaftlichen* Bereich,

b) für die *Unternehmenspraxis*,

c) für den *gesellschaftlichen* Bereich.

ad a) Marketingtheorie und Wissenschaft
Für eine *Erfolgsgeschichte* spricht, daß die Marketingwissenschaft inzwischen eine akzeptierte und anerkannte wissenschaftliche Disziplin ist. Ihre *institutionelle Verankerung* zeigt sich sowohl in der Anzahl von Marketinglehrstühlen und Marketingprofessuren [162], als auch in Institutionen wie der 1971 gegründeten heutigen Kommission Marketing im Verband der Hochschullehrer für Betriebswirtschaft. Allein in Deutschland existieren inzwischen ca. 120 Fachzeitschriften zum Themenbereich Marketing (vgl. *Pälike*, 1995, Sp. 2792). Soweit ein Wissenschaftserfolg überhaupt *quantitativ* meßbar ist, wird man selbst bei einer kursorischen Sichtung von Marketingartikeln und Büchern der letzten Jahre die Aussage bestätigt finden, daß Marketing einen großen Raum einnimmt (vgl. *Baker*, 1995b, S. 1016). In *qualitativ-inhaltlicher* Hinsicht zeigt sich heute eine Methoden- und Themenvielfalt, in der sich breite wissenschaftliche Kompetenz widerspiegelt. Das Spektrum marketingwissenschaftlicher Arbeiten reicht von Besucherproblemen der Kirchen bis zu Absatzkrisen afrikanischer Marktsysteme, und magische Konsumerfahrungen bei Wildwassertouren sind ebenso Thema wie das Abfall-Sortierverhalten der Konsumenten. Methodisch gesehen werden statistische Verfahren und mathematische Modelle, wie mehrdimensionale Skalierung, Conjoint Analyse oder LISREL, gleichermaßen angewendet wie semiotische Symbolanalysen oder ethnologische Feldforschungen.

In historischer Perspektive wird bei dieser Vielfalt ein *evolutionärer* Weg der Marketingwissenschaft positiv hervorgehoben, der folgende im weiteren zu besprechende Elemente umfaßt (vgl. *Bartels*, 1988, S. 242):

– von *engeren* Konzepten zu *erweiterten*,

– von *ökonomischen* zu *sozialen* Betrachtungsweisen,

---

162 Unter den speziellen Betriebswirtschaftslehren ist die Marketingwissenschaft in Österreich, der Schweiz und in den alten Bundesländern mit 86 von 715 betriebswirtschaftlichen Hochschullehrerstellen die stärkste Fraktion (vgl. *Schütz*, 1994, S. 34).

– vom *Eigennutz* zur *sozialen* Verantwortlichkeit,

– von der *Aktion* zur *Interaktion*,

– vom *Provinziellen* zum *Globalen*,

– vom *Instrumentalen* zum *Prozessualen*.

Die Vertreter einer *Krisengeschichte* setzen an der Vielfalt der Marketing-wissenschaften an und sehen in ihr weniger Vorteile als Nachteile. Die hohe Dynamik der Ausdifferenzierung von Konzepten enthält für sie nicht nur die Gefahr einer Zersplitterung, sondern die Tendenz, immer spezieller, dabei aber auch immer irrelevanter zu werden: „... the discipline has become almost cluttered with a dizzying array of theories that have considerable depth but also an appalling lack of breadth." (*Sheth/Gardner/Garrett*, 1988, S. 15). Nach dieser Lesart befindet sich die Marketingtheorie in einer *Kompetenzkrise*. Zunächst zeigen sich Unsicherheiten über ihren disziplinären Kern und darüber, in welche Richtung die zukünftige Entwicklung vorangetrieben werden soll. Weit verbreitet ist die Ansicht, daß ein neues Paradigma der Marketingtheorie kurz vor seiner Blüte steht und das traditionelle Marketing von Grund auf verändern wird. Diskrepanzen herrschen aber über die Auffassungen bezüglich der Art des neuen Paradigmas. Unter den Anwärtern finden sich ausgearbeitete Ansätze wie das ökologieorien-tierte Marketing oder das Beziehungsmarketing, aber auch eine Vielzahl von Konzepten, „... deren Sinngehalt und Gebrauch oft zweifelhaft ist." (*Meffert*, 1994d, S. 9). In der Zunahme von Konzepten, wie New Marketing, Fraktales Marketing, Interfusions-Marketing, Postmodernes-, Mega-, Maxi- oder Guerilla-Marketing, kommt demnach die *fehlende Kohärenz* der Marketingtheorie zum Ausdruck. Damit in engem Zusammenhang steht die Einschätzung, daß sich in den letzten Jahren ein *abnehmender Grenzzuwachs von Erkenntnissen* gezeigt hat. Dies wird dann zu kompensieren versucht durch die Erweiterung bis hin zur Subsumption fremder Forschungsgebiete oder der Umformulierung bestehender Erkenntnisse (vgl. *Baker*, 1995b, S. 1003f.). In der Einschätzung der Krisenver-treter hat die Marketingtheorie die Einführungsphase längst hinter sich und zeigt typische Erscheinungen für ein Produkt in der Reife- und Sättigungsphase.

Als weiterer Einflußfaktor für die wissenschaftliche Krise der Marketingtheorie wird die *konzeptionelle Vereinnahmung* klassischer Marketingkonzepte durch andere Disziplinen gesehen. So werden bspw. disziplinäre Positionseinbußen befürchtet, wenn Ingenieurswissenschaften traditionelle Marketingkonzepte wie „Qualität" und „Kundenorientierung" im Rahmen der Zertifizierungsprozesse definieren und diese zu Bestandteilen von Managementkonzeptionen wie dem Total Quality Management werden (vgl. *Stauss*, 1994).

ad b) Marketingtheorie und Unternehmenspraxis
Im Sinne einer *Erfolgsgeschichte* kann darauf verwiesen werden, daß das Marketing als duales Führungskonzept einen hohen Stellenwert in der Praxis besitzt. Zum Ausdruck kommt dies im Marketing als gelebter Unternehmens-

philosophie und als gleichberechtigter Unternehmensfunktion. Möglich wurde dies durch die Flexibilität der Marketingtheorie, die dynamische Markt- und Umfeldveränderungen in unternehmensrelevante Handlungskonzeptionen umzusetzen vermochte. Nicht nur in der privaten Wirtschaft, sondern auch in öffentlichen Unternehmen wird in der kundenorientierten Unternehmensführung eine mögliche Zukunftsperspektive gesehen, um auf den weiter zunehmenden Wettbewerbsdruck zu reagieren. Zahlreiche Studien belegen zudem empirisch den engen Zusammenhang zwischen praktiziertem Marketing und Unternehmenserfolg (vgl. z. B. *Narver/Slater*, 1990; *Fritz*, 1993, 1995a, 1997). Diese Beziehung zeigt sich übergreifend für Unternehmen unterschiedlicher Größe und unabhängig von Branche oder geographischem Kontext [163]. Umgekehrt weisen diejenigen Unternehmen den geringsten Unternehmenserfolg auf, die Schwächen in der Marketingumsetzung besitzen. Sie haben oft kein klar umrissenes Image, ihnen fehlt Verständnis der spezifischen Stärken und Schwächen des eigenen Unternehmens, und sie sind zu wenig in der Lage, sich auf verändernde Marktsituationen und Kundenbedürfnisse einzustellen.

In der Sichtweise der *Krisenvertreter* stellt sich weniger die Frage nach der Relevanz des Marketing schlechthin für die Praxis, sondern nach der spezifischen Konzeption einer für die Praxis relevanten Marketingtheorie. Die Einschätzung einer *Praxiskrise* wird damit begründet, daß für die heutige und zukünftige Unternehmensrealität das traditionelle Marketingkonzept keine adäquaten Handlungsempfehlungen mehr liefert. Zum einen verliert das Marketing in der Unternehmensrealität als spezielle Unternehmensfunktion an Bedeutung, was sich z. B. im Abbau funktionaler Organisationsmuster und einem stellenübergreifenden, prozessualen Marketingverständnis niederschlägt (vgl. *Day*, 1996, S. 15). Zum anderen wird eine Auflösung von klaren Grenzen in einem erweiterten Kontext gesehen. Demnach wird es immer schwerer, den Übergang von einem Unternehmen zum Markt, zu der externen Umwelt oder zu externen Dienstleistern oder Zulieferern zu bestimmen (vgl. *Webster*, 1992, S. 12). Während also die Unternehmensrealität vor den Herausforderungen durch das Prozeßdenken, durch strategische Allianzen und vernetzte Organisationsmuster stand, beharrte die Marketingtheorie zu lange auf dem funktionalen Verständnis inmitten einer vermeintlich von einfachen Geschäftskontakten geprägten Marktsituation. Hier hat allerdings in den letzten Jahren innerhalb der Marketingtheorie eine intensive Beschäftigung mit neuen, prozessualen Konzeptionen eingesetzt, die als Antwort auf die neuen Problemlagen der Praxis zu verstehen ist [164]. Auch die von *Tietz* (1993c, S. 160, 162) kritisierten „Forschergettos" mit mangelndem Forschungstransfer zur Praxis müssen im Licht der neueren Entwicklungen abgemildert werden. Dem widerspricht nicht nur die empirische Forschung zu

---

[163] Vgl. hierzu den Literaturüberblick bei *Kheir-El-Din*, 1991.

[164] Ausgehend von einer Anfang der 90er Jahre empirisch belegbaren Lücke zwischen Marketingwissenschaft und -praxis haben *Meffert/Kirchgeorg* 1994 Hochschullehrer nach wichtigen Forschungsfeldern der nächsten Jahre befragt. In den hoch bewerteten Forschungsfeldern, wie Kundenbindungsmanagement, Business to Business-Marketing, Internationales Marketing und Total Quality Management, sehen sie die Umsetzung praxisbezogener Anforderungen (vgl. *Meffert/Kirchgeorg*, 1994b, S. 576).

realen Schlüsselvariablen und Erwartungen von Marketingmanagern (wie z. B. bei *Meffert/Kirchgeorg*, 1994a), auf deren Grundlage marketingtheoretisch gearbeitet wird, sondern auch die zunehmende Antizipation und Integration von potentiellen Implementierungsproblemen der Praxis.

ad c) *Marketingtheorie und Gesellschaft*

Als *Erfolg* kann für die Marketingwissenschaft in Anspruch genommen werden, daß sie sich ihrer gesellschaftlichen Verantwortung gestellt und auf die Notwendigkeit einer Integration sozialer und ökologischer Anliegen in die unternehmerische Praxis hingewiesen hat. Im Rahmen nachkauf- und beziehungstheoretischer Konzeptionen wurde gezeigt, daß die Kunden in ihren Bedürfnissen, Problemen oder Beschwerden ernster genommen werden müssen. Über das Marktgeschehen hinausweisend wurden dialogische Verfahren mit gesellschaftlichen Anspruchsgruppen entwickelt, die indirekt von den Unternehmensaktivitäten betroffene Bürgerinteressen vertreten. Die Marketingwissenschaft hat Unternehmen dafür sensibilisiert, daß sozial verantwortliches Handeln vom Markt belohnt werden kann. Es gibt aber auch Konflikte zwischen ethischen und ökonomischen Zielen, die im Rahmen der Marketingethik behandelt werden. Über den Markt hinaus wurden von der Marketingtheorie Lösungsbeiträge für gesellschaftliche Probleme, wie Umweltzerstörung, Aids, Obdachlosigkeit oder Suchtverhalten, erarbeitet und nicht-kommerzielle Institutionen als Anwender des Marketing einbezogen.

Dem wird allerdings entgegengehalten, daß sich die Marketingwissenschaft in einer *Legitimationskrise* befinde. Im Rahmen dieser Einschätzung wird darauf verwiesen, daß weder die dem Kunden zugute kommenden Marketingideen noch die positiven gesellschaftlichen Lösungsangebote über den engen Wissenschaftlerkreis hinaus wahrgenommen werden. *Dichtl* (1995, S. 54) bemängelt, daß die Kompetenz der Marketingtheorie von staatlichen Stellen und von der Öffentlichkeit nicht genügend berücksichtigt wird und in den Medien Marketingphänomene nicht von Marketingwissenschaftlern diskutiert werden. Als Gründe könnten geltend gemacht werden, daß entweder die Marketingwissenschaftler nicht genügend „personal marketing" betreiben oder daß die Marketingtheorie zwar einen wesentlichen Beitrag zur Verbesserung des Daseins breiter Bevölkerungskreise leisten könnte, dazu aber nicht bereit oder in der Lage ist. Im Rahmen dieses letztgenannten Verdachtes wird gerne auf die Erfolge der Vertiefungs- und Erweiterungsdiskussion der späten 60er und frühen 70er Jahre verwiesen. Hier entstanden Marketingkonzepte, die explizit als Reaktion auf gesellschaftliche Kritik am Marketing die Interessen der Kunden und sonstiger gesellschaftlicher Anspruchsgruppen und der Umwelt integriert haben. Mögen sozial und ökologisch verantwortliche Marketingkonzeptionen zwar einen Einzug in Marketinglehrbücher gefunden haben, so stehen dem doch die weit überwiegenden Seiten des klassischen Marketing gegenüber (vgl. *Kap. 5.2.5.1*). Zudem wird selbst die ökologische Marketingtheorie innerhalb der betriebswirtschaftlichen Diskussion oft noch als verkappte ökonomische Erfolgstheorie verdächtigt (vgl. *Freimann*, 1987, S. 70f.). Da mag es wenig verwunderlich sein, daß in der öffentlichen Wahrnehmung das klassische, unternehmensorientierte Marketing im besten Fall immer noch fälschlicherweise mit Werbung oder Verkaufsförderung gleichgesetzt wird. Nicht selten treten hier negative Konnotationen hinzu, wenn das Marketing als „Oberflächenkosmetik" oder als Lehre von „Verkaufstricks" verstanden wird [165].

Welche Lesart der Geschichte ist nun die richtige? Die Antwort kann nur lauten: beide. In ihrer extremen Ausformung sind die Positionen konstruierte Pole einer Diskussion, in der ganz unterschiedliche Interessen, Blickpunkte und Gewichtungen zum Tragen kommen. So liegt es bspw. nahe, das „öffentliche" und das „private" Gesicht in der marketingtheoretischen Diskussion zu unterscheiden. Während in der öffentlichen Selbstdarstellung im eigenen disziplinären Interesse die Erfolge betont werden, treten in der privaten, internen Diskussion die Probleme und Schwierigkeiten stärker in das Blickfeld.

Für die Unternehmensrealität der 90er Jahre ist ein komplexes Spannungsfeld von Kräften mit sich jeweils widersprechenden Impulsen charakteristisch. Auch die Marketingwissenschaft operiert in einem derartigen Bedingungsrahmen. Insofern ist es berechtigt und notwendig, von den Erfolgen zu sprechen, die aber keinen Anlaß für euphorische Lobeshymnen bieten. Ebenso zutreffend und wichtig ist das Aufzählen von Krisenerscheinungen, die aber keine Rechtfertigungen für apokalyptische Endzeit-Szenarien liefern können. Zur Einordnung der Krisendiskussion ist deshalb anzumerken:

– Die Marketingtheorie befindet sich in einer Identitätskrise,
  dies aber schon *seit ihrer Entstehung.*

  Für jedes Jahrzehnt finden sich Publikationen, die von einer Identitätskrise der Marketingtheorie sprechen [166]. Bei einer Wissenschaft, in der sich der Objektbereich selber sowie dessen Abgrenzung und Betrachtungsweise derart dynamisch wandelt wie im Marketing, müßte man sich eher Sorgen machen, sollte die Krisendiskussion irgendwann einmal verstummen.

– Die Marketingtheorie befindet sich in einer Identitätskrise,
  wie viele *andere Disziplinen ebenso.*

---

165 Stellvertretend für viele andere Beispiele sei hier ein Zeitungsartikel über die Situation des deutschen Buchhandels präsentiert. Unter der Überschrift „Die Offensive der Marketing-Strategen" werden für den Buchhandel zwei strategische Optionen dargestellt. Die eine Option ist die „Kulturarbeit", unter der das „traditionelle, kulturschaffende Buchgeschäft" verstanden wird, das als „mühevolle, nur langfristig ertragreiche Arbeit" dargestellt wird. Gefährdet wird die Kulturarbeit durch die andere Option, die Marketingstrategie. Darunter fallen dann die Herstellung vorsätzlicher Mängelexemplare (die dann billiger verkauft werden können) und die Produktion überhöhter Auflagen (die hinterher massenhaft im Modernen Antiquariat verramscht werden können). Dem Begriffspaar ‚Kulturarbeit versus Marketing' folgen dann noch weitere wie ‚langfristig versus kurzfristig' und ‚Inhalt versus Oberfläche': „Marketingaktionen greifen weit schneller, manche Verleger beherrschen sie mittlerweile weit besser als kontinuierliche Arbeit an Inhalten" (*Michalzik*, 1996, S. 8).

166 vgl. z. B. *Bartels*, 1962; *Bell/Emory*, 1971; *Fischer-Winkelmann/Rock*, 1976, S. 19; *Carson*, 1978; *Schneider*, 1983, S. 198.

In vielen Wissenschaften, die z. T. länger etabliert und weitaus mehr respektiert sind, zeigen sich Positionskämpfe, konzeptionelle Unsicherheiten und Krisenstimmungen. Beispiele für derartige Krisendiskussionen sind die Implikationen der Quantenphysik und Chaostheorie für die Physik; evolutionäre Ansätze in der Biologie oder die Frage nach der sprachlichen Präsentation in den Sozialwissenschaften. Angesichts der Schärfe, mit der diese Debatten in anderen Disziplinen geführt werden, und dem Ausmaß der Kritik an fundamentalen Kernthesen, wirkt die Krisendiskussion der Marketingtheorie sogar noch verhältnismäßig zurückhaltend (vgl. *Brown*, 1995, S. 55).

– Die Marketingtheorie befindet sich in einer Identitätskrise,
und *das ist auch gut so.*

Krisendiskussionen besitzen positive Potentiale. Gerade Umbruchphasen, in denen konkurrierende Theorieentwürfe zur Diskussion stehen, erfordern eine verstärkte Reflexion des bisher Erreichten und der anvisierten Ziele. Derartige Kontroversen sind Zeichen der Lebendigkeit einer Disziplin. In ihnen werden konsensuale, aber auch konfliktäre Positionen verdeutlicht und abgesteckt. Natürlich bedeutet wissenschaftliches Arbeiten auch das Aufbauen auf vorangegangene Forschungsergebnisse, die in ihrer Gesamtheit nicht kontinuierlich hinterfragt werden können. Hier erfüllt die Krisendiskussion eine wichtige Aufgabe, wenn durch sie ein periodisches Hinterfragen von „als gegeben angenommenen" Wissensbeständen erfolgt. Es handelt sich somit um eine notwendige Voraussetzung für die theoretische Weiterentwicklung.

Bevor auf diese Diskussion in einem abschließenden Kapitel noch einmal zurückgegriffen wird, um eine Einschätzung zukünftiger Chancen und Risiken vorzunehmen, sollen zunächst die wichtigen Beiträge der Marketingtheorie der 80er und 90er Jahre inhaltlich dargestellt werden.

5.2.2 Ausbau von Theorien zur Verhaltens- und Informationsgrundlage
5.2.2.1 Konsumentenforschung

In den 80er und 90er Jahren gehörte die Konsumentenforschung zu den Bereichen der Marketingtheorie mit besonders hoher Forschungsintensität und -dynamik [167]. Diese Entwicklung spiegelt die zentrale Bedeutung der Konsumentenforschung für die Marketingtheorie wider. Wenn das Marketing als kundenorientierte Unternehmensführung verstanden wird, ist das Wissen über Motive, Einstellungen und Verhaltensweisen der Konsumenten notwendiger Ausgangspunkt von Theorie und Praxis.

---

[167] Vgl. *Chonko/Dunne*, 1982, S. 44. In einer Umfrage wurden hierbei knapp 400 amerikanische Marketingwissenschaftler nach den Bereichen der Marketingtheorie gefragt, in denen sie den meisten theoretischen Fortschritt sehen. Die am häufigsten genannten Bereiche waren: Befragungsmethoden und Konsumentenverhalten.

Die für die gegenwärtige Situation der Marketingwissenschaft charakteristischen Tendenzen der *Fragmentierung* und *Konsolidierung* lassen sich ebenso in der Konsumentenforschung beobachten. Sie manifestieren sich dabei in folgenden generellen Entwicklungslinien:

– Zunehmend wird das *Konsumentenverhalten im weiteren Sinne* verstanden, indem der Begriff des Konsums über marktvermittelte Leistungen hinausgehend interpretiert wird. So umfaßt der Forschungsbereich inzwischen neben dem Kauf von Produkten z. B. auch Einstellungen zu Parteien oder das Verhalten als Patient.

– Die Forschung zum Konsumverhalten wird *zeitlich ausgedehnt* von der Phase des Kaufs auf die Phase des Nachkaufs.

– Die Konsumentenforschung ist ein *interdisziplinärer Forschungsbereich*. In ihr kommen eine Vielzahl von Erkenntnissen und Methoden aus mehreren akademischen Disziplinen zur Anwendung. Während früher psychologische oder sozio-ökonomische Zugänge zu Konsumfragen dominierten, so finden sich heute ebenso soziologisch, verhaltensbiologisch, physiologisch oder auch anthropologisch geprägte Arbeiten der Konsumentenforschung.

– Resultat dieser Ausweitungen und Fragmentierungen ist eine Konsolidierung in Form einer *Verselbständigung* gegenüber dem Marketing (vgl. *Behrens*, 1988, S. 9; *Kroeber-Riel/Weinberg*, 1996, S. 4). Das kommerzielle Marketing zählt immer noch zu dem wichtigsten Anwendungsbereich. Aber andere Anwender, wie staatliche Organisationen, Non-Government Organizations (NGO's) oder Verbraucherverbände, treten inzwischen dazu, und das Selbstverständnis definiert sich nicht mehr ausschließlich über die „Zulieferleistungen" für das kommerzielle Marketing. Wichtige Impulse gaben hierfür internationale Vereinigungen wie die Association for Consumer Research, die sich in den letzten Jahren verstärkt um die Integration asiatischer und europäischer Konsumentenforscher bemüht.

Die Konsumentenforschung ist *inhaltlich* nach dem Spektrum verschiedener Themenkomplexe und der sie behandelnden verhaltenswissenschaftlichen Disziplinen, wie z. B. Psychologie, Soziologie oder Anthropologie, zu unterteilen. Die weitaus größte Bedeutung haben individualpsychologisch orientierte Studien, in denen psychische Konstrukte, wie z. B. Einstellungen oder Motivationen, hinsichtlich ihrer Einflüsse auf das Konsumverhalten analysiert werden. Ihnen folgen soziologisch orientierte Untersuchungen, die sich mit dem sozialen Kontext des Konsums, wie z. B. Gruppenzugehörigkeiten oder Milieus, beschäftigen.

Wissenschaftstheoretisch und *methodologisch* sind zwei Forschungsparadigmen in der Konsumentenforschung zu unterscheiden, die als erfahrungswissenschaftliche und als interpretative Richtung bezeichnet werden können. Im Rahmen erfahrungswissenschaftlicher Erkenntnistheorien [168] werden empirisch abgesicherte nomothetische Aussagen (zeit- und kontextfreie Generalisierungen in Form allgemeiner Gesetze) angestrebt. Das Ziel besteht in der Erklärung und Prognose des Verhaltens, um Handlungsempfehlungen formulieren zu können. Der weitaus größte Teil der Arbeiten in der Konsumentenforschung ist diesem Paradigma zuzuordnen.

Im Rahmen theoretischer Auseinandersetzungen in den 80er und 90er Jahren hat sich eine *interpretative* Orientierung formiert. Der Hauptunterschied zur erfahrungswissenschaftlichen Richtung liegt in der Ablehnung eines Methodenmonismus, bei dem für die Natur-, Sozial- und Geisteswissenschaften nur *ein* mögliches planvolles Vorgehen der wissenschaftlichen Erkenntnisgewinnung akzeptiert wird. Als Erkenntnisprodukte werden hier vielmehr ideographische Aussagen (Beschreibung von Ereignissen und Sachverhalten in ihrer kontextualen Besonderheit) angestrebt. Das Ziel besteht in dem verstehenden Nachvollziehen des Konsumentenverhaltens aus dem subjektiven Sinnzusammenhang der Untersuchungsobjekte, die hier als 'Experten ihrer eigenen Realität' bezeichnet werden. Exponenten dieser neuen Forschungsrichtung finden sich vor allem in der amerikanischen Konsumentenforschung. Inzwischen wird dieser Ansatz auch teilweise in der deutschen Konsumentenforschung rezipiert [169].

Im folgenden werden die aktuellen Entwicklungstendenzen innerhalb beider Forschungsparadigmen dargestellt, wobei im Vordergrund die weiter verbreitete erfahrungswissenschaftliche Richtung steht.

5.2.2.1.1 Erfahrungswissenschaftliche Konsumentenforschung

Im Rahmen des erfahrungswissenschaftlichen Paradigmas lagen die Schwerpunkte auf der Weiterentwicklung der empirischen Forschung und der Verfeinerung psychologischer und soziologischer Modelle.

Individualpsychologisch orientierte Konsumentenforschung
Die psychologische Konsumentenforschung war seit ihrer Formierung gegen Ende der 60er Jahre von der Vorstellung geprägt, das gesamte Konsumentenverhalten über eine große, alles umfassende Theorie beschreiben und erklären zu können (vgl. *Kap. 4.2.2.1*). Diese Hoffnung hat sich nicht erfüllt (vgl. *Kernan*, 1995, S. 492).

---

168 *Kroeber-Riel* (1995, Sp. 1235) bezeichnet die erfahrungswissenschaftliche Orientierung auch als positivistisch. Diese Bezeichnung darf nicht mit Wissenschaftspositionen wie dem 'Positivismus' oder dem logischen 'Positivismus' verwechselt werden. Vielmehr versteht *Kroeber-Riel* darunter die aktuellen Wissenschaftspositionen des kritischen Rationalismus und des wissenschaftlichen Realismus. Wir vermeiden hier den Begriff 'positivistisch', weil er negativ gefärbt ist. Vgl. auch die Kritik an der Verwendung des Begriffs 'positivistisch' bei *Hunt*, 1989, S. 186, und zum wissenschaftstheoretischen Positivismus *Hunt*, 1991.

169 Dazu *Kroeber-Riel/Weinberg* (1996, S. 23): „Das verstehende Paradigma stößt heute auf ein weitverbreitetes Verständnis; es gibt starke Forschungsgruppen, die ihm folgen." Weiter *Behrens* (1994, S. 10), der von der „Krise der vorherrschenden wissenschaftstheoretischen Orientierung" spricht, „die zu einer Überbewertung der technisch-methodischen Arbeiten führt und die Interpretation der wissenschaftstheoretischen und methodischen Ausgangspunkte sowie der Ergebnisse vernachlässigt."

Zudem haben die Zweifel darüber zugenommen, welcher Weg dorthin führen könnte und ob dieses Ziel überhaupt sinnvoll sei [170]. Der Forschungstrend ging deshalb in den letzten Jahren vermehrt in Richtung auf die Entwicklung von *Theorien mittlerer Reichweite*. Hierunter werden Modelle verstanden, die über den Status von Partialmodellen hinausgehen, ohne den Anspruch von Total-modellen zu haben [171]. Beispiele hierfür sind Attributions-Theorien oder Ansätze der Persönlichkeitsforschung.

Inhaltlich stellen folgende Aspekte wichtige Neu- bzw. Weiterentwicklungen dar:

a) Verbindung von Kognition und Affekt,

b) Low-Involvement und Einstellungsbildung,

c) Einbettung des Kaufs in weitere Konsumphasen,

d) Konsum als aktives Handeln,

e) Konsum als gesellschaftspolitisches Handeln,

f) Konsum als kooperierende Produktion.

ad a) Die Verbindung von Kognition und Affekt
Für die 80er und 90er Jahre ist der Trend einer verstärkten Erforschung des emotionalen Verhaltens der Konsumenten festzustellen. Diese Theorieentwicklung resultiert einerseits aus dem realen Phänomen einer Zunahme affektiver Elemente in der Marktbearbeitung der Unternehmen. Andererseits ist darin auch eine Gegenbewegung zu den kognitiven Theorien und Methoden zu verstehen, die insbesondere in der angelsächsischen Literatur die Konsumentenforschung dominierten (vgl. *Kroeber-Riel/Weinberg*, 1996, S. 23). Trotz der Erkenntnis, daß das Kaufverhalten nicht ausschließlich rational gesteuert ist, stand das kognitive Problemlösungsverhalten lange Zeit und z. T. immer noch im Mittelpunkt vieler Untersuchungen (vgl. *Weinberg*, 1994, S. 171). Als *kognitive Theorien* werden Ansätze bezeichnet, in denen die Aufnahme, Verarbeitung und Speicherung von Informationen die psychischen Vorgänge und das Verhalten der Konsumenten bestimmen. Einzuordnen ist hier insbesondere die reichhaltige Forschung im Bereich der Bildung und Veränderung von Einstellungen. Der paradigmatische Einfluß dieser Ansätze zeigt sich ebenso in der Präferenz verwendeter Methoden. Die überwiegend benutzten Methoden der Befragung oder anderer verbaler Meßmethoden sind in erster Linie zur Erfassung des kognitiv kontrollierten Verhaltens geeignet und vernachlässigen Aspekte des Konsumentenverhaltens, die sprachlich-bewußt weniger zugänglich sind (vgl. *Kroeber-Riel/Weinberg*, 1996, S. 23).

---

170 Für *Sieben/Schildbach* (1994, S. 199) haben diese Zweifel auch ihre (im betriebswirtschaftlichen Zusammenhang etwas überraschenden) positiven Seiten: „Der Zweifel an der Möglichkeit zur Erarbeitung einer umfassenden Theorie, die das menschliche Problemlösungs- und Entscheidungsverhalten erklärt, vermag allerdings auch hoffnungsfroh zu stimmen. Es kann nämlich durchaus als Form der Bedrohung der menschlichen Freiheit angesehen werden, wenn es eine Theorie gäbe, die jedes menschliche Verhalten zu erklären und vor allem obendrein zu prognostizieren erlauben würde."

171 Vgl. hierzu auch die Vorgehensweise von *Bänsch*, 1998, der die Arbeiten der Konsumentenforschung nach diesem Strukturierungsprinzip darstellt.

❑
Die nicht ganz ernst gemeinte Unterscheidung zwischen Kognition und Affekt nach dem offiziellen Rundschreiben der weltweit größten Vereinigung von Konsumentenforschern ACR.

Quelle: ACR Newsletter, September 1994

Es war insbesondere ein Verdienst von *Werner Kroeber-Riel* (vgl. *Kap. 4.2.2.1*), daß diese Perspektive zunehmend an Dominanz verlor. Die wechselseitige Beziehung von Kognitionen und Emotionen steht bei ihm im Mittelpunkt der Erklärung des Konsumentenverhaltens. Sein psychophysiologischer Ansatz hat der deutschen und auch der internationalen Konsumentenforschung wichtige Impulse gegeben [172]. Die Imageryforschung, als letzter großer Arbeitsschwerpunkt von *Kroeber-Riel*, demonstriert zudem die hohe praktische Relevanz kognitiv

---

172 Vgl. z. B. *Kassarjian*, 1982, S. 20. Das Werk von Kroeber-Riel wurde nach seinem Tod von seinem Schüler *Weinberg* mit der stark überarbeiteten 6. Auflage seines zentralen Beitrags zum Konsumentenverhalten abgerundet.

weniger stark gesteuerter Prozesse. Hier konnte gezeigt werden, daß die emotionale Aktivierung durch die Bildkommunikation Effizienzvorteile gegenüber der sprachlichen Information besitzt (vgl. *Kroeber-Riel*, 1993a).

❑
Aus einer Zeit, in der das Wort „Erlebniskauf" noch völlig unbekannt war, stammt die affektiv dominierte Kaufsituation der „Marktschreier".

Quelle: *Hansen/Blüher,* 1993

Zusammenfassend läßt sich als innovatives Moment die Abkehr von der Betrachtung affektiver Komponenten als Störgrößen oder postkognitiver Phänomene bezeichnen. Inzwischen werden Affekte und Kognitionen als eigenständige Systeme betrachtet, die sich wechselseitig beeinflussen können. Forschungsschwerpunkte im Rahmen dieser Beziehungen waren in den letzten Jahren (vgl. *Cohen/Areni*, 1991):

– affektive Reaktionen beim *Kauf* und bei der *Produktnutzung*,
z. B. bei der Produktbewertung, bei der Beeinflussung durch die Einkaufs-atmosphäre oder bei dem Impulskauf (vgl. *Diller*, 1990; *Gröppel*, 1991),

– affektive Reaktionen auf *Werbung*,
z. B. die Trennung informationaler und emotionaler Werbung, die Forschung zur empfundenen „Wärme" von Werbung oder zur erlebnisorientierten Kommuni-kation (vgl. *Weinberg/Gröppel*, 1988, *Bekmeier*, 1989; *Weinberg*, 1992),

– Einflüsse affektiver Zustände auf *kognitive Prozesse*,

Das kognitive Paradigma beinhaltet oftmals einen normativen Kern. Die Kaufentscheidung sollte rational, wohl abgewägt und vernünftig vollzogen werden. In dem satirischen Plädoyer für den „unvernünftigen", affektiv aufgeladenen Konsum artikuliert *Joseph von Westphalen* eine zugespitzte Kritik an der allein von „freudloser" Rationalität geprägten Lebensführung. Der Kauf ist bei ihm nicht nur ein Mittel zum Zweck, sondern kann in seiner „Unvernunft" auch lustvoll erlebt werden.

„Ich bin Konsumfetischist. Und ich finde das weniger abartig als diesen freudlosen Verzicht. Es ist doch völlig normal, daß ich Wünsche habe, die ich möglichst befriedigen will. Die Auswahl, die ich beim Kaufen treffe, trägt mehr zu der viel gepriesenen Identitätsfindung bei als täglich drei Seiten Tagebuch. ... Jeder bessere Konsumfetischist weiß, daß es nicht nur auf den Besitz ankommt, sondern auch auf das Umtigern der Beute, das Abwägen, ob es sich lohnt oder nicht. Und wenn man sich nicht entscheiden konnte: das qualvolle Wochenende dann, die Unsicherheit, ob er am Montag noch da ist, der köstlich-spottbillige Kassettenrecorder, der längst fällige. Und wenn man dann zuschlug, die Scheckkarte zückte – diese Reinfälle oft! Nichts taugt das Ding und kostet woanders die Hälfte! Ach, wer keine materiellen Wünsche hat, der ist abgestorben, in dem lebt nicht mehr der Trieb der Jäger und Sammler, der kennt diese hübschen kleinen Verzweiflungen nicht. Und nicht das kindliche Glück, zu Hause die Beute aus den Plastiktüten zu hieven"

Joseph v. Westphalen, 1996[1985], S. 18f.

z. B. in Form der Stimmungsforschung oder der kognitiven Interpretation von Gefühlen (vgl. *Silberer/Jaekel*, 1996).

ad b) Low-Involvement und Einstellungsbildung

Lange Zeit galt der hoch motivierte Konsument, der eifrig Informationen sammelt, sie analysiert, bewertet und auf dieser Basis seine Entscheidungen trifft, als Leitbild der theoretischen Modellentwicklung. Natürlich gibt es Situationen, in denen ein Konsument sich derart verhält. In der Mehrzahl von Konsumsituationen handelt er aber unmotiviert, spontan oder nachlässig [173]. Das Konzept des geringen Involvements versucht, diesen Verhaltensmustern gerecht zu werden [174]. Diese Involvementsituation zeigt sich auf allen Stufen des Konsumprozesses, angefangen von der Aktualisierung eines Bedürfnisses bis hin zum Nachkaufverhalten. Strukturell wirkt das Involvement sowohl auf die Aktivierung als auch direkt auf kognitive Prozesse (vgl. *Deimel*, 1989, S. 155). Ideengeschichtlich steht das Involvementkonzept den kognitiven Ansätzen nahe, da in erster Linie das Ausmaß an kognitiver Steuerung von Entscheidungen untersucht wird. Die Nähe zu den affektiver ausgerichteten Ansätzen zeigt sich aber über die Low-Involvement-Situationen, in denen emotionale Kommunikationsstrategien an Bedeutung gewinnen [175]. Eine modelltheoretische Umsetzung zeigt sich in dem *Elaboration*

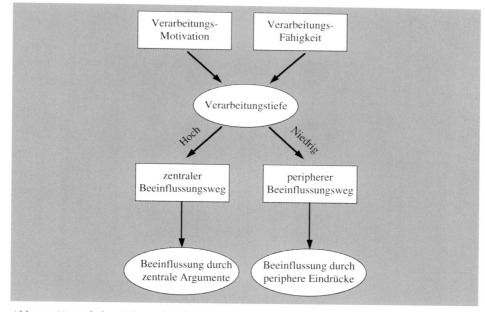

Abb. 5-6: Vereinfachtes Schema des Elaboration Likelihood Model nach Engel/Blackwell/Miniard, 1995, S. 561

---

173 Für *Trommsdorff* (1989, S. 40) ist deshalb das Involvement sogar ein „Schlüsselkonstrukt der Marketingforschung". Darunter wird der Grad der wahrgenommenen persönlichen Bedeutung und/oder des Interesses eines Stimulus verstanden. Vgl. zu verschiedenen Involvementmodellen *Mühlbacher*, 1982, sowie *Gröppel*, 1994, die das Involvementkonstrukt zur Erklärung der Einkaufsstättenwahl verwendet.
174 Vgl. zur Operationalisierung des Konstrukts *Bleicker*, 1983, S. 142f..
175 Vgl. *Weinberg*, 1994, S. 177. Ähnlich auch *Arndt* (1984, S. 162), der Low-Involvement- Modelle als „healthy challenge to the supreme role of cognitive theories" bezeichnet.

Likelihood Model (vgl. *Abb. 5-6*) über die Integration des niedrigen Involvements im Rahmen der Einstellungsforschung [176].

Das Elaboration Likelihood Model basiert auf der Annahme, daß die Bildung von Einstellungen auf unterschiedlichen Wegen möglich ist. In Abhängigkeit von der Motivation und der Fähigkeit zur Verarbeitung wird ein zentraler und ein peripherer Beeinflussungsweg unterschieden. Der zentrale Beeinflussungsweg beschreibt die klassische Einstellungsbildung. Bei hoher Verarbeitungstiefe sind die relevanten Argumente für eine Entscheidung einflußreich. Dagegen werden bei dem peripheren Beeinflussungsweg Einstellungen ohne größere kognitive Verarbeitung gebildet. Eine gedankliche Auseinandersetzung findet dabei kaum statt. Beeinflussende Faktoren können hierbei attraktive Kommunikatoren, nebensächliche Aussagen oder angenehme Hintergrundmusik sein. Diese Situation ist typisch für ein geringes Involvement.

Wichtig ist dieses Modell insofern, als daß es die Relevanz des Involvement herausarbeitet und die Formierung unterschiedlicher Einstellungsarten erklärt: zum einen die dauerhafte, relativ stabile und verhaltensnahe Einstellung über die zentrale Route und zum anderen die weniger stabile, leicht veränderbare Einstellung über die periphere Route. Für die Werbung ergibt sich in der Low-Involvement-Situation eine abweichende Wirkungshierarchie. Statt der klassischen Folge Kognition → Einstellung → Verhalten, entsteht eine geringe kognitive Wirkung, und die Einstellungen bilden sich erst nach dem Kauf (vgl. *Kroeber-Riel*, 1992b, S. 630f.). Für die Werbeforschung hat sich dieses Modell als sehr ergiebig erwiesen, da es in seiner erweiterten Version die Bildung von Einstellungen über multiple Einflußvariablen erklären kann, die je nach Involvement unterschiedlich verarbeitet werden (vgl. *Petty/Cacioppo*, 1986).

ad c) *Einbettung des Kaufs in weitere Konsumphasen*
Lange Zeit wurden die Begriffe „Käufer" und „Konsument" ebenso synonym verwendet wie die Begriffe „Kauf" und „Konsum". Trotz eines nominellen Versprechens, das Konsumentenverhalten zu untersuchen, konzentrierte sich die Konsumforschung größtenteils auf das Kaufverhalten und damit auf den Konsumenten als Marktteilnehmer. Diese Beschränkung des Objektbereiches ist aus verschiedenen Perspektiven heraus als zu eng kritisiert worden. So ist der Kauf keine notwendige Voraussetzung für den Konsum. Dieser kann sich z. B. auch auf eigenproduzierte, getauschte, gefundene, geborgte, gestohlene, gemietete, geleaste oder geschenkte Produkte beziehen [177]. Rollentheoretisch können hier mit den beteiligten Personen z. B. Käufer, Verwender bzw. Nutzer und Beeinflusser

---

176 Die Bedeutung dieses Modells wird auch in einer Analyse zu konsumententheoretischen Publikationen amerikanischer Journals belegt. Hier zählt der dafür grundlegende Artikel von *Petty/Cacioppo/Schumann*, 1983 zu den fünf am häufigsten zitierten für den Zeitraum 1969-1988 (vgl. *Wright*, 1994, S. 14).

177 So ist es auch zu verstehen, daß das Kaufverhalten historisch gesehen ein relativ neues Phänomen darstellt, da es ein Handels- und Tauschmediensystem voraussetzt. Menschen brauchten aber immer schon zumindest die Befriedigung von Nahrungsbedürfnissen zum Überleben, und somit ist das Konsumverhalten so alt wie die Menschheit selber.

unterschieden werden. Obwohl diese Differenzierungen im alltäglichen Konsum innerhalb von Haushalten den Normalfall darstellen, wurden sie zunächst in der Theorie des Konsumentenverhaltens weniger beachtet als in der Erforschung des industriellen Kaufverhaltens [178]. Desweiteren stellt der Kaufakt – verglichen mit dem gesamten Konsumprozeß – nur einen zeitlich marginalen Ausschnitt dar. Selbst bei Einbeziehung von Aktivitäten, wie Entscheidung, Informationssuche und Anfahrt zum Verkaufsort, verbringt der Konsument den größeren Teil des Tages mit dem Konsum der erworbenen Produkte und Dienstleistungen, wie z. B. der jahrelangen Nutzung des PKW, Reparaturen und Pflege. *Holbrook* (1984, S. 178) kritisierte deshalb die enge Konzentration auf den Kauf mit der Analogie, daß man genauso gut dem Glauben verfallen könne, ein Fußballspiel nur über die Betrachtung des Anstoßes zu verstehen.

Im Laufe der 80er und 90er Jahre hat sich ein Konsumverständnis durchgesetzt, wie es in der inzwischen klassischen Definition von *Jacoby* zum Ausdruck kommt:

> „... consumer behavior encompasses the acquisition, consumption, and disposition of goods, services, time, and ideas by decision-making units (e. g., individuals, families, organizations, etc.)“
> *Jacob Jacoby*, 1978, S. 87

Diese Erweiterung des Konsumverständnisses wurde aus unterschiedlichen Interessenlagen vorangetrieben:

– Die bisher angeführten Argumente beziehen sich in erster Linie auf die *konsumtheoretische* Perspektive. Im Sinne einer eigenständigen Wissenschaft bestand hierbei das Interesse, sich über einen originären Objektbereich „Konsum" zu definieren. Dem widersprach die forschungspragmatische Tendenz, konsumrelevante Phänomene solange primär dem Forschungsinteresse anderer Sozialwissenschaften zuzuschreiben, bis sie eine unternehmensrelevante, kaufbezogene Handlungstendenz offenbaren.

– In der Position der *verbraucherzentrierten Marketingforschung* erschien eine Beschäftigung mit der Nachkaufphase des Konsums in Hinblick auf die Konsumentenzufriedenheit relevant. Ansatzpunkt war hier die Überlegung, daß sich in der Nachkaufphase über die artikulierte Verbraucherkritik Mängel in der Leistungsfähigkeit des Marketing offenbaren. Insofern wurden Forschungen zum Nachkauf- und Beschwerdeverhalten der Konsumenten als Grundlage für die Gestaltung zufriedenstellender Austauschbeziehungen zwischen Verbrauchern und Unternehmen betrachtet (vgl. *Kap. 4.2.1.2.4*).

– Das Interesse an der Erweiterung des Konsumverständnisses entwickelte sich auch im Kontext der *strategischen Marketingforschung*, als situative Umstände

---

178 Vgl. *Weinberg*, 1981, S. 88, und als frühe deutsche Monographie zum Kaufverhalten von Familien *Ruhfus*, 1976.

rezessiver Marktsättigungserscheinungen dazu führten, daß Nachkaufaktivitäten der Kundenbindung erhöhtes strategisches Erfolgspotential bieten. Für die daraus entstandenen Ansätze des *Beziehungs- und Nachkaufmarketing* (vgl. *Kap. 5.2.4.4*) waren Kenntnisse über das Konsumentenverhalten nach dem Kauf notwendige Voraussetzung für die Gestaltung des Marketinginstrumentariums.

– Schließlich hat auch ein *umweltpolitisches* Interesse die Erweiterung des Konsumverständnisses gefördert. Das gesellschaftlich zunehmend gravierende Abfallproblem hat die Aufmerksamkeit auf die Entsorgungsphase des Konsums gelenkt [179]. Die Ansätze in diesem Kontext sehen in der Erweiterung nicht nur einen additiven Schritt, sondern verbinden damit auch eine grundsätzliche Neubewertung des Konsums an sich. So implizieren redistributionspolitische Überlegungen neue Beziehungen zwischen Konsumenten, Herstellern und Handel (vgl. *Kirchgeorg*, 1995a. Die Differenzierung von Kauf und Konsum hat so umweltpolitisch innovative Fragestellungen wie nach einem „Konsum ohne Eigentum" ermöglicht, die im Rahmen der engeren Fassung der Konsumentenforschung systematisch ausgeblendet wurden (vgl. *Schrader/Einert*, 1998).

ad d) Konsum als aktives Handeln
Bis in die 70er Jahre beherrschte die sozialwissenschaftliche und politische

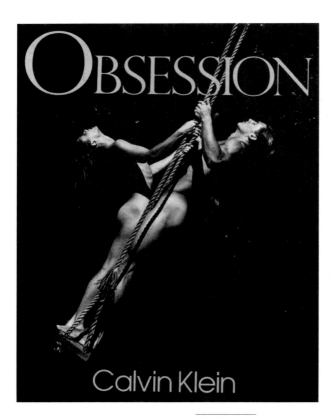

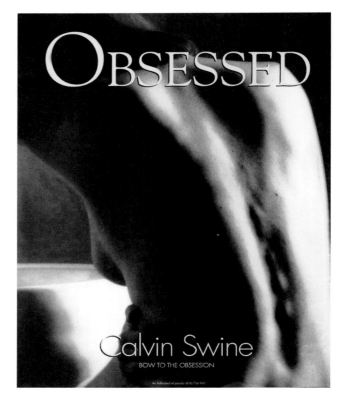

179 Vgl. zu Untersuchungen von Aktivitäten wie Abfallvermeidung und -verwertung als Konsumentenverhalten *Balderjahn*, 1986.

Abb. S. 224
Eine extreme Form des aktiven Konsumenten findet sich in der „Gegen-Werbung" oder auch „Subvertising", wo einzelne Konsumenten oder Konsumentengruppen Werbekampagnen ironisieren, verfremden oder bösartig verzerren. Ausgangsbeispiel ist hier die Parfümkampagne zu Obsession von 1992, die einen narzißtischen Körperkult propagiert.

Quelle: Marie-Claire, H. 3, 1992

Abb. S. 224
In dem Magazin „Adbuster", das die lokalen Maßnahmen der Konsumverweigerung und Gegen-Werbung organisiert und fördert, wird aus der lustvollen Obsession eine krankhafte Besessenheit. In ihrer Interpretation fördert die Körpernorm der Werbung Erscheinungen wie Magersucht oder Bulimie (angedeutet durch den gebeugten Körper über der Toilette).

Quelle: Adbuster, No. 4, 1993

Diskussion ein Konsumentenbild, das *McCracken* (1989, S. 318) als „… narcissistic, simple-minded, manipulated playthings of the market place" charakterisierte. Der Konsument wurde nach neo-behavioristischer Denkweise vorrangig als Stimulusempfänger gesehen. Dieses Bild wurde sowohl von Verteidigern als auch von Kritikern der Marktverhältnisse benutzt. In den späten 70er Jahren begann ein Perspektivenwechsel (vgl. *Nava*, 1991, S. 163ff.). Eigeninitiierte, aktive Handlungsmomente hielten Einzug in das zugrunde gelegte Konsumentenbild, das zuvor von den Vorstellungen einer umfassenden Steuerbarkeit geprägt war. *Specht* (1979) war einer der ersten, der die Macht aktiver Konsumenten untersuchte.

Theoretisch ist hier das fundamentale sozialwissenschaftliche Problem der Beziehung von *Struktur* und *Aktion* angesprochen. Das theoretische Problem lautet: „Inwieweit sind wir kreative Akteure, die die Bedingungen für ihr eigenes Leben aktiv kontrollieren? Oder ist das meiste von dem, was wir tun, das Ergebnis allgemeiner sozialer Kräfte jenseits unserer Kontrolle?" (*Giddens*, 1995[1993], S. 760). Im Rahmen der Sozialwissenschaften können je nach Schwerpunktsetzung (einschließlich einer synthetischen Position) verschiedene Grundströmungen charakterisiert werden. Aber es zeigen sich auch historische Veränderungen in der Akzeptanz der jeweiligen Tendenzen. Analog zu der Entwicklung in so verschiedenen Disziplinen wie Anthropologie, Soziologie, Medienwissenschaft oder Literaturtheorie zeigt sich inzwischen ebenso wie in der Theorie des Konsumentenverhaltens ein verstärktes Interesse für die aktiven Handlungsmomente. In einer Umkehrung des S-O-R-Schemas können die Konsumenten in der Rolle des Stimulusgebers gesehen werden (vgl. *Abb. 5-7*). Das Forschungsinteresse richtet sich dann auf die Frage, in welchen Formen und unter welchen Bedingungen der Konsument aktiv wird.

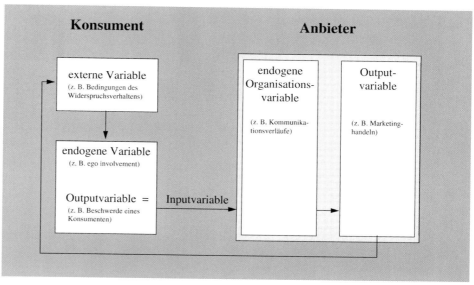

Abb. 5-7: Der aktive Konsument als Stimulusgeber (Quelle: Hansen, 1990, S. 74)

❏
Der Konsum-Boykott nutzt das Konsumverhalten als politisches Handlungsinstrument. Der Aufruf zum Boykott von Früchten aus dem damaligen Unrechtsregime Südafrika zeigte Wirkung. 1988 nahmen Handelsketten wie Hertie oder Aldi diese Produkte aus ihrem Angebot.

Quelle: Anti Apartheid Bewegung in der BRD und West Berlin e.V., 1979

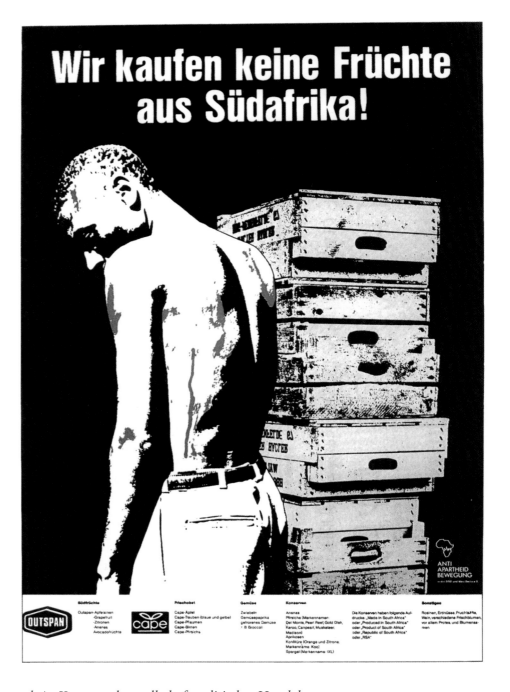

ad e) Konsum als gesellschaftspolitisches Handeln
In Antwort auf die sozial-ökologische Sensibilisierung der Konsumenten (vgl. *Kap. 5.1.1.2*) und eng verbunden mit den Konzepten zum aktiven Konsumenten wurde ein gesellschaftspolitisch orientierter Ansatz im Rahmen des Konsumentenverhaltens entwickelt. Dieser geht zunächst von der konzeptionellen Integration getrennter Lebensbereiche aus. *Diller* (1994, S. 205) spricht in diesem Zusammenhang von der „… Verquickung der ökonomischen Welt des Verbrauchers mit seinen anderen Lebensbereichen". Eine mögliche Ebene der

Integration zeigt sich als „*Politisierung des Konsums*", für die das Bild vom Konsumenten als Bürger und vom Bürger als Konsumenten benutzt wird [180]. In diesem Sinne wird davon ausgegangen, daß ein Teil der Konsumenten ihr Interesse an gesellschaftspolitischen Themenfeldern, wie z. B. „Umwelt", „Tierschutz", „Armut in der Dritten Welt", nicht nur als Bürger, sondern ebenso als Konsumenten in ihrem Konsumverhalten ausdrücken können und wollen, indem ihr Kaufvotum Produkte von Unternehmen bevorzugt, die sich entsprechend engagieren. Dieser Aspekt findet seine theoretische Umsetzung in Modellen des ethischen oder sozio-ökologischen Konsumentenverhaltens (Sustainable Consumption). Ein Schwerpunkt liegt dabei auf der empirischen Erforschung des ökologischen und sozialen Bewußtseins von Konsumenten und ihrer Bereitschaft, entsprechend zu agieren [181]. Konsum als aktives gesellschaftspolitisches Handeln heißt hierbei, ein Produkt je nach Erfüllung spezifischer sozialer und ökologischer Ansprüche zu präferieren. Diese Ansprüche können sich direkt auf die Produkte beziehen (z. B. ökologische Qualitäten) oder auf die dahinter stehenden Unternehmen mit ihrem diesbezüglichen Engagement.

Die Forschungen zu sozial-ökologisch verantwortlichem Konsumentenverhalten sind unter verschiedenen Anwendungsgesichtspunkten von Interesse. Im Rahmen des Marketing stellt sich die Frage, welche Marktchancen ein soziales und ökologisches Engagement mit sich bringt, um die Konsequenzen einer solchen Orientierung - mit welcher Zielsetzung auch immer - ausloten zu können. Auf verbraucherpolitischer Seite entspricht die Beschäftigung mit der gesellschaftspolitischen Verantwortung des Konsumenten einer neuen inhaltlichen Orientierung. Während nämlich in den Anfängen der Verbraucherarbeit jegliche Konsumstile akzeptiert wurden und nur die Durchsetzung am Markt als verbraucherpolitische Zielperspektive galt, wird inzwischen der Konsum hinsichtlich seiner sozialen und ökologisch negativen Effekte hinterfragt und seine qualitative Prägung als neue Aufgabe gesehen.

ad f) *Konsum als kooperierende Produktion*

Der Kauf bildet in der ökonomischen Theorie die „Endstation" der Leistungserstellung. Die dafür verwendeten Bezeichnungen wie „Marktentnahme" oder „Wertvernichtung" spiegeln nicht nur ein reduziertes Konsumverständnis wider. Sie beinhalten negative Konnotationen gegenüber der „positiven" produktiven Tätigkeit der Unternehmungen. Im Verlaufe einer weiteren Fassung des Konsums begannen verschiedene Autoren, auch die produktiven Beiträge des Konsums zu beleuchten. Die Vermischung konsumtiver und produktiver Tätigkeiten sollte die neue Rollenbezeichnung der „Prosumenten" ausdrücken (vgl. *Toffler*, 1987[1980], S. 272ff.; *Kotler*, 1986). Das daran anknüpfende *Modell des Co-Produzenten* geht einen Schritt weiter. In enger Verbindung zu den folgend zu besprechenden

---

180 Vgl. *Bennigsen-Foerder*, 1988, S. 338. Zur Diskussion unterschiedlich weit gefaßter Verbraucherbegriffe vgl. *Stauss*, 1980, S. 6ff..
181 Vgl. *Bruhn*, 1978; *Balderjahn*, 1986; *Wimmer*, 1993, sowie als Übersicht *Meffert/Bruhn*, 1996, und *Preisendörfer*, 1996, vgl. weiterhin zum ökologischen Konsumentenverhalten *Kap. 5.2.5.5*

Ansätzen des Nachkauf- und Beziehungsmarketing (vgl. *Kap. 5.2.4.4*) wird dabei der Gedanke verfolgt, daß der Konsument ein aktiver *Wertschöpfungspartner* der Unternehmer ist: „The customer is no longer regarded as a passive receiver but is seen as an active and knowledgable participant in a common process" (*Wikström*, 1995, S. 2). Während das Modell des Prosumenten von einer einfachen Rollenmischung ausgeht („Der Konsument agiert als Quasi-Unternehmer, wenn er/sie z. B. ein Auto selbst repariert."), wird hier die strikte analytische Trennung von Produktion und Konsum zugunsten einer *interdependenten Analyse* aufgegeben, bei der die überlappenden Bereiche der Wertschöpfung im Vordergrund stehen (vgl. *Hansen/Hennig*, 1995a, S. 318). Die praktische Umsetzung erfolgt in einer Erweiterung kooperativer Aktivitäten, die für den Konsumenten Potentiale im Bereich der Nutzenwahrnehmung und für das Unternehmen Kundenbindungspotentiale besitzen. Über die Einbeziehung der Konsumentenperspektive in das Wertketten-Modell können konsumentenseitige Beiträge zur Wertschöpfung in den gesamten Phasen des Konsumprozesses analysiert werden. Einige Beispiele zeigt die *Abb. 5-8*:

Wertschöpfungsphase	*Konsumentenbeteiligung*
Produktentwicklung	Ideenartikulation, -bewertung
Produktion	Bedürfnisartikulation, Bereitstellung eigener Leistungselemente
Kauf	Kommunikation mit Verkäufern und anderen Kunden, Bedienung interaktiver Medien (z. B. bei Homeshopping, interaktiven Versandhaus-Bestellungen)
Nutzung	Bedienung, Lagerung, Aufbau, Reparatur, Wartung
Entsorgung	Informationsbeschaffung, Wieder-/ Weiterverwertung/-verwendung

Abb. 5-8: Ausgewählte konsumentenseitige Wertschöpfungsbeiträge (Quelle: Hansen/Hennig, 1995b, S. 72)

❏
Die beidseitige Kommunikation mit dem Kunden als Voraussetzung für eine innovative Unternehmenspolitik.

Quelle: Frankfurter Allgemeine Magazin, H. 864, 1996

An der Entstehung des Co-Produzenten-Ansatzes kann beispielhaft ein typisches Entwicklungsmuster der Marketingwissenschaft aufgezeigt werden. Ideengeschichtlich baut der Ansatz auf Gedanken auf, die in verbraucherpolitisch motivierten Konzeptionen entwickelt wurden. Diese Konzeptionen wurden zunächst durchaus kritisiert, da eine Überdehnung des eigentlichen Objektbereiches befürchtet wurde. Zudem war man der Einbeziehung normativer Aspekte gegenüber sehr distanziert. Mit dem Wandel des sozialen und marktlichen Kontextes veränderte sich auch die Haltung zu derartigen Ansätzen. Aus heutiger Perspektive steht der Aspekt einer strategischen Erweiterung des Feldes der Marketingwissenschaft im Vordergrund. Ein Konzept wie der Co-Produzenten-Ansatz verdeutlicht aber auch die Potentiale marketingkritischer Gedanken zur

L'Oreal nutzt die Produktverpackung als Fragebogen, der auf der Innenseite abgedruckt ist. Zur Förderung von Konsumenteninformationen wird ein finanzieller Anreiz geboten.

Quelle: Originalverpackung, 1996

Modifikation managementnaher Ansätze. Die Forderungen nach stärkerer Verbraucherpartizipation tauchen als zukunftsorientierte Kundenbindungskonzepte wieder auf, und das Insistieren auf der Relevanz von Verbraucher(un)zufriedenheit hat seinen Niederschlag in der Forschung zur Zufriedenheit als Erfolgsfaktor gefunden. Es wird deutlich, daß die Weiterentwicklung der Marketingwissenschaft von dem *Spannungsfeld aus zentripetalen und zentrifugalen Kräften* abhängt. Neue Gedanken haben oftmals eine vom Kern hinausweisende Tendenz, die wiederum in Form von Modifikation und Integration auf den Mittelpunkt zurückwirkende Kräfte auslöst.

Soziologisch und anthropologisch orientierte Konsumentenforschung

„Niemand kann z. B. im Gewühle einer modernen Großstadt ein bestimmtes Ziel auf direktem Weg ansteuern. Die ‚Direttissima' wäre hier kaum möglich – da stehen z. B. Häuser im Weg – und auch kaum anzuraten - denn dann müßte man über Zäune klettern, Einbahnstraßen in verkehrter Richtung befahren, quer über belebte Fahrbahnen marschieren usw. Ähnlich verhält es sich mit menschlichem Verhalten im Rahmen des gesellschaftlichen Kontextes: Möglichkeitsspielräume und Verhaltensvariabilitäten bleiben stets begrenzt." *Günter Wiswede*, 1991, S. 25

Mit dieser Metapher artikuliert *Wiswede* das von der Konsumentenforschung geteilte Verständnis, daß Individuen nicht losgelöst von ihrem sozialen Kontext agieren. Dieser Zusammenhang wurde bereits bei der Diskussion zum aktiven Konsumenten im Rahmen individualpsychologischer Modellentwicklungen angesprochen. Auch in dem umfassenden Konsummodell von *Howard/Sheth* finden sich soziale und kulturelle Einflußgrößen wie die soziale Umwelt als Stimulus oder die soziale Klasse als eine exogene Variable (vgl. *Kap. 4.2.2.1*). Während die Autoren für die Weiterentwicklung der hypothetischen Variablen des Organismus den Bezug auf die Psychologie als relevant erachteten, betonten sie den verstärkten Bezug auf die Soziologie und Anthropologie als wichtigen Faktor zum Ausbau der sozialen Einflußgrößen des Konsums (vgl. *Howard/Sheth*, 1968, S. 487). Diese Strukturierung bestimmt bis heute die Untergliederung interdisziplinärer Bezüge der Konsumentenforschung (vgl. z. B. *Kroeber-Riel/Weinberg*, 1996, S. 8-11):

– Die *Psychologie* untersucht demnach die individuelle Person und ihr Verhalten. So werden hier bspw. die biologischen und physiobiologischen Grundlagen des Verhaltens behandelt, wie auch Wahrnehmungsprozesse und Funktionsweisen des Gedächtnisses.

– Die *Sozialpsychologie* beschäftigt sich mit den Einflüssen der engeren sozialen Umgebung wie Gruppen und Familie auf das individuelle Verhalten.

– Die *Soziologie* spannt den sozialen Kontext weiter als die Sozialpsychologie. Im Mittelpunkt steht hier die die Strukturierung der Gesellschaft im Zusammenspiel mit dem menschlichen Handeln.

– Die *Anthropologie* hat als Wissenschaft vom Menschen und seiner Entwicklung insbesondere die kulturellen Komponenten des Verhaltens zum Gegenstand.

Diese Untergliederung nach dem Aggregationsniveau der primär untersuchten Konstrukte kann allerdings nur als ein äußerst grober Bezugspunkt der Strukturierung dienen. So bestehen die unterschiedlichsten Schwerpunkte innerhalb der jeweiligen Disziplinen in Form verschiedener Forschungs-richtungen. Desweiteren gibt es breite Überschneidungsbereiche, in denen Konstrukte wie Gruppen, Rollen, Sozialisation u. a. nicht mehr nur einer Disziplin zuzuordnen sind. Wie *Wiswede* (1991, S. 29) betont, sind es „… vielfach Zufällig-keiten der historischen Entwicklung und Schwerpunktlegung", die letztlich zu einer disziplinären Zuordnung von Forschungsbereichen führen. Insofern sind neben dem Aggregationsniveau der Konstrukte als weitere Kriterien die Forschungsfragen und Erkenntnisinteressen der verschiedenen Disziplinen anzuführen. In einem der ersten Beiträge über die Potentiale der Anthropologie für die Marketingwissenschaft verdeutlichte *Winick* die Unterschiede anhand der jeweiligen Betrachtungsweise der Familie:

„The psychologist would be interested in the personal adjustment and emotio-nal health of each member of the family. He would want to examine their attitu-des, mutual perceptions, and motivational systems. …

The sociologist would be concerned primarily with the dimensions of role and status within the family and with the number of different kinds of families. He would examine how the social structure created various kinds of internal arrangements which made it possible for the family to exist. He would be interested in the norms of behavior and the stresses and strains shown by the deviations from the norm and resulting from role conflict. He would study class membership as well as the rates of various kinds of behavior, such as the birth rate.

The cultural anthropologist would examine the technological level which the culture had reached and the interrelations of technology with culture. He would scrutinize the procedures for inheritance of property and how kinship was reckoned and described, and how the spouses got to know each other. He would study the family's food and housing. He would be interested in the lan-guage level and dialects and in who talked to whom. … He would study how the culture 'rubbed off' on the family unit."
Charles Winick, 1961, S. 54f.

Ideengeschichtlich zeigt sich für die Konsumentenforschung eine wechselnde Schwerpunktsetzung. So war in den frühen 60er Jahren die *Makroperspektive* üblich, unter der hier vereinfachend die sozialen und kulturellen Bezüge verstanden werden. Beispiele dafür sind die sozio-ökonomischen Analysen von *Katona* (1960), die anthropologischen Ansätze der Motivationsforschung oder die

Untersuchungen zur Konsumrelevanz sozialer Klassen (vgl. z. B. *Martineau*, 1958; *Levy*, 1966). Zu Beginn der 70er Jahre setzte sich dann die *Mikroperspektive* in psychologischer und sozialpsychologischer Ausprägung durch [182]. Ausgangspunkt war zunächst das psychologisch geprägte neo-behavioristische SOR-Paradigma wie bei *Howard/Sheth*, das forschungsleitend wirkte (vgl. *Wiendieck/Bungard/Lück*, 1983, S. 34). Für die deutsche Forschungslandschaft beklagte *Wiswede* bereits 1973 die mangelnde soziale Einbettung des untersuchten Konsumentenverhaltens (vgl. *Wiswede*, 1973, S. 54). Ähnlich kritisierte *Sheth* knapp zehn Jahre später in einer Bestandsaufnahme zur amerikanischen Konsumentenforschung die Überbetonung des individuellen Verhaltens und die Vernachlässigung von Konsumprozessen auf sozialer Ebene [183]. Im Laufe der 80er Jahre änderte sich dies, und es entwickelte sich ein neues Interesse an der *Makroperspektive*. Von besonderer Bedeutung sind hierfür die folgenden beiden theoretischen Schwerpunkte, die in enger Anlehnung an die sozio-kulturellen Entwicklungen des Makroumfeldes (vgl. *Kap. 4.1.1.2*) diskutiert werden:

a) Werteforschung,

b) Modelle der sozialen Schichtung.

ad a) Werteforschung
Nachdem oben die Ergebnisse der empirischen Forschung zum Wertewandel (vgl. *Kap. 5.1.1.2*) dargestellt wurden, soll hier der theoretische Hintergrund beleuchtet werden. Werte verkörpern ein zentrales Konstrukt der makro-orientierten Konsumentenforschung. Als „Schnittpunkt von Individuum und Gesellschaft" (*Friedrichs*, 1968, S. 104) werden sie von den unterschiedlichsten Disziplinen erforscht, wodurch vom interdisziplinären Charakter, bzw. vorsichtiger vom multidisziplinären Charakter der Werteforschung (vgl. *Klages*, 1992, S. 6) gesprochen wird. Zur Strukturierung des Forschungsgebietes werden unterschiedliche Aggregationsebenen benutzt, die sich zum einen personenbezogen (Werte einer Person, einer Gruppe bis hin zu Werten einer Kultur) und zum anderen über den Grad der *Konkretheit* (von allgemeinen Basiswerten und bereichsspezifischen Werten bis hin zu spezifischen Wertekonkretisierungen) definieren (vgl. *Vinson/Scott/Lamont*, 1977, S. 46; *Raffée/Wiedmann*, 1985c, S. 555f.).

Neben der statischen Bestandsaufnahme von Wertesystemen und deren innerer Struktur ist die Frage nach der *Dynamik der Werte* von besonderer Relevanz. Als

---

182 Interessanterweise förderten die Entwicklungen des Makroumfeldes gleichzeitig eine gesellschaftliche Erweiterung sowie eine Konsolidierung der Mikroperspektive in der Konsumentenforschung. Autoren wie *Coleman* (1983, S. 269) begründen dies primär mit der Rolle der Protestbewegungen. Die Erweiterung der Marketingwissenschaft wurde mit dem gesellschaftlichen Druck einer Artikulation von problematischen gesellschaftlichen Konsequenzen der Marketingpraxis begründet. Als Innovator hatte die Protestbewegung aber auch selber gesellschaftliche Konsequenzen, indem neue Einstellungen und Verhaltensweisen (z. B. Sexualmoral, Kleidungsverhalten, Sprachgebrauch etc.) klassen- und schichtübergreifend diffundierten. Dadurch begann sich zunächst die Bindungskraft zwischen hoch aggregierten sozialen Kategorien und dem Konsumverhalten zu lösen, und Konzepte wie Lifestyle gewannen durch ihre Nähe zu Einstellungen und Verhalten von Individuen an Bedeutung. Später wurde erkannt, daß die Auflösung nicht zu einer Atomisierung sondern zu einer Herausbildung neuer sozio-kultureller Zusammenhänge führte.

183 Als Beispiele für derartige vernachlässigte Forschungsphänomene führt er u. a. an: Haushaltsentscheidungen, Soziologie des Konsums, kulturübergreifende Kaufentscheidungen sowie soziale Sitten und Tabus (vgl. *Sheth*, 1982, S. 13).

Hauptrichtungen lassen sich die Ansätze der *Wertesubstitution* und der *Wertepluralisierung* unterscheiden. Sowohl empirisch als auch theoretisch dominiert *Ronald Inglehart* die Werteforschung. Seine Theorie der Wertesubstitution zählt zu den „... einflußreichsten und meistbeachteten Theorien innerhalb der modernen Sozialwissenschaften." (*Klein*, 1995, S. 207). Basierend auf umfassenden, internationalen, empirischen Erhebungen formulierte er als grundlegende These den Wandel von der materiellen zur postmateriellen Gesellschaft (vgl. *Inglehart*, 1971, 1977). Diese These kann über die drei zentralen theoretischen Bausteine von *Inglehart* geschildert werden:

– *Knappheits-Hypothese*
   „... an individual's priorities reflect one's socio-economic environment: one places the greatest subjective value on those things that are in relatively short supply" (*Inglehart*, 1990, S. 68). Daraus ergibt sich, daß Personen, die in materiellem Wohlstand leben, den Wohlstandsgütern einen geringeren Stellenwert einräumen.

– *Sozialisations-Hypothese*
   „... one's basic values reflect the conditions that prevailed during one's preadult years" (*Inglehart*, 1990, S. 68). Geprägt von Mangel und Entbehrung entwickeln deshalb Personen, die in der Kriegs- und unmittelbaren Nachkriegszeit aufgewachsen sind, starke materielle Bedürfnisse und Sicherheitsmotive.

– *Theorie der Bedürfnishierarchie*
   Die Entwicklungspsychologie nach *Maslow* bildet den in neueren Publikationen relativierten Bezugspunkt der beiden Hypothesen. Wie *Maslow* geht *Inglehart* von einer festen Bedürfnishierarchie und der Ablösung von Bedürfnissen bei erfolgter Befriedigung aus, wobei er die *Maslow'schen* physiologischen – und Sicherheitsbedürfnisse als „materialistische Werte" bezeichnet und die Bedürfnisse nach Zuneigung und Liebe, sozialer Achtung und Selbstverwirklichung als „postmaterialistische Werte" [184].

Erklärt wird der Wertewandel von *Inglehart* derart, daß neue Generationen mit neuen Wertemustern nachwachsen und ältere Generationen mit traditionellen Wertemustern ersetzen. Aufgrund der Sozialisationshypothese wird angenommen, daß sich im Erwachsenenalter nur noch marginale Werteänderungen vollziehen.

Diese Theorie wird seit ihrer ersten Formulierung kontrovers diskutiert. Neben der Kritik an den methodischen Verfahren der Erhebung (vgl. *Klages*, 1992, S. 23ff.) stellt die postulierte *Wandlungsdynamik* einen zentralen Schwerpunkt der Kritik dar. So weist *Silberer* darauf hin, daß für das menschliche Verhalten weniger der Mangel als *objektiver Sachverhalt* relevant ist, sondern als *wahrgenommener Mangel*. Diese Wahrnehmung basiert aber auf Vergleichen der eigenen Situation

---

184 Vgl. *Klages*, 1992, S. 13f., der auf die fehlende Diskussion des Übergangs von Bedürfnissen zu Werten bei *Inglehart* aufmerksam macht.

mit der von anderen, weshalb hier die bei Inglehart nicht berücksichtigten *relativen Knappheitsunterschiede* innerhalb einer Gesellschaft im Vordergrund stehen sollten (vgl. *Silberer*, 1991, S. 146). Desweiteren bleibt die Erklärung des Wertewandels unbefriedigend, da offen bleibt:

– die Abgrenzung zwischen Jugend- und Erwachsenenalter,

– die Konsequenz von Überlagerungen (z. B. Mangel in Kindheit und Wohlstand in der Jugend) und

– das Ausmaß „marginaler" Werteänderungen im Erwachsenenalter (vgl. *Silberer*, 1991, S. 145).

Daneben findet sich eine Kritik an der impliziten *normativen Konzeption* bei *Inglehart*. So argumentiert *Klages* (1992, S. 13) bspw., daß die Anfang der 70er Jahre zuerst formulierte Theorie des Wandels zu postmaterialistischen Werten einer allgemeinen temporären Grundstimmung bei jüngeren Menschen gehobenen Bildungsniveaus entspräche, die als ideologische Projektion die weitere Entwicklung und Forschung prädeterminiere. Für *Vester et al.* manifestiert sich dadurch schnell eine typische Mittelklasse-Ideologie. Nach der materiellen Bedürfnisbefriedigung schreiten die Menschen zu einer „höheren" ideellen Kultur der Mittelschicht voran: „Nicht weit davon entfernt ist das Bewertungsschema, nach dem 'die Arbeiter' eher dem materialistischen, ungebildeten, undemokratischen und demoralisierten Pol der Gesellschaft zugerechnet werden" (*Vester et al.*, 1993, S. 86).

Eine methoden-immanente Kritikrichtung konzentriert sich auf die Widerlegung von *Inglehart* anhand seines Datenmaterials. Hier zeigt sich zum einen, daß die von ihm allein durch inter-generationalen Wandel erklärte Werteverschiebung auch durch *lebenszyklische* Effekte interpretiert werden kann (vgl. *Ahuvia/Wong*, 1995, S. 174). Ein entscheidender Kritikpunkt betrifft die Interpretation von Werte-Mischtypen, die bspw. für die Bunderepublik Deutschland in den letzten Jahren einen höheren Anteil als die Materialisten oder Postmaterialisten besitzen (vgl. *Klein*, 1995, S. 213). Während sie bei *Inglehart* als „Durchgangsstation" vernachlässigt werden, könnten sie auch als Indiz für die *Mehrdimensionalität* von Werten interpretiert werden. Wenn Materialismus und Postmaterialismus als distinkte Dimensionen betrachtet werden, können dadurch auch Prozesse, wie ein Werteverlust oder eine Wertsynthese, untersucht werden oder die Möglichkeit unterschiedlicher Wandlungsmuster für die beiden Wertedimensionen (vgl. *Klages*, 1988).

In der makro-orientierten Konsumentenforschung hat dieser Ansatz der mehrdimensionalen Werteforschung vor allem in der eigenständigen *Materialismusforschung* seine Umsetzung gefunden (vgl. *Rudmin/Richins*, 1992). Ein weit verbreiteter Ausgangspunkt ist die folgende Definition:

„... materialism reflects the importance a consumer attaches to wordly possessions. At the highest level of materialism, such possessions assume a central place in a person's life and are believed to provide the greatest source of satisfaction and dissatisfaction in life."
Russell Belk, 1984, S. 291

Ein ähnlicher, aber weniger persönlichkeitsbezogener Ansatz wird von *Richins* und *Dawson* verfolgt, die den Materialismus über die Bereiche der zentralen Rolle des Erwerbs im Leben, der Nutzung von erworbenen Gütern und Leistungen zur

❏
Materialismus wird oft mit Luxusgütern, Statussymbolen und Reichtum gleichgesetzt.

Quelle: Colors, Nr. 15, 1996

DER TAIWANESISCHE MILLIARDÄR Davy Tang Rirong umgibt sich mit massivem Gold. TAIWANESE BILLIONAIRE Davy Tang Rirong surrounds himself with solid gold.

❏
Zu berücksichtigen ist aber nicht nur eine graduelle Ausprägung des Materialismus, sondern auch die individuell und kulturell variierende Definition von Luxus und Statussymbol.

Quelle: Colors, Nr. 15, 1996

IN TRANSKEI kauft ein südafrikanischer Goldminenarbeiter das erste Fernsehgerät der Stadt. A GOLD MINER brings home Transkei, South Africa's first TV.

Definition von Glück sowie zur Definition von Erfolg erfassen (vgl. *Richins/ Dawson*, 1992). Für beide Ansätze wurden Skalen entwickelt, die inzwischen in vielfältigen Untersuchungen angewandt und für kulturvergleichende Studien modifiziert wurden (vgl. *Ger/Belk*, 1996a; *Webster/Beatty*, 1997). Generell weisen die empirischen Studien auf eine negative Korrelation von Materialismus und Zufriedenheit bzw. Wohlbefinden hin (vgl. *Ahuvia/Wong*, 1995, S. 172). Allerdings lassen die bisherigen Untersuchungen keine Schlußfolgerungen auf kausale Beziehungen zu [185]. Im Rahmen von Modifikationen wird zunehmend auf *Csikszentmihalyi/Rochberg-Halton* zurückgegriffen, die zwischen „terminal materialism" (Erwerb und Besitz als Endziel) und „instrumental materialism" (Erwerb und Besitz als Mittel für andere Ziele) differenzieren [186]. Dadurch wird eine differenzierte psychologische und soziale Bewertung möglich, die neben den destruktiven Konsequenzen eines „terminal materialism" auch die positiven und notwendigen Interaktionen mit der materiellen Objektumgebung im Rahmen des „instrumental materialism" berücksichtigt.

ad b) Modelle der sozialen Schichtung
Ein zentraler Aspekt der soziologischen Theorie ist die Analyse der sozialen Struktur einer Gesellschaft. Lange Zeit dominierte dabei ein *vertikaler* Schichtungsansatz, der in den 80er Jahren zunehmend durch *horizontale* Differenzierungsansätze ergänzt bzw. auch ersetzt wurde.

Im Rahmen sozialer Einflußgrößen des Konsums dienen *vertikale Schichtungsansätze* über die Konstrukte Schicht und Klasse als ein Ordnungs-schema der Makroumwelt von Konsumenten [187]. Zudem liefern sie den theoretischen und empirischen Hintergrund für sozio-ökonomische Segmentie-rungsansätze im Marketing. Die Betrachtung sozialer Schichten ähnelt dabei der subkulturellen Unterteilung einer Gesellschaft in größere Gruppen von Menschen, die spezifische Eigenschaften gemeinsam haben [188]. Im Unterschied zur Kultur ist Schicht aber ein eindimensionales (hierarchisches) Kriterium, das eine Variation nur nach oben oder unten vorsieht (vgl. *Trommsdorff*, 1989, S. 170). Als *soziale Schicht* wird somit eine Großgruppe von Individuen mit der gleichen sozialen Position verstanden. In engem Zusammenhang mit der sozialen Position steht der damit verbundene *Status*, mit dem die Wertschätzung erfaßt wird, die einem Menschen als Träger bestimmter Positionen zukommt (vgl. *Bebié*, 1978, S. 320). Daraus ergibt sich eine Rangordnung, die als soziale Schichtung bezeichnet wird. Je nach Forschungskonvention können unterschiedliche Schichten definiert

---

185 So kann eine mögliche Beziehung von materialistischen Werten zur Unzufriedenheit führen, auf der anderen Seite aber auch eine Un-zufriedenheit zu einer gesteigerten Suche nach Glück und Zufriedenheit über vermehrten Materialismus.
186 Vgl. *Csikszentmihalyi/Rochberg-Halton*, 1981, S. 225-249, und die von *Rokeach* (1968) ursprünglich entwickelte Unterscheidung zwischen terminal und instrumental values.
187 Das Konstrukt „Klasse" wird besonders im deutschen Sprachraum oftmals mit (neo-) marxistischen Ansätzen verbunden. Hier wird dagegen „Schicht" als Oberbegriff für vertikale Strukturen verwendet und „Klasse" als ein besonderer Typus von Schicht (vgl. *Geißler*, 1996, S. 324).
188 So wird von einigen Autoren auch die soziale Schichtung unter „Subkultur" subsumiert. Vgl. z. B. *Trommsdorff*, 1989, S. 167; *Kroeber-Riel*, 1992b, S. 583.

werden. Gängig ist eine Einteilung in drei (manchmal auch sechs) Schichten, wie
z. B. Oberschicht (obere/untere), Mittelschicht (obere/untere) und Unterschicht
(obere/untere). Die Bestimmung einer sozialen Position erfolgt nach
verschiedenen *Schichtungskriterien* [189]:

– Beruf, Ausbildung, Einkommen
  Diese Kriterien werden in westlichen Industriegesellschaften vorrangig zur
  Bestimmung sozialer Positionen verwendet. Ein Grund dafür liegt darin, daß der
  soziale Status in leistungsorientierten Gesellschaften eng an die beruflichen
  Leistungen gekoppelt ist.

– Vermögen, Abstammung
  Diese Kriterien beziehen sich auf einen *übernommenen*, im Gegensatz zu dem
  erworbenen Status durch den Beruf.

In den 80er Jahren wuchs sowohl in der Soziologie als auch in der Konsumentenforschung die Kritik an Modellen, die ein eindeutiges vertikales Sozialgefüge
abzubilden versuchten [190]. Durch die in *Kapitel 5.1.1.2* dargestellte soziale
Umstrukturierung der Gesellschaft, die neben der rein vertikalen zusätzlich zu
einer horizontalen Differenzierung führte, entstand eine Herausforderung für eine
neue Sozialstrukturbetrachtung, in deren Verlauf Klassen- und Schichtentheorien
durch Milieutheorien abgelöst wurden.

Soziale Milieus bezeichnen sozio-kulturelle Einheiten, die einen Bevölkerungsteil
durch spezifische Zuordnung gemeinsamer Religionen, regionaler Traditionen,
wirtschaftlicher Lagen und kultureller Orientierungen charakterisieren (vgl.
Müller, 1989, S. 67).

Abb. 5-9 zeigt die inzwischen vielfach angewandte und bewährte Milieustudie des
SINUS-Instituts für Westdeutschland. Diese wurde aus ca. 1500 qualitativen
Interviews entwickelt und in mehr als 60000 Fällen standardisiert-repräsentativ
erprobt. Die Prozentzahlen markieren die Veränderung von 1982 bis 1992.
Die inhaltliche Charakterisierung kann anhand dreier ausgewählter Milieus
dargestellt werden. (vgl. *Becker, U./Becker, H./Ruhland*, 1992, S. 90-98):
Damit findet eine Verknüpfung von objektiven Faktoren des sozialen Status
(vertikale Unterschiede) und subjektiven Komponenten aus Erfahrungen, Werten
und Wünschen (horizontale Unterschiede) statt. Es werden Menschen zusammengefaßt, die sich in Lebensweise und -auffassung ähnlich sind. Einen Ausdruck finden soziale Milieus in unterschiedlichen *Lebensstilen*, die eine bestimmte Kombination beobachtbarer Verhaltensmuster (wie Konsum- und Freizeitverhalten) und
psychischer Einflußfaktoren (Einstellungen, Werthaltungen) einer Person bezeich-

---

189 Vgl. *Kroeber-Riel*, 1992b, S. 586, und zu einkommensbasierten, schichtorientierten und kombinierten Segmentierungsansätzen *Schaninger*, 1981.
190 Vgl. als Zusammenfassung der verschiedenen Untersuchungen auf Basis vertikaler Schichtungsmodelle *Bebié*, 1978, S. 329ff., und zu
   einzelnen Versuchen, das Schichtenmodell in der Konsumentenforschung wieder zu etablieren, *Coleman*, 1983; *Fisher*, 1987.

	Konservatives gehobenes Milieu	Alternatives Milieu	Neues Arbeitnehmermilieu
Soziale Lage	überdurchschnittlich hohe Formalbildung; vielfach leitende Angestellte, Beamte, Selbständige und Freiberufler der hohen und höchsten Einkommensklassen. Deutlich unterrepräsentiert sind hier die jüngeren Generationen.	überrepräsentiert sind Menschen der höchsten Bildungsstufe; zumeist Schüler und Studenten, qualifizierte Angestellte, Beamte im höheren Dienst und Freiberufler. Überdurchschnittlich häufig werden sowohl geringe als auch hohe Einkommen erzielt.	Altersschwerpunkt: unterhalb von 25 Jahren; durchweg Realschulabschluß; viele Schüler, Auszubildende und Studenten; Facharbeiter, qualifizierte Angestellte und Beamte im öffentlichen Dienst.
Lebensziele	Bewahrung gewachsener Strukturen und „humanistischer" Traditionen; ausgeprägtes Elitebewußtsein und große Wertschätzung einer anerkannten gesellschaftlichen Stellung. Materieller Erfolg gilt als selbstverständlich, wird aber nicht zur Schau gestellt. Harmonisches Familienleben und individuell erfülltes Privatleben.	Selbstverwirklichung, Entfaltung der Persönlichkeit; intensive Pflege zwischenmenschlicher Beziehungen und Teilnahme am politischen und kulturellen Leben; postmaterielle Orientierung, Ablehnung äußerlicher Werte. Angestrebt wird privates und gesellschaftliches Engagement für menschengerechtere Welt.	Grundhaltung ist hedonistisch und realitätsbezogen. Das Leben möchte man so angenehm wie möglich gestalten, und man möchte sich leisten können, was einem gefällt. Flexibilität der Ansprüche bewahrt sie, über ihre Verhältnisse zu leben. Geistige und fachliche Weiterentwicklung, lebenslanges Lernen. Hochgeschätzt werden kreative, verantwortungsvolle Berufe, in denen man eigenständig handeln kann.
Lebensstil	Orientierung an Traditionen, die kenntnisreich und stilsicher gepflegt werden. In allen Lebensbereichen werden hohe Qualitätsansprüche gestellt. Was sich mit diesem Lebensstil nicht vereinbart, wird als oberflächlich und übertrieben abgelehnt.	umweltbewußtes Leben; Möbel, Kleidung und Nahrung oftmals aus eigener Fertigung; vielfach Zurückziehen in „alternative Idylle". Größte Wertschätzung genießen Stilmerkmale wie Individualität und „Authentizität".	ohne geschlossenes Weltbild oder Verpflichtungen gegenüber Traditionen. Aufgeschlossen für Neues, stiltolerant und mobil. Als Mainstreamer der jungen Freizeitkultur neigen sie zu „konventionellem Modernismus" im Konsum. High Tech als selbstverständliche Komponente in Freizeit und Beruf.

❏
Abb. S. 239
Die Fotos wurden im Rahmen eines Forschungsprojekts zu sozialen Milieus bei Interviewpartnern aufgenommen. Ansatzpunkt waren hier persönlich bedeutsame Gegenstände, die in Form von „Hausaltären" herausgestellt wurden. Von oben nach unten entstammen die Foto-Paare dem Konservativ gehobenem Milieu, dem Alternativen Milieu sowie dem Neuen Arbeitnehmermilieu.

Quelle: *Flaig/Meyer/Ueltzhöffer*, 1994

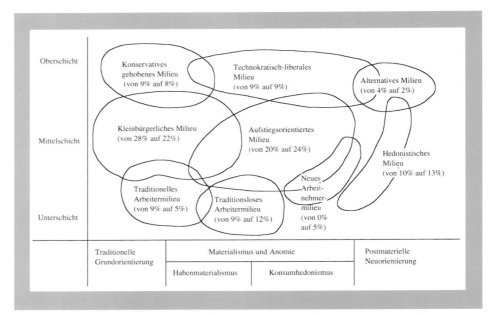

Abb. 5-9: Soziale Milieus der SINUS-Studie (Quelle: SINUS-Lebensweltforschung, 1992, S. 4)

nen [191]. Sie erfüllen die Funktion der Symbolisierung einer geschlossenen Identität der Person sich selbst gegenüber, der Verdeutlichung einer Zugehörigkeit zu Personen mit gleichem Lebensstil und die Abgrenzung gegenüber anderen Lebensstilen (vgl. *Brune*, 1991, S. 34). Nachdem die Lebensstilansätze der Konsumentenforschung zunächst eher über vertikale Schichttheorien fundiert (vgl. z. B. *Myers/Gutman*, 1974) und im Laufe der 70er Jahre zunehmend individualisiert im Sinne von Persönlichkeitszügen verstanden wurden, ermöglichten Milieutheorien wieder eine Annäherung an soziologische Theorien.

Trotz aller theoretischen Entwicklungen muß abschließend ein im Vergleich zur psychologisch orientierten Konsumentenforschung eher rudimentärer Entwicklungsstand der soziologisch und anthropologisch orientierten Konsumentenforschung konstatiert werden. Die Konzentration der Forschungsaktivitäten auf die individuellen Prozesse des Konsums in den 70er Jahren konnte bisher durch eine adäquate Konzeptionalisierung der sozio-kulturellen Einbettung des Konsums nicht ausgeglichen werden. Zum einen manifestiert sich in einer vermeintlichen Makroperspektive oft nur ein *psychologischer Reduktionismus*, der soziale Konstrukte nur auf der Mikroebene thematisiert (vgl. *Uusitalo/Uusitalo*, 1981, S. 560). Zum anderen beschränkt sich der Austausch zwischen Konsumentenforschung und Soziologie/Anthropologie bisher primär auf ein punktuelles „Ausleihen" traditioneller Konstrukte. Selbst die Arbeiten von *Bourdieu*, die in den Sozialwissenschaften eine wichtige neue Theorieorientierung darstellten und dort umfassend diskutiert wurden, fanden bisher in der Konsumentenforschung nur wenig Aufmerksamkeit. Dabei böte sich hier ein sehr konkretes Umsetzungsfeld an, da *Bour-*

---

191 Allerdings sind verschiedene Lebensstil-Ansätze zu unterscheiden, die nicht unbedingt die hier vorgenommene Ableitung aus sozialen Milieus teilen (vgl. *Gierl*, 1991; *Lüdtke*, 1992).

dieu (1988[1979]) die horizontalen Schichtungsmodelle mit vertikalen Modellen verknüpft. Zudem füllt er mit dem Habituskonzept die bisherige Erklärungslücke der Beziehung zwischen Soziallage und Herausbildung von Lebensstilen.

Die *stärkere* Distanzierung zur Marketingwissenschaft wurde auf der anderen Seite auch von der Soziologie und Anthropologie betrieben. Dies hat sich jedoch in den letzten Jahren geändert. *Douglas Holt*, der einer der engagiertesten neueren Vertreter einer makro-orientierten Konsumentenforschung ist, warnt sogar vor möglichen disziplinären Positionseinbußen. Für ihn sind inzwischen die wissenschaftlich erfolgreichsten Arbeiten zum Konsum nicht mehr in der Konsumentenforschung, sondern in soziologisch ausgerichtete Disziplinen publiziert worden (vgl. *Holt*, 1995, S. 488). Dahinter verbirgt sich ein Wandel in der Soziologie, die sich zunehmend für den Konsum als zentralem Ort gesellschaftlicher Auseinandersetzungen interessiert und die Fokussierung auf Produktionsprozesse überwunden hat (vgl. z. B. *Otnes,* 1988; *Featherstone*, 1991). Ebenso sieht die Anthropologie in den marktlichen Prozessen zeitgenössischer Industriegesellschaften verstärkt ein potentielles Anwendungsfeld (vgl. z. B. *Sherry*, 1995).

Als 1976 *Nicosia/Mayer* Schritte hin zu einer Soziologie des Konsums formulierten (statt einer „nur" soziologisch orientierten Konsumforschung), begründeten sie dies mit der steigenden Relevanz globaler Konsumprozesse für private und staatliche Entscheidungsträger. Angesichts der heutigen konsum-induzierten sozialen, ökonomischen, kulturellen und ökologischen Problemlagen ist zu hoffen, daß die Ansätze einer wirklichen interdisziplinären Zusammenarbeit in Zukunft weiter intensiviert werden [192].

5.2.2.1.2 Interpretative Konsumentenforschung

Ende der 70er Jahre gab es mit dem „Konstruktivismus der Erlanger Schule" eine Methodenkontroverse, in der die vorherrschende wissenschaftstheoretische Orientierung am kritischen Rationalismus hinterfragt wurde. Für die Betriebs-wirtschaftslehre wurde statt der Anlehnung an naturwissenschaftliche Methoden eine kulturwissenschaftliche Vorgehensweise gefordert (vgl. *Steinmann*, 1978). Der Ansatz wurde zwar kontrovers diskutiert, jedoch war das abschließende Urteil der Marketingwissenschaftler und Konsumentenforscher weitgehend einhellig: Wissenschaftliche Legitimation sollte nur durch eine einheitliche, naturwissen-schaftlich-empirische Orientierung gewährleistet werden [193].

In der amerikanischen Konsumentenforschung gab es ähnliche methodologische Konflikte (vgl. *Sherry*, 1991, S. 552), die aber auf längere Sicht hin erfolgreicher für die Etablierung einer interpretativen Orientierung verlief. Ähnlich wie in der deutschen konstruktivistischen Schule wurde eine naturwissenschaftliche Methodologie mit dem Argument abgelehnt, daß sich die Menschen durch ihre

---

192 Als gelungenes Beispiel ist hier auf den Reader von *Miller* (1995) zu verweisen.
193 Vgl. *Abel*, 1981; *Raffée*, 1980a. Anders entwickelte sich der Ansatz des methodischen Konstruktivismus in Bereichen wie dem strate-gischen Management oder der Unternehmenskommunikation, wo er bis heute seinen Stellenwert besitzt (vgl. *Scherer*, 1995).

Suche nach Sinn und Bedeutung im Leben grundsätzlich von den Erkenntnisobjekten der Naturwissenschaft, wie chemischen Verbindungen und atomaren Teilchen, unterscheiden (vgl. *Ozanne/Hudson*, 1989, S. 1). Diese Diskussion knüpfte an die deutsche Tradition der verstehenden Sozialwissenschaft an (z. B. *Max Weber, Karl Mannheim, Alfred Schütz*), die das *Prinzip des Verstehens* dem *Prinzip des kausalen Erklärens* gegenüberstellte. Der deutsche Philosoph *Wilhelm Dilthey* formulierte als Programm:

„Die Natur erklären wir, das Seelenleben verstehen wir."
Wilhelm Dilthey, 1922[1883], S. 109

Die Umsetzung dieses Wissenschaftsprogramms in der interpretativen Konsumentenforschung [194] erfolgte auf verschiedenen Ebenen (vgl. *Bode*, 1993, S. 73ff.):

– *Methodologisch* verfolgte die interpretative Konsumentenforschung das Ziel, das subjektive Erleben der Konsumentenrealität zu verstehen und zu beschreiben. Um hierfür adäquates Datenmaterial zu erhalten, wird primär eine Vielzahl von *qualitativen Methoden* eingesetzt, wie z. B. ethnographische Studien, kritisch-emanzipatorische Verfahren, historische Analysen, Methoden der Literaturkritik, phänomenologische Interviews, psychoanalytische Methoden, projektive Verfahren, Introspektion und semiotische Textanalysen [195]. Auch in der erfahrungswissenschaftlichen Konsumentenforschung werden qualitative Verfahren angewandt, wie auch umgekehrt quantitative Verfahren von interpretativen Konsumentenforschern eingesetzt werden. Der Unterschied besteht in der Art der Nutzung. In der erfahrungswissenschaftlichen Konsumentenforschung werden qualitative Verfahren nur explorativ oder heuristisch im Entdeckungszusammenhang verwendet und als Vorstufe der eigentlichen wissenschaftlichen Überprüfung von Hypothesen angesehen (vgl. *Raffée*, 1980a, S. 24). Für die interpretative Konsumentenforschung können qualitative Verfahren dagegen auch im Begründungszusammenhang zur Stützung theoretischer Aussagen eingesetzt werden.

– Die interpretative Konsumentenforschung hat hinsichtlich ihrer *wissenschaftlichen Perspektive* eine ausgeprägte Tendenz zur Verselbständigung gegenüber der Marketingwissenschaft. Sie soll nicht mehr für Fragen des Marketing instrumentalisiert werden, sondern sich als Forschung über einen eigenständigen Lebensbereich der Menschen entwickeln [196].

– Im Sinne eines ganzheitlichen Verständnisses zu Fragen des Konsums wird der traditionelle *Objektbereich* erweitert. Neben den durch Kauf erworbenen

❏
In einer ethnographischen Untersuchung zur Konsum-Subkultur der Motorradfahrer begleiteten zwei Konsumentenforscher über 3 Jahre Harley-Davidson Besitzer. Hier ein Fotodokument zur Interpretationsbreite der Harley-Davidson Biker Uniform.

Quelle: *John Schouten* und *James McAlexander*, 1993

---

194 Dieses neue Forschungsparadigma wird auch als postmoderne, post-positivistische, alternative Konsumentenforschung bezeichnet, oder einfach 'New Consumer Behavior'. Aufgrund ihrer Entwicklungsgeschichte wird sie hier als 'interpretativ' im weiteren Sinne verstanden, da auch Ansätze eingeordnet werden, die sich nicht unbedingt explizit als 'interpretativ' in engerem Sinne verstehen (z. B. Vertreter der kritischen Theorie). Damit wird an die o. a. Einteilung von *Kroeber-Riel* angeknüpft (vgl. *Kap. 5.2.2.1*).
195 Vgl. z. B. *Mick*, 1986; *Stern*, 1989; *Thompson/Locander/Pollio*, 1989; *Murray/Ozanne*, 1991; *Bode*, 1996.

Die interpretative Konsumentenforschung geht davon aus, daß sich ein Selbstverständnis und eine persönliche Biographie auch über den Einbezug von Konsumobjekten bildet. Derartige Objekte zeichnen sich durch ein hohes Involvement aus, das sich in einer besonderen Aufmerksamkeit und intensiven Hinwendung von Seiten der Konsumenten ausdrückt. Besonders ausgeprägt findet sich eine derartige Objektbeziehung im Sammelverhalten. Eine literarische Umsetzung findet sich bei *Nick Hornby*, der anhand eines Schallplattensammlers die Intensität und Stärke der identitätsprägenden Wirkung des Konsums schildert.

„Dienstag abend ordne ich meine Plattensammlung neu. Ich tue das oft in Zeiten emotionaler Belastung. Es gibt Menschen, die das für eine ziemlich blöde Art halten, seinen Abend zu verbringen, aber ich zähle nicht zu ihnen. Das ist mein Leben, und es ist schön, darin zu waten, mit den Armen hineintauchen und es berühren zu können.

Als Laura hier wohnte, hatte ich die Platten alphabetisch geordnet, vorher hatte ich sie in chronologischer Ordnung, angefangen mit Robert Johnson bis zu, keine Ahnung, Wham! oder irgendwas Afrikanischem, oder was ich mir sonst so anhörte, als Laura und ich uns kennenlernten. Heute abend aber schwebt mir etwas anderes vor, und ich versuche mich zu erinnern, in welcher Reihenfolge ich die Platten gekauft habe: Auf diese Weise hoffe ich, meine Autobiographie schreiben zu können, ohne auch nur einen Stift in die Hand nehmen zu müssen. Ich ziehe die Platten aus den Regalen, staple sie überall im Wohnzimmer auf dem Boden, suche Revolver [ein Albumtitel der Beatles, U.H./M.B.] und fange an, und als ich fertig bin, durchströmt mich ein ganz neues Selbstgefühl, denn das ist schließlich das, was mich ausmacht. Ich

Produkten gehören auch das Sammeln oder Schenken dazu, und es werden die „dunklen Seiten des Konsums", wie z. B. das Suchtverhalten [197] oder der Konsum Obdachloser thematisiert. Zu inhaltlichen Schwerpunkten zählen u. a. die Analyse des Konsumsymbolismus in der populären Kultur, Konsumrituale (z. B. Weihnachten), formelle und informelle Konsumgemeinschaften (z. B. Sammlertreffen) oder die Rolle der Religion im Konsumverhalten [198].

– Bei der *Problemsicht innerhalb des Objektbereichs* steht die subjektive Konsumerfahrung als ständiger Fluß von Gefühlen, inneren Bildern, Phantasien und Tagträumen im Mittelpunkt. In der Relativierung des kognitiven Paradigmas liegen Anknüpfungspunkte zur Aktivierungsforschung von *Kroeber-Riel*, wie auch zur Imageryforschung und der Konstruktion bildhaft-symbolischer Vorstellungen (vgl. *Kroeber-Riel/Weinberg*, 1996, S. 17, 25). Darüber hinausgehend wird versucht, die gesamte Bandbreite emotionaler Zustände zu erforschen, wie z. B. auch Langeweile, Liebe, Haß, Ekel, Angst oder Lust (vgl. z. B. *Holbrook/Hirschman*, 1982; *Hirschman/Holbrook*, 1986).

Entscheidend für die Etablierung der interpretativen Konsumentenforschung in den USA waren zwei Ereignisse Mitte der 80er Jahre. Zum einen wurde im Journal of Consumer Research ein Artikel publiziert, der die Funktion des symbolischen Konsums in dem Spielfilm „Out of Africa" untersuchte (vgl. *Holbrook/Grayson*, 1986). Diese Publikation löste eine vehemente Kritik aus, die das Untersuchungsobjekt außerhalb der Konsumentenforschung ansah und die Methode der Filmanalyse in ihrem Theoriezusammenhang als unwissenschaftlich betrachtete. Hieraus entwickelte sich eine wissenschaftstheoretische Diskussion, die trotz gelegentlicher rhetorischer Zuspitzungen auf hohem Niveau Maßstäbe setzte. Desweiteren wurden anhand eines ungewöhnlichen Forschungsprojektes praktisch die Potentiale der interpretativen Konsumentenforschung demonstriert. Bei diesem als „*Consumer Behavior Odyssey*" bezeichneten Projekt fuhren zwei Dutzend amerikanische Konsumentenforscher (darunter sowohl Vertreter als auch Kritiker der interpretativen Konsumentenforschung) mit einem Wohnmobil von der West- zur Ostküste, um außerhalb einer künstlichen Laborsituation in den Konsumalltag „eintauchen" zu können. Untersucht wurde das verbale und nicht-verbale Verhalten in alltäglichen Konsumsituationen, wie beim Einkaufen, Spielen, Wohnen oder Sammeln. Primäres Ziel war die Demonstration von Wissenschaftlichkeit und Erkenntnisproduktion interpretativer Methoden (vgl. als Ergebnisbericht *Belk*, 1991b).

Die interpretative Konsumentenforschung hat sich in der amerikanischen

---

196 Dabei ist allerdings nicht zu verkennen, daß Arbeiten, die auf den ersten Blick als relativ unternehmensfern eingeschätzt werden müssen, wie etwa über magische Erfahrungen bei Wildwassertouren (vgl. *Arnould/Price*, 1993) durchaus auch praktisch umsetzbar sind. In diesem Beispiel fanden die Handlungsimplikationen bei touristischen Dienstleistern ein starkes Interesse.

197 Vgl. z. B. *Sherry*, 1983; *Belk et al.*, 1991; *Hirschman*, 1991; *Schouten/McAlexander*, 1995. Für Deutschland sind hier die Arbeiten von *Scherhorn/Reisch/Raab* (1990) einzuordnen. Eine neue Entwicklung der interpretativen Konsumentenforschung liegt in ihrer programmatischen Geschlossenheit, mit der derartige Themen erforscht werden, die eine Integration der weiteren forschungsprogrammatischen Ebenen beinhaltet.

198 Vgl. z. B. *Rook*, 1985; *Hirschman*, 1987; *Belk*, 1988; *Hansen/Bode*, 1995.

❑
Das gesammelte Datenmaterial der
Consumer Behavior Odyssey
beinhaltete unter anderem ca. 4000
Fotos, 137 Videokassetten, ein
Dutzend Audiokassetten und die
verschiedensten Artefakte. Hier ein
Originalfoto von 1986 (links:
Russell Belk).

Quelle: *Russell Belk, 1986*

finde es schön, wie ich in fünfund-
zwanzig Schritten von Deep Purple
zu Howling Wolf gelangt bin. Die
Erinnerung daran, während der
gesamten Zeit eines erzwungenen
Zölibats 'Sexual Healing' gehört zu
haben, quält mich nicht länger, und
die Erinnerung daran, daß ich in
der Schule einen Rockclub gegründet hatte, damit ich und meine
Kumpel aus der Abschlußklasse
uns treffen und über *Ziggy Stardust*
[ein Albumtitel von David Bowie,
U.H./M.B.] oder *Tommy* [ein
Albumtitel der Who, U.H./M.B.]
sprechen konnten, bringt mich
nicht mehr in Verlegenheit.

Nick Hornby, 1996[1995], S. 66f.
„There were too many exciting
concepts yet to be borrowed, to
worry about explaining the
purchase of the shirt. With a project
like this and the masses of data it
can produce, we can go back to
what Tucker was saying [explaining
everyday consumer behavior,
U.H./M.B.]. Take your attribution
theory and your information
processing and your schemas and
explain the purchase of an orange
peeler at the country fair, a tee shirt
at a Texas rodeo, a Rolex watch at
Beverly Hills, a Coca-Cola tray at a
flea market, or even a ugly bottle
blond at a brothel.“

Hal Kassarjian während der
Planung der Consumer Behavior
Odyssey in einem Brief an *Russell
W. Belk*, zitiert nach *Belk*, 1991a,
S. 4

Konsumentenforschung inzwischen etabliert. Dies ist abzulesen an der
Institutionalisierung in Form von Konferenzen, Workshops, Monographien,
Zugang zu wissenschaftlichen Journals, Aufnahmen in Lehrbüchern und
Gründung eines eigenen Journals „Consumption, Markets & Culture" [199]. Für die
amerikanische Konsumentenforschung stellen *Kroeber-Riel/Weinberg* (1996,
S. 24) inzwischen eine lebendige Konkurrenz zwischen interpretativer und
erfahrungswissenschaftlicher Konsumentenforschung fest, die „… zu einer
treibenden Kraft der Erkenntnisgewinnung geworden" ist. Ein nicht
unwesentlicher Beitrag des interpretativen Paradigmas liegt in dem durch die
wissenschaftstheoretische Diskussion erhöhten Grad der Selbstreflexion in der
gesamten Konsumentenforschung.

Es könnten sich hieraus förderliche Impulse für die deutsche erfahrungswissenschaftlich orientierte Konsumentenforschung ergeben, wobei eine Aufnahme
interpretativer Methodikelemente eine Erweiterung des untersuchten Themen-
spektrums fördern könnte [200].

5.2.2.2 Weiterentwicklung der Marktforschung

Die Marktforschung gehört ebenso wie die Konsumentenforschung zu den
Bereichen der Marketingtheorie mit hoher Konzentration von Forschungsaktivitäten. Zur Konsumentenforschung bestehen insofern weite Überschneidungsbereiche, als die Konsumenten den wichtigsten Gegenstand der

---

199 Vgl. hier insbesondere die von *Hirschman*, 1989 herausgegebene Monographie zur interpretativen Konsumentenforschung.
200 Dies gilt auch angesichts der Kritik an einer allzu dogmatischen erfahrungswissenschaftlichen Methodik, nachdem dieser Prägung der
    Konsumentenforschung der Stand des „Dataismus" oder „naiven Empirismus" vorgeworfen wird. Vgl. zu dieser Kritik z. B. *Behrens*,
    1988, S. 12; *Schanz*, 1990, S. 141; *Tomczak*, 1992, S. 79.

Marktforschung bilden und Forschungsergebnisse oft auch in ihrem Rahmen verwertet werden, wie an vielen Monographien feststellbar ist. Hier soll allerdings nur die Methodenentwicklung in der Marktforschung verfolgt werden. Die Marktforschung war in den 80er und 90er Jahren stark von inhaltlichen Problemstellungen und technologischen Einflüssen geprägt. In *inhaltlicher Hinsicht* stellen die zu untersuchenden realen Phänomene spezifische Anforderungen an die Methodenentwicklung. So haben insbesondere die Veränderungen in der Sozialstruktur und die Fragmentierungen der Märkte verfeinerte Methoden der Strukturanalysen gefordert. Die zunehmende Dynamik und Komplexität führte zu der Notwendigkeit, globale Früherkennungsmethoden zu entwickeln, und die Emotionalisierung und Erlebnisorientierung des Marktgeschehens verlangte im Rahmen der Marktforschung ein eher affektiv orientiertes Erhebungsdesign. Derartigen inhaltlichen Anforderungen konnte seit den 80er Jahren mit dem Einsatz neuer *Informationstechnologien* begegnet werden, die für die Weiterentwicklung der Marktforschung sehr bedeutsam waren. *Weiers* (1988, S. 10) charakterisiert deshalb den gegenwärtigen Stand als „high-tech"-Phase.

Die Einflüsse der Technologie gehen über eine methodische Ebene hinaus. Es lassen sich auch Auswirkungen bezüglich einer neu zu definierenden *Rolle* der Marktforschung feststellen. Hier zeigt sich ein erweitertes Rollenverständnis, bei dem die Marktforschung nicht nur im Sinne der von *Meffert* (1986b, S. 180) einmal als „*Intelligenzverstärker*" bezeichneten Funktion zum Tragen kommt. Die aktuelle Marktforschung hat die reine Zulieferfunktion hinter sich gelassen und versteht sich zunehmend als *integraler Bestandteil des Marketingentscheidungsprozesses* selber. Über die Anwendung neuer Technologien ist eine Rückwirkung der Marktforschung auf ihr Untersuchungsfeld zu verzeichnen. So ist bspw. die Verfeinerung der Marktsegmentierung nur auf der Basis strukturerkennender Marktforschungsmethoden möglich. Die Realität erzielbarer Informationen schafft also auch neue Realitäten als Anwendungsfelder des Marketing.

Betrachtet man nun die Einschätzungen zum gegenwärtigen Entwicklungsstand der Marktforschung, so werden zwei Lager deutlich:
– Zum einen wird von „*Evolution*" gesprochen. Die Entwicklungen der letzten Jahre haben demnach die Marktforschung nicht essentiell verändert, sondern graduell verbessert (vgl. z. B. *Trommsdorff*, 1993, S. 30). Der Tenor ist hier, daß die Methoden der Marktforschung schneller, billiger, einfacher und besser wurden.

– Im Gegensatz dazu wird die Entwicklung auch als „*Revolution*" betrachtet. Im Rahmen dieser Position wird der Wandel der letzten Jahre als Ankündigung eines ganz neuen Paradigmas der Marktforschung gedeutet (vgl. z. B. *Perreault*, 1992, S. 375). Als Kernaussage gilt hier, daß die Datenmaterialien, die aufgrund neuer Informationstechnologien zur Verfügung stehen, in den Unternehmen das Verständnis von Marktforschung grundlegend verändert haben.

Wie bei so vielen Diskussionen in der Marketingwissenschaft haben beide Positionen ihre Berechtigung und können auf fundierte reale Entwicklungen verweisen. Allerdings führt die zugespitzte Position auch leicht zu einer selektiven Hervorhebung der jeweils relevanten Tendenzen. Hier wird sowohl von evolutionären als auch von revolutionären Entwicklungen innerhalb der Marktforschung ausgegangen, die in den Bereichen der *Informationsgewinnung* und *Informationsauswertung* kurz dargestellt werden sollen, um anschließend das veränderte *Rollenverständnis* aufzuzeigen.

5.2.2.2.1 *Informationsgewinnung*

Sekundärforschung

In der jüngeren Vergangenheit zeichnete sich als Trend ab, daß die Sekundärforschung wachsende Bedeutung erlangt, was auch für die weitere Zukunft anzunehmen ist [201]. Verantwortlich dafür ist die zunehmende Digitalisierung von Daten. Unternehmensinterne Informationsquellen, wie Umsatz-, Auftrags-, Bestell- und Lagerstatistiken oder Kundendienstberichte, werden inzwischen computergestützt erfaßt und sind über Datenbankysteme prinzipiell für individuelle Nutzer am Schreibtisch abrufbar. Diese internen Informationsquellen finden ihre Unterstützung durch den Zugriff auf externe Datenbanken. Hier wächst die Bedeutung von Online-Datenbanken, die von kommerziellen und halbstaatlichen Anbietern zur Verfügung gestellt werden [202]. Bisherige Akzeptanzschwellen in der Unternehmenspraxis, wie mangelnde technische Voraussetzungen oder komplizierte, stark variierende Nutzermenüs, werden zunehmend abgebaut. Verantwortlich sind hierfür der steigende Vernetzungsgrad von Unternehmen, besserer Service von Datenbankanbietern, übersichtlichere Nutzer-Schnittstellen und technische Vereinheitlichungen über Internet-Präsenz (vgl. *Heinzelbecker*, 1995, Sp. 428f.).

Primärforschung

Für die Primärforschung sind im Rahmen einmaliger Erhebungen die Methoden der Befragung, der Beobachtung und des Experiments zu betrachten. Grundlage jeder *Befragung* ist die Auswahl von Erhebungseinheiten. Als Tendenz kann hier die zielgerichtete Weiterentwicklung von *Database-Systemen* angeführt werden [203]. Noch existiert keine Datenbank der gesamten bundesdeutschen Bevölkerung, die als Auswahlbasis einer Bevölkerungsstichprobe genutzt werden könnte. Die internationale Entwicklung kann aber als Beleg dafür gedeutet

---

201 Vgl. zur steigenden praktischen Relevanz der Sekundärforschung auch *Mc Quarrie*, 1996, S. 39-50.

202 Beispiele sind im Bereich numerischer Datenbanken Anbieter statistischer Informationen, wie das Statistische Bundesamt, Ifo-Institut, GfK, EU, OECD und UN. Im Bereich der Textdatenbanken sind vor allem GENIOS als wichtige deutsche Volltextdatenbank oder international PTS PROMT (Predicasts Overview of Markets and Technology) zu nennen (vgl. auch die Übersicht bei *Sandmeier*, 1990).

203 Für Deutschland ist das Master-Sample des Arbeitskreises Deutscher Marktforschungsinstitute e. V. (ADM) ein Beispiel für ein derartiges System zur Ziehung von Bevölkerungsstichproben (vgl. *Hammann/Erichson*, 1994, S. 128ff.).

werden, daß Databases in Zukunft nicht nur repräsentative Samples, sondern Daten der gesamten Bevölkerung beinhalten [204].

Computergestützte Verfahren dringen auch in den Bereich der *Befragungsform* ein. Auf dem Markt befinden sich zahlreiche Softwareanwendungen, die zunächst die formale und logische Erstellung des Fragebogens erleichtern. Im Rahmen der Durchführung werden Verfahren wie *CATI* (Computer-assisted Telephone Interviewing) und *CAPI* (Computer-assisted personal Interviewing) populärer (vgl. *Fuchs/Kecskes*, 1996; *Meier*, 1996). Neben der Erhöhung der Geschwindigkeit gegenüber brieflichen Befragungen sind dafür vor allem die Effizienz- und Individualisierungsvorteile verantwortlich. Die sofortige Eingabe der Antworten ermöglicht eine Analyse noch während der Befragung (z. B. Inkonsistenzen, Pfade für Verzweigungsfragen usw.), wodurch die weitere Fragenvorgabe gesteuert werden kann [205].

Auch im Bereich teil- bzw. nichtstandardisierter Befragungen zeigt sich der Einfluß neuer Informations- und Kommunikationstechnologien. Es gibt auf der einen Seite erhebliche Verfahrensvereinfachungen, wie z. B. im Einsatz von Fokusgruppen. Hier geht die Entwicklung hin zum *Video Teleconferencing*, das sowohl für die Auftraggeber als auch für spezielle Teilnehmergruppen (wie z. B. Führungskräfte, Rechtsanwälte, etc.) den entscheidenden Vorteil der Orts-ungebundenheit besitzt. Auf der anderen Seite existieren inzwischen Computer-programme, die darüber hinaus auch methodologische Probleme der qualitativen Forschung wie das schwer kodierbare, reichhaltige und komplexe Datenmaterial berücksichtigen [206].

Ein steigendes Interesse im Bereich der *Beobachtung* und des *Experimentes* läßt sich in jüngster Zeit vor allem an Verfahren verzeichnen, die auf maschineller bzw. elektronischer Erfassung der Beobachtungsdaten beruhen. Dies kann als Reaktion auf die Dominanz reaktiver und verbaler Verfahren der Marktforschung inter-pretiert werden. Neben dem Nachteil potentieller Verzerrungen durch die künstliche Stimulus-Konfrontation steht die schon in der Konsumentenforschung angesprochene Konzentration auf kognitiv kontrollierte, verbalisierbare Antworten im Vordergrund der Kritik. Eine Alternative dazu stellen *apparative Verfahren* als nicht-reaktive und nicht-verbale Erhebungsverfahren dar. Beispiele sind hier Stimmfrequenzanalysen, Aktivierungsmessung durch Thermokameras, Blickregistrierungsgeräte und Messungen der psychophysischen Reaktionen mittels Elektroden. Bisher erschwerte die kostspielige Technik und die eingeschränkte Mobilität ihren Einsatzbereich, jedoch ist im Rahmen der

---

204 Ein Beispiel ist hierfür das Unternehmen Survey Sampling, Inc. (SSI), dessen Databases bereits 70 % aller amerikanischen Haushalte mit Telefonanschluß (85,8 Millionen) einschließlich der demographischen Charakteristika enthält (vgl. *Malhotra*, 1992, S. 383).

205 Vgl. z. B. *Kroeber-Riel/Neibecker*, 1983; *Zentes*, 1987. *Müller/Kesselmann* (1996) weisen empirisch nach, daß die anfänglich befürch-teten Akzeptanzprobleme auf seiten der Untersuchungspersonen weniger mit dem Computer zusammenhängen als mit der Atmos-phäre des Interviews.

206 Vgl. hierzu den Überblick bei *Richards/Richards*, 1994.

technologischen Entwicklung ein Abbau dieser Nachteile und eine wachsende Anwendung zu erwarten (vgl. *Kaas*, 1987, S. 126).

Wesentliche Veränderungen haben sich in der *Panelforschung* vollzogen, soweit sie über *Scanner-Systeme* erfolgt (vgl. *Kap. 5.1.1.3*). Einige Autoren sehen hierin eine die Marktforschung revolutionierende technische Innovation (vgl. z. B. *Perreault*, 1992, S. 368; *Simon*, 1985). Positiv wird oft hervorgehoben, daß die Ergebnisse eine erhöhte Reliabilität und Validität haben. Die Daten umfassen reales Verhalten von Konsumenten und sind kontinuierlich und in Echtzeit abrufbar. Somit kann diese technologische Innovation die von Wissenschaftlern wie *Malhotra* lange geforderte Wende hin zu einer intensiveren Erforschung des direkt beobachtbaren Verhaltens fördern: „… we need to know what behaviors people perform before we can explain why they perform them." (*Malhotra*, 1988, S. 12). Allerdings muß diese Euphorie der Erwartungen insofern gedämpft werden, als *keine Erklärungsleistungen* mit ihnen möglich sind. Hypothetische Konstrukte, wie z. B. Einstellungen oder Präferenzen, bleiben eher unberücksichtigt. Dieser Erklärungsmangel bedarf einer besonderen Sensibilität bei der Interpretation der Daten, die ja nur das Konsumentenverhalten im Rahmen einer von Anbietern vorgegebenen Realität wiedergeben.

Das Hauptanwendungsgebiet der Scannerdaten liegt in der *Handelspanelforschung* [207]. In Zukunft wird eine stärkere Verknüpfung dieser Daten mit Informationen über die Panel-Mitglieder vorausgesagt. Hohe Erwartungen sind hier mit der Entwicklung hin zum *Single-Source Design* verbunden, bei dem alle in die Analyse eingehenden Daten durch eine einheitliche Erhebung gewonnen werden (vgl. z. B. *Trommsdorff*, 1993, S. 27; *Perreault*, 1992, S. 368) [208]. Trotz aller positiven Einschätzungen dürfen bei diesem Ansatz die Beschränkungen nicht unbeachtet bleiben. Dazu zählen u. a. die hohen informatorischen Anforderungen an die Teilnehmer, die eine sehr niedrige Kooperationsrate mit sich bringen und Zweifel an der Repräsentativität des teilnehmenden Samples laut werden lassen. Zudem ergeben sich Auswertungsprobleme wegen eines hohen Anteils an Missing Values (vgl. *Metzger*, 1990).

Von besonderem methodischen Interesse ist bei der scannergestützten Datenerfassung die Möglichkeit der Realisierung von ausreichend kontrollierten Experimenten in relativ natürlicher Umgebung. Dadurch können Kausaluntersuchungen auch außerhalb der Laborsituation durchgeführt werden. Beispiel für diese als „*Feldexperimente*" oder „*Elektronische Testmarkt-Systeme*" bezeichneten

---

[207] Ein Beispiel ist das Projekt MADAKOM (Marktdaten-Kommunikation), das ca. 120 Einzelhandelsgeschäfte umfaßt und Daten (z. B. Absatzmengen und Preise) von ca. 50 000 Artikeln der am Projekt beteiligten Hersteller liefert (vgl. *Zentes*, 1987, S. 37; *Böhler*, 1992, S. 62).

[208] Ein Pilotprojekt wird dazu in Deutschland von A. C. Nielsen durchgeführt. Die erhobenen Daten umfassen artikelgenaue Einkäufe der Haushaltsmitglieder (per Handscanner), unabhängig registrierte Handelswerbung in den Geschäften, Kauf von Zeitungen oder Zeitschriften und per Computer ermitteltes Fernsehverhalten (vgl. *Milde*, 1995, Sp. 1976f.).

Methoden ist das von der GfK durchgeführte Projekt in Haßloch. Zusammen mit dem Telerim-System von Nielsen (mit zwei Testorten) handelt es sich um die beiden ersten derartigen Systeme in Deutschland.

5.2.2.2.2 Informationsauswertung

Im Hinblick auf die Möglichkeiten der Auswertung und Analyse von Informationen wird deutlicher als im Zusammenhang mit der Datengewinnung von „revolutionären Veränderungen" gesprochen. Im einzelnen lassen sich einschneidende die Datenanalyse betreffende Veränderungen besonders zwei Zeitabschnitten zuordnen: Zum einen dem Einzug *multivariater Methoden* in die Marktforschung sowie zum anderen der Nutzbarmachung *komplexer Kovarianzstrukturmodelle* für Fragestellungen des Marketing.

Die erste *„multivariate revolution"* (vgl. *Sheth*, 1971) bezog sich auf die Integration komplexer, zumeist in der Psychologie entwickelter Auswertungsverfahren in den Anwendungsbereich der Marktforschung und läßt sich auf den Beginn der 70er Jahre datieren. Kompositionelle Analysetechniken wie die (explorative) Faktorenanalyse, die Diskriminanzanalyse und die Clusteranalyse wurden zu dieser Zeit von Marketingwissenschaftlern ebenso erschlossen wie die dekompositionellen Techniken der Multidimensionalen Skalierung und – mit ein wenig Verzögerung seit Mitte der 70er Jahre – verschiedene Ausformungen der Verbundmessung bzw. der Conjoint Analyse [209]. Auf diesem Wege eröffneten sich für die Marktforschung gänzlich neuartige Problemlösungsmöglichkeiten, was seinen Ausdruck in der Entstehung einer seither etablierten eigenständigen Forschungsdisziplin, der quantitativen Marktforschung, gefunden hat. Die Übertragung *multivariater Analysemethoden* in den Marketingkontext steht in engem Zusammenhang mit der zu Beginn der 70er Jahre einsetzenden und seither exponentiell angestiegenen Computerisierung der Marketingwissenschaft. Die Möglichkeit zur Lösung bisher „unlösbarer" Probleme durch quantitative Methoden wurde allerdings begleitet von der Entstehung neuartiger Fragestellungen, die durch die jetzt nutzbaren aufwendigen Analysemöglichkeiten aufgeworfen wurden. Das Wechselspiel zwischen Methodenentwicklung und der Leistungsfähigkeit von Rechnersystemen wird besonders deutlich am Beispiel der Conjoint Analyse als Verfahren zur Einstellungs- und Präferenzmessung, die insbesondere in der Neuproduktplanung angewandt wird. Mit zunehmender Verfügbarkeit von tragbaren Computern und entsprechend leistungsstarken Mikroprozessoren wurden computergestützte, interaktive Methoden von Datenerhebung und -auswertung entwickelt, die inzwischen weite Verbreitung

GfK Behavior Scan
Das Dorf Haßloch wurde dadurch bekannt, daß die Einwohner sich „typisch deutsch" verhalten: Ihre Alters- und Einkommensstruktur entspricht exakt dem bundesdeutschen Durchschnitt. Ein weiterer Vorteil von Haßloch ist das lokal begrenzte Konsumverhalten, da Güter des täglichen Bedarfs fast ausschließlich innerhalb von Haßloch gekauft werden. Auch die Voraussetzung einer hohen Verkabelungsdichte ist gegeben. Dadurch können Daten des Einkaufsverhaltens, des Handelsmarketing und der Mediennutzung geschlossen erhoben und verknüpft werden. Die GfK hat hierzu 3000 teilnehmende Haushalte erfaßt, deren Einkäufe über Scannerkassen und elektronisch lesbare Identifikationskarten erhoben werden. Dies ermöglicht die Verbindung von Handelspaneldaten und Haushaltspaneldaten. Um auch das Mediennutzungsverhalten aufzunehmen, wird neben den Printmedien das Fernsehen in Form des Targetable TV kontrolliert und modifiziert. Mittels einer Tele-Box am Fernsehgerät der verkabelten Panelteilnehmer kann zunächst der Fernsehkonsum aufgezeichnet werden. Darüber hinaus ist aber auch die individuell steuerbare, unbemerkte Einspeisung von anderen Pro-

---

209 Vgl. dazu auch die Übersicht zu den dominierenden Methoden, die in den 80er Jahren im Journal of Marketing Research behandelt wurden, bei *Malhotra*, 1988, S. 5f..

grammelementen zu realisieren. Diese technischen und organisatorischen Voraussetzungen ermöglichen die Durchführung von relativ kontrollierten Feldexperimenten. Ein Beispiel ist die Überprüfung der Werbewirkung alternativer TV-Kampagnen, bei denen strukturgleichen Test- und Kontrollgruppen mit gleichen Einkaufsgewohnheiten unterschiedliche Werbung (nach Art und/oder Schaltung) eingespielt wird, um dann die Auswirkungen auf das Einkaufsverhalten zu messen (vgl. *Graf/Litzenroth*, 1993; *Kotler/Bliemel*, 1995, S. 989f.).

fanden [210]. Als hybride Verfahren verbinden sie die kompositionellen (Schätzung der Präferenzen auf Basis subjektiver Attribut-Wahrnehmungen) und dekompositionellen (Folgerung von Gesamtbewertungen auf einzelne Attribute) Verfahren der Präferenzmessung. Große Bedeutung hat hier vor allem die sog. Adaptive Conjoint Analyse erfahren (vgl. *Schubert*, 1995, Sp. 380; *Malhotra*, 1988, S. 6f.).

Mit der Einführung der Kovarianzstrukturanalyse (zumeist und nachfolgend auch hier vereinfachend als Kausalanalyse bezeichnet) in die Marketingwissenschaft begann die „*zweite multivariate Generation*" (*Fornell*, 1986) im Marketing (vgl. auch *Homburg*, 1995, S. 67). Der revolutionäre Charakter der Analysemethode wird darauf zurückgeführt, daß im Unterschied zu bisherigen Technologien, die jeweils die Prüfung einzelner Thesen zum Gegenstand hatten, mit der Kausalanalyse eine integrative, simultane Überprüfung komplexer Hypothesensysteme möglich wird. Zudem stellt die Analysemethode auch in wissenschaftstheoretischer Perspektive einen großen Fortschritt dar: Streng wissenschaftstheoretisch erfüllt allein die *Kausalanalyse* den Anspruch an die Prüfung sozialwissenschaftlicher Hypothesen (vgl. *Hunt*, 1983, S. 16; *Homburg*, 1992). Im Sinne einer konfirmatorischen Datenanalyse erlaubt sie die Überprüfung einer a priori entwickelten Theorie anhand eines empirischen Datensatzes. Der besondere forschungsmethodologische Vorteil liegt hierbei in der Integration von Hypothesentests und Lösung der Meß- und Validierungsprobleme. Ermöglicht wird dies durch die kombinierte Faktoren- und Regressionsanalyse und durch simultane Schätzung beider Modellbereiche (vgl. *Hildebrandt*, 1995, Sp. 1125). Als wichtige Spezifität der Analyse erlaubt sie es, die Beziehungen zwischen sog. latenten, d. h. nicht direkt beobachtbaren Variablen zu überprüfen, was den dominierenden Forschungsinhalten der Marketingwissenschaft entspricht (z. B. Zufriedenheitsforschung, Einstellungsforschung). Weite Verbreitung fand die Kausalanalyse in der Marktforschung vor allem über das Computerprogramm LISREL (Linear Structural Relationship) [211] und wurde lange Zeit mit diesem faktisch gleichgesetzt; heute indes existieren mit EQS und Amos auch andere leistungsfähige Analysetools. Von besonderer Bedeutung ist schließlich die *konfirmatorische Faktorenanalyse* als Spezialfall des LISREL-Ansatzes. Im Unterschied zur explorativen Faktorenanalyse, die im Entdeckungszusammenhang zur Hypothesengenerierung genutzt wird, dient die konfirmatorische Faktorenanalyse der Hypothesenprüfung im Begründungszusammenhang (vgl. *Hildebrandt/Trommsdorff*, 1983). Bei der Nutzung kausalanalytischer Verfahren muß die sorgfältige Überprüfung der strengen Anforderungen an das zur Verfügung stehende Datenmaterial beachtet werden. Bei Programmen wie

---

210 Die Integration von Datenerhebung und -auswertung stellt einen Entwicklungsschritt im Rahmen der funktionalen Erweiterung von Datenanalyse-Software dar. Erleichterten die ersten Computerprogramme noch die Rechenarbeit, reicht die funktionale Ausweitung inzwischen von der computergestützten Methodenauswahl bis hin zur Interpretation der Ergebnisse durch Expertensysteme (vgl. *Esch/Muffler*, 1989; *Decker/Gaul*, 1990; *Neibecker*, 1990).

211 Das von *Jöreskog/Sörbom* (1988) entwickelte Computerprogramm dominierte zunächst die Literatur zur Analyse linearer Strukturgleichungssysteme in der Psychologie. Inzwischen gilt dies auch für die Marketingforschung (vgl. *Benz*, 1990, S. 248).

LISREL ergibt sich zudem das Problem von angebotenen Lösungen außerhalb des zulässigen Parameterbereichs [212]. Wie auch bei anderen Verfahren sollte nicht das Renommee der Methode Ausgangspunkt der Methodenwahl sein, sondern die Adäquanz der Verfahren bezüglich der Fragestellung und dem zur Verfügung stehenden Datenmaterial [213].

5.2.2.2.3 Rollenverständnis

Das veränderte Rollenverständnis der Marktforschung läßt sich sowohl funktional als auch organisational betrachten. In *funktionaler* Hinsicht ist die Auflösung der Grenzen zwischen dem Marktforscher und dem Manager zu beobachten. Die klassische Arbeitsteilung, bei der vom Manager die Problemdefinition vorgegeben wird, der Marktforscher anschließend einen Forschungsplan aufstellt, Daten erhebt und auswertet, um dann die Entscheidungseffizienz des Managers zu erhöhen, weist eine wachsende Diskrepanz zur Realität auf. Zum einen werden vom Manager vermehrt die Kompetenz und Fähigkeiten eines Marktforschers erwartet. Daten aus Beschaffung, Produktion und Verkauf werden in Zukunft verstärkt digitalisiert, verknüpft und in Echtzeit auf dem PC der Manager abrufbar werden. Die benutzerfreundliche Software hat zwar die Auswertungen und graphischen Präsentationen wesentlich vereinfacht, doch ist dadurch das Wissen um methodisch und statistisch sinnvolle Anwendungen um so notwendiger geworden. Zudem sind über vernetzte Computersysteme unternehmensinterne und -externe Informationsquellen einfacher und schneller über den PC abrufbar. Zum anderen wird der Marktforscher in steigendem Maße in den Prozeß der Entscheidungsfindung integriert [214].

Die *organisationale* Umsetzung dieser Neudefinitionen kann anhand von Unterstützungssystemen für Marketingentscheidungen gezeigt werden. In ihnen wird umgesetzt, was *Kaas* (1987, S. 134) als Forderung nach einer stärkeren Verzahnung des gesamten Prozesses der Marktforschung mit dem Marketingmanagement beschreibt.

In dem von *Malhotra* präsentierten Modell des *Decision Support System* (DSS, *Abb. 5-10*) ist die Marktforschung keine unabhängige Funktion mehr, sondern integrierter Bestandteil des Entscheidungsprozesses. Deutlich wird die umfassende Schnittstellenbildung der Marktforschung mit dem DSS in jeder Phase. Umgesetzt wurden hier die oben beschriebenen Veränderungen, wie z. B. die dem Entscheidungsprozeß nachgegliederte Problemdefinition oder auch die besondere Relevanz

---

212 Vgl. zu den Annahmen und Voraussetzungen des LISREL-Ansatzes *Backhaus et al.*, 1996, S. 423.

213 Vgl. z. B. *Malhotra*, 1988, S. 14, der die zunehmende Nutzung von LISREL nicht nur methodisch, sondern auch modisch begründet sieht.

214 So wird bei der Firma Coca Cola z. B. erwartet, daß die Marktforschung auch pro-aktiv den Marketingentscheidungsprozeß beeinflußt (vgl. *Payne*, 1991).

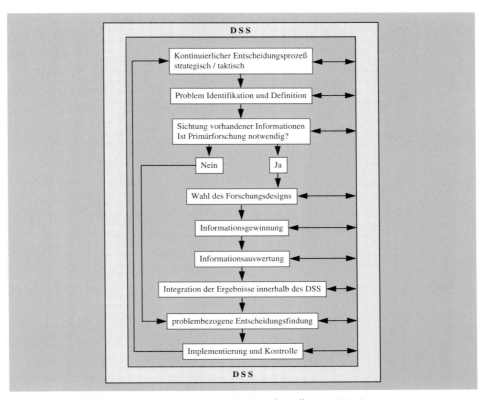

Abb. 5-10 Modell des Decision Support System (DSS) nach Malhotra, 1992, S. 381

der Sekundärforschung. Derart umfassende Systeme des Informationsmanagements haben grundlegende Konsequenzen für die Rolle der Marketinginformationen. Zum einen gewinnt die *kontinuierliche* Sammlung und Aufbereitung von unternehmensrelevanten Informationen an Bedeutung. Auch die traditionelle, fallweise und problembezogene Untersuchung findet dann ihre konzeptionelle und inhaltliche Einbettung in diese Informationsbasis. Zum anderen stellt sich die Frage der Auswirkungen auf taktischer und strategischer Ebene. Einige Autoren wie *Perreault* (1992, S. 367) gehen dabei von der Intensivierung der taktischen Marktforschung aus, die sie mit der erhöhten Nähe zwischen Marketinghandlung und erhaltenen Informationen begründen. Unseres Erachtens verdeutlichen aber gerade die Systeme des Informationsmanagements die Notwendigkeit und organisatorische Möglichkeit einer *taktischen und strategischen Marktforschung* [215]. Über die Verbindung eines kontinuierlichen und fallbezogenen Datenmanagements könnte sich auch die Lücke schließen zwischen den Daten aus der konventionellen, quantitativ und extrapolativ ausgerichteten Marktforschung und den für strategische Marketingentscheidungen notwendigen zukunftsorientierten, „weichen" (i. S. v. soft facts) und vernetzten Informationen.

---

215 Vgl. als neuere Übersicht zur strategischen Marktforschung *Weber*, 1996.

5.2.3 Informations- und Institutionenökonomische Ansätze

Historisch steht die Entwicklung der Marketingwissenschaft in einer engen Beziehung zur Volkswirtschaftslehre. Als sich allerdings in den 60er Jahren die verhaltenswissenschaftliche Orientierung in der Marketingwissenschaft durchsetzte, schien das Ende dieser Beziehung – wie sie u. a. von *Gutenberg* noch praktiziert wurde – besiegelt zu sein. In den 80er Jahren erfolgte aber eine Rückbesinnung auf ökonomische Theorien, die in Deutschland vor allem durch die Arbeiten der Forschungsgruppe um *Klaus Peter Kaas* umgesetzt wurde. Ansatzpunkt war die Kritik an der verhaltenswissenschaftlichen Konsumentenforschung, die sich in dieser Sichtweise in „feinste Verästelungen" fortentwickelte, dabei aber den „Blick für die großen Fragen" verloren habe (vgl. *Kaas*, 1994, S. 257). Demgegenüber steht die Anwendung einer neuen ökonomischen Theorie, auf deren Grundlage die Vielfalt der Welt mit einer geringen Anzahl von Annahmen und Konzepten erklärt werden soll. Für die Marketingwissenschaft wird deshalb in der Neuen Institutionenlehre eine fruchtbare paradigmatische Alternative gesehen.

In der Welt der klassischen ökonomischen Theorie gibt es einen funktionierenden Wettbewerb mit vollkommener Information aller Handelnden und unendlich schnellen Anpassungsprozessen. Verschiedene Ansätze, die als *Neue Institutionenökonomie* (NIÖ) bezeichnet werden, gehen demgegenüber von einer anderen Welt aus. In ihr sind Institutionen [216] keine exogenen Variablen mehr, sondern werden zu endogenen Modellvariablen. Die Wirtschaftssubjekte agieren opportunistisch im Rahmen unvollkommener Informationen und unter Unsicherheit und können ökonomische Koordinierungsmechanismen nicht kostenlos in Anspruch nehmen [217].

Im Rahmen der Neuen Institutionenökonomie werden folgende Theorieansätze mit ihren spezifischen Fragestellungen unterschieden:

- *Property Rights-Theorie:* optimale Verteilung von Verfügungsrechten,

- *Informationsökonomik:* Existenz von Informationsasymmetrien und ihre Überwindung,

- *Principal Agency-Theorie:* effiziente Regelung von Delegation und Kooperation,

- *Transaktionskostentheorie:* Kosten bei der Nutzung ökonomischer Koordinationsmechanismen und institutionelle Arrangements ihrer Minimierung.

---

216 Als Institutionen werden soziale oder politische Regulierungsinstanzen, normative Regelungen und dauerhafte Verhaltens- und Wertemuster bezeichnet (vgl. *Schmid*, 1989, S. 386). Beispiele sind Unternehmen, Haushalte, Staat, Gerichte, aber auch Verträge, Handelsbräuche, Geschäftsbeziehungen oder Gütesiegel.
217 Vgl. zu den mikroökonomischen Grundannahmen *Schumann*, 1984, S. 62ff..

In der marketingtheoretischen Umsetzung der NIÖ stehen Transaktionen im Mittelpunkt der Überlegungen [218]. *Kaas* (1995, S. 39) definiert dementsprechend das Marketing als „... unternehmerisches Handeln zur Überwindung von Informations- und Unsicherheitsproblemen bei der Durchführung von Markttransaktionen." [219]. Durch die mikroökonomische Fundierung ist es nun möglich, die Transaktionsbedingungen und -kosten zu analysieren und analog dazu eine Morphologie des Marketing zu entwickeln.

5.2.3.1 Marketingtheoretische Umsetzung der Neuen Institutionenökonomie

In der Realitätsferne der klassischen mikroökonomischen *Verhaltensannahmen* wurde ein wesentlicher Grund für die Ablehnung einer ökonomischen Orientierung und Hinwendung zu einer verhaltenswissenschaftlichen Marketing-wissenschaft gesehen. Die institutionentheoretische Revision dieser Annahmen war deshalb wichtig, da sie eine realitätsnähere Abbildung menschlicher Verhaltensweisen herbeiführte (vgl. *Weiber/Adler*, 1995b, S. 44).

Nach *Williamson*, einem der führenden Theoretiker der NIÖ, versuchen Individuen zwar rational zu handeln, können dies aber aufgrund beschränkter Informationsaufnahme und -verarbeitungskapazitäten nur in begrenztem Maße, d. h. mit *begrenzter Rationalität* (vgl. *Williamson*, 1985, S. 45f.). Als motivationale Verhaltensannahme wird von einem *Opportunismus* ausgegangen, der als Eigeninteresse auch die Formen von List und Tücke annehmen kann. Hierbei ist es weniger wichtig, ob opportunistisches Verhalten auch wirklich eine dominante Handlungstendenz besitzt. Allein die Möglichkeit ihres Auftretens hat aber Handlungskonsequenzen, da sich Vertragspartner vor Beschönigungen, Ausnutzung von Lücken u. ä. schützen müssen. Hinzu tritt eine *Unsicherheit* über zukünftige Umweltzustände und eine Verhaltensunsicherheit aufgrund der beiden oben genannten Annahmen. Während sich in der klassischen Ökonomie der Kaufakt durch das Optimum aus Präferenzkurve, Preis- und Budgetgerade exakt bestimmen läßt, stellt sich nun die Kaufsituation als Informations- und Unsicher-heitsproblem dar, das zusätzliche Transaktionskosten verursacht, wie z. B. für Informationsbeschaffung, Vertragsaushandlungen oder nachträgliche Konflikt-regelungen. Die jeweiligen spezifischen Informationslagen einer Kaufsituation lassen sich über die Kriterien der Gütereigenschaften und des Transaktionstyps näher bestimmen (vgl. im folgenden *Kaas*, 1992b).

Die subjektiv wahrgenommenen *Gütereigenschaften* werden in Such-, Erfahrungs- und Vertrauenseigenschaften eingeteilt. Bei *Sucheigenschaften* kann das Informationsproblem leicht durch einfache Inspektionen gelöst werden (Ist der

---

218 Auch die ideengeschichtliche Diffusion institutionenökonomischer Konzepte beginnt mit transaktionskostentheoretischen Ansätzen (vgl. z. B. *Picot*, 1982, 1986).

219 Ähnlich *Weiber/Adler* (1995b, S. 45), die als zentrale Aufgabe des Marketing die Analyse unterschiedlicher Zielsysteme und die Er-forschung geeigneter Bedingungen für deren Erreichung in einem Transaktionsdesign sehen.

Pullover blau und kostet er unter 100,– DM?). Dagegen können *Erfahrungs-eigenschaften* erst beim Konsum der Güter überprüft werden (Ist der Pullover farbecht und läßt er sich problemlos waschen?). Weder vor noch beim Konsum lassen sich *Vertrauenseigenschaften* überprüfen (Ist der Pullover umweltfreundlich gefärbt?) [220].

Zur weiteren Bestimmung der Kaufsituation werden die *Transaktionstypen* Austausch, Kontrakt und Geschäftsbeziehung unterschieden. Beim *Austausch* handelt es sich um einfache, in sich abgeschlossene Transaktionen, wie z. B. bei standardisierten Produkten (Lebensmittel, Haushaltsgeräte), die auf einem anonymen Markt ge- und verkauft werden. Weder gibt es besondere Verhaltensmaßnahmen der Vertragspartner noch existieren Unwägbarkeiten, die vertraglich nicht antizipiert werden können. Diese bestehen im Fall des Transaktionstypus *Kontrakt*. Hier wird das auszutauschende Produkt zu einem besonderen Leistungsversprechen. Aus der anonymen Austauschbeziehung wird eine spezifische Vertragsbeziehung, wie im Beispiel von hochwertigen und komplexen Dienstleistungen oder Sachgütern. Je spezifischer das Leistungs-versprechen ist, desto geringer sind die Verwertungsmöglichkeiten außerhalb der Vertragsbeziehung und desto enger sind die Vertragspartner aufeinander angewiesen. Dadurch entsteht ein Abhängigkeitsverhältnis mit der Gefahr des strategischen Verhaltens. Insofern erhöhen spezifische Leistungen auch die notwendigen Kosten der Koordination bzw. der vertraglichen Absicherung. Die Bildung spezifischer Ressourcen, wie z. B. Expertenwissen oder besondere Kommunikationsfähigkeiten, spielt eine Rolle für den Transaktionstypus *Geschäftsbeziehung*. Die Betrachtungsperspektive entfernt sich hierbei von der einzelnen Transaktion und bewegt sich auf eine Folge von zusammenhängenden Transaktionen zu, die über die Beziehungsebene erfaßt wird. Als Güter hoher Spezifität kommen sowohl Austausch- als auch Kontraktgüter in Frage. Bei *Williamson* wird der Transaktionstyp als „relational contracting" bezeichnet (vgl. *Williamson*, 1985, S. 68).

In Abhängigkeit von den Kaufsituationen kann nun von einem Austauschgüter- und Kontraktgütermarketing sowie einem Beziehungsmarketing gesprochen werden. Während für das *Kontraktgütermarketing* die Principal Agency-Theorie wichtige Handlungsempfehlungen liefern kann, sind die informations-ökonomischen Ansätze für das *Austauschgütermarketing* besonders relevant. Je nach Informationslage werden unterschiedliche Anforderungen an den Marketing-mix gestellt, um die Informations- und Unsicherheitsprobleme zu lösen. Während z. B. bei Vertrauenseigenschaften der Produkte aufgrund der mangelnden Überprüfbarkeit mit einem opportunistischen Anbieterverhalten gerechnet werden muß und marktergänzende Institutionen wie staatliche Aufsichten oder

---

220 In der NIÖ wurden diese Eigenschaften meist auf Basis objektiver Kriterien definiert. Die marketingtheoretische Umsetzung, bei der die subjektive Wahrnehmung zum Definitionskriterium wurde, weist somit auch auf notwendige Erweiterungen und Modifikationen bei der Übernahme der NIÖ hin (vgl. *Weiber/Adler*, 1995b, S. 61).

Gütesiegel bedeutsam sind, erhalten bei Sucheigenschaften die Produkt- und Qualitätspolitik aufgrund der leichten Überprüfbarkeit große Marktwirksamkeit (vgl. *Abb. 5-11*):

	Sucheigenschaften	Erfahrungs-eigenschaften	Vertrauens-eigenschaften
Produkt- und Qualitätspolitik	dominierende Bedeutung	dominierende Bedeutung	mittlere Bedeutung
Preispolitik	dominierende Bedeutung	Preis als Qualitätssignal	mittlere Bedeutung
Kommunikations-politik	primär Informations-streuung	mittlere Glaubwürdig-keitsprobleme	große Glaubwürdig-keitsprobleme
Distributions-politik	primär Produktverteilung	kann Glaubwürdigkeit unterstützen	kann Glaubwürdigkeit unterstützen
marktergänzende Institutionen	keine Bedeutung	mittlere Bedeutung	dominierende Bedeutung

Abb. 5-11: Marketingmix bei Informations- und Unsicherheitsproblemen (Quelle: Kaas, 1995, S. 30)

Beim *Beziehungsmarketing* steht aus institutionenökonomischer Perspektive der von *Williamson* (1985, S. 61) als „fundamentale Transformation" bezeichnete Prozeß im Vordergrund. Damit wird ausgedrückt, daß sich eine Verhandlungs-situation, die ex ante durch vollkommene Konkurrenz beschrieben ist, durch Faktoren höchster Spezifität bis hin zum bilateralen Monopol transformieren kann. Dadurch verändern sich auch die Koordinationsmechanismen, und es entsteht eine Bindungswirkung zwischen beiden Partnern. Als Beispiel sind hier Just-in-time Beziehungen zwischen Automobilfirmen und Zulieferfirmen zu betrachten (vgl. *Bogaschewsky*, 1995). Zum einen werden die gesamten Produktions- und Transaktionskosten minimiert, wodurch eine Kooperationsrente entsteht. Zum anderen erhöht sich aber auch die Gefahr des opportunistischen Verhaltens, bei dem die gegenseitige Abhängigkeit ausgenutzt werden kann.

Im Rahmen der *Konsumentenforschung* ist insbesondere die Integration transaktionskostentheoretischer Überlegungen relevant. Hierdurch entscheidet sich der Kauf nicht nur nach Produktkosten und -nutzen, sondern auch nach Transaktionskosten und -nutzen. Die anfallenden Transaktionskosten umfassen Kosten der Informationsverarbeitung (Zeit, Mühe und Geld, die Informationen zu beschaffen und zu verarbeiten), der Unsicherheit (Absicherung von Restrisiken) und der Vertragsaushandlung. Transaktionsnutzen resultiert aus positivem Erleben bei den Kaufvorbereitungen und dem Kauf (z. B. sportive „Schnäppchen-Jagd"

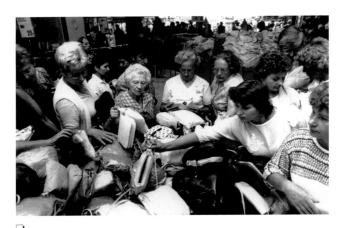

❑
Der „Wühltisch" kann je nach
Konsumententyp als Entstehungs-
ort für Transaktionskosten (Kon-
sumstreß) oder für Transaktionsnutzen (Schnäppchen-Jagd) erlebt
werden.

Quelle: *Hansen/Blüher*, 1993

❑
Die Zeitdauer des Kaufaktes wird
im allgemeinen zu den Transaktionskosten gerechnet. Sie zählt dann
zu den Transaktionsnutzen, wenn
sie positiv erfahren wird und eine
eigenständige Erlebnisqualität
besitzt.

Quelle: *Hansen/Blüher*, 1993

und Erlebniskauf) oder auch aus dem Erwerb von Kaufkompetenzen, die sich positiv auf spätere Käufe und auf den Konsum selber auswirken können (vgl. *Brandt*,
1988, S. 155).

Eine weitere Anwendungsform zeigt sich in der Handelsforschung und im
handelsorientierten Marketing, wo transaktionskostentheoretische Überlegungen
zur Erklärung von Marktwegentscheidungen genutzt werden [221]. In Anlehnung an
ältere make-or-buy Ansätze wird die institutionelle Organisation von Handelsfunktionen aus der Minimierung von Transaktionskosten heraus betrachtet. Als
Beispiel sei hier im Rahmen der quantitativen und qualitativen Warenumgruppierung die Sortimentsfunktion als Kernfunktion des Handels erwähnt.
Bisherige Erklärungen konnten zwar die Vorteilhaftigkeit einer institutionellen
Bündelung dieser Funktion begründen, theoretisch wären die Vorteile einer
Sortimentsbündelung aber auch durch Hersteller-Kooperationen realisierbar (vgl.
Griebel, 1982, S. 233). In der transaktionskostentheoretischen Erklärung kommen
nun Unsicherheit, unterschiedliche Erwartungen und die Gefahr der strategischen
Nutzung dafür erforderlicher interner Informationen bei der Hersteller-
Kooperationslösung hinzu. Dadurch würden die zu erwartenden Einigungskosten
(d. h. Transaktionskosten) u. U. die aufzuteilende Kooperationsrente übersteigen
(vgl. *Gümbel*, 1985, S. 126f.; *Williamson*, 1985, S. 112). Über das Effizienz-
kriterium Transaktionskosten kann also die Vorteilhaftigkeit der Institution
Handel bei der Übernahme spezifischer Handelsfunktionen erklärt werden.

5.2.3.2 Einschätzung der institutionenökonomischen Ansätze

Die institutionenökonomische Fundierung der Konsumentenforschung und der
Marketingtheorie steht am Beginn ihrer Entwicklung. In diesem Sinne sollen auch
die folgenden positiven und negativen Einschätzungen in angemessener Vorsicht
vorgenommen werden:

---

221 Vgl. z. B. *Anderson/Weitz*, 1986; *Picot*, 1986; *Ballwieser*, 1987; *Brandt*, 1988; *Dwyer/Oh*, 1988.

Vorteile:

– Der entscheidende Vorteil dieser Ansätze liegt in ihrer formalen Geschlossenheit. Insofern besitzen sie auch eine *Integrationskraft* für die gesamte Betriebswirtschaftslehre. Umsetzungen in Bereichen wie der Organisations- oder Finanzierungstheorie belegen eine potentielle Anbindung über diesen gemeinsamen paradigmatischen Kern (vgl. *Ordelheide/Rudolph/Büsselmann*, 1991).

– Für die Konsumentenforschung bietet die Herausarbeitung der Informations- und Unsicherheitsprobleme im Kaufprozeß eine weiterführende *Typologisierung*. Die besondere Relevanz zeigt sich hier in der heuristischen Funktion und der stringenten Analyse der spezifischen Transaktionssituationen in Verbindung mit adäquaten Erscheinungsformen des Marketing [222].

– Für die Marketingwissenschaft allgemein ist besonders die Hervorhebung der *Beziehung zwischen Transaktionen und Institutionen* zu würdigen. Dadurch kann die Entstehung und Modifikation von Marketingaufgaben und -institutionen nicht nur beschrieben, sondern auch erklärt werden. Im Rahmen der Handelsforschung wird hier von der Problemstellung her wieder an die Fragen des Funktions- und Betriebsformenwandels angeknüpft.

Nachteile:

– Der Transaktionskostenansatz sei roh, unvollständig, die Modelle seien primitiv, Meßprobleme erheblich, und der Grad der Unbestimmtheit sei zu hoch. So lautet das Urteil von *Williamson*, einem der wichtigsten Vertreter der NIÖ [223]. Diese Probleme sind bekannt, und an ihrer Lösung wird gearbeitet.

– Ein anderer Vorwurf gegenüber der NIÖ ist die *Vernachlässigung* von *Machtprozessen* und *Konflikten*. Die NIÖ vertritt hierzu die Position, daß sich transaktionskostenminimierende Koordinationsmechanismen notwendigerweise durchsetzen müßten (vgl. *Williamson/Ouchi*, 1981, S. 363f.). Diese Haltung birgt aber die Gefahr einer zirkulären Argumentation, wenn alle institutionellen Veränderungen im nachhinein mit deren transaktionskostenminimierenden Wirkungen erklärt werden. In Anwendungen auf den Distributionskanal zeigen sich die Grenzen des Erklärungsansatzes bei unterschiedlichen Händler/ Hersteller- Machtbeziehungen [224].

– Bezogen auf die Neuformulierung der Konsumententheorie durch *Kaas* muß kritisch angemerkt werden, daß der *Kaufprozeß* als *isolierter, rationaler und kognitiv kontrollierter Akt* betrachtet wird. Weder die Beziehung von

---

222 Kritisch hierzu *Weinberg*, 1995, S. 249, der in der neuen institutionenorientierten Marketingtheorie eine Dominanz der Anbieterperspektive sieht und von Anknüpfungsproblemen zu nachfrageseitigen Konsumaspekten spricht. An der nachfrageseitigen Modifikation der NIÖ arbeiten insbesondere *Weiber* und *Adler*.
223 Vgl. *Williamson*, 1985, S. 390. Ähnlich auch die Einschätzung von *Meffert*, 1994a, S. 473.
224 Vgl. *Heide/John*, 1988. Ein Versuch, auf Basis der NIÖ Macht und Konflikt zu integrieren, wird in dem polit-ökonomischen Konzept des Distributionskanals vorgenommen (vgl. dazu *Stern/Reve*, 1980; *Reve*, 1986).

verschiedenen Kaufakten, noch affektive Kaufprozesse, wie z. B. der Impulskauf, können durch institutionentheoretische Konsummodelle erklärt werden (vgl. *Weiber/Adler*, 1995a, S. 75f.).

– Es bleibt unklar, inwieweit der institutionentheoretische Ansatz als *Alternative* zur verhaltenswissenschaftlichen Orientierung bzw. als deren *Ergänzung* gedacht ist. Wird explizit von den Potentialen einer komplementären Beziehung gesprochen (vgl. *Kaas*, 1994, S. 258), so steht dem die Kritik an einem „… überbordende(n) Pluralismus der Hypothesen- und Theoriebildung" (*Kaas*, 1994, S. 257) entgegen. Zudem zeigen sich grundlegende Unterschiede, die nur schwer zu vereinbaren sind. Ein Beispiel ist die Präferenzstruktur, die in der mikroökonomischen Konzeption als exogen betrachtet wird, in der verhaltens-wissenschaftlichen Orientierung jedoch eines der zentralen endogen Konzepte ist [225].

– Die Vorteilhaftigkeit der NIÖ für die Marketingwissenschaft wird oftmals mit ihrer größeren Realitätsnähe bei der Abbildung menschlicher Verhaltensweisen begründet (vgl. z. B. *Kaas*, 1994, S. 245; *Weiber/Adler*, 1995b, S. 44). Diese Argumentation übersieht aber die wissenschaftstheoretische Diskussion zur Beziehung von Modell und ökonomischer Realität. So argumentierte z. B. *Friedman*, daß nicht die Modellannahmen einen empirischen Gehalt haben müssen, sondern die aus dem *Modell abgeleiteten Konsequenzen* (vgl. *Friedman*, 1953). Hier können Idealmodelle und Veranschaulichungsmodelle unterschieden werden (vgl. *Kötter*, 1986). Erstere versuchen, durch realitätsnahe Annahmen reale Sachverhalte in vereinfachter (idealisierter) Form darzustellen. Demge-genüber haben Veranschaulichungsmodelle, wie ein großer Teil der mikro-ökonomischen Modelle, eine primär heuristische Funktion. Ihre Bewährung in der Realität zeigt sich erst ex-post. Diese fiktive Darstellung von Sachverhalten (i. S. einer „als-ob-Konstruktion") kann zwar verändert, aber nicht „näher an die Realität" gebracht werden.

Abschließend sei hier noch auf einen ideengeschichtlichen Aspekt der Verwendung institutionenökonomischer Fundamente in der Marketingtheorie hingewiesen. In der Ökonomie dominierte lange Zeit der Blickwinkel der Produktion. Konsum hatte zwar seinen Stellenwert, aber die Vernachlässigung einer eigenständigen (ökonomischen) Theorie des Konsums war nicht zu übersehen. Am Ende des 19. Jahrhunderts entstand eine Schule in der Ökonomie, die als Institutionalisten dem Konsum einen wichtigen Platz einräumte und die man aufgrund der begrifflichen Nähe leicht mit der Institutionenökonomie verwechseln könnte. Bevor überhaupt eine eigenständige betriebswirtschaftliche Konsumtheorie entwickelt wurde, machte *Galm* (1957) in ihrer Dissertation auf die potentiellen Beiträge der

---

[225] Die Vernachlässigung der wissenschaftstheoretischen Probleme einer synergetischen Nutzung verschiedener Paradigmen zeigt sich schon in der unkritischen Nutzung der verschiedenen Ansätze der NIÖ. So gibt es hier fundamentale Unterschiede, die in einer er-gänzenden Nutzung untergehen. Beispielsweise geht der Property Rights Ansatz von einer optimalen Verteilung der Verfügungsrech-te aus, während der Transaktionskostenansatz gerade seine Berechtigung durch den Ausgangspunkt erlangt, daß es eben keine opti-male Verteilung geben kann (vgl. *Windsperger*, 1987, S. 61ff.).

Institutionalisten zur Bildung einer Theorie des Konsumentenverhaltens aufmerksam. Dieser Ansatz wurde aber weder in der Volkswirtschaftslehre noch in der Betriebswirtschaftslehre weiter verfolgt.

Hieraus ergeben sich zwei Implikationen. Zum einen ist die Verknüpfung institutionentheoretischer Ansätze mit der Konsumentenforschung kein neues Projekt. Zum anderen ist die NIÖ keineswegs ein Gegenbild zur neoklassischen Theorie, sondern ein Versuch, Anomalien der Neoklassik zu beheben, ohne deren paradigmatischen Kern zu verlieren (vgl. *Schmid*, 1989, S. 389). Als Gegenbild zur Neoklassik fungiert vielmehr die *„ eigentliche"* *Institutionalistische Schule*. Aufbauend auf den Arbeiten von *Thorstein Veblen* [226] und *John R. Commons* entwickelte sich eine ökonomische Theorie, die schon um die Jahrhundertwende den Konsum in seinem sozialen und kulturellen Kontext betrachtet hat. Ihr Anspruch bestand darin, die Verhaltensannahmen nicht zu postulieren, sondern empirisch zu ermitteln. Dazu verortete sie den Konsum in seinem sozialen und kulturellen Kontext. In ihrem Wissenschaftsverständnis kritisierte diese Lehrmeinung die statische und mechanische Gleichgewichtstheorie der Neoklassik. An ihrer Stelle wurde ein Gedankengebäude entwickelt, das schon sehr früh prozessuale und evolutionäre Ansätze enthielt. Desweiteren bildeten Aspekte wie Macht, Konflikt aber auch Moral einen theoretischen Ausgangspunkt (vgl. als Überblick *Samuels*, 1991). Hier zeigt sich eine erstaunliche Nähe zu neueren methodologischen Ansätzen in der Marketingwissenschaft. Hinzu kommt das Faktum, daß viele der ersten amerikanischen Marketingwissenschaftler ihre ökonomische Ausbildung in Deutschland von Vertretern der Historischen Schule wie *Gustav Schmoller* erhielten (vgl. *Jones*, 1988, S. 168f.), die wiederum einen wichtigen Grundpfeiler der Institutionalistischen Schule bildet. Angesichts dieser Situation ist es erstaunlich, daß eine intensivere Verfolgung der Interdependenzen zwischen Institutionalisten und Marketingwissenschaft bisher nicht stattfand und statt dessen die mikroökonomische Fundierung der Konsumentenforschung über die NIÖ versucht wird.

An diesem Beispiel einer historischen Einordnung sollte deutlich geworden sein, daß eine historische Marketingperspektive sich nicht nur auf die Betrachtung der Vergangenheit beschränkt, sondern auch zur Diskussion neuer Modellentwicklungen beitragen kann. Die NIÖ formuliert für die Marketingwissenschaft als paradigmatische Alternativen eine umfassende, robuste ökonomische Theorie auf der einen Seite und eine fragmentierte verhaltenswissenschaftliche Fundierung auf der anderen Seite. Der ideengeschichtliche Hintergrund verweist auf eine bisher übersehene Alternative: die Anknüpfung an eine verhaltenswissenschaftliche ökonomische Theorie.

---

[226] Insbesondere in der 1899 publizierten Arbeit von *Veblen* „Theorie der feinen Leute. Eine ökonomische Theorie der Institutionen" wurden wichtige konsumtheoretische Bausteine entwickelt. Dort wird gezeigt, inwieweit sich im Konsum auch soziale Bedürfnisse artikulieren. Demonstrativer Konsum, Statussymbole oder Geltungskonsum sind inzwischen so gängige Konzepte in der Konsumentenforschung, daß einige Ökonomen in Veblen den ersten Marketingwissenschaftler überhaupt sehen (vgl. *Hamilton*, 1989).

5.2.4 Ausbau der Marketingmanagement-Theorie

An den Hochschulen bildet die Marketingmanagement-Theorie einen zentralen Schwerpunkt. Die Mehrheit der Marketingtheoretiker beschäftigt sich also in Forschung und Lehre mit dem Marketing im Sinne einer marktorientierten Unternehmensphilosophie für erwerbswirtschaftliche Zwecke.

Als übergeordnete reale Entwicklungstendenz der letzten Jahre wird allgemein die Zunahme von Komplexität, gegenläufigen und bruchhaften Entwicklungen, Unsicherheiten sowie Widersprüchen angesehen (vgl. z. B. *Nickels/Wood*, 1997, S. 68). Diese Charakterisierung der Makroumwelt hat gravierende Konsequenzen sowohl für die Marketingpraxis als auch für die Marketingtheorie. Die marktorientierte Unternehmensführung steht vor den Herausforderungen des Agierens in *komplexen Spannungsfeldern*. Innerhalb der Marketingmanagement-Theorie hat dies zu der Frage geführt, inwieweit für eine derartige Situation noch adäquate Handlungsempfehlungen auf der Basis traditioneller Ansätze entwickelt werden können. Dazu wird im folgenden die These vertreten, daß einfache, linear-kausale, mechanische und abstrakte Marketingmanagement-Theorien den derzeitigen situativen Umständen nicht mehr gerecht werden können, da Dynamik, Diskontinuität und Komplexität sowohl in der Problemdefinition als auch in den Handlungsempfehlungen systematisch ausgeblendet würden. Als Anforderungen angesichts der markanten Charakteristika der Umweltveränderungen können u. E. demgegenüber folgende Elemente formuliert werden (vgl. auch *Meffert*, 1994c, S. 29):

– Flexibilität der Handlungsempfehlungen,

– Berücksichtigung der Kontextualität von Handlungssituationen,

– Konzeptionalisierung multipler Kausalitäten und

– eine ganzheitliche Perspektive.

Innerhalb eines Überblickes zu neueren Entwicklungen der Marketingmanagement-Theorien soll zunächst ein Schwerpunkt auf die Einordnung *inhaltlich-substantieller Fortschritte* gelegt werden. Als prägende Pole können hierbei *ausdifferenzierende* und *integrierende* Tendenzen ausgemacht werden, die den neuen Anforderungen u. E. entsprechen (vgl. *Kap. 5.2.4.1 und 5.2.4.2*). Danach werden einzelne *Forschungsschwerpunkte* (vgl. *Kap. 5.2.4.3 bis 5.2.4.7*) herausgegriffen, die auf signifikante Entwicklungen der Rahmenfaktoren (vgl. *Kap. 5.1.1*) Bezug nehmen.

5.2.4.1 Ausdifferenzierung der Marketingmanagement-Theorie

Seit dem Ursprung des Marketing Ende des 19. Jahrhunderts steht bis in die heutige Zeit die Frage im Raum, inwieweit die Marketingtheorie ihrem Anspruch gerecht werden kann, *generelle* Aussagen für Austauschbeziehungen zu entwickeln. Ideengeschichtlich kann gezeigt werden, daß sich – entgegen dieses selbstgestellten Anspruchs – die jeweiligen Marktsituationen in den Aussagesystemen niederschlagen. So stand z. B. am Anfang des Marketing trotz der Forderung nach allgemeinen Prinzipien der Absatz landwirtschaftlicher Erzeugnisse im Vordergrund. Hinsichtlich der Anwender des Marketing war lange Zeit der Absatz von Konsumgüterherstellern das zentrale Problemfeld.

Das Grundproblem besteht in der Einschätzung darüber, welche Differenzierungen der Marketingtheorie sinnvoll sind, um einerseits den speziellen Marktsituationen gerecht zu werden und andererseits einen gemeinsamen Identitätskern zu erhalten und Auflösungstendenzen entgegenzuwirken.

5.2.4.1.1 *Produkt- und anwenderbezogene Ausdifferenzierung*

Bereits Anfang der 70er Jahre führte Kotler als mögliche Ausdifferenzierungen u. a. Optionen wie Grundstücksinvestitions-Marketing, Touristen-Marketing oder Politiker-Marketing an (vgl. *Kotler*, 1974[1972], S. 860). In den 90er Jahren intensivierte sich der Trend zur Ausdifferenzierung und erreichte eine neue Dimension. Fast schon belustigt wurden die sogenannten Bindestrich-Marketingkonzepte gezählt und gesammelt. Der Grund dieser Entwicklung liegt zum einen in der Vielfalt der Marktsituationen und damit zugleich in Anwendungsbereichen des Marketing. Zum anderen besteht ein theoretischer Differenzierungsantrieb auch darin, daß die Marketinginstrumente subtiler und damit auch sensibler in bezug auf ihre Anwendung werden. Außerdem erwächst wissenschaftliche Vielfalt auch aus der Quantität der Bemühungen.

Wirklich etabliert haben sich Ausdifferenzierungen nach Sektoren, die sich so eigenständig entwickelt haben, daß sich die darauf bezogenen Marketingansätze aus ihren Besonderheiten legitimieren:

– *Konsumgütermarketing* als Ausgangspunkt einer Reaktion auf die Herausbildung von Massenmärkten im Rahmen der Industrialisierung mit den Besonderheiten [227]:

  · originärer Bedarf

  · große Zahl an Bedarfsträgern

  · hoher Anteil an Individualentscheidungen

  · hoher Anteil an anonymen Marktkontakten

---

227 Vgl. z. B. *Berekoven*, 1993; *Köhler*, 1993a.; *Steffenhagen*, 1994; *Hruschka*, 1996; *Zentes*, 1996; *Bruhn*, 1997a; *Nieschlag/Dichtl/Hörschgen*, 1997; *Scharf/Schubert*, 1997; *Weis*, 1997; *Meffert*, 1998b; *Pepels*, 1998

– *Handelsmarketing* als Reaktion auf die Wettbewerbsposition der Handelsunternehmen in den 70er Jahren mit den Besonderheiten [228]:

· Mix aus Sach- und Dienstleistungen

· Vermittlung zwischen zwei Marktseiten

– *Investitionsgütermarketing* (Business-to-Business-Marketing) als Reaktion auf die zunehmenden Probleme der traditionell stark durch Ingenieure bestimmten (produktorientierten) Vermarktungsprozesse von Investitionsgüterherstellern Ende der 70er, Anfang der 80er Jahre mit den Besonderheiten [229]:

· abgeleiteter Bedarf

· geringe Zahl an Bedarfsträgern

· kollektive und formalisierte Entscheidungsprozesse

· viele indirekte Interaktionsbeziehungen

– *Dienstleistungsmarketing* als Reaktion auf die zunehmende wirtschaftliche Bedeutung der Dienstleistungen seit den 80er Jahren mit den Besonderheiten [230]:

· Potentialdimension: geringe Standardisierungsmöglichkeiten und Dominanz der Ressourcenbereitstellung

· Prozeßdimension: die Integration des externen Faktors

· Ergebnisdimension: Immaterialität der Leistungen

5.2.4.1.2 Funktionsbezogene Ausdifferenzierung

Die *funktionsbezogene Ausdifferenzierung* erlangte zu einem Zeitpunkt Bedeutung, als die Marketingmanagement-Theorie die Definition der Unternehmensführung allein über die Absatzfunktion zu überdenken begann. Bis dahin wurde eine Marketingorientierung gleichbedeutend mit einer Ausrichtung der Aktivitäten auf die Absatzmärkte verstanden (vgl. *Raffée*, 1979, S. 4). Folgt man Kritikern wie *Schneider*, die eine generelle Dominanz der Absatzfunktion in der Unternehmensführung als Kampfansage an die Betriebswirtschaftslehre interpretierten, so manifestierten sich hier die Omnipotenz-Vorstellungen der Marketingwissenschaftler [231]. Diese Interpretation, die nicht nur im Lager der Marketingkritiker zu finden ist, übersieht aber ein wesentliches Faktum der historischen Argumentation. Die Absatzmarktorientierung wurde als situative Maßnahme im Kontext des Wandels von Verkäufer- zu Käufermärkten eingeführt

---

228 Vgl. z. B. *Oehme*, 1992; *Müller-Hagedorn*, 1993; *Berekoven*, 1995; *Barth*, 1996; *Haller*, 1997.
229 Vgl. *Scheuch*, 1975; *Kirsch/Kutschker/Lutschewitz*, 1980; *Engelhardt/Günter*, 1981; *Backhaus*, 1997.
230 Vgl. hier im einzelnen *Kap. 5.2.4.5.*
231 Vgl. zur Kritik an wahrgenommenen Machtansprüchen des Marketing *Schneider*, 1983, und zur differenzierten Behandlung der sich wandelnden Rollen des Marketing innerhalb der Unternehmensorganisation *Meffert*, 1989b.

und darf deshalb keineswegs als für alle Zeiten geltendes Grundgesetz des unternehmerischen Handelns mißverstanden werden. Explizit kommt dieses Verständnis in Konzepten wie dem Balanced Marketing bei *Raffée* (1979, S. 5) zum Ausdruck. Eine explizite theoretische Umsetzung fand dieses Verständnis Anfang der 80er Jahre, indem der unternehmenspolitische Führungsanspruch des Marketing stärker als Markt- und Umweltorientierung für alle betrieblichen Funktionsbereiche aufgefaßt wurde (vgl. *Hansen/Stauss*, 1983). Theoretische Konsequenz war zum einen die Anwendung einer einfachen, funktional begründeten Marketingtheorie und zum anderen die Übertragung des Marketingansatzes auf weitere Unternehmensfunktionen. Wichtig sind hier insbesondere die Ausweitung auf das

– Beschaffungsmarketing,

– Personalmarketing und

– Finanzmarketing.

Traditionell hat das *Beschaffungsmarketing* für den Handel schon immer eine große Rolle gespielt [232]. Rohstoff- und Energieverteuerungen haben die Relevanz dieses Aktionsbereichs aber auch für Industrieunternehmen negativ als Engpaß und positiv als Wettbewerbsfaktor deutlich gemacht. Analog zum Absatzmarketing können Informations- und Aktionsinstrumente die Beschaffung optimieren und so zur Erfolgspotentialsteigerung des gesamten Unternehmens beitragen [233]. Als besondere Herausforderungen für das Beschaffungsmarketing hat sich in den letzten Jahren die quantitative und qualitative Gestaltung der Wertschöpfungskette im Verlauf von Marktwegen herausgebildet. Hierbei wird versucht, Spezialisierungs- und Kostenvorteile über den Abbau der eigenen Wertschöpfung zu realisieren. Theoretische Ansatzpunkte bilden make-or-buy Konzepte und in jüngerer Zeit Aspekte der Transaktionskostentheorie (vgl. *Fischer*, 1993, *Müller-Hagedorn/Toporowski*, 1994, und *Kap. 5.2.3.2*). Weitere Impulse für die Beschäftigung mit beschaffungspolitischen Fragen resultieren aus sozial-ökologischen Anforderungen an Produkte, deren Erfüllung auch von den in ihnen enthaltenen Vorprodukten abhängig ist (vgl. *Kap. 5.2.5.3*). Dazu liefern Konzepte wie das Stoffstrommanagement (vgl. *Enquête Kommission*, 1994) theoretische Umsetzungsüberlegungen.

Obwohl bereits in den 70er Jahren einzelne Arbeiten zum *Personalmarketing* erschienen, fand diese funktionelle Ausdifferenzierung erst Ende der 80er Jahre verstärkte Beachtung [234]. Sie wurde durch die theoretische Vernetzung mit aktuellen Konzepten, wie der Unternehmenskultur, der Corporate Identity oder

---

232 Vgl. z. B. den Titel „Absatz- und Beschaffungsmarketing des Einzelhandels" von *Hansen*, 1976.
233 Vgl. die Monographien von *Lippmann*, 1980; *Koppelmann*, 1995; *Arnold*, 1997.
234 Vgl. *Fröhlich*, 1987; *Strutz*, 1992; *Ridder*, 1994, und als frühe Arbeiten *Eckardstein/Schnellinger*, 1971; *Arnold*, 1974.

dem internen Marketing gefördert. Als Kernidee fungiert die „… aktive Anpassung unternehmenspolitischer Maßnahmen an die Bedürfnisse der jeweiligen Zielgruppe" (*Scholz*, 1995b, Sp. 2009), wobei in einer engen Fassung als Zielgruppe nur *potentielle* Arbeitnehmer verstanden werden. Bei dieser Vorgehensweise reduziert sich das Personalmarketing auf die reine Personalbeschaffung. Neben dieser Akquisitionsfunktion hat sich inzwischen auch die Ausrichtung auf den internen Arbeitsmarkt durchgesetzt, wodurch Bedürfnisse und Verhalten der aktuellen Arbeitnehmer als weitere Anwendungsbereiche in das Personalmarketing einbezogen werden.

Jüngstes Beispiel für die funktionelle Ausdifferenzierung ist das *Finanzmarketing* (vgl. *Link*, 1991; *Süchting*, 1993; *Kaas*, 1997a). Den Ansatzpunkt bildet hierbei die Gestaltung von Unternehmensaktivitäten auf den Finanzmärkten mit dem Ziel der Kapitalkostenminimierung bzw. der Kurswertmaximierung. Inzwischen nimmt

❑ Von dem Nischen- zum Massenmarkt: Aktienwerbung in Publikumsmagazinen.

Quelle: Stern, H. 38, 1996

die Börsenkultur in Deutschland auf der Anleger- und Unternehmensseite zu, wodurch das Finanzmarketing auch hier verstärkt Beachtung findet. Im Rahmen einer beschaffungsseitigen Perspektive steht die Liquiditätsversorgung von Unternehmen im Vordergrund. Zur Anwendung gelangen Konzepte der Investoren-Analyse (private und institutionelle Anleger), Multiplikatoren-Analyse (wie Wirtschaftsjournalisten oder Finanzanalysten) und das Beziehungsmanagement, insbesondere zu den institutionellen Anlegern (Investor Relations). Absatzseitige Aspekte spielen bei der Emission von Aktien eine Rolle [235].

---

235 Die Potentiale dieser Perspektive hat der Börsengang der Telekom Ende 1996 verdeutlicht, mit einer für deutsche Maßstäbe noch ungewohnten Breitenkampagne.

5.2.4.2 Integration der Marketingmanagement-Theorie

In dem Maße, wie das Marketing sich sektoren- und funktionsübergreifenden Problemen widmet, steigt auch die Notwendigkeit *integrativer Perspektiven.* Die Ausdifferenzierung darf sich nicht in einer engen Spezialisierung verlieren, sondern braucht als Gegenpart die Arbeit an der Verbindung einzelner Teilkonzepte (vgl. z. B. *Bruhn*, 1989, S. 19; *Meffert*, 1989c, S. 346; *Silk*, 1993, S. 403). Hier zeigen sich strukturelle Parallelen zu den gegenwärtigen gesellschaftlichen Prozessen, die zum einen von der sozialen Fragmentierung, zum anderen von dem Bedürfnis nach neuen Zusammenhängen geprägt sind (vgl. *Mager/Helgeson*, 1987, S. 330). Erforderlich ist dafür aber auch eine Wiederaufnahme wissenschaftstheoretischer Erörterungen, wie sie in den USA seit Mitte der 80er Jahre zu beobachten sind. Diese sollten Aufschluß über das „wie" der Struktur einer integrativen wissenschaftlichen Theorie geben können, um dann den zweiten Schritt zu vollziehen, diese Struktur mit dem „was", d. h. den substantiellen Theorieelementen, aufzufüllen (vgl. *Bartels*, 1988, S. 239; *Raffée*, 1984, S. 14).

Angesichts verschiedener integrativer Projekte, sind bei aller Unterschiedlichkeit als gemeinsame Charakteristik festzustellen, daß sie an der *Auflösung von Grenzen* ansetzten. Diese Tendenz kann sowohl innerhalb der Unternehmung, als auch in den Abgrenzungen zu anderen Unternehmen und weiteren Interessengruppen beobachtet werden. Die folgende Übersicht verbindet diese Grenzauflösung mit theoretischen Marketingkonzepten, die als jeweilige Umsetzungen verstanden werden können.

Theoretische Grenzziehungen müssen als notwendige Schritte des wissenschaftlichen Arbeitens akzeptiert werden. Marktliche Entwicklungen sind nun aber soziale und historische Prozesse, die sich im Laufe der Zeit in nicht vollständig determinierter Weise verändern, so daß in gewissen Abständen eine Überprüfung der gezogenen Grenzen notwendig wird. Es ist zu fragen, ob sie noch das Wesentliche, das Typische erfassen oder ob neue Grenzziehungen notwendig sind, die z. B. einige vormals nebensächliche Detailinformationen in neuem Licht erscheinen lassen. Man kann dazu die Beobachtung machen, daß sich das innovative, zukunftsweisende Marktgeschehen oft genau in den Graubereichen klassischer Grenzziehungen vollzieht. Am Beispiel von vier traditionellen Grenzen sollen nun integrative Ansätze dargestellt werden, die in diesen Graubereichen ansetzen.

5.2.4.2.1 *Integration über eine Auflösung von Sektorengrenzen*

Eine grundlegende Grenzziehung besteht – wie oben dargestellt – in der Unterscheidung von Konsumgüter-, Dienstleistungs-, Handels- und Investitionsgütermarketing. Derartige Sektorengrenzen werden durch *hybride* Unternehmen überschritten, und diese Erscheinung nimmt an Marktpräsenz stark zu. Hierunter werden Unternehmen verstanden, in denen sich Charakteristika der Zuordnung zu

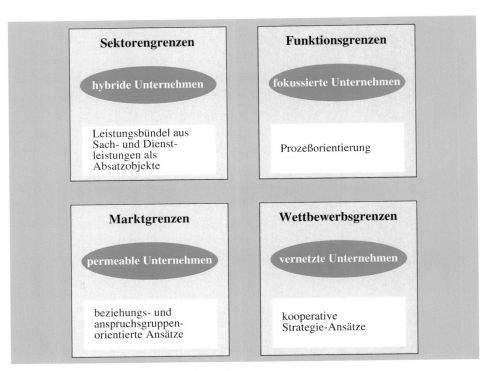

Sektorengrenzen	Funktionsgrenzen
hybride Unternehmen	**fokussierte Unternehmen**
Leistungsbündel aus Sach- und Dienstleistungen als Absatzobjekte	Prozeßorientierung
Marktgrenzen	**Wettbewerbsgrenzen**
permeable Unternehmen	**vernetzte Unternehmen**
beziehungs- und anspruchsgruppen-orientierte Ansätze	kooperative Strategie-Ansätze

Abb. 5-12: Auflösung von Grenzen im Marketing

❏

Das hybride Unternehmen Savon, als Kombination von Boutique und Café.

Quelle: Lehrstuhl Marketing I: Markt und Konsum, Jens Gebhardt (Foto)

Sektoren und ihren Leistungsangeboten mischen. Als Beispiele sind zu beobachten: Buchhandlungen, die Cafés oder Restaurants betreiben; Zigarettenhersteller mit Reiseprogrammen; Tankstellen als Lebensmittelhändler; Energieunternehmen als Kommunikationsdienstleister oder Autohersteller, die Finanzdienstleistungen anbieten[236]. Diesen Erscheinungen hybrider Unternehmen liegen unterschiedliche Motivationen zugrunde, wie z. B. Umgehung rechtlicher Restriktionen, Machtzuwachs durch vertikale Integration oder Wettbewerbsvorteile durch Kundenbindung, im Ergebnis weisen sie jedoch strukturelle Ähnlichkeiten auf. Eine traditionelle Vorgehensweise würde hier je nach Schwerpunkt (Kern- und Zusatzleistung) die Grenzen ziehen und *additiv* entwickelte Handlungsempfehlungen geben. Es fragt sich aber, was die Kernleistung z. B. bei General Motors ist, deren Umsatz mit Finanzdienstleistungen inzwischen größer ist als in der Autoherstellung; und wie mit Computerherstellern umzugehen ist, die ihre Wettbewerbsvorteile primär über Serviceleistungen, wie Anwendungswissen, System-Analyse und -Integration, Netzwerklösungen, Sicherheit und Wartung, definieren (vgl. *McKenna*, 1991a, S. 76). Eine These lautet deshalb, daß mit additiven Ansätzen das qualitativ Neue dieser Marktsituation übersehen wird, nämlich „… the servicization of products and the productization of services" (McKenna, 1991b, S. 15). Das Produkt mit wachsendem Anteil an Dienstleistungs-

---

236 Für die amerikanischen Wirtschaftsmagazine *Fortune* und *Forbes* sind die Grenzen derart obsolet geworden, daß sie seit 1995 ihre berühmten Listen der umsatzstärksten Unternehmen nicht mehr nach Produkt- und Dienstleistungsunternehmen differenzieren (vgl. *Nickels/Wood,* 1997, S. 314).

DAS ALMERA-ANGEBOT

Finanzieren Sie Ihren Almera entspannter. Bei *unserer* Bank.

Er kann. Sie kann. Nissan.

Das hybride Unternehmen Nissan, als Kombination von Autohersteller und Finanzdienstleister.

Quelle: Stern, H. 27, 1996

komponenten und die zunehmend „tangibilisierten Dienstleistungen" (vgl. *Levitt*, 1981) werden zu einem *integralen Leistungsangebot*.

Ein theoretischer Bezugspunkt dieser Diskussion findet sich bei *Engelhardt/ Kleinaltenkamp/Reckenfelderbäumer* (1993), die eine Dichotomisierung zwischen Sach- und Dienstleistungen ablehnen. Als Alternative schlagen sie eine allgemeine Typologie von Absatzobjekten im Sinne von *Leistungsbündeln* vor. Ihre Argumentation beruht dabei neben den beschriebenen marktlichen Entwicklungen auch auf einer logischen Kritik der bisherigen Grenzziehung. Diese resultiert aus den Kriterien der Dienstleistungsdefinition, die im Rahmen der Entwicklung des jüngeren *Dienstleistungsmarketing* insbesondere in Abgrenzung zum Konsumgütermarketing vorgeschlagen wurden, sich in dieser Form aber als problematisch erwiesen haben (vgl. *Kap. 5.2.4.1.1*). Das potentialbezogene Kriterium der geringen Standardisierbarkeit wird allgemein nur als derivatives Merkmal betrachtet. Eine Abgrenzung des verbleibenden ergebnisbezogenen Merkmals der Immaterialität steht vor den praktischen Anwendungsproblemen der Vermischung von materiellen und immateriellen Leistungskomponenten. Würde lediglich eine eindimensionale Abgrenzung durch das prozeßbezogene Merkmal der Integration des externen Faktors vorgenommen, so entstände die Gefahr, den Dienstleistungsbegriff fast unbegrenzt auszuweiten. So kann letztlich jede kundenindividuelle Leistungserstellung als Integration des externen Faktors interpretiert werden, was zu einem Verlust der Distinktionskraft dieses Kriteriums führt. Dienstleistungen würden dann von der maßgeschneiderten Jeans bis zur koordinationsintensiven Erstellung von Kraftwerken reichen (vgl. *Engelhardt/Kleinaltenkamp/Reckenfelderbäumer*, 1993, S. 403). Auf die sektorenunabhängige Integration des externen Faktors verweist ebenso der Gedanke des Kunden als Coproduzenten in der Realisierung von Produktnutzen (vgl. *Kap. 5.2.2.1*).

Diese Definitionsversuche laufen also Gefahr, entweder zu scharfe Grenzen zu ziehen oder jegliche Unterscheidungskraft zu verlieren. Als Alternative wird eine Typologie vorgezogen, die eine Zuordnung je nach Ausprägung auf kontinuierlichen Dimensionen vornimmt. *Engelhardt/Kleinaltenkamp/Reckenfelderbäumer* beziehen sich dabei auf die zwei Dimensionen des Grades an Immaterialität und des Integrationsgrades des externen Faktors, der in die Teildimensionen „Eingriffstiefe" und Eingriffsintensität" zerlegt wird. Ihre derart konzipierte Leistungstypologie zeigt die *Abb. 5-13*:

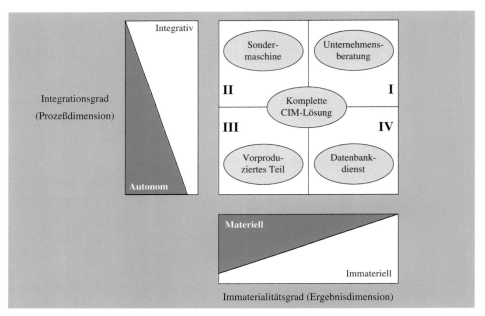

Abb. 5-13: Leistungstypologie nach Engelhardt/Kleinaltenkamp/Reckenfelderbäumer, 1993, S. 417

Je nach Ausprägung werden verschiedene Grundtypen von Leistungsbündeln unterschieden:

Typ I: Hoher immaterieller Anteil bei hohem Integrationsgrad:
          typisch für Unternehmensberatungen

Typ II: Hoher materieller Anteil bei hohem Integrationsgrad:
          typisch für individuell angefertigte Maschinen

Typ III: Hoher materieller Anteil bei niedrigem Integrationsgrad:
          typisch für industriell gefertigte Massenprodukte wie vorproduzierte Teile

Typ IV: Hoher immaterieller Anteil bei niedrigem Integrationsgrad:
          typisch für Datenbankdienste

Das Beispiel von CIM-Lösungen weist darauf hin, daß eine eindeutige Zuordnung nicht immer möglich ist und somit fließende Übergänge integraler Bestandteil der Typologie sind.

Es gibt Modifikationsvorschläge wie z. B. von *Meffert* (1994a, S. 310 ff.), der die Integrationsdimension aufspaltet in einen „Interaktionsgrad" sowie einen „Individualisierungsgrad" [237]. Wichtig ist bei derartigen theoretischen Verortungen der Umgang mit Grenzauflösungen. Die Beibehaltung klarer Einteilungen in Sach- und Dienstleister wird der Realität hybrider Unternehmen nicht mehr gerecht. Zu groß ist die Gefahr einer starren, vorschnellen Ableitung von Normstrategien. Das typologische Denken basiert auf mehrdimensionalen Kontinuums-Ausprägungen und verzichtet auf eine eindeutige Abgrenzung. Auf Basis einer situationsspezifischen Zuordnung können dann merkmalsbezogene Handlungsempfehlungen entwickelt werden, wodurch im Hintergrund immer noch ein notwendiger Orientierungsrahmen existiert. Diese theoretische Umsetzung ist somit ein Beispiel dafür, daß die zur Kenntnisnahme von Grenzauflösungen nicht notwendigerweise in eine diffus zersplitterte Landschaft begrenzt aussagefähiger Partialtheorien führen muß.

5.2.4.2.2 Integration über eine Auflösung von Funktionsgrenzen

Im Hintergrund klassischer Marketingmanagement-Ansätze stand das Bild großer, divisionalisierter, funktional strukturierter Organisationen. Dies entsprach den dominanten Organisationsformen in den 60er und 70er Jahren, als sich die Marketingmanagement-Ansätze herausbildeten. In den 80er und 90er Jahren hat sich ein neuer organisationaler Kontext herausgebildet, bei dem sich das Verständnis und die Einordnung der Marketingfunktionen entscheidend verändert haben. Angesprochen ist hier die Auflösung der *Funktionsgrenzen*. Die Hauptansatzpunkte der organisationalen Veränderungen liegen in der Erhöhung der Flexibilität durch teamorientierte Strukturen und flache Hierarchien. Ziel ist dabei die Erlangung von Wettbewerbsvorteilen durch eine konsequente *Fokussierung* auf die Kernkompetenzen des Unternehmens und durch eine prozeßorientierte Führung. Zu beobachten ist dabei eine auf den ersten Blick paradoxe Entwicklung. Während sich nämlich traditionelle Marketingabteilungen mit abnehmenden Verantwortungsbereichen oder sogar drohender Auflösung auseinandersetzen müssen, steigt gleichzeitig die Bedeutung des Marketing für das ganze Unternehmen (vgl. *Day*, 1996, S. 15; *Buzzell*, 1997, S. 509). In dem Geschäftsbericht von General Electric aus dem Jahre 1990 heißt es dazu:

„In a boundary-less company, internal functions begin to blur. Engineering doesn't design a product and then 'hand it off' to manufacturing. They form a team, along with marketing and sales, finance, and the rest. Customer service? It's not somebody's job. It's everybody's job."
Zitiert nach *Frederick E. Webster, Jr.*, 1992, S. 12

---

237 Die Kontroverse zwischen *Meffert* und *Engelhardt/Kleinaltenkamp/Reckenfelderbäumer* über Modifikationen des Leistungsbündelansatzes bzw. der generellen Zweckmäßigkeit einer Trennung von Sach- und Dienstleistungen erstreckte sich über mehrere Erwiderungen in der Zeitschrift „Die Betriebswirtschaft" (vgl. dazu *Meffert*, 1994b; *Engelhardt/Kleinaltenkamp/Reckenfelderbäumer*, 1995; *Meffert*, 1995a, und *Engelhardt/Freiling*, 1997).

Wichtig ist hierbei das mehrdimensionale Verständnis des Marketing. Bei *Nieschlag/Dichtl/Hörschgen* werden in dem Marketingbegriff die Dimensionen Maxime, Mittel und Methode unterschieden, und *Meffert* spricht von dem dualen Charakter des Marketing als Unternehmensfunktion und Leitkonzept der Unternehmensführung (vgl. *Nieschlag/Dichtl/Hörschgen*, 1985, S. 8; *Meffert*, 1994c, S. 7). Während also die Unternehmensfunktion an Bedeutung verliert, ist das Marketing als gelebte Unternehmensphilosophie präsenter denn je.

Konzepte, die zur Förderung des *Prozeßdenkens* innerhalb der Unternehmung beigetragen haben, sind Managementansätze wie das Total Quality Management und das Business Reengineering. Grundüberlegung des *Total Quality Management* ist die langfristig angelegte Entwicklung und Umsetzung eines hohen Qualitätsbewußtseins im ganzen Unternehmen durch einen Prozeß der ständigen Verbesserung von innerbetrieblichen Abläufen und Marktleistungen (vgl. *Oess*, 1991, S. 89). Die Realisierung eines prozeßorientierten Denkens und Handelns setzt an den Entstehungsprozessen von Teilqualitäten an. Jeder Mitarbeiter übernimmt Qualitätsverantwortung, und funktionsübergreifende Teams (z. B. quality circle, quality improvement teams) dienen der kontinuierlichen Verbesserung und Implementierung (vgl. *Stauss*, 1994, S. 152). Um die Zielgrößen der Kundenorientierung und Kundenzufriedenheit im Unternehmen zu verankern, wird das interne Kunden-Lieferanten-Prinzip zur Steuerung der Beziehungen zwischen den einzelnen Prozeßstufen eingesetzt. Das *Business Reengineering* ähnelt dem Total Quality Management, geht aber noch einen Schritt weiter. Statt einzelner Veränderungsschritte wird hier die radikale Unternehmensneustrukturierung gefordert [238]. Als Zielgröße wird die Eliminierung unnötiger Kosten bei gleichzeitiger Verbesserung des Kundenwertes definiert (vgl. *Meffert*, 1994e, S. 20). Auch hier steht die effiziente Zusammenarbeit einzelner Teileinheiten und die Vermeidung von Schnittstellenproblemen durch die Prozeßorientierung im Vordergrund. Ist der spezifische Kundennutzen definiert, so sind davon ausgehend die wertschöpfenden Prozesse und die darauf bezogenen optimalen Organisationsstrukturen zu bestimmen.

Einen theoretischen Strukturierungsrahmen bietet dafür das Konzept der *Wertschöpfungskette* von *Porter*. Dieses Modell dient der Identifikation von Wettbewerbsvorteilen, die nach *Porter* (1986[1985], S. 15f.) durch Kosten- und Differenzierungsvorteile entstehen. Die integrative Perspektive wird durch die Fokussierung auf den *Kundenwert* ermöglicht [239]. Hierunter wird die monetäre Wertschätzung der angebotenen Leistungen aus Kundensicht verstanden. Die Bedeutung des Marketing als Leitkonzept spiegelt sich in der konsequenten Marktorientierung als Ausgangspunkt des unternehmerischen Handelns wider. Gleichzeitig wird der funktionale Marketinganspruch relativiert, indem der Beitrag

---

238 Vgl. *Hammer/Champy*, 1993, sowie zur Entwicklung und Einordnung des Business Reengineering *Reiß*, 1997, S. 34-46.
239 In beziehungsorientierten Marketingansätzen wird der Kundenwert auch als monetärer Gegenwert des gesamten Verlaufs einer Kundenbeziehung verstanden. Gemeint ist dann der langfristige Kundenwert.

aller betrieblichen Funktionen zum Kundenwert betont wird. Das Modell der Wertkette dient nun der Analyse und Gestaltung des Kundenwertes (vgl. *Abb. 5-14*):

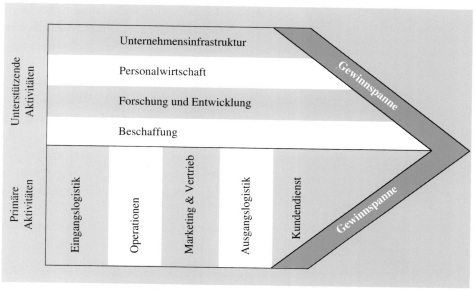

Abb. 5-14: Das Wertkettenmodell nach Porter, 1986[1985], S. 62

Die Funktionen werden als strategisch relevante Wertaktivitäten verstanden, die nach dem Prinzip des physischen Durchlaufs angeordnet sind. Die hier relevanten primären Aktivitäten beziehen sich auf die physische Herstellung bis hin zur Vermarktung des Endproduktes. Zu den unterstützenden Aktivitäten zählen die Bereitstellung erforderlicher Inputfaktoren oder die Koordination primärer Aktivitäten. Ein wichtiger Unterschied zur organisatorischen Funktionsaufteilung besteht in der Bindung der Funktionen an Tätigkeiten (vgl. *Meffert/Benkenstein*, 1989, S. 785). Dadurch wird die Vernetzung hin zu einer funktions- und produkt-übergreifenden Prozeßorganisation gefördert. Im Rahmen der Wertkettenanalyse gilt es dann, die für den Kundenwert relevanten Kosten- und Differenzierungs-vorteile einer Unternehmung zu identifizieren und auszubauen.

Nach *Meffert* (1989b, S. 392; 1994, S. 52) begründet sich die integrierende Kraft des Wertkettenmodells durch folgende Aspekte:

– Förderung der *Konvergenz* zwischen abnehmer- und kostenorientierten Denkansätzen,

– Einbezug von *Interdependenzen* und *Synergien* zwischen den Wertaktivitäten einer Unternehmung,

– *Sensibilisierung* der eigenen Mitarbeiter für ihren spezifischen Beitrag zu Kostengrößen und Kundenwert,

– *Verknüpfung* mit übergeordneten Wertkettensystemen von Lieferanten, Händlern und Kunden [240].

Die Auflösung der Funktionsgrenzen berührt fundamentale Veränderungen in der Unternehmenspraxis. Ihre Umsetzung findet sie in Managementkonzepten, bei denen zentrale Marketingkonstrukte (wie z. B. Kundenzufriedenheit oder Kundenorientierung) einen hohen Stellenwert besitzen. Anzumerken ist aber auch, daß sich diese Entwicklung lange Zeit *unabhängig* von der Marketingwissenschaft vollzog. Erst Anfang der 90er Jahre finden Warnungen vor möglichen Positionsverlusten der eigenen Disziplin von Wissenschaftlern wie *Stauss* (1994, S. 150) oder *Webster* (1992, S. 1) ihre notwendige Beachtung. Es wird dabei betont, daß trotz einer formalen Berufung auf zentrale Marketingideen ihre Umsetzung bisher oft ohne entsprechendes Marketingwissen erfolgte. Dabei gibt es hier eine Reihe von substantiellen Beiträgen, die den Erklärungswert von Ansätzen wie des Total Quality Management oder des Business Reengineering steigern könnten:

– die inhaltliche Explikation zentraler Konstrukte wie Kundenorientierung, Kundennähe und Kundenzufriedenheit [241],

– verhaltenswissenschaftliche Fundierung und Nutzung empirischer Meßverfahren zur Qualitätsbeurteilung (vgl. z. B. *Stauss/Hentschel*, 1991; *Bruhn/Stauss*, 1995),

– die umsetzungsbezogene Konkretisierung des internen Kundenprinzips über das *Interne Marketing*.

Das Interne Marketing basiert auf dem Grundgedanken, daß der „Identitätskern" der Marketingwissenschaft, nämlich die Analyse von Austauschbeziehungen, auch innerhalb der Unternehmung seine Anwendung finden kann (vgl. z. B. *Stauss*, 1991d; *Schulze, H.*, 1992; *Bruhn*, 1995b). Als innerorganisatorische Austauschpartner kommen vor allem Mitarbeiter, Abteilungen sowie größere organisationale Subsysteme, wie Filialen, Partnerbetriebe in Kooperationen usw., in Betracht. Dementsprechend ist zwischen personalorientiertem, abteilungsorientiertem und subsystemorientiertem Internen Marketing zu unterscheiden (vgl. *Schulze, H.*, 1992, S. 107ff.):

– Das *personalbezogene Interne Marketing* gilt als Sammelbegriff für das Instrumentarium zur Realisierung, Absicherung und Durchsetzung einer für den Absatzmarkt konzipierten Strategie oder als planmäßige Gestaltung der Austauschprozesse mit Mitarbeitern zu absatzmarktbezogenen Zwecken.

– Das *abteilungsbezogene Interne Marketing* kommt darin zum Ausdruck, daß innerbetriebliche Leistungsempfänger mit Kunden gleichgesetzt werden. Dies ist

---

240 Ein Beispiel für die theoretische Integration von Unternehmens- und Abnehmer-Wertketten stellt das Modell des Konsumenten als Co-Produzent dar, das in *Kap. 5.2.2.1* bereits beschrieben wurde.
241 Vgl. z. B. *Kohli/Jaworski*, 1990; *Simon*, 1991; *Homburg*, 1995; *Simon/Homburg*, 1995.

eine Vorstellung, die vor allem im Zusammenhang von Total Quality-Managementprogrammen entwickelt wird. In diesem Konzept werden zwischen den Abteilungen Kunden-Lieferanten-Beziehungen in der Weise angedacht, daß die beauftragte Abteilung nur gemäß der Kundenvorgaben bzw. der zuvor getroffenen Vereinbarungen über Quantitäten, Qualitäten, Kosten und Termine liefert und die Folgen für etwaige Nichterfüllung zu tragen hat.

– Das *subsystemorientierte Interne Marketing* im Sinne der Kundenorientierung ist immer dort von Bedeutung, wo rechtlich selbständig bleibende Betriebe per Kooperation ein neues organisatorisches System bilden und eine Instanz zur Förderung der Mitgliederinteressen einrichten. Beispielhaft sei auf die Genossenschaften und Einkaufskooperationen verwiesen, deren Zentralen als wesentliche Aufgabe die Förderung der Mitgliedsfirmen übernehmen, etwa durch Bereitstellung eines bedarfsgerechten Serviceangebots (Schulung, Beratung, Finanzierung usw.).

Bei der Übertragung des Marketingbegriffs werden unterschiedliche, wenn auch weitgehend miteinander vereinbare Schwerpunkte des Verständnisses gesetzt (vgl. *Stauss/Schulze*, 1990):

– *interne Kundenorientierung*
  Internes Marketing als Maxime der Bedürfnisorientierung im Sinne einer an internen Adressaten ausgerichteten Unternehmensführung,

– *interner Marketing-Instrumentaleinsatz*
  Internes Marketing als Sammelbegriff für die gegenüber internen Austauschpartnern eingesetzten Mittel zur Verhaltenssteuerung,

– *interne Steuerung zu absatzmarktorientierten Zwecken*
  Internes Marketing als Methode zur innerbetrieblichen Implementierung einer in Hinblick auf externe Märkte konzipierten Marketingstrategie.

Grundlegend für den Transfer des externen Marketingkonzeptes ist die Prämisse, daß Austauschprozesse auf externen Gütermärkten einerseits und „internen Personalmärkten" andererseits vergleichbar sind und entsprechend ähnlich gestaltet werden können. Dieses Verständnis baut oftmals auf der Überlegung auf, daß nur zufriedengestellte Mitarbeiter bereit und in der Lage sind, sich kundengerecht zu verhalten. Internes Marketing gilt dann als „… idea of treating employees as customers so that they are happy with their job and serve customers in a more satisfying manner" (*Tansuhaj/Wong/McCullough*, 1987, S. 73).

5.2.4.2.3 Integration über eine Auflösung von Wettbewerbsgrenzen

In enger Beziehung zu den bereits genannten Grenzen vollzieht sich eine Auflösung der *Wettbewerbsgrenzen*. „Der Wettbewerb ist härter geworden", so lautet eine Standardfloskel zur Beschreibung der Wettbewerbsverhältnisse. Zu

Zur Integration der Mitarbeiter veranstalteten die Stadtwerke Hannover AG ein Familienfest, das einschließlich interner Unternehmenskultur-Grundsätze in der Mitarbeiterzeitschrift kommuniziert wurde.

Quelle: energiequelle, H. 14, 1997

kritisieren ist dabei nicht die faktische Aussage, sondern die implizite Annahme einer linearen Fortschreibung grundlegender Parameter der Konkurrenzbeziehungen von Unternehmen. Eine derartige Annahme läuft Gefahr, den qualitativen Wandel der Wettbewerbsverhältnisse zu übersehen, für den sich seit den 90er Jahren die Anzeichen mehren.

Traditionelle Sichtweisen betrachten den Wettbewerb als horizontales Verhältnis, bei dem auf jeder Wertschöpfungsstufe Unternehmen miteinander konkurrieren. Ein Autohersteller konkurriert mit einem Autohersteller, ein Zulieferer wiederum mit einem Zulieferer. Beziehungen zwischen den Unternehmen werden als rein marktliche Kontakte gedacht in Form von anonymen, vorübergehenden Transaktionen. Einen theoretischen Bezugspunkt bildet das mikroökonomische Marktmodell, bei dem derartige Märkte als Anreiz-, Informations- und Koordinationssysteme funktionieren (vgl. *Schumann*, 1984, S. 165-167). Obwohl die realen Wettbewerbsverhältnisse sich diesem Idealbild nie ganz annäherten, stand das traditionelle Wettbewerbsmodell sowohl für die Wettbewerbspolitik wie auch für das strategische Marketingmanagement als ein Referenzpunkt, mit dem Abweichungen nur als Gefahr für den Wettbewerb wahrgenommen werden konnten. Im strategischen Marketingmanagement gelten die 80er Jahre auf dieser Basis als Phase der Wettbewerbsorientierung (vgl. *Meffert*, 1994a, S. 20), in der die Option des Kosten- oder Qualitätswettbewerbs im Vordergrund stand. Den theoretischen Bezugspunkt bildete *Porter* (1985[1980]) mit seinen Arbeiten, die in Abhängigkeit von Branchenstrukturen strategische Empfehlungen enthalten. Neben dem Problem des hohen Stellenwertes der Branchen- und Marktstruktur, mit dem die Heterogenität von Unternehmen innerhalb spezifischer Branchen- und Marksituationen unterschätzt wurde [242], steht die Überbetonung von *Konfliktstrategien*. Insbesondere für stagnierende und schrumpfende Märkte wurde in dem aggressiven Wettbewerbsverhalten die einzig mögliche Positionsverbesserung gegenüber anderen Konkurrenten gesehen. Die empfohlenen Marketingstrategien knüpften überdeutlich an den Ursprung des Wortes „Strategie" an, das sich in der griechischen Sprache auf die „Kunst der Generäle" bezog (vgl. *Wensley*, 1995, S. 216). Die militärischen Kategorien reichten von der Einschätzung der „Verteidigungsfähigkeit" und „Wahl des Schlachtfeldes" bei *Porter's* Konkurrentenanalyse bis hin zu dem „Direktangriff", der „Umzingelung" oder dem „Flankenangriff" als Wettbewerbsstrategie [243].

Inzwischen haben sich die realen Verhältnisse verändert, und es zeigt sich immer deutlicher das Phänomen eines Netzwerk-Wettbewerbs, bei dem selbständige Partner ein kooperatives Beziehungsnetz untereinander eingehen, längerfristige Ziele teilen, einzelne Aktivitäten gemeinsam koordinieren und in ihrem Erfolg aufeinander angewiesen sind (vgl. *Hunt/Morgan*, 1994, S. 20; *Backhaus/Piltz*, 1990, S. 2). Kooperationsrichtungen können je nach betroffenen Wertschöpfungsstufen sowohl *horizontal* (Autohersteller kooperiert mit anderem Autohersteller), *vertikal* (Autohersteller kooperiert mit Zulieferer) als auch *diagonal* (Autohersteller kooperiert mit Elektronikhersteller) verlaufen. Die Bezeichnungen der verschiedenen Netzwerke sind unterschiedlich. Hier sollen nach *Backhaus/Meyer* horizontale Netzwerkarrangements als *strategische Allianzen* bezeichnet werden und vertikale, bzw. diagonale Netzwerkarrangements als *strategische Netzwerke* (vgl. *Backhaus/Meyer*, 1993, S. 332). Empirische Studien zeigen einen deutlich ansteigenden Trend für strategische Allianzen, der sich geographisch besonders auf die Regionen EU, USA und Japan konzentriert sowie branchenspezifisch gehäuft in High-Tech-Märkten (Elektronik, Automobil, Luft- und Raumfahrt) zu beobachten ist [244]. Wenn das Netzwerk Ford/Mazda mit dem Netzwerk General Motors/Toyota konkurriert oder allein dem Unternehmen IBM mehr als 500 strategische Allianzen zugerechnet werden, ergeben sich grundsätzlich neue Fragen und Herausforderungen für das strategische Marketingmanagement und seine theoretische Entwicklung.

---

242 Vgl. dazu die empirischen Ergebnisse bei *Rumelt*, 1987, S. 141f., sowie zur theoretischen Kritik an *Porter* und dem ihm zugrundeliegenden industrieökonomischen Ansatz *Jenner*, 1996.
243 Vgl. *Porter*, 1985[1980], S. 103f.; *Meffert*, 1994a, S. 160, und zu „Marketing Warfare" *Ries/Trout*, 1986; *Durö/Sandström*, 1987.
244 Vgl. *Doz*, 1992, S. 51. Siehe auch die Daten bei *Müller-Stewens/Hillig*, 1992.

Diese fundamentale Veränderung hat für die Marketingtheorie das Thema der Kooperation aufgeworfen. Dazu gab es mit *Arndt* einen Vorläufer, der schon 1979 das Konzept der „domestizierten" Märkte entwickelt hatte, mit dem der Wandel von kompetitiv zu kooperativ geprägten Märkten erfaßt wurde. Er ging bereits damals von der These aus, daß sich die Funktionsweisen von Märkten und Unternehmen zunehmend angleichen. Zum einen setzten sich Marktbeziehungen innerhalb von Unternehmen durch (wie oben in der Auflösung der Funktionengrenze beschrieben). Zum anderen erfolgte das Management interorganisationaler Unternehmensbeziehungen in Netzwerken zunehmend durch vormals rein unternehmensinterne Mechanismen wie Aushandlung und Anweisung. Genau diese Grenzziehung zwischen Konkurrenz und Kooperation bedeutet aber auch die Trennlinie zwischen Hierarchie (Unternehmen) und Markt [245]. Als Konsequenz ergibt sich deshalb für *Arndt*:

> „When markets become domesticated, the once clear and unambiguous boundary between the company and its environment becomes blurred or even meaningless."
> *Johan Arndt*, 1979, S. 73 [246]

Erst in den 90er Jahren entwickelten sich um das Phänomen der Kooperation verschiedene Theorieansätze. Insbesondere die *strategischen Allianzen* stießen in den letzten Jahren in einer Reihe von Beiträgen auf Interesse [247]. Im Mittelpunkt standen dabei Fragen nach den Ursachen und Motiven, Typologien der verschiedenen Formen sowie praktische Fragen der richtigen Partnerwahl, der effizienten Konfigurationen und des erfolgreichen Managements von strategischen Allianzen. So zeigten sich in erfahrungsgeleiteten Motivstudien die in *Abb. 5-15* dargestellten dominanten Motivgruppen und Ziele (vgl. *Backhaus/Meyer*, 1993, S. 331; *Sigle*, 1994, S. 872ff.; *Welge*, 1995, Sp. 2402f.).

Weitere theoretische Arbeiten entstanden im Rahmen von interaktionsorientierten Netzwerkansätzen, mit denen die Autoren ganzheitliche, prozessuale und dynamisch angelegte Betrachtungen verfolgt haben (vgl. *Mattson*, 1995). Hier wurden Fragen gestellt, die *Arndt* bereits 1979 als Anforderungen an eine marketingtheoretische Betrachtung des Managements von Koalitionen formuliert hat (vgl. *Arndt*, 1979, S. 74):

---

245 Vgl. hierzu auch *Meyer, M.*, 1995.

246 Mit dieser These findet *Arndt* in den 80er Jahren zunächst nur langsam Anerkennung. Erst im nachhinein wird seine Leistung entsprechend gewürdigt (vgl. *Kerin*, 1996, S. 7). So klingen Aussagen wie von *Håkansson* fast 10 Jahre später immer noch höchst aktuell, auch wenn sie im Kern „nur" die Thesen von *Arndt* wiederholen: „Earlier, the border of the company was seen as the dividing line between cooperation and conflict - cooperation within the company and conflict in relation to all external units. The corresponding means for coordination are hierarchy and the market mechanism. The existence of relationships makes this picture much more diffuse" (*Håkansson*, 1987, S. 13).

247 Vgl. als Übersichten *Backhaus/Piltz*, 1990; *Bronder/Pritzl*, 1992, und *Sydow*, 1992.

Motivgruppen	Spezifische Ziele
Ressourcenorientiert:	Technologiezugang
	Ausgleich knapper Ressourcen
Zeitorientiert:	Verkürzung von Produktentwicklungs- und Verwertungszyklen
	Know-how-Transfer
Kostenorientiert:	Senkung der Fixkostenbelastung
	Nutzung von Erfahrungskurveneffekten
	Erreichen einer kritischen Größe
Marktorientiert:	Zugang zu Märkten
	Umgehung von Marktbarrieren
	Erweiterung des Produktspektrums

Abb. 5-15: Motive und Ziele für Strategische Allianzen

– Was sind die entscheidenden Kriterien für die Partnerwahl bei langfristigen Kooperationen?

– Welches organisationale Kooperationsdesign wird gewählt, und wie werden seine Elemente ausgehandelt?

– Wie können derartige interorganisationale Marketingsysteme längerfristig aufrechterhalten werden?

– Wie können sie möglichst friktionsfrei aufgelöst und beendet werden, wenn es notwendig geworden ist?

Einen zentralen Ansatzpunkt bildet hierfür das *Beziehungsmanagement* [248]. Hier stehen vor allem die Gestaltungsoptionen von Beziehungen in den verschiedenen Phasen der Interaktionsprozesse im Vordergrund. Einen integrativen Bezug zur Betriebswirtschaftslehre bilden Modelle zur *Netzwerk-Organisation*. Ansätze zur Typenbildung zeigen sich bei *Craven et al.,* die in Abhängigkeit von der Umwelt-dynamik und der Beziehungsintensität die Organisationstypen Hollow Network, Flexible Organization, Value-Added Network und Virtual Network entwickelt haben (vgl. *Piercy/Cravens*, 1995, S. 268ff.). Eine wichtige theoretische Implikation dieser organisationalen Ansätze für das strategische Marketing berührt die

---

248 Nach *Diller* (1995, Sp. 286) ist Beziehungsmanagement zu definieren als „... aufeinander abgestimmte Gesamtheit der Grundsätze, Leitbilder und Einzelmaßnahmen zur langfristig zielgerichteten Selektion, Anbahnung, Steuerung und Kontrolle von Geschäftsbezie-hungen".

grundlegende Analyseeinheit. Der Akteur strategischer Handlungen war bisher das einzelne Unternehmen. Eine analoge Analyseeinheit „Netzwerk" fehlt, da eine genaue Abgrenzung oftmals nicht möglich ist. Hier bedarf es situations- und aufgabenspezifischer Abgrenzungen, die an verschiedenen zeitlichen, räumlichen, technologischen, projektbezogenen oder wertschöpfungsbezogenen Dimensionen ansetzen können (vgl. *Håkansson/Johanson*, 1993; *Mattsson*, 1995, S. 207).

Als weiterer Pfeiler einer integrativen Netzwerktheorie bieten sich *evolutionäre Managementkonzepte* an [249]. Sie können als theoretische Umsetzung einer Beobachtung von Marketing-Netzwerken verstanden werden, die *Sharma* (1993, S. 4) wie folgt formuliert: „These [relationships] evolve and develop not as a result of a master plan, but over time". Netzwerke sind komplexe Systeme, die sich in enger Beziehung zu einer sich ebenfalls verändernden Umwelt entwickeln, was hier als Ko-Evolution verstanden wird. Handlungen innerhalb komplexer Systeme entfalten Nebenwirkungen, die sich verselbständigen können. Diese Problemeinrahmung steht im Widerspruch zu klassischen Strategiekonzepten, in denen die Grundannahme herrscht, „... daß das Management Herr der Lage ist und die 'großen' Entscheidungen zu treffen hat" (*Knyphausen-Aufseß*, 1997, S. 82). Evolutionäre Managementkonzepte gehen dagegen davon aus, daß das Unternehmensgeschehen nur beschränkt beeinflußbar und steuerbar ist. Strategien realisieren sich hier nicht über große Vorgaben, sondern werden als fortlaufendes Ergebnis vieler kleiner, dezentral gefällter Entscheidungen und sonstiger Aktivitäten aufgefaßt. *Mintzberg und Waters* (1985) sprechen von „emergenten Strategien", bei denen sich die unterschiedlichsten organisationsinternen Handlungen erst in der Außenperspektive zu einem Muster zusammenfügen. Trotz der Beschreibung von Unternehmen als „... weitgehend selbständernde, selbstevolvierende und selbstorganisierende Systeme" (*Malik/Probst*, 1981, S. 122) bedeutet dies aber nicht das Ende jeglicher Managementkonzepte. Im Vordergrund steht vielmehr die Anerkennung der Grenzen deterministischer Handlungskonzepte und primär die Schaffung geeigneter Systeme und Prozesse, die eine langfristig „geplante Evolution" von Unternehmen und Netzwerken garantieren.

5.2.4.2.4 Integration über eine Auflösung von Marktgrenzen

Wenn über eine Auflösung von Marktgrenzen nachgedacht wird, so ist dabei von einem zeitpunktbezogenen Begriff eines Marktes auszugehen, der den Austausch von als substitutiv empfundenen Leistungen umfaßt [250]. Darauf bezogen stellt sich die Auflösung von Marktgrenzen und damit zugleich die Integration neuer Aspekte in drei Dimensionen dar, nämlich

---

249 Vgl. *Knyphausen*, 1988; *Servatius*, 1991; *Malik*, 1996; *Kirsch*, 1996, 1997
250 Vgl. zur generellen Problematik der Marktabgrenzung *Bauer, H.H.*, 1989.

a) in *zeitlicher Hinsicht* durch die Entwicklung einer marktübergreifenden Kundenorientierung,

b) in *zielgruppenorientierter Hinsicht* durch die marktübergreifende Einbeziehung von Anspruchsgruppen,

c) in *regionaler Hinsicht* durch die internationale Erweiterung der Märkte und durch die virtuelle Auflösung von Marktgrenzen.

Wir bezeichnen Unternehmen, bei denen sich derartige Phänomene zeigen, als *permeable Unternehmen*. Damit soll die Durchlässigkeit (Permeabilität) von traditionellen Grenzen zwischen innerer Unternehmenswelt und äußerer marktlicher Umwelt in den drei oben genannten Dimensionen zum Ausdruck gebracht werden.

ad a) Marktübergreifende Kundenorientierung in zeitlicher Hinsicht
Die Grundidee dieser zeitlichen Marktausdehnung besteht darin, daß sich Kundenorientierung nicht auf die Gestaltung einzelner isolierter Kaufakte reduzieren läßt, sondern – richtig verstanden – an längerfristigen Austauschbeziehungen ansetzen muß, die sowohl die Vor- und Nachkaufphase wie auch die Interdependenz aufeinanderfolgender Kontakte einschließt [251]. Daraus resultiert zugleich eine Auflösung des als Zeitpunkt gedachten Marktkonstruktes. Der Kunde wird nicht nur über den Kauf zum Akteur auf einem Markt, sondern seine gesamte Handlungsproblematik als Konsument – von der ersten Kaufüberlegung bis hin zur Entsorgung von Produkten – wird in die Zielvorstellung der Kundenorientierung integriert [252].

ad b) Marktübergreifende Einbeziehung von Anspruchsgruppen
Eine Erweiterung der kundenorientierten Perspektive liegt vor, wenn über die Kundeninteressen hinausgehend auch die mittelbar betroffenen Anspruchsgruppen in die Betrachtung einbezogen werden. Dieses Vorgehen bewirkt eine Auflösung der Marktgrenzen in zielgruppenorientierter Hinsicht und gleichzeitig eine Integration des Unternehmensgeschehens in die erweiterte Umwelt hinein. Relevant sind alle gesellschaftlichen Gruppen, die unmittelbar von dem Leistungsangebot der Unternehmen betroffen sind, wie z. B. Verbraucher- und Umweltorganisationen, Bürgerinitiativen, Anwohner von Produktionsanlagen. Die strategische Erweiterung der Perspektive resultiert aus dem Zuwachs des gesellschaftlichen Einflusses auf die Unternehmen ebenso wie umgekehrt aus dem wachsenden gesellschaftlichen Einfluß der Unternehmen. Diese Markterweiterung unternehmerischer Aktivitäten wurde in verschiedenen Ansätzen sowohl unter einer ökonomischen Erfolgsperspektive wie als Aufgabe gesellschaftlicher Verantwortung gesehen. Wegen ihrer besonderen Bedeutung finden sich

---

251 Vgl. zum allgemeinen Konzept der Austauschbeziehungen *Bagozzi*, 1975, sowie *Arndt*, 1979, S. 69ff..
252 Vgl. dazu auch die *Kap. 5.2.2.1.1* und *5.2.4.4*; ähnlich *McKenna*, 1995, S. 88; *Plinke*, 1992.

gesonderte Ausführungen zu den gesellschaftlichen Marketingansätzen (vgl. *Kap. 5.2.5.3*), die auf der Grundlage des Stakeholder-Ansatzes entwickelt wurden.

ad c) *Internationale Erweiterung der Märkte*

In den 80er Jahren reagierte die Marketingmanagement-Theorie auf die wachsende Bedeutung der Internationalisierung von Märkten mit einem Boom an Publikationen zum Internationalen Marketing (vgl. *Kap. 5.2.4.6*). Was dabei aber zunächst weniger deutlich erkannt wurde, war die umfassende Veränderung in der lokalen Eingrenzung von Märkten. Die internationale Vernetzung von Marktakteuren und marktlichen Einflüssen entspricht nicht mehr dem einfachen Bild, bei dem ein einheimisches Unternehmen zwecks Erweiterung des Absatzes den Export in ausländische Märkte anvisiert. Aktuelle Entwicklungen weisen hier auf eine *Auflösung der räumlich fixierten Marktgrenzen* hin, die umfassende Konsequenzen für das unternehmerische Handeln und somit auch für die Marketingmanagement-Theorie implizieren:

– globale Unternehmensstrukturen

Internationale Kapitalverflechtungen und die verschiedenen Formen der Kooperation (vgl. *Kap. 5.2.4.2.3*) lassen eine eindeutige Zuordnung eines *Unternehmensnetzwerkes* zu einem Land immer weniger zu (vgl. *Gemünden/ Ritter/Walter*, 1998). Ebenso wird die interne Organisation von Unternehmen unabhängiger von räumlichen Bezügen. Gerade im Rahmen von Forschungs- und Entwicklungsabteilungen zeigt sich eine wachsende Zusammenarbeit von standortverteilten Teams, die lokal in verschiedenen Kontinenten anwesend sein können, aber durch moderne Informations- und Kommunikationstechnologien verbunden sind (vgl. *Griese*, 1992; *Picot/Reichwald*, 1994). Über eine weltweite Konfiguration der einzelnen Wertschöpfungsprozesse, die regionale Kompetenz- und Spezialisierungsvorteile vereinen kann, ergeben sich neue Wettbewerbs- potentiale, aber auch neuartige Managementherausforderungen bezüglich der Koordination und Steuerung der einzelnen Prozesse. Theoretische Anknüp- fungspunkte bieten hier insbsondere Arbeiten zur *virtuellen Unternehmung* [253].

– globale Marktreaktionen

Nach *Buzzell* waren früher die Marktreaktionen potentieller Wettbewerber relativ berechenbar: die Branche kannte sich untereinander, hatte gleichartige Technologien und Marktinformationen und „... all played by the same 'rules of the game'" (*Buzzell*, 1997, S. 501). Wie bei den Sektoren- und Wettbewerbs- grenzen bereits beschrieben, hat sich inzwischen die Situation grundlegend verändert. Neue Wettbewerber können kurzfristig den Markt betreten, ihre potentielle Herkunft ist global nicht mehr präzise eingrenzbar, und sie kommen u. U. nicht mehr aus denselben Sektoren.

---

[253] Vgl. z. B. *Davidow/Malone*, 1992, die das Charakteristikum virtueller Unternehmen in den durchlässigen und sich ständig wechseln- den Trennlinien zu den Marktpartnern sehen. *Picot/Neuburger* (1997, S. 123) betonen dagegen stärker den hier angeführten Aspekt einer Vernetzung standortverteilter Organisationseinheiten. Vgl. auch den Begriff der „grenzenlosen Unternehmung" bei *Picot/Reichwald/Wigand*, 1998.

Wie bereiten Sie heute Informationen für morgen auf, wenn es irgendwo auf der Welt bereits morgen ist? Viele große Unternehmen haben auf diese Frage eine Antwort gefunden, die IT-Manager ruhig schlafen läßt: EMC Enterprise Storage™, die unternehmensweite Speicherlösung mit höchster »business continuance«. Wartung, Upgrades, Batch-Prozesse Ihre Informationen bleiben verfügbar, sogar im Katastrophenfall. Wenn Sie

Heute ist es selbstverständlich,

daß Geschäfte gleichzeitig

in neun oder zehn Zeitzonen ablaufen.

Mit EMC Enterprise Storage haben Sie durchgehend geöffnet.

erfahren möchten, wie Ihr Unternehmen mit EMC Enterprise Storage täglich 24 Stunden und weltweit am Ball bleibt, rufen Sie uns unter (06196) 4728-118 an. Oder besuchen Sie uns im Internet auf http://www.emc.com.

EMC²
The Enterprise Storage Company

EMC Computer-Systems Deutschland GmbH. Am Kronberger Hang 2a, 65824 Schwalbach
EMC ist ein eingetragenes Warenzeichen. EMC Enterprise Storage und The Enterprise Storage Company sind Warenzeichen der EMC Corporation.
©1997 EMC Corporation. Alle Rechte vorbehalten.

❑
International vernetzte Wertschöpfungsprozesse erfordern qualitative Veränderungen von Management und Organisation. Hier ein Angebot zur informationstechnologischen Unterstützung.

Quelle: Wirtschaftswoche, H. 39, 1997

Die Auflösung eines regional fixierten Marktes auf den verschiedenen Ebenen zeigt sich zunehmend in der theoretischen Marketingmanagement-Literatur. Neben den oben angeführten neuen Teilkonzepten schlägt sich dies langsam auch in einer Tendenz weg von additiven und hin zu integrativen Perspektiven nieder. Analog zu dem funktionalen Auflösungsprozeß des Marketing kann hier die zugespitzte These vertreten werden: Der Vollzug einer theoretischen Integration räumlicher Auflösungen von Marktgrenzen wird sich in dem Verschwinden des Internationalen Marketing als spezieller Marketingtheorie manifestieren [254].

5.2.4.2.5 *Ganzheitlichkeit der Marketingperspektive und ihre Grenzen*

Mit den integrativen Ansätzen der Marketingmanagement-Theorie wurde aufgezeigt, daß die einfache Grenzziehung innerhalb und außerhalb der Unternehmen weder der innovativen Unternehmenspraxis noch der modernen Marketingmanagement-Theorie gerecht wird. Auf der einen Seite entstehen integrative Ansätze, die an diesen Graubereichen ansetzen. Auf der anderen Seite muß aber auch zur Kenntnis genommen werden, daß eine „Ganzheitlichkeit" der Perspektive ihre Grenzen hat. So wünschenswert eine umfassende Betrachtungsweise auch sein mag, das wissenschaftliche Denken ist ohne ein Mindestmaß an Grenzziehung nicht möglich. Sei es bei der Problemdefinition oder der Wahl einzusetzender Methoden; es findet notwendigerweise immer eine Selektion und ein Ausschluß statt. Auch die hier vorgestellten integrativen Ansätze operieren somit im Spannungsfeld von fokussierter Detailtiefe und umfassender Breitenperspektive. Die jeweilige forschungspragmatische Umsetzung basiert auf einem für das Untersuchungsfeld optimalen Mischungsverhältnis. Für die Marketingmanagement-Theorie zeigen sich hierbei zwei qualitative neue Tendenzen: Zum einen wird zunehmend die Vorteilhaftigkeit pluralistischer Vorgehensweise akzeptiert. Die „Ganzheitlichkeit" der Perspektive muß sich nicht in einem einzigen Zugang realisieren, sondern kann sich auch synergetisch aus dem Zusammenspiel verschiedener Zugänge ergeben. Zum anderen verweist das Arbeiten in Graubereichen auf den aktiven Akt der Grenzziehung durch den Forscher. Dadurch werden traditionelle Grenzziehungen nicht mehr als gegeben hingenommen, die Möglichkeiten sich dynamisch verändernder realer Grenzen internalisiert und die jeweilige Forschungsgrenze durch die erkenntnistheoretischen Ergebnisse legitimiert. Diese Entwicklungstendenzen können als Antwort auf die primäre Herausforderung der 90er Jahre stehen, denen sich auch die Unternehmen zu stellen haben: der wachsenden Komplexität und Dynamik der Umwelt.

5.2.4.3 Ausbau der Marketinginstrumente

> „In the past, marketing management was centered on the marketing mix."
> *William G. Nickels; Marian Burk Wood*, 1997, S. 20

So beginnt in einem neueren amerikanischen Lehrbuch die Übersicht zur instrumentalen Ebene des Marketing. Nach der Argumentation von *Nickels/ Wood* haben sich die aktuellen marktlichen Realitäten inzwischen soweit verändert, daß die bekannte Systematisierung des Instrumentalbereiches in Gestalt des *Marke-*

---

254 Vgl. hierzu das amerikanische Marketinglehrbuch von *Nickels/Wood*, 1997, in dem sich globale Aspekte in jedem Kapitel wiederfinden.

tingmix überholt erscheint. In den letzten Jahren hat diese Kritik zugenommen. Die damit verbundenen Modifikationsvorschläge reichen von einer additiven Ergänzung durch weitere Instrumente bis hin zu grundlegend neuen Systematiken. Im folgenden soll eine Übersicht zu den verschiedenen *Kritikansätzen* gegeben werden, bevor auf der Basis der konzeptionellen Grundlagen des Marketingmix die These eines Fortbestandes bei veränderter Funktion erläutert wird.

Im *Kapitel 3.2.3* wurde die Entwicklung des Marketingmix vor dem Hintergrund entstehender Käufermärkte und differenzierter Bedürfnisse dargestellt. Die Etablierung des Marketingkonzeptes und des Marketingmix als Systematisierung der Instrumente in Form der bekannten „4 P's" sind eng mit den damaligen unternehmerischen Absatzproblemen verbunden. Den marktlichen Bezugspunkt für die theoretische Entwicklung bildeten primär große Unternehmen in der Konsumgüterbranche. Aus dieser entwicklungsgeschichtlichen Perspektive heraus erklärt sich, daß die ersten Kritikansätze in Forschungsansätzen wie dem *Handelsmarketing* oder dem *Dienstleistungsmarketing* formuliert wurden, die sich auf andere Marketinganwender konzentrieren. Die Argumentationslogik setzt sich fort bei konzeptionell neuen Forschungsansätzen wie dem *Electronic Marketing* oder dem *Beziehungsmarketing*. Hierbei verbindet sich ebenso die primäre Legitimation des eigenen Ansatzes über neuartige Forschungsprobleme mit der Forderung nach einem veränderten Marketingmix.

Handelsmarketing

„Die in der Literatur vorhandenen Kataloge von Marketingaktivitäten beziehen sich vornehmlich auf die Industrie. Demgegenüber ist für den Einzelhandel gemäß seiner marktpolitischen Besonderheiten ein eigenständiges System von absatz- und beschaffungspolitischen Handlungsmöglichkeiten zu entwickeln."
Ursula Hansen, 1990, S. 49 [255]

Neben grundlegend neuen Systematisierungsansätzen finden sich additive Modifikationsvorschläge, die die „4 P's" durch zwei weitere Instrumente ergänzen. Meist handelt es sich dabei um „personel" zur Betonung der wichtigen Rolle des persönlichen Verkaufs und „presentation", worunter Warenpräsentation und Ladengestaltung gefaßt wird (vgl. *Waterschoot*, 1995, S. 443).

Dienstleistungsmarketing

„Ein umfassendes und erfolgversprechendes Dienstleistungsmarketing hat eben mehr Aspekte und Handlungsfelder zu berücksichtigen und auszugestalten, als es vier 'P's' bzw. Instrumente andeuten und vermuten lassen."
Anton Meyer, 1998b, S. 1906

---

255 Vgl. auch *Kap. 4.2.3.1* zur Darstellung der sich ergebenden Systematisierung für den Handel.

Die additiven Ergänzungen führen hier zu „7 P's" mit den weiteren Bereichen „people" im Sinne von mitarbeiterzentrierten Instrumenten, „physical evidence" als Gestaltung des materiellen Umfeldes sowie „process" als Gestaltung von Leistungsprozessen (vgl. *Zeithaml/Bitner*, 1996, S. 23ff.).

Electronic Marketing

> „Online-Dienste fallen ... in der Systematik des Marketingmix in sämtliche Submixbereiche und führen zu einer gewissen *Konvergenz der Marketinginstrumente* (Hervorhebung im Original, U.H./M.B.)."
> *Hermann Diller*, 1997b, S. 519

Im Rahmen der Marketingansätze zu den neuen Informations- und Kommunikationstechnologien setzt die Kritik der „4 P's" an den Potentialen der Technologien an. Hier werden zum einen Ergänzungen durch neue Instrumente (vgl. *Kaas*, 1992c, S. 683) und zum anderen auch eine veränderte Struktur gefordert, da in den neuen Medien die Unterscheidung zwischen Maßnahmen wie Werbung, Verkaufsförderung und Nachkaufservice schwieriger vorzunehmen ist (vgl. *Rengelshausen*, 1997, S. 111).

Beziehungsmarketing

> „... the marketing mix approach frequently does not cover all resources and activities that appear in the customer relationships at various stages of the customer relationship life cycle."
> *Christian Grönroos*, 1995[1990], S. 83

In diesem Zitat drückt sich die Vorstellung aus, daß jeder Unternehmensangehörige – vom Vorstand bis zum Empfang – beim unmittelbaren oder mittelbaren Kundenkontakt ein Marketinganwender ist. Damit geht hier die Kritik an den „4 P's" am weitesten.

Aufgrund dieser Stellungnahmen zum klassischen Marketingmix, auf die in der detaillierten Behandlung der einzelnen Forschungsansätze jeweils noch ausführlicher eingegangen wird, lassen sich die Argumentationsrichtungen in drei Thesen zusammenfassen:

– Der Marketingmix aus den „4 P"-Bereichen war von Anfang an zu eng definiert, um alle Anwender und Anwendungsmöglichkeiten abdecken zu können.

– Der Marketingmix ist inzwischen veraltet, da er für die differenzierten marktlichen Realitäten und Denkweisen nur ungenügende Strukturierungshilfen geben kann.

– Der klassische Marketingmix ist ausbaufähig.

Die Klassifizierung der Marketinginstrumente war in der Gründerzeit des Marketing eine theoretische Leistung, aufgrund derer die Handlungsmöglichkeiten zur Erreichung marktlicher Zielfunktionen konzeptionell zusammengefaßt werden konnten. Insbesondere stellte die damals neue Integration des produktpolitischen Instrumentariums eine Voraussetzung für die Realisierung des kundenorientierten Marketingverständnisses dar (vgl. *Kap. 3.2.3*). Als Klassifikationsschema hatte das Konzept allerdings schon damals Überschneidungsprobleme. Grundsätzlich ist auf der Suche nach dem leitenden Strukturierungsmerkmal bei der Bildung von Instrumentalbereichen zu unterscheiden:

– nach instrumenteller Homogenität (eingesetzte Instrumente) oder

– nach intentionaler Homogenität (beabsichtigte Wirkungen).

Unter diesen Strukturprinzipien, die selten explizit gegenübergestellt werden, herrscht das intentionale, auch als funktional bezeichnete, vor. So führen *Waterschoot/Van den Bulte* (1992, S. 89) die Marketingmix-Instrumente auf vier allgemeine Funktionen zurück, die grundsätzlich bei jedem marktlichen Austausch ausgeübt werden müßten:

– das Austauschobjekt, das für den potentiellen Austauschpartner einen Wert darstellt, muß gestaltet werden:
  primär durch *produktpolitische* Instrumente,

– die zu erbringende Entschädigung bzw. das Opfer zur Erlangung des Austauschobjekts muß bestimmt werden:
  primär durch *preispolitische* Instrumente,

– das Austauschobjekt muß zur Verfügung gestellt werden:
  primär durch *distributionspolitische* Instrumente,

– bei dem Austauschpartner muß eine Aufmerksamkeit und ein Interesse an dem Austauschobjekt erzeugt werden:
  primär durch *kommunikationspolitische* Instrumente.

Die scheinbare Klarheit dieser intentionalen Strukturierung war von Anfang an nicht durchgängig gegeben. So bestanden z. B. Zuordnungsprobleme

– des persönlichen Verkaufs zwischen Kommunikation und Distribution,

– des Services zwischen Produktpolitik und Distribution und

– der Verpackung zwischen Kommunikation und Produktpolitik,

wobei jeweils implizit instrumentelle und intentionale Aspekte der Zuordnung maßgeblich werden können.

Trotz dieser Probleme ist die theoretische Entwicklung der Marketinginstrumente jahrzehntelang für den Fortschritt der Marketingwissenschaft prägend gewesen. Abgrenzungs- und Überschneidungsphänomene gibt es bei jeglicher Art von

Klassifizierungen – auch in anderen Zusammenhängen –, deren Handhabung dann wesentlich davon abhängt, wie bewußt die Anwender mit den zugrundeliegenden Klassifikationskriterien umgehen.

Wie die o. a. Kritikpunkte zeigen, haben sich nun allerdings im Laufe der Zeit zunehmende Schwierigkeiten durch die Erweiterung des Marketingansatzes auf verschiedene Anwendungsfelder mit ihren jeweils anderen inhaltlichen Anforderungen entwickelt. Diese führten zu veränderten Gewichtungen und inhaltlichen Ausprägungen sowie zu erheblichen Überschneidungen und Abgrenzungsproblemen. Im Prinzip sind es drei Eigenschaften der neuen Anwendungsbereiche, die hinsichtlich des klassischen Marketingmix besondere Interpretationserschwernisse erbringen. So entstehen zum einen aus der Entwicklung in *immaterielle Leistungsbereiche* hinein Abgrenzungsschwierigkeiten zwischen Leistungspolitik, Kommunikation und Distribution. Für den Handel z. B. gehört die Wahrnehmung von Überbrückungsaufgaben zur Leistungspolitik, obwohl sie kommunikative und distributive Elemente im Sinne von *Waterschoot/Van den Bulte* enthält. Zum anderen führt ein *prozeßorientiertes Denken* zu deutlichen Anwendungsproblemen, da die Überwindung des transaktionsorientierten Konzeptes der „4 P's" durch eine Integration von Prozessen deutlich zu einer Erweiterung der einzubeziehenden Aktivitäten der Marktbearbeitung führt. So sind z. B. Maßnahmen der Nachkaufbetreuung, wie die Beschwerdepolitik, nur schwer in den traditionellen Marketingmix einzuordnen. Ein weiterer Einbruch in das Klassifikationsmodell erfolgte im Zusammenhang mit *kommunikativen Veränderungen der zunehmenden Interaktivität und Virtualisierung der Marktbeziehungen*, wodurch Bereiche der Leistungs-, Kommunikations- und Distributionspolitik schwer abgrenzbar werden.

Trotz dieser erschwerten Anwendungsbedingungen sollte unseres Erachtens an dem klassischen Marketingmix grundsätzlich festgehalten werden. Auch in Zukunft wird er einen zentralen Stellenwert für die Marketingmanagement-Theorie besitzen. Was sich geändert hat, ist allerdings die Art der *Nutzung* des Marketingmix. In den 60er und 70er Jahren gingen die instrumentalpolitischen Forschungsimpulse wesentlich von dem Marketingmix aus. Auf der Grundlage der fundamentalen Klassifikationslogik wurden einzelne Instrumentalbereiche als Forschungsfelder definiert, innerhalb derer sich Wissenschaftler immer differenzierteren Problemen zuwandten. Seit den 80er Jahren haben die Forschungsimpulse aus einer anderen Richtung zugenommen. Hierbei stehen konzeptionelle Forschungsansätze innerhalb der Marketingmanagement-Theorie im Vordergrund (wie Internationales oder Beziehungs-Marketing). Aus dieser Perspektive heraus näherten sich Wissenschaftler dem Marketingmix, um dann notwendige Modifikationen und Spezifizierungen vorzunehmen. Es ist die prinzipielle Offenheit des Marketingmix-Konzeptes, das diese Forschungen ermöglichte. Die Modifikationsansätze dürfen deshalb nicht als Substitutionsvorschläge für das Basiskonzept Marketingmix verstanden werden, denn dies hieße, einen gemeinsamen Bezugspunkt von Forschung und Praxis aufzugeben.

Vor diesem Hintergrund ist nun zu prüfen, welche grundlegenden Fortschritte im Ausbau der instrumentellen Marketingtheorie in den letzten 20 Jahren stattgefunden haben. Dazu können hier aus den höchst umfangreichen und differenzierten Forschungen nur einige herausragende Impulse aufgegriffen werden [256]. Diese resultieren sowohl aus eigenständigen wissenschaftlichen Entwicklungen wie auch aus praktischen Anforderungen, wie sie in *Kap. 5.1.2* dargestellt wurden, wobei es im einzelnen schwer nachvollziehbar ist, wo die auslösenden Faktoren jeweils liegen.

1. Wissenschaftliche Impulse

a) Verfeinerung der verhaltenswissenschaftlichen Fundierung des Instrumental-einsatzes,

b) Verbesserung der quantitativen instrumentellen Marketingforschung

c) Prozeßorientierung.

2. Praktische Impulse (vgl. Kap. 5.1.2)

a) Marktdynamik und Innovation,

b) Fragmentierung bis hin zur Individualisierung,

c) Ästhetisierung und Erlebnisorientierung im Rahmen einer Polarisierung der Märkte,

d) Verrechtlichung,

e) Vertikalisierung im Zusammenhang mit Handelsmacht,

f) Ökologisierung,

g) Internationalisierung,

h) Technifizierung im Bereich der Information und Kommunikation.

Diese Impulse haben z. T. zu eigenständigen Ansätzen und damit zu einer Aussonderung aus dem Kernbereich der Instrumentalentwicklung geführt. Das bedeutet gleichzeitig, daß in diesen Bereichen eine andere Kompetenz- und Spezialisierungsstruktur entstanden ist. Im einzelnen sind es die Prozeß-orientierung (vgl. *Kap. 5.2.4.5* zum Dienstleistungsmarketing und *Kap. 5.2.4.4* zum Beziehungsmarketing), die Ökologisierung (vgl. *Kap. 5.2.5.5*, Ökomarketing), die Internationalisierung (vgl. *Kap. 5.2.4.6*, Internationales Marketing) und die Technifizierung (vgl. *Kap. 5.2.4.7*, Electronic Marketing), denen eigenständige Kapitel gewidmet werden. In ihnen werden entsprechend dieser Auslagerungs-entwicklungen Ausführungen zu den jeweiligen instrumentellen Ausprägungen gemacht, so daß an dieser Stelle darauf verzichtet werden kann.

---

256 Vgl. zu einer breiten Übersicht *Nieschlag/Dichtl/Hörschgen*, 1997; *Meffert*, 1998b.

ad 1a) Verfeinerung der verhaltenswissenschaftlichen Fundierung des Instrumentaleinsatzes

Im Rahmen der Untersuchungen zum Konsumentenverhalten (vgl. *Kap. 5.2.2.1*) sind die Entwicklungslinien der verhaltenswissenschaftlichen Marketingforschung bereits aufgezeigt worden. Diese haben in Anwendung auf den Einsatz des Marketinginstrumentariums eine verhaltenswissenschaftliche Basis geschaffen und Gestaltungsempfehlungen ermöglicht. Besonders deutlich wird diese Entwicklung in der *Preispolitik*. Diese war in Anlehnung an die Mikroökonomie im Rahmen der Absatzlehre ein besonders gut entwickeltes Gebiet (vgl. *Gutenberg*, 1984), das allerdings in der Praxis wenig anerkannt wurde (vgl. *Köhler*, 1968, S. 249ff.; *Hammann*, 1974). Durch die verhaltenswissenschaftlich orientierten Arbeiten konnten empirische Hypothesen über das Konkurrenz- und insbesondere Nachfrageverhalten entwickelt und getestet werden, die eine realitätsnähere Preisgestaltung ermöglichten. So wurden insbesondere auf der Nachfrageseite Preisreaktionen der Konsumenten (z. B. Preiskenntnis und Preisinteresse sowie Preisbeurteilungsverhalten) aufgedeckt [257]. Diese verhaltenswissenschaftlich fundierte „Kundenorientierung des Preis-Managements" führte auch zu neuen Konstrukten wie „Preiszufriedenheit" oder „Preisvertrauen" (vgl. *Diller*, 1997a, S. 760).

In engem inhaltlichen Zusammenhang stehen Arbeiten im Rahmen der *Produktpolitik*. Hier richtet sich das verhaltenswissenschaftliche Interesse ganz wesentlich auf Aspekte der Qualitätswahrnehmung und des Qualitätsurteils der Nachfrage (vgl. *Wimmer*, 1975, 1987). Soziologische Forschungen konnten insbesondere die durch Produkte zu schaffenden und zu gestaltenden sozialen Bezüge zwischen Konsumenten erhellen (vgl. u. a. *Eisendle/Miklautz*, 1992; *Karmasin*, 1998).

Eine verhaltenswissenschaftliche Verbindung zwischen *Produkt-* und *Kommunikationspolitik* besteht mit der Analyse des Informations- und Kommunikationsverhaltens in bezug auf die Wahrnehmung und Verarbeitung von Informationen, die durch Medien, Produkte oder Personen an die Konsumenten herangetragen werden. Entlang des klassischen Kommunikationsmodells sind hier die aus den Kommunikationssendern und -empfängern, den Botschaften selbst und den Medien resultierenden Verhaltenseffekte analysiert worden [258]. Wichtige Forschungsimpulse gingen hierbei von der empirischen Widerlegung allgemeingültiger Wirkungshierarchien aus (vgl. *Schweiger/Schrattenecker*, 1995, S. 58ff.).

Im Rahmen der *Distributionspolitik* wurde die bereits in den 70er Jahren angelegte Forschung zum marketing channel als Verhaltenssystem verfeinert (vgl. *Kap. 4.2.3*). In Übertragung organisationssoziologischer Erkenntnisse konnten klassische Verhaltenskategorien, wie Macht, Konflikt und Kooperation,

---

257 Vgl. insbesondere das ausgedehnte Werk zur Preispolitik von *Hermann Diller* (u. a,.1992a), das besonders die instrumentelle Preisforschung in der ersten Hälfte der 80er Jahre prägte; vgl. auch *Müller-Hagedorn*, 1983, *Simon*, 1992.
258 Vgl. zur verhaltenswissenschaftlichen Kommunikationspolitik insbesondere *Kroeber-Riel/Meyer-Hentschel*, 1982; *Kroeber-Riel*, 1993a, 1993b.

dynamisiert und auf den Lebenszyklus von Marktwegsystemen bezogen werden (vgl. *Ahlert*, 1996, S. 88).

ad 1b) Verbesserung der quantitativen instrumentellen Marketingforschung
Ein zentraler Einfluß auf die qualitative Weiterentwicklung des Marketing-instrumentenkastens läßt sich auf methodische Erkenntnisgewinne zurückführen. Hier ist auf das intensive Wechselspiel zwischen inhaltlichen und methodischen Aspekten im Rahmen der Wissensgenerierung hinzuweisen: So ermöglicht etwa die Entwicklung und Einsetzbarkeit von Formen der Verbundmessung eine präzise Schätzung von Preis-Response-Funktionen und verändert auf diesem Wege den instrumentellen Gestaltungsspielraum der Unternehmung. Umgekehrt stellen theoretische Erkenntnisse, deren Um- und Einsatzbarkeit in der Marketingpraxis aufgrund fehlender Analysemethoden nicht gelingen, oftmals die entscheidende Antriebskraft für methodenbezogene Weiterentwicklungen der Marketing-forschung dar.

Wichtige methodische Beiträge zur inhaltlichen Fortentwicklung des Marketing-instrumentariums sind insbesondere auf dem Gebiet der *Produktpolitik* erfolgt. Hier sind zum einen die Konzipierung differenzierter Methoden der Multidimen-sionalen Skalierung (MDS) hervorzuheben. So haben etwa *Albers* und *Brockhoff* mit PROPOSAS ein Analysetool zur optimalen Produktpositionierung auf der Grundlage nichtlinearer Präferenzmodelle entwickelt [259]. Zum anderen haben vor allem die Forschungsarbeiten im Zusammenhang mit der Verbundmessung und speziell der Conjoint Analyse der Produktpolitik ein zuvor ungeahntes Maß der Annäherung an Kundenbedürfnisse ermöglicht (vgl. den Überblick von *Carroll/ Green*, 1995). Von zentraler Bedeutung sind hier u. a. solche Arbeiten, die eine Verbindung zur Kostenseite der Produktentwicklung vorsehen (vgl. *Bauer/Herr-mann/Mengen*, 1994), wie auch solche Arbeiten, die die Validität verschiedener Conjoint-Designs zum Gegenstand haben (vgl. *Weisenfeld-Schenk*, 1989; *Tscheulin*, 1992; *Weiber/Rosendahl*, 1997). Auf dem Gebiet der Produktpositionie-rung sind schließlich auch Ansätze zu nennen, die eine Übertragung der Technik der Korrespondenzanalyse in den produktpolitischen Kontext vornehmen und dabei eine Positionierung anhand kategorialer Daten (z. B. Scannerdaten) ermöglichen. Weitere methodische Entwicklungen, die dem Bereich der Produkt-politik zuzurechnen sind, betreffen die Konzeption von Testmarktsimulations-modellen [260], die eine Steigerung der Flexibilisierung der Akzeptanzschätzung bei gleichzeitiger Kostensenkung bewirken, sowie weiterführende Erkenntnisse zur Diffusionsmodellierung [261].

---

259 Vgl. *Albers/Brockhoff*, 1977, und *Albers*, 1989b, sowie für einen aktuellen Überblick über die weiteren zahlreichen Facetten der MDS-Forschung *Carroll/Green*, 1997.
260 Vgl. in Deutschland insbesondere *Erichson*, 1981 und die von ihm entwickelte TESI-Methode, *Gaul/Baier/Apergis*, 1996 sowie in Amerika vor allem die Arbeiten von *Silk* und *Urban*, 1978 und den von ihnen vorgestellten ASSESSOR. Eine modelltheoretische Übersicht findet sich bei *Homburg*, 1998.
261 Vgl. in Deutschland die Beiträge von *Schmalen/Binninger*, 1994 und *Brockhoff*, 1966 und jüngst das chaostheoretisch fundierte Kon-zept von *Weiber*, 1993, sowie in den USA von *Bass*, 1969; *Norton/Bass*, 1987 und *Mahajan/Muller*, 1979.

Die verbundanalytischen Forschungserkenntnisse haben darüber hinaus auch den *preispolitischen* Handlungsspielraum erweitert, in dem sie die Gültigkeit der analytischen Schätzung von Preis-Response-Funktionen signifikant erhöhten [262]. Große Fortschritte in methodischer Hinsicht konnten auf dem Gebiet der Preispolitik zudem auch bei der Einbeziehung dynamischer Aspekte auf die Preisbildung sowie bei der Modellierung oligopolistischer Ansätze des Preismanagements erzielt werden (vgl. *Simon*, 1992).

Der Einfluß der Methodenentwicklung auf die *Kommunikationspolitik* betrifft u. a. die ökonometrische Schätzung von nicht-linearen Werbereaktionsfunktionen [263]. Ähnlich wie im Kontext der Preispolitik ist es auch für die Kommunikationspolitik gelungen, zunehmend dynamische Einflüsse bei der Modellierung solcher Funktionen zu berücksichtigen. Wichtige Fortschritte in diesem Bereich betreffen desweiteren die Werbebudgetierung (vgl. *Weinberg*, 1960) und Mediaselektion, wobei verstärkt integrative Lösungsansätze entwickelt werden (vgl. *Rahders*, 1989), deren zunehmendes Maß an Realitätsnähe die längst überfällige Verdrängung der in der Praxis so verbreiteten, aber aus analytischer Perspektive doch wenig zufriedenstellenden heuristischen Verfahren in Reichweite rücken läßt. Schließlich stellt auch die Frage nach der Messung des Werbeerfolgs ein in methodischer Sicht umfangreiches Forschungsfeld dar (vgl. *Steffenhagen*, 1996, 1997), wobei u. a. die Entwicklung und praktische Verbreitung apparativer Methoden zu nennen ist (vgl. *Keitz*, 1986).

Im Bereich der *Distributionspolitik* ist insbesondere das Verkaufmanagement Gegenstand einer quantitativ ausgerichteten Marketingforschung. *Albers* hat hier zahlreiche ökonometrische Verfahren zu Teilproblemen des Außendiensteinsatzes entwickelt, z. B. zur Entlohnungsoptimierung, Besuchsplanung und Gebietseinteilung (vgl. *Albers*, 1989a; *Skiera/Albers*, 1994). Erwähnenswert ist in diesem Zusammenhang zudem die Konzeption von quantitativen Modellen als Grundlage für alternative Vertriebswegentscheidungen der Unternehmung (vgl. z. B. *Moorthy* 1987; *Lilien/Kotler/Moorthy*, 1992).

ad 2a)   Marktdynamik und Innovation
Dynamische Umweltveränderungen und beschleunigte Innovationstätigkeit der Unternehmen haben wissenschaftlich in den Bereichen der Produkt- und Preispolitik starke Impulse ausgelöst. Die Bedingungen erfolgreicher Innovationsentwicklungen und Diffusionsprozesse in Märkten waren beherrschende Themen in der Forschung zur *Produktpolitik* (vgl. u. a. *Trommsdorff*, 1991; *Brockhoff*, 1993; *Hauschildt*, 1997). Hier bestanden angesichts einer hohen Floprate in der Praxis mit der Suche nach Erfolgsfaktoren im Rahmen des Innovationsmanagements drängende Aufgaben. Dabei wurde dem Faktor Zeit aufgrund starker Beschleu-

---

262 Vgl. zum Einsatz der Conjoint Analyse zur Schätzung von Responsefunktionen *Balderjahn*, 1991, und *Simon/Kucher*, 1988.
263 Stellvertretend sind hier für Deutschland zu nennen *Simon und Schmalen* (vgl. *Simon/Arndt*, 1980; *Schmalen* 1992) und *Aaker* für die USA (vgl. *Aaker/Batra/Myers*, 1992).

nigungsprozesse große Bedeutung beigemessen (vgl. *Backhaus/Bonus*, 1996; *Trinkfass*, 1997). Die Kontraktion von Marktlebenszyklen vieler Produkte (z. B. Computerbranche) stellte Anforderungen an die Forschungs- und Entwicklungsleistungen auf der einen Seite und an die strategische Vermarktung neuer Produkte auf der anderen Seite. Hier setzt die Problematik der *Preispolitik* an. Während traditionell bei den Entwürfen von Preisstrategien implizit von einperiodischen Betrachtungen ausgegangen wurde, erfolgte für dynamische Strategien eine explizite Berücksichtigung der Zeitdimension in mehrperiodischen Betrachtungen. Diese Thematik hatte besondere Relevanz im Rahmen Lebenszyklus-abhängiger Preispolitik, wo die spezifische Problematik in der Preisbildung für neue Produkte liegt, deren Diffusionsintensität und -geschwindigkeit durch Penetrations- und Skimmingpreispolitik über carry-over-Effekte beeinflußbar ist (vgl. *Simon*, 1995, S. 85f.).

ad 2b) *Fragmentierung bis hin zur Individualisierung*
Die zunehmende soziale Fragmentierung der Märkte hat für die Instrumentalforschung das Thema der *Vielfalt* aufgeworfen. Auf der Basis von Segmentierungskonzepten wurde die Ausdifferenzierung aller Marketinginstrumente diskutiert. Für die Produktpolitik stellte sich die Frage, mit welchen Mitteln den differenzierten Bedürfnissen der Konsumenten entsprochen werden könnte. Diese Anforderungen waren zunächst im Rahmen der auf Standardisierungsvorteile drängenden Produktion zu erfüllen, bis dann aufgrund EDV-gesteuerter Fertigungsverfahren auch individualisierte Produktion möglich wurde [264]. Zunehmend wurde Differenzierung durch Value-Added-Services vorgeschlagen, wobei die sachorientierten Primär- mit immateriellen Sekundärleistungen zu Leistungsbündeln zusammengefügt werden (vgl. *Meinig*, 1984; *Laakmann*, 1995).

Mit der Produkt- und Markendifferenzierung verstärkte sich angesichts steigender Sortiments- und Programmumfänge die Problematik von Produkt- oder Markenverbunden (vgl. *Engelhardt*, 1976; *Böcker*, 1978) und Markentransfers (vgl. *Hätty*, 1989), was insbesondere auch im Handelsmarketing Bedeutung hat. Vor diesem sortiments- und programmpolitischen Hintergrund stellte sich im Umgang mit differenzierten Produkten und komplexen Interdependenzen die Aufgabe, von Einzelpreisbetrachtungen zu komplexeren Preisgestaltungen vorzudringen, wie z. B. Preisdifferenzierungen bei unterschiedlichen Preisbereitschaften und Arbitragegefahren, Preisbundling (vgl. *Simon*, 1992; *Diller*, 1993). und kompensatorische Preisstellungen (vgl. *Hansen,* 1990, S. 332ff.; *Müller-Hagedorn*, 1993, S. 941).

Das Phänomen der Vielfalt hat auch die Kommunikations- und Distributionspolitik erfaßt. Eine wesentliche Differenzierungsstrategie besteht in kommunikativen Nutzenvermittlungen, die über die Gestaltung von Kommunikationsinhalten und Medienauswahl unter einem zunehmend differenzierten Medienangebot

---

264 Vgl. die in *Kap. 5.2.4.4.2* diskutierte Individualisierung von Unternehmensleistungen im Sinne von customization.

❏
Das Bügeleisen war in den 20er Jahren als einfach zu konstruierendes und preiswertes Gerät eines der ersten elektrischen Haushaltsgeräte.

Quelle: AEG Hausgeräte GmbH, Nürnberg

❏
Das Produktdesign der 50er Jahre stand unter dem Motto der funktionalen Formgebung. Moderne Produkte sollten zunächst praktisch und zweckmäßig sein. Hier der Bügelautomat von Rowenta aus dem Jahr 1960.

Quelle: Rowenta-Werke GmbH, Offenbach

☿ Nr. 11
„Totaler Luxus beruhigt die Nerven,
ich will mit Geld nur so um mich werfen.
Totaler Luxus kann mich retten, Luxus ist wie Vitamintabletten."

Ideal, 1980

stattfindet. Die individualisierte Kommunikation äußert sich in der wachsenden Bedeutung der Direktkommunikation (vgl. *Hilke*, 1993) und der gleichzeitigen Notwendigkeit einer Koordination der fragmentierten Maßnahmen durch die integrierte Marketingkommunikation (vgl. *Esch*, 1993, 1998; *Bruhn*, 1995a). Im Rahmen der Distributionspolitik stellt sich die Aufgabe der Differenzierung in Konzepten des selektiven und exklusiven Vertriebs (vgl. *Ahlert*, 1996, S. 85).

ad 2c) Ästhetisierung und Erlebnisorientierung im Rahmen einer Polarisierung der Märkte

In der Polarisierung zwischen Versorgungs- und Luxusmärkten entwickelte sich ein Konsumbedürfnis in Richtung einer Ästhetisierung und Erlebnisorientierung, die in der theoretischen Bearbeitung der Marketinginstrumente ihren Niederschlag gefunden haben. Ästhetisierung soll hier als eine Vorgehensweise aufgefaßt werden, bei der die formalen Konsumaspekte eine Dominanz über deren Funktionen erlangen (vgl. *Bourdieu*, 1988[1979], S. 58). Sie wird durch die Gestaltung ästhetisch relevanter Eigenschaften von Produkten oder Verpackungen, von Läden oder auch von Kommunikationsmedien durch Farb- und Formgebung, Oberflächenstrukturen oder Graphikelemente realisiert. Je nach Objektbereich entstehen Grenzgebiete zu verschiedenen Sparten des Designs [265] (Modedesign, Raumdesign, Objektdesign, Graphikdesign). Die strategische Bedeutung des Designs wird durch die Entwicklung des *Designmanagements* deutlich, das die organisatorischen Schnittstellen zwischen Forschung und Entwicklung, Produktmanagement und Designern prozeßorientiert bearbeitet (vgl. *Brune*, 1990).

Die Ästhetisierung des Konsums hat auf der einen Seite zu Erfolgsgeschichten gelungener Firmenpositionierungen durch anspruchsvolles Design geführt, wie z. B. bei den Firmen Braun, Bang & Olufson, Vitra, Olivetti oder Rosenthal, wo das Firmenimage stark von einer Verbindung mit Designernamen geprägt ist. Eine ganz andere Seite der Ästhetisierung stellt die Verbreitung modischer Gestaltungselemente selbst bei den alltäglichsten Gebrauchsgütern dar [266]. Die kritische Diskussion einer Strategie der psychischen Obsoleszenz (vgl. *Bodenstein/Leuer*, 1982) wird dabei zunehmend durch die ökologische Problematik der Modedynamik ersetzt (vgl. *Bergmann*, 1994).

Der Trend zur *Erlebnisorientierung* führt über die Ästhetisierung hinaus zu emotionalen Anforderungen an die Gestaltung der Marketingmix-Instrumente. Diese bilden in ganzheitlicher Abstimmung nur die Zutaten zur Gestaltung von Erlebniswelten, was gänzlich neue Strukturierungen des Marketingmix bewirkt. Zum einen gewinnen erlebnisorientierte Instrumente wie das Event-Marketing [267] an Bedeutung, und zum anderen zeigt sich eine Ausrichtung des gesamten Marketingmix an der Vermittlung von Konsumerlebnissen. Ein Aufgabenfeld für Marke-

---

265 Vgl. zum Design im Rahmen der Produkt- und Verpackungspolitik *Wieselhuber*, 1981; *Leitherer*, 1991; *Koppelmann*, 1988, 1997.
266 Vgl. zum Mode-Marketing *Hermanns*, 1991; *Häussermann*, 1991.
267 Vgl. *Kinnebrock*, 1993; *Wochnowski*, 1996; *Zanger/Sistenich*, 1996; *Nickel*, 1997.

❏
Zu Beginn der 80er Jahre betonte das Design bei alltäglichen Gebrauchsgegenständen noch den funktionalen, industriellen Charakter. Hier der Dampf- und Trockenbügelautomat DA 49 von Rowenta aus dem Jahr 1981.

Quelle: Rowenta-Werke GmbH, Offenbach

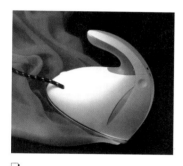

❏
Im Laufe der 80er und 90er Jahre erreichte das Künstler-Design die Gebrauchsgegenstände. Ästhetische Innovationen und emotionalere Anmutungen veränderten jetzt auch Produkte wie das Bügeleisen von Matsushita (Ideo Product Development).

Quelle: *Pedersen,* 1997

tingtheoretiker liegt in der Erarbeitung verhaltenstheoretischer Grundlagen [268]; die Umsetzung ist jedoch ein Gestaltungsfeld für kreative Berufe.

ad 2d) *Verrechtlichung*

Eine wichtige, häufig aber vernachlässigte Schnittstelle des Marketing ist die Verbindung zu den Rechtswissenschaften. Rechtsregelungen als institutioneller Rahmen des Marketinghandelns erfordern wissenschaftlich eine Wirkungs- und Anwendungsanalyse aus Marketingsicht; ebenso wichtig ist darüber hinaus die Beteiligung an ihrer Gestaltung im Sinne einer Politik- und Verwaltungsberatung. Gerade bei der Entwicklung von Rechtsnormen ist Kompetenz in verhaltenswissenschaftlicher Hinsicht eine notwendige Voraussetzung, um gewünschte Wirkungen zu sichern. Die Herausforderungen aus dieser rechtspolitischen Aufgabe sind nach unserer Einschätzung nur geringfügig von Marketingwissenschaftlern wahrgenommen worden.

Seit Ende der 70er Jahre hat in allen Marketinginstrumentalbereichen eine starke Verrechtlichung stattgefunden. Inhaltlich zeigt sich derzeit durch die Realisierung des europäischen Binnenmarktes ein wachsender Einfluß des EU-Rechts. Neben der antizipativen Berücksichtigung von beschränkenden Rechtsnormen steht zunehmend die Nutzung rechtlicher Maßnahmen als ein aktives Wettbewerbsinstrument [269]. Die rechtlichen Regelungen betreffen zum einen die Beziehungen der Unternehmungen untereinander im Sinne eines geordneten nationalen und internationalen Wettbewerbs in horizontaler und vertikaler Hinsicht und zum anderen den Schutz von Verbrauchern und Umwelt. Innerhalb der Dimensionen dieses rechtlichen Rahmens wurde in der Bundesrepublik Deutschland nur von wenigen Marketingwissenschaftlern Forschung zu Einzelfragen betrieben (vgl. *Backhaus/Plinke,* 1986; *Schröder,* 1995; *Ahlert/Schröder,* 1996). Dies zeigt, daß Interdisziplinarität relativ einseitig in die Richtung verhaltenswissenschaftlicher Fächer betrieben wurde. Wünschenswert wäre hier eine stärkere verhaltens- und rechtswissenschaftliche Verknüpfung wissenschaftlicher Bemühungen auf seiten der Marketingwissenschaftler.

ad 2e) *Vertikalisierung im Zusammenhang mit Handelsmacht*

Angesichts der zunehmenden Machtentfaltung des Handels ist der in *Kap. 4.2.3.2* dargestellte Beginn des vertikalen Marketing im Laufe der Jahre bis zur heutigen Zeit fortgesetzt worden und hat über alle Instrumentalbereiche hinweg einen hohen Reifegrad der Konzepte einer Marktweggestaltung erreicht. Die beiden tragenden Gedanken richteten sich darauf, den Handel einerseits durch eine Anreiz- und Beitragsgestaltung als Systempartner für einen Marktweg zu gewinnen und zu halten und andererseits ihn in die Gestaltung des konsumentengerichteten Marketingkonzeptes einzubeziehen. Als Ziele gelten sowohl die

---

268 Vgl. *Konert,* 1986; *Haedrich/Tomczak,* 1988; *Gröppel,* 1991; *Weinberg,* 1992.
269 Vgl. die Entwicklung eines Marketing-Rechts-Management bei *Ahlert,* 1988.

Realisierung von Rationalisierungspotentialen in den Marktwegen wie auch die Gewinnung von synergetischen Systemerträgen durch abgestimmtes Verhalten. Daraus resultiert in allen Instrumentalbereichen eine Zweistufigkeit der Gestaltungsüberlegungen mit entsprechenden Abstimmungsnotwendigkeiten zwischen handels- und konsumgerichteten Maßnahmen. Die starke Betonung einer Kooperationsorientierung begründet sich aus der Machtentfaltung im Handel, die als Rahmenbedingung für die Hersteller eine vertikale Kooperation strategisch nahelegt. Zudem stellt auch im Markenwettbewerb auf Konsumentenebene die Konzeptabstimmung zwischen Hersteller und Handel einen Erfolgsfaktor dar [270]. Eine Grundlage für die kooperative Vertikalisierung des Instrumentaleinsatzes bilden informationswirtschaftliche Verbesserungen durch eine elektronische Vernetzung (Electronic Date Interchange) zwischen Hersteller und Handel, mit der kosten- und ertragswirtschaftliche Effekte entlang der Wertkette sichtbar gemacht werden können. Auf dieser Basis wurden in den letzten Jahren in der Praxis umfassende Kooperationskonzepte, wie z. B. das Category Management und das Efficient Consumer Response Concept (ECR), entwickelt, mit denen eine bedarfsgerechtere Leistungsgestaltung bei präziserer Leistungsabstimmung im Marktweg erreicht werden soll [271]. Die wissenschaftliche Fundierung und Analyse ihrer Marktwirkungen hat erst in den letzten Jahren begonnen. Die eingesetzten Maßnahmen im Rahmen vertikalisierter Kooperationskonzepte sind nicht durchgängig den klassischen „4 P's" zuzuordnen. Vielmehr gibt es starke Verbindungen zu Entwicklungen des Beziehungsmarketing (vgl. *Kap. 5.2.4.4*).

5.2.4.4 Nachkauf- und Beziehungsmarketing

Wenn in der Marketingmanagement-Theorie in den letzten Jahren von einer fundamentalen Umorientierung die Rede war, dann handelte es sich zumeist um das Nachkauf- und Beziehungsmarketing. Die Geschichte „radikaler Erneuerungen" zeigt, daß sie schnell in einen gefährlichen Kreislauf der Marketingwissenschaft geraten. Zunächst wird das neue Konzept mit dem Versprechen einer lang erwarteten, letztgültigen und für alle Problembereiche anwendbaren Zauberformel verknüpft. Anschließend wird es schnell wieder fallen gelassen, weil der Modernitäts-Bonus aufgebraucht ist und das vermeintliche Wundermittel seine weltlichen Grenzen offenbart (vgl. *Payne et al.*, 1995a, S. VII). Das Resultat ist allzu oft eine Erscheinung, die Jacoby als „Theory of the Month Club" kritisierte (vgl. *Jacoby*, 1978, S. 89). Ein Autor wie *Grönroos* scheint diesen Kreislauf auch für das Nachkauf- und Beziehungsmarketing zu initiieren. Für ihn entwickelt sich mit diesen Konzepten ein dramatischer Wandel, der vergleichbar sei mit der kopernikanischen Zerstörung der Annahme, die Erde sei der Mittelpunkt des Universums (vgl. *Grönroos*, 1996, S. 1). Es ist zu bezweifeln, ob eine derartige

---

270 Vgl. zum vertikalen Marketing *Irrgang*, 1989, 1993; *Trommsdorff*, 1994.
271 Vgl. *Qureshi/Baker*, 1998, sowie speziell zum ECR *Tietz*, 1995; *Töpfer*, 1995; *Heydt*, 1998.

Einordnung mit entsprechenden Erwartungshaltungen förderlich sein kann. Vielmehr soll eine kritische Analyse erweisen, daß das Nachkauf- und Beziehungsmarketing weder eine „Revolution der Marketingwissenschaft", noch eine temporäre, „modische Erscheinung" darstellen.

5.2.4.4.1 *Identitätskern des Nachkauf- und Beziehungsmarketing: von der Transaktions- zur Beziehungsorientierung*

Im folgenden wird davon ausgegangen, daß Nachkauf- und Beziehungsmarketing wichtige strategische Konzepte darstellen, um auf die Herausforderungen aktueller Marktsituationen adäquat zu reagieren. Es handelt sich aber dabei nicht um eine innovative Theorieorientierung, die als neues Paradigma bezeichnet werden kann. Vielmehr liegt der entscheidende Vorteil in der Bündelung bereits bestehender Teilmodelle und der Fokussierung auf die Kundenorientierung als Kerngedanken des Marketing. Bevor im Rahmen einer Einschätzung darauf noch einmal näher eingegangen wird, steht die Darstellung der Konzepte im Vordergrund, die zunächst voneinander abzugrenzen sind.

Das Nachkaufmarketing umfaßt sämtliche Marketingaktivitäten von Unternehmungen, die innerhalb der Nachkaufphase einsetzen oder ihre Wirkung entfalten und die darauf gerichtet sind, Konsumenten im Rahmen sozialer Austauschbeziehungen dauerhaft zufriedenzustellen und langfristig an das Unternehmen zu binden (vgl. *Hansen/Jeschke*, 1992, S. 89).

Die historischen Wurzeln dieses Konzeptes sind in dem Bereich des verbraucherzentrierten Marketing zu sehen (vgl. *Kap. 4.2.1.2.4*), dessen inhaltliche Weiterentwicklung und Übertragung in einen praktisch-normativen Kontext zu dem Nachkaufmarketingkonzept geführt hat. Es greift die weithin vernachlässigte Beziehungsphase nach dem Kauf im Sinne einer über Kundenzufriedenheit anzustrebenden Kundenbindung auf (vgl. *Jeschke*, 1995). Aufgrund der Zirkularität von vorkauf-, kauf- und nachkaufbezogenen Ereignissen stellt es ein Element eines integrativen Gesamtmarketing dar.

Beziehungsmarketing wird verstanden als „... establishing, developing and maintaining successful relational exchanges".
Robert M. Morgan/Shelby D. Hunt, 1994, S. 22

Ähnlich wie im Konzept des Nachkaufmarketing ist im Beziehungsmarketing das Konstrukt der dauerhaften Bindung des Austauschpartners zielführend, wobei es aber eine stärker integrative Perspektive auf das Gesamtmarketing verfolgt und damit umfassender ist. Zudem ist die verhaltenswissenschaftliche Grundorientierung unterschiedlich. Während das Nachkaufmarketing aufgrund seiner verbraucherzentrierten Tradition auf die Herstellung der Kundenzufriedenheit ausgerichtet ist, wird im Beziehungsmarketing auf das Beziehungs-Commitment und das Vertrauen als Ansatzpunkte der Kundenbindung abgehoben. Als integrierende Variable wird hier die *Beziehungsqualität* angeführt, die als Schlüsselkonstrukt die Leistungsqualität der Transaktionsorientierung ersetzen soll (vgl. *Hennig-Thurau/Klee*, 1997, S. 742). Im folgenden soll der Schwerpunkt der Betrachtung auf dem Beziehungsmarketing als umfassenderem Konzept liegen.

Eine einheitliche Verwendung des Begriffes „Beziehungsmarketing" hat sich in der Literatur noch nicht herausgebildet. Der Begriff tauchte zuerst 1983 bei *Berry* auf und diffundierte in erster Linie im Investitionsgüter- und Dienstleistungsmarketing [272]. Hier konzentrierte sich das Beziehungsmarketing zunächst primär auf die *Kundenbeziehungen* (vgl. *Berry*, 1983, S. 25; *Grönroos*, 1995[1990], S. 84). Inzwischen werden aber i. d. R. wie in obiger Definition sämtliche unternehmensrelevanten Personen und Institutionen im internen und externen Umfeld als potentielle Austauschpartner im Sinne des Beziehungsmarketing verstanden [273].

Die Beziehungsorientierung soll nun über die Abgrenzung zum traditionellen Marketingverständnis, das in diesem Zusammenhang als „Transaktionsmarketing" bezeichnet wird, näher erläutert werden, wobei *Abb. 5-16* eine Gegenüberstellung der wesentlichen Unterscheidungskriterien zeigt, die mit den in *Kap. 5.2.4.2.* vorher diskutierten integrativen Entwicklungen der Marketingmanagement-Theorie verbunden sind [274].

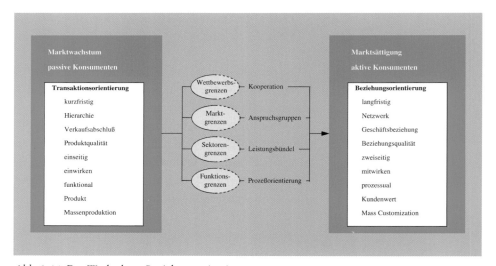

Abb. 5-16: Der Wechsel zur Beziehungsorientierung

---

272 Vgl. auch *Gemünden*, 1981, als eine frühe deutsche Arbeit, die methodisch eine Beziehungsorientierung umsetzt.
273 Vgl. z. B. *Hentschel*, 1991a, S. 25; *Bruhn/Bunge*, 1994, S. 54; *Morgan/Hunt*, 1994, S. 22; *Wehrli*, 1994, S. 192. Der Begriff des „Beziehungsmanagement" verstand sich zunächst als Erweiterung eines nur kundenbezogenen Beziehungsmarketing (vgl. z. B. *Diller/Kusterer*, 1988, S. 212). Durch die umfassende Definition des Beziehungsmarketing scheint eine synonyme Verwendung beider Begriffe wie bei *Bruhn/Bunge* (1994, S. 49) oder *Kotler* (1994, S. 13) gerechtfertigt, zumal sich die Grundaussagen nicht wesentlich unterscheiden. Allerdings gibt es hier auch andere Ansichten, die in einem stärkeren Managementbezug des Beziehungsmarketing ein mögliches Differenzierungskriterium sehen.
274 Vgl. ähnliche Gegenüberstellungen z. B. bei *Meffert*, 1994e, S. 28; *Wehrli*, 1994, S. 191; *Payne et al.*, 1995a, S. VIII.

Der grundlegende Theoriewandel setzt an der Begrenztheit einer kurzfristigen Transaktionsorientierung an. Diese Kurzfristigkeit bezieht sich zum einen auf die Erfolgsperspektive und zum anderen auf die Interaktionsperspektive. Während für die Transaktionsorientierung der Verkauf die Interaktion beendet, sieht die Beziehungsorientierung hierin den potentiellen Beginn einer längerfristigen Geschäftsbeziehung. Insbesondere in Investitionsgüter- und Dienstleistungsmärkten wurde die Relevanz der *längerfristigen Beziehungsorientierung* zu den Kunden für den Unternehmenserfolg frühzeitig erkannt und theoretisch verarbeitet.

Im Bereich des *Investitionsgütermarketing* (Hersteller-Herstellerkontakt) und später im vertikalen Marketing (Hersteller-Händlerkontakt) führten die engen persönlichen und langfristigen Kontakte, die komplexen Aushandlungsprozesse und die zunehmende Integration von Austauschpartnern zu der Entwicklung von Konzepten, wie dem *Key Account Management*, das diesen Beziehungsgedanken sowohl strategisch wie organisational umsetzt [275]. Die damit verbundenen *strategischen Netzwerke* und *Teamorganisationen* wurden als kooperative Tendenzen im Zusammenhang mit der Auflösung von *Wettbewerbsgrenzen* behandelt (vgl. *Kap. 5.2.4.2.3*).

Im *Dienstleistungsmarketing* impliziert bereits der Leistungscharakter ex definitione die Einbeziehung von Kunden. Hier können theoretische Überlegungen von dem plausiblen Faktum ausgehen, daß die *menschliche* Ebene der Geschäftsbeziehungen auch vom Kunden honoriert wird. Dies zeigt sich bereits in der Gefahr, daß bei einem Arbeitsplatzwechsel von Friseuren, Rechtsanwälten oder Automechanikern oftmals die Kunden mitwechseln. Desweiteren sind Dienstleistungen nur schwer standardisierbar und oft erst nach Inanspruchnahme bewertbar. Für die Kunden bietet somit die personalisierte Geschäftsbeziehung eine Möglichkeit der Risikoreduktion durch persönliches Vertrauen [276] (vgl. *Hentschel*, 1991a, S. 25), was die Bedeutung der *Beziehungsqualität* unterstreicht.

Bei der Dienstleistungserstellung kommt eine gemeinsame Wertschöpfung zwischen Kunden und Leistungsanbieter zustande. Insofern ist hier ein *Mitwirken* der Kunden durch die Art der Leistung gegeben. Für diese ist eine *zweiseitige*, über eine einfache Kaufberatung hinausgehende, integrierte Kommunikation notwendig [277]. Eine derartige Integration der Kunden entspricht der oben diskutierten Auflösung der *Marktgrenzen* in zeitlicher Hinsicht (vgl. *Kap. 5.2.4.2.4*).

Was für den Dienstleistungsbereich intuitiv verständlich ist und mit seinem Wachstum als tertiärem Sektor zunehmend theoretisch behandelt wurde, fand auch eine

---

275 Vgl. *Diller/Gaitanides*, 1989; *Plinke*, 1989; *Kemna*, 1990; *Belz/Senn*, 1995.

276 Man kann die Ausmaße der benötigten Autoreparatur nicht selber einschätzen, aber man hat positive Erfahrungen mit einem Automechaniker gemacht und vertraut ihm weiterhin.

277 Vgl. hierzu auch den Ansatz der integrierten Marketingkommunikation bei *Bruhn*, 1991, und *Schultz/Tannenbaum/Lauterhorn*, 1996.

inzwischen verbreitete Anwendung im *Konsumgütermarketing*. Hier wurde der theoretische Wechsel zur Beziehungsorientierung in dem empirischen situativen Bezug einer veränderten Marktkonstellation (Marktsättigung) und eines veränderten Konsumentenverhaltens vorgenommen. Die These lautet hierzu, daß in Zeiten des Marktwachstums und passiver Konsumenten die Transaktionsorientierung strategisch ausreichend war, während es in Zeiten der Stagnation, nicht ausgelasteter Produktionskapazitäten, zunehmend informierter, aktiver und individualisierter Konsumenten einer beziehungsorientierten Strategie mit dem zentralen Element der Fokussierung auf den Kundenwert bedarf. Diese Notwendigkeit wird bei *Webster* (1994, S. 31) schon fast zur Warnung: „In the end, the survivors will be organizations that have the ability to reinvent themselves as market conditions change and make a full commitment to the new marketing concept."

Mit der Anwendung der Nachkauf- und Beziehungsmarketingkonzepte nähert sich der Sektor der Konsumgüter dem der Dienstleistungen an, weil die Bemühungen um Beziehungsqualität und Kundenbindung mit der Erbringung von Dienstleistungen verbunden ist und eine Anreicherung der Sach- mit Dienstleistungen stattfindet. Damit tragen Nachkauf- und Beziehungsmarketingkonzepte zur Auflösung von *Sektorengrenzen* bei (vgl. *Kap. 5.2.4.2.1*).

Das Beziehungsmarketing führt in allen genannten Anwendungsbereichen von einer Funktionsorientierung mit ihren organisationalen Funktionsspezialisten zu einer *Prozeßorientierung*. Die Prozesse im Rahmen der Anbieter-Kunden-Beziehung können als eine Vielzahl von Kundenkontakten betrachtet werden. Viele verschiedene Interaktionen, sei es in Form von Versand, Bezahlung, Kundenservice oder telefonischen Kontakten, haben einen signifikanten Einfluß auf die wahrgenommene Prozeßqualität und Zufriedenheit. Dadurch kann sich in diesen Kundenkontakten auch der Abbruch oder die Aufrechterhaltung der Austauschbeziehung entscheiden. Hieraus entwickelt die Beziehungsorientierung die besondere Bedeutung des internen Marketing, das der Umsetzung einer kundenorientierten Kultur im gesamten Unternehmen dienen soll. Das im Kontext der Auflösung von *Funktionsgrenzen* (vgl. *Kap. 5.2.4.2.2*) diskutierte interne Marketing wird hier also primär unter dem Aspekt der internen Steuerung zu externen Zwecken betrachtet [278].

Als Konsequenz des Prozeßdenkens zeigt sich der beschriebene Wandel weg vom Produkt hin zu einer Betrachtung der Wertschöpfungskette und zur Konzentration auf den *Kundenwert*. Dieser kann auch als Auswirkung des Leistungsanbieters auf die Wertschöpfungskette des Kunden verstanden werden. Bessere Leistungsfähigkeit, ein erhöht wahrgenommer Nutzen oder niedrigere Beschaffungskosten sind zusätzliche Werte aus der Kundenperspektive. Wettbewerbsvor-

---

278 Dies kommt z. B. bei *Grönroos* (1994, S. 10) deutlich zum Ausdruck, wenn er schreibt: „If internal marketing is neglected, external marketing suffers or fails." Anzumerken ist hierbei, daß das Interne Marketing - wie oben erwähnt - im Sinne einer internen Kundenorientierung oder eines internen Marketinginstrumentaleinsatzes interpretiert werden kann.

teile können somit durch die Integration der Wertschöpfungskette des Unternehmens und des Beziehungspartners erlangt werden [279]. Das Prinzip der „*mass customization*" drückt dabei das Bestreben aus, durch die Integration eine möglichst genaue, flexible und kostenoptimale Abstimmung der Leistungsangebote auf die individuellen Bedürfnisse der Beziehungspartner zu erreichen (vgl. *Pine*, 1993; *Gilmore/Pine*, 1997).

5.2.4.4.2 Strategische Ansätze

Für das strategische Nachkauf- und Beziehungsmarketing ist die Gestaltung der Beziehung zum Kunden zielführend. Diese bildet dann die Basis für eine beziehungsorientierte Marktsegmentierung. Damit ergeben sich als theoretische Perspektiven:

a) das Konstrukt Beziehung und seine Gestaltung,

b) beziehungsorientierte Marktsegmentierung.

ad a) Das Konstrukt Beziehung und seine Gestaltung
Die Ansätze zur theoretischen Fundierung des Konstruktes Beziehung konzentrieren sich auf die Ebenen der inhaltlichen Explikation und die Stufen der Intensität. Einen ersten Ausgangspunkt bilden bezüglich der *inhaltlichen Ebenen* die Arbeiten von *Diller*, der vier interdependente Beziehungsebenen unterscheidet (vgl. *Diller/Kusterer*, 1988, S. 214ff.):

❏
Die menschlich-emotionale Beziehungsebene als Interaktion von Verkaufspersonal und Konsumenten.

Quelle: *Hansen/Blüher*, 1993

---

279 Vgl. *Payne et al.*, 1995b, S. 8. Auf dieser Integration der Wertschöpfungskette baut auch der beschriebene Co-Produzenten-Ansatz auf (vgl. *Kap. 5.2.2.1.1*).

– Auf einer *sachlichen Beziehungsebene* wird der Waren- und Entgeltstrom betrachtet. Für *Bruhn/Bunge* (1994, S. 57) zeigt sich hier das eigentliche Kernziel der Partnerschaft. Diese Beziehungsebene wird von kognitiven Verhaltensaspekten bestimmt (vgl. *Diller*, 1994, S. 209).

– Auf der *organisatorischen Beziehungsebene* werden die konkreten Arbeitsabläufe der Geschäftsbeziehung festgelegt.

– Die *machtpolitische Ebene* umfaßt die wahrgenommenen Abhängigkeiten der Beziehungspartner.

– Die *menschlich-emotionale Beziehungsebene* berücksichtigt schließlich Faktoren wie Sympathie, Attraktion, Selbstwertbestätigung oder soziale Zugehörigkeit.

Diese Ebenenunterteilung stellt allerdings weniger ein ausgearbeites Modell dar, als vielmehr eine explorative Annäherung. Zum einen fehlt der gemeinsame Bezugspunkt der Ebenenunterteilung [280], und zum anderen ist die Einbeziehung der Forschung anderer Disziplinen zu Austauschbeziehungen bisher nur ungenügend. Es bleibt zu oft bei dem einfachen Verweis auf mögliche Berührungspunkte wie mit der Transaktionsanalyse, Strukturanalyse, Spieltheorie, dem Symbolischen Interaktionismus oder der Neuen Institutionenökonomie. *Bruhn/Bunge* (1994, S. 53) warnen mit Recht vor der Gefahr einer willkürlichen Auswahl theoretischer Ansätze zur Fundierung von Austauschbeziehungen. Ein deklarierter Pluralismus gerät hier nur allzu schnell zu einem naiven Eklektizismus.

Einen bisher weniger beachteten Ansatzpunkt bilden die Arbeiten von *Bagozzi*, der im Kontext der Erweiterungsdiskussion des Marketing bereits Mitte der 70er Jahre von Marketing Relationships sprach und in der Analyse von Austauschbeziehungen den Kern der Marketingtheorie sah [281]. Im Zusammenhang mit dem Beziehungsmarketing ist besonders relevant, daß *Bagozzi* (1975, S. 36f.) zum einen sowohl dyadische Beziehungen als auch Beziehungsketten und Beziehungsnetzwerke unterscheidet. Zum anderen differenziert er inhaltlich zwischen utilitaristischen, symbolischen und gemischten Austauschbeziehungen. *Utilitaristische* Austauschbeziehungen beschreiben die Ebene der klassischen, ökonomischen Transaktionen, die unter rationalen Gesichtspunkten nach dem Prinzip der Reziprozität im Sinne ausgeglichener Austauchverhältnisse organisiert werden. *Symbolische* Austauschbeziehungen beinhalten dagegen den gegenseitigen Austausch psychologischer, sozialer oder anderer intangiblen Größen. *Marktliche* Austauschbeziehungen sind zumeist durch eine Mischung beider Charakteristika

---

280 Die Offenheit der Ebenenunterteilungen zeigt sich bei *Diller* (1994), wenn die menschlich-emotionale Ebene unterteilt wird in eine kommunikative und eine emotionale Ebene, während die machtpolitische Ebene ihren Status zu einem steuernden Medium der Ebenen verändert.

281 Vgl. *Bagozzi*, 1974, 1975 und weiter die Übersicht bei *Sheth/Gardner/Garrett*, 1988, S. 173-182, die in diesem Ansatz eine ausgearbeitete Theorienrichtung des Marketing sehen. Ein möglicher Einwand könnte nun lauten, daß es sich hier nur um eine semantische Übereinstimmung handeln würde, konzeptionell aber immer noch der Transaktionsgedanke im Vordergrund stünde. Dem kann entgegnet werden, daß im Konzept der „Marketing-Austauschbeziehungen" sehr wohl die Zeit als eine Beziehungsdimension betrachtet wird (vgl. *McInnes*, 1964, S. 59), und Austauschbeziehungen in diesem Sinne potentielle Grundlagen für soziale und emotionale Institutionen bilden (vgl. *Bagozzi*, 1975, S. 34).

gekennzeichnet. Die theoretische Fundierung erfolgt über die Einbeziehung von ökonomischen bis hin zu anthropologischen Erklärungsansätzen der Austauschbeziehungen. In neueren Publikationen betont *Bagozzi* explizit die Nähe der Sozialen Austauschtheorie zum Beziehungsmarketing, um aber gleichzeitig auch auf die immer noch ausstehende theoretische Fundierung der Beziehung hinzuweisen [282]. Die Vermutung liegt hier nahe, daß die Entwicklung des Beziehungsmarketing über die starken Impulse aus der Unternehmenspraxis zu einer Vernachlässigung der theoretischen Grundlagen- zugunsten praxisnaher Anwendungsforschung beigetragen hat, deren Relevanz und Erfolge hier keineswegs bestritten werden sollen.

Implementationsnäher ist das Problem der *Beziehungsintensität* und fand insofern auch eher Beachtung als die inhaltlichen Ebenen. Die Erfassung der Beziehungsintensität erfolgte zunächst über eine quantitative Systematisierung mit Bezug auf die Häufigkeit der Interaktionen und Dauer der Beziehung, darüber hinaus über qualitative Modelle, in denen die Art der Beziehung mit den zu erreichenden Wirkungen verbunden wird. Nach *Berry* können hier drei Beziehungsstufen unterschieden werden (vgl. *Berry*, 1995, S. 240f., und *Berry/Parasuraman*, 1991):

Stufen	Primäre Bindung	Grad der Individualisierung	Potential für Wettbewerbs- vorteile
Eins	Finanziell	Niedrig	Niedrig
Zwei	Sozial	Mittel	Mittel
Drei	Strukturell	Mittel bis Hoch	Hoch

Abb. 5-17: Intensitätsstufen des Beziehungsmarketing nach Berry, 1995, S. 240

– Auf der *ersten Stufe* werden Kundenbindungsprogramme durchgeführt, die primär preispolitisch ausgerichtet sind. Ein typisches Beispiel sind bei Fluggesellschaften die „Frequent Flyer"-Programme. Da preispolitische Maßnahmen im Normalfall aber schnell und einfach zu imitieren sind und nur geringe Bindungspotentiale besitzen, können durch sie auch nur kurzfristige und instabile Wettbewerbsvorteile realisiert werden.

– Mit Aktivitäten auf der *zweiten Stufe* wird versucht, den sozialen Charakter von Kundenkontakten zu intensivieren. Dies kann durch eine individualisierte und

---

282 Vgl. *Bagozzi*, 1995, S. 272. Aufbauend auf den Soziologen *Georg Simmel* bildet das Buch von *Blau*, 1964, „Exchange and Power in Social Life" den Grundstein der Sozialen Austauschtheorien. Vgl. als Übersicht zu ihrer Bedeutung für das Marketing *Houston/Gassenheimer*, 1987. Kritisch äußern sich hierzu *Ferrell/Perrachione*, 1980. Zur Weiterentwicklung ihrer Verwendung im Marketing ist die sozialwissenschaftliche Kritik an Sozialen Austauschtheorien interessant, die gerade ihre marktliche, instrumentalistische Logik als zu dominant einschätzt. Ein Beispiel ist hier die Betrachtung der Heirat als reziproker Austausch sozialer Aktiva (vgl. *Fischer/Bristor*, 1994, S. 328f.). Paradigmatische Erweiterungen dieses Modells werden aber auch in der Marketingwissenschaft vorgenommen. So wurde in den letzten Jahren z. B. in der Konsumentenforschung zum Geschenkverhalten theoretisch und empirisch die Existenz und Konsequenz unterschiedlicher Beziehungslogiken untersucht (vgl. *Belk/Coon*, 1993).

Die Vorteile von IKEA family.

Als Begrüßung eine Überraschung.

Jedes neue Mitglied in der IKEA family bekommt eine tolle Willkommensüberraschung zur Begrüßung.

Praktisch: der Fundservice für verlorene Schlüssel.

Der IKEA Schlüsselanhänger ist mit Ihrer Mitgliedsnummer und unserer Anschrift versehen. Bei Verlust kann der Schlüssel vom Finder einfach in den nächsten Briefkasten geworfen werden – und findet dann automatisch den Weg zu uns und von uns zu Ihnen.

Zum Geburtstag eine Überraschung.

Wenn Sie uns Ihre Geburtstage verraten, gibt's zum Geburtstag für alle IKEA family Mitglieder und ihre Kinder eine Überraschung.

Regelmäßige Info-Post.

Wir informieren Sie regelmäßig über unsere Neuheiten, unseren Service und alles Interessante zum Thema Einrichten. Und über spezielle Aktivitäten in Ihrem IKEA Einrichtungshaus.

Druckfrisch: der neue IKEA Katalog.

Als family Mitglied bekommen Sie den neuen IKEA Katalog garantiert druckfrisch zugestellt.

Der IKEA family Shop.

Hier bekommen Sie alle Informationen über die IKEA family Plus Card. Und können immer wieder etwas Neues entdecken: von Schweden-Infos über praktische Sicherheitsprodukte bis hin zu aktuellen Angeboten und Interessantem für Reisen und Freizeit.

Die family Reisevorteile.

Zusammen mit unseren Kooperations-Partnern bieten wir allen family Mitgliedern spezielle Vorteile für ihre individuelle Urlaubsreise an.

Garantierte Transportsicherheit.

Sollte Ihre Ware auf dem Transport nach Hause beschädigt werden, erhalten Sie von uns Ersatz.

Willkommen bei den IKEA family Veranstaltungen.

Wie es sich für eine richtige Familie gehört, organisieren wir für unsere family Mitglieder beispielsweise typisch schwedische Midsommar-Feste, Krebsessen – und laden sie ab und an zu Kinopremieren ein.

Bargeldlos einkaufen mit der IKEA family Plus Card.

Mit der IKEA family Plus Card geht das Einkaufen bei IKEA noch einfacher. Und selbst bei unseren Reise-Kooperationspartnern wie Eurocamp und Landferien können Sie bei der Buchung Ihre Geldbörse ruhig zu Hause lassen, denn auch sie akzeptieren die Card zur Bezahlung Ihrer Reise. Mehr Informationen zur IKEA family Plus Card finden Sie ab Seite 323.

IKEAfamily°

❏

Die Kundenbindung in Form des Kundenclubs bei Ikea. Die Maßnahmen reichen von finanziellen Vorteilen und individualisierter Ansprache hin bis zur Betonung der sozialen Beziehungsqualität im Sinne einer Familie.

Quelle: Ikea Katalog, 1998

persönlicher gestaltete Kundeninteraktion erreicht werden. Maßnahmen betreffen hier die Kommunikationspolitik, aber auch die kontinuierliche Interaktion mit festen Ansprechpartnern oder Kundenclubs. Wettbewerbsvorteile zeigen sich über eine Steigerung der wahrgenommenen Beziehungsqualität, die allerdings eine ansonsten nur wenig ausgeprägte konkurrenzbezogene Differenzierung des primären Leistungsangebotes nicht kompensieren kann.

– Diese Differenzierung des Leistungsangebotes wird erst auf der *dritten Stufe* des Beziehungsmarketing erreicht, bei der ein originärer Kundenwert im Mittelpunkt der Unternehmensstrategie steht. Die strukturelle Bindungsebene bezeichnet somit eine für das gesamte Unternehmen realisierte Beziehung, die über einzelne Personen hinausgeht. Durch die Verknüpfung mit finanziellen und sozialen Bindungen können stabile und langfristige Wettbewerbsvorteile erreicht werden, die nur schwer zu imitieren sind.

Damit wird deutlich, daß nur eine umfassende Beziehungsorientierung zur vollen Entfaltung der strategischen Vorteile führen kann. Meinungsdifferenzen bestehen darüber, ob nur die ganzheitliche, konsequente Umsetzung in Form der dritten Stufe als Beziehungsmarketing bezeichnet werden sollte oder bereits – wie *Berry* es vorschlägt – die erste Stufe. Es kann hier die Position vertreten werden, daß ein Unternehmen nicht gleich Beziehungsmarketing praktiziert, nur weil es Mengenrabatte einräumt und eine Kundenzeitschrift auslegt. Die Gefahr besteht in der Verwässerung der Spezifika einer paradigmatisch verstandenen Theorie des

Beziehungsmarketing. Hier stellt sich zusätzlich die Frage, inwieweit bei Beziehungspartnern eine *unterschiedliche* Beziehungsintensität realisiert werden sollte. Dieses Problem führt zu dem zweiten strategischen Forschungsbereich, bei dem der Bereich einer beziehungsorientierten Segmentierung untersucht wird.

ad b) Beziehungsorientierte Marktsegmentierung

Aus dem Modell der Intensitätsstufen scheint sich als einfache Folgerung zu ergeben, daß die Wettbewerbsvorteile um so größer sind, je umfassender ein Unternehmen das Beziehungsmarketing umsetzt. Wie bei der Einführung des Marketingkonzeptes im Sinne einer konsequenten, kundenorientierten Unternehmensführung, wurde aber auch hier eine Relativierung eingeführt, indem für einzelne Zielgruppen eine Abstufung der Beziehungsintensität postuliert wurde (beziehungsorientierte Segmentierung). Für das Beziehungsmarketing bieten sich zunächst die bekannten Instrumente der Geschäftsfeldplanung, wie die ABC-Analyse, Portfolio- oder Lebenszyklusanalyse an. Es existieren bereits verschiedene Konzepte, von denen eines in *Abb. 5-18* exemplarisch gezeigt wird:

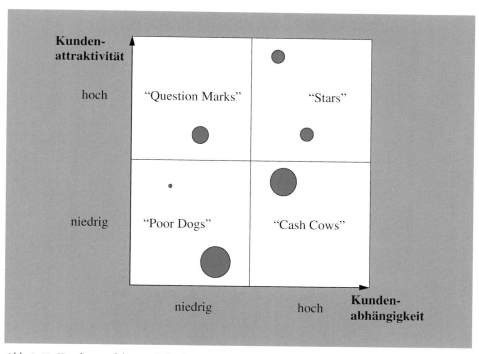

Abb. 5-18: Kundenportfolio aus Sicht des Beziehungsmarketing, nach Hentschel, 1991a, S. 26.

Während die Kundenattraktivität die langfristige Profitabilität der Segmente abbildet, umfaßt die Dimension der Kundenabhängigkeit rechtliche (z. B. über Verträge), psychologische (z. B. durch idiosynkratisches Beziehungswissen) oder marktliche Abhängigkeiten (z. B. fehlende Alternativen). Dies erinnert an die Empfehlung von *Kotler* (1994, S. 680), wenn er als Kriterien für potentielle Zielgruppen des Beziehungsmarketing die Langfristigkeit des Planungshorizontes und die Höhe der Wechselkosten von Partnern identifiziert. Eine Differenzierungsmaßnahme könnte nun in der Ressourcenallokation weg von den „Poor Dog"-Segmenten hin zu den „Star"-Segmenten bestehen, um dort die Beziehungsintensität zu erhöhen.

Ein Ansatz, wie er im Rahmen des Nachkaufmarketing entwickelt wurde, geht über die einfache Variierung der Ressourcenintensität hinaus. *Hansen/Jeschke* (1992, S. 93) erweitern das Portfolio-Modell um die Dimension der Kaufphasen. Dies ermöglicht eine qualitative Differenzierung des Marketingmix im Rahmen vor- und nachkaufbezogener Segmentierungsprozesse. Theoretisch handelt es sich hierbei um *Modifikationen bekannter Segmentierungsmodelle*. Kritisch kann angemerkt werden, daß derartige Modifikationen noch teilweise in der Transaktionsorientierung verhaftet sind.

Eine interaktive, integrative und auf den langfristigen Kundenwert bezogene Segmentierung wurde bisher noch nicht erarbeitet. In diese Richtung geht z. B. die Argumentation bei *Payne et al.*, wenn sie als grundlegende Umorientierung die Entwicklung von Kundenwert-Segmenten empfehlen, die auf Basis geteilter Wertpräferenzen gebildet werden (vgl. *Payne et al.*, 1995b, S. 8).

5.2.4.4.3 Instrumentelle Ansätze

Die unterschiedliche Fokussierung von Nachkauf- und Beziehungsmarketing macht sich gerade im Instrumentalbereich bemerkbar. Die instrumentelle Betrachtung im Nachkaufmarketing setzt ihren Schwerpunkt auf den Grundgedanken der Aufrechterhaltung einer Austauschbeziehung über den Kaufakt hinaus. Daher wird der traditionelle Instrumentalmix ergänzt durch einen spezifischen Marketingmix für das Nachkaufmarketing (*Abb. 5-19*).

1) *Nachkauf-service*	2) *Beschwerde-management*	3) *Nachkaufkom-munikation*	4) *Redistribution*
- Auslieferung - Installation - Wartung - Reparatur - Kunden-schulung	- Beschwerde-input - Fallbearbeitung - Informations-gewinnung	- Gebrauchs-anweisungen - Nachkauf-werbung - Kundenkon-taktprogramme - Nachkaufbe-ratung	- Vollständige/ partielle Produkt-rücknahme - Recycling - Entsorgung

Abb. 5-19: Kerninstrumente des Nachkaufmarketingmix

Die Stimulierung von Beschwerden mittels einer Postkarte aus dem Jahr 1997.

Quelle: Stadtwerke Hannover AG, Hannover

1) *Nachkaufservice*

umfaßt als Teilbereich der unternehmerischen Kundendienstpolitik produkt- oder personenbezogene Serviceleistungen innerhalb der Nachkaufphase.

2) *Beschwerdemanagement*

betrifft die Planung, Durchführung und Kontrolle aller Maßnahmen, die ein Unternehmen in bezug auf das Beschwerdeverhalten seiner Kunden ergreifen kann.

3) *Nachkaufkommunikation*

strebt den Aufbau 'kommunikativer Netzwerke' an, die den Kunden innerhalb der Nachkaufphase mit kaufbestätigenden und nutzungserleichternden Informationen versorgen und darüber hinaus den kontinuierlichen Austausch marktrelevanter Informationen zwischen Kunden und Unternehmen sicherstellen sollen.

4) *Redistribution*

bezieht sich auf Recycling- und/oder Entsorgungsaktivitäten für Verpackungsabfall oder ausgediente Produkte, die von Handel und Hersteller verstärkt

In einer aufwendigen Paket-Aktion begleitete Opel die Markteinführung des Astra ab November 1997. Das sogenannte „Dialogprogramm" suggerierte dabei dem potentiellen Kunden eine Teilnahme am Prozeß der Produktentwicklung, beschränkte sich aber faktisch auf eine Direktmarketing-Kampagne mit Befragungselementen.

Quelle: Lehrstuhl Marketing I: Markt und Konsum, 1998

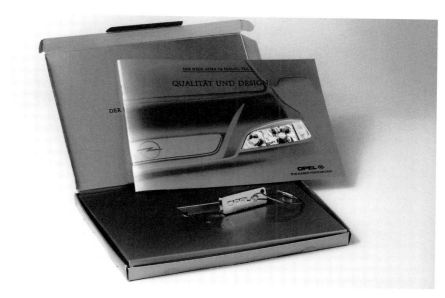

❏
Computergerichtetes Beschwer-
demanagement durch das
Programm „Sorry!".

Quelle: Rödl & Partner Consulting
GmbH, Version 2.5, 1997

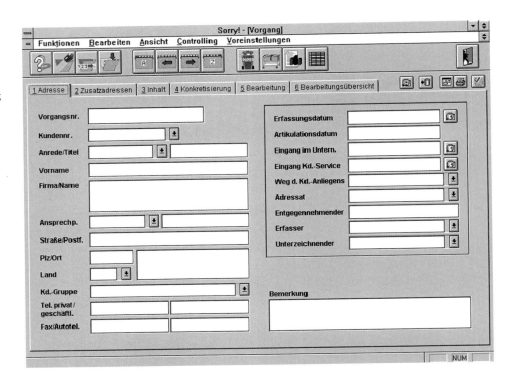

geforded werden aufgrund des steigenden Umweltbewußtseins der Nachfrager
(freiwillige Redistributionsleistungen) und des zunehmenden Drucks des
Gesetzgebers (Redistributionsverpflichtungen).

Dieser instrumentelle Ansatz hat den Nachteil, daß die zirkuläre Prozeßgestaltung
von Vorkauf-, Kauf- und Nachkaufphase nicht durchlaufend instrumentell
strukturiert wird. Demgegenüber finden die Maßnahmen des Beziehungsmarketing immer noch weitgehend ihren Bezugspunkt in den klassischen „4 P's" [283]
(*Abb. 5-20*).

1) *Produktpolitik*	2) *Preispolitik*	3) *Kommunika-tionspolitik*	4) *Distribu-tionspolitik*
Co-Produktion	*Kundenwert*	*Beziehung*	*Individualisierung*
Qualität Konsum-Kompetenz Service Cross-Selling	Treue-/ Mengenrabatte monetäre Zusatz-leistungen	kunden-individu-elle Dialoge Database-Systeme Direkt-Marketing	Kundenclubs Kooperation

Abb. 5-20: Ansätze einer beziehungsorientierten Modifikation des Marketingmix

---

283 Vgl. *Hentschel*, 1991a, S. 27f.; *Bruhn/Bunge*, 1994, S. 64ff.; *Wehrli*, 1994, S. 195. Vgl. auch *Hansen/Hennig*, 1995b, S. 88f., für eine integrative, nachkauf- und beziehungsorientierte Darstellung der Marketinginstrumente.

1) Im Mittelpunkt der *produktpolitischen Maßnahmen* steht die Definition des Leistungsangebotes über die wertsteigernde *Co-Produktion* im Sinne einer interaktiven Wertschöpfung. Auf der Zielebene wird damit eine weitgehende Kongruenz zwischen dem Unternehmensangebot und den individuellen Bedürfnissen einzelner Konsumenten möglich, und prozessual wird dies durch die Kundenintegration realisiert. Der dynamische Beziehungscharakter erfordert hier eine Qualitätspolitik, die eine sich im Zeitablauf möglicherweise verändernde Wertschätzung einzelner Qualitätskomponenten berücksichtigt. Eine Steuergröße stellt dabei die Steigerung der Konsum-Kompetenz dar, die als Qualifikation der Konsumenten im Umgang mit dem Produkt die Beziehungsqualität beeinflußt (vgl. *Hennig-Thurau*, 1998). Hinsichtlich der zunehmenden integrativen Wahrnehmung von Unternehmensangeboten als Leistungsbündel wird allgemein von der Notwendigkeit einer immer stärkeren Gewichtung der Serviceaspekte ausgegangen [284]. Im „Cross-Selling", d. h. der Nutzung bestehender Kundenbeziehungen zur Vermarktung anderer Produktgruppen desselben Unternehmens, wird ein weiteres produktpolitisches Instrument zur Realisierung und Verstärkung der Kundenbindung gesehen.

Ein wichtiger Modifikationspunkt der beziehungsorientierten Produktpolitik kann über die kundenzentrierte Individualisierung des Leistungsangebotes verdeutlicht werden. Das Prinzip der mass customization setzt an dem Kundenwert und nicht am Produkt an. Dadurch kann ein einzigartiger Kundenwert auch

❏
Automations-Systeme wie das von Siemens ermöglichen die produktionstechnische Umsetzung individualisierter Produkte.

Quelle: *Schalk/Thoma/ Strahlendorf*, 1996

SIEMENS

No two people are the same. So why should their cars be?

---

[284] Die Aufwertung der Serviceaspekte geht in der Tendenz dahin, die Servicepolitik als eigenständiges Instrument des Marketingmix zu begreifen. Dies kann als Antwort auf eine Wettbewerbssituation gesehen werden, die z. B. von *Grönroos* (1990, S. 7) als „Service Competition" beschrieben wird: „... every firm, irrespective of whether it is a service firm by today's definition or a manufacturer of goods, has to learn how to cope with the new competition of the service economy." Ähnlich auch *Berry*, 1995, S. 243.

unabhängig von einer fundamentalen Produktmodifikation realisiert werden. *Gilmore/Pine* (1997) unterscheiden hierbei vier Arten der *mass customization*:

– *collaborative customization*, bei der dialogisch das individuelle Leistungsangebot erstellt wird
(Beispiel: Ein Fahrradhersteller bietet aus einem Modulsystem für jeden Kunden ein individuell angepaßtes Fahrrad an).

– *adaptive customization*, bei der ein Standardangebot Optionen enthält, die eine Individualisierung beim Konsum ermöglichen
(Beispiel: Eine HiFi Anlage, deren Klang sich auf die jeweilige Raumakustik einstellen kann).

– *cosmetic customization*, bei der ein Standardangebot dem Kunden individualisiert präsentiert wird
(Beispiel: Ein Lebensmittelhersteller, der für verschiedene Handelsbetriebstypen z. B. die Packungsgrößen, Sonderaktionsaufdrucke oder Gebindegrößen individuell abstimmt).

– *transparent customization*, bei der individualisierte Leistungsangebote ohne direkte Kundenintegration standardisiert präsentiert werden
(Beispiel: Ein Hotel, das aufgrund gesammelter Kundendaten ein Hotelzimmer über präferierte Zeitung oder besonderen Bettbezug individuell für den Kunden gestaltet).

❏
American Express bietet als monetäre Zusatzleistung Bonusmeilen zur Förderung der Kundenbindung an.

Quelle: Stern, H. 42, 1996

2) Die beziehungsorientierten *preispolitischen Maßnahmen* greifen auf die alte Marketingidee zurück, die „bessere Preise für bessere Kunden" propagiert. Der Bezugspunkt des längerfristigen *Kundenwertes* verweist auf die Perspektive aktueller und zukünftiger Ertragsmöglichkeiten einer Kundenbindung. Als Maßnahmen sind hier vor allem persönlich-zeitliche Preisdifferenzierungen, wie z. B. Treue- oder Mengenrabatte, zu nennen. Ebenso kann die Zahlungsweise die Kundenbindung verstärken, wenn bspw. Autovermieter Kundenkonten einrichten, die eine vereinfachte Buchung ermöglichen.

3) Die *Kommunikationspolitik* im beziehungsorientierten Marketing soll inhaltlich unter dem Aspekt gestaltet werden, daß nicht die Leistungsangebote, sondern die *Beziehungsmerkmale* zum Hauptinhalt gemacht werden. Als wichtigste Prinzipien gelten die Individualisierung der Kommunikation, die Einbeziehung der Mitarbeiter (und der aktuellen Kunden) als wichtige Kommunikationsträger, die direkte, dialogische Ausrichtung der Kommunikation und die permanente Prüfung von Konsistenz und Kongruenz der verschiedenen kommunikativen Maßnahmen. Eine notwendige informatorische Grundlage bilden Marketingdatenbanken zur individuellen Zielgruppenansprache in Form von Database-Systemen. Die technologischen Möglichkeiten haben in diesem Bereich zu einer starken Aufwertung der verschiedenen Direktmarketing-Aktivitäten geführt, die z. B. in Form von Kundenbriefen einen kontinuierlichen Kontakt gewährleisten sollen.

4) Die Förderung der Kundenbindung durch *distributionspolitische Maßnahmen* orientiert sich vorrangig an der *Individualisierung*. Als „customization der Distribution" steht die kundenbezogene Gestaltung der logistischen Wertkettenintegration im Vordergrund. Als Ideal wird postuliert, daß Ort und Zeit der aktuellen Kundenwünsche die Logistik bestimmen und nicht umgekehrt, eine antizipative Logistik auf den Kunden wartet (vgl. *Gilmore/Pine*, 1997, S. 97). Im Bereich der vertikalen Beziehungen finden sich Umsetzungen als Just-in-Time Lösungen. Langfristige Hersteller- und Handelskooperationen sind auch unter retrodistributionspolitischen Gesichtspunkten aufzubauen, die hinsichtlich der ökologischen Nachkaufqualität die Kundenbindung erhöhen können. Eine weitere Maßnahme wird in der Etablierung von Kundenclubs gesehen, die den Kundenwert durch zusätzliche Leistungen und Vorzugsbehandlungen steigern.

Die Gliederung der beziehungsorientierten Aktivitäten nach den „4 P's" hat den Vorteil einer stringenten Strukturierung von vorkauf-, kauf- und nachkaufbezogenen Maßnahmen, sie verzerrt jedoch z. T. den ursprünglichen Charakter der Instrumentalbereiche. Dies gilt z. B. für die Zuordnung von Kundenclubs zur Distribution oder des cross-selling zur Produktpolitik. Für beide Konzepte ist festzustellen, daß sich die instrumentelle Analyse derzeitig weitgehend noch im Stadium einer eher kasuistischen Deskription von Handlungsmöglichkeiten befindet.

5.2.4.4.4 Stand und zukünftige Perspektiven des Nachkauf- und Beziehungsmarketing

Auf der Basis der behandelten Konzepte und Forschungsfragen soll die Theorie des Beziehungsmarketing abschließend eingeordnet und perspektivisch bewertet werden. Zunächst ist eindeutig festzustellen, daß sie nicht zu den vielen, kurzlebigen Neologismen der Marketingmanagement-Theorie gehört. Mögen sich auch einige Anhänger des „Theory of the Month"-Club auf die Seite des Beziehungsmarketing geschlagen haben, so ändert dies nichts an den wichtigen Beiträgen, die hier bisher geliefert wurden und auch in Zukunft zu erwarten sind. Die führenden Vertreter betrachten für den derzeitigen Forschungsstand die Einführungsphase als abgeschlossen und positionieren ihre Arbeiten auf der Wachstumskurve kurz vor der Etablierung zur ausgewachsenen Theorie (vgl. *Berry*, 1995, S. 237). Die hohe Publikationszahl an Arbeiten zum Beziehungsmarketing zeigt die Relevanz und Popularität innerhalb der Marketingwissenschaft. Aber auch in der Unternehmenspraxis besteht starkes Interesse an den Forschungsarbeiten und hohe Akzeptanz. Zurückzuführen ist dies zu einem großen Maße auf die Verbindung einfach und schnell kommunizierbarer Grundgedanken mit konkreten Handlungsempfehlungen.

Die Vorzüge des Beziehungsmarketing lassen sich deshalb in den zwei Punkten der Integration und Fokussierung zusammenfassen. Die *Integrationskraft* zeigt sich in der Bezugnahme auf die aktuellen Tendenzen der Grenzauflösungen. Im Mittelpunkt steht die Bindung zu den Austauschpartnern (Marktgrenzen), die über kooperative Strategien (Wettbewerbsgrenzen) und instrumental über servicebezogene Kundenbetreuung (Sektorengrenzen) sowie eine prozessuale Verankerung im gesamten Unternehmen (Funktionsgrenzen) gefestigt wird. Die *Fokussierung* zeigt sich in der Konzentration auf den eigentlichen Kerngedanken des Marketing, daß ein erfolgreiches Unternehmen sein Leistungsangebot am Kundenbedürfnis ausrichtet. Der Vorteil des Beziehungsmarketing liegt in der Sensibilisierung der Unternehmenspraxis für die notwendigen unternehmensinternen Implementationsmaßnahmen und der Perspektivenverschiebung, die den Kunden auch nach getätigtem Kaufakt im Mittelpunkt unternehmerischer Maßnahmen sieht. Diese Vorteile korrespondieren allerdings auch eng mit zu kritisierenden Tendenzen.

So besteht insbesondere die Gefahr einer *theorielosen Übernahme theoretischer Konzepte*. *Bruhn/Bunge* (1994, S. 73) betonen, daß das Beziehungsmarketing keine originäre Theorie sei und nicht über ein eigenständiges theoretisches Paradigma verfüge: „Eine Theorie des Beziehungsmarketing ist kaum – auch nicht in Ansätzen – zu erwarten." Die bisherige theoretische Fundierung erfolgt durch die Bezugnahme auf extern entwickelte Modelle. Positiv kann man diese Haltung als pluralistisch beschreiben, negativ als Eklektizismus. Sollte das Beziehungsmarketing sich weiterhin nur auf die Integration bestehender Modelle konzentrieren, ist mit einer Aufspaltung in einzelne Richtungen zu rechnen, da die bisherigen Inkompatibilitäten der theoretisch-methodischen Bezugspunkte nicht aufzuheben sind. Eine andere Option bestände in der Modifikation einzelner Bezugspunkte, die über originäre Modelle zu einer theoretischen Fundierung führen. Als lohnenswert erscheint dabei die intensivere Arbeit an einer Systematisierung und Explikation der Beziehungsarten in Verbindung mit einem beziehungsorientierten Konsumverhaltensmodell.

Zur Weiterentwicklung der Nachkauf- und Beziehungsmärkte soll auf drei Richtungen hingewiesen werden:

a) Entwicklung eines Konsumverhaltensmodells,

b) Berücksichtigung sozio-kultureller Aspekte,

c) Aufhebung der Geschlechtslosigkeit,

d) Öffnung für eine Erweiterung und Vertiefung.

ad a) Entwicklung eines Konsumverhaltensmodells

Trotz der intensiven Beschäftigung mit Geschäftsbeziehungen ist u. E. die entscheidende und grundlegende Frage noch nicht ernsthaft bearbeitet worden, ob Konsumenten überhaupt Beziehungen zu Anbietern wollen. Als nicht hinterfragte Grundthese und selbst-evidente Wahrheit wird bisher von der Bejahung der Frage ausgegangen. Dabei könnte man provokativ zugespitzt auch antworten: Ein Konsument will billig, gut und schnell einkaufen und keine menschlich-emotionalen

Beziehungen aufbauen. Die empirisch gestützte Entwicklung eines *Konsumver-haltensmodells* für marktliche Beziehungen ist hierzu dringend erforderlich. Dieses Modell muß über eine einfache Differenzierung der Kunden in „loyality-prone" und „deal-prone", wie es *Berry* (1995, S. 239) vorschlägt, hinausgehen. Statt einer persönlichkeitsbezogenen Attribuierung von globalen Präferenzen gilt es zunächst, im Rahmen einer Motivforschung die bisherigen theoretischen An-nahmen (wie das Motiv der Risikoreduktion) durch empirisch erhobenes Material situations- und produktspezifisch zu überprüfen bzw. zu erweitern [285]. Desweite-ren ist die Frage zu erforschen, ob Beziehungen, falls sie positiv bewertet werden, als eigenes Ziel oder nur als Mittel zur besseren Zielerreichung wahrgenommen werden (vgl. *Bagozzi*, 1995, S. 273). Zudem kann die These formuliert werden, daß Kunden nicht per se die Optionen Beziehung versus Transaktion als Entschei-dungsproblem wahrnehmen, sondern jeweils leistungsspezifische und situative Präferenzen entwickeln. Im Rahmen dynamischer Betrachtungen ist zudem zu vermuten, daß die Erfahrungen mit beziehungsorientierten Unternehmen auch wiederum die Präferenzen, Erwartungen und Nutzung interaktiver Angebote beeinflussen.

Wird das Beziehungsmarketing als konsequente Durchsetzung der Kunden-orientierung verstanden, so sollte ein derartiges Konsumverhaltensmodell oberste Forschungspriorität besitzen. Eine sich daraus ergebende strategische Konsequenz bezüglich der Umsetzung könnte bspw. sein, daß customization und Individuali-sierung auch ihre Grenzen haben, die in nicht mehr zu kontrollierenden Komple-xitäts- und Koordinationsproblemen liegen könnten, wenn die einzelnen Kunden-wert-Segmente situativ abgestimmt, qualitativ differenziert und dynamisch modifizierend jeweils transaktions- und beziehungsorientiert bearbeitet werden.

ad b) *Berücksichtigung sozio-kultueller Aspekte*

Die Segmentierungsproblematik hat erste Einschränkungen des universalen Anspruchs der Beziehungsorientierung gezeigt. Anhand des Entstehungs-zusammenhanges des Beziehungsmarketing können nun weitere notwendige Modifikationen aufgezeigt werden, deren gemeinsamer Ansatzpunkt die Vernachlässigung *sozio-kultureller Einflüsse* bildet.

Viele Marketingkonzepte entstanden in den USA und wurden meist ohne größere Modifikationen in Deutschland übernommen. Auch im Rahmen des Nachkauf- und Beziehungsmarketing gelten die amerikanischen Autoren oft als Referenz-punkte der Diskussion. Dabei wird übersehen, daß die bereits angesprochenen interaktionsorientierten Netzwerkansätze eine längere europäische Tradition besitzen. Schon in den 60er Jahren wurden insbesondere in den skandinavischen

---

[285] Vgl. als erste Arbeiten in dieser Richtung z. B. *Ellis/Beatty*, 1995, die ansetzend an der Kunden-Verkäufer-Interaktion die bezie-hungsorientierten Kundenbedürfnisse untersucht haben.

Ländern Ansätze zur Analyse kooperativer marktlicher Beziehungen entwickelt [286]. Ebenso fanden die ersten europäischen Forschungsarbeiten zur Investitionsgüter- und Dienstleistungstheorie während der 70er Jahre in den USA (u. a. bedingt durch Sprachgrenzen) wenig Beachtung. Dies ist insofern bedauerlich und auch hinderlich für die Theorienentwicklung, als wissenschaftstheoretisch gezeigt werden kann, daß Theorien in einer engen Beziehung zu dem sozialen Kontext ihrer Entstehung und Nutzung stehen (vgl. *Hansen/Bode*, 1997, S. 68). Diese Beziehungen zeigen sich sowohl in der Präferenz für bestimmte Symbolsysteme (z. B. mathematisch oder verbal), in den verwendeten Kriterien der Wissenschaftlichkeit, als auch in der Wahrnehmung angemessener Problembereiche. So argumentieren schwedische Forscher, daß die marktlichen Verhältnisse in Schweden die frühe Wahrnehmung und Analyse interaktiver Beziehungen zwischen Kunden und Anbietern gefördert hätten (vgl. *Solund*, 1996). Im Gegensatz zu den USA mit ihren großen Märkten und einer ausgeprägten kompetitiven Wettbewerbskultur ist Schweden durch kleinere konzentrierte Märkte geprägt, in denen die kulturellen Verhaltensweisen der Konfliktvermeidung und Kooperation positiv sanktioniert sind. Neben der Berichtigung einer Chronologie der Forschungsarbeiten verweist dieser Aspekt auf ein fundamentaleres Problem, nämlich die Annahme eines *gegebenen fixen kulturellen Rahmens*. Bei *Berry* (1995, S. 242) zeigt sich dieses Phänomen, wenn er die zentrale Funktion vertrauensbildender Maßnahmen im Beziehungsmarketing über die amerikanische Konsumkultur legitimiert. Als spezifische Charakteristika beschreibt er: „Distrust permeats the very fabric of American life", „an erosion of trust among American consumers", „a national mood of skepticism" und ein Gefühl, daß „integrity, credibility, and competence are lacking". Diese kulturellen Merkmale werden aber in der amerikanischen Beziehungsmarketingliteratur grundsätzlich psychologisiert, indem sie nicht konzeptionell als Einflußfaktoren, sondern nur vermittelt in Form psychologischer Prädispositionen erfaßt werden. Als These kann formuliert werden, daß die gleiche beziehungsorientierte Unternehmensstrategie jeweils in kooperativ und konfliktär geprägten Marktverhältnissen durchaus unterschiedliche Wirkungen haben kann. Unterstützung findet diese These durch erste *kultur-vergleichende Studien zum Beziehungsmarketing*. Bezogen auf China kommen *Simmons/Munch* (1996) bspw. zu dem Ergebnis, daß dort marktliche Beziehungen viel stärker über persönliche Beziehungsnetzwerke eingebunden sind. Auf der einen Seite sind diese Beziehungsnetze schwieriger zu etablieren, auf der anderen Seite aber auch weniger durch Vertrauen oder emotionale Aspekte geprägt, sondern durch eine gesellschaftlich kontrollierte Verpflichtung [287]. In einer Untersuchung vertikaler Marketingbeziehungen in West-Afrika kommt *Arnould* (1995) ebenso zu spezifischen Ausformungen, die er u. a. in der starken Integration marktlicher

---

286 Vgl. *Baker*, 1995a, S. 16, zum Interaktions- und Netzwerkansatz, der in den 60er Jahren an der Uppsala Universität in Schweden entwickelt wurde.
287 *Simmons/Munch* (1996, S. 92) erklären dies durch den Unterschied zwischen einer westlichen „Schuld-Kultur", bei der Normen und Werte internalisiert werden, während sie in asiatischen „Schande-Kulturen" extern durch Ächtungen durchgesetzt werden. Dies hat weitreichende Konsequenzen, die von der unterschiedlichen Bedeutung formeller und informeller vertraglicher Regelungen bis hin zu divergierenden Konfliktregulierungen zwischen den Partnern reichen.

Beziehungen in ethnische und verwandtschaftliche Netzwerke sieht. Eine kulturübergreifende Beziehungsmarketingforschung kann nicht nur hilfreich für die Etablierung internationaler Netzwerke sein, sondern auch Handlungsempfehlungen für heimische Netzwerke liefern, die auf Erfahrungen in anderen Kontexten basieren.

ad c) Aufhebung der Geschlechtslosigkeit

Eine weitere Relativierung betrifft die mangelnde Thematisierung der *Geschlechterrolle*, wie sie typisch für die gesamte Marketingtheorie ist (vgl. *Bristor/Fischer*, 1993; *Costa*, 1994b; *Hansen/Bode*, 1997, S. 69ff.). Diese Vernachlässigung ist im Beziehungsmarketing um so erstaunlicher, als hier langfristige Interaktionen zwischen Beziehungspartnern – einschließlich der menschlich-emotionalen Ebene – betrachtet werden, diese aber als geschlechtslos erscheinen. Anthropologische Studien zeigen nun, daß in allen Gesellschaften ein Unterschied zwischen Männern und Frauen gemacht wird, der als Geschlechterrolle losgelöst vom biologischen Geschlecht kulturell variiert [288]. Unabhängig davon, wie realitätsnah die Unterscheidungen sein mögen, entfalten sie als normative Vorstellungen von zugeschriebenen Verhaltensmerkmalen ihre Wirksamkeit. Für das Beziehungsmarketing ergeben sich hieraus Konsequenzen auf der personalen und organisationalen Beziehungsebene.

Auf der *personalen Ebene* ist die geschlechtsspezifische Betrachtung der dyadischen Beziehung notwendig [289]. Hierzu sind die in westlichen Gesellschaftsformen zu beobachtenden, dominanten kulturellen Erwartungen und Vorstellungen einzubeziehen. Kooperative, sanfte, emotionale und versorgende Verhaltensmuster werden grundätzlich eher als „feminin" assoziiert und konfiktäre, harte, rationale und aggressive Verhaltensmuster als „maskulin" (vgl. *Costa*, 1994a). Erste empirische Studien in diesem Bereich belegen, daß in Abhängigkeit vom Geschlecht eine unterschiedliche Wahrnehmung der Kundenorientierung auftritt (vgl. *Palmer/Bejou*, 1995). Wichtig ist hierbei, daß vor Interaktionsbeginn spezifische Erwartungen über das Verhalten des potentiellen Beziehungspartners in Abhängigkeit vom Geschlecht existieren. Damit verbindet sich die Notwendigkeit einer Modifikation von Ansätzen wie der Transaktionstheorie, die bisher zur theoretischen Fundierung der personalen Interaktion präferiert wird. Die Transaktionstheorie vernachlässigt strukturell wie prozessual den Einfluß der

---

[288] Vgl. *Kessler/McKenna*, 1978. Diese Loslösung vom biologischen Geschlecht bezieht sich zum einen auf die inhaltlich-wertende Explikation, die sich nicht auf die biologischen Unterschiede reduzieren läßt. Hierdurch gelten in einigen Gesellschaften Männer als kühl-berechnend, in anderen als emotional-triebhaft. Im englischen wird dafür der Begriff „Gender" verwendet, um ihn von dem biologischen Geschlecht „Sex" abzugrenzen. Eine andere Form der Loslösung bezieht sich auf die Verwendung der inhaltlich-wertenden Explikation für Verhaltensweisen, Ideen oder Objekte. So kann Fußball einmal als „weibliche Sportart" (in den USA) oder als „männliche Sportart" (in Europa) gelten. Selbst Produkte oder Produktnamen können einen weiblichen oder männlichen Charakter annehmen (vgl. *Pavia/Costa*, 1994).

[289] Für die Verkäufer-Käufer-Interaktion kann bspw. die Frage gestellt werden, inwieweit dyadische Beziehungen gleichen Geschlechts prozessuale Vorteile bieten bezüglich der Annahme geteilter Werte und somit effizienterer Kommunikationsmuster. Und können hier wiederum dyadische Beziehungen gleichen Geschlechts vorteilhafter sein, wenn Frauen als Kunden nicht befürchten müssen, z. B. mit dem Vorurteil der technischen Inkompetenz konfrontiert zu werden?

Geschlechterrolle auf die Interaktion, indem sie primär von sich erst in der Interaktion konstituierenden Beziehungsmustern ausgeht [290].

Auf der *organisationalen Ebene* stellen sich Fragen bezüglich der Implementierungsprobleme des Beziehungsmarketing. Wenn kooperative, konfliktlösende Verhaltensmuster als „feminin" wahrgenommen werden und kompetitive, aggressive Verhaltensmuster eher als „maskulin", dann können nach *Palmer/Hodgson* (1996) auch Unternehmenskulturen femininen und maskulinen Charakter besitzen. Unternehmen mit einer internen femininen Wertorientierung charakterisieren sie über die Kooperation als Leitbild der Unternehmung sowie einer Organisation und Führung, die die individuellen Bedürfnisse der Mitarbeiter wie beim „Human-Resources"-Ansatz einbezieht. Unternehmen mit maskuliner Wertorientierung sehen sie dagegen eher in streng hierarchisch strukturierten Unternehmen, die eine „harte Geschäftspolitik" vertreten und in den Beziehungen mit Anspruchsgruppen die konfliktäre Auseinandersetzung suchen.

Aus der Kombination unternehmensinterner, geschlechtsspezifischer Wertorientierung mit der Beziehungsintensität ergeben sich weiterführende Forschungsfragen der Implementierungchancen und organisatorischen Gestaltung eines Nachkauf- und Beziehungsmarketing [291].

ad d) *Öffnung für eine Erweiterung und Vertiefung*

Bisher hat die Theorie des Beziehungsmarketing die klassische Orientierung auf Mikroprobleme des unternehmerischen Marketing eingenommen. Erste Ansätze zur Untersuchung von Makroproblemen innerhalb eines geschäftlichen Beziehungskontextes wurden außerhalb der eigentlichen Beziehungsmarketingdiskussion unternommen. Hier könnte die oben angegebene Integration kultureller Größen eine wichtige Weiterentwicklung erreichen. Zudem fehlt bisher eine Anwendung dieses Ansatzes auf Non-Business Organisationen im Rahmen einer Erweiterungsdiskussion [292]. Auch hier sind relevante Forschungsfragen offen. Noch grundsätzlicher gestaltet sich die Anwendung einer Vertiefungsdiskussion, die in normativer Absicht eine Wertebene integriert, auf der Aussagen über wünschenswerte Zustände gemacht werden. Elemente dieser Perspektive finden sich in dem Nachkaufmarketingkonzept, dessen Entstehungszusammenhang eng mit verbraucherpolitisch motivierten Ansätzen verbunden ist. Demgegenüber ist das Konzept des Beziehungsmarketing praktisch-normativ mit dem Ziel der

---

290 Vgl. zur Fundierung der Beziehungsorientierung durch die Transaktionstheorie *Bruhn/Bunge*, 1994, S. 52, und in bezug auf das Interne Marketing *Schulze, H.*, 1992. Bei *Schulze, H.*, 1992, wird zudem deutlich, daß „Geschlechtslosigkeit" nicht unbedingt mit einer „Geschlechtsneutralität" gleichzusetzen ist. In den Beispielen werden Vorgesetzte, Mitarbeiter oder Verkäufer permanent als männlich beschrieben. Daß Frauen hier wohl nicht immer „mitgedacht" sind, zeigen die Ausnahmen, wo sie z. B. als „Stewardessen" (S. 161) oder „Flugbegleiterinnen" (S. 288) auftauchen.

291 Eine interessante, allerdings subjektive Beobachtung in diesem Zusammenhang führt zu dem Ergebnis, daß Personen des direkten Kundenkontaktes in call centers, Beschwerde- oder Verbraucherabteilungen überwiegend weiblich, die Leiter der Abteilung dagegen oft schon männlich sind, und diese Abteilungen selbst in den Unternehmungen oft keinen hohen Rang einnehmen. Diese Struktur ist deutlich ablesbar in der Mitgliederstruktur der Society of Consumer Affairs Professionals in Business (SOCAP), einem einschlägigen Verband in Europa und den USA.

292 Erste Fragestellungen für diesen Bereich wurden von *Butler/Brown*, 1994, erarbeitet.

Handlungsempfehlung für die Praxis, ohne die dahinterliegende Wertfrage zu thematisieren. Zwar plädiert *Berry* (1995, S. 243) dafür, daß Unternehmen eine gewisse Fairneß und ein Maß an moralischem Agieren an den Tag legen sollten, das über dem liegt, was rechtlich vorgeschrieben ist. Diesem Plädoyer liegt aber keine primär ethisch reflektierte und offengelegte Position zugrunde, sondern die Warnung vor ansonsten auftretenden negativen Ausstrahlungseffekten auf das Kundenbindungspotential [293].

Zusammenfassend lassen die Ausführungen erkennen, daß das Beziehungsmarketing eine wichtige Modifikation der traditionellen Marketingmanagement-Theorie ist, aber keineswegs ihr paradigmatischer Ersatz [294]. Innerhalb einer umfassenden Marketingtheorie hat das Beziehungsmarketing schnell eine dominante Position erarbeitet, was als ein Indiz dafür steht, daß hier wichtige neue Fragen gestellt und auch Antworten geliefert werden können. Dies wird in Zukunft auch so bleiben, wenn die Forschungsressourcen sowohl auf die spezielleren Probleme der Handlungsumsetzung und Implementation als auch auf die theoretische Fundierung gelenkt werden.

5.2.4.5 Dienstleistungsmarketing

> „Die Prinzipien des Marketing gelten in allen Bereichen der Wirtschaft und daher auch selbstverständlich im Dienstleistungssektor."
> *Ernest Kulhavy,* 1974, Sp. 459

Mit dieser Ansicht stand *Kulhavy* Mitte der 70er Jahre keineswegs allein da. Es entsprach dem damaligen Konsens, wenn bspw. *Bidlingmaier* (1973, S. 229) lapidar darauf verwies, daß die anhand von Sachleistungsbetrieben dargestellten produktpolitischen Strategien für Dienstleistungsbetriebe „entsprechend anzuwenden" seien. Gut 25 Jahre später ist aus dem „Stiefkind der Marketingwissenschaft" (vgl. *Berry,* 1980, S. 29) eine anerkannte Forschungsrichtung mit institutioneller Verankerung geworden [295]. Inzwischen wird von engagierten Vertretern dieser Richtung sogar schon von einer möglichen Substitution des Sachgütermarketing durch das Dienstleistungsmarketing gesprochen (vgl. *Meyer, A.,* 1998b, S. 1903). Diese These verweist momentan eher auf eine Euphorie angesichts des erreichten Forschungsstandes als auf eine sich in naher Zukunft vollziehende Entwicklung. Dennoch kann festgestellt werden, daß in ungewöhnlich kurzer Zeit das Dienstleistungs-

293 Anders dagegen *Bagozzi* (1995, S. 276), wenn er für Austauschbeziehungen Reziprozitäts-Normen diskutiert und diese als originär moralisches Verhalten versteht, das seiner Ansicht nach in der bisherigen Diskussion fehlt.

294 So auch *Backhaus* (1997, S. 29), der aufzeigt, daß zwar von einem Paradigmawechsel gesprochen wird, es hier aber an einem wissenschaftstheoretischen Verständnis des Paradigma-Begriffs fehlt.

295 Die Institutionalisierung reicht von Workshops, Konferenzen und Symposien bis hin zu eigenen Publikationsorganen und Instituten (vgl. als Übersicht im internationalen Kontext *Berry/Parasuraman,* 1993b). Für die deutsche Forschung sind insbesondere zu nennen der jährliche „Workshop Dienstleistungs-Marketing", die Schriftenreihe „Focus Dienstleistungs-Marketing" und seit 1998 der erste Lehrstuhl „ABWL und Dienstleistungsmanagement" an der Katholischen Universität Eichstätt in Ingolstadt, besetzt durch *Bernd Stauss.*

⊛ Nr. 16
„Geh nicht an mir vorüber, vielleicht kommen wir ins Geschäft
Ich biete jedem meine Freundschaft an, der Geld dafür hinlegt
Mich kann man kaufen, und es gibt mich im Sonderangebot."

Tote Hosen, 1993

marketing konzeptionelle Ansätze entwickelt hat, die nicht nur als spezielle Modifikationen zu verstehen sind, sondern auch Forschungsimpulse für die gesamte Marketingwissenschaft gegeben haben.

5.2.4.5.1 Identitätskern des Dienstleistungsmarketing

Frühe Vorarbeiten zum Dienstleistungsmarketing, wie die von *Berekoven* in der Bundesrepublik Deutschland von 1966, haben keine übermäßige Resonanz gefunden. Zwar gab es schon damals Prognosen über die zunehmende Relevanz des Dienstleistungssektors durch *Fourastié* (1954[1952]) mit seiner „Drei-Sektoren-Hypothese" oder durch *Bell* (1973), der den Weg in die „postindustrielle Gesellschaft" auf der Grundlage der Dienstleistungsentwicklung beschrieb, jedoch wurden seinerzeit diese ersten Anregungen wissenschaftlich noch nicht aufgegriffen. Eine historische Studie von *Berry* und *Parasuraman*[296] über die Etablierung des anglo-amerikanischen Services Marketing in den 80er und 90er Jahren, kommt zu dem Ergebnis, daß die Etablierung auf das Zusammentreffen mehrerer Kräfte zurückzuführen ist. Zum einen entstand eine starke *Praxisnachfrage* aufgrund einer wachsenden Unzufriedenheit mit den Anwendungsmöglichkeiten des Sachgütermarketing in den zunehmend wettbewerbsintensiven Dienstleistungsmärkten. Zum anderen gab es positive individuelle und institutionelle Kräfte auf *wissenschaftlicher Angebotsseite*. Individuell waren es junge *Wissenschaftler*, die den riskanten Weg gingen, ein wenig anerkanntes Forschungsfeld zu besetzen. Auffallend ist dabei, daß es sich um Personen handelte, die wie *Gummesson, Shostack* oder *Zeithaml* direkte Praxiserfahrung in Dienstleistungsunternehmen hatten oder wie *Berry, Brown* und *Grönroos* im Rahmen von Beratungen Praxiskontakte pflegten[297]. Daneben bedurfte es einer *institutionellen Infrastruktur*, die in den USA insbesondere durch die starke Förderung des Marketing Science Institute, der American Marketing Association oder ab 1985 dem Center for Services Marketing bereitgestellt wurde. Die institutionelle Förderung hat entscheidend zur Überwindung der generellen marketingwissenschaftlichen Skepsis bezüglich der Notwendigkeit eines Dienstleistungsmarketing beigetragen. Die empirisch signifikante Barriere des Fehlens an Lehrmaterial konnte so in den USA Mitte der 80er Jahre durch die Veröffentlichung erster Lehrbücher überwunden werden (vgl. z. B. *Lovelock*, 1984).

Als Identitätskern bildete sich somit für das Dienstleistungsmarketing primär die konzeptionelle Hilfe für existierende *Praxisprobleme von Dienstleistern* heraus. Ein weiteres Charakteristikum ist die Grenzüberschreitung auf mehreren Ebenen

---

[296] Die beiden Autoren gehören selbst zu den Initiatoren dieser Forschungsrichtung. Die Untersuchung wurde mittels Fragebogen und Expertenpanels durchgeführt (vgl. *Berry/Parasuraman*, 1993b).

[297] Signifikant ist dabei ebenso der vergleichsweise hohe Anteil weiblicher Forscher, die dieses Gebiet mit geprägt haben (z. B. *Zeithaml, Shostack, Bitner, Swartz, Suprenant*). Vor allzu schnellen Interpretationen, die dies bspw. auf eine „soziale Interaktionskompetenz von Frauen" zurückführen, sei hier allerdings gewarnt. Als individuelle Forschungsmotivationen wurden vielmehr die intellektuellen Herausforderungen eines neuen, interdisziplinären Gebietes genannt, das aufgrund der wenig greifbaren Leistungsobjekte ein hohes Abstraktionsniveau erfordert (vgl. *Berry/Parasuraman*, 1993b, S. 30).

(vgl. *Swartz/Bowen/Brown*, 1992, S. 2). Die Forschungsrichtung geht über *disziplinäre Grenzen* hinaus, indem sie neben der Marketingperspektive auch die Management-, Organisations- und Personalperspektive beinhaltet. Dies bedingt eine *funktionsübergreifende* Forschung, bei der eine unternehmensinterne funktionale Integration nicht nur als wünschenswert, sondern als Voraussetzung für ein erfolgreiches Dienstleistungsmarketing angesehen wird (vgl. *Bitner*, 1997, S. 3). Schon in einem frühen Stadium kam es zu einem *internationalen* Austausch von Arbeiten. Besonders prägend war für Europa die „Nordic School" mit skandinavischen Wissenschaftlern wie *Grönroos* oder *Gummesson* (vgl. *Meffert/Bruhn*, 1997, S. 19). Schließlich zeigt sich im internationalen Kontext auch die starke Tendenz einer *branchenübergreifenden* Orientierung. Diese bezog sich zunächst auf einen integrativen Ansatz für alle Dienstleister anstatt spezieller Ansätze für einzelne Branchen wie Tourismus-, Banken- oder Verkehrsmarketing. In den letzten Jahren wird institutionell eine Erweiterung vorgenommen, indem die Relevanz von Dienstleistungskomponenten im Handel oder der Industrie betont werden [298].

In *Deutschland* verlief die Etablierung eines Dienstleistungsmarketing dagegen „verzögert und zögerlich" (vgl. *Stauss*, 1992, S. 676). Es fehlte vor allem eine der USA vergleichbare institutionelle Infrastruktur zur Förderung des Wissenschaft-Praxis-Transfers und zum Abbau betriebswirtschaftlicher Vorbehalte gegenüber dem Untersuchungsobjekt „Dienstleistungen". Angefangen von *Nicklisch*, der noch 1922 davon sprach, daß die Betriebswirtschaftslehre nur Sachgüter kenne, bis hin zur Kennzeichnung von Dienstleistungsbetrieben als „unvollständige Betriebswirtschaften" oder „Hilfsbetriebe" zeigt sich historisch zunächst eine abwertende Haltung (vgl. *Berekoven*, 1966, S. 317). Dies hatte zur Folge, daß das deutsche Dienstleistungsmarketing von zwei Besonderheiten gekennzeichnet ist (vgl. *Stauss*, 1992, S. 676f.). Zum einen lag der deutsche Schwerpunkt zunächst stärker auf einer *branchenbezogenen Betrachtung*, was der generellen primären Entwicklungslogik innerhalb der deutschen Absatzlehre zur Etablierung neuer Forschungsbereiche entspricht. Auch wenn derzeit in Deutschland ein institutionelles Dienstleistungsmarketing an Bedeutung gewonnen hat, wird der weitere Schritt zum integrierten Dienstleistungsmarketing für Sach- und Dienstleistungsanbieter nicht generell positiv beurteilt [299]. Zum anderen ist in Deutschland die Arbeit an der grundsätzlichen Frage der *definitorischen und typologischen Bestimmung* von Dienstleistungen stärker ausgeprägt als im internationalen Kontext [300]. Autoren wie *Stauss* kritisieren diese spezifisch deutsche Forschungskonzentration mit dem Argument,

---

298 Vgl. *Belz*, 1997. Typisch dafür ist die Aussage von *Berry/Parasuraman* (1993a, S. 12) zum Verhältnis von Handels- und Dienstleistungsmarketing im Journal of Retailing, das den dienstleistungsspezifischen Forschungsarbeiten inzwischen einen hohen Stellenwert beimißt: „Retailing and service are inseparable. Not all service businesses are retailers, but all retailers are service businesses." Vgl. auch *Hansen* 1990, S. 156ff., die dem Handel die Doppelrolle als Dienst- und Sachleister einräumt.

299 Vgl. hier z. B. *Bruhn*, 1991, S. 22, der das Dienstleistungsmarketing als Marketing nur von Dienstleistungsunternehmen definiert oder *Meffert/Bruhn*, 1997, S. 20, die vor der abnehmenden Aussagekraft bei steigender Zahl an unterschiedlichen Untersuchungsobjekten warnen.

300 Stellvertretend hierfür kann auf eines der ersten deutschsprachigen Werke zum Dienstleistungsmarketing von *Scheuch* (1982) verwiesen werden. Während die organisatorischen und verhaltenstheoretischen Grundlagen sowie die instrumentalen Ausformungen auf ca. 70 Seiten behandelt werden, nimmt die sorgfältige Behandlung der konzeptionellen Grundlagen einen Raum von ca. 90 Seiten ein.

daß dadurch die Forschung an den inhaltlichen Marketingproblemen vernachlässigt würde. Zu Recht weisen sie darauf hin, daß eine „endgültig befriedigende" konsensuale Begriffsbestimmung noch nicht erarbeitet wurde und auch in Zukunft nicht zu erwarten ist. Sie berücksichtigen dabei aber zu wenig die oben dargestellten wissenschaftspragmatischen Unterschiede zur amerikanischen Forschungslandschaft, da die Legitimation im deutschen Wissenschaftskontext primär nur über eine grundlegende konzeptionelle Fundierung zu erwarten war, die hier kurz umrissen werden soll.

Dienstleistungen weisen einen hohen Grad an Heterogenität auf. Im Rahmen der *konzeptionellen Fundierung* sind methodisch die zwei Vorgehensweisen der Definition und der Typologie zu unterscheiden, die zunächst beide versuchen, eine ausreichende interne Homogenität bei möglichst hoher Trennschärfe zu Sachgütern zu gewährleisten.

❏ Die Integration des externen Faktors bei der Maßanfertigung eines Anzuges.

Quelle: *Hansen/Blüher,* 1993

Bei der *Dienstleistungsdefinition* steht normalerweise die Bestimmung konstitutiver Merkmale im Vordergrund. Eine Systematisierung der verschiedenen Definitionen kann anhand des bereits in *Kap. 5.2.4.1.1* angeführten Drei-Dimensionen-Modells vorgenommen werden.

– *Potentialorientierte Definitionen*
  Sie setzen an der Fähigkeit und Bereitschaft zur Leistungserbringung an (vgl. *Meyer/Mattmüller,* 1987, S. 187f.). Dienstleistungsanbieter brauchen also eine spezifische geistige oder körperliche Leistungsfähigkeit, die dem potentiellen Kunden zeitlich und räumlich zur Nutzung bereitgestellt wird. Daraus resultiert die marketingtheoretische Besonderheit, daß zunächst lediglich ein Leistungsverprechen angeboten werden kann und nicht die Leistung selber.

– *Prozeßorientierte Definitionen*
  Sie stellen die Integration des externen Faktors sowie die weitgehende Synchronisation von Leistungserstellung und Inanspruchnahme der Leistung dar (vgl. *Berekoven,* 1983, S. 23). Dies bedingt eine hohe Anforderung an die Abstimmung zwischen Produktion und Konsum von Dienstleistungen. Zudem beeinflußt der individuelle Konsument die Qualität des Leistungsprozesses, woraus erhebliche Standardisierungsprobleme erwachsen.

– *Ergebnisorientierte Definitionen*
  Sie sehen in der Immaterialität von Dienstleistungen das entscheidende konstitutive Merkmal (vgl. *Maleri,* 1973, S. 31). Nicht greifbare Leistungen, wie ein erlebtes Konzert, eine Übernachtung oder ein Flug, sind weder lager- noch transportfähig oder umtauschbar. Als spezifische Probleme ergeben sich daraus die schwierige Kommunizierbarkeit der Ergebnisse, komplexe Kapazitätsplanungen und die hohe Relevanz von Maßnahmen im Umgang mit unzufriedenen Kunden.

Im Verlauf der wissenschaftlichen Diskussion zeigte sich, daß die einzelnen Definitionsansätze entweder nicht alle Dienstleistungen erfassen oder ebenso auf Sachgüter zutreffen können. Zum Tragen kommt hier auch die bereits in *Kap. 5.2.4.2.1* beschriebene Tendenz hin zu hybriden Unternehmen. Zumeist läßt sich deshalb die pragmatische Vorgehensweise beobachten, daß ein Bezug auf alle drei konstitutiven Merkmale erfolgt. Eine andere Vorgehensweise akzeptiert die Unschärfen der Marketingpraxis und konzentriert sich stärker auf *Typologisierungen*. Hierbei werden je nach Fragestellung verschiedene Dienstleistungen über kontinuierliche Kriterien zusammengefaßt. Ziel ist dabei die Entwicklung von Typen mit einheitlichen Implikationen für das Marketing. Als Beispiele können folgende Kriterien genannt werden:

– persönliche versus automatisierte Dienstleistungen
 (Arzt - Waschanlage),

– konsumtive versus investive Dienstleistungen
 (Restaurant - Unternehmensberatung),

– am Objekt versus an Personen verrichtete Dienstleistungen
 (Kfz Werkstatt - Bräunungsstudio),

– individuelle versus kollektive Dienstleistungen
 (Friseur - Sportveranstaltung),

– Dienstleistungen im unmittelbaren versus mittelbaren Kundenkontakt
 (Taxi - Telefon-Banking).

Diese Kriterien können fast beliebig erweitert werden (vgl. als Überblick *Corsten*, 1988, S. 24f.) und werden trotzdem die Vielfalt von Dienstleistungen nicht vollständig erfassen. Sie sind dennoch nützlich, da durch die Kombination der Kriterien mehrdimensionale Profile formuliert werden können, die vermeintlich heterogene Dienstleister aufgrund gemeinsamer Problemlagen identifizieren.

5.2.4.5.2 *Dienstleistungsqualität als zentraler Forschungsansatz*

Das Dienstleistungsmarketing impliziert als Grundgedanken die Orientierung an den Kundenbedürfnissen. Daran anknüpfend kristallierte sich als Grundproblem die Fokussierung von Dienstleistern auf *interne Leistungsprozesse* heraus. Die damit verbundenen Fragen wurden seit den 80er Jahren mit dem Konzept der *Dienstleistungsqualität* erforscht, das die Theorie des Dienstleistungsmarketing seitdem nachhaltig prägte[301]. Im Vordergrund stehen dabei Überlegungen zur konzeptionellen Erfassung der Kundenwahrnehmung von Dienstleistungen, zur empirischen Messung sowie zu den daran ansetzenden strategischen und operativen Möglichkeiten einer Steuerung der Dienstleistungsqualität.

---

301 „The single most researched area in services marketing, to date, is service quality." (*Fisk/Brown/Bitner*, 1995, S. 14f.)

Ähnlich wie bei der Definition von Dienstleistungen existiert eine Vielzahl von definitorischen und konzeptionellen Ansätzen. Grundsätzlich können als Vorgehensweise die *objektiv-leistungsbezogene* und die *subjektiv-konsumentenbezogene* Bestimmung der Qualität unterschieden werden. Während aber bei Sachgütern die Leistungen angefaßt, gemessen und unabhängig vom Konsumenten untersucht werden können, ergeben sich bei Dienstleistungen erhebliche Probleme durch die Immaterialität und Integration der Konsumenten (vgl. *Meyer/Tostmann*, 1978, S. 289). Die Dienstleistungsqualität kann oft nur während der Leistungserstellung

❏
Die Lufthansa Anzeige von 1995 stellt die subjektiv erlebte Qualität in den Vordergrund. Sowohl auf der argumentativen als auch auf der ästhetischen Ebene wird die affektive Erfahrunskomponente des Leistungsangebotes betont.

Quelle: Stern, H. 11, 1995

beurteilt werden und ist stärker vom subjektiven Empfinden der Kunden geprägt. Insofern konzentrierten sich die Forschungsbemühungen des Dienstleistungsmarketing von Beginn an auf die Ergänzung oder Substitution einer objektiven Qualität durch die *subjektiv erlebte Qualität*[302].

Im Rahmen der Entwicklung konzeptioneller Qualitätsmodelle stellte sich zunächst die Frage nach den wahrgenommenen *Dimensionen der Dienstleistungsqualität*. Von besonderer Bedeutung sind die folgenden Ansätze:

- *Grönroos* (1984) differenziert zwischen der *technischen* und der *funktionalen* Qualitätsdimension. Die technische Dimension beinhaltet den Umfang der Leistungen und steht primär für die objektive Qualitätsdimension. Die funktionale Dimension wird als „Art und Weise" des Leistungsangebotes aus subjektiver Konsumentensicht verstanden. Hinzu kommt das Image des Anbieters, das durch die bisher erfahrene Qualität geprägt ist und als Wahrnehmungsfilter wirkt.

- *Zeithaml* (1981) unterscheidet als Dimensionen die „search-", „experience-" und „credence qualities". *Search qualities* (Suchkomponente) beziehen sich auf die Potentialfaktoren der Dienstleister und können vor dem Kauf beurteilt werden. Die *experience qualities* (Erfahrungskomponente) spielen während der Leistungserstellung eine Rolle und *credence qualities* (Vertrauenskomponente) umfassen Qualitätsmerkmale, die Konsumenten erst später oder überhaupt nicht beurteilen können. Typischerweise dominieren bei Dienstleistungen die Dimensionen der experience und credence qualities[303].

- In Anlehnung an das Modell von *Donabedian* (1980) beschreibt das Qualitätsmodell von *Meyer/Mattmüller* (1987) die Verknüpfung von vier Qualitätsdimensionen: Die *Potentialqualität der Anbieter* als erwartete Qualität der Konsumenten; die *Potentialqualität der Nachfrager* als Beeinflussung der Qualität durch die Integration der Konsumenten; die erfahrene *Prozeßqualität* als Interdependenz der Potentialqualitäten während der Leistungserstellung sowie die resultierende *Ergebnisqualität*, die die sofortigen und späteren Auswirkungen der Dienstleistungen beim Konsumenten beinhaltet.

Am einflußreichsten wurde das sog. *SERVQUAL-Modell* von *Parasuraman, Zeithaml* und *Berry* (1985, 1988), das über die konzeptionellen Überlegungen hinaus den Vorteil einer empirischen Fundierung besitzt. Die Autoren definieren die Dienstleistungsqualität als „… the consumer's judgement about an entity's overall

---

302 Vgl. zur Diskussion des Qualitätskonzepts im traditionellen (Sachgüter-) Marketing *Wimmer*, 1975; *Weinberg/Behrens*, 1978. Eine Anbindung zeigt sich daneben zur Qualitätsdiskussion im Zusammenhang mit Konzepten wie dem „Total Quality Management" (vgl. *Kap. 5.2.4.2.2*). Während das dortige Qualitätsverständnis anfänglich sehr technologisch, produktzentriert geprägt war, entwickelte sich für den Dienstleistungszusammenhang schneller ein Qualitätsverständnis aus Konsumentenperspektive, da im Gegensatz zu TQM-Konzepten von Beginn an Marketingwissenschaftler involviert waren (vgl. *Grönroos*, 1997[1994], S. 352).

303 Vgl. *Kap. 5.2.3.1* zur informationsökonomischen Interpretation dieser Qualitätsdimensionen.

excellence or superiority" (*Parasuraman/Zeithaml/Berry*, 1988, S. 15) und betrachten sie damit als ein globales, einstellungsähnliches Konstrukt. Aufgrund von empirischen Untersuchungen unterscheiden sie folgende fünf Qualitäts-dimensionen:

„Tangibles:	Physical, facilities, equipment, and appearance of personnel
Reliability:	Ability to perform the promised service dependably and accurately
Responsiveness:	Willingness to help customers and provide prompt service
Assurance:	Knowledge and courtesy of employees and their ability to inspire trust and confidence
Empathy:	Caring, individualized attention the firm provides its customers"

A. Parasuraman; Valarie A. Zeithaml; Leonard L. Berry, 1988, S. 23

Ansatzpunkt für die Messung der Dienstleistungsqualität ist die Konzeptionalisierung des Qualitätskonstrukts als Divergenz zwischen erwarteter und erlebter Dienstleistung. Die theoretische Grundlage bildet hierfür das „gap-Modell der Dienstleistungsqualität", wie es in *Abb. 5-21* dargestellt ist.

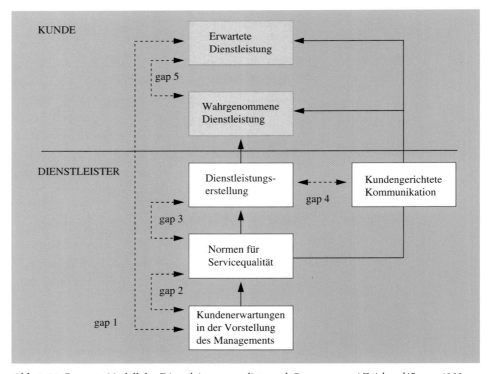

Abb. 5-21: Das gap-Modell der Dienstleistungsqualität nach Parasuraman/ Zeithaml/Berry, 1985, S. 44

Das gap-Modell integriert die konsumenten- und anbieterbezogene Qualitäts-wahrnehmung. Durch SERVQUAL können Richtung und Größe der gaps zwischen erwarteter und wahrgenommener Dienstleistungsqualität ermittelt werden (gap 5). Indem durch die weiteren gaps 1 bis 4 dessen Ursachen betriebsintern verfolgt werden können, liefert dieses Modell auch Ansatzpunkte für die Qualitätssteuerung.

Das Modell der Dienstleistungsqualität nach *Parasuraman/Zeithaml/Berry* ist theoretisch ein dominanter Bezugspunkt der Qualitätsforschung und wurde in der Unternehmenspraxis vielfach umgesetzt (vgl. zu Anwendungsstudien *Buttle,* 1996, S. 8). Neben den Vorzügen der sorgfältigen wissenschaftstheoretischen Entwicklung des SERVQUAL-Meßinstrumentes, der konzeptionellen Einbettung und der Praktikabilität wird in der Literatur aber auch zunehmend Kritik an dem theoretischen und methodischen Vorgehen artikuliert[304].

Über die Modifikation des SERVQUAL-Modells hinaus zeigt sich in den letzten Jahren ein starkes Interesse an anderen Vorgehensweisen zur konzeptionellen und empirischen Erfassung der Dienstleistungsqualität. Ansatzpunkte sind hier nicht die einzelnen Qualitätsmerkmale, sondern die verschiedenen Ereignisse während des Dienstleistungsprozesses. Diese *ereignisorientierten Qualitätsmodelle* basieren auf der Annahme, daß Konsumenten wegen der dominanten „experience" und „search qualities" ihr Qualitätsurteil durch eine episodische Verarbeitung einzelner konkreter Situationen bilden. Derartige Situationen werden technisch als Kontakt-punkte bezeichnet oder (ausdrucksstärker) als „Momente der Wahrheit" umschrieben (vgl. *Stauss,* 1991a, S. 348). Verbreitete Verfahren zur empirischen Erfassung sind die Beschwerdeanalyse, die Sequentielle Ereignismethode, die als phasenorientierte Kundenbefragung alle Kundenkontaktsituationen zu erfassen versucht und insbesondere die „*Critical Incident Techique* (Methode der Kritischen Ereignisse)". Bei diesem aus der Arbeitspsychologie stammenden qualitativen Verfahren (vgl. *Flanagan,* 1954) werden Konsumenten aufgefordert, besonders positive oder negative Erlebnisse mit dem betreffenden Dienstleister zu erzählen (vgl. *Bitner/Booms/Tetreault,* 1990, S. 73; *Stauss,* 1993). Da keine standardisierte Vorgabe von Qualitätsmerkmalen wie bei SERVQUAL erfolgt, besteht der Vorteil in konkreteren und situationsspezifischeren Qualitätsinformationen. Während sich dies in einer empirischen Vergleichsstudie von *Stauss/Hentschel* (1992) auch bestätigte, wurde andererseits deutlich, daß beide Verfahren zu unterschiedlichen Ergebnissen über die wahrgenomme Gesamtqualität gelangen können. Merkmalsorientierte Modelle scheinen eher die Routinequalität und ereignisorientierte Modelle die Ausnahmequalität abzubilden (vgl. zu dieser Unterscheidung *Berry,* 1986). Diese Ausnahmequalität hat neben den Profilierungspotentialen eine besondere strategi-

---

[304] *Theoretisch* dominiert eine Kritik an der mangelnden Klärung der Beziehungen zu konzeptionell verwandten Konzepten, wie Zufriedenheit oder Einstellung zum Dienstleister (vgl. *Buttle,* 1996, S. 250). Zu einem modifizierten Zufriedenheitsmodell, das eine engere Anbindung an die Dienstleistungsqualität ermöglicht vgl. *Stauss/Neuhaus,* 1995. *Methodisch* setzt die Kritik an der Befragungstechnik in SERVQUAL an (vgl. *Hentschel,* 1991b, S. 333).

In dem Roman „The Mezzanine" besteht der gesamte narrative Handlungsstrang aus dem Kauf eines Paar Schnürsenkels. Der Autor *Nicholson Baker* nimmt diesen Kaufakt zum Ausgangspunkt einer umfassenden Reflexion der Konsumerfahrungen des Protagonisten. In dieser „Phänomenologie des Konsums" gerät ein scheinbar profaner Akt des Bezahlens zu einem prägenden Moment für die wahrgenommene Dienstleistungsqualität. Hierbei wird deutlich, daß sich die Kritischen Ereignisse nicht nur auf die objektiv zentralen Kundenkontakte beziehen, sondern entscheidend über die subjektiv empfundene Interaktion mit dem Dienstleister definiert sind.

„Vor jeder Kasse stand eine Schlange. Ich studierte die Technik der Kassiererinnen und wählte die mir am geschicktesten erscheinende, eine Inderin oder Pakistani in einem blauen Pullover, obwohl ihre Schlange zwei Menschen länger war als jede andere, denn ich war zu dem Schluß gekommen, daß das Verhältnis der Kassiergeschwindigkeit einer schnellen, geschickten Eintipperin zu der einer langsamen, dummen drei Abwicklungen zu einer betrug; so unterschiedlich waren die menschlichen Fähigkeiten und die angeborene Intelligenz – sogar vier zu einer, wenn anspruchsvolle Abwicklungen hinzukamen wie Geldrückgabe oder das Auftauchen eines Artikels, dessen Preis im alphabetischen Ausdruck nachgesehen werden mußte, weil die Packung nicht ausgezeichnet war. Diese Inderin war ein echter Profi: Sie legte die Artikel in die Tüte, während sie sie eintippte, wodurch sie darum herumkam, alles zweimal in die Hand nehmen zu müssen, und sie wartete nicht ab, ob der Kunde den genauen Betrag zur Hand hatte: sie hatte gelernt, daß, wenn der Typ sagte: ‘Moment, ich glaub, ich hab's passend!', die Wahrscheinlichkeit groß war, daß sich nach dem ganzen Angeln und Handtellerzählen das Münzsortiment als

sche Bedeutung, da sich hier die „Bewährungsprobe für das Qualitätsmanagement" (*Stauss/Hentschel*, 1992, S. 121) zeigt. Beide Modelle beleuchten insofern unterschiedliche Aspekte der Dienstleistungsqualität. Sie stellen keine Alternativen sondern sich ergänzende Vorgehensweisen dar.

5.2.4.5.3 Strategische und instrumentelle Ansätze

Strategische Forschungsschwerpunkte
Bei der Herausarbeitung der Spezifika des Dienstleistungsprozesses wurde lange Zeit die Frage nach der strategischen Ausrichtung des Dienstleistungsmarketing vernachlässigt (vgl. *Laib*, 1998, S. 510). Als mögliche Ursache dafür wird eine Trivialisierung des Dienstleistungsmarketing gesehen, worunter die Beschränkung auf operative Maßnahmen und dabei insbesondere auf die Gestaltung der Kundenkontakte verstanden wird (vgl. *Heskett/Sasser/Schlesinger*, 1997, S. 6). Als Problem erweist sich bei einer derartigen inhaltlichen Reduktion des Dienstleistungsmarketingkonzeptes das oberflächliche Verständnis der Qualitätsorientierung, das sich nach *Meyer, A.*, (1998a, S. 5) teilweise darauf beschränkt, „… lediglich freundlich gegenüber den Kunden zu sein, bedingungslose Garantien zu offerieren und alle Wünsche der individuellen, nimmersatten Kunden zu erfüllen.". Dem steht ein strategisches Verständnis gegenüber, daß die Qualitätsorientierung auf Basis einer zielgruppenspezifischen Rentabilitäts- und Bedürfnisanalyse umsetzt (vgl. *Grönroos*, 1997[1994], S. 350) [305]. Damit verbindet sich der Gedanke, daß die Konzentration auf eine verbesserte Dienstleistungsqualität keineswegs als Alternative zu Ökonomisierungssrategien (Effizienzsteigerungen, Kostenreduktion, Ausschöpfung von Skaleneffekten etc.) gesehen werden muß. Im Dienstleistungskontext ist vielmehr der enge Produktivitätsbegriff, der nur interne Leistungsprozesse berücksichtigt, auf die externe Interaktion mit dem Kunden zu erweitern. Eine verbesserte Qualität kann somit auch zu effizienteren Dienstleistungsprozessen führen. Darüber hinaus wächst die Zahl empirischer Untersuchungen, die eine enge Beziehung zwischen der Qualität angebotener Dienstleistungen und dem unternehmerischen Erfolg belegen (vgl. *Reichheld/Sasser*, 1990; *Zahorik/Rust*, 1992).

Eine modellhafte Umsetzung von Erfolgswirkungen der Dienstleistungsqualität leistet die „Service Profit Chain" nach *Heskett et al.* (1994). Hierbei wird von einer positiven Beziehung zwischen Mitarbeiterzufriedenheit- und -bindung, Dienstleistungsqualität sowie Kundenzufriedenheit- und -bindung ausgegangen, die schließlich positiv Gewinn- und Wachstumsgrößen beeinflußt. Obwohl die Ausformung einzelner exakter Variablenbeziehungen noch diskutiert wird, ist die grundsätzliche Wirkungskette allgemein in der Literatur akzeptiert. Für das strategische Dienstleistungsmarketing ergibt sich dadurch die *Besonderheit* einer integrativen Planung und Steuerung von *mitarbeiterzentrierten und kundenzentrier-*

---

305 Vgl. auch die Studie von *Sutton/Rafaeli*, 1988, bei der für bestimmte Verkaufssituationen eine intensive, freundliche Zuwendung zum Kunden sich auch negativ auf die wahrgenommene Dienstleistungsqualität auswirken kann.

unzulänglich erweisen und er sagen würde: 'Tut mir leid, doch nicht', um ihr einen Zwanzig-Dollar-Schein zu reichen. Sie schloß die Kassenlade mit der Hüfte und riß den Bon fast im selben Moment ab, und wie sie den verchromten Griff-hefter handhabe, der mit einer Kette am Kassenstand befestigt war, ließ auf dem Gebiet des Tütenzu-heftens keine Wünsche offen. Sie kam erst in Schwierigkeiten, als sie der Frau vor mir (Pinzette, Vaseline Intensivpflege, Trident Kaugummi, nacktfarbene Strümpfe und eine Schachtel Marlboro Light 100s) herausgeben wollte und ihr die Dimes ausgingen. Die Münzrolle bestand aus dickem, verschweißtem Plastik. Es kostete sie zehn Sekunden gelassenen, ausdruckslosen Biegens und Brechens, vier Dimes in den Münztrog zu drücken. Und trotz dieses Rückschlags rückte ich mit meinen Schnürsenkeln schneller zu ihr vor, als es bei jeder anderen Kassiererin der Fall gewesen wäre. (Um die Wahrheit zu sagen, ich hatte sie schon früher beobachtet, wenn ich in dem Geschäft war, um Ohrstöpsel zu kaufen, und wußte daher schon, daß sie die schnellste war.) Ich brach einen Zehner an. Sie legte mir die Scheine in die Hand und ließ die losen Münzen in die von den Scheinen gebildete Kuhle fallen – die risiko-reichste, gewandteste Art, wodurch ich eine Hand für die Tüte frei hatte und die zuweilen peinliche Berüh-rung der warmen Hand eines Fremden vermieden werden konn-te. Ich hätte ihr gern gesagt, wie flink sie sei, wie sehr es mir gefiele, daß sie die Bewegungen und Abkürzungen herausbekommen hatte, durch die Bargeldabwicklun-gen weiterhin vergnüglich blieben, doch es schien keine unpeinliche Art und Weise zu geben, dies zu übermitteln. Sie lächelte und nickte mir zeremoniell zu, und ich hatte meine Besorgung erledigt und ging."

Nicholson Baker, (1993[1988]), S. 194 – 196.

ten *Maßnahmen*. Nach *Kotler/Bliemel* (1995, S. 715f.) liegt der strategische Aus-gangspunkt in der Triade des Dienstleistungsunternehmens, der Mitarbeiter und der Kunden. Kritische Erfolgsgrößen sind somit die externen kundengerichteten Marketingmaßnahmen, die internen mitarbeitergerichteten Marketingmaßnahmen sowie die Koordination der Mitarbeiter-Kunden-Interaktion, die das zentrale Ele-ment der Leistungserstellung bildet.

Als primäre Forschungsgebiete haben sich aus diesen strategischen Besonderheiten die Implikationen für die Organisations- und Managementebene entwickelt. Be-züglich der *organisatorischen Konsequenzen* wird die These vertreten, daß die dienstleistungsorientierte Unternehmensorganisation auf veränderten Prinzipien aufbauen sollte (vgl. *Swartz/Bowen/Brown*, 1992, S. 7). Ansatzpunkt bildet die zentrale Bedeutung der Kundenkontaktsituation, aufgrund derer zwischen „front office"- und „back office"-Personal unterschieden wird (vgl. *Chase/Tansik*, 1983). Ersteres interagiert mit dem Kunden in den „Momenten der Wahrheit" und prägt somit weitestgehend die wahrgenommene Dienstleistungsqualität und das Unter-nehmensimage. Das back office-Personal übt eine unterstützende Funktion für den Leistungserstellungsprozeß aus, so daß sich die Organisationsprinzipien nicht wesentlich von denen unterscheiden, die für Mitarbeiter in industriellen Unterneh-men gelten. Das front office-Personal benötigt dagegen ein neues Rollenverständ-nis. Durch das synchrone Prinzip der Leistungserstellung und -nachfrage und die jeweils individuelle Ausgestaltung der Leistungsprozesse müssen diese Mitarbeiter Entscheidungen treffen, die traditionell eher als operative Entscheidungen vom mittleren Management getroffen werden. Um eine hohe Dienstleistungsqualität zu sichern, wird deshalb der Abbau von Hierarchiestufen gefordert (vgl. *Meffert/ Bruhn,* 1997, S. 497). Die Mitarbeiter, die letztendlich die größte Verantwortung für die Dienstleistungsqualität tragen, sollen auch in die Lage versetzt werden, entsprechende Entscheidungskompetenzen zu besitzen (Empowerment des front office-Personals).

Für das *Management* ergibt sich als Konsequenz dieser größeren Selbstständigkeit und Entscheidungsfreiheit ein Wandel im Rollenverständnis hin zu einer Coach-ing- und Unterstützungsfunktion. Damit stellt sich gleichzeitig die Frage nach adäquaten Steuerungsmechanismen, die eine hohe Dienstleistungsqualität sichern können. *Benkenstein* (1993, S. 1108ff.) unterscheidet hier drei idealtypische Ansät-ze: Zum einen können Qualitätsstandards entwickelt und vorgegeben werden (vgl. auch gap 2 im oben dargestellten SERVQUAL Modell). Derartigen *technokrati-schen Ansätzen* fehlt allerdings eine ausreichende Flexibilität bei schwer standardi-sierbaren und individuell ausgeprägten Dienstleistungen. *Strukturorientierte Ansätze* versuchen, diesen Mangel durch die Einrichtung von funktionsüber-greifenden Qualitätsabteilungen oder -zirkeln zu beheben. Zwar ist dadurch eine sachliche Flexibilität besser zu gewährleisten, es muß aber auch ein erhöhter Koor-dinationsaufwand berücksichtigt werden. Insofern besitzen *kulturorientierte Ansätze* (in Kombination mit den anderen) einen hohen Attraktivitätsfaktor für die Steuerung in Dienstleistungsunternehmen. Sie erlauben eine Führung, Unterstützung und Kontrolle der Mitarbeiter durch geteilte Wertvorstellungen, Verhaltensnormen sowie Denk- und Handlungsweisen [306]. Die Verankerung einer integrativen Dienstleistungskultur, in der die wahrgenommene Dienstleistungsqualität in den Mittelpunkt des unternehmerischen Handelns gestellt wird, bedeutet somit auch einen Wandel des funktionsorientierten Marketingverständnis hin zu der Sichtweise der marktorientierten Unternehmensführung (vgl. *Meffert*, 1998a, S. 124). Allerdings darf eine Dienstleistungskultur nicht als „Allheilmittel" für die Lösung aller Probleme betrachtet werden. Sie kann allenfalls mittel- bis langfristig verändert werden und ist zudem differenziert zu betrachten, denn es existieren stets verschiedene mehr oder weniger aufeinander bezogener Subkulturen.

Instrumentelle Forschungsschwerpunkte
In *Kapitel 5.2.4.3* wurde bereits auf die Forderung nach einem modifizierten Systematisierungsansatz für die Instrumente des Dienstleistungsmarketing hingewiesen. Neben den meist aus der anglo-amerikanischen Literatur stammenden Erweiterungsansätzen finden sich auch Bestrebungen, gänzlich neue Systematisierungen anzuwenden. So bevorzugt z. B. *Meyer, A.,* (1998a, S. 15) eine Orientierung an Aufgaben bzw. Funktionen, die jeder Dienstleister zu lösen hat. Weiterhin findet sich eine Systematisierung nach den Qualitätsdimensionen der Potentiale, Prozesse und Ergebnisse, die Ansatzpunkte für gestalterische Maßnahmen bilden. Im folgenden soll die Darstellung ausgewählter Forschungsfragen aus dem Dienstleistungsmarketing den traditionellen Instrumentalbereichen zugeordnet werden. Dieses Vorgehen entspricht unserer grundsätzlichen Position, daß die herkömmliche Marketingmix-Idee eine genügend offene Struktur bietet, die eine Abwendung von dieser elementaren Bezugsidee des Marketing nicht rechtfertigt.

Im Rahmen der *Produktpolitik* ist die Problematik des dynamischen, sich fortwährend wandelnden Leistungsprogramms ein zentrales Thema. Grund dafür ist der immaterielle und interaktive, von der Beteiligung der Konsumenten abhängige Leistungsprozeß. Bei der Bestimmung des Leistungsprogramms werden – mit unterschiedlichen Terminologien – als *Leistungsebenen* die Kernleistung mit dem Bezugspunkt des primären Kundennutzens und die *ergänzenden Leistungen* unterschieden, deren Bedeutung aufgrund des zunehmenden Wettbewerbs steigt (vgl. *Meyer/Dullinger,* 1998, S. 728). Die Komplexität der Gestaltung von Dienstleistungen wird deutlich, wenn darüber hinaus die Potential-, Prozeß- und Ergebnisebene zur Beschreibung des Leistungsprogramms einbezogen werden. Desweiteren determinieren Entscheidungen zu der Art und Weise der *Kundenintegration* das Leistungsprogramm. Dies wird bei *Wimmer/Zerr* (1995) mit der Frage des adäquaten Leistungsverbunds diskutiert und bei *Corsten* (1995) mit der Frage der Internalisierung und Externalisierung. Danach kann die räumlich-zeitliche Integration des Kunden variiert werden durch eine Verlagerung der zu erbringenden Leistungen auf den Kunden (Externalisierung) oder durch Übernahme weiterer

---

306 Vgl. zu diesem Verständnis von Unternehmenskultur *Heinen/Dill*, 1990, S. 17.

❏
Die sogenannten „ergänzenden Leistungen" stehen bei dem Volkswagen Leasing im Mittelpunkt der Argumentation.

Quelle: ZEIT Magazin, H. 38, 1996

Leistungen durch den Anbieter (Internalisierung). Die Relevanz der *zeitlichen Dimension* für das Leistungsangebot betont *Stauss* (1991b, S. 81), der in diesem Sinne Dienstleistungen als „kundenorientierte Zeitverwendungsangebote" versteht. Gestaltungsmöglichkeiten bieten hier die Minimierung von Transfer-, Abwicklungs- und Wartezeiten, die Optimierung der Transaktionszeit (Zeitvertreib oder Zeitersparnis) und die Beeinflussung der subjektiven Zeitwahrnehmung.

Im Rahmen der konkreten Leistungsgestaltung hat das Planungsinstrument Blueprinting (vgl. *Shostack,* 1987) eine große Bedeutung gewonnen. Hierbei handelt es sich um ein graphisches Ablaufdiagramm der Dienstleistungsaktivitäten und -prozesse. Es wird mit dem Ziel erstellt, alle Haupt- und Unterstützungsfunktionen vollständig zu erfassen, die aus Anbieter- und Nachfragerperspektive nach sichtbaren und unsichtbaren Prozeßschritten entlang der „line of visibility" differenziert werden.

Als besondere Herausforderung für die *Kommunikationspolitik* steht das *Visualisierungs- und Argumentationsproblem* aufgrund der Immaterialität der angebotenen Leistungen im Vordergrund. Dienstleistungsspezifische Optionen werden in der Verwendung von Surrogaten gesehen, die durch eine Materialisierung und/oder Personifizierung das Leistungsangebot für den Konsumenten „erfaßbar" machen (vgl. *Schulze,* H.,1993, S. 150). Bezüglich der Argumentation erweisen sich als spezifische Probleme die Unsicherheit aufgrund der dominanten Erfahrungs- und Vertrauensqualitäten sowie das hohe Risiko wegen der begrenzten Reversibilität. Insofern wird der persönlichen Kommunikation eine hohe Bedeutung beigemessen. Auf der konzeptionellen Ebene zeigt sich, daß im Dienstleistungsmarketing die Leistungspolitik große *Überschneidungen* mit der Kommunikationspolitik aufweist. Zum einen stellt die Kommunikation oftmals ein wesentliches Leistungsmerkmal dar (z. B. bei Beratungen). Zum anderen zeigen Qualitätsmodelle wie SERVQUAL die hohe Beeinflussung der Dienstleistungsqualität durch die externe Kommunikation. Zunächst stand dabei die Modifikation der wahrgenommenen Leistung im Vordergrund. Inzwischen wird zunehmend auch das kommunikative Management der erwarteten Leistungen erforscht (vgl. *Swartz/Bowen/Brown,* 1992, S. 5). Aufgrund der Komplexität und Vielzahl von Einzelmaßnahmen, die zudem auch die internen Kommunikationsmaßnahmen zu berücksichtigen haben, wird verstärkt das Konzept der *integrierten Kommunikation* auf das Dienstleistungsmarketing übertragen und ausgebaut. Durch die einheitliche Planung und Organisation der verschiedenen externen und internen Kommunikationsmaßnahmen soll gewährleistet werden, daß den Zielgruppen ein einheitliches Unternehmens- und Leistungsbild kommuniziert wird (vgl. *Bruhn,* 1995a, S. 13).

Die meisten Alamo Schalter haben zwei Beine.

Die Personifizierung des Leistungsangebots bei der Anzeige der Autovermietung Alamo aus dem Jahr 1997.

Quelle: *Schalk/Thoma/ Strahlendorf,* 1997

Dienstleistungen sind aufgrund ihres immateriellen Charakters normalerweise nicht handelbar. *Distributionspolitisch* steht deshalb primär der direkte Absatzweg im Vordergrund, der unmittelbar (z. B. durch ein einzelnes Restaurant) oder mittelbar (z. B. durch ein Franchisesystem) organisiert sein kann. Handelbar sind dagegen Leistungsversprechen wie Eintrittskarten oder Fahrkarten (vgl. *Hilke,* 1989, S. 24). An Bedeutung gewinnt die Diskussion logistischer Probleme, die sich nicht auf die Dienstleistung selbst beziehen, sondern auf den Transport von Anbietern, Kunden oder materiellen Objekten (vgl. *Meffert/Bruhn,* 1997, S. 443).

Dienstleistungsspezifische Probleme der *Preispolitik* resultieren auf Anbieterseite aus der ständigen Leistungsbereitschaft der Potentiale und der damit verbundenen hohen Fixkostenbelastung sowie aus der schwankenden Auslastung von Kapazitäten. Weitere preisrelevante Besonderheiten auf Konsumentenseite liegen darin, daß für die Konsumenten nicht-monetäre Kosten wie Anreise- oder Wartezeiten in die Preiswahrnehmung einfließen, aufgrund der Unsicherheiten der Qualitätswahrnehmung die Preise eine starke Wirkung als Qualitätsindikatoren entfalten und gleichzeitig die Leistungsqualität über preisinduzierte Erwartungen beeinflussen.

Als konzeptionelle preispolitische Ansätze werden derzeit stark das Yield Management und die Preisbündelung diskutiert. Das *Yield Management* setzt vor allem an der schwierigen Kapazitätsplanung an. Hierbei handelt es sich um Verfahrensweisen zur ertragsorientierten Preis-Mengen-Steuerung (vgl. *Daudel/Vialle*, 1992, S. 35). Das Ziel besteht darin, über Preisänderungen im Zeitablauf eine gewinnoptimale Kapazitätsnutzung zu erreichen. In der Praxis werden derartige preispolitische Strategien vor allem bei Fluglinien und Hotelunternehmen eingesetzt [307]. Trotz einer positiven Praxisresonanz ist aber auch auf die möglichen Risiken hinzuweisen, die aus der starken Konzentration auf den kurzfristigen Gewinn oder aus negativen Kundenreaktionen aufgrund unterschiedlicher Preise resultieren (vgl. *Zeithaml/Bitner*, 1996, S. 404). Mit der *Preisbündelung* wird versucht, ebenfalls die Kapazitätsauslastung zu verbessern und zusätzlich das empfundene Risiko der Kunden zu minimieren (vgl. *Guiltinan*, 1987; *Diller*, 1993). Ansatzpunkte sind hier die verschiedenen Kombinationen aus der Wahl zwischen einzelnen Leistungsangeboten oder einem preisreduzierten „Servicepaket".

Die Einbeziehung *personalpolitischer Maßnahmen* wird damit begründet, daß im Dienstleistungsbereich die Personalpolitik nicht als ein vom Marketing zu trennender Teil der Unternehmensführung angesehen werden kann. Vielmehr wird für ein erfolgreiches Dienstleistungsmarketing eine integrierte Kunden- und Mitarbeiterorientierung gefordert (vgl. *VomHoltz*, 1997). Dabei kommt ein Verständnis vom Internen Marketing zum Tragen, das primär zur personalbezogenen Absicherung einer externen Marketingstrategie dient (vgl. zum Internen Marketing *Kap. 5.2.4.2.2*). Zu berücksichtigen ist dabei die zentrale Rolle der Mitarbeiter im Rahmen von Dienstleistungsunternehmen. Sie stellen einen wichtigen Qualitätsindikator dar, bestimmen in entscheidendem Maße das Unternehmensimage und prägen über ihre Kompetenz die Kundenbindung. Da die Leistungserstellung nicht ohne die Mitarbeiter denkbar ist, können sie als integrale Bestandteile der Dienstleistung angesehen werden (vgl. *Stauss*, 1991d, S. 261).

Einen zentralen Ansatz personalpolitischer Maßnahmen stellt das oben angesprochene *Empowerment* dar. Es orientiert sich als Konzept des Dienstleistungsmarketing an der Rolle des Mitarbeiters als „part-time-marketer" (vgl. *Gummesson*, 1987, 1990; *Bowen/Lawler* III, 1992;). Damit die Mitarbeiter den hier vorgeschlagenen erweiterten Entscheidungsspielraum ausführen können und wollen, sind Maßnahmen der Personalentwicklung und der Gestaltung von Anreizstrukturen wichtig. Zur Implementierung von Empowermentstrategien wurden Personalmanagement-Systeme erarbeitet, die sich insbesondere an dem Konzept des Change Management orientieren (vgl. *Reiß/Rosenstiel/Lanz*, 1997).

❏
Die Anzeige von 1995 integriert kunden- und mitarbeiterzentrierte Ziele. Während der Hinweis auf die Zertifizierung eine Risikoreduktion für die Kunden intendiert, stellt die Belobigung eine mitarbeiterzentrierte kommunikationspolitische Maßnahme dar.

Quelle: Stern, H. 28, 1995

---

307 Bei Fluglinien wird im Rahmen des Yield Managements bspw. die Preiskalkulation auf der Basis der vergangenen Buchungen und aktuellen Reservierungen vorgenommen. Zentral ist dabei die computergestützte Ermittlung von Optimalpunkten zwischen den Opportunitätskosten nicht verkaufter Plätze und den Opportunitätskosten des Ablehnens voll zahlender Fluggäste unter Berücksichtigung der geschätzten optimalen Überbuchungen je Flug (vgl. *Smith/Leimkuhler/Darrow*, 1992)

5.2.4.5.4 Stand und zukünftige Perspektiven des Dienstleistungsmarketing

Nach *Fisk/Brown/Bitner* (1993) durchlief das Dienstleistungsmarketing die evolutionären Phasen des „Herauskrabbelns (crawling out)" und des „Herumtappsens (scurrying about)", um inzwischen die Phase des „Aufrechtgehens (walking erect)" erreicht zu haben. Mit Recht können die Forscher aus dem Bereich des Dienstleistungsmarketing stolz auf den bisher erreichten Stand sein. Ob aber neue Forschungsimpulse gesetzt werden können und die quantitative Zunahme auch zu einer qualitativen Weiterentwicklung führt, wird in entscheidendem Maße vom zukünftigen Umgang mit konzeptionellen und paradigmatischen Herausforderungen abhängen.

Konzeptionell steht die notwendige Vertiefung der bisherigen Forschung an erster Stelle. Viele Konstrukte und deren Beziehung sind noch zu wenig empirisch fundiert und erfordern eine intensivere definitorische Trennschärfe. *Swartz/Bowen/Brown* (1992, S. 15) sprechen hier von einer „... proliferation of many unsubstantiated truisms". Als Beispiele können die Beziehung zwischen Kunden- und Mitarbeiterzufriedenheit oder die langfristigen Rentabilitätswirkungen einer verbesserten Dienstleistungsqualität angeführt werden. Zudem sind die Qualitätskonzepte noch sehr stark auf partielle Wertschöpfungsprozesse beschränkt. Eine Erweiterung auf die Einbeziehung von Zulieferern und deren qualitätsrelevanten Auswirkungen ist notwendig. Eine weitere Herausforderung stellt der konzeptionelle Umgang mit wichtigen Impulsen aus dem Marketingumfeld dar. So werden Dienstleister in Zukunft verstärkt ein Wachstum über Internationalisierungsstrategien anstreben. Theoretisch wurde dieses Gebiet aber bisher mit Ausnahme vereinzelter Partialanalysen stark vernachlässigt (vgl. z. B. *Stauss*, 1995). Als Problembereiche sind insbesondere die rechtlichen und kulturellen Barrieren von Bedeutung. Hier gilt es z. B., Ansätze zur Interdependenz von jeweiliger Landes-, Unternehmens- und Dienstleistungskultur zu erarbeiten, die über eine populäre Charakterisierung orientalischer, amerikanischer, europäischer und osteuropäischer Service-Stile (vgl. *Lehtinen*, 1989) hinausgehen. Weiterhin fehlt eine intensive Behandlung der technologischen Konsequenzen für das Dienstleistungsmarketing. Im Vordergrund stand bisher die Konzentration auf die persönliche Interaktion mit den Konsumenten, die als „High Touch" bewußt einem technologischen „High Tech" gegenübergestellt wurde (vgl. z. B. *Hilke*, 1989, S. 18). Zunehmend werden aber die technologischen Rationalisierungs- und Effizienzpotentiale in den Dienstleistungsunternehmen genutzt. Dies gilt nicht nur für erbrachte Dienstleistungen an Objekten (wie automatische Sicherheitssysteme oder Waschanlagen), sondern auch für am Menschen erbrachte Dienstleistungen, wie z. B. Unterstützung der Verkäufer durch Datenbanksysteme. Daneben eröffnen die neuen Informations- und Kommunikationstechnologien neue Märkte für Dienstleistungen (vgl. *Kap. 5.2.4.7*). Forschungsbedarf existiert insbesondere für die Frage, welche Dienstleistungen sich für Substitutionslösungen (Ersatz kostenintensiver persönlicher Leistungsprozesse durch technische Verfahren) und welche sich für Komplementaritätslösungen (Intensivierung der persönlichen Interaktion durch technische Mittel) eignen.

Paradigmatisch steht die Frage nach dem anzustrebenden Selbstverständnis im Vordergrund. Wie eingangs erwähnt, gibt es Stimmen, die den zukünftigen Standort des Dienstleistungsmarketing in einem „*Universalkonzept*" sehen (vgl. *Meyer, A.,* 1998b, S. 1903). Unbestreitbar nimmt die wettbewerbsstrategische Bedeutung von Dienstleistungen auch bei Sachgüterunternehmen zu. Dies drückt sich in dem Konzept der Value-Added-Services aus, bei dem eine Produktdifferenzierung durch zusätzliche Dienstleistungsangebote erfolgt (vgl. *Meyer, A.,* 1985; *Laakmann*, 1995). Desweiteren hat das Dienstleistungsmarketing zu einer konzeptionellen Erweiterung des traditionellen Marketing geführt, wie in den Bereichen der Qualitätspolitik und der Interaktion mit dem Kunden bzw. der Integration des Kunden in den Wertschöpfungsprozeß. Aufgrund des derzeitigen theoretischen Standes erscheint aber der Weg hin zu einer Integration von institutionellen und funktionalen Dienstleistungsaspekten als eine Überdehnung des objektbezogenen Anspruchs. Schon bei dem derzeitigen institutionellen Forschungsschwerpunkt zeigen sich verschiedene Spannungsfelder, die es zunächst zu klären gilt. Primär sind hier der interdisziplinäre Anspruch und die interne Heterogenität zu nennen. So wird der Anspruch einer *interdisziplinären Dienstleistungsforschung* formuliert, die sich aber derzeit noch primär auf die betriebswirtschaftlichen Disziplinen beschränkt. Selbst hier ist aber die Zusammenarbeit immer noch selektiv und nicht frei von Reibungen (vgl. *Stauss*, 1992, S. 689). Ungeklärt ist auch die weitere Beziehung zu dem sehr eng verwandten Gebiet des Beziehungsmarketing, das ebenfalls Ansprüche auf ein Universalkonzept stellt. Bei der internen Heterogenität der verschiedenen Dienstleistungsunternehmen stellt sich die Frage, ob es eine geeignete Strategie ist, nach der jahrelangen Betonung von Unterschieden zwischen Dienstleistungen und Sachgütern nun von einer Annäherung über den Dienstleistungsaspekt zu sprechen. Vielmehr besteht ein starker Forschungsbedarf in der Differenzierung bisheriger Modelle hinsichtlich der substantiellen Unterschiede innerhalb des Dienstleistungssektors. So dominierte bisher die Unterscheidung zwischen industriellen und endverbraucherorientierten Dienstleistungen. Weniger Beachtung fanden dagegen Unterscheidungen wie zwischen kommerziellen und nicht-kommerziellen oder privaten und öffentlichen Dienstleistern. Bereits 1989 wies *Hilke* (1989, S. 41) auf die steigende gesamtgesellschaftliche Relevanz öffentlicher und nicht-kommerzieller Dienstleistungsorganisationen hin. Eine dementsprechende Umsetzung ist bis heute nicht zu beobachten. Insofern sehen wir den primären Forschungsbedarf im Dienstleistungsmarketing mittelfristig in der *kontextualisierten* und *differenzierten Problemstellung*, die einzelne Konstruktbeziehungen hinsichtlich ihrer Abhängigkeit von der Art der Dienstleister und deren spezifischen Marktsituationen umfaßt.

5.2.4.6 Internationales Marketing

Im Rahmen der realgeschichtlichen Analyse wurde die zunehmende Internationalisierung als eines der markantesten Merkmale der 80er und 90er Jahre hervorgehoben. Diese Entwicklung hat *umfassende* Auswirkungen auf das Marketing gehabt.

Sie betrifft nicht nur – wie anfangs – Güter des gehobenen Bedarfs, wie z. B. Rolex Uhren, Gucci Handtaschen oder Mercedes Benz Automobile mit ihren weltweiten Kundensegmenten global orientierter Konsumenten. Vielmehr finden inzwischen auch *Massenprodukte*, wie Budweiser Bier oder Bic Rasierer, weltweiten Absatz. Zudem können Internationalisierungsstrategien nicht mehr allein als Erfolgskonzept großer Unternehmen betrachtet werden. Vom Wettbewerbsdruck sind zunehmend auch *kleine und mittlere Firmen* betroffen, so daß eine Internationalisierung (und hier in erster Linie Europäisierung) des Marketing in wachsendem Maße auch für sie eine Voraussetzung darstellt, um das bisherige Erfolgspotential zu halten (vgl. *Belz/Müller/Müller*, 1996, S. 8).

Diese Internationalisierungsprozesse haben seit den 80er Jahren einen ausgeprägten Niederschlag in der Marketingmanagement-Theorie gefunden [308].

5.2.4.6.1 Identitätskern des Internationalen Marketing

> „… unter internationalem Marketing-Management wird die Planung, Organisation, Koordination und Kontrolle aller auf die aktuellen und potentiellen internationalen Absatzmärkte bzw. den Weltmarkt gerichteten Unternehmensaktivitäten verstanden."
> *Arnold Hermanns*, 1995, S. 25f.

Viele Definitionen des Internationalen Marketing erfolgen in Anlehnung an herkömmliche Marketingdefinitionen mit einer Erweiterung um den Begriff „international" [309]. Hier bleibt zunächst unklar, was das Internationale Marketing vom allgemeinen Marketing unterscheidet. Würden aber Konzepte und Handlungsanweisungen gleich bleiben und nur die Kontextfaktoren verändert, bedürfte es kaum einer besonderen Beschäftigung mit dem Internationalen Marketing. Erst die Darstellung von neuartigen Problemkonstellationen und Lösungsmöglichkeiten kann eine eigene Forschungsrichtung legitimieren (vgl. *Meffert/Althans*, 1982, S. 23).

Eine inhaltliche Konkretisierung zeigt in diesem Sinne wesentliche *Besonderheiten* beim Überschreiten von Ländergrenzen (vgl. *Wißmeier*, 1992, S. 47ff.):

– zusätzlicher *Informationsbedarf* bei erschwerter Informationsbeschaffung,
– zusätzliche und höhere *Risiken*,
– erhöhter *Koordinationsbedarf* durch länderübergreifende Abstimmung,
– höhere *Komplexität* der Marketingentscheidungen.

---

308 Die hohe Priorität dieses Problemfeldes zeigt sich in einer Umfrage von *Meffert/Kirchgeorg* (1994b, S. 576), bei der 1994 deutsche Marketingprofessoren das Internationale Marketing neben dem Business-to-Business Marketing, dem Kundenbindungs- und dem Total Quality Management als ein Forschungsfeld mit höchster Relevanz für die Zukunft bewerteten.
309 Vgl. *Backhaus/Büschken/Voeth*, 1996, S. 15f., mit einer Übersicht zu verschiedenen definitorischen Ansätzen.

Das Grundproblem des Internationalen Marketing, welches auch die Besonderheit des Forschungsbereiches ausmacht, besteht somit in der *Multiplizierung der Entscheidungsparameter* (vgl. *Meissner,* 1981, S. 19). Bereits die Entwicklung der Rahmenfaktoren und Marktsituationen allein in Deutschland erweist sich als dynamisch, bruchhaft und komplex. Für ein Unternehmen, das dazu noch einen Auslandsmarkt bearbeitet, treten die Rahmenfaktoren und Marktsituationen des betreffenden Landes hinzu. Über eine additive Anreicherung hinaus bestehen außerdem *Interdependenzeffekte,* die sich auf die Rahmenfaktoren Kosten und Ertragsbeeinflussungen durch Wechselkursveränderungen zwischen den Ländern und die jeweiligen Märkte durch Re-Importe bei unterschiedlichen Preisstellungen beziehen können. Dadurch dürfen Entscheidungen im internationalen Kontext nicht additiv und isoliert voneinander getroffen werden, sondern erfordern eine gegenseitige Abstimmung der ländermarktbezogenen Marketingaktivitäten [310].

Das Internationale Marketing hat seinen *theoretischen Bezug* in den makroökonomischen Ansätzen der Exportwirtschaftslehre und den Ansätzen der internationalen Managementlehre (vgl. dazu *Meffert/Althans,* 1982, S. 29ff.). Originäre marketingspezifische Publikationen finden sich für die 60er und 70er Jahre nur vereinzelt [311]. Lange Zeit beschränkten sich die Arbeiten zu den internationalen Aspekten absatzbezogener Aktivitäten und Prozesse auf die Modifikation bestehender Marketingaussagen für länderspezifische Situationen (vgl. *Bartels,* 1988, S. 215). Typisch hierfür ist *Kotler* (1974[1972], S. 856), der in seinem Standardwerk zum Marketing 1974 den Abschnitt zum Internationalen Marketing mit den Worten beschließt: „Zum Thema des Internationalen Marketing sind keine neuen Prinzipien zu nennen, die nicht bereits im Zusammenhang mit dem inländischen Marketing diskutiert wurden".

Die mangelnde Beschäftigung im amerikanischen Raum läßt sich u. a. auf die geringe Exportquote zurückführen, die noch Anfang der 70er Jahre für die USA weniger als 6% des Bruttosozialproduktes betrug [312]. Trotzdem war es wieder eine amerikanische Publikation, die zu einem Katalysator für die eigenständige Forschungsrichtung des Internationalen Marketing wurde. 1983 veröffentlichte *Levitt* einen Artikel, in dem er die These vertrat, daß die *Globalisierung* der Märkte zu Wettbewerbsvorteilen einer weltweiten Standardisierungspolitik der Unternehmen führte (vgl. *Levitt,* 1983). Seine Argumentation basierte auf vier Thesen (vgl. dazu auch *Meffert,* 1986a, S. 195; *Müller/Kornmeier,* 1996, S. 14).

---

310 Vgl. auch *Backhaus/Büschken/Voeth,* 1996, die derartige Rückkoppelungen zwischen den einzelnen Ländermärkten als grundlegendes strukturierendes Prinzip ihres Lehrbuches verwenden.

311 Als Ausnahmen sind hier zu nennen: *Kahmann,* 1972; *Ringle,* 1977; *Berekoven,* 1978, und international *Hess/Cateora,* 1966; *Miracle/Albaum,* 1970.

312 Vgl. *Kotler,* 1974[1972], S. 831. Ähnlich auch *Leighton* (1972, S. 56), der auf die in den USA weitgehend unbemerkt wachsende Internationalisierung der Marketingpraxis aufmerksam machte und hier ein gänzlich neues und wichtiges Forschungsgebiet sah.

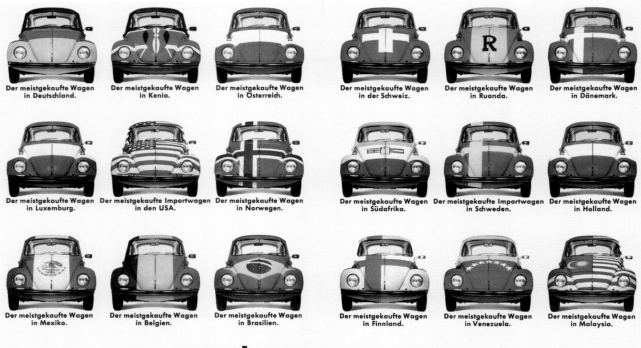

Der meistgekaufte Wagen in Deutschland. · Der meistgekaufte Wagen in Kenia. · Der meistgekaufte Wagen in Österreich. · Der meistgekaufte Wagen in der Schweiz. · Der meistgekaufte Wagen in Ruanda. · Der meistgekaufte Wagen in Dänemark. · Der meistgekaufte Wagen in Luxemburg. · Der meistgekaufte Importwagen in den USA. · Der meistgekaufte Wagen in Norwegen. · Der meistgekaufte Wagen in Südafrika. · Der meistgekaufte Importwagen in Schweden. · Der meistgekaufte Wagen in Holland. · Der meistgekaufte Wagen in Mexiko. · Der meistgekaufte Wagen in Belgien. · Der meistgekaufte Wagen in Brasilien. · Der meistgekaufte Wagen in Finnland. · Der meistgekaufte Wagen in Venezuela. · Der meistgekaufte Wagen in Malaysia.

Weil er ist, wie er ist.

❏
Wie die bereits 1970 geschaltete Anzeige von VW zeigt, ist Internationalisierung und Standardisierung für die Praxis kein neues Phänomen der 80er und 90er Jahre.

Quelle: Stern, H. 20, 1970

1. *Konvergenzthese:*
   Weltweit zeigt sich eine Homogenisierung des Nachfrageverhaltens.

   „Everywhere everything gets more and more like everything else as the world's preference structure is relentlessly homogenized."
   Theodore Levitt, 1983, S. 93

2. *Standardisierungsthese:*
   Unternehmen können deshalb auf die Anpassung an lokale Besonderheiten verzichten.

   „The products and methods of the industrialized world play a single tune for all the world, and all the world eagerly dances to it."
   Theodore Levitt, 1983, S. 93

3. *Zentralisationsthese:*
   Weltweit erfolgreiche Unternehmen brauchen eine globale Unternehmenskultur.

   „The modern global corporation contrasts powerfully with the aging multinational corporation. Instead of adapting to superficial and even entrenched differences within and between nations, it will seek sensibly to force suitably standardized products and practices on the entire globe."
   Theodore Levitt, 1983, S. 102

❏
McDonald's gilt oft als Paradebeispiel für eine weltweite Standardisierungspolitik. Übersehen wird dabei allerdings eine durchaus existente lokale Adaption an die jeweiligen Eßgewohnheiten. McDonald's in Ägypten.

Quelle: McDonald's Deutschland, München

❏
McDonald's in Japan.

Quelle: McDonald's Deutschland, München

❏
McDonald's in Deutschland.

Quelle: McDonald's Deutschland, München

❏
Das *Andy-Warhol*-Zitat, in kulturkritischen Analysen meist als Beleg für negative Globalisierungstendenzen interpretiert, findet sich auch offensiv-ironisch in einer Kampagne zur Eröffnung des ersten McDonald's Restaurants in Moskau 1987.

Quelle: McDonald's Deutschland, München

4. *Kosten- und Preisvorteilsthese:*

Durch die Angleichung der Produkte entscheidet der Preis über den Markterfolg. Eine größere Produktionsmenge bewirkt Kostenvorteile durch economies of scale. Dadurch kann der Preis gesenkt werden, was zu größerer Nachfrage führt.

„If the price is low enough, they will take highly standardized world products, even if these aren't exactly what mother said was suitable, what immemorial custom decreed was right, or what market-research fabulists asserted was preferred.“
Theodore Levitt, 1983, S. 96

Diese Argumentationskette eines sich selbst verstärkenden Globalisierungsprozesses fand in den 80er Jahren großen Anklang. Nicht zuletzt die damalige Rezession förderte die Akzeptanz einer umfassenden Standardisierungspolitik. Für stagnierende Märkte wird im allgemeinen die Option einer Kostenreduktion der strategischen Alternative von Mehrerlösen durch Differenzierung vorgezogen (vgl. *Müller/Kornmeier,* 1995, S. 342). Ganz allgemein zeigt ein Vergleich von Standardisierung und Differenzierung im internationalen Marketing jeweils folgende Vorteile[313]:

Ein entscheidender Motor der Globalisierung wird in der technologischen Entwicklung gesehen. Sie sorgt für den Abbau von Mobilitätsbarrieren und fördert die kommunikative Nähe zwischen den Ländern, die den Medienwissenschaftler *Marshall McLuhan* bereits Ende der 60er Jahre metaphorisch zu dem Begriff des „globalen Dorfes“ geführt hat (vgl. *McLuhan/Fiore,* 1967). In diesem Zusammen-

---

313 Vgl. *Meffert/Althans,* 1982, S. 107; *Meffert/Bolz,* 1995; *Cateora,* 1996, S. 317ff.; *Langner,* 1996, S. 10.

❏

Abb. S. 337

Wie unterschiedlich oder ähnlich leben die Menschen? Der Fotojournalist *Peter Menzel* initiierte ein Projekt, bei dem weltweit 30 Familien ihren materiellen Besitz als eine mögliche Antwort auf diese Frage präsentierten. Hier eine Familie aus Deutschland, die als wertvollsten Besitz einen Korb mit Familienandenken ansieht. Ihre sehnlichsten Wünsche sind ein neuer Kühlschrank, ein Haus auf dem Land und eine saubere Umwelt.

Quelle: *Menzel*, 1998/1994

❏

Eine Familie aus Rußland, für die eine Domra (ein Saiteninstrument) ihren wertvollsten Besitz darstellt. Ihre sehnlichsten Wünsche sind eine Autoreparatur und ein „zivilisiertes" Rußland.

Quelle: *Menzel*, 1998/1994

❏

Eine Familie aus Japan, für die Familie und Familienandenken den wertvollsten Besitz darstellen. Ihr sehnlichster Wunsch ist ein größeres Haus.

Quelle: *Menzel*, 1998/1994

❏

Eine Familie aus Südafrika, deren sehnlichste Wünsche ein richtiges Haus und ein Auto darstellen.

Quelle: *Menzel*, 1998/1994

Globalisierung: Vorteile der Standardisierung	*Lokalisierung:* Vorteile der Differenzierung
– Kosteneinsparungen	– höhere Kundenbindung durch lokale Anpassung
– Synergieeffekte	– Berücksichtigung kleinerer, lukrativer Marktsegmente
– Effizienzsteigerungen von Planung und Kontrolle	– Vermeidung von Streuverlusten
– Zentralisierung des Management	– Flexibilität durch Dezentralisierung
– Ausstrahlungseffekte eines globalen Images	– Ausnutzung des „country-of origin"-Effektes
– länderübergreifender Erfahrungs- und Know-how-Transfer	– Ausnutzung unterschiedlicher Phasen im Produktlebenszyklus

Abb. 5-22: Standardisierungs- und Differenzierungsvorteile

hang wird von den Unternehmen ein wichtiger Beitrag geleistet, deren steigende Investitionen in neue Technologien wiederum einen möglichst großen Markt erfordern. Sie nehmen dadurch bewußt oder unbewußt die Rolle kultureller „change agents" wahr und fördern die Konvergenz im Konsumverhalten (vgl. *Jones/Venkatesh*, 1996, S. 298).

Allein der Blick auf Europa zeigt, daß die Globalisierung in Form linearer Konvergenz allerdings nicht in dem erwarteten Maße eingetreten ist. Hier führte die Internationalisierung trotz aller Angleichungsprozesse auch zu einem starken Bezug auf lokale Identitäten und zur ausgeprägten Neigung einer Bewahrung kultureller Unterschiede [314]. Neben den extremen Beispielen der Autonomie-Bestrebungen von Katalanen, Basken oder Iren belegt schon ein Vergleich zwischen Ost- und Westdeutschland die Signifikanz *kultureller Unterschiede* [315]. Empirische Studien zeigen zudem, daß globale Unternehmen mit standardisierten Strategien keineswegs profitabler agieren (vgl. *Kustin*, 1994; *Samiee/Roth*, 1992).

---

314 Die diesbezüglichen Einschätzungen divergieren in der Literatur. Während z. B. *Meffert/Meurer* noch 1993 den „Euro-Konsumenten" mittelfristig nicht erwarten (vgl. *Meffert/Meurer*, 1993, S. 222), überwiegen für *Meissner* (1992, S. 7) die konvergenten gegenüber den divergenten Tendenzen in Europa, so daß er von dem „Euro-Verbraucher" mit einheitlichem Lebensstil und europäischer Identität spricht.

315 Vgl. *Backhaus/Büschken/Voeth*, 1996, S. 105f.. In einer konsumtheoretischen Untersuchung der Globalisierungsprozesse kommen *Ger/Belk* (1996b) zu dem Ergebnis, daß globale Tendenzen immer auch im Kontext lokaler Umsetzungen betrachtet werden müssen. Oftmals wird die weltweite Verbreitung westlicher Konsumgüter als Kolonialisierung und Auslöschung lokaler, kultureller Traditionen kritisiert. Dabei werden aber die hybriden Mischformen übersehen, wenn westliche Produkte sich mit einheimischen Traditionen verbinden. Als Implikation für das Internationale Marketing ergibt sich daraus, daß die gleichen Produkte in verschiedenen Ländern durchaus unterschiedlich konsumiert werden können.

Inzwischen ist die polarisierende Diskussion der 80er Jahre in den 90er Jahren einer nüchternen Betrachtung gewichen, in der die relevanteren Mischformen von *differenzierten Standardisierungsstrategien* betont werden. Eine gängige, aber zunächst wenig aussagekräftige Formel ist hierfür: So viel Standardisierung wie möglich, so viel Differenzierung wie nötig (vgl. *Langner,* 1996, S. 10). In Abhängigkeit von unternehmensinternen und -externen Rahmenfaktoren gilt es hier, eine situationsadäquate Strategie zu entwickeln.

Das Spannungsfeld zwischen Standardisierung und Differenzierung bildet den Hintergrund der weiteren inhaltlichen Darstellung des Internationalen Marketing.

5.2.4.6.2 *Entwicklungsmodelle für Internationalisierungsstrategien*

Für die *erste Phase* der intensiven Internalisierung des Marketing ist es plausibel, daß Fragen zur Entwicklung dieses Prozesses im Vordergrund standen, wie z. B. die Initiationsstudien und Stufenmodelle der Internationalisierung. Die *Initiationsstudien*, die empirisch Motive der Internationalisierung ermitteln, waren insbesondere in den 70er Jahren sehr ausgeprägt. Ihre Bedeutung liegt vor allem darin, daß sie eine Alternative zu den ökonomischen Erklärungsmodellen des internationalen Güteraustausches (wie z. B. die Theorie der komparativen Kostenvorteile) darstellten. Wichtig ist die entscheidungsorientierte Perspektive, die einen originären Forschungsansatz im Internationalen Marketing etablierte. Im Rahmen dieser Untersuchungen werden *unternehmensexterne Stimuli* (z. B. unaufgeforderte Auslandsbestellungen, Internationalisierung einheimischer Wettbewerber, erhöhter inländischer Wettbewerbsdruck, staatliche Exportförderungen) und *unternehmensinterne Stimuli* (z. B. Überschußkapazitäten, spezielle Leistungskompetenzen) unterschieden [316]. Diese Stimuli werden als notwendige, aber keineswegs hinreichende Voraussetzungen zur Internationalisierung betrachtet, und nur in Verbindung mit spezifischen Charakteristika der Entscheidungsträger (Ausbildung, Fremdsprachen, Managementqualitäten, Risikowahrnehmung etc.) und der spezifischen Unternehmenssituation werden sie in Handlungen umgesetzt. Methodische Probleme dieser Forschungsarbeiten zeigen sich vor allem in der mangelnden Vergleichbarkeit durch unterschiedliche Operationalisierungen und Gruppierungen von Unternehmen sowie in der problematischen ex post Befragungsmethode (vgl. *Dichtl/Leibold/Köglmayr/Müller,* 1983).

Stufenmodelle der Internationalisierung versuchen, die Dynamik des Unternehmensverhaltens nach der Initiation abzubilden, wobei zwei sich überschneidende methodische Vorgehensweisen zu unterscheiden sind. Zum einen steht ein *Systematisierungsinteresse* im Vordergrund, bei dem die möglichen Alternativen als Internationalisierungsstufen abgebildet werden. Ein Beispiel stellt das Stufenmodell von *Meissner/Gerber* dar, die nach zunehmender Kapital- und Managementintensität im ausländischen Markt die in *Abb. 5-23* wiedergegebenen Stufen unterscheiden [317].

In der Verwendung und Interpretation derartiger Stufenmodelle kann primär eine *hypothetische* Unternehmensentwicklung gesehen werden. Dem folgend sind die einzelnen Stufen auch als potentielle Markterschließungsstrategien zu nutzen (vgl. *Backhaus/Büschken/Voeth,* 1996, S. 76).

Zum anderen richtet sich das Forschungsinteresse bei der Entwicklung von Stufenmodellen auf die *Identifikation von relevanten Unternehmensveränderungen und*

---

316 Vgl. als Übersicht *Ford/Leonidou,* 1991, S. 5ff.; *Dülfer,* 1995, S. 92ff., und als wichtige deutsche Motivstudie *DIHT,* 1981.
317 Vgl. *Meissner/Gerber,* 1980, S. 224. Eine Zusammenstellung verschiedener Stufenmodelle findet sich bei *Backhaus/Büschken/Voeth,* 1996, S. 78f..

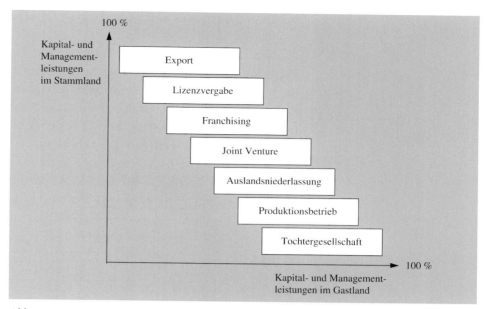

Abb. 5-23: Internationalisierungsstufen in Abhängigkeit von Kapital- und Managementleistungen (Quelle: Meissner/Gerber, 1980, S. 224)

kritischen Faktoren, die für die einzelnen Phasenübergänge verantwortlich sind (vgl. *Doole/Lowe/Phillips*, 1994, S. 28ff.). Damit wird eher eine *typische* Unternehmensentwicklung dargestellt. In den Untersuchungen zu Internationalisierungsentwicklungen hat sich gezeigt, daß dabei eine *graduelle Internationalisierung* von Unternehmen folgende *Gemeinsamkeiten* aufweist:

– wachsendes Erfahrungswissen,
– abnehmende psychische Distanz zu den Auslandsmärkten,
– steigende Ressourcen-Bindung,
– Wandel der Motivlage und
– stufenabhängige Hemmnisse[318].

Diese induktiv entwickelten Modelle spielen eine wichtige Rolle bei der Generierung situativer und prozessualer Handlungsempfehlungen, aber auch bei der Politikberatung im Sinne von Programmentwicklungen zur Exportförderung.

Beide Ansätze der Entwicklungsmodelle haben eine große Bedeutung für das Internationale Marketing, indem sie das dynamische Aktivitätsfeld von Unternehmen abstecken. Weiterer Forschungsbedarf besteht in erster Linie bezüglich der Stufenübergänge und der Richtung von Ursache-Wirkungsbeziehungen, wie z. B. zu der Frage, in welchem Maße die psychische Distanz Grund oder Resultat der Internationalisierung darstellt.

---

318 Vgl. *Ford/Leonidou*, 1991, S.15ff.. Unter der psychischen Distanz werden verschiedene Faktoren zusammengefaßt, die den Informationsfluß zwischen den Inlands- und Auslandsmärkten behindern. Beispiele dafür sind unterschiedliche Sprachen, Geschäftspraktiken, Kultur etc. (vgl. *Müller/Köglmayr*, 1986).

5.2.4.6.3 Strategische und instrumentelle Ansätze

Internationaler Marketingmanagement-Prozeß

Die inhaltlich-konzeptionelle Forschung konzentriert sich auf die Gestaltung des internationalen Marketingmanagements. In einem umfassenden Ansatz werden Planung, Durchführung und Kontrolle des internationalen Marketingmanagements als ein phasenbezogenes Prozeßmodell dargestellt. Ein Beispiel in dieser Hinsicht stellt das in *Abb. 5-24* gezeigte Modell von *Wißmeier* dar[319]:

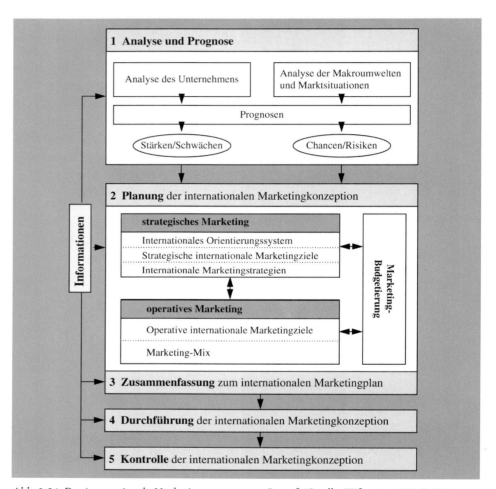

Abb. 5-24: Der internationale Marketingmanagement-Prozeß (Quelle: Wißmeier, 1995, S. 106)

Bei der Interpretation dieses Modells stellt sich die Frage, wo die Spezifika des internationalen im Vergleich zum allgemeinen Marketingmanagement-Prozeß liegen. *Meissner* (1987, S. 84) vertritt dazu die These, daß es grundsätzliche Unterschiede bezüglich des Inhalts und partiell auch der Methodik gäbe. Andere Auto-

---

319 Vgl. als grundlegende Arbeiten zu dieser internationalen Modifikation des Marketingmanagement-Prozesses auch *Wißmeier*, 1992, S. 55ff., sowie *Stegmüller*, 1993.

ren, wie z. B. *Cateora* (1996, S. 333), relativieren diese Position und sehen keine prinzipiell anderen Planungsphänomene. Die unterschiedlichen Positionen berühren im wesentlichen divergierende Einschätzungen zum Ausmaß der oben schon angesprochenen Informations- und Komplexitätsprobleme. In der *Abb. 5-24* schlägt sich die *Informationsintensität* der internationalen Planung auf jeder Planungsstufe nieder. In der dafür benötigten internationalen Marktforschung besteht zum einen ein Schwerpunkt in der Sekundärforschung und zum anderen eine Aufwertung von Auslandsmarktinformationen über managementnahe Informationssysteme [320]. Eng damit verbunden erfordert die Komplexitätsdimension des Internationalen Marketing einen erhöhten *Koordinationsbedarf.* Aufgrund der spezifischen Problemlagen, wie des Abstimmungsbedarfs der im Ausland aktiven Personen bzw. Tochtergesellschaften mit der Gesamtunternehmung oder der Überwindung von Distanzen räumlicher, zeitlicher und kultureller Art, sehen einige Autoren die Notwendigkeit einer speziellen Koordinationsfunktion für den internationalen Marketingmanagement-Prozeß (vgl. *Hermanns*, 1995, S. 36). Bisher überwiegt allerdings die Beschreibung der Notwendigkeit gegenüber der darauf aufbauenden Arbeit an konzeptionellen Lösungen [321].

Im folgenden sollen einzelne Aspekte aus dem internationalen Marketingmanagement-Prozeß herausgegriffen werden, anhand derer die Spezifika verdeutlicht werden können. Dabei beschränken wir uns auf ausgewählte Problembereiche der strategischen und operativen Marketingebene. Es existieren inzwischen eine Vielzahl international orientierter Strategieansätze (vgl. als Übersicht *Sullivan/Bauerschmidt,* 1991). Als Ausgangspunkt werden häufig allgemeine Strategien genommen, die dann in ihrer Signifikanz und Modifikationsnotwendigkeit hinsichtlich einer internationalen Perspektive betrachtet werden. Bis Anfang der 90er Jahre dominierte hierbei inhaltlich die von Levitt initiierte Globalisierungsdiskussion. Anders gehen Autoren wie *Wißmeier* (1992) vor, die umgekehrt bei einer internationalen Perspektive ansetzen, um anschließend die international relevanten Strategien auch mit spezifischen Strategien im nationalen Kontext zu ergänzen.

Strategien der Marktauswahl

Aus den strategischen Entscheidungsfeldern des Internationalen Marketing soll hier das zentrale Problem der Marktauswahl dargestellt werden, das in der Systematik von *Wißmeier* im Zusammenhang der Marktabdeckung diskutiert wird. Allgemein wird darunter die Selektion der zu bearbeitenden Märkte verstanden (vgl. *Meffert/Althans,* 1982, S. 58). Im internationalen Kontext erfolgt die Auswahl auf den Ebenen der Länder und der Konsumenten.

---

320 Vgl. *Bauer,* E., 1997. Diese Veränderung im Rollenverständnis der Marktforschung wurde bereits in *Kapitel 5.2.2.2.3* beschrieben. In unterschiedlichen Einschätzungen könnte man nun die Veränderung als Spezifika der internationalen Marktforschung, als generelle Entwicklung der Marktforschung oder als generelle Entwicklung charakterisieren, die aber durch die Internationalisierung ausgelöst wird.

321 Vgl. hierzu die Koordinationskonzepte bei *Raffée/Kreutzer,* 1986, und *Meffert,* 1989a, Sp. 1424ff., sowie die verschiedenen Koordinationsinstrumente bei *Welge,* 1980, S. 133f.. Speziell zur Rolle der Unternehmenskultur als Koordinationsinstrument vgl. *Schreyögg,* 1990.

Ziel der *Länderauswahl* ist zunächst eine grobe Differenzierung in potentiell zu bearbeitende und nicht zu bearbeitende Märkte, um anschließend mittels analytischer oder heuristischer Verfahren eine mehrstufige Feinselektion vorzunehmen (vgl. *Seidel*, 1977; *Meyer, M.*, 1987; *Köhler/Hüttemann*, 1989). Methodisch dominieren *makroorientierte* Verfahren, die an primär objektiven Kriterien, wie der technologischen Infrastruktur, der politischen Stabilität oder der Einkommensstruktur ansetzen. Eine Alternative besteht in der Verwendung subjektiver Kriterien, wie z. B. bei der kulturorientierten Ländersegmentierung, deren Vorteil in einer größeren Verhaltensnähe der Kategorie 'Kultur' zum Konsumentenverhalten gesehen wird [322]. Die größte Herausforderung der makroorientierten Verfahren besteht im Umgang mit der Validitäts- und Reliabilitätsproblematik des verfügbaren Datenmaterials, die in der mangelnden länderübergreifenden Vergleichbarkeit und zweifelhaften Stabilität der Daten begründet liegt (vgl. *Zentes*, 1995, Sp. 1033). Alternativ dazu wurden in den letzten Jahren neuere Ansätze auf der Basis *mikroorientierter* Kriterien entwickelt. Ein Beispiel ist die diffusionsbasierte Segmentierung, bei der Ländercluster über ähnliche Diffusionsmuster neuer Produkte gebildet werden [323]. In letzter Zeit wird in theoretisch orientierten Arbeiten verstärkt die synergetische Verbindung aus makro- und mikrobasierten Ansätzen für eine kulturorientierte Länderauswahl hergestellt [324].

Eine weitere Ebene der Marktauswahl liegt in der *Konsumentensegmentierung,* mit der produktspezifische Segmente in den potentiell zu bearbeitenden Ländern identifiziert werden. Hier bestehen im Prinzip keine wesentlichen methodischen Unterschiede zur nationalen Konsumentensegmentierung, wenngleich allerdings eine Schwerpunktverschiebung festzustellen ist. *Meffert/Althans* differenzierten 1982 noch zwischen einer internationalen, länderbezogenen und einer intranationalen konsumentenbezogenen Marktsegmentierung (vgl. *Meffert/Althans*, 1982, S. 58). Inzwischen wird auch die konsumentenbezogene Marktwahl – mitbedingt durch die Globalisierungsdiskussion – nicht mehr nur primär länderspezifisch betrachtet.

In Hinblick auf profitable, weltweit zu bearbeitende Märkte werden Potentiale *länderübergreifender Konsumentengruppen* gesucht. Das Segment des „globalen Jugendlichen" scheint offensichtlich zu sein, wenn z. B. auf Fotos von Kinderzimmern nicht mehr feststellbar ist, ob sie sich in Los Angeles, Mexiko oder Tokyo befinden, und ein Jugendlicher in Frankreich mehr Ähnlichkeiten mit einem gleichaltrigen Deutschen besitzt als mit seinen Eltern (vgl. *Cateora*, 1996, S. 262). Allerdings muß – wie im Zusammenhang mit der Konvergenzthese bereits andiskutiert – die Situation transnationaler bzw. globaler Segmente differenzierter gesehen werden. Für Europa stellen *Leeflang/Raaij* (1995) fest, daß die Angleichungs-

---

322 Vgl. *Müller/Kornmeier*, 1995, S. 351. Bezugspunkt der primär empirisch ausgerichteten kulturellen Ländersegmentierung bilden die Arbeiten von *Hofstede* (1984, 1990). An deren Reduktion der Kultur auf wenige diskrete Variablen und der Verwendung eines stereotypischen „Nationalcharakters" wird aber zunehmend Kritik artikuliert (vgl. z. B. *Dorfman/Howell*, 1988).

323 Vgl. *Helsen/Jedidi/DeSarbo*, 1993. Es sei darauf verwiesen, daß die Diffusionsverläufe Resultat strategischer Marktbearbeitung und nicht allein kultureller Spezifika sind und insofern die Clusterbildung allein auf produkt- und unternehmensspezifischer Basis Elemente einer sich selbst bestätigenden Prophezeiung enthält.

324 Vgl. zu diesen theoretischen Ansätzen *Clark*, 1990.

prozesse auf Unternehmensseite mit Euromarken, Werbung und Distribution stärker vorangetrieben werden als von Konsumentenseite akzeptiert, die durch Ambivalenz zwischen Europäisierung und lokaler Identität gekennzeichnet ist.

Eine wichtige Voraussetzung für länderübergreifende Konsumentensegmentierungen ist die Qualität der *Informationsgrundlage,* die mit der internationalen Marktforschung geschaffen wird. Hier sind entsprechend der soziologisch orientierten Entwicklung von Milieu- und Lebensstilforschungen länderübergreifende Konsumententypologien entstanden (vgl. *Gierl,* 1993). Ein Beispiel stellt die in *Abb. 5-25* gezeigte lebensstilorientierte europäische Konsumententypologie „Euro-Socio-Styles" der GfK dar, die 15 Länder umfaßt [325].

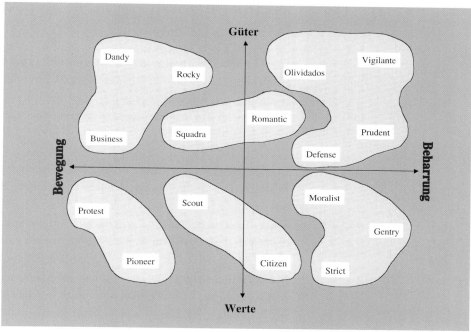

Abb. 5-25: Die Position der Euro-Socio-Styles nach GfK Lebensstilforschung, o.Jg., S. 4

Die 16 Socio-Styles repräsentieren Lebenskonzepte, die auf der Grundlage von sozio-demographischen und psychographischen Daten ermittelt werden. Die beiden zentralen Lebensstil-bestimmenden Dimensionen sind: Beharrung – Bewegung (konservative versus moderne Orientierung) und Güter - Werte (materielle versus immaterielle Werte) [326].

Für die einzelnen Länder ergeben sich variierende Größen der einzelnen Socio-Styles, die wiederum in sechs „Mentalitätsgruppen" ähnlicher Grundströmungen

---

325 Basis: 24.000 Interviews (vgl. *GfK Lebensstilforschung*, o.Jg; *Anders,* 1991).
326 In der graphischen Darstellung fehlt eine dritte Dimension, mit der die Handlungsorientierung zwischen emotional/spontan und berechnend/rational gekennzeichnet wird.

zusammengefaßt werden können. Durch die Verknüpfung mit marktrelevanten Verhaltens- und Einstellungsweisen ermöglicht dieses Modell eine Marktwahl nach transnationalen Konsumentensegmenten bei gleichzeitiger Abschätzung von Differenzierungs- und Standardisierungspotentialen [327].

> *Beispiele für Euro-Socio-Styles*
> *Euro-Strict:* Soziale Kontrolle, Konformismus, Gesundheit. Hierbei handelt es sich um repressive Puritaner und Konformisten, die an die ewigen Werte einer nicht wandelbaren Weltordnung glauben.
>
> *Euro-Dandy:* Individualistisch, dynamisch, freizügig. Hierbei handelt es sich um junge Stadtmenschen, die durch Eskapaden und Realisation des „letzten Schreies" auf sich aufmerksam machen (vgl. *GfK Lebensstilforschung,* o. Jg., S. 3, 5).

Die Marktwahl im Kontext internationaler Grundorientierungen
Die länder- und konsumentenbezogene Marktwahl muß im Kontext der *internationalen Grundorientierungen* des Managements gesehen werden. Nach *Perlmutter* werden ethnozentrische, polyzentrische und geozentrische Orientierungen unterschieden [328]:

In Unternehmen mit *ethnozentrischer* Orientierung bildet das Stammland den Bezugspunkt für alle internationalen Aktivitäten. Typisch hierfür ist ein Unternehmen, das am Beginn einer Internationalisierung steht und zunächst überschüssige Kapazitäten exportiert. Alle Standards werden von der Zentrale vorgegeben, und die Anpassung an ausländische Besonderheiten ist minimal. Die Philosophie lautet hier: „Was zu Hause funktioniert, funktioniert auch woanders" (*Cateora,* 1996, S. 20). Als Konsequenz dieser oftmals bei kleineren und mittleren Unternehmen vorzufindenden Orientierung ergibt sich für die Marktwahl eine Beschränkung auf relativ ähnliche Länder- und Konsumentensegmente, deren Bearbeitung geringe Kapital- und Managementleistungen im Gastland erfordern (vgl. *Backhaus/ Büschken/Voeth,* 1996, S. 58).

Für *polyzentrische* Unternehmen bildet das jeweilig zu bearbeitende Land den Orientierungspunkt der Aktivitäten. Im Sinne der Globalisierungsdiskussion dominiert der Lokalisierungsansatz, der die strategischen Vorteile der Adaption und Differenzierung auszuschöpfen versucht. Typischerweise sind derartige Unternehmen dezentral strukturiert, um vor Ort die Entscheidungen über die Art der

---

[327] Ein produktspezifischer Vergleich deutscher und potentieller europäischer Konsumenten könnte bspw. eine geringe Typenüberschneidung ergeben, aber eine Nähe zwischen potentiellen belgischen und englischen Konsumenten. Dadurch kann eine strategische Option in der differenzierten Marktbearbeitung zwischen In- und Ausland bestehen, die mit einer standardisierten belgischen und englischen Marktbearbeitung kombiniert wird.

[328] Vgl. *Wind/Douglas/Perlmutter,* 1973. Teilweise wird in der Diskussion als weitere Unterteilung auch die regiozentrierte Orientierung aufgeführt, vgl. z. B. *Heenan/Perlmutter,* 1979.

Marktbearbeitung zu treffen (vgl. *Kreutzer,* 1989b, S. 14). Für die Marktauswahl bedeutet dies, daß von vornherein eine größere Anzahl potentieller Auslandsmärkte in die strategischen Überlegungen einbezogen werden. Einschränkende Kriterien sind vor allem die Ressourcenausstattung des Unternehmens sowie die Fähigkeiten im Umgang mit dem erhöhten Koordinationsaufwand [329].

Die *geozentrische* Orientierung ist durch ein Denken in Weltmarktdimensionen gekennzeichnet. Die optimale Strategie wird länderübergreifend formuliert, so daß hier der Standardisierungsgrad im Vergleich zu den anderen Orientierungen tendenziell am höchsten ist. Typisch ist diese Orientierung insbesondere für kapitalintensive Branchen, bei denen der Markterfolg eine Präsenz auf den wichtigsten Weltmärkten erfordert. Im Vordergrund der Marktauswahl stehen die zu erwartenden Absatzmengen eines bestehenden Leistungsangebotes nach dem Motto: „Welches weitere Land kann noch für das Leistungsangebot gewonnen werden?" (vgl. *Hermanns,* 1995, S. 43).

Diese Orientierungen haben einen prägenden Einfluß auf die Marktwahl und bilden in diesem Sinne den Ausgangspunkt des strategischen Handelns. Sie können sich jedoch auch durch einen zunehmenden Internationalisierungsgrad verändern, wenn z. B. der Übergang von Exporten zu Auslandsniederlassungen eine stärkere Sensibilisierung für lokale Besonderheiten zur Folge hat [330]. Diese wechselseitige Beeinflussung hat zu einer terminologischen Vermischung zwischen Unternehmensorientierung und strategischer Ausrichtung geführt. Wie beschrieben unterscheidet *Levitt* in seiner Zentralisationsthese globale Unternehmen, die eine weltweite Strategie der Standardisierung vornehmen, und multinationale Unternehmen, die in ihrer Strategie Länderunterschiede berücksichtigen (vgl. *Kap. 5.2.4.6.1*). Einige Autoren vollziehen nun die Gleichsetzung von polyzentrischer Orientierung mit multinationalen Differenzierungsstrategien sowie geozentrischer Orientierung mit globalen Standardisierungsstrategien (vgl. z. B. *Stegmüller,* 1993; *Meffert,* 1998b, S. 1142ff.). Zu beachten ist aber, daß ein globales Unternehmen die Standardisierung auch ethnozentrisch am Stammland orientieren kann, wie umgekehrt eine geozentrische Orientierung eine gemischt standardisierte und differenzierte Strategie beinhalten kann, die der konsequenten Standardisierung bei globalen Strategien widerspricht (vgl. *Kreutzer,* 1989a, S. 527; *Wißmeier,* 1995, S. 116).

Internationaler Einsatz des Marketinginstrumentariums
Entsprechend der zentralen Bedeutung der Globalisierungsdiskussion stehen bei der theoretischen Analyse des *internationalen Instrumentaleinsatzes* die jeweiligen Standardisierungsmöglichkeiten und Differenzierungsnotwendigkeiten im Mittelpunkt.

---

329 Vgl. *Backhaus/Büschken/Voeth,* 1996, S. 61. Vgl. auch *Segler,* 1989, Sp. 255, der in der Schaffung eines gemeinsamen, länderübergreifenden „Identifikationskernes" die Möglichkeit eines koordinierten externen und internen Handelns sieht.
330 Vgl. *Meffert,* 1989a, Sp. 1414, der verschiedene Internationalisierungspfade kennzeichnet, die meist bei der ethnozentrischen Orientierung beginnen und im Laufe der Entwicklung zur geozentrischen Orientierung tendieren.

❏
Eine Coca Cola Werbung in China, 1995. Der Slogan lautet in der englischen Übersetzung: Forever happy and free spirited.

Quelle: *Russell Belk*

Die größten Standardisierungspotentiale werden in der *Produktpolitik* gesehen. Ansatzpunkte ihrer Bewertung und Nutzung bieten alle Elemente des Leistungsangebots, wie der physische Produktkern, die Verpackungs- und Markenpolitik, Sortiment und Service. Besondere Bedeutung hat der Markenname im Sinne der Etablierung von Euro- oder Weltmarken[331]. Eng damit verbunden ist die Forschung über den „country-of-origin"-Effekt, bei dem das Image des Herkunftslandes über ein „made-in"-Label genutzt wird[332]. Als Mittellösung zwischen Standardisierung und Differenzierung hat das modulare Design immer größere Bedeutung, bei dem für einen globalen Produktkern einzelne Produktkomponenten landesspezifisch angepaßt werden (vgl. Kreutzer, 1989b, S. 281).

Wegen des hohen Stellenwertes von Standardisierungspotentialen im Rahmen von Internationalisierungsstrategien wird in der Forschung der Frage nach den *Standardisierungsbarrieren* besondere Aufmerksamkeit gewidmet. Zu den wichtigsten Barrieren zählen im Rahmen der Markenpolitik länderspezifische Spracheigenarten sowie unterschiedliche Assoziationen und Symbolgehalte von Begriffen. Für Design und Qualitätsgestaltung sind Unterschiede in den technischen und ökologischen Normen und Standards von Bedeutung, während im Bereich des Service einer Standardisierung vor allem länderspezifische Personaleigenschaften entgegenstehen. Über alle Teilbereiche der Produktpolitik hinweg stellen sozio-kulturell abweichende Einstellungen und Verhaltensweisen der Abnehmer die zentrale Handlungsbedingung in bezug auf Standardisierung und Differenzierung dar. Diese Perspektive wurde in einigen Forschungsarbeiten auch *produkttypologisch* differenziert behandelt, indem graduelle Abstufungen der kulturellen Abhängigkeit zu einem Typologisierungsmerkmal erhoben wurden („*culture-free*" vs. „*culture-bound*"-products) (vgl. z. B. *Kreutzer*, 1989a, S. 533; *Drewes*, 1992, S. 90; *Hermanns*, 1995, S. 54f.). Bei diesem Ansatz ist allerdings die inhärente kulturelle Dynamik sowie die aktive unternehmerische Beeinflussung des kulturellen Wandels zu betrachten. Außerdem besteht die Gefahr einer Tautologie, wenn standardisierte Produkte ex post als „culture-free" bezeichnet werden[333].

Ein weiteres spezifisches Problemfeld stellt die *Koordination der internationalen Lebenszyklen* einzelner Leistungen dar. Erfolgt eine schrittweise Ausweitung der bearbeiteten Ländermärkte, können Vorteile wie vermindertes Risiko, geringerer Ressourceneinsatz, Lerneffekte sowie Verlängerung des gesamten Lebenszyklus realisiert werden. Auf der anderen Seite erhöht sich aber die Gefahr von Konkurrenzreaktionen über adaptierte Erfolgskonzepte[334]. Alternativ dazu kann eine

---

331 Vgl. *Kelz*, 1989. Die Kosten- und Effizienzvorteile von Weltmarken wie Levi, Kodak oder Marlboro drücken sich auch in dem Markenwert (brand equity) aus. Er wurde für die imagestärkste Marke Coca Cola 1994 auf über 35 Milliarden Dollar geschätzt (vgl. *Cateora*, 1996, S. 382; *Esch/Andresen*, 1997).
332 Für deutsche Produkte wird dieses Label vor allem im allgemeinen Sinn als Hinweis auf hochwertige Qualität eingesetzt (vgl. *Kühn*, 1993). Andere Länder haben produktspezifische Nutzungsvorteile, wie z. B. Italien und Mode, England und Popkultur, Frankreich und Luxus. Vgl. *Papadopolous/Heslop*, 1993, sowie als Studie zur Wahrnehmung hybrider, bi-nationaler Produkte *Ettenson/Gaeth*, 1991. Neuere methodische Ansätze finden sich in den Arbeiten zum Konstrukt des Konsumenten-Ethnozentrismus, vgl. *Lantz/Loeb*, 1996.
333 Vgl. zum methodischen Umgang mit der Beziehung Kultur und Produkt in interkulturellen Untersuchungen *Applbaum/Jordt*, 1996.
334 Vgl. allgemein zur Relevanz einer internationalen Konkurrenzanalyse *Raffée/Segler*, 1989.

simultane Produkteinführung erfolgen, die Kostenvorteile, Pionierimage und globale Ausstrahlungseffekte aufweist (vgl. *Mühlbacher*, 1995, S. 168ff.). Allerdings bedingt die Simultanstrategie einen hohen Koordinationsaufwand, zumal auch nicht notwendigerweise von gleichen Phasenlängen ausgegangen werden kann.

Im Rahmen der Diskussion um Standardisierung und Differenzierung werden für die *Kommunikationspolitik* als Standardisierungsvorteile Potentiale der Kostensenkung und der Effizienzsteigerung gesehen, die durch Bündelung unternehmensinterner finanzieller und kreativer Leistungen sowie durch den Zugang zu internationalen Medien zustande kommen und mit einem einheitlichen globalen Image verbunden sind (vgl. *Backhaus/Büschken/Voeth*, 1996, S. 186f.). Kritisch wird dem entgegengehalten, daß die positiven Kostenwirkungen leicht überschätzt würden (vgl. Kreutzer, 1989b, S. 313) und die Standardisierung zu einer Aussagenbanalisierung auf dem kleinsten gemeinsamen Nenner führe (vgl. *Tostman*, 1985, S. 57). Dem folgend werden dann mehr Wettbewerbsvorteile im Sinne prägnanterer Positionierungen bei einer differenzierten, auf die spezifische Situation der länderbezogenen Zielgruppen eingehenden Kommunikation gesehen (vgl. *Müller*, 1996, 187f.).

Aus diesen Gesichtspunkten der alternativen Kommunikationsstrategien resultieren Vorschläge einer abgestuften Kombination beider Strategiemöglichkeiten, bei denen vorgegebene internationale Dachkampagnen länderspezifisch konkretisiert und ergänzt werden [335], wobei Standardisierungsbarrieren angemessen berücksichtigt werden können. Diese liegen auf sprachlicher Ebene in der Gefahr von Mißverständnissen, nicht intendierten Interpretationen und schwächerem Aufmerksamkeitswert, soweit keine hinreichende sprachliche Adaption an Länderspezifika vorgenommen wird [336]. Weiterhin muß die länderspezifisch stark variierende Medienstruktur und -nutzung ins Kalkül gezogen werden. Selbst für Europa ist die Situation derart heterogen, daß sie eine standardisierte paneuropäische Kampagnenplanung unmöglich macht [337]. Hinzu kommt das divergierende länderspezifische Werberecht, dessen Angleichung noch lange auf große Interessenkontroversen stoßen wird [338]. Unternehmensbezogene Standardisierungsbarrieren resultieren schließlich aus unterschiedlichen situativen Marktpositionen in den Ländern, wie z. B. Marktanteil, Marken- und Unternehmensimages, die eine nach Ländern differenzierte Zielstruktur erfordern.

---

335 Vgl. *Kanso*, 1992. Diese Mischformen bedingen auch die Vielzahl widersprüchlicher Ergebnisse zur Erfolgsmessung globaler Werbekampagnen, da eine einheitliche Operationalisierung der Globalisierung fehlt (vgl. dazu *Kroeber-Riel*, 1992a).

336 Vgl. allgemein *Fuchs*, 1995, sowie *Bode*, 1997, zu den individuellen und gesellschaftlichen Implikationen der Sprache am Beispiel Japan.

337 Vgl. *Meffert/Meurer*, 1993, S. 225, und zu europäischen Daten die Studie von *Gruner & Jahr*, 1993.

338 Ein Beispiel bietet die kontroverse Diskussion hinsichtlich der geplanten Zulassung vergleichender Werbung (vgl. *Schröder/Ahlert*, 1993) und der Beschränkung von Tabakwerbung auf europäischer Ebene. Vgl. dazu die Position der deutschen Werbewirtschaft in *ZAW*, 1997, S. 92ff. Neben Effizienzkriterien spielt hier auch der Status nationaler Interessengruppen im Rahmen supranationaler Reglementierungen eine Rolle. Ein Indikator dafür sind die unterschiedlichen Zielsetzungen nationaler Verbände auf internationaler Ebene, die zur Existenz zweier konkurrierender europäischer Dachverbände der europäischen Werbewirtschaft geführt haben („AIG" (Advertising Information Group) und „EAT" (European Advertising Tripartite)).

In Zukunft wird die Forschung weiterhin von der Bearbeitung des Spannungsfeldes zwischen globaler Planung und lokaler Adaption beherrscht sein. Wichtige Impulse sind dafür insbesondere durch die wachsende Internationalisierung von Werbeagenturen und Marktforschungsinstituten zu erwarten.

Die internationale *Preispolitik* gehört zu den nur marginal untersuchten Problemfeldern der internationalen Marketingtheorie, während auf der Seite der Praxis hier eher der größte Problemdruck gesehen wird [339]. Der Entscheidung zwischen Differenzierung und Standardisierung sind engere Grenzen als bei den bisher aufgeführten Marketinginstrumenten gesetzt. Gegen eine einheitliche Preispolitik sprechen vor allem gesetzliche Restriktionen, variierende Konkurrenzsituationen und unterschiedliche Kaufkraftniveaus der relevanten Zielgruppen (vgl. *Kreutzer,* 1989a, S. 539). Dem stehen Tendenzen gegenüber, die gegen eine regionale Preisdifferenzierung sprechen. Hierzu gehört die zunehmende Bedeutung internationaler Handelsunternehmen und Einkaufskooperationen sowie die Gefahr „grauer Märkte". Insbesondere auf dem Pharma- und Automobilmarkt besteht die Gefahr der Re- oder Parallelimporte, bei denen Händler und Endverbraucher die länderspezifischen Preisdifferenzen ausnutzen [340]. Ein weiterer spezifischer Determinantenkomplex berührt die Veränderungen von Wechselkursen. Aus Marketingperspektive stellt sich das Entscheidungsproblem als Wahl zwischen konstanten Ziellandpreisen zur Sicherung einer langfristigen Preisstabilität und Weitergabe von Wechselkursschwankungen im Preis, mit der größere Preisdifferenzen vermieden werden, um wiederum graue Märkte zu verhindern. Als eine mittlere Lösung zwischen globaler und lokaler Preispolitik wird im allgemeinen die Entwicklung von Preiskorridoren empfohlen.

Neben der empirischen Beschreibung der internationalen Preissetzung werden als weitere forschungsrelevante Themen die Besonderheiten der internationalen Kontrahierungspolitik und die verschiedenen Formen der Kompensations- bzw. Bartergeschäfte behandelt [341].

Die geringsten Standardisierungspotentiale werden in der internationalen *Distributionspolitik* gesehen (vgl. *Kreutzer,* 1989a, S. 538), wobei die länderspezifisch stark divergierende Handelsstruktur eine dominante Barriere darstellt. Qualitative (z. B. Images einzelner Handelsbetriebstypen) und quantitative Merkmale (z. B. Marktanteile einzelner Betriebstypen) divergieren selbst in Europa noch stark (vgl. *Nielsen,* 1994), so daß in der empirischen Beschreibung der unterschiedlichen nationalen Handelslandschaften insofern ein wichtiger Forschungschwerpunkt liegt [342]. Eingeschränkt ist der Entscheidungsspielraum der Distributionspolitik

---

339 Vgl. *Simon/Wiese,* 1995, S. 225. Eine mögliche Erklärung für diese Diskrepanz wird in dem schwierigen Zugang zu sensiblen Preis- und Kostendaten internationaler Unternehmen gesehen.

340 Vgl. *Simon/Wiese,* 1992, S. 246, die auch darauf hinweisen, daß es durchaus ökonomisch sinnvoll sein kann, einen Teil der grauen Märkte wegen Abschöpfungseffekten zu tolerieren. Vgl. dazu die Arbitrage-Modelle bei *Backhaus/Büschken/Voeth,* 1996, S. 175ff..

341 Vgl. *Bea/Beutel,* 1992, zu Kalkulationsschemata; *Becker,* 1991, zu internationalen Liefer- und Zahlungsbedingungen sowie *Peemöller,* 1981, zu Kompensationsgeschäften.

342 Ein Beispiel ist hier die japanische Handelsstruktur, deren Eigenart die größte Hürde für den Eintritt in den japanischen Markt darstellt und im Mittelpunkt vieler empirischer Studien steht. Vgl. als Übersicht *Fahy/Taguchi,* 1995.

auch durch die Interdependenz mit den gewählten Marketingstrategien, und hier insbesondere mit den Markteintrittsstrategien. Die Wahl der zu schaffenden Distributionsstruktur hängt z. B. davon ab, ob exportiert wird, ob Lizenzen vergeben oder eigene Tochtergesellschaften gegründet werden sollen. Umgekehrt können Spezifika der betreffenden Distributionsstruktur, wie z. B. geringe Einwirkungs- und Kontrollmöglichkeiten, oder der Grad der Fragmentierung, Rückwirkungen auf die Wahl der Eintrittsstrategien haben. Ein Beispiel dafür stellt die Entscheidung zwischen der Etablierung eines eigenen Vertriebsnetzes im Ausland oder eines Franchisesystems dar. In Europa ist die zunehmende Internationalisierung von Handelsunternehmen ein wichtiger Einflußfaktor für die Distributionspolitik (vgl. *Tietz,* 1992; *Zentes/Ferring,* 1995, S. 414). Dadurch erhöhen sich die europäischen Standardisierungspotentiale von Herstellern. Allerdings äußert sich die Internationalisierung stark in Form einer weiter wachsenden Handelskonzentration, was wiederum herstellerbezogene Umgehungstrategien fördern kann.

Theoretische Schwerpunkte liegen in Verfahren zur Auswahl von internationalen Distributionsalternativen, die zwar durch die erhöhte Komplexität charakterisiert sind, aber konzeptionell sich nur wenig von den allgemeinen Modellen unterscheiden. Ebenso spiegelt die Diskussion von Just-in-Time-Konzeptionen und Kooperationslösungen im Rahmen der internationalen Logistik den methodischen Stand der allgemeinen Distributionspolitik wider.

5.2.4.6.4   Stand und zukünftige Perspektiven des Internationalen Marketing

Die grundlegende Frage nach der Legitimation eines eigenen Forschungsfeldes kann anhand des Forschungsstandes bejaht werden. Der Erkenntnisgegenstand des Internationalen Marketing bezieht sich auf eine originäre Problemdefinition, der eine Modifikation bestehender Marketingkonzepte nicht gerecht werden kann. Vielmehr benötigen Komplexität und Interaktionseffekte einen spezifischen Problemzugang. Die Relevanz einer intensiven Forschungsarbeit in diesem Feld wurde erkannt. Insofern ist ein Abbau der von einigen Autoren bemängelten Diskrepanz zwischen dem hohen Internationalisierungsgrad der Wirtschaftspraxis und dem mittleren Internationalisierungsgrad der deutschen Betriebswirtschaftslehre zu erwarten [343]. Bezüglich der Form einer intensivierten Internationalisierung der betriebswirtschaftlichen Theorie werden drei unterschiedliche Positionen vertreten. Zum einen wird der Status des Internationalen Marketing auch zukünftig in einer weiteren *Ausdifferenzierung der Marketingtheorie* gesehen, wobei neben der Entwicklung von strategischen und instrumentellen Gestaltungsansätzen die interkulturelle Marketingforschung eine wichtige Aufgabe darstellt. Zum anderen wird in einer zweiten Position die Einbindung in einen zu forcierenden Forschungsbereich *„Internationales Management"* gefordert, bei dem die funktionsübergrei-

---

343 Vgl. zur Kritik an der mangelnden Internationalisierung der deutschen Betriebswirtschaftslehre *Reber,* 1993, Sp. 1900.

fende Betrachtungsweise im Vordergrund steht (vgl. dazu *Perlitz*, 1993). Die Vernetzung steht auch in der dritten Position im Vordergrund, die aber eher eine *Internationalisierung der Allgemeinen Betriebswirtschaftslehre* präferiert (vgl. *Schoppe*, 1992; *Hermanns/Wißmeier*, 1995, S. 8ff.). Die Darstellung integrativer Ansätze der Marketingwissenschaft hat gezeigt, daß eine funktionsübergreifende, vernetzte Perspektive auch auf Basis der Marketingtheorie möglich ist. Insofern sind relevante Forschungsimpulse eher über eine Definition spezifischer Marketingprobleme im internationalen Kontext zu erwarten, wenn deren Behandlung die engen Bezüge zu anderen disziplinären und funktionalen Bereichen einschließt, als umgekehrt über den Weg einer internationalen Allgemeinen Betriebswirtschaftslehre.

In *methodischer Hinsicht* ist im Sinne einer produktiven Weiterentwicklung das Problem einer Vielzahl unkoordinierter ähnlicher empirischer Studien zu lösen (wie z. B. im Bereich von Entwicklungsmodellen der Internationalisierung). Wesentlich größere Erkenntniszuwächse wären hier zu erwarten, wenn zum einen ein intensiverer gegenseitiger Bezug auf die jeweiligen vorhandenen Studien erfolgen und sich zum anderen ein Konsens über die Verwendung, Konzeptionalisierung und Operationalisierung zentraler Konstrukte herausbilden würde, wie z. B. über die Frage, wann ein Produkt standardisiert ist (vgl. *Ford/Leonidou*, 1991, S. 25).

In *inhaltlicher Hinsicht* wird entsprechend der empirischen Entwicklung neben der Anwendung auf Konsum- und Investitionsgütermärkte eine zunehmende Orientierung an internationalen Dienstleistungsmärkten erfolgen müssen. Speziell werden hier Forschungsanforderungen durch wachsende Bedeutung des internationalen Handels als Dienstleister stehen (vgl. *Peterson* et al., 1993, S. 75). Gerade aus diesen neuen Anwendungsfeldern heraus könnte sich auch die theoretische Perspektive von einer bisher stärkeren Transaktionsorientierung zu einer engeren Anbindung an beziehungsorientierte Ansätze als fruchtbar erweisen. Erste Arbeiten, die vor allem im Kontext von Business-to-Business Märkten entstanden sind, bieten wertvolle Aspekte zu einer dyadischen Betrachtung von Beziehungen zwischen Herstellern und ausländischen Partnern [344]. Zum anderen würde dies die bisher nur ungenügende Beschäftigung des Beziehungsmarketing mit sozio-kulturellen Konstrukten fördern (vgl. *Kap. 5.2.4.4.4*).

Angesichts erheblicher internationaler sozialer und ökologischer Probleme der Globalisierung stellen sich für das Internationale Marketing in gravierender Weise auch gesellschaftspolitische Fragen, mit denen sich für die Zukunft eine wichtige Verknüpfung zu Erweiterungs- und Vertiefungskonzepten des Marketing ergibt. So wird z. B. das soziale Nord-Süd-Gefälle zwischen westlichen Industrieländern und der sog. Dritten Welt sowohl ökonomisch-strategische Aspekte des Interna-

---

[344] Vgl. *Kale/Barnes*, 1992, und *Wilson/Moller*, 1991. Letztere beschreiben verschiedene Konzeptionalisierungen von internationalen Käufer-Verkäufer-Beziehungen mit einem Schwerpunkt auf die skandinavischen Interaktions- und Netzwerkmodelle.

tionalen Marketing wie auch Aspekte der sozial-ökologischen Verantwortbarkeit aufwerfen. Dies gilt insbesondere, soweit staatliche Maßnahmen der Rahmensetzung im internationalen Kontext oft zu wenig und zu unflexibel greifen.

5.2.4.7   Electronic Marketing

Als eine zukunftsweisende Herausforderung des Marketingumfeldes wurde die Entwicklung neuer Informations- und Kommunikationstechnologien dargestellt (vgl. *Kap. 5.1.1.3*). Nicht untypisch für die postulierten Konsequenzen ist dafür die Einschätzung der OECD:

> „Our generation stands on the very cusp of the greatest technological revolution that mankind has ever faced. Some compare this age of electronic communication with the arrival of the Gutenberg press, or with the industrial revolution. Yet this revolution when it has run its course may have a greater impact on the planet than anything that has preceded."
> *OECD,* 1997, S. 3

Eine historische Betrachtung zeigt, daß die Beziehung zwischen Marketing und Informations- und Kommunikationstechnologien schon immer eine hohe Priorität besaß. Dies ist zunächst die Konsequenz einer engen *Wechselbeziehung*, die sich – angefangen von den Zeitungen im 18. Jahrhundert, bis hin zu Radio oder Fernsehen im 20. Jahrhundert – zeigt (vgl. *Leiss/Kline/Jhally,* 1990, S. 91ff.). Zum einen basiert die Expansion der Massenmedien in erheblichem Maße auf Werbeeinnahmen. Zum anderen wäre die Entstehung nationaler Märkte am Beginn des Jahrhunderts ohne das Vorhandensein einer entsprechenden kommunikativen Infrastruktur nicht möglich gewesen. Ebenso erforderte bspw. die Umsetzung von Segmentierungsansätzen und die zielgruppenspezifische Ansprache eine entsprechende Medienlandschaft.

Der Einfluß der Medien geht noch über den einfachen technologisch-formalen Bedingungsrahmen für das Marketing hinaus. Ende der 60er Jahre formulierte der Medienwissenschaftler *McLuhan* dazu:

> „Media, by altering the environment, evoke in us unique ratios of sense perceptions. The extension of any one sense alters the way we think and act – the way we perceive the world. When these ratios change, men change."
> *Marshall McLuhan; Quentin Fiore,* 1967, S. 41 [345]

Nicht nur, daß Medien bestimmte Kommunikationsarten ermöglichen, wie z. B. Zeitschriften die grafische Anzeige oder das Radio die gesungene Werbebotschaft,

---

[345] Das ebenso von *McLuhan* stammende Diktum „The Medium is the Message" baut auf diesem Gedankengang auf. In dieser Zuspitzung sind es eben nicht die Inhalte oder die aktuellen Nutzungen, sondern die Potentiale des Mediums selber, die zu sozialen und psychologischen Wandlungsprozessen führen.

❏

In der Jubiläumsausgabe des zentralen Magazins zur Internetkultur „Wired" stellt Sony die Mediengeschichte in den Kontext der individuellen Lebensgeschichte verschiedener Generationen.

Quelle: Wired, No. 1, 1998

Their great-grandmother's first kiss was in front of a radio. Their grandmother's first kiss was in front of a black & white television. Their mother's first kiss was in front of a car stereo. What will their first kiss be in front of?

Walkman Handycam Digital Satellite System DVD What's next? **SONY**

sondern Medien beeinflussen den Menschen selbst. Insbesondere die räumlichen und zeitlichen Veränderungen [346] führen zu psychologischen, sozialen und kulturellen Wandlungsprozessen. Für das Marketing waren die medialen Entwicklungen schon immer eine zweifache Herausforderung, nämlich als *Reaktionsvariable,* bei der die Veränderungen von Marktsituation und Markthandeln adäquate Anpassungsprozesse erfordern, und als *Aktionsvariable,* bei der die Chancen und Potentiale dieser Technologien genutzt werden können (vgl. *Hermanns/Flegel,* 1992a, S. 3).

---

346 Ein Beispiel stellt die zunehmende Auflösung einer Definition sozialer Beziehungen und Gemeinschaften über physische Nähe dar. Schon das Telefon ermöglichte eine oftmals einfachere und schnellere Kontaktaufnahme zu weit entfernten Personen als zu direkten Nachbarn (vgl. *Meyrowitz,* 1985).

Trotz dieser signifikanten Beziehung hat sich aber kein eigenständiger Forschungsansatz „Telefonmarketing" oder „Radiomarketing" herausgebildet. Die neuartigen Probleme und Potentiale der Technologien für die Marketingpraxis konnten bisher im Rahmen der traditionellen Marketingtheorie aufgegriffen und thematisiert werden. Mit Bezug auf die neuen Informations- und Kommunikationstechnologien hat sich dagegen seit Mitte der 90er Jahre ein Forschungsschwerpunkt *Electronic Marketing* herausgebildet, bei dem von einem notwendigen *Paradigmawechsel* der Marketingwissenschaft gesprochen wird [347]. Dies wird mit der These begründet, multimediale elektronische Medien führten zu derart fundamentalen Veränderungen in den Wertschöpfungsprozessen sowie den internen und externen Unternehmensbeziehungen, daß im Rahmen des traditionellen Marketing dafür keine adäquaten Handlungsorientierungen mehr geliefert werden könnten.

Wir haben diesen Forschungsansatz zur detaillierteren Behandlung ausgewählt, da zunächst – ungeachtet der Notwendigkeit eines Paradigmawechsels – die zugrunde gelegten Phänomene nach allgemein geteilter Einschätzung einen aktuellen und zukünftigen Forschungsbedarf implizieren. Elektronische Medien gehören inzwischen auch für deutsche Unternehmen zum Alltag (vgl. u. a. *Ambs,* 1996, S. 46). Insofern ist die Position von *Herrmanns/Flegel* nicht unrealistisch, daß Anfang des nächsten Jahrtausends der verpaßte Einstieg in neue Informations- und Kommunikationstechnologien einem derzeitigen Verzicht auf das Telefon vergleichbar wäre (vgl. *Hermanns/Flegel,* 1992b, S. 922; ähnlich *Courtney/Van Doren,* 1996, S. 8). Darüber hinaus stellt das Electronic Marketing ein zur Zeit intensiv diskutiertes Feld mit noch geringem methodischen und theoretischen Konsens dar. Im Gegensatz zu den bisher behandelten Forschungsgebieten besteht hier die Möglichkeit, den Entstehungsprozeß einer Forschungsrichtung abzubilden. Obwohl die genaue Form und Ausgestaltung noch diskutiert wird, gehen wir davon aus, daß sich der Bereich des Electronic Marketing zu einem weiteren etablierten Baustein innerhalb der Marketingwissenschaft entwickeln wird.

5.2.4.7.1 Identitätskern des Electronic Marketing

Für das hier als „Electronic Marketing" bezeichnete Gebiet gibt es derzeit weder einen inhaltlichen noch einen begrifflichen Konsens. Deshalb kann zunächst eine wissenschaftspragmatische Vorgehensweise einer ersten Annäherung dienen. Hierbei werden als Indizien für ein geteiltes Forschungsinteresse gegenseitige Hinweise auf wissenschaftliche Arbeiten, gemeinsame Publikationen als Co-Autoren und in Sammelbänden oder der wissenschaftliche Austausch auf themenspezifischen Kongressen genommen. Auf der Basis einer derartigen Vorgehensweise können folgende Begriffe angeführt werden, die unterschiedliche Abgrenzungen und Schwerpunkte aufweisen, aber eine „Familienähnlichkeit" in dem obigen Sinne besitzen:

---

347 Vgl. u. a. *Rust/Oliver,* 1994, S. 71; *Hoffman/Novak,* 1996a, S. 7; *Morgan,* 1996, S. 7; *Rengelshausen,* 1997, S. 112.

Computer Aided Marketing, EDV-gestütztes Marketing, Computergestütztes Marketing, CME (Computer-Mediated Environment) Marketing, Database Marketing, Multimedia Marketing, Online Marketing, Internet Marketing, WWW Marketing, Cyber Marketing, Virtual Marketing, Digital Marketing, Future Marketing, Interactive Marketing

Die inhaltliche Phänomenabgrenzung wird zum einen über den Schwerpunkt der verwendeten *Technologien* und zum anderen über den Schwerpunkt der neuen *Eigenschaften* dieser Technologien vorgenommen.

– Begriffe wie „EDV-gestütztes Marketing" heben den *technologischen* Aspekt hervor. *Meffert/Hensmann* (1987, S. 254) kritisierten diese Stoßrichtung bereits in den 80er Jahren in der Diskussion zu den Neuen Medien. Derartige Ansätze laufen nämlich Gefahr, gleichzeitig zu weit und zu kurz zu greifen. Während „EDV-" oder „Computergestützt" zu weit gefaßt ist, da vom Briefeschreiben bis zum Database-Management der Computer im Prinzip überall im Unternehmen eingesetzt wird, grenzen Begriffe wie „Online" oder „Internet" relevante, weitere aktuelle oder zukünftige Medien aus. Außerdem wird bei der Anwendung von technologischen Potentialen als Definitionskriterium übersehen, daß diese zwar genutzt werden können, aber nicht müssen.

– Auf der anderen Seite stehen Begriffe wie „Multimedia" oder „Interactive", mit denen die Gewichtung von den Technologien hin zu den marketingspezifischen *Eigenschaften* und *Implikationen* der neuen Informations- und Kommunikationstechnologien verschoben werden. So stehen bei „Multimedia Marketing" definitorisch die integrative Verwendung mindestens dreier Mediengattungen im Vordergrund und beim „Interactive Marketing" die durch die Technologie ermöglichten direkten, interaktiven Austauschprozesse zwischen Unternehmen und Adressaten[348]. Diese Tendenz ist generell zu begrüßen, um die inhaltliche Arbeit zum Electronic Marketing voranzutreiben. Allerdings läuft die Betonung der Interaktivität Gefahr, die Heraushebung von Besonderheiten gegenüber anderen Forschungsfeldern zu vernachlässigen. So wird sie in ihrer vollendeten Form wohl nur in der Praxis der face-to-face Interaktion von Verkaufspersonal und Konsument realisiert.

Als terminologischen Ausgangspunkt haben wir hier den Begriff des *Electronic Marketing* gewählt, der in Anlehnung an *Herrmanns/Flegel* (1992a, S. 3) wie folgt definiert werden kann:

---

[348] Vgl. zur Definition von „Multimedia Marketing" *Silberer*, 1995, S. 5; *Gerpott*, 1996, S. 15; *Götte/Kümmerlein*, 1996, S. 36, und zur Definition von „Interactive Marketing" *Blattberg/Deighton*, 1991; *Molenaar*, 1996, S. 4; *Weiber/Kollmann*, 1997, S. 547, sowie *o.V.*, 1997, mit Beiträgen einer Harvard Business School Konferenz zur Zukunft des Interaktiven Marketing.

Das Electronic Marketing umfaßt als Sammelbegriff alle marketingrelevanten Bereiche, in denen elektronische Komponenten und Systeme der Informations- und Kommunikationstechnologien zur Gestaltung von Austauschbeziehungen eingesetzt werden.

Als Vorteil des Begriffs kann der flexible Rahmen angesehen werden, der die hier relevanten Technologien umfaßt, aber offen für weitere technologische Entwicklungen ist. Zudem ergeben sich über den Begriff internationale Anknüpfungspunkte sowie inhaltliche Verbindungen zu verwandten Themengebieten [349].

Für das so verstandene Electronic Marketing stellt sich die Frage nach der wissenschaftlichen Positionierung, bzw. der Abgrenzung zum allgemeinen Marketing. Diese *Legitimitätsproblematik* wird in der Literatur über zwei Argumentationsschritte behandelt:

a) die Charakteristika neuer Informations- und Kommunikationstechnologien,

b) die Umsetzung der Charakteristika auf marktliche Prozesse.

ad a) Charakteristika neuer Informations und Kommunikationstechnologien
Die bestehenden Typologisierungsansätze unterscheiden sich zum einen in den zugrunde gelegten Medien (nur neue Medien oder einschließlich traditioneller Medien) sowie in der Wahl der verwendeten Kriterien (eher technologische Kriterien oder kommunikative Funktionspotentiale). Eine umfassende Typologisierung wurde von *Hoffman/Novak* entwickelt, die hier mit Bezug auf die Bearbeitung von *Bruhn* dargestellt wird. Auf der Basis traditioneller Medienvergleiche wurden objektive Kriterien entwickelt, die eine eindeutige Klassifikation erlauben (vgl. *Abb. 5-26*):

– Charakteristika des *Kommunikationssystems*
Gegenüber den traditionellen Medien zeichnen sich die elektronischen Medien zunächst durch eine *veränderte Beziehung zwischen den Teilnehmern* aus. Während bei traditionellen Medien ein, bzw. wenige Sender Informationen an viele Empfänger schicken, ermöglichen elektronische Medien die kommunikativen Verbindungen vieler Sender mit vielen Empfängern ("many-to-many"). Gleichzeitig besitzen sie die Potentiale der *Multimedialität,* bei der mehrere Sinne parallel angesprochen werden können. Die Anzahl der verknüpften Quellen kennzeichnet, auf wieviele inhaltliche Quellen ein Mediennutzer bei Gebrauch potentiell zugreifen kann. Während bspw. beim (interaktiven oder klassischen) Fernsehen verschiedene Programme auswählbar sind, bieten elektronische Online-Dienste wie Usenet newsgroups oder das World Wide Web aufgrund ihrer Netzstruktur die Nutzung einer immens hohen Anzahl von Informationsquellen.

---

349 Vgl. neben dem deutschen Handbuch von *Hermanns/Flegel*, 1992, auch den amerikanischen Reader von *Komenar*, 1997. Als inhaltlich verwandte Phänomene mit begrifflicher Nähe können angeführt werden: „Electronic Shopping" (vgl. z. B. *Mertens*, 1996), „Electronic Mall" (vgl. z. B. *Schmid*, 1995); „Electronic Markets" (vgl. z. B. *Benjamin/Wigand*, 1995) oder „Electronic Commerce" (vgl. z. B. *Kambil*, 1995), die jeweils Teilaspekte des Electronic Marketing beschreiben.

– Charakteristika der *Interaktivität*

Interaktivität bezeichnet allgemein ein aufeinander bezogenes Agieren und Reagieren. Unabhängig von vorgegebenen Ablaufmustern gibt es Potentiale einer wechselseitigen Kommunikation (vgl. *Weiber/Kollmann*, 1997, S. 538).
Hoffman/Novak (1996b, S. 52f.) differenzieren hierbei nach Personen- und Maschinen-Interaktivität. Die *Personen-Interaktivität* bezieht sich auf die direk-

	Kommunikationssystem			Interaktivität		Rückkoppelung	
	Teilnehmer	Modalität	verknüpfte Quellen	personelle	maschinelle	zeitliche Synchronität	inhaltliche Symmetrie
Massen-kommunikation							
Zeitungen, Zeitschriften	einer:viele	Text, Bild	eine	nein	nein	–	ja
Fernsehen	einer:viele	Ton, bewegte Bilder, wenig Text	wenige	nein	nein	–	nein
Individual-kommunikation							
face-to-face	einer:einer	Ton, körperliche Reize	eine	ja	nein	ja	ja
Telefon	einer:einer	Ton	eine	ja	nein	ja	ja
Brief	einer:einer	Text, Bild		nein	nein	nein	ja
Elektronische Offline Kommunikation							
CD-ROM, Terminal	einer:viele	Text, Bild Ton, bewegte Bilder	eine	nein	ja	ja	nein
Elektronische Online Kommunikation							
Usenet newsgroup	viele:viele	Text	viele	ja	ja	ja	ja
Interaktives Fernsehen	einer:viele	Text, Bild, Ton, bewegte Bilder	wenige	nein	ja	ja	nein
World Wide Web (inkl. Feedback-Forms)	viele:viele	Text, Bild, Ton, bewegte Bilder	viele	ja	ja	ja	nein

Abb. 5-26 Typologie traditioneller und neuer Medien nach Bruhn, 1997b, S. 29; Hoffman/Novak, 1996b, S. 56

te oder medial vermittelte wechselseitige Kommunikation zwischen Personen, wie es beim persönlichen Gespräch der Fall ist. Unter der *Maschinen-Interaktivität* wird das Ausmaß verstanden, „… to which users can participate in modifying the form and content of a mediated environment in real-time" (*Steuer,* 1992, S. 84). *Diller* (1997b, S. 526) unterscheidet hier verschiedene Intensitätsformen, die von einer rudimentären „Ein-Aus-Interaktivität" als Entscheidung des Nutzers über den Programmabbruch bis hin zur vollkommen selbstständigen Ausgestaltung und Beeinflussung des Programms, bzw. des Kommunikationsgeschehens, reichen. Interaktivität war bisher nur der individuellen Kommunikation vorbehalten. Die elektronischen Medien erlauben nun auch eine Interaktivität auf einer Massenebene. In der Interaktion mit der Maschine können Inhalte und Darstellungsform individuell verändert und modifiziert werden. Im Rahmen einer Personen-Interaktivität bedeutet dies, daß die Rolle von Sender und Empfänger bei elektronischen Online-Medien ständig gewechselt werden kann.

– Charakteristika der *Rückkoppelung*
Das Kriterium der Rückkoppelung beschreibt spezifische Ausformungen der Interaktivität. Die *zeitliche Synchronizität* bezieht sich auf das Agieren und Reagieren in Echtzeit, was typisch für die elektronischen Medien ist. Unter der *inhaltlichen Symmetrie* wird die Möglichkeit verstanden, daß die jeweiligen Kommunikationspartner ihre Informationen analog codieren (vgl. *Bruhn,* 1997b, S. 28). Diese Symmetrie ist ein Charakteristikum der Individualkommunikation, wenn z. B. ein schriftlich codierter Brief oder mündliche Rede in gleicher Form beantwortet werden. Typisch dagegen für Multimediasysteme ist die inhaltliche Asymmetrie, wenn auf eine integrierte Bild-, Ton- und Text-Botschaft bspw. allein textlich per e-mail reagiert wird. Diese Asymmetrie erhöht insbesondere die Maschinen-Interaktivität, wenn komplexe multimediale Programme mit einigen wenigen Tastenbefehlen radikal umgestaltet werden.

Zusammenfassend kann als besonderes Merkmal der elektronischen Medien die Bündelung von Eigenschaften der Individualkommunikation und der traditionellen Massenkommunikation hervorgehoben werden. Sie beinhalten die individuelle Interaktion mit multimedialer Ansprache und dies zugleich auf einer Massenebene.

ad b)   Die Umsetzung der Besonderheiten auf marktliche Prozesse
Für *Evans/Wurster* (1997, S. 73f.) drückt sich die Bündelung der Eigenschaften in der Auflösung der bisherigen Ökonomie der Information aus. Diese basierte auf einer inversen Beziehung zwischen Reichhaltigkeit (verstanden als Informationsmenge, Individualisierungsgrad und Interaktivitätsgrad) und Reichweite (verstanden als Anzahl der kommunikativ verbundenen Partner). Das Entscheidungsverhalten über unternehmerische Informationsprozesse war insofern von einem Abwägen zwischen diesen beiden Größen geprägt. Je größer z. B. die Reichhaltigkeit einer kommunikativen Maßnahme, desto geringer war die Anzahl an erreichbaren Konsumenten. Die zugespitzte Position von *Evans/Wurster* (1997, S. 74) besagt nun, daß der Wandel für Unternehmen aufgrund der elektronischen Medien,

„… allowing everybody to communicate with everybody else at essentially zero cost, is a sea change."

In der Diskussion finden sich dazu drei eng miteinander verknüpfte Thesen, die aus den Charakteristika elektronischer Medien einen notwendigen Wandel bezüglich des Marketing ableiten:

– Die *Interaktionsthese*

Die „kanaleigene Interaktivität" (Kommunikation in dem gleichen Medium) in „Echtzeit" (statt zeitverzögert) verändert die Kommunikation zwischen Unternehmen und ihren externen und internen Austauschpartnern. Die anonymen Märkte der Massenfertigung werden mit elektronischen Medien „re-individualisiert" (vgl. *Link/Hildebrand*, 1995, S. 31) und die Marktkontakte von räumlichen und zeitlichen Beschränkungen gelöst. Was im Nachkauf- und Beziehungsmarketing (vgl. *Kap. 5.2.4.4*) bisher theoretisch gefordert wird, kann nun durch die neuen Medien umfassend realisiert werden: die direkte, flexible, effektive und individualisierte Interaktion (vgl. *Rengelshausen*, 1997, S. 112). Das Electronic Marketing leitet dabei seine Legitimation aus einer *Schnittstellen-* und einer *Umsetzungsfunktion* ab (vgl. *Weiber/Kollmann*, 1997, S. 550).

Postbank Online-Banking im Internet Bedienungsanleitung

Information und Anleitung für eine einfache, schnelle und günstige Form der Kontoführung.

📶 Postbank

❏
Für deutsche Bankkunden wird zunehmend eine Kontoführung über elektronische Medien angeboten. Dadurch erhöht sich die potentielle Multifunktionalität des Internet als Absatzkanal.

Quelle: Deutsche Postbank AG, Bonn

– Die *Konvergenzthese*

Elektronische Medien sind nicht nur Kommunikationsmedien, sondern bieten die Möglichkeit der Durchführung integrierter Transaktionen über ein und dasselbe Medium. Im Rahmen digitalisierbarer Leistungsangebote können Verkaufsgespräche, Geschäftsabschlüsse, Distribution von Leistungen, Bezahlung und Nachkaufservice über *einen* Kanal erfolgen[350]. Damit sind unternehmerische Aktivitäten in elektronischen Medien nicht mehr exakt den einzelnen Instrumenten des Marketingmix zuzuordnen. Verstärkt durch die Annahme, daß die Zukunft der Informationsgesellschaft zu einer wettbewerbstrategischen Dominanz digitalisierbarer Leistungen führen wird, fordern hier verschiedene Autoren die theoretische Berücksichtigung dieser instrumentalen Konvergenz (vgl. *Hensmann/Meffert/Wagner*, 1996, S. 7; *Diller*, 1997b, S. 519).

– Die *Machtthese*

In verschiedenen Zusammenhängen wird in der Marketingtheorie über die aktiveren Konsumenten diskutiert (vgl. *Kap. 5.2.2.1.1*), und es wird empfohlen, ihnen größeres Einflußpotential auf Wertschöpfungsprozesse einzuräumen. Im Electronic Marketing geht man dagegen sogar davon aus, daß sich die Unternehmen aufgrund der technologischen Bedingungen von vornherein auf eine größere Kundenmacht einstellen müssen[351]. Sie wird damit begründet, daß die Konsu-

---

[350] Beispiele für digitalisierbare Produkte sind Beratungsleistungen, Software, Musik, Bücher, Zeitungen oder Zeitschriften. Digitalisierbare Geldströme können über Homebanking oder in Form von Online-spezifischem Geld wie E-Cash oder Cybercash organisiert werden (vgl. *Sietmann*, 1997).

[351] Für *Hoffman/Novak* (1996a, S. 6) zeichnet sich der elektronische Marketingkanal durch eine symmetrische Machtverteilung aus, und *Rust/Oliver* (1994, S. 74) sprechen z. B. vom „empowered consumer".

menten sich erhöhte Markttransparenz verschaffen können (vgl. *Benjamin/Wigand*, 1995, S. 63), indem sie bei geringen Transaktionskosten die Möglichkeit haben, eine Vielzahl von unternehmens- und produktspezifischen Informationen abzurufen und damit in größerem Ausmaß die Kommunikationsprozesse selbst steuern. Im Rahmen der Marketingwissenschaft wird damit eine stärkere Orientierung an *pull-Aktivitäten* der Unternehmen gefordert (vgl. *Hanser*, 1995, S. 35; *Naether*, 1996, S. 28). Bei Einschätzungen über das tatsächliche Informationsverhalten und damit über die Realisierung von Informationsmacht durch Nutzung elektronischer Medien sind allerdings psychologische Bedingungen und hier insbesondere die Motivation für aktives Informationsverhalten zu berücksichtigen.

Da im folgenden nicht der gesamte Bereich von Forschungsarbeiten zum Electronic Marketing behandelt werden kann, nehmen wir eine Selektion einzelner Problemstellungen vor und beziehen uns dabei auf die *elektronischen Online-Medien*, bei denen Informationen zentral auf einem entfernten Rechner über ein externes Netzwerk bereitgestellt werden. Diese Auswahlentscheidung resultiert zum einen aus der marktlichen Dominanz dieser Medien [352] und dem momentanen Schwerpunkt der wissenschaftlichen Forschung. Zum anderen bilden sie den Referenzpunkt für die Formulierung der These vom Paradigmawechsel für die Marketingtheorie.

5.2.4.7.2 *Institutionelle, funktionale und verhaltenswissenschaftliche Aspekte am Beispiel von elektronischen Online-Medien*

Die Forschung zum Electronic Marketing ist bisher stark deskriptiv orientiert. Dieser Zustand entspricht dem generellen Entwicklungsschema innerhalb der Marketingwissenschaft, bei dem die erste Phase durch Beschreibungen, Klassifizierungen, Systematisierungen und Typologien gekennzeichnet ist. Bezogen auf die Unternehmenspraxis sind deskriptive Untersuchungen wichtig, da sich hier derzeitig noch eine große informatorische Unsicherheit mit einer diffusen Angst mischt, zukünftige Wettbewerbsvorteile zu verlieren [353]. Ein Grundproblem liegt allerdings in einer technologisch bedingten Dynamik und Diffusionsgeschwindigkeit, die eine Bestandsaufnahme und Entwicklung von Projektionen und Szenarien schnell obsolet werden läßt (vgl. auch *Fantapié Altobelli*, 1991; *Weiber*, 1992).

Eine reine Deskription, angereichert mit Experteneinschätzungen, kann keine grundsätzlichen Fragen nach den marketingtheoretischen Implikationen der elektronischen Medien beantworten. Seit Ende der 80er Jahre sind hier Bestrebun-

---

352 Zum Verbreitungsgrad in deutschen Unternehmen vgl. *Schütz*, 1997b.
353 Eine Vielzahl von Publikationen verbreiteten mit ihrem Versprechen ungeahnter Gewinnmöglichkeiten eine elektronische „Goldgräber-Stimmung" und führten zu überhasteten und strategisch wenig durchdachten unternehmerischen Aktivitäten in Online-Medien. So lautete 1996 der sinngemäße Tenor einer Konferenz von amerikanischen Zeitungsverlagen zum Electronic Journalism: „Wir wissen nicht so genau, warum wir elektronische Zeitschriften ins Netz stellen oder wie wir daran verdienen können, aber eines Tages wird es sich schon auszahlen." (vgl. *Peterson*, 1996).

gen zu beobachten, allgemeine Rahmenmodelle zu entwickeln, die einzelne partial-analytische Arbeiten integrieren und zudem als heuristischer Ausgangspunkt zur Generierung von weiteren Forschungsfragen dienen können. Als Grundlage dient das Konzept des *Electronic Commerce*, das Transaktionen auf elektronischen Märkten umfaßt. Nach *Schmid* (1993, S. 468) handelt es sich hierbei um „... mit Hilfe der Telematik realisierte Marktplätze, d. h. Mechanismen des marktmäßigen Tausches von Gütern und Leistungen, die alle Phasen der Transaktion ... unterstützen." Dies schließt sowohl die rein digitale Geschäftsabwicklung ein, als auch die unterstützende Funktion für physische Transaktionen. Electronic Commerce beinhaltet somit alle drei zentralen Veränderungsebenen für das Marketing durch elektronische Medien (vgl. *Hermanns/Flegel*, 1992a):

– die *Unterstützung* von konventionellen Marketingfunktionen
  (z. B. elektronische CD-ROM Verkaufskataloge),

– die *Substitution* von konventionellen Marketingfunktionen
  (z. B. Marktforschung durch Scanner-Systeme statt Panel-Analysen),

– die *Generierung* von innovativen Marketingfunktionen
  (z. B. virtuelle Prototypenentwicklung in der Produktpolitik).

Zunächst standen von der Entwicklung her die elektronischen Geschäftsbeziehungen zwischen Unternehmen innerhalb geschlossener Datennetze im Vordergrund, wie z. B. elektronisch regulierte Just-in-Time-Lagersysteme. Öffentliche Datennetze wie Teletel in Frankreich oder weltweit das Internet haben aber zunehmend auch die praktische und theoretische Integration der Endverbraucher in die elektronischen Märkte gefördert (vgl. *Steinfield*, 1996), wobei die möglichen Konsequenzen für die distributive Wertschöpfungskette und die Einbindung der Konsumenten von besonderem Interesse sind.

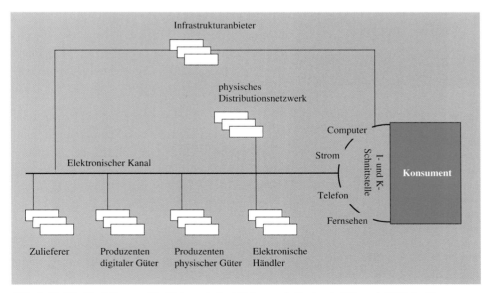

Abb. 5-27: Ein Modellansatz für Elektronische Märkte nach Benjamin/Wigand, 1995, S. 68

Die *Abb. 5-27* vermittelt einen modelltheoretischen Überblick zu elektronischen Märkten, deren Komponenten wie folgt zu erläutern sind:

– *Elektronische Kanäle* verbinden die einzelnen Akteure über Satelliten-, Kabel-, Strom- und Telefonnetze auf elektronischen Märkten. Das momentan diskutierte Internet und hier insbesondere das World Wide Web sind Beispiele für einen derartigen Kanal. Darüber hinaus bestehen viele andere Kanäle, insbesondere als geschlossene Systeme zwischen einzelnen Unternehmen. Auch in Zukunft ist von der parallelen Existenz verschiedener elektronischer Kanäle auszugehen.

– Die Generierung und Aufrechterhaltung der elektronischen Kanäle wird von den *Infrastrukturanbietern* geleistet. Dazu gehören:

· *Computer- und Telekommunikations-Ausrüstungshersteller*, die Hard- und Softwarekomponenten für die Netzinfrastruktur bereitstellen,

· *Netzbetreiber*, die Infrastrukturkomponenten zur Schaffung von Plattformen für elektronische Dienste integrieren und

· *Diensteanbieter*, die den Zugang zu den elektronischen Kanälen ermöglichen und die Schnittstelle zum Kunden gestalten (vgl. *Gerpott,* 1996, S. 18; *Schwartz,* 1996, S. 74).

– Bei den *Produzenten* sind Anbieter physischer und digitaler Güter zu unterscheiden. Für digitale Produktanbieter bieten elektronische Marktplätze die Möglichkeit der Abwicklung umfassender Transaktionen, während für physische Warenanbieter die additive oder substitutive Verlagerung von Teilprozessen in elektronische Marktplätze (wie Kommunikation oder Service) im Vordergrund stehen.

– Die Beziehung zwischen den Produzenten und ihren *Zulieferern* über elektronische Kanäle wird in Form des Computer-zu-Computer Informationsaustausches auch als Electronic Data Interchange (EDI) diskutiert. Insbesondere Autofirmen wie Chrysler oder Ford organisieren ihre Zulieferer-Beziehungen inzwischen über derartige geschlossene elektronische Kanäle (vgl. *Kekre/Mudhopadhyay,* 1992).

– *Elektronische Händler* agieren teilweise nur im virtuellen Netz oder werden als virtuelle Verkaufsstätten von Händlern mit lokaler Präsenz bzw. von Versandhändlern eingerichtet. Hinsichtlich der Distributionsleistungen ist zwischen dem integrierten Modell, bei dem sowohl die Geschäftsanbahnung als auch der Geschäftsabschluß in digitaler Form verläuft, und dem hybriden Modell zu unterscheiden, das mit der Nutzung eines physischen Distributionsweges verbunden wird.

An dieses deskriptive Modell anknüpfend, sollen nun zwei Forschungsfragen näher betrachtet werden, die neben der praktischen Relevanz auch Ansätze zu einer theoriefundierten Forschung im Electronic Marketing aufzeigen:

❏

Das elektronische Mall-Konzept „my world" von Karstadt. Traditionelle Händler mit lokaler Präsenz sichern sich die elektronischen Absatzmärkte. Auffällig ist in dieser Anzeige die Anspielung auf das elektronische Einkaufen vom Arbeitsort aus, was nach Aussage vieler Internethändler der dominante Nutzungsort für elektronische Transaktionen zu sein scheint.

Quelle: Stern H. 47, 1996

a) Wie ändert sich die Wertschöpfungskette der Distribution in elektronischen Märkten in institutioneller und funktionaler Hinsicht?

b) Wie verhalten sich die Endverbraucher in elektronischen Märkten?

ad a) *Wertschöpfungskette der Distribution in elektronischen Märkten*
Im Vergleich elektronischer und realer Märkte stellt die Gestaltung der distributiven Wertschöpfungskette in funktionaler und institutioneller Hinsicht eine zentrale Frage dar, die insbesondere die Existenzbedingungen des Handels in Relation zu anderen Intermediären betrifft. Unter der Annahme einer Reduktion von Transaktionskosten in elektronischen Märkten spezifischer kommunikativer Nutzenarten (Ubiquität und Transparenz) werden verschiedentlich in der Literatur Eliminierungsgefahren für den physischen Handel gesehen (vgl. u. a. *Benjamin/Wigand*, 1995, S. 63; *Brandtweiner/Greimel*, 1998, S. 39). Demgegenüber gelangen aber *Albers/Peters* (1997) in einer detaillierten funktionalen Analyse zu differenzierteren Ergebnissen [354]:

– *Physische Distribution*
Die physische Distribution, wie Transport und Lagerung, ist als Handelsleistung leicht ausgliederbar, ohne daß damit große Akquisitionsverluste verbunden wären. Daher ist eine Übertragung an Spezialgewerbe auch für den realen Handel eine gängige Strategie und insofern kein Spezifikum elektronischer Märkte [355].

– *Sortimentsfunktion*
Die Sortimentsfunktion beinhaltet die Auswahl und Zusammenstellung von Produkten, wobei verschiedene Ordnungsprinzipien anwendbar sind. Bei einer massenorientierten Funktionswahrnehmung ist ein Ersatz realer Einzelhandelsunternehmen zur Einsparung von Transaktionskosten relativ einfach durch Directories und Suchmaschinen möglich, die werbefinanziert die Konsumenten zu den gewünschten Produkten und Anbietern führen. Je spezifischer demgegenüber ein Sortiment auf die Bedürfnisse von Konsumentensegmenten abgestimmt ist, desto schwerer wird eine Übernahme dieser Funktion durch „Cybermediäre" (*Sarkar/Butler/Steinfield*, 1996). Allerdings wird auch hier bereits versucht, dieser Händlerqualität durch Softwarekompetenz zu entsprechen. Eine derartige Strategie kann in der interaktiven und individualisierten Sortimentszusammenstellung (Shop-of-One) liegen. Im Internet existieren bereits Lösungen, bei denen dynamische Websites, Online-Befragungen und eine Datenbank mit Kundenprofil und Nutzerhistorie verknüpft werden. Bei jedem

---

354 Ihre Bezeichnung der distributiven Funktionen stimmt allerdings mit gebräuchlichen Funktionskonzepten nur teilweise überein.
355 Der rein elektronische Buchhändler Amazon.Com <http://www.amazon.com> ist hierfür ein Beispiel. Ohne eigenes Lager bezeichnet sich das Unternehmen selbst als die „weltweit größte elektronische Buchhandlung". Das Geschäftsprinzip basiert auf der Nutzung einer auch für Kunden zugänglichen Datenbank lieferbarer Bücher, die nach Kundenbestellung von den Verlagen oder Großhändlern geordert und über Transportspezialisten an die Kunden versandt werden.

❏
Der 1995 gegründete Buchhändler
Amazon.com. Gemessen am
Umsatz gilt er als das erfolgreichste
Unternehmen im Internet, ohne
allerdings bis zum Bilanzjahr 1997
einen Gewinn auszuweisen.

Quelle: amazon.com, Seattle

neuen Kundenbesuch kann dann der Besucher erkannt und über personifizierte
Datensätze mit einem automatisch erstellten, individuellen Sortiment versorgt
werden (vgl. *Fuzinski/Meyer*, 1997, S. 183).

– *Informations- und Beratungsfunktion*
Information und Beratung wird im realen Einzelhandel sehr unterschiedlich und
segmentspezifisch wahrgenommen. Während bei kosten- und preisorientierten
Marketingstrategien ein Abbau zugunsten von Selbstbedienungssystemen
stattfindet, wird bei Qualitätsstrategien insbesondere bei beratungsintensiven
Branchen hier ein Akquisitionsvorteil gesehen. Diese Bereiche des Einzelhandels
sind soweit substitutionsgefährdet, wie Konsumenten keine personengebundene
Kommunikation präferieren, da in elektronischen Märkten die Information und
Beratung mit geringen Transaktionskosten und individuell abstimmbar auf den
Kundenbedarf möglich ist. Hier ist relativ leicht eine Entbündelung zu realisie-
ren, die zudem von branchenfremden Institutionen angeboten werden kann[356].

– *Finanzielle Transaktionsfunktion*
Im Vordergrund stehen hier als Teilfunktionen das Inkasso, die Kreditfunktion
(als Vorfinanzierung) und die Risikoreduktion für Hersteller und Konsumenten.
Auch diese Funktionen müssen in elektronischen Märkten nicht an Handelsinsti-
tutionen gebunden sein. Sie können und werden bereits von spezialisierten

---

356 Im Internet bietet sich für Konsumenten eine Vielzahl von Möglichkeiten, sich über Produkte und Dienstleistungen zu informieren:
Produktbezogene Diskussionslisten und Newsgroups, bei denen Konsumerfahrungen von den Konsumenten diskutiert werden; Ra-
ting Sites, die elektronische Unternehmen bewerten.

Unternehmen wie Kreditkartenunternehmen (z. B. Mastercard) oder Infrastrukturanbietern (z. B. AT&T) übernommen.

– *Organisation von Verbund-Dienstleistungen*
Albers/Peters fassen hierunter Teilfunktionen wie Garantiedienstleistungen, Reparatur, Umtausch und im weiteren Sinne auch die Vermittlung von Einkaufserlebnissen. Die erstgenannten Funktionen werden im realen Einzelhandel sehr unterschiedlich wahrgenommen und z. T. bereits jetzt ausgelagert, so daß in diesen Fällen eine Organisation in elektronischen Märkten keinen Unterschied ausmacht. Der Vorteil liegt hier sogar in der in der zeit- und raumunabhängigen Verbindung der verschiedenen Funktionsspezialisten, die in der Schnittstelle zum Konsumenten integriert auftreten können. Dagegen wird die Erlebnis- und Kontaktfunktion als primäre Kompetenz der physischen Händler angesehen, die bei den bestehenden technischen Restriktionen derzeitiger elektronischer Kanäle nur schwer in elektronischen Märkten zu reproduzieren sind. Allerdings ist in den USA die Bildung von „virtual communities" zu beobachten, die eine soziale Verbindung von Konsumenten über den einzelnen Kaufakt hinaus elektronisch vermitteln (vgl. *Hagel/Armstrong,* 1997). Diese Teilfunktion kann dann auch von anderen Institutionen als dem Handel übernommen werden. So kann ein Backwaren-Hersteller bspw. Diskussionsforen einrichten, in denen Rezepte ausgetauscht und diskutiert werden, oder ein Buchverlag bietet die Möglichkeit, über elektronische Kanäle Lesegruppen zu organisieren.

Insgesamt kann also trotz genereller Reduktion von Transaktionskosten nicht eindeutig auf Eliminierungsgefahren des realen Handels geschlossen werden. Eine differenziertere Betrachtung zeigt unterschiedliche Bedingungen für die Substitutionen zwischen elektronischen und realen Märkten in institutioneller und funktionaler Hinsicht. Der reale Handel verfügt zudem über Kompetenzen, die er funktionsbezogen auch in elektronischen Märkten umsetzen kann. Allerdings wird demgegenüber auch deutlich, daß in elektronischen Märkten andere Kompetenzen, wie technisches System-Know-how oder die flexible Integration von elektronischen Spezialisten einzelner Funktionen, strategische Erfolgsfaktoren darstellen, die ebenso von branchenfremden Unternehmen wahrgenommen werden können (vgl. *Scholz,* 1995a; *Fantapié Altobelli/Fittkau,* 1997).

Angesichts der Ambivalenz transaktionskostentheoretischer Analysen betonen *Sarkar/Butler/Steinfield* (1996) die notwendige Ergänzung der reinen Effizienzbetrachtung zur Herausbildung des Handels durch *außerökonomische Faktoren.* Dazu gehören *institutionelle Aspekte,* wie Macht oder Konflikt, die eine Beharrung bestehender Systeme verursachen. So kann z. B. ein Produzent am elektronischen Direktvertrieb aus Angst vor möglichen Vergeltungsmaßnahmen des Handels gehindert werden. Insbesondere sind persönliche Beziehungen zwischen Händlern und Kunden maßgeblich, indem persönliche und soziale Präferenzen den Ausschlag für eine Entscheidung gegen elektronische Händler geben können.

☹ Nr. 12
„Rolltreppen fahren mich in den Himmel
Schaufensterpuppen sind so lieb zu mir
Ah, mein kleines Kaufhaus."

Phosphor, 1980

ad b) *Das Konsumentenverhalten in elektronischen Märkten*

Um strategische und taktische Handlungsempfehlungen für Unternehmen zu entwickeln, bedarf es einer informatorischen Grundlage über das relevante Konsumentenverhalten. Angesichts der Neuartigkeit elektronischer Märkte ist hier der Bedarf an gesicherten Erkenntnissen umso notwendiger.

> „Noch überkleistern wir mit den neuen Techniken nur unsere alten Denk- und Verhaltensmuster. Zuerst müßte ein neues Paradigma formuliert werden, das alle Erkenntnisse aus dem Kaufgeschehen - von der Informationsnutzung bis zur Logistik - sinnreich verknüpft mit den neuen Techniken."
> *Richard S. Tedlow*, 1997, S. 78

Trotz der praktischen Relevanz fehlen bisher grundlegende Forschungsansätze zum Konsumverhalten in elektronischen Märkten. *Benjamin/Wigand* kommen 1995 zu der Aussage, daß die technologischen Potentiale und deren Veränderungsdynamik derart umfassend sind, „... that our understanding of what the consumer will do is, at best, cloudy" (*Benjamin/Wigand*, 1995, S. 70). Daran hat sich in den darauffolgenden Jahren nur wenig geändert[357].

Im Vordergrund steht auch hier bisher die *deskriptive* Forschung mit den Schwerpunkten einer demographischen Charakterisierung der an elektronischen Kanälen angeschlossenen Nutzer sowie deren Nutzungsverhalten und *Motive*. Die überwiegende Zahl an Studien konzentriert sich auf das Internet, bzw. die hier nutzbaren Dienste. Lange Zeit war das Bild des typischen deutschen Nutzers *demographisch* geprägt von den Merkmalen männlich, jung (knapp unter 30 Jahren), überdurchschnittliche Schulbildung, relativ finanzkräftig, in einer Großstadt lebend und neuen Trends gegenüber aufgeschlossen (vgl. *Naether*, 1996, S. 30). Aktuelle Daten aus Deutschland und den USA weisen inzwischen auf eine wichtige Veränderung hin, indem sich die Nutzer virtueller Welten der realen Bevölkerungsstruktur immer mehr angleichen[358]. In engem Zusammenhang mit der demographischen Struktur und ihrem Wandel entwickeln sich *Nutzungsmotive und -verhalten*. Für Unternehmen als Informationsanbieter sind Nutzungsarten und damit die Einbettung des gewünschten Kommunikationsvorgangs von Bedeutung, wie z. B. Informieren, Herunterladen von Dateien, Teilnahme an Anbieterdialogen und Foren, Spiele, Shoppen und Zahlungsverkehr (vgl. *Zimmer*, 1996, S. 490). Unter den Motiven hat das „Browsen" als „Herumstöbern" mit geringer Zielorientierung derzeitig hohen Stellenwert (vgl. *Commerce Net/Nielsen Studie*, 1996). Akzeptanz erreicht das Abrufen von Produkt- und Unternehmensinformationen weit mehr als die Online-Werbung, und die Neigung zum Online-Shopping steigt, wobei Motive wie Bequemlichkeit, Verfügbarkeit von Information, kein Verkaufsdruck und Zeitersparnis relativ hohes Gewicht haben.

❏
Die Diffusion des Personalcomputers mit Online-Zugang spiegelt sich auch in dem veränderten Erscheinungsbild wider, hier am Beispiel des Macworld von Frogdesign, Inc 1996. Aus einer technischen Maschine wird ein normales Konsumobjekt, einschließlich der Prozesse von Individualisierung und Ästhetisierung.

Quelle: *Pedersen,* 1997

---

357 Eine mögliche Erklärung für die mangelnde Analyse der Konsumentenrolle in elektronischen Märkten sehen *Hoffmann/Novak* (1996a, S. 3) darin, daß in informationsintensiven Umgebungen die Marketingfunktion oftmals von anderen Spezialisten, wie Technikern und Informatikern, ausgeübt wird.

358 Vgl. für die USA *Cortese*, 1997b, und für die Bundesrepublik *Fittkau/Maaß*, 1997.

Diese empirisch-deskriptiven Studien bieten eine unabdingbare Voraussetzung für eine realitätsnahe, verhaltensorientierte Gestaltung des Electronic Marketing, sie unterliegen jedoch aufgrund der hohen Diffusionsdynamik neuer Medien einem äußerst schnellen Veralterungsprozeß.

Verhaltenswissenschaftlich aussagefähiger sind *explikative* Beiträge. Hier gibt es zum einen Versuche, bestehende partialanalytische Erklärungsansätze auf Verhaltensweisen in elektronischen Märkten zu *übertragen*. Beispiele sind die Anwendung risikotheoretischer Konzepte, indem die hohe Relevanz der aktiven Informationssuche über elektronische Kanäle als Strategie der Risikoreduktion interpretiert wird (vgl. *Riedl/Busch*, 1997, S. 172) oder die Übertragung des soziologischen Konzeptes der „Konsumgemeinschaften" auf „virtual communities" (vgl. *Fischer/Bristor/Gainer*, 1996). Zum anderen wurden auch schon *originäre* Modelle entwickelt, mit denen davon ausgegangen wird, daß mediales Verhalten seine ganz spezifischen Zusammenhänge und Ausprägungen generiert. Ein interessantes Beispiel bietet das Navigationsmodell für Computer Mediated Environments (CME) von *Hoffman/Novak* (1996b, S. 62), dessen Grundzüge hier kurz umrissen werden sollen.

Das Navigationsmodell bildet den Prozeß des Agierens von Konsumenten in kommerziellen Hypermedia-Umgebungen ab. *Hoffman/Novak* (1996b, S. 62) unterscheiden die grundsätzlichen Verhaltensweisen des zielgerichteten Navigierens, wie z. B. die Informationssuche als eher extrinsisch motiviertes Verhalten, und ein prozessuales, erfahrungsorientiertes Navigieren, das als eher intrinsisch motiviertes Verhalten dem „Browsen" entspricht. Beide Verhaltensweisen stellen ein Kontinuum dar und können im Verlauf einer Nutzung wechselnde Dominanz entwickeln. Ein erklärendes Konstrukt für das Navigieren stellt der von dem Psychologen *Csikszentmihaly* (1990) entwickelte „Flow-Zustand" dar, den *Hoffman/Novak* verstehen als:

„... the state occuring during network navigation, which is (1) characterized by a seamless sequence of responses facilitated by machine interactivity, (2) intrinsically enjoyable, (3) accompanied by a loss of self-consciousness, and (4) self-reinforcing.
Donna L. Hoffman; Thomas P. Novak, 1996b, S. 57

Der Flow-Zustand kann als eine spezifische Erlebnisqualität in CME's das Hauptmotiv des Navigierens oder Begleitumstand bei anders motivierten Nutzenarten sein. Für Unternehmen kann der Flow-Zustand zu einem Zielkriterium bei der Konzipierung von CME's werden, da ihm je nach Verhaltensart die in *Abb. 5-28* dargestellten Konsequenzen zugeschrieben werden:

	Zielorientiertes Navigieren	Erfahrungsorientiertes Navigieren
stärkere Lernfähigkeit	informierteres Entscheidungsverhalten	bessere Erinnerungswerte, Mund-zu-Mund Werbung
erhöhte wahrgenommene Verhaltenskontrolle	steigendes Vertrauen in die Aufgabenerledigung	Förderung des Übergangs zu zielorientiertem Verhalten
Exploratives Verhalten	erhöhtes Risikoverhalten	erweiterte Wahrnehmung von Inhalten
Positives Erleben	erhöhte Akzeptanz, längere Verweildauer, Wiederholungsbesuche	erhöhte Akzeptanz, längere Verweildauer, Wiederholungsbesuche

Abb. 5-28: Auswirkungen des Flow-Zustandes nach Hoffman/Novak, 1996 b, S. 64 f

Das Erreichen des Flow-Zustandes ist sowohl von personenspezifischen Eigenschaften abhängig (wie z. B. optimales Stimulierungsniveau) als auch von der Balance zwischen individuellen Fähigkeiten und objektiver Navigationskomplexität. Dadurch lassen sich für Unternehmen aus dem Modell Hinweise zur Segmentierung und zur Gestaltung der Hypermedia Umgebung ableiten.

Das Modell von *Hoffman/Novak* ist eine der ersten Analysen des Konsumentenverhaltens in elektronischen Märkten. Es basiert auf dem Gedanken aktiver Konsumenten, die initiativ elektronische Produzenten und Händler aufsuchen. Als psychologisches Prozeßmodell kann es aber noch kein integratives Gesamtmodell darstellen. Hier sind insbesondere Erweiterungen bezüglich struktureller Einflußfaktoren technologischer, rechtlicher, ökonomischer, kultureller und situativer Art vorzunehmen. Das Modell kann aber als Forschungsheuristik dienen, bei der die einzelnen theoretisch entwickelten Wirkungshypothesen empirisch überprüft werden. Von besonderem Interesse dürfte hierbei die Interaktivität sein. Während die Potentiale der Interaktivität als besondere Vorteile elektronischer Medien gelten, steht eine Überprüfung noch aus, inwieweit diese von den Konsumenten auch gewünscht und akzeptiert wird.

5.2.4.7.3 Strategische und instrumentelle Ansätze

In der Praxis des Electronic Marketing besteht ein hohes Strategiedefizit, denn eine Vielzahl der ersten Einstiegsmaßnahmen muß durch eine mangelnde Zielorientierung charakterisiert werden[359]. *Hermanns/Flegel* (1992a, S. 21) betonen deshalb:

---

[359] Vgl. z. B. die Ergebnisse der Studie von *Fink,* 1997, S. 6.

„Die Nutzendimensionen des Electronic Marketing können nicht erschlossen werden, wenn keine strukturellen Änderungen in den Marketingstrategien erfolgen." Wie diese allerdings aussehen sollen, wird bisher in der Theorie des Electronic Marketing nur in Ansätzen diskutiert. Sehr abstrakt gehaltene Aussagen mischen sich hier mit theoretisch wenig fundierten Handlungsempfehlungen in Form von Listen oder Erfahrungsregeln.

Einen fundierteren Ansatzpunkt bietet dagegen das Modell von *Morgan,* der ein umfassendes strategisches Planungsmodell für das Electronic Marketing mit Bezug auf das World Wide Web entwickelt hat [360] (vgl. *Abb. 5-29*):

❏
Die Verbindung von traditionellen und elektronischen Marketingmaßnahmen im Rahmen einer Printkampagne von West, die auf zusätzliche Informations- und Unterhaltungsangebote im Internet verweist.

Quelle: *Schalk/Thoma/ Strahlendorf,* 1997

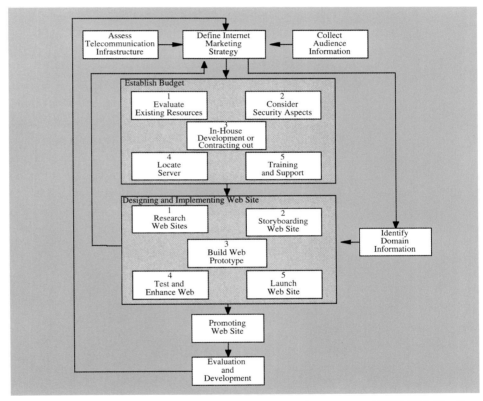

Abb. 5-29: Ein strategisches Planungsmodell für Electronic Marketing im World Wide Web (Quelle: Morgan, 1996, S. 15)

In diesem Modell betont *Morgan* die enge Beziehung der *strategischen Konzeption* mit den aktuellen *technologischen Rahmenbedingungen* und den anvisierten *Zielgruppen.* Oft werden ambitionierte, graphisch aufwendige Internet-Auftritte entwickelt, die geringe Übertragungsraten oder spezifische Kostenstrukturen der Nutzung vernachlässigen und sich nur am aktuellen technischen Stand des Machbaren orientieren. Im Rahmen einer Zielsetzung ist desweiteren die intendierte

---

360 Vgl. auch *Bruhn,* 1997b, S. 65ff., zur Entwicklung von Multimedia-Strategien.

Funktion des Online-Auftritts zu klären, wie z. B. Unterstützung der Marketingkommuniktion oder des Kundenservices, Verbesserung der internen Kommunikation oder der Marktforschung. Entscheidend für den Erfolg einer Elektronischen Marketingstrategie ist nach *Morgan* außerdem die Definition der Beziehungen und Verbindungspunkte zur existierenden, *traditionellen Marketingstrategie* (vgl. dazu auch *Sterne*, 1995). Die integrative Planung fördert hier nicht nur die Entfaltung der spezifischen Eigenpotentiale, sondern ermöglicht auch die Einbeziehung positiver und negativer Rückkoppelungen [361]. Im Rahmen der *Budgetplanung* weist *Morgan* auf die Bedeutung der Ressourcenzuordnung und der kontinuierlichen Personalentwicklung hin. Bei Internet-Auftritten sind i. d. R. wichtige Marketingfunktionen betroffen, die in der Praxis oft – bedingt durch falsche Ressourcenzuordnungen – von Technikern oder Informatikern wahrgenommen werden, so daß es unweigerlich zu der oben genannten mangelnden Einbindung in die Marketingstrategie kommt.

Hinsichtlich des *instrumentellen Electronic Marketing* überwiegt bisher eine Darstellung innovativer Praktiken und eine Beschreibung des technisch Möglichen bzw. Denkbaren. Obwohl von einer instrumentalen Konvergenz gesprochen wird, bildet das klassische Marketinginstrumentarium immer noch den Bezugspunkt der Diskussion instrumenteller Potentiale. Die wenigen Ausnahmen lassen sich bisher nur als Absichtserklärungen lesen und beschränken sich auf die Abbildung von Schnittpunkten zwischen traditionellem und Electronic Marketingmix (vgl. z. B. *Fuzinski/Meyer*, 1997, S. 145). Eine Orientierung an den spezifischen Eigenpotentialen der neuen Technologien führt zu folgenden Forschungsaspekten in Kommunikations-, Produkt- und Preispolitik [362].

Die *Kommunikationspolitik* stellt bisher den dominanten Forschungsschwerpunkt dar. Eine zentrale und notwendige Diskussion richtet sich auf die *konzeptionellen* Implikationen. Sie betrifft grundlegende Fragen der Kommunikationsphilosophie und wird ausgelöst durch die Potentiale der interaktiven und individualisierten Kommunikation. In diesem Zusammenhang wird zunächst für die traditionelle Kommunikationspolitik und speziell für die Werbung festgestellt, daß sie im Prinzip unerwünscht sei und insofern als „push"-Strategie Konsumentenwiderstand überwinden müsse (vgl. *Rust/Oliver*, 1994, S. 73). Demgegenüber fungiert für elektronische Medien als Leitlinie eine konsumentenorientierte, unaufdringliche und interaktive Kundenansprache, und es werden „pull"-Strategien empfohlen, da ein Werbekontakt erst über das aktive Handeln des Nutzers realisiert würde und somit ein vorheriges Interesse an dem Kommunikationsakt existieren müsse (vgl. *Silberer*, 1997, S. 10) [363]. Allerdings häufen sich in jüngerer Zeit kritische Stimmen, die bisher auf die wenig geklärte Frage nach dem konsumentenseitigen Grad an erwünschter Interaktivität hinweisen. Zum anderen sind hier auch strukturelle

---

361 Diese entstehen, wenn z. B. telefonische und Online-Kundenkontakte organisatorisch nicht verbunden werden.
362 Die distributionspolitischen Konsequenzen wurden bereits im Kontext der elektronischen Wertschöpfungskette diskutiert (vgl. Kap. 5.2.4.7.2).
363 Dieses neue Werbemodell wird auch als „Advertising on Demand" bezeichnet, vgl. z. B. *Hensmann/Meffert/Wagner*, 1996, S. 33.

Entwicklungstendenzen zu berücksichtigen, die zur Relativierung einer alleinigen „pull"-Strategie führen könnten. So wäre es denkbar, daß der erwähnte demographische Wandel der Nutzerstruktur die traditionellen Werte einer anti-kommerziellen und aktiven Nutzerkultur in Richtung des eher passiven Fernsehkonsumenten verändern [364].

Technologisch verbindet sich dies mit der Zunahme von „pushware", die traditionellen Medien entsprechend den Nutzer im Sinne einer push-Strategie mit vorselektierten Informationen beliefert [365]. In gegenwärtigen Bestandsaufnahmen zur elektronischen Kommunikationspolitik drückt sich die Unsicherheit über zukünftige Entwicklungen in den Entwürfen verschiedener Szenarien aus (vgl. z. B. *McDonald*, 1997; *Randall*, 1997). Elektronische Medien bieten über diese grundsätzliche Alternative der „push"- oder „pull"-Strategien verschiedene neue Möglichkeiten der inhaltlichen und formalen Kommunikationsgestaltung, die zu Systematisierungsansätzen über *Werbeformen und -inhalte* geführt haben. Die meistdiskutierte Form ist die „*Bannerwerbung*", die inzwischen die Online-Werbeausgaben dominiert (vgl. *Brown*, 1997). Gänzlich neue Perspektiven ergeben sich für die *Werbewirkungsforschung*. Wie *Hensmann/Meffer/Wagner* (1996, S. 34) betonen, besteht prinzipiell die Möglichkeit einer exakten, quantitativen und in Echtzeit abrufbaren Kontaktmessung, was nach ihren Worten eine „neue Dimension in der Bestimmung der Werbewirkung" eröffnete. Neben datenschutzrechtlichen Bedenken stehen dieser Entwicklung allerdings diverse technische Grenzen im Weg.

In der *Produktpolitik* ist die These vorherrschend, daß die neuen Informations- und Kommunikationstechnologien zu einer Intensivierung der marktorientierten Gestaltungsmöglichkeiten führen (vgl. *Hodges/Sasnett*, 1993, S. 25). Begründet wird dies mit den schon angesprochenen Möglichkeiten der elektronischen Vernetzung räumlich verteilter Teams im F&E-Bereich und den multimedialen Möglichkeiten der Visualisierung und Komplexitätsreduktion. So sind Produktentwürfe, schwer zugängliche Leistungen oder Produkteigenschaften und dynamische Sachverhalte wirklichkeitsgetreu abbildbar und interaktiv modizifierbar (vgl. *Silberer*, 1995, S. 10f.). Als „*Virtual Prototyping*" können Kundenreaktionen selbst für noch nicht existente Produkte erforscht und die Einbeziehung des Kunden in die Wertschöpfungskette der Produktion verstärkt werden. Daneben spielen die neuen Technologien auch als *Produktbestandteile* in der Produktgestaltung eine wichtige Rolle. Bei komplexen Produkten können sie als eingebaute Steuerungs- und Kon-

---

364 Als Beispiel der anti-kommerziellen Nutzerkultur dient oft die aktive Bekämpfung des „Spamming". Darunter wird das Versenden unaufgeforderter Werbung in Newsgruppen oder per e-mail verstanden. Aktionsmaßnahmen reichen von dem massiven Versenden von Beschwerde-mails, die zum Systemabsturz des Serviceanbieters führen können, bis hin zur Publikation von Adressen der Arbeitgeber des Werbenden oder dessen Kreditkarten- Informationen. Ein anderes Vorgehen ermöglicht Software, die elektronische Werbung von vornherein aus den abgerufenen Netzseiten herausfiltert.

365 Der Nutzer ruft dabei die Informationen nicht mehr individuell und selbstständig aus dem Netz ab, sondern erhält aus einem festen Informationsangebot verschiedener Content Creators die Informationen in Form eines Nachrichtentickers oder Bildschirmschoners auf seinen PC geliefert. In der Praxis wird an der Integration von browser und pushware gearbeitet (vgl. *Cortese*, 1997a). Auf der Multimediamesse Milia wurde deshalb Anfang 1997 schon von einem neuen Paradigmawechsel gesprochen, nämlich der Rückkehr vom pull- zum elektronischen push-Marketing (vgl. *Schütz*, 1997a, S. 1).

trollsysteme die Nutzung vereinfachen und bei technischen Anlagen auch Risiken minimieren, während sie für Konsumgüter primär i. S. portabler multimedialer Benutzerhilfen Alternativen zur Bedienungsanleitung darstellen (vgl. *Weiber/Kollmann*, 1997, S. 541). Bedeutende Wettbewerbsvorteile bestehen schließlich mit den elektronisch unterstützten Leistungsangeboten für *Servicezwecke* [366]. *Mann* (1996, S. 159ff.) unterscheidet dabei für Online-Medien die Bereiche

– *Kundenberatung*
 z. B. Online-Hotlines per e-mail oder Aufbau von Frequently Asked Questions (FAQ Lists),

– *Beziehungsgestaltung*
 z. B. digitale Kundenzeitschriften und Kundenclubs in Form von newsgroups,

– *Beschwerdemanagement*
 z. B. elektronische Beschwerdesysteme, die digital eingehende Beschwerden in ein Dokumentationssystem aufnehmen und automatisch an zuständige Mitarbeiter weiterleiten können und

– *Wartungs- und Reparaturdienste*
 z. B. Software Updates von Hard- und Softwareherstellern oder sogar die Fernwartung durch Fehler-, Verschleiß- und Diagnosesysteme bei Produkten mit entsprechender Mikroelektronik.

Die *Preispolitik* ist im Rahmen des Electronic Marketing ein bisher wenig beachtetes Forschungsfeld. So wird bei *Weiber/Kollman* (1997, S. 540) die Preispolitik sogar vollständig von den „zentralen Elementen" des Marketingmanagement-Prozesses ausgeschlossen. Dabei lassen sich mögliche Implikationen für die Preispolitik unmittelbar für das Preismanagement und mittelbar über marktliche Veränderungen darstellen. Im Rahmen des *Preismanagements* werden die Potentiale elektronischer Medien vor allem in der Erfassung und Auswertung von Verkaufsdaten gesehen. Dies betrifft die bereits angesprochenen Scanner-Systeme, den vernetzten Datenfluß durch Electronic Data Interchange und die Auswertung in Form von preispolitischen Unterstützungssystemen für Preisentscheidungen und Expertensystemen (vgl. *Diller/George,* 1992, S. 649ff.). Dadurch kann sich die Qualität preispolitischer Maßnahmen erhöhen, indem verbesserte Preisresponse-Daten zur flexiblen Reaktion auf Marktschwankungen genutzt werden. Inzwischen zeigen sich auch neuartige Preisstrategien wie das in anderem Zusammenhang bereits erwähnte „Yield Management", die durch technologische Veränderungen erst ermöglicht werden (vgl. *Buzzell/Sisodia*, 1995, S. 305; *Kap. 5.2.4.3.3*). Auf einer anderen Ebene können sich preispolitische Implikationen ergeben, wenn die Online Medien *marktliche Prozesse* verändern. So findet sich die Argumentation, daß elektronische Märkte ein niedrigeres Preisniveau zur Folge haben (vgl.

---

366 Vgl. auch die Darstellung von Internet-Services zur Vermittlung von Konsum-Kompetenz bei *Hennig-Thurau*, 1998, S. 378ff..

Eusterbrock/Kolbe, 1995, S. 15). Begründet wird dies mit der Transaktionskostenreduktion (z. B. bei Direktvertrieb) und der Wertschöpfungsentbündelung (z. B. durch effizientere Distributionsspezialisten). Eine weitere mögliche Konsequenz kann in der Preisangleichung liegen (vgl. *Fink*, 1997, S. 8; *Hensmann/Meffert/Wagner*, 1996, S. 39). Elektronische Märkte erhöhen tendenziell die Markttransparenz, indem Preisvergleiche von Konsumenten relativ problemlos selbst auf internationaler Ebene durchführbar sind. Zudem finden sich derzeit schon Online-Systeme, die einen automatischen Preisvergleich durchführen [367]. Denkbar ist die Weiterentwicklung in Richtung persönlicher intelligenter Preisagenten.

5.2.4.7.4 *Stand und zukünftige Perspektiven des Electronic Marketing*

Die neuen Informations- und Kommunikationstechnologien stellen eine neue Realität dar, mit der sich die Marketingwissenschaft auseinanderzusetzen hat und die einer nüchternen Analyse fernab von übertriebener Euphorie oder fahrlässiger Einschätzung als vorübergehendem Modetrend bedarf. Sie wird den Alltag von Konsumenten und Unternehmen entscheidend verändern. So wachsen für den Konsumenten vormals getrennte Alltagsbereiche, wie Arbeit, Unterhaltung, Einkauf oder soziale Interaktion, über computergenerierte Umgebungen verstärkt zusammen. Für die Unternehmen eröffnen sich völlig neuartige Schnittstellen zu den Beziehungspartnern. Die ersten theoretischen Annäherungen an diese Phänomene wurden gemacht. Die Dynamik der Entwicklung erlaubt aber nur sehr vorsichtige Aussagen über die inhaltliche weitere Entwicklung. Insofern lassen sich auch die oben dargestellten Thesen zu den theoretischen Implikationen derzeitig nur eingeschränkt formulieren:

– Elektronische Medien erlauben eine neuartige individualisierte *Interaktion*. Inwieweit diese allerdings von den Nutzern auch akzeptiert und gewünscht wird, ist momentan noch ungewiß.

– Im Rahmen einer instrumentalen *Konvergenz* bieten elektronische Märkte die Durchführung integrierter Transaktionen über einen Kanal. Unklar ist aber, ob in Zukunft die Tendenz eher in Richtung substitutiver oder komplementärer Prozesse verlaufen wird.

– Der Konsument besitzt prinzipiell auf elektronischen Märkten eine verbesserte *Machtposition* gegenüber Anbietern. Aber es ist unklar, ob diese Machtposition auch zukünftig genutzt werden wird und inwieweit neuere technologische Entwicklungen diese Vorteile wieder nivellieren können.

Insgesamt teilen wir die Einschätzung, daß das Electronic Marketing sowohl weitreichende Innovationspotentiale für die Unternehmen beinhaltet als auch ein

---

„While taking Misty on a walk with Mom through the Stanford Arboretum, Mom was telling me about this conversation she heard between two people with Alzheimer's down at the seniors home where she volunteers:

'A: How you doin'?
B: Pretty good. You?
A: How you doin'?
B: I'm okay.
A: So you're doing okay?
B: How you doin'?'

I laughed, and she asked me why, and I said, 'It reminds me of America Online chat rooms!' She demanded an example, so I gave her one:

'A: Hey there.
B: Hi, A.
A: Hi, B
C: Hi
B: Look, C's here.
A: Hi, C!
B: CCCCCCCCC
C: A+B=A+B
A: Gotta go
B: Bye, A
C: Bye, A
B: Poo
C: Poo poo'

'This,' I said, 'is the much touted, transglobal, paradigm-shifting, epoch-defining dialogue to which every magazine on earth is devoting acres of print.'"

Douglas Coupland, 1995, S. 298f.

---

367 Ein Beispiel ist das System CompareNet <http://www.comparenet.com>.

umfassendes, neues Forschungsgebiet darstellt. Der fragmentarische Charakter ist angesichts des noch sehr jungen Forschungsfeldes nicht ungewöhnlich. Hier ansetzend, erscheinen uns als zukünftige Forschungsfelder für das wissenschaftliche Electronic Marketing die Entwicklung von Modellen zum Konsumentenverhalten in elektronischen Märkten sowie die Intensivierung einer pragmatisch-normativen Orientierung besonders relevant, bei der entsprechend realer Unternehmensziele in elektronischen Märkten auf einer theoretisch fundierten Basis strategische und operative Handlungsempfehlungen generiert werden.

Neben den unmittelbaren marketingtheoretischen Implikationen darf nicht unbeachtet bleiben, daß Wandlungsprozesse in einen gesellschaftlichen Zusammenhang eingebettet sind. Die Etablierung des Electronic Commerce geht über eine effizientere Durchführung marktlicher Transaktionen weit hinaus. Die Zukunft elektronischer Medien wird so auch durch das Verhalten gesellschaftlicher Gruppen geprägt werden, deren Motivationslage nicht nur von marktlichen, sondern auch von rechtlichen und sozio-kulturellen Auswirkungen der elektronischen Medien beeinflußt ist.

In der Bundesrepublik Deutschland ist thematisch dabei als Aufgabe der gesellschaftsorientierten Marketingtheorie insbesondere die Diskussion des *Rechtsrahmens* für Multimedia-Anwendungen von Interesse, wie z. B. der Staatsvertrag über Mediendienste, Neuregelungen zur Rechtsverbindlichkeit von Online-Dokumenten („digitale Signatur"), Datenschutz- und Urheberrechtsfragen (vgl. *Bruhn*, 1997b, S. 158ff.). Grundprobleme stellen hier vor allem die Unsicherheit bezüglich des Mediums und seiner technologischen Besonderheiten (globale Verfügbarkeit bei beliebiger Kopierbarkeit und geringer Regulierbarkeit) dar. Hier stoßen oftmals die Interessen von staatlichen Vertretern und Unternehmensverbänden aufeinander. Zwar sind Wachstumsschübe über funktionierende elektronische Märkte auch von staatlichem Interesse, wenn aber auf Unternehmensseite eine weitestgehende Deregulierung gewünscht wird, so widerspricht dies den staatlichen Interessen an einem ausreichenden Grad wirtschaftspolitischer Einflußmöglichkeiten.

Das grundlegende rechtliche Problem einer internationalen Präsenz elektronischer Märkte und lokaler staatlicher Eingriffsmöglichkeiten berührt auch das Aufeinandertreffen von lokal unterschiedlichen *Werten und Normen*. Es bedarf gar nicht einmal des Hinweises auf die offensichtliche Zensurproblematik (wenn bspw. extremistische Propaganda in Deutschland verfolgt wird, während sie in der amerikanischen Verfassung durch den „Freedom of Speech"-Artikel geschützt wird). Schon in der individuellen Interaktion zwischen zwei sich in elektronischen Medien treffenden Kommunikationspartnern ergeben sich kulturell bedingte Konflikte. Was dem einen als höflich gilt, kann als steif wahrgenommen werden und was ironisch gemeint war, wird schnell als Beleidigung aufgefaßt. Bisher fungierte hier die Netiquette, die ein gewachsenes informelles Normensystem der ersten amerikanischen Nutzergeneration darstellt, als Leitlinie. Für die veränderte globale Nutzerschicht muß sich ein derartiges Normensystem erst noch herausbilden. Wenn von der Ubiquität der neuen Medien gesprochen wird, darf darüber hinaus nicht unbeachtet bleiben, daß schon ein Telefon weltweit nicht zur Grundausstattung aller Haushalte zählt. Die Gefahr besteht, daß sich neue gesellschaftliche Diskriminierungsformen entlang der neuen Mediennutzer im Sinne der „*info-rich*" und den von den neuen Medien ausgeschlossenen „*info-poor*" herausbilden (vgl. *Morley,* 1991, S. 10).

5.2.5   Erweiterungs- und Vertiefungskonzepte des Marketing

5.2.5.1   Entwicklungslinien und begriffliche Systematisierung

Der Verlauf der Erweiterungs- und Vertiefungsdebatte wird in der Literatur unterschiedlich eingeschätzt und bewertet. Während *Bartels* noch 1974 Befürchtungen darüber äußerte, daß dadurch wichtige Bereiche (wie z. B. physische Distribution) vernachlässigt werden könnten oder esoterisch abstrakte Betrachtungen Einzug hielten (vgl. *Bartels,* 1974, S. 76), verschaffte die Autorität von Wissenschaftlern wie *Hunt* und *Kotler* diesem Bereich wissenschaftliches Ansehen. Neben den Arbeiten von *Kotler* zum Non-Profit Marketing und Social Marketing war es vor allem *Hunt* mit seinem Modell der drei Dichotomien, das den Bereich nichtkommerzieller Institutionen endgültig als legitimes Forschungsfeld einer *Erweiterung* der Marketingwissenschaft durchsetzte [368]. Im deutschsprachigen Raum können die Arbeiten von *Specht* (1974b), *Raffée* (1979, 1980c) und *Hasitschka/Hruschka* (1982) als wegbereitend hervorgehoben werden. So erscheint die Einschätzung von *Brown* (1995, S. 37) angemessen, wenn er vom „Sieg der Erweiterer" spricht. *Vertiefungsaspekte* im Sinne der Einbeziehung gesellschaftlicher Verantwortung sind auf verschiedenen Wegen in den Ansätzen zum gesellschaftsorientierten Marketing und Makromarketing, zur Marketingethik und zum ökologischen Marketing mit Nachdruck verfolgt worden.

Im Vergleich zur Marketingmanagement-Theorie wird der Erfolg dieser Forschungsfelder teilweise kritisch betrachtet. In einer Einschätzung von *Arnold/ Fisher* wird aus dem vermeintlichen Sieg eine rein semantische Strategie, die sich auf Alibi-Exkurse in Lehrbüchern oder den floskelhaften Ersatz von „kommerziellen Transaktionen" und „Verkauf" durch den „Austausch zwischen sozialen Einheiten" reduziert (vgl. *Arnold/Fisher,* 1996, S. 131). Ihrer Meinung nach hat das aber nichts an der überwältigenden Dominanz des kommerziellen Marketing geändert, wie sie sich in den aktuellen Forschungsinteressen, studentischen Motivationen oder pädagogischen Zielen der Marketinglehre widerspiegelt. Wenn auch dieses Urteil die Bedeutung existierender einzelner Forschungsgruppen unterschätzen mag, die in diesem Bereich immer noch oder schon wieder arbeiten, so ist die Grundtendenz nicht von der Hand zu weisen [369]. Als Erklärung dieser Ein-

---

368 Vgl. z. B. *Kotler,* 1975; *Kotler/Fox,* 1985; *Kotler/Roberto,* 1991[1989]; *Kotler/Haider/Rein,* 1993; *Kotler/Andreasen,* 1996 [inzwischen 5. Auflage], sowie *Hunt,* 1976; *Hunt/Burnett,* 1982. Wie *Hunt* (1976, S. 20) selbst berichtet, geht sein Modell auf eine Anregung von *Kotler* zurück, der die zwei Dichotomien Mikro/Makro und Profit/Non-Profit auf einer Konferenz vorstellte.

369 Zu entsprechenden Einschätzungen kommen auch *Wiedmann,* 1993, S. 44, sowie *Priddle,* 1994, S. 52f..

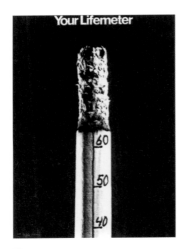

Der veränderte sozio-kulturelle Kontext berührt auch die Wahrnehmung und Effizienz von einzelnen Sozialkampagnen. Das Plakat „Your lifemeter" von *Kyösti Varis* (1970) konnte damals noch eindeutig als Kampagne gegen das Rauchen identifiziert werden.

Quelle: *Urban,* 1997

In den 90er Jahren wurde dagegen der Hinweis auf die lebensverkürzende Konsequenz des Rauchens auch provokativ im kommerziellen Marketing genutzt.

Quelle: Colors, H. 9, 1994/1995

schätzung wird der veränderte sozio-kulturelle Hintergrund einbezogen. Während nämlich die Kritik am Marketing und der Unternehmenspraxis in den späten 60er und 70er Jahren sehr präsent war, veränderte sich die gesellschaftliche Wahrnehmung in den 80er Jahren derart, daß Wohlstand, materielle Güter, Karrieren im Unternehmensbereich oder z. B. die Werbung an sich generell in einen positiveren Bedeutungskontext eingeordnet wurden.

In den USA und Deutschland verliefen die Entwicklungen der Erweiterungs- und Vertiefungsdebatte relativ getrennt voneinander. Zwar wurden die amerikanischen Ansätze in Deutschland rezipiert und diskutiert, die unterschiedlichen gesellschaftlichen Entwicklungen führten aber zu jeweils eigenen Ausprägungen. So gab es in Deutschland im Rahmen des Social Marketing eine starke Konzentration auf *öffentliche Unternehmen* im Sinne eines verbraucherzentrierten Marketing (vgl. z. B. *Eiteneyer,* 1977; *Stauss,* 1987; *Raffée/Fritz/Wiedmann,* 1994). Zudem entwickelte sich in Deutschland der Forschungsstrang des *ökologischen Marketing,* in dem eine Erweiterung der Perspektive im Sinne der natürlichen Umwelt und eine Vertiefung im Sinne einer sozialen und ökologischen Verantwortung vorgenommen wurde. In den USA erhielt dieser Bereich dagegen erst in den 90er Jahren verbreitete Aufmerksamkeit, indem die Einsicht in ökologische Grenzen des Konsums und eine Problematisierung der amerikanischen „Wegwerf-Mentalität" an Bedeutung gewannen [370]. Dieser timelag zwischen den USA und der Bundesrepublik Deutschland resultiert aus dem unterschiedlichen sozialen und politischen Kontext.

In den USA wurde dafür ein anderer Schwerpunkt in den 80er Jahren im Rahmen von Erweiterungs- und Vertiefungskonzepten gesetzt. Hier wurde vorrangig an dem *Social Marketing,* dem *Non-Business-Marketing* und der *Marketingethik* gearbeitet. Auch dabei läßt sich ein deutlicher Bezug zum gesellschaftlichen Hintergrund feststellen. Thematische Schwerpunkte bildeten zum einen Sozialkampagnen im Bereich des Gesundheitswesens und Marketingpläne für nichtkommerzielle Institutionen. Beide Schwerpunkte stehen in bezug zu dem polit-ökonomischen Konzept der „Reagonomics" in den 80er Jahren, das im Sinne eines konsequenten Marktliberalismus einen Abbau staatlicher Markteingriffe propagierte. Als Resultat ergab sich unter anderem eine staatliche Vernachlässigung des Gesundheitswesens bei steigender privater Verantwortungszuweisung [371]. Desweiteren reagierten die amerikanischen Forschungen zum Non-Profit Marketing und zur Marketingethik auf die erheblichen staatlichen Kürzungen im sozialen

---

370 Vgl. als erste deutschsprachige Arbeiten *Ruppen,* 1978; *Hasitschka,* 1984; *Schreiber,* 1985; *Raffée/Wiedmann,* 1985b; *Meffert et al.,* 1986, und *Brandt et al.,* 1988. Die ersten neueren amerikanischen Ansätze finden sich bei *Ottman,* 1993, und *Hawken,* 1993. Zur gleichen Zeit erschien auch *Hopfenbeck,* 1993[1991]. Hier handelt es sich um einen der wenigen Fälle, wo ein deutsches Marketinglehrbuch (hier zum ökologischen Marketing) in englischer Übersetzung erscheint und damit im englischen Sprachraum Einsichten in ein neues Forschungsfeld eröffnet.

371 Insofern kann man sich nur schwer des Eindrucks erwehren, daß viele amerikanische Social Marketing-Kampagnen der 80er Jahre keine ergänzende präventive Funktion zur Steigerung des Gesundheitsniveaus der Amerikaner besaßen, sondern als Ersatz für fehlende staatliche Investitionen in das Gesundheitswesen dienten und symbolisch die Verantwortung für die Gesundheit radikal auf das einzelne Individuum verlagerten. Insgesamt erscheint die Problematik, inwieweit das Social Marketing staatliche Aufgaben übernimmt und mit welchen gesellschaftlichen Konsequenzen, als ein bisher nur wenig thematisiertes Forschungsfeld. Ansätze finden sich z. B. bei *Scammon/Lawrence/Williams,* 1995.

und kulturellen Sektor. Diese Situation forcierte die Forschungsfrage, welche Möglichkeiten nichtkommerzielle Institutionen besitzen, die fehlenden staatlichen Mittel durch kommerzielle Aktivitäten auszugleichen, bzw. in welcher Weise Unternehmen gesellschaftliche Verantwortung übernehmen können.

Ein Problem für die Rezeption der Erweiterungs- und Vertiefungsdiskussion stellt ein weitgehend *definitorischer Dissens* dar. Dieser beruht theoretisch auf der Heterogenität und Überschneidung der angewandten *Strukturierungskriterien,* die teilweise auf unterschiedliche internationale Anwendungssituationen zurückzuführen sind [372], teilweise aus der Komplexität sich wandelnder Praktiken der Akteure resultiert. So entwickeln z. B. Unternehmen zunehmend Instrumente, die sowohl kommerzielle als auch gesellschaftliche Ziel- und Wirkungsbezüge entfalten und immer weniger unter traditionellen Marketinginstrumenten subsumiert werden können. Beispiele sind das Kultur-, Sport-, Sozio- und Ökosponsoring, das Cause-related Marketing [373], aber auch das Beziehungsmarketing, wenn es Einfluß auf gesellschaftliche Konfliktsituationen und Aushandlungsmechanismen nimmt (vgl. *Stauss*, 1991c, S. 124f.).

Angesichts dieser diffus-komplexen Problemlage wird zunächst eine Übersicht und Einordnung der verschiedenen relevanten Ansätze aus derzeitiger Sicht gegeben, bevor dann einzelne Neu- bzw. Weiterentwicklungen im Rahmen der Erweiterungs- und Vertiefungsdiskussion dargestellt werden.

Diese Gegenüberstellung relevanter Ansätze der aktuellen Erweiterungs- und Vertiefungsdiskussion hat nicht zum Ziel, den bisher vorhandenen definitorischen Abgrenzungen eine weitere hinzuzufügen. Vielmehr soll dargestellt werden, daß es große Ähnlichkeiten zwischen den verschiedenen Ansätzen gibt und einzelne Forschungsfragen durchaus nicht immer einwandfrei zuzuordnen sind. Deshalb soll auf die *primären* Spezifika Bezug genommen werden, durch die sich die einzelnen Ansätze relativ konsensual auszeichnen. Individuelle Unterschiede einzelner Forscher ergeben sich dann in der Hinzufügung weiterer Unterscheidungskriterien, die aber nicht generell geteilt werden müssen.

Das Schema des *kommerziellen Marketing (Abb. 5-30)* soll der Erläuterung der zugrunde gelegten Systematik dienen [374]. Als Strukturierungskriterien werden hier benutzt:

---

372 Vgl. *Wiedmann/Raffée*, 1995a, S. 4, am Beispiel des Social Marketing. So wird z. B. bei *Andreasen*, 1995, das ökologische Marketing dem Social Marketing zugeordnet. *Bruhn/Tilmes*, 1994, verstehen Social Marketing generell als Marketing nicht-kommerzieller Institutionen, während *Raffée/Wiedmann*, 1995, Sp. 1931, das Non-Business-Marketing explizit vom Social Marketing trennen und ihrer Ansicht nach auch kommerzielle Institutionen Social Marketing betreiben können.

373 Unter Cause-related Marketing wird die Verbindung zwischen der Vermarktung einer Leistung und der Unterstützung einer gemeinnützigen Organisation verstanden. Eine Unternehmensspende kann z. B. prozentual an den Verkauf eines Produktes gekoppelt werden (vgl. *Varadarajan/Menon*, 1988).

374 Es soll hier betont werden, daß dieses Schema nicht das Marketingkonzept an sich darstellt. Wie bei allen schematischen Darstellungen sind für das Einbeziehen und Auslassen von einzelnen Komponenten immer die Nutzungsziele von Bedeutung. Insofern wurden für das Marketingkonzept relevante Komponenten ausgelassen, da hier nur die Veränderungen durch Erweiterungs- und Vertiefungskonzepte verdeutlicht werden sollen.

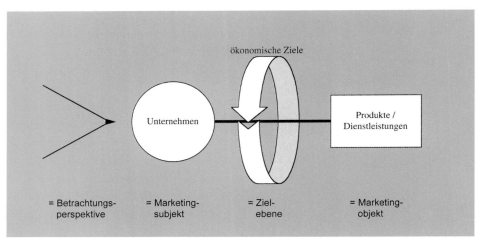

Abb. 5-30: Das Schema des kommerziellen Marketing

– das *Marketingsubjekt:* Wer wendet das Marketing an?
  (hier: Unternehmen)

– das *Marketingobjekt:* Welches Leistungsbündel wird vermarktet?
  (hier: Produkte und Dienstleistungen)

– die *Zielebene:* Was wird primär durch das Handeln angestrebt?
  (hier: ökonomische Ziele)

– die *Betrachtungsperspektive:* Wo setzt die wissenschaftliche Analyse an?
  (hier: beim einzelnen Unternehmen)

Als primäres Strukturierungskriterium des *Non-Business-Marketing (Abb. 5-31)*
ist die Erweiterung der Marketingsubjekte in Richtung nicht-kommerzieller Institutionen hervorzuheben. Weitere Veränderungen, die jedoch nicht strukturprä-
gend sind und unterschiedlich gehandhabt werden, betreffen zunächst die Berück-

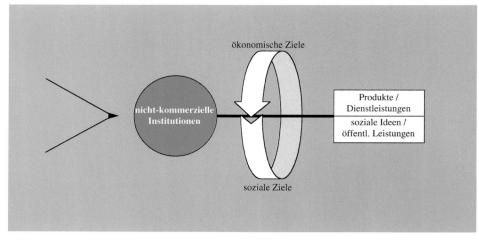

Abb. 5-31: Das Schema des Non-Business-Marketing

sichtigung von sozialen Zielen (wenn z. B. Greenpeace sowohl die Selbstfinanzierung als auch die Veränderung des sozialen Bewußtseins anstrebt). Desweiteren werden als Leistungsbündel auch soziale Ideen und öffentliche Leistungen betrachtet. Dadurch ergibt sich eine Nähe zu dem Marketing öffentlicher Betriebe und dem Social Marketing.

Das *Social Marketing (Abb. 5-32)* definiert sich primär über die Erweiterung der Marketingobjekte durch soziale Ideen wie Menschenrechte, Familienplanung, Alphabetisierung oder Verzicht auf Zigarettenkonsum. Im Rahmen sekundärer Kriterien erscheinen hier auch kommerzielle Institutionen als potentielle Anwender des Social Marketing[375]. Obwohl bei einigen Autoren das Social Marketing dem Non-Business-Marketing untergeordnet oder gleichgestellt wird, erscheint der Einbezug von kommerziellen Institutionen sinnvoll, da sie – wie oben erwähnt – in ihrem Handeln in steigendem Maße soziale Ideen artikulieren und vermarkten[376]. Integriert ist desweiteren die Kategorie der Gesellschaft. Dies spiegelt zunächst die Intention des Social Marketing wider, wenn ein sozialer Wandel eingeleitet werden soll (vgl. z. B. *Kotler/Roberto*, 1991[1989], S. 37). Gleichzeitig dient die Gesellschaft aber auch als Bezugspunkt, wenn die Position des stellvertretenden Handelns eingenommen wird („im Interesse der Gesellschaft") oder wenn die Definition dessen, was überhaupt als zu lösendes „gesellschaftliches Problem" verstanden wird und in welcher Richung der Wandel initiiert werden soll, über die Gesellschaft bestimmt wird.

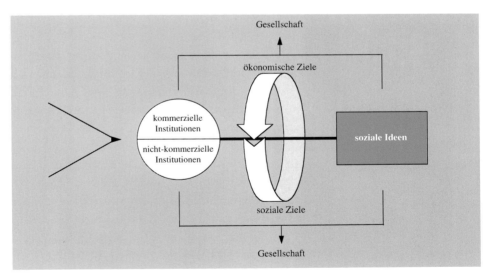

Abb. 5-32: Das Schema des Social Marketing

---

375 Bei *Wiedmann/Raffée*, 1995, S. 5, findet sich die Unterscheidung in „Sozio-Institutionen" (hier als nicht-kommerzielle Institutionen bezeichnet) und „Institutionen mit akzidentiellem Soziobezug" (hier als kommerzielle Institutionen bezeichnet).
376 Vgl. als Beispiele für eine Subsumierung des Social Marketing unter das Non-Business Marketing *Lewis*, 1997, und für die Gleichsetzung *Bruhn/Tilmes*, 1994.

❏
Das Social Marketing hat sich instrumentell, strategisch, aber auch ästhetisch weiterentwickelt. Statt allein mit moralischem Impetus wird in dem Amnesty International Plakat von Takuya Ohnuki (1992) in einer klaren Bildersprache mit einfacher, origineller Symbolik das Recht auf Meinungsfreiheit eingefordert.

Quelle: *Döring*, 1996

Das *ökologische Marketing (Abb. 5-33)* unterscheidet sich vom Social Marketing mit dem primären Strukturierungskriterium des Einbezuges der natürlichen Umwelt. Behandelt werden dabei nicht nur die (zumeist schädlichen) Auswirkungen des marktlichen Handelns auf die Natur, sondern auch umgekehrt Einflußpotentiale der Natur auf das marktliche Handeln. Abgrenzungsprobleme zeigen sich bei sekundären Charakteristika, indem bspw. das Ziel des energiesparenden Konsums einmal als soziales Ziel (wie meist in der amerikanischen Literatur) und ein anderes Mal als ökologisches Ziel interpretiert wird. Aufgeführt wurden hier beide Ziel-

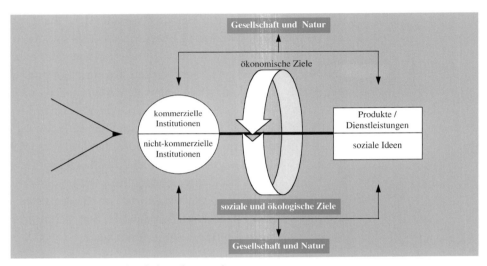

Abb. 5-33: Das Schema des ökologischen Marketing

kategorien, zumal es auch bei eindeutiger Zuordnung enge Wechselbezüge gibt. Im Rahmen der Marketingobjekte können auch soziale Ideen eine Rolle spielen, wenn es sich um ein Marketing für Ökologie handelt. Dies kann dann ebenso für kommerzielle Institutionen im Sinne einer Steigerung des ökologischen Bewußtseins von Mitarbeitern relevant sein.

In der *Marketingethik (Abb. 5-34)* wird das oben angesprochene Problem möglicher unterschiedlicher Gewichtungen der Zielsysteme oder inhärenter Konflikte zum primären Strukturierungsprinzip. Entscheidend ist die veränderte Betrachtungsperspektive, die sich auf die Ebene der Zielsetzung marktlichen Handelns bezieht. Explizit wird hier auf Vertiefungskonzepte wie von *Dawson* (1971) Bezug genommen (vgl. *Hansen*, 1995, Sp. 619). Eine Weiterentwicklung besteht in der Differenzierung zwischen positiven und normativen Ansätzen zur Marketingethik, indem sowohl die Erklärung ethischer Konzeptionen, als auch deren wünschenswerter Charakter thematisiert wird. Desweiteren definiert sich die Marketingethik über die Abwendung von einer rein institutionenbezogenen Betrachtungsperspektive. So wird die sozial-ökologische Kritik am marktlichen Handeln als gesellschaftliches Problem verstanden, das umfassend nur über eine Perspektivenerweiterung zu beschreiben und zu erklären ist. Dadurch zeigt sich eine enge Verbindung zu den Forschungsansätzen „Marketing und Gesellschaft".

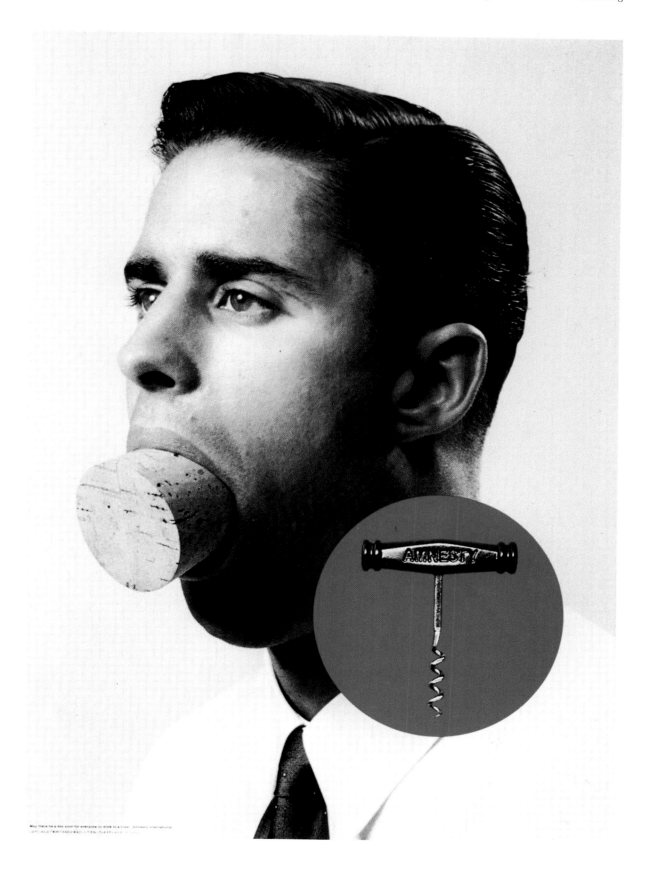

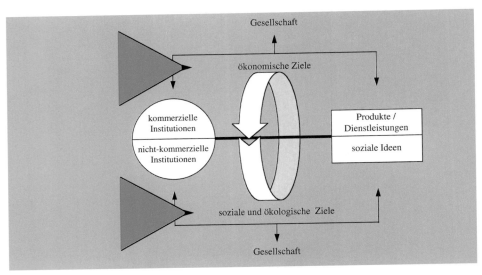

Abb. 5-34: Das Schema der Marketingethik

Im Rahmen der Forschungsansätze „*Marketing und Gesellschaft*" (Abb. 5-35) wird die Überwindung einer engen marktorientierten Sichtweise am konsequentesten vollzogen. Das primäre Strukturierungsprinzip stellt die Übernahme einer gesellschaftlichen Perspektive dar. Teilweise werden analog die Begriffe einer systemischen Perspektive oder Perspektive der Makroebene benutzt. Im Vordergrund steht hier die Analyse der Schnittstelle zwischen Marketing und Gesellschaft. Wenn auch diese Wechselwirkungen vereinzelt in den obigen Ansätzen thematisiert werden, so besteht ein wesentlicher Unterschied darin, daß hier z. B. nicht die gesellschaftlichen Auswirkungen auf das Handeln einzelner Marketingsubjekte sondern aggregierter Marketingsysteme betrachtet werden. Eine legitimatorische Grundlage dieser Betrachtungsperspektive bildet die Annahme, daß sich das Verhalten sozialer Systeme (inklusive der Marketingsysteme) nicht auf das Verhalten

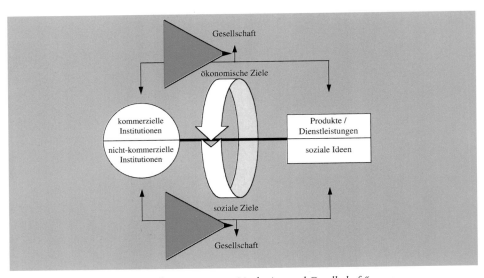

Abb. 5-35: Das Schema zu Forschungsansätzen „Marketing und Gesellschaft"

einzelner Individuen und Institutionen reduzieren läßt. Vielmehr existieren spezifische Mechanismen und Prozesse sozialer Systeme, die auch nur auf einer sozialen Ebene analysiert werden können und somit ein eigenständiges Erklärungsproblem darstellen. Die bekanntesten konzeptionellen Ausformungen sind das Makromarketing und das gesellschaftsorientierte Marketingkonzept.

5.2.5.2 Stakeholder-Modell als konzeptionelle Basis der Erweiterung und Vertiefung

Eine Grundlage für die Erweiterungs- und Vertiefungsansätze bildet die Vorstellung einer engen Beziehung zwischen Unternehmung und Umwelt, deren Grenzen zudem fließend sind. Dieser Gedanke zeigt sich schon bei *Staehle* 1969 (S. 378, 380), wenn er die *Unternehmung als Koalition* und *umweltoffenes System* charakterisiert. Im Gegensatz zu der damaligen Zeit findet dieser Gedanke in den 90er Jahren sowohl in der Praxis wie auch in der Theorie eine relative breite Akzeptanz, was auf Veränderungen der Gesellschaft im allgemeinen und der Marktverhältnisse im besonderen zurückzuführen ist. Vorangehend wurde diesbezüglich anhand der Auflösung von Marktgrenzen (vgl. *Kap. 5.2.4.2.4*) bereits die strategische Bedeutung eines erweiterten Kreises von Anspruchsgruppen für das Unternehmen beschrieben. Diese Idee einer Unternehmung im Kontext gesellschaftlicher Interessen wird mit dem *Stakeholder-Modell* beschrieben, das speziell in der Marketingtheorie – je nach Zielperspektive – sowohl im Zusammenhang mit Marketingmanagement-Konzepten wie auch in der Erweiterungs- und Vertiefungsdiskussion auf breiter Basis angewendet wird.

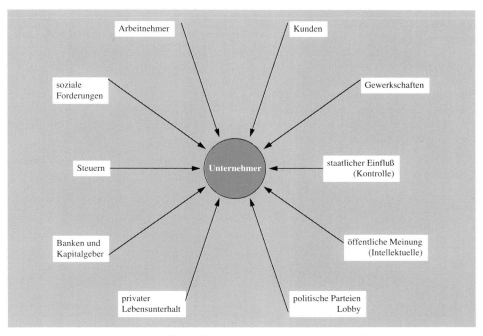

Abb. 5-36: „Viele Hunde sind des Hasen Tod" (Quelle: Hamilius, 1971, S. 243)

□
Die Sixt Werbung (1996) bringt deutlich den Wandel in der Wahrnehmung gesellschaftlicher Interessengruppen zum Ausdruck. Begriffe und Symbole, die in den 60er Jahren noch als potentielle Angriffe auf das gesamte Unternehmertum verstanden wurden, konnten in den 90er Jahren als ironische Symbole ohne materielle Referenz verwendet werden.

Quelle: *Art Director's Club*, 1996

Ein Vorgänger zum Stakeholder-Ansatz findet sich 1971 bei *Hamilius* mit einer Abbildung, in deren Mittelpunkt das Unternehmen steht, eingerahmt von den verschiedenen marktlichen und außermarktlichen Anspruchsgruppen, die einen Einfluß auf das Unternehmen haben (vgl. *Abb. 5-36*).

In dem Abbildungstitel spiegelt sich eine Wahrnehmung wider, bei der das „freie Unternehmertum" als Hauptangriffsziel der damaligen gesellschaftlichen Auseinandersetzungen gesehen wird [377]. Der gleiche Grundgedanke findet sich in einer gänzlich anderen Interpretation in dem Stakeholder-Ansatz wieder. Die Kernidee besagt, daß die traditionell nicht als Marktteilnehmer einer Unternehmung begriffenen Personen und Institutionen von den marktlichen Aktivitäten berührt werden und einen Einfluß auf den Markterfolg haben können (vgl. *Carroll*, 1996, S. 74). So sind es nicht die Raucher, sondern Krankenkassen, Gesundheitsminister, Verbraucherorganisationen, Ärztevereinigungen, Bildungseinrichtungen etc., die durch Kommunikationsmaßnahmen und rechtliche Einschränkungen des Marketing-

---

377 Im Text finden sich dazu Handlungsempfehlungen wie: „Im Kampf der Meinungen müssen wir jetzt zur Offensive antreten, da '... an idea on the defensive is already half lost'" (*Hamilius*, 1971, S. 242).

instrumentaleinsatzes oder des Konsums die Absatzchancen für Zigaretten gefährden. Diese Personen oder Institutionen werden in ironischer Anlehnung an den Aktionärsbegriff (Shareholder) *Stakeholder* genannt. Die Beeinflussung zwischen Unternehmen und ihren Stakeholdern verläuft in beiden Richtungen, und hierin liegt ein wesentlicher Unterschied zu den Vorstellungen von *Hamilius*.

Auf einer *deskriptiven* Anwendungsebene des Stakeholder-Modells stellt die Identifikation potentieller Stakeholder ein zentrales Problem dar. Je nach Branche und Unternehmenssituation können unterschiedliche Interessengruppen relevant sein. Für sie werden die Art der Ansprüche und der Betroffenheit sowie die Einflußmöglichkeiten näher bestimmt. Eine grobe Übersicht über grundsätzliche Stakeholder-Kategorien bietet die *Abb. 5-37*:

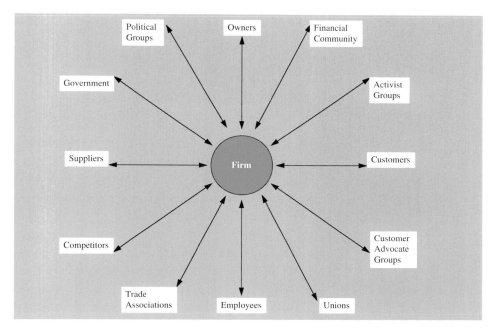

Abb. 5-37: Stakeholder einer Unternehmung (Quelle: Freeman, 1997, S. 604)

In Anwendung auf das Marketing kann das Stakeholder-Konzept je nach Zielsetzung sehr unterschiedliche Ausprägungen haben. Im Marketingmanagement wird es unter Aspekten des ökonomischen Erfolgs betrachtet. Hier dient die „spezifische Stakeholder-Landkarte" einer Abschätzung von Chancen und Risiken (vgl. *Savage/Nix/Whitehead/Blair*, 1991). Im Vordergrund stehen zumeist die Risiken finanzieller Verluste und Imageschäden[378]. Chancen werden dementsprechend umgekehrt als Risikominderung gedeutet. Darüber hinaus bieten kooperative Beziehungen zu Stakeholdern aber auch Erfolgspotentiale durch die Integration

---

378 Als Beispiel seien die Ereignisse um die Ölplattform Brent Spar von Shell im Sommer 1995 erwähnt. Die See-Entsorgung der Ölplattform wurde zwar mit der britischen Regierung als staatlicher Anspruchsgruppe abgesprochen, eine Vielzahl anderer betroffener Gruppen wurde aber vernachlässigt: Regierung und Bevölkerung von Nordsee-Anrainerstaaten, Umweltschutzverbände, kritische Medien oder Mitarbeiter des gesamten Shell-Konzerns (vgl. dazu *Rusche*, 1996).

❑
Die Wahrnehmung kritischer Inter-
essengruppen reduziert sich oft auf
primär reaktive Abwehrstrategien.
Hier die kommunikationspolitische
Reaktion von McDonald's auf den
Vorwurf der Vernichtung des
Regenwaldes.

Quelle: *Schalk/Thoma/
Strahlendorf,* 1997

und Nutzung externer Ressourcen, durch erhöhte gesellschaftliche Legitimität
wirtschaftlicher Entscheidungen oder auch durch gestiegene Identifikation der
Mitarbeiter. Demgegenüber wird es in Vertiefungsansätzen, wie z. B. in der Unternehmensethik, unter der Fragestellung einer normativen Legitimation unternehmerischen Handelns diskutiert.

Für die Realisierung des Stakeholder-Managements schlägt *Freeman* (1984, S. 53)
das Modell eines 3-Stufenprozesses zunehmender Intensität vor:

– *Stufe 1:* Auf der *rationalen* Ebene wird im wesentlichen die deskriptive Dimension des Stakeholder-Ansatzes realisiert. Sie dient der Identifikation von Stakeholdern mit ihren Ansprüchen, die mit Verfahren des Issue-Monitoring durchgeführt wird.

– *Stufe 2:* Auf der *prozessualen* Ebene werden die Stakeholder-Ansprüche in den
   organisatorischen Entscheidungsprozeß integriert, indem im Rahmen eines
   Issue-Managements die Analyse von relevanten Themenbereichen, die Formulierung und Implementierung von Handlungsmöglichkeiten sowie Kontrolle der
   Ergebnisqualität vorgenommen werden (vgl. *Coates et al.,* 1986; *Koppelmann,*
   1997, S. 126ff.).

– *Stufe 3:* Auf der *transaktionalen* Ebene wird das Stakeholder-Management in
   einer umfassenden Weise realisiert. Es werden Beziehungen zu den Stakeholdern
   aufgebaut und dafür unternehmensinterne Ressourcen bereitgestellt. Im Sinne
   einer proaktiven Strategie werden in Kontakt mit den Beziehungspartnern

mögliche Risiken und Chancen antizipiert und strategisch bearbeitet. Dialogische Formen des Marketing werden als geeignete Kommunikationsarten vorgeschlagen[379].

Es erscheint plausibel, daß mit zunehmender Intensität bei der Realisierung des Stakeholder-Ansatzes die Öffnung von Unternehmen gegenüber Stakeholder-Ansprüchen zunimmt, was größere Bereitschaft zur Übernahme gesellschaftlicher Verantwortung voraussetzt. Insofern steht die transaktionale Ebene als intensivste Stufe eher in geistiger Nähe zu Vertiefungskonzepten des Marketing.

5.2.5.3 Forschungsansätze „Marketing und Gesellschaft"

Das Stakeholder-Modell beinhaltet die Idee, daß die weitere Marktumwelt nicht nur ein externer Einflußfaktor ist, sondern auch wiederum vom Marketing potentiell beeinflußt wird. Damit knüpft es an die einzel- und gesamtwirtschaftliche Tradition der frühen Marketing- und Absatztheorie an, die durch die Etablierung der einzelwirtschaftlichen Marketingmanagement-Theorie zurückgedrängt wurde[380]. Die Umsetzungen können nun anhand des amerikanischen *Makromarketing* und des deutschen *Gesellschaftsorientierten Marketing* gezeigt werden.

5.2.5.3.1 Makromarketing

Die erste explizite Erwähnung des Begriffs „Makromarketing" findet sich bei *Moyer* bereits im Jahre 1972, lange Zeit bevor dieser Ansatz wissenschaftliche Verbreitung fand[381]. In dem Versuch der Abgrenzung zum Mikromarketing wurde der Wechsel einer unternehmenszentrierten Perspektive zu einer Betrachtung des Marketing im Kontext gesamter ökonomischer Systeme betont. Theoretisch wurde zunächst auf die seit Mitte der 60er Jahre vom Marketing übernommenen Systemansätze Bezug genommen[382]. Über den Zusatz „Makro" wurde bewußt die Analogie zu anderen Sozialwissenschaften wie Ökonomie oder Soziologie gesucht, in denen die Trennung in Mikro- und Makro-Aspekte bereits etabliert war (vgl. *Hunt/Burnett*, 1982, S. 13). Zur definitorischen Abgrenzung des Forschungsfeldes formulierte *Hunt* bereits auf der ersten Makromarketing-Konferenz die heute immer noch relevante folgende Definition:

„Macro-marketing is a multi-dimensional construct and a complete specification would (should) include the following: Macro-marketing refers to the study

---

379 Vgl. auch die Ausführungen zum Dialog im Rahmen der Marketingethik, *Kap. 5.2.5.4.*
380 Vgl. *Sundhoff,* 1956, S. 270, und *Leitherer,* 1961, S. 135f., als Versuche, die Absatzlehre nicht nur auf die einzelwirtschaftliche Perspektive zu beschränken.
381 Vgl. *Moyer,* 1972. Schritte der Etablierung: seit 1976 jährliche Makromarketing-Konferenzen (vgl. als ersten Tagungsband *Slater,* 1977); seit 1981 Gründung des Journals of Macromarketing unter der Herausgeberschaft von *George Fisk.*
382 Vgl. *Fisk,* 1967, und *Stern,* 1967b, die eine systemtheoretische Analyse von Distributionskanälen entwickelten.

of (1) marketing systems, (2) the impact and consequences of marketing systems on society and (3) the impact and consequences of society on marketing systems."
Shelby D. Hunt, 1977, S. 56

Im Rahmen einer Analyse der verschiedenen Makromarketing Definitionen wurden dann später drei Abgrenzungskriterien ermittelt (vgl. *Hunt/Burnett*, 1982, S. 13-15):

– das Aggregationsniveau (aggregation),

– die Betrachtungsperspektive (perspective),

– die Wirkungsebene (consequences).

Auf Basis dieser Kriterien wurde eine Umfrage bei amerikanischen Marketing-wissenschaftlern durchgeführt, bei der verschiedene Forschungsthemen dem Mikro- oder Makromarketing zugeordnet werden sollten. Das Ergebnis verdeutlicht, daß die Grenze zwischen Mikro und Makro im Einzelfall große Überlappungsbereiche aufweisen kann und nicht trennscharf gehandhabt wird. Es handelt sich hier vielmehr um verschiedene kontinuierliche Kriterien. Bewegt man sich auf die einzelnen Pole hin, so zeigt sich aber auch ein weitgehender Konsens in der Zuordnung von Forschungsfragen. Eine graphische Umsetzung ergibt die in *Abb. 5-38* typologische Feldabgrenzung, die von *Hunt/Burnett* (1982, S. 23) als „polythetic (multiple criteria) taxonomical system" bezeichnet wird.

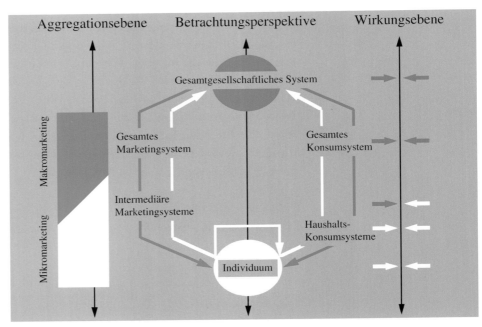

Abb. 5-38: Das multiple Kriterienmodell des Makromarketing nach Hunt/Burnett, 1982

Die Dimensionen der drei Kriterien werden bei *Hunt/Burnett* über die Aggregationsebene strukturiert. Hierbei unterscheiden sie als Analyseeinheiten: das *Gesamtgesellschaftliche System* (das hier auch nicht-marktliche gesellschaftliche Subsysteme beinhaltet), das *gesamte Marketingsystem* (umfassendes Marketingsystem, meist bezogen auf einen Staat, eine Volkswirtschaft oder eine Kultur), das *gesamte Konsumsystem* (umfassende Konsummuster eines Staates, einer Volkswirtschaft oder Kultur), *intermediäre Marketingsysteme* (Marketingsubsysteme, wie Distributionskanäle, Handelssysteme oder Industrien), *Haushalts-Konsumsysteme* (Kaufverhalten von Haushalten) und das *Individuum* (einzelne kommerzielle und nicht-kommerzielle Unternehmen sowie einzelne Konsumenten). Zwar wird der notwendige und hinreichende Charakter aller drei Kriterien betont, doch weist allein das Kriterium der *Betrachtungsperspektiven* keinerlei Ambiguitäten auf. Soweit Marketingphänomene aus einer übergeordneten, gesellschaftlichen Perspektive heraus betrachtet werden, soll es sich um Makromarketing handeln. Wird dagegen die individuelle Perspektive genutzt, so erfolgt eine eindeutige Zuordnung zum Mikromarketing[383]. Eng mit der Betrachtungsperspektive verbunden ist das Kriterium der *Aggregation.* Hier stellt sich die Frage nach der zentralen Analyseeinheit. Um Makromarketing handelt es sich bei der Untersuchung von gesamten Marketingsystemen und um Mikromarketing bei den Analyseeinheiten des individuellen Konsumentenverhaltens sowie der Haushalts-Konsumsysteme. Weniger eindeutig ist die Zuordnung bei der Untersuchung von intermediären Marketingsystemen. Bei den hier relevanten Forschungsfragen, wie der Evolution verschiedener Großhandelssysteme oder Konflikte in Distributionskanälen, ist insofern die Einbeziehung weiterer Kriterien relevant[384]. Das Unschärfenproblem intermediärer Marketingsysteme zeigt sich auch bei der Frage nach der *Wirkungsebene.* Als konsensual erweist sich das Verständnis des Makromarketing z. B. als Untersuchung gesellschaftlicher Konsequenzen der Werbung, und des Mikromarketing z. B. als Untersuchung der Auswirkungen staatlicher Regulierung auf ein bestimmtes Unternehmen. Die Wirkungsebene intermediärer Marketingsysteme, wie etwa der Einfluß der Verbraucherbewegung auf die Automobilindustrie, wird dagegen als Mischung von Makro- und Mikromarketing verstanden.

Dieses Modell ist zwar auf verschiedene Kritik gestoßen, und hier insbesondere wegen der Mehrdeutigkeit der einzelnen Abgrenzungskriterien, doch ist es geeignet, die Trennung zwischen Mikro- und Makromarketing plausibel zu machen. Es bietet darüber hinaus ein heuristisches Feld zur Generierung neuer Forschungsfragen.

Eine Sichtung der bisher behandelten Problembereiche im Makromarketing kann auf forschungspragmatischem Wege zur *inhaltlichen* Charakterisierung beitragen

---

383 Die graphische Abbildung weist auf eine Abweichung zwischen der gesellschaftlichen und der individuellen Perspektive hin. Während die individuelle Betrachtungsperspektive sowohl auf gesellschaftliche, als auch auf individuelle Phänomene gerichtet sein kann, liegt eine gesellschaftliche Perspektive, die sich gesellschaftlichen (nicht-marktlichen) Phänomenen widmet, außerhalb des Phänomenbereichs des Marketing.

384 In eine andere Richtung gehen Vorschläge wie von *Arndt,* 1981, der für die Aggregationsebene intermediärer Marketingsysteme den Begriff des „Meso-Marketing" vorschlägt.

und Hinweise für das *Selbstverständnis* der Wissenschaftler liefern. Ansatzpunkte bieten dafür *Venkatesh/Dholakia* (1986, S. 42) mit einer Systematisierung von Beiträgen der ersten 5 Jahre des Journal of Macromarketing sowie *Fisk* (1990) mit einer Makromarketing-Bibliographie. Hier zeigen sich folgende inhaltlichen Schwerpunkte:

– *Gegenstandsbereich* und *Methodologie* des Makromarketing
z. B. definitorische Abgrenzungen oder methodische Besonderheiten der Mikro-Makro-Schnittstelle,

– *Komparative* Marketingstudien und *länderspezifische* Entwicklungsfragen
z. B. Marketingprobleme sog. „Entwicklungsländer" oder die Rolle des Marketing in der Transformation des ehemaligen sozialistischen Wirtschaftssystems,

– Analyse einzelner *Marketingsubsysteme*
z. B. die gesellschaftliche Bedeutung sozial-verantwortlichen Konsums oder der institutionelle Wandel von Distributionssystemen,

– Sozial-ökologische Konsequenzen / *Marketing-Externalitäten*
z. B. nachhaltiges Wirtschaften oder gesellschaftliche Hintergründe einer freiwilligen Konsumreduktion,

– *Marketingethik*
z. B. die gesellschaftliche Verteilung unterschiedlicher Vorstellungen über soziale Verantwortlichkeit beim marktlichen Handeln oder die spezifische Ethik von Marketingsubsystemen wie der öffentlichen Verwaltung,

– *Staatliche Eingriffe* in das Marktsystem
z. B. Verbraucherschutz oder Regulierung der Werbung.

Zu Beginn standen die deskriptiven und konzeptionellen Fragen des Makromarketing im Vordergrund. Inzwischen wurden aber verstärkt auch die spezifischen methodischen Möglichkeiten und Probleme diskutiert. Im Mittelpunkt stand dabei die Frage, inwieweit Mikromodelle zur Makroanalyse übernommen werden können und wo Modifikationen durch systematische Unterschiede erforderlich sind. Als zentrale Problembereiche werden dazu diskutiert (vgl. *Raabe*, 1995, Sp. 1432):

– das *Aggregationsproblem*
Da Makrogrößen nur schwer zugänglich sind, werden sie empirisch zumeist über Mikrogrößen erfaßt. Neben Verzerrungen durch unzureichende Aggregationsregeln stellt sich die Frage nach veränderten Eigenschaften auf der Makroebene, die über eine arithmetische Aggregation nicht abbildbar sind (vgl. *Firat/Dholakia*, 1982, S. 6).

– das *Transformationsproblem*

Das Makromarketing vollzieht Beobachtungen primär auf der individuellen Ebene, während die Schlußfolgerungen eine gesamtgesellschaftliche Ebene beinhalten. Bei dieser Transformation liegen die spezifischen methodologischen Gefahren sowohl in der Übertragung jeglicher Makroeigenschaften auf Mikrogrößen wie umgekehrt in dem atomistischen Fehlschluß, der gesellschaftliche Phänomene auf die Summation individueller Verhaltensgrößen zurückführt (vgl. *Heede,* 1981, S. 61).

– das *Interaktionsproblem*

Durch die Veränderung der marktlichen Umwelt von einem exogenen Rahmen zu einer endogenen Modellvariable ergeben sich neuartige Probleme der Analyse institutioneller Subsysteme. Zudem gewinnt die Dimension der Zeit eine neue Bedeutung, wenn man dem historisch-evolutionären Charakter sozialer Phänomene gerecht werden will. Derartige methodische Umsetzungen werden vor allem in dynamischen, historischen und systemtheoretischen Methoden gesehen (vgl. z. B. *Firat,* 1987b, S. 263; *Kumcu,* 1987, S. 117).

Insgesamt zeigt sich als derzeitiges dominantes Merkmal des Makromarketing seine *inhaltliche und methodische Vielfalt*. Teilweise wird darin ein Problem gesehen, welches auf das frühe Entwicklungsstadium der Forschungsrichtung zurückgeführt wird [385]. Dem ist aber entgegenzuhalten, daß gerade die Vielfalt auch einen positiven Wesenszug im Selbstverständnis der Makromarketing-Wissenschaftler darstellt. Forschungspragmatisch ist dieser vielfältige Forschungsansatz in der Funktion einer integrativen Plattform zu nutzen, bei der institutionelle Ressourcen für ansonsten getrennt agierende Forschungsrichtungen gebündelt werden. Zudem kann die thematische Offenheit in dieser Sichtweise auch als Kritik an dem traditionellen Marketingverständnis interpretiert werden:

„(T)here was increasing disenchantment with mainstream marketing's exclusive focus on managerial issues and seeming overemphasis on relatively narrow academic questions. Thus, to some extent, the *Journal of Macromarketing* is devoted to a protest movement, and it provides an alternative outlet for thinking that reflects dissent within the marketing discipline as a whole."
George M. Zinkhan et al., 1990, S. 3

Diese Position wird ebenso in neueren Publikationen zum Ausdruck gebracht. So sehen *Belk/Dholakia* (1996, S. 5) gerade ein wesentliches Kriterium der Makroebene darin, daß sie über den Bezugspunkt des unternehmerischen Erfolgs hinausgeht und die menschlichen Lebensbedingungen in den Mittelpunkt stellt. Hier wird z. B. thematisiert, welchen Einfluß das marktliche Handeln auf pathologischen Konsum hat und in welcher Beziehung das Marketing zu den Themen der welt-

☪ Nr. 10
„I want to buy // can you be affected?
I need consoling // you could be addicted"

The Slits, 1979

---

385 Vgl. *Bruhn,* 1982b, S. 464, der von einer großen Heterogenität der Untersuchungsbereiche spricht. Aufgrund fehlender theoretischer Leitbilder sieht er deshalb in dem Makromarketing bisher eher einen programmatischen Anspruch verkörpert. Diese kurze Übersicht zählt neben *Raabe,* 1995, zu den wenigen deutschen Rezeptionen des Makromarketing.

Vor allem wohl an dem Bemühen, es ›ihm‹ so behaglich wie möglich zu machen. Etwas Liebe gehört dazu - und eine Flasche des guten alten Hansen-Rum. Welcher Mann könnte dem Genuß eines ›herzhaften‹ Gläschens widerstehen?

❏
Die Geschlechterdiskriminierung im marktlichen Handeln ist ein Themenbereich des Makromarketing. In den 50er und 60er Jahren dominierte hierbei eine stereotypische Darstellung der Frau als Hausfrau, Mutter und für die emotionale

weiten Trennung von arm und reich, der Geschlechterdiskriminierung oder der Obdachlosigkeit steht (vgl. z. B. *Hill*, 1996). Diese weite Perspektive ermöglicht ihrer Ansicht nach zudem eine Anknüpfung an neuere Entwicklungen in den Sozialwissenschaften, wo seit längerem schon – relativ unbeachtet von der Marketingwissenschaft – die Beziehung von Marketinginstitutionen und Konsumphänomenen thematisiert wird (vgl. *Belk/Dholakia*, 1996, S. 7). Allerdings ist diese Position auch innerhalb der Makromarketing-Wissenschaft nicht unumstritten. Insbesondere wird hierbei die Frage nach dem Einfluß normativer Konzeptionen auf die Theorie diskutiert. Während auf der einen Seite der wissenschaftliche Status einer primär positiven Theorie betont wird (vgl. *Hunt*, 1983, S. 15), stellt auf der anderen Seite die Einschränkung des gesellschaftlichen Potentials des Makromarketing im Rahmen einer positiven Theorie ein Problem dar (vgl. *Monieson*, 1981, S. 19; 1988, S.9). Unklar bleibt bei diesem Anspruch auch die Frage nach der Beziehung zwischen der Marketingmanagement-Theorie (als Mikromarketing) und dem Makromarketing. Die Gefahr besteht in einem Verlust der Kommunikationsfähigkeit zwischen den Bereichen, wodurch die eigentliche Stoßrichtung der Vertiefungsdiskussion aufgegeben wird. Während dort gerade die innere Veränderung der unternehmenszentrierten Ansätze durch eine Thematisierung der gesellschaftlichen Verantwortung intendiert war, kann die normative Makromarketing-Richtung über eine Trennung sogar kontraproduktiv die Ausrichtung einer alleinigen Gewinnorientierung noch verstärken. Sie besitzt dann eine gesellschaftliche Legitimierungsfunktion für das Marketing allgemein („das Marketing beschäftigt sich auch mit sozialen Problemen"), ohne allerdings den Kern des Marketing selber verändern zu können.

5.2.5.3.2 *Gesellschaftsorientiertes Marketing (GOM)*

Eine dem Makromarketing analoge Forschungsrichtung ist im deutschsprachigen Raum nicht vorhanden. Eine stärkere Bedeutung haben dafür Ansätze wie das Ökologische Marketing oder die Marketingethik erlangt, die in der amerikanischen Diskussion (mit anderen Schwerpunkten) oft unter dem Makromarketing subsumiert werden. Eine Ausnahme stellt das Konzept des gesellschaftsorientierten Marketing (GOM) dar, wie es von *Raffée* und *Wiedmann* entwickelt wurde [386]. Ansetzend an der Schnittstelle von Marketing und Gesellschaft wird das GOM als integrativer Bezugsrahmen verstanden, der gleichermaßen den strategischen und gesellschaftlichen Herausforderungen Rechnung trägt (vgl. *Wiedmann*, 1993, S. 3). In der Traditionslinie der Vertiefungsdiskussion steht zunächst die Verankerung der sozialen Dimension im Rahmen des strategischen Marketing. Gleichzeitig werden im Sinne einer Erweiterung auch nicht-kommerzielle Organisationen als potentielle Anwender gesehen.

---

[386] Das GOM wird von *Raffée* (1995, Sp. 1672) als einziges Forschungsprogramm innerhalb des Makromarketing explizit aufgeführt. Zu erwähnen wäre hier noch *Fässler* (1989), der aber primär bestrebt ist, den theoretischen Rahmen abzustecken, innerhalb dessen ein gesellschaftsorientiertes Marketingkonzept möglich sei. Konsequenterweise umschreibt er das Konzept auch als ein „sich abzeichnendes gesellschaftsorientiertes Marketing-Konzept" (vgl. S. 295ff.).

Befindlichkeit des Mannes verantwortliche Ehefrau.

Quelle: Spiegel, H. 44, 1958

❏
Ab den 70er Jahren läßt sich eine Sexualisierung der Werbung beobachten. Selbst in den 90er Jahren finden sich immer noch Beispiele, in denen die Frau als verfügbares Objekt der männlichen Begierde dargestellt und eine simple Gleichsetzung mit dem Produkt intendiert wird.

Quelle: Stern, H. 4, 1996

Den gedanklichen Ausgangspunkt des GOM bilden die *Veränderungsprozesse in Markt und Umwelt*, die Unternehmen mit neuartigen Problemkonstellationen konfrontieren [387]. Es werden verschiedene komplexe und diskontinuierliche Krisenerscheinungen in der weiteren Umwelt des Unternehmens konstatiert und übergreifend als Trend zur Risikogesellschaft interpretiert. Diese Problemlagen werden nun von der Gesellschaft zunehmend im Zusammenhang mit dem marktlichen Handeln der Unternehmen wahrgenommen. Zum Ausdruck kommen diese Wertverschiebungen in dem Trend zur aktiven und kritischen Gesellschaft (vgl. auch *Kap. 5.1.1*). Für die Unternehmen haben die Veränderungsprozesse zunächst eine Beschränkung von Handlungsspielräumen zur Konsequenz. Darüber hinaus müssen sie sich aber auch mit erweiterten Konsumentenansprüchen auseinandersetzen, da von den Unternehmen auch ein Lösungsbeitrag für die globalen Krisenerscheinungen eingefordert wird (vgl. *Wiedmann,* 1996b, S. 235).

Das GOM versteht sich als Reaktion auf diese Entwicklung und plädiert für eine Unternehmensführung *„von der Gesellschaft her und auf diese hin"* (*Wiedmann,* 1993, S. 49). Dieser Anspruch findet seine Umsetzung in paradigmatischen Leitideen, die das GOM als Führungskonzept und als Forschungsprogramm bestimmen.

Die in *Abb. 5-39* dargestellten Leitideen konstituieren ein neues Weltbild, das sich an verschiedene Strömungen, wie Rationalitätskritik, Postmoderne, New Age, Evolutionstheorie und Chaosforschung, anlehnt (vgl. *Wiedmann,* 1993, S. 245). Sie prägen das dem GOM zugrunde gelegte Marketingverständnis. Für die hier relevante Diskussion können als Grundelemente herausgestellt werden (vgl. *Wiedmann,* 1989, S. 234; 1993, S. 247; 1996b, S. 247f.; 1996a, S. 39):

– eine erweiterte Umweltperspektive, die im Rahmen des *ganzheitlichen Denkens* sowohl die Einbeziehung der Austauschpartner in ihren unterschiedlichsten Rollen betrifft als auch die umfassende Wahrnehmung gesellschaftlicher Änderungsprozesse,

– ein *organisches und dynamisches Prozeßdenken*, das sich an langfristigen unternehmerischen Erfolgspotentialen orientiert, die Analyse gesellschaftlicher Entwicklungen in die Marketingplanung integriert und eine Überwindung von Objektivitäts-, Machbarkeits- und Beherrschbarkeitsideologien impliziert,

– ein Bekenntnis zur *gesellschaftlichen Verantwortung* in Verbindung mit einer *proaktiven Chancenorientierung*, die als Ausschöpfen aller faktisch und potentiell sich bietenden Chancen zur Durchsetzung der sozial verantwortlichen Unternehmensziele gekennzeichnet wird.

---

387 Konsequenterweise haben *Raffée/Wiedmann* (z. B. 1985c, 1987a, 1988) umfassende empirische Studien zum gesellschaftlichen Wandel durchgeführt.

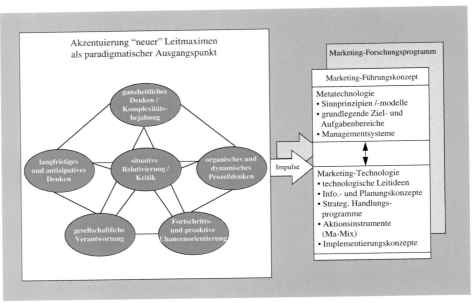

Abb. 5-39: Zentrale paradigmatische Leitideen des GOM-Konzepts (Quelle: Wiedmann, 1993, S. 246)

Für das GOM als *Marketing-Führungskonzept* werden auf Grundlage der paradigmatischen Leitideen drei sich überlappende Ziel- und Aufgabenbereiche definiert. Im Mittelpunkt steht das *Transaktionsmanagement,* das den klassischen Bereich des ökonomischen Austausches auf Absatz- und Beschaffungsmärkten umfaßt. Neu hinzu kommen das Reputations- und Beziehungsmanagement sowie das Kontextmanagement. Das *Reputations- und Beziehungsmanagement* dient dem Aufbau und der Pflege langfristiger Geschäftsbeziehungen sowie der Sicherung von Unterstützungspotentialen bei allen Austauschpartnern (vgl. *Wiedmann,* 1992, S. 40). Als *Kontextmanagement* wird schließlich die Beeinflussung der relevanten Rahmenbedingungen verstanden, unter denen sich Transaktions- sowie Reputations- und Beziehungsmanagement vollziehen. Die Koordination erfolgt als Netzwerk-Marketing, das sich in die Bereiche des Absatz-, Beschaffungs- und Public Marketing unterteilt. Das strategische Dach bildet die *Corporate-Communications-Politik,* die der Koordination und Steuerung aller Kommunikationsaktivitäten und kommunikationswirksamen Handlungen sowie der Entwicklung übergreifender, auf Synergieeffekte bedachter Kommunikationsprogramme dient [388].

Das GOM im Sinne eines *Forschungsprogramms* beinhaltet die forschungspragmatische Ausgangsidee und die wissenschaftstheoretische Begründung normativer Konzeptionen. Für das GOM wird als *forschungspragmatische Ausgangsidee* in Anlehnung an amerikanische Marketingkonzepte die Konzentration auf *Aus-*

---

[388] Vgl. *Raffée/Wiedmann,* 1985a, S. 666; *Wiedmann,* 1986, S. 10. In späteren Publikationen wird die Corporate Communications Politik eingebettet in die Corporate Identity Strategie, die dann als Orientierungskonzept der gesamten – und nicht nur der kommunikativen – strategischen Unternehmenspolitik fungiert (vgl. *Wiedmann,* 1996a, S. 22; 1996b, S. 259).

tauschprozesse gesehen, die umfassend interpretiert werden (vgl. *Wiedmann*, 1993, S. 115). Die Erweiterung erfolgt zeitlich (im Sinne längerfristiger Beziehungsmuster), inhaltlich (inklusive des Austauschs von intangiblen Gütern, wie Liebe, Zuneigung und Verständnis), teilnehmerbezogen (im Sinne multilateraler Austauschbeziehungen) und subjektbezogen (inklusive Austauschbeziehungen zwischen Mensch-Objekt, Mensch-Maschine oder Mensch-Natur). In dieser Betrachtungsweise wird der *Austausch zum Grundprinzip* menschlichen Lebens (vgl. *Wiedmann*, 1993, S. 135). Wenn dieser umfassenden Perspektive eine fehlende Abgrenzungsmöglichkeit des Objektbereichs der Marketingwissenschaft vorgeworfen wird, so stellt sich für die Autoren des GOM die Situation genau umgekehrt dar. Durch die Überschreitung traditioneller disziplinärer Grenzen bietet sich nämlich die weite Austauschperspektive nicht nur als Grundkonzept für die Betriebswirtschaftslehre an, sondern schafft auch ein Integrationspotential für Forschungsprogramme der unterschiedlichsten Disziplinen.

Neben der Ausgangsidee stellt sich im Rahmen des GOM als Forschungsprogramm die Frage nach der *Legitimation normativer Setzungen* und deren wissenschaftstheoretischen Konsequenzen, wie sie sich z. B. in der paradigmatischen Leitidee der gesellschaftlichen Verantwortung artikuliert. Das GOM sieht sich in der Tradition des Kritischen Rationalismus in Verbindung mit einem *aufklärerisch-emanzipatorischen Wissenschaftsverständnis* (vgl. *Wiedmann*, 1993, S. 164, 209). Insbesondere *Raffée* hat schon sehr früh die wissenschaftstheoretischen Implikationen dieses Verständnisses dargelegt (vgl. z. B. *Raffée*, 1974a, S. 13-78, 1980b; *Raffée/Specht*, 1974). Die Marketingwissenschaft hat gemäß seiner Auffassung die Aufgabe, den Menschen bei der Bewältigung ihrer Daseinsprobleme zu helfen, Wirklichkeit in Frage zu stellen und bessere Alternativen zum Bestehenden darzulegen (vgl. *Raffée*, 1980b, S. 318). Statt einer einseitigen Parteilichkeit als Orientierung allein an unternehmerischen Zielen, wird dementsprechend im GOM als *pluralistischer Konzeption* auch die Einbeziehung gesellschaftlicher Interessen gefordert. Ein derartiger Interessenpluralismus verkörpert sich in der Leitidee einer gesellschaftspraktischen Betriebswirtschaftslehre:

„Konkret hat sich dies etwa darin niederzuschlagen, daß nicht allein die Interessen, Werte und Ziele der Unternehmenspraxis oder auch der Praxis nicht-kommerzieller Organisationen jeweils zum Ausgangspunkt entsprechender Gestaltungsvorschläge oder sog. technologischer Transformationen gemacht werden. Im Gegensatz dazu sollten Gestaltungsvorschläge in erster Linie aus Interessen, Werten und Zielen der Gesellschaft abgeleitet werden, die entweder auf dem Wege empirischer Analyse erhoben, oder im Rahmen realisierbarer Utopien, die auf die Erhöhung der aktuellen und künftigen Lebensqualität in toto abstellen, gewonnen wurden."
Klaus-Peter Wiedmann, 1993, S. 159.

Das Konzept des GOM stellt in der deutschsprachigen Marketinglandschaft den umfassendsten Entwurf zur Integration der gesellschaftlichen Dimension im

❏
Die Übernahme gesellschaftlicher
Probleme im kommerziellen
Marketing steht immer auch im
ethischen Diskussionszusammen-
hang. Besonders deutlich wurde
dies in den Benetton Kampagnen
von Oliviero Toscana (hier „Ster-
bender Aids-Kranker" von 1992).
Die hervorgerufenen Reaktionen
reichten von dem Vorwurf einer
zynischen Schock-Werbung bis hin
zu dem Lob, gesellschaftliche
Probleme in das öffentliche
Bewußtsein zu rücken.

Quelle: *Döring*, 1996

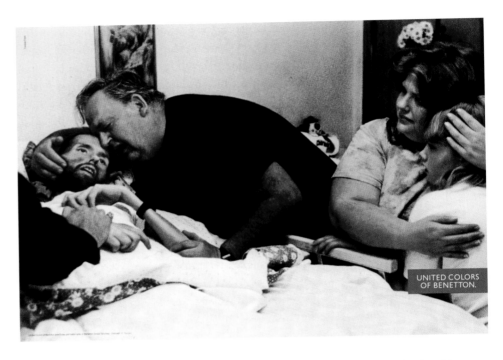

Rahmen eines modifizierten Marketingkonzeptes dar. Mit ihm wurde ein Wissen-
schaftsansatz vorgelegt, in dem sowohl auf der Realebene des Marketingmanagements wie auf der Metaebene der Marketingwissenschaft eine intensive Zieldiskus-
sion geführt wurde[389]. Für das Marketingmanagement wird gesellschaftliche
Verantwortung als Leitidee dargestellt und in neueren Arbeiten mit einer proaktiven Chancenorientierung verbunden (vgl. *Wiedmann*, 1989, S. 234). Aber auch in
den früheren Publikation steht die gesellschaftliche *Verantwortungsübernahme*
immer im Kontext strategischer *Erfolgsfaktoren* (vgl. *Raffée/Wiedmann*, 1985c,
S. 580). Deutlich wird dies in der Argumentationslinie, die eine derartige Verantwortung primär aus den Rahmenentwicklungen einer Verantwortungszuweisung
auf seiten der Konsumenten ableitet. Konsequenterweise muß diese Argumentation zu der Handlungsempfehlung einer Nicht-Wahrnehmung von Verantwortung
führen, sollte es in der marktlichen Umwelt eine abnehmende Kritik an Unternehmen geben oder sollte sozial-verantwortliches Verhalten nicht mehr honoriert
werden. Deutlich distanziert sich *Wiedmann* (1993, S. 29) von einem „ethischen
und sozialen Gesäusel", das er dann als gegeben annimmt, wenn unternehmerische
Ziele bei der Diskussion um Verantwortungsübernahme vernachlässigt werden.
Hiermit wird das zentrale Problem der Vertiefungsdiskussion angesprochen,
nämlich der Umgang mit potentiellen *ökonomischen und gesellschaftlichen Zielkonflikten*, das im GOM jedoch nicht ausreichend behandelt wird (vgl. dazu *Kap.
5.2.5.4* zur Marketingethik). So kritisiert denn auch *Stauss* (1991c, S. 135) die
Diskrepanz zwischen der Leitmaxime der sozialen Verantwortung und ihrer ein-

---

[389] Anders wurde im Makromarketing-Konzept verfahren, bei dem das Zielsystem des Marketingmanagements nicht diskutiert wurde,
weil die Marketingwissenschaftler ihre Ziele auf eine aggregierte Problemebene gehoben haben.

dimensionalen Umsetzung, die nur funktional hinsichtlich der Erreichung von Unternehmenszielen betrachtet wird. Auf der Metaebene wird das Ideal einer 'pluralistischen Marketingwissenschaft' empfohlen, die sich am empirisch erhobenen gesellschaftlichen Konsens orientiert. Dabei ist nicht der einzelne Wissenschaftler, sondern die 'universelle Marketingwissenschaft' gemeint (vgl. *Raffée/Specht,* 1974, S. 385). Wie das nicht-kommerzielle Marketing als Regulativ zum kommerziellen Marketing gilt (vgl. *Raffée,* 1979, S. 37), so soll auch die Konzentration auf Partikularinteressen der Unternehmen durch andere Marketingwissenschaftler wieder ausgeglichen werden, die sich dann den gesellschaftlichen Partikularinteressen widmen [390]. So verlockend diese Idee sein mag, so trägt sie doch die Gefahr der Alibifunktion spezieller Vertiefungs- und Erweiterungsansätze in sich. Die gleiche Gefahr wurde auch für das Konzept des Makromarketing festgestellt, wenn auch als Resultat anderer Entwicklungen. Auf diese Weise ist der einzelne Wissenschaftler von einer Diskussionsnotwendigkeit der spezifischen Basiswerturteile befreit, und es fragt sich zudem, ob der Anspruch des GOM, ein grundlegendes Integrationskonzept für die gesamte Marketingwissenschaft zu sein, noch erfüllbar ist.

Dieser integrative Anspruch steht im Mittelpunkt der *Erweiterungsaspekte,* unter denen das GOM als Forschungsprogramm zu betrachten ist. Die zugrunde gelegte Austauschperspektive in ihrer weiten Interpretation soll als Basis einer *inter- und intradisziplinären Anknüpfbarkeit* dienen, um dem GOM die Funktion einer Klammer und Ergänzung fragmentarischer Einzelansätze zu geben [391]. Dabei wird gerade die Relevanz der Makroorientierung betont und für eine *multiperspektivische* Forschung plädiert. Wenn aber in der Austauschperspektive explizit die Leitidee des methodischen Individualismus verfolgt wird, so wird damit die Kommunikationsfähigkeit zur Makroebene erschwert und eingeschränkt (vgl. *Zerfaß/Emmendörfer,* 1994, S. 25ff.; Ulrich, H., 1981a, S. 17f.) [392]. Da zudem eine gründliche Diskussion *methodologischer Inkompatibilitäten* noch aussteht, erscheint der Anspruch einer umfassenden Rekonstruktion des Marketingansatzes als sehr weitgehend.

Es stellt sich die Frage, welche Stoßrichtung ein Ansatz zur Analyse der Wechselbeziehungen zwischen Marketing und Gesellschaft in Zukunft einnehmen kann. Das Makromarketing zeigt hier die Tendenz zur wissenschaftlichen Nische, ver-

---

390 Vgl. *Raffée/Specht,* 1974, S. 395. Das hier auch grundlegend andere Optionen denkbar sind, zeigt das Makromarketing. So kritisiert *Wiedmann* (1993, S. 7) die alleinige partikularistische Unternehmensperspektive, die sich zunehmend darauf konzentriert, „... der Unternehmenspraxis mundgerecht einzelne Fische zu servieren, anstatt Netze anzubieten, die die Unternehmenspraxis selbst zum Fischfang befähigt". Das Makromarketing geht hier einen Schritt weiter. Indem es eine primäre Unabhängigkeit von jeglichen Interessengruppen fordert, emanzipiert es sich von der „Gehilfen-Rolle" und verabschiedet sich auch vom „Fischfang" generell: „The consumer ... was always studied in the ways that fishermen study fish rather than as marine biologists study them" *(Tucker,* 1974, S. 31).

391 Dazu sollen gehören: z. B. das Öko-Marketing, Internationale Marketing oder Erlebnismarketing (vgl. *Wiedmann,* 1993, S. 47). Über die erweiterte Austauschperspektive werden darüber hinaus Möglichkeiten zur Anknüpfung z. B. an die Neue Institutionenökonomie (S. 139), die Evolutionstheorie (S. 138), die Semiotik (S. 132), den Symbolischen Interaktionismus (S. 131), die Systemtheorie (S. 138) oder die Postmoderne (S. 280) gesehen.

392 Die eingeschränkte Kommunikationsfähigkeit gilt für das Makromarketing gleichermaßen. Das Makromarketing hat zwar die methodologischen Probleme der perspektivischen Ebeneninteraktion explizit diskutiert, aufgrund ihrer tendenziellen Ablehnung des traditionellen Marketingmanagement-Konzepts wurde allerdings versäumt, die Implikationen des Makromarketing für das Mikromarketing stärker zu thematisieren.

steht es aber, die integrativen Bezüge zu anderen Erweiterungs- und Vertiefungsansätzen aufrechtzuerhalten. Das GOM versucht umgekehrt, sich als Alternative
für das traditionelle Marketingmanagement-Konzept zu präsentieren. Dadurch ergeben sich ganz andere Möglichkeiten der Einflußnahme auf das Mikromarketing.
Wie gezeigt wurde, besteht aber auch die Gefahr, durch die unternehmensstrategi-
sche Ausrichtung die Verbindung zu den anderen Erweiterungs- und Vertiefungsansätzen zu verlieren.

5.2.5.4 Marketingethik
5.2.5.4.1 *Identitätskern der Marketingethik*

Marketingethik befaßt sich mit moralischen Werten (dem Wünschbaren) und
Normen (den Aufforderungen) für die Praxis des verantwortlichen Marketing-
handelns. Es geht also um die Anwendung des „Prinzips Verantwortung" *(Jonas)*.
Als Vertiefungsansatz der Marketingtheorie knüpft die Marketingethik an das
Human Concept of Marketing (vgl. *Kap. 4.2.1.2.3*) an, in dem auch hier moralische
Werte als Grundlage zu den Marketingzielen behandelt werden. Allerdings blieb
Dawson eher in Appellen und Empfehlungen verhaftet, während im Rahmen der
Marketingethik diese Perspektive theoretisch begründet wird durch eine interdis-
ziplinäre Öffnung zur Philosophie und verschiedene methodische Richtungen
eingeschlagen werden, wie z. B. auch eine empirische.

Das Erkenntnisfeld einer Marketingethik definiert sich aus dem zugrundeliegen-
den Marketingbegriff. Wenn es sich dabei zunächst um eine terminologische Frage
zu handeln scheint, so besitzt die jeweilige Antwort auch wesentliche inhaltliche
Implikationen wie die Abgrenzung zu anderen Forschungsbereichen. Wird
Marketing sehr eng als *unternehmerische Funktion* – neben Produktion oder
Finanzierung – gesehen, dann ist sie ein spezifisches Anwendungsfeld einer all-
gemeineren Unternehmensethik, und man hätte sich zu fragen, ob die ethischen
Probleme des Marketing so spezifisch sind, daß sich im Rahmen einer Unternehmensethik die Aussonderung einer so begriffenen Marketingethik erkenntnis-
theoretisch als produktiv erweist. Wird Marketing dagegen im Sinne einer *marktorientierten Unternehmensführung* bzw. als Unternehmensphilosophie interpretiert, so liegt in diesem Führungsanspruch der herrschenden Marketinglehre ein
entsprechend breites betriebswirtschaftliches Themenspektrum der Marketingethik. Diese hätte sich mit moralischen Führungsproblemen zu beschäftigen, die
aus der Marktorientierung in Unternehmen resultieren, und wäre damit weitgehend deckungsgleich mit einer allgemeinen Unternehmensethik. Im Rahmen dieser
Auffassung fand im Laufe der Theorieentwicklung eine Konzeptveränderung statt,
indem Austauschprozesse der Unternehmung über den Markt hinaus mit der
gesellschaftlichen und natürlichen Umwelt betrachtet wurden. In dieser Perspektivenänderung für das unternehmerische Marketing liegen Anknüpfungspunkte der
Marketingethik mit Vertiefungskonzepten des ökologischen Marketing (vgl.
Kap. 5.2.5.5), des gesellschaftsorientierten Marketing (vgl. *Kap. 5.2.5.3.2*) und des
Makromarketing (vgl. *Kap. 5.2.5.3.1*).

Ein natürliches Produkt, das mit dem Markenname eines Software-Unternehmens versehen wurde. Was zunächst als „Werbe-Gag" interpretiert werden kann, steht in einer ethischen Perspektive für die Frage nach den Grenzen marktlichen Handelns. Darf sich das Marketing jeglicher Objekte (und Ideen) der natürlichen Umwelt bedienen oder sollten einzelne Bereiche vor der Dominanz marktlicher Logik geschützt werden?

Quelle: Lehrstuhl Marketing I: Markt und Konsum, 1998

Ein erweitertes Problemfeld der Marketingethik ergibt sich, wenn Marketing als eine generelle *Theorie der Austauschprozesse* verstanden wird und damit eine Perspektivverbreiterung in institutioneller und objektbezogener Hinsicht entsteht. Damit wird eine Verbindung der Marketingethik mit dem Non-Business- und Social Marketing (vgl. *Kap. 4.2.1.2.1*) bis hin zum Generic Marketing (vgl. *Kap. 4.2.1.2.2*) geschaffen.

Zur Entwicklung des Identitätskerns einer Unternehmungs- bzw. Marketingethik sollen die folgenden drei Aspekte betrachtet werden:

a) Entwicklung der Marketingethik als *Teilbereich der Wirtschafts- und Unternehmensethik*,

b) Prinzip *Verantwortung* als Identitätskern,

c) *Forschungsprogramm* der Marketingethik.

ad a)   Entwicklung der Marketingethik als Teilbereich der Wirtschafts- und Unternehmensethik

In den USA hat die Forschung zur Business- und Marketing Ethics seit etwa 25 Jahren ein starkes Wachstum erfahren. *Enderle* (1997, S. 1) erklärt dieses mit einer zunehmenden Bedeutung der Wirtschaft für die Gesellschaft, mit einer stärkeren Ausdifferenzierung moralischer Werte und mit einer wachsenden Notwendigkeit, die daraus resultierenden Konflikte zu lösen. Dieser praktische Problemdruck bildete einen deutlichen Anstoß für die Forschung. Entsprechend praxisnah ist die amerikanische Business Ethics. Die starke Entwicklung wird an einer Flut von Literatur[393], der Gründung mehrerer Ethikzeitschriften (z. B. Journal of Business Ethics seit 1981 und The Business Ethics Quarterly seit 1992), einer Fülle von Ausbildungskursen und einer hohen Anzahl von einschlägigen Lehrstühlen (über 40 in den USA und Kanada) (vgl. *Enderle*, 1997, S. 8) sichtbar.

In Europa und insbesondere der Bundesrepublik Deutschland entstand demgegenüber ein stärkeres Interesse an einer eigenständigen Disziplin der Unternehmensethik erst im Verlauf der 80er und insbesondere der 90er Jahre und ist im Bereich der Marketingethik noch weit weniger ausgeprägt[394]. Sukzessive findet - wenn auch in weit bescheidenerem Ausmaß als in den USA – eine Institutionalisierung der Wirtschafts- und Unternehmensethik durch die Gründung von Lehrstühlen[395] sowie akademischen und praxisnahen Verbänden der Wirtschaftsethik

---

393 Vgl. bibliographische Übersichten zur Business Ethics *De George*, 1987; *Enderle*, 1996; *Shaw*, 1996; und zur Marketing Ethics die Bibliographie von *Bol et al.*, 1993.

394 Vgl. zur Unternehmensethik *Ulrich, H.*, 1981b; *Steinmann/Oppenrieder*, 1985; *Koslowski*, 1988; *Hoffmann/Rebstock*, 1989; *Müller-Merbach*, 1989; *Homann/Blome-Drees*, 1992; *Enderle et al.*, 1993, und zur Marketingethik *Angehrn*, 1981; *Hansen*, 1988a; *Bauer, H.H.*, 1993; *Kay-Enders*, 1996; *Kaas*, 1997b; *Schlegelmilch*, 1998.

395 Zu nennen sind hier als erster der in der Bundesrepublik Deutschland gegründete Lehrstuhl für Wirtschafts- und Unternehmensethik an der Wirtschaftswissenschaftlichen Fakultät Ingolstadt der Katholischen Universität Eichstätt, besetzt mit *Karl Homann*; weiterhin der Lehrstuhl für Unternehmensführung, Wirtschaftsethik und gesellschaftliche Evolution, Universität Witten/Herdecke, besetzt mit *Dirk Baecker*, und im deutschsprachigen Raum der Lehrstuhl für Wirtschaftsethik, Hochschule St. Gallen, besetzt mit *Peter Ulrich*.

statt [396]. Obwohl ein Vergleich der US-amerikanischen und deutschen Theorie-entwicklung aufgrund interkultureller Interpretationsunterschiede schwierig ist (vgl. *Enderle*, 1997, S. 2), sollen dennoch zwei Vermutungen über die stärkere Zurückhaltung in der Bundesrepublik Deutschland angestellt werden: Zum einen besteht in der *Praxis* ein weit engerer Rechtsrahmen als in den USA, so daß der Handlungsspielraum der Unternehmen und somit der moralische Problem-lösungsdruck in der Vergangenheit weniger stark waren. Daher gab es für die aka-demische Welt keine vergleichbar hohen Anforderungen und praktischen Anstöße. Zum anderen mag unter Aspekten der *Theoriebildung* auch ein anderes Wissen-schaftsverständnis maßgebend gewesen sein. Unter deutschen Wissenschaftlern ist das Postulat der Werturteilsfreiheit *(Max Weber)* weit verbreitet, und die Wirt-schaftsethik fand nur langsam akademische Anerkennung, weil sie mit diesem Wissenschaftsideal für viele unvereinbar schien (vgl. *Kay-Enders*, 1996, S. 22). Allerdings darf ein Urteil über die deutsche Behandlung wirtschafts- und marke-tingethischer Fragestellungen nicht bei der expliziten Orientierung an einem eigen-ständigen Fach stehenbleiben. Inhaltlich betrachtet gibt es sowohl im Rahmen der Allgemeinen Betriebswirtschaftslehre wie auch in der Marketingtheorie weit mehr diesbezügliche Abhandlungen. Diese sind in den oben bereits angeführten Vertie-fungskonzepten des Marketing zu finden, in denen Kritik am Marketing und gesellschaftliche Verantwortungsübernahme eine Rolle gespielt haben.

In Europa und speziell in der Bundesrepublik Deutschland hat sich ein anderes Problemverständnis der Wirtschafts- und Unternehmensethik niedergeschlagen als in den USA. Amerikanische Wissenschaftler konzentrieren sich hier stärker auf den Problemlösungsbedarf der Praxis und sind methodisch überwiegend einer sozialwissenschaftlich-empirischen Forschung verhaftet, was ihnen aus deutscher Sicht den Vorwurf mangelnder theoretischer Fundierung eingetragen hat (vgl. z. B. *Brantl*, 1985, S. 308; *Steinmann/Löhr*, 1987, S. 60). Demgegenüber ist in Europa und speziell der Bundesrepublik Deutschland das Bemühen um eine philosophi-sche Basis ausgeprägter [397], wobei hier wiederum Praxisdefizite beklagt werden.

Wenn nun in der Bundesrepublik Deutschland die Wirtschafts- und Unterneh-mensethik und mit ihr die Marketingethik mehr wissenschaftliches Terrain gewon-nen haben, so lassen sich dafür folgende Gründe anführen:

Mangel in der moralischen Leistungsfähigkeit des Marktes
Ökonomische, soziale und ökologische Probleme in unserer Gesellschaft und hier insbesondere im internationalen Kontext machen Konflikte zwischen Markt und Moral deutlich und stehen im Widerspruch zu den Vorstellungen von *Adam Smith*, dem Urvater der marktwirtschaftlichen Idee, der gerade den Markt als Ort

---

396 1987 Gründung des „European Business Ethics Network" (EBEN) und 1993 des deutschen Mitgliedes „Deutsches Netzwerk Wirt-schaftsethik"; als Verband von Praktikern 1993 Gründung des europäischen Social Venture Network Europe (SVNE).
397 Vgl. hierzu die Werke von *Steinmann* und *Ulrich, P.* sowie *Rusche*, 1993.

einer institutionalisierten *Systemethik* als Garanten für gesellschaftlich erwünschte und ethisch legitimierbare Ergebnisse des Wirtschaftens betrachtete (vgl. *Homann/Blome-Drees,* 1992, S. 20).

> „Nicht vom Wohlwollen des Metzgers, Brauers und Bäckers erwarten wir das, was wir zum Essen brauchen, sondern davon, daß sie ihre eigenen Interessen wahrnehmen."
> *Adam Smith*, 1978/1789, S. 17.

Daraus entwickelte sich das Problem *individueller unternehmerischer Verantwortung*. Dies gilt um so mehr, wie sich der Zustand moralisch nicht erwünschter Marktergebnisse des Wirtschaftens als ein eher *strukturelles* Problem marktwirtschaftlicher Ordnung herausstellte. Dafür sprechen verschiedene Argumente (*Hansen*, 1995, Sp. 616; vgl. auch *Kap. 5.1.2*).

– Die zunehmende *Machtagglomeration* schafft im Rahmen der Marktsteuerung wettbewerbspolitisch unerwünschte Handlungsspielräume der Unternehmen, die einen Bedarf an moralischer Verantwortungsübernahme entstehen lassen.

– Die wachsende *Komplexität* des Wirtschaftens in einer Risikogesellschaft *(Beck)* erhöht das Maß der Folgen sowie die Schwierigkeit der Folgenzuweisung und verschärft daher moralische Defizite. Diese Komplexität erwächst u. a. auch aus der Internationalisierung des Wirtschaftsgeschehens.

– *Externe Effekte* als unerwünschte Folgen des Wirtschaftens, die im Markt nicht internalisiert werden können, entwickeln sich zu einem tiefgreifenden *universalen* Problem des Wirtschaftens (vgl. u. a. ökologische Effekte), so daß dieses in gleichem Zuge einen quasi öffentlichen Charakter annimmt (vgl. *Frey,* 1981). Externe Effekte sind ein gravierender Störfaktor des Marktgeschehens.

– Die zunehmende *Dynamik* von Wirtschaftsprozessen verstärkt das Problem einer reaktiven und damit nicht problemadäquaten Fortentwicklung des institutionellen Rahmens (vgl. *Homann/Blome-Drees,* 1992), der insofern dann auch nicht dem Wandel moralischer Werte entsprechen muß. Verstärkte Dynamik in Verbindung mit Komplexität erschweren also staatliche Regulierungen des Marktes zur Stärkung seiner moralischen Steuerungsqualität.

Verstärkte gesellschaftliche Wahrnehmung und öffentliche Diskussion negativer externer Effekte
Die Bedürfnisse und zunehmende Beschäftigung mit einer Wirtschafts- bzw. Marketingethik resultieren weniger aus Fakten, sondern aus *wahrgenommenen Fakten*. So hat z. B. das Ozonloch als faktisch ökologische Folge des Wirtschaftens das Marktgeschehen so lange unberührt gelassen, bis es wahrgenommen und öffentlich diskutiert wurde. Es scheint nun so, daß diese öffentliche Diskussion über externe Effekte zunimmt, bedenkt man nur, wieviele Skandalgeschichten die Gesellschaft bewegen. Hier haben *Medien* eine bedeutende verstärkende Rolle, und zwar sowohl in quantitativer wie auch in inhaltlich-qualitativer Hinsicht,

wobei der Hang zur negativen Berichterstattung eine asymmetrische Diskussion über das Marktgeschehen hervorbringt.

Steigende Erwartungshaltung in der Gesellschaft
Die hohe Relevanz des Themas der moralischen Leistungsfähigkeit des Marktes entsteht aus der steigenden Ökonomisierung aller Lebensbereiche in postindustriellen Gesellschaften, mit der wirtschaftliche Moral lebensprägender für die Menschen wird. Insofern ist es erklärbar, wenn bei Teilen der Bevölkerung diesbezügliche Sensibilisierungen wachsen, was durch öffentliche Diskussionsprozesse unterstützt wird. Bei ökonomischen, sozialen und ökologischen Konflikten der Gesellschaft wird den Unternehmen ein erheblicher Teil der Verantwortung für Problemverursachung und -lösung zugewiesen [398]. Die derzeitig zu konstatierenden Rückzugstendenzen staatlicher Regulierung und Steuerung werden diese Erwartungshaltung an Unternehmen verstärken. Dies gilt um so mehr, als verschiedene Unternehmen beginnen, ihre gesellschaftlich erweiterte Rolle zu akzeptieren und versuchen, sich mit einem Konzept der Übernahme sozial-ökologischer Verantwortung im Markt zu positionieren, so daß durch diese Vorbilder zusätzliche Erwartungshaltungen produziert werden.

Aus den angeführten Argumenten erklären sich für die deutsche betriebswirtschaftliche Forschung zunehmende Anforderungen an die Entwicklung theoretischer Konzepte für moralisches wirtschaftliches Handeln.

ad b)   Prinzip Verantwortung als Identitätskern
Das Thema der Übernahme von Verantwortung beschäftigt sich mit menschlichen Handlungen und ihren Folgen (vgl. *Jonas,* 1979, S. 8f.; *Pieper,* 1994, S. 12). Verantwortung betrifft drei wesentliche ethische Bestimmungen des Menschen, nämlich erstens die Verantwortung des Menschen für seine *soziale Mitwelt*, zweitens die Verantwortung für seine *natürliche Umwelt* und drittens die Verantwortung des Menschen für *sich selbst*. Damit ist das Handeln auf Märkten daran zu messen, ob es sozial- und umweltverträglich sowie human angemessen ist. In der Marketingethik werden vornehmlich Themen sozial-ökologischer Verantwortlichkeit behandelt, während humane Aspekte des handelnden Managers diesen untergeordnet werden im Sinne einer Determinantenbetrachtung für die Verwirklichung der sozial-ökologischen Marketingkomponente.

Grundsätzlich heißt Verantwortung-Tragen, „... ein Handeln (Tun oder Unterlassen) zu vertreten, für die Folgen des Handelns sowie die Beweggründe, die zu diesem Handeln geführt haben, vor sich selbst und anderen einzustehen" (*Hansen,* 1988a, S. 713). Damit werden drei Ansatzpunkte einer Ethikforschung deutlich (vgl. *Abb. 5-40*).

---

398 Vgl. hierzu im einzelnen die empirische Studie von *imug-EMNID*, 1996, sowie *Kap. 5.2.2.1.1.*

❏
Die Positionierung des Unternehmens Weleda durch den Bezug auf
eine Verantwortung gegenüber
Mensch und Natur.

Quelle: *Schalk/Thoma/
Strahlendorf*, 1992

 Zum einen stellt sich die Frage nach den *Beurteilungsinstanzen* für die Moral einer
Handlung. Hier unterscheidet *Nunner-Winkler* (1993, Sp. 1187) transzendente
(Gott), innere (Gewissen) und äußere Instanzen (z. B. Mitmenschen). Für letztere
liegt in Anwendung auf die Marketingethik mit dem Stakeholder-Modell, das den
Kreis der Betroffenen einer Handlung aufzeigt, ein Ansatzpunkt vor (vgl. *Kap.
5.2.5.2*). Beurteilungen finden statt vor dem Hintergrund moralischer Werte und
Normen. Zum anderen besteht ein Problem mit der Definition der *Verantwor-*

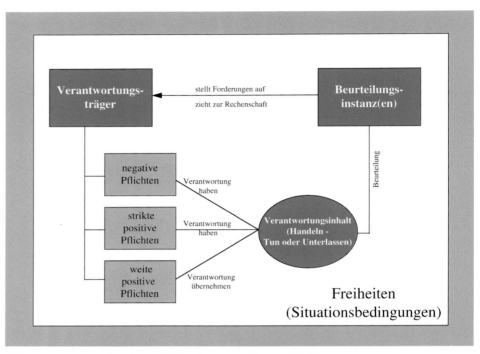

Abb. 5-40: Ansatzpunkte einer Ethikforschung nach Nunner-Winkler, 1993

tungsinhalte. Diese werden von *Nunner-Winkler* in verschiedene Bereiche eingeteilt, die interkulturell diskussionswürdig sind, jedoch für die Herleitung verschiedener Dimensionen sozial-ökologischer Marketingverantwortung in westlichen Industriegesellschaften eine brauchbare Arbeitsgrundlage abgeben:

– *Negative Pflichten* gebieten die Unterlassung der direkten Schädigung anderer. Sie sind prima facie gültig (z. B.: „Du sollst andere nicht irreführen").

– *Strikte positive Pflichten* ergeben sich aus übernommenen Rollenverpflichtungen. Sie variieren z. B. je nach Kulturkreis und unterliegen einem sozialen Wandel (z. B.: „Entwickle Produkte, die für Konsumenten einen hohen Nutzen haben").

– *Weite positive Pflichten* bestehen in der Ausübung von Wohltätigkeit und sind nicht strikt verbindlich (z. B.: „Setze Dich für die Lösung allgemeiner Armutsprobleme in der Gesellschaft ein").

Eine Nichtbeachtung der negativen und strikten positiven Pflichten wird als Verantwortungslosigkeit beurteilt, während die Nichtbeachtung der weiten Pflichten zwar nicht als Verantwortungslosigkeit gilt, ihre Erfüllung aber zu einer positiven Einschätzung verantwortungsvollen Handelns führt.

Diese Differenzierung der Pflichtbereiche zeigt in Anwendung auf das Marketinghandeln die wichtige Unterscheidung von *Verantwortung haben* (für die Folgen des eigenen Handelns) und *Verantwortung übernehmen* (für allgemeinere, dem eigenen Handeln nicht direkt zurechenbare Probleme). Diese Betrachtung wirft schließlich als dritten Aspekt die Frage nach dem *Verantwortungsträger* und der Zurechenbarkeit von Handlungsfolgen auf, die von den Rahmenbedingungen einer Handlung abhängig ist, und zwar den zur Verfügung stehenden *Mitteln* und dem *Handlungsfreiraum.* „Verantwortung resultiert als Konsequenz aus der auf Willensfreiheit basierenden individuellen Entscheidungsmöglichkeit und der damit einhergehenden Zurechnungsfähigkeit. Aufgrund dessen muß der Entscheidungsträger als Verursacher die Folgen seiner Entscheidung übernehmen" (*Melz*, 1987, S. 86). In Anwendung auf die Marketingethik gehen aus ideologischen Gründen gerade die Einschätzungen von Handlungsfreiräumen des Marketingmanagements in bezug auf „Sachzwänge des Marktes" weit auseinander. Eine zunehmend schwierige Frage ergibt sich theoretisch aus dem Zurechnungsproblem von Folgen des Marketinghandelns zwischen Verantwortungsträgern und Beurteilungsinstanzen aufgrund der o. a. Komplexität und Interdependenz des Handlungsrahmens.

ad c) Forschungsprogramm der Marketingethik
Als Orientierungen einer Marketingethik kann auf die Grundgestalten einer *teleologischen* und deontologischen Moraltheorie zurückgegriffen werden. Erste begründet moralisch richtiges Verhalten aus der Moralität der zu erwartenden Handlungsfolgen gemäß dem biblischen Spruch „An ihren Früchten sollt ihr sie erkennen". Dieser auch als *Verantwortungsethik (Max Weber)* bezeichneten Ausrichtung der Ethik steht die *deontologische* gegenüber. Aus ihrer Sicht bestimmt sich die Moralität des Verhaltens aus der zugrundeliegenden Gesinnung *(Gesinnungsethik),* für die Grundsätze oder Regeln entwickelt werden, wie sie z. B. durch den kategorischen Imperativ von *Immanuel Kant* repräsentiert werden.

> „Handle so, daß die Maxime deines Willens jederzeit zugleich als Prinzip einer allgemeinen Gesetzgebung gelten könne."
> *Immanuel Kant,* 1968/1788, S. 30

Das Forschungsprogramm der Marketingethik ergibt sich auf dieser Basis aus den Ausprägungen zweier grundlegender methodologischer Dimensionen der Ethik, nämlich

– positive versus normative Ethik,

– Normenethik versus Verfahrensethik.

Positive versus normative Ethik
Im Rahmen einer positiven Ethik gibt es eine ausgeprägte *erfahrungswissenschaftliche Forschung,* die deskriptive und explikative Ansätze enthält. Die Aufgabe einer *deskriptiven* Ethik ist darauf gerichtet, Auffassungen über moralisch vertretbares oder unannehmbares Verhalten in Abhängigkeit von bestimmten situativen Handlungsbedingungen *empirisch* zu erfassen und darzustellen. Diese deskriptiv orientierte Ethik ist insofern verbunden mit Forschungen zum Wertewandel. Sie entwickelt sich zur *explikativen* Wissenschaft, wenn biologische, psychologische

oder soziologische Handlungsbedingungen als Erklärungen für ethisches Handeln untersucht werden.

Die erfahrungswissenschaftlich angelegte Marketingethik ist in den USA stark ausgeprägt. Für die Bundesrepublik Deutschland finden sich vergleichbare Untersuchungen unter anderen Begriffen in verschiedenen Vertiefungskonzepten seit den 70er Jahren wieder. Einen viel behandelten Ausgangspunkt dieser Betrachtung bildet die *Kritik am Marketing*. Kritik der Betroffenen heißt nämlich, daß Verantwortlichkeiten als verletzt angesehen werden. Einer systematischen und theoretisch begründbaren Erfassung von Kritikpotential liegen Fragen der Verantwortungszurechnung zugrunde, die am Beispiel der Produktneuentwicklung wie folgt demonstriert werden können:

– *Wer trägt Verantwortung?* (z. B. Verantwortung für Produktsicherheit in der Wertkette von Lieferanten, Herstellern oder Händlern).

– *Für wen* und *wie weitreichend* wird Verantwortung übernommen? (direkte Folgen für Kunden, indirekte Folgen für gesellschaftliche Gruppen, wie z. B. andere Stakeholder).

– *Wofür* wird Verantwortung übernommen? (z. B. gesundheitliche Folgen von Produkten, soziale und gesellschaftliche Nebenwirkungen).

– *Mit welchen Maßstäben* wird die Wahrnehmung von Verantwortung gemessen? (z. B. gesellschaftliche Folgekosten bei Produktrisiken).

Die nach diesem Fragenraster aufgenommene Kritik bildet einen empirisch zu belegenden Ausgangspunkt für die Beschäftigung mit moralischen Wertfragen.

Für die *Erklärung* ethischen Marketinghandelns sind *verhaltenswissenschaftliche Modelle* insbesondere in den USA sehr verbreitet, die auf der Individualebene des Managers ansetzen und Ablauf und Determinanten ethischer Entscheidungsprozesse analysieren [399].

Auf der Grundlage derartiger Entscheidungsmodelle hat sich eine umfangreiche empirische Forschung zu den Entscheidungsdeterminanten entwickelt.

Eine *theoretische* Annäherung zur Erklärung (un)moralischen Marketingverhaltens besteht mit der Anwendung institutionenökonomischer Ansätze (vgl. *Kaas*, 1995, und *Kap. 5.2.3*). Hier wird der Einfluß des (un)moralischen Verhaltens der Marktakteure auf Marktbedingungen, Transaktionsarten und Produkteigenschaften untersucht. Die in diesen Ansätzen zentrale Annahme des *opportunistischen* Verhaltens [400] verweist bereits auf enge Anknüpfungspunkte zu ethischen Katego-

---

399 Vgl. aus der Fülle von Modellen *Ferrell/Gresham*, 1985, S. 89; *Trevino*, 1986, S. 603; *Hunt/Vitell*, 1993, S. 776. Eine umfangreiche Übersicht findet sich bei *Eretge*, 1996, und *Kay-Enders*, 1996.
400 Darunter wird ein Eigeninteresse verstanden, das auch Formen der List und Tücke annehmen kann (vgl. *Williamson*, 1985, S. 47).

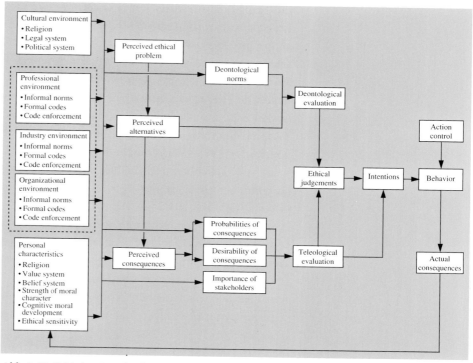

Abb. 5-41: Ethischer Entscheidungsprozeß (Quelle: Hunt/Vitell, 1993, S. 776)

rien. Zugrunde liegt das pessimistische Bild eines von Egoismus getriebenen Menschen, dessen Opportunismus sich im Schatten unvollkommener Märkte (und hier insbesondere Informationsasymmetrien) voll entfaltet. Die Genese marktlicher und organisatorischer Institutionen wird dabei primär als effizientester Schutz gegenüber dem Ausnutzen von Vorteilen bei den Tauschpartnern interpretiert. Die Beschränkung in der Aussagekraft dieses im übrigen sehr stringenten Ansatzes liegt darin, daß die Einbindung der entscheidenden Manager in organisatorische Strukturen und Abläufe (z. B. Unternehmenskultur) und ihre personellen Bedingungen (z. B. Stufen der Moralentwicklung) nicht berücksichtigt werden. Ebenso werden von vornherein persönliche Beziehungen oder Vertrauen als Aspekte marktlichen Handelns (und als mögliche „Schutzmaßnahmen") ausgeschlossen.

Demgegenüber entwickelt die *normative* oder *präskriptive* Ethik auf moralphilosophischen Grundlagen Sollenssätze über richtiges Handeln. Unter Philosophen ist es üblich, in der präskriptiven Ethik den eigentlichen Kern ethischer Betrachtungen zu sehen (vgl. *Rebstock*, 1988). In der wirtschaftswissenschaftlichen Ethik sind dagegen die Meinungen darüber sehr geteilt. *Steinmann/Löhr* (1989b, S. 325) begreifen z. B. erst im Überschreiten der „puren historischen Faktizitäten" eine Rechtfertigung für Unternehmensethik. Demgegenüber sehen *Homann/Blome-Drees* (1992, S. 117) in moralischen Sollensvorschriften nur den nicht zu hinterfragenden „Input" einer Wirtschaftsethik. Eben dieser Bereich der Ethik hat bei vielen betriebswirtschaftlichen Wissenschaftlern unter den oben angesprochenen Werturteilsproblemen Berührungsängste hervorgerufen.

Die primäre Grundaufgabe der präskriptiven Ethik besteht in der *Suche nach einer philosophischen Basis von Grundwerten*. Als Ausgangpunkt werden solche Werte als geeignet betrachtet, die dem weltanschaulichen Pluralismus in unserer Gesellschaft vorgelagert sind (vgl. *Rebstock*, 1988). Hier kann auf moralphilosophische Systeme zurückgegriffen werden, wie die in der Tradition abendländischer Kultur liegenden Tugendlehren [401] sowie die im Bereich humanitären Christentums entwickelte Gesinnungslehre, die an der Moral des Individuums ansetzen. Ein Beispiel deontologischer Ethik bildet die viel diskutierte *Theorie der Gerechtigkeit* von *Rawls* (1993[1971]), wobei der Kerngedanke das Prinzip der Gerechtigkeit im Sinne von Gleichheit und Freiheit ohne Benachteiligung gesellschaftlich schlechter gestellter Gruppen erfaßt [402].

Anknüpfend an den moralischen Anforderungen aus diesen relativ generellen Grundwerten entsteht das Spezifische einer normativen Marketingethik in der Konkretisierung und Anwendung auf der Ebene von Marketingsachverhalten. Ein Beispiel ist etwa die Frage, ob in Anbetracht des Prinzips der Gerechtigkeit eine wirtschaftlich durchaus nützliche Ungleichbehandlung der Konsumenten durch segmentspezifische Differenzierung der Marketinginstrumente moralisch vertretbar wäre.

Normenethik versus Verfahrensethik
Die Normenethik befaßt sich *inhaltlich* mit *moralischen Normen und Werten*, nämlich was in einer Gesellschaft als gut oder böse angesehen wird bzw. werden sollte. Dabei machen Wertepluralität und Wertewandel ein umfangreiches Forschungsfeld aus, das erfahrungswissenschaftlich oder normativ bearbeitet wird.

Demgegenüber setzt die *Verfahrensethik* an den *Prozessen der Entwicklung, Institutionalisierung* und *Legitimierung* von ethischen Normen des Marktgeschehens an. Wird im Rahmen erfahrungswissenschaftlicher Betrachtungen von den o. g. Erklärungsmodellen ethischer Entscheidungen ausgegangen, dann können auf den verschiedenen Determinantenebenen derartige Prozesse analysiert werden. Dazu stellt sich die Frage, in wessen Interessen in Unternehmungen Normen für Marketingentscheidungen, z. B. in Gestalt von Unternehmenskulturen, institutionalisiert und mit welchen Wirkungs- und Sanktionsmechanismen diese ausgestattet sind. Unter normativen Verfahrensaspekten werden die *idealen* Prozeßbedingungen für die Entwicklung einer Marketingethik diskutiert. Dazu leistet die Diskursethik einen wichtigen Beitrag (vgl. *Ulrich, P.*, 1983; *Steinmann/Löhr*, 1994). Mit ihr können Maßstäbe für ein gutes Marketinghandeln gemäß eines *Verständigungsprinzips* gewonnen werden, indem durch das Verfahren eines Dialogs in Konfliktfällen

---

401 Beispielsweise wird an der Tugendlehre von *Aristoteles* angeknüpft. Das Gute für den Menschen wäre in der aristotelischen Ethik charakterisiert als Glück (eudaimoniá). Die Voraussetzung für ein glückliches Leben stellt dabei die Ausübung der Tugenden dar (vgl. *Grabner-Kräuter*, 1997, S. 221). In den USA ist die Anwendung der „virtue ethics" im Rahmen der Business Ethics ein verbreiteter Ansatz (vgl. u. a. *Solomon*, 1992, und unter marketingethischer Perspektive *Williams/Murphy*, 1990).
402 Demgegenüber steht als neuerer Ansatz der Kommunitarismus, bei dem nicht das einzelne Subjekt, sondern die Gemeinschaft und deren Werte den moralischen Bezugspunkt bilden (vgl. *Honneth*, 1993)

unter allen von einem potentiellen Handeln betroffenen Marktteilnehmern ein Konsens herbeigeführt wird. Hier wird also Marketingethik als normative Wissenschaft nicht auf die Festlegung inhaltlicher Normen verpflichtet, sondern auf den konsensbildenden Dialog als einem Verfahren, in dem moralische Wahrnehmungs- und Beurteilungsunterschiede überbrückt werden sollen. Probleme dieses Ansatzes entstehen im Zusammenhang mit seiner Realisierung durch den notwendigen Zeit- und Ressourcenbedarf und insbesondere durch die Überwindung gesellschaftlicher Machteinflüsse.

Eine systematische Kombination dieser theoretischen Ausrichtungen der Ethik führt in Anwendung auf das Marketing zu den in *Abb. 5-42* dargestellten idealtypischen Erscheinungsformen, die in Theorie und Praxis allerdings oft vermischt auftreten.

Methodik \ Gegenstand	Normenethik	Verfahrensethik
Deskriptiv/Explikativ	Welches Marketinghandeln wird für moralisch gehalten?	Von welchen Determinanten ist (un)moralisches Handeln im Marketing bestimmt?
Normativ/Präskriptiv	Wie sollte moralisches Marketinghandeln aussehen?	Unter welchen idealen Bedingungen sollten Normen für das Management entwickelt und durchgesetzt werden?

Abb. 5-42: Forschungsprogramm einer Marketingethik

5.2.5.4.2 *Strategische und instrumentelle Ansätze*

Strategische Ansätze zur Marketingethik umfassen die Fundierung und Implementierung moralischer Grundsätze in der strategischen Gestaltung der Markt- und darüber hinaus der Umweltbeziehungen einer Unternehmung. Die hierzu vorhandenen vielfältigen Arbeiten realisieren alle vorangehend genannten methodischen Ansätze zur Marketingethik. Sie haben einen sehr engen Bezug zur Wirtschafts- und Unternehmensethik, die den Rahmen für moralisches Marketinghandeln setzt.

In der angewandten Literatur zur Wirtschafts- und Unternehmensethik ist es üblich, je nach Aggregationsebene die Mikro-, Meso- und Makroebene zu unterscheiden (vgl. u. a. *De George,* 1987, S. 204). Die *Makroebene* umfaßt überbetriebliche Probleme der Gestaltung von Märkten und gesamtwirtschaftlichen Bedingungen. Die *Mesoebene* betrifft die Gestaltung institutioneller Handlungsbedingungen innerhalb der Unternehmungen für die Entwicklung der Moral von Unternehmensangehörigen. Um deren Moral geht es dann auf der *Mikroebene,* die von vielen Autoren deswegen als maßgeblich angesehen wird, weil letztlich nur Menschen moralisch entscheiden und handeln könnten [403].

Strategische Ansätze auf der Mesoebene
In strategischer Hinsicht bildet die Mesoebene den Kernbereich der Überlegungen. Dabei stellen das *Gewinnprinzip und seine Legitimität* das strategische Grundproblem und Ausgangspunkt aller Maßnahmen dar (vgl. *Ulrich, P.,* 1997, S. 397ff.) – ein Thema, das die Betriebswirtschaftslehre von Beginn an stark beschäftigt hat. Im Rahmen ethischer Betrachtungen gewinnt es eine neue Qualität und richtet sich auf die Frage, welcher Stellenwert dem Gewinnprinzip einzuräumen ist und welche sozial-ökologischen Verantwortlichkeiten als moralische Verpflichtungen bei seiner Realisierung berücksichtigt werden sollten. Soweit diese Verpflichtungen im Rahmen strategischer Überlegungen in unternehmerischen Zielen ihren Niederschlag gefunden haben, ergeben sich prinzipiell die in *Abb. 5-43* dargestellten Handlungssituationen (vgl. *Hansen,* 1995, Sp. 622).

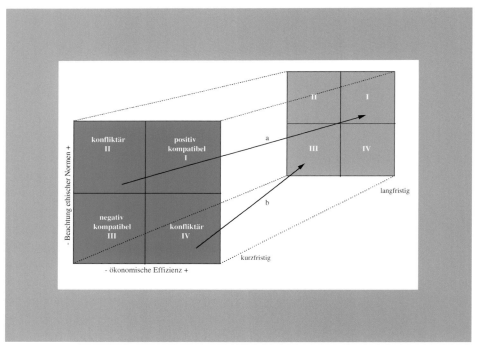

Abb. 5-43: Ethische Entscheidungssituationen

---

403 Als ethisch relevant werden in der Literatur weit überwiegend nur die Entscheidungsprobleme der Manager behandelt.

Gewinn und sozial-ökologische Ziele können sich konfliktär oder kompatibel zueinander verhalten. Gewinnorientierte Unternehmungen geraten in ethische Dilemmasituationen, wenn Maßnahmen zur Erreichung des Gewinnziels konfliktär zu sozialen oder ökologischen Zielen und damit moralisch unverträglich sind. Der Kern ethisch-betrieblicher Überlegungen liegt in der Bearbeitung derartiger Dilemmasituationen, allerdings können auch in der Entdeckung von Kompatibilitätszonen ethische Überlegungen wirksam werden [404]. Es ist strategisch sinnvoll, eine *kurz- und langfristige* Perspektive zu unterscheiden, da sich im Zeitablauf kurzfristig diagnostizierte Wertrelationen durch soziale und umweltpolitische Rahmenentwicklungen (z. B. Wertedynamik) verändern können.

Im Umgang mit ethischen Dilemmata unterscheiden sich vorliegende theoretische Konzeptionen der Unternehmensethik wesentlich hinsichtlich ihrer Annahmen zur Legitimation und damit zur Durchsetzbarkeit des Gewinnprinzips (vgl. *Ulrich, P.*, 1997, S. 418). Dazu werden im folgenden fünf verschiedene Sichtweisen präsentiert.

In strikt *ökonomischen Konzepten* wird das Gewinnprinzip normativ zum Inbegriff des ethisch verantwortlichen Unternehmers hochstilisiert, soweit seine Realisierung im Rahmen anerkannter sittlicher Normen stattfindet. Seit *Adam Smith* wird diese Grundidee teilweise im Sinne eines systematischen Sachzwangs, teilweise im Sinne einer sittlichen Verpflichtung vertreten.

> „Und ich habe behauptet, daß es in solch einer [freien] Gesellschaft 'nur eine soziale Verantwortung der Wirtschaft gibt - nämlich unter Benutzung ihrer Hilfsquellen sich zu betätigen, um ihre Gewinne zu erhöhen. ...'"
> *Milton Friedman*, 1971, S. 206

Das Konzept findet derzeitig verbreitete Anerkennung mit dem *Shareholder-Value-Modell*, das die *Kapitalverwertungsverantwortung* und damit einzig die Erwartung der Anspruchsgruppe von Kapitalgebern zur Meßlatte des unternehmerischen Erfolgs erhebt [405]. Bezüglich der Verpflichtungen gegenüber anderen Stakeholdergruppen werden mögliche Konflikte negiert:

> „Die Interessen der Shareholder und der Allgemeinheit an der effizienten Allokation des Kapitals laufen parallel."
> *Henner Kleinewefers*, 1996, S. 23, zitiert nach *Ulrich, P.*, 1997, S. 412

Sehr verbreitet sind Ansätze, die Ethik als *unternehmerischen Erfolgsfaktor* sehen. Die Berücksichtigung sozial-ökologischer Verantwortlichkeiten erscheint hier im

---

404 Anders *Steinmann/Löhr* (1989a, S. 7), die erst bei Dilemmasituationen ein ethisches Problem sehen, dabei aber verkennen, daß auch in der Sensibilisierung für sozial-ökologische Werte Anforderungen an eine entsprechende Informationswirtschaft und Personalentwicklung liegen.
405 Zur Aufhebung von Zielkonflikten zwischen Kapitalgebern und Managern werden für Manager Kapital- oder Erfolgsbeteiligungen in großem Stil vorgeschlagen.

❑
Eine rein instrumentelle Ethik läuft
Gefahr, vom Konsumenten nicht
akzeptiert zu werden. In der
„Gegen-Werbung" von Adbuster
(1994) wird das „bißchen Ethik" als
bloße Gewissensberuhigung der
Manager kritisiert.

Quelle: The Media Foundation
(Adbuster), British Columbia

Sinne langfristiger *Akzeptanzsicherungsstrategien* nach außen und innen (Pfeil a in
Abb. 5-43). Kurzfristige Konflikte zwischen Moral und ökonomischem Erfolg geraten langfristig – so die Hoffnung – in eine harmonische Beziehung, indem sich
kurzfristige ökonomische Opfer für moralisches strategisches Handeln langfristig
auszahlen. Dieses Konzept erfordert eine strategische Stakeholderorientierung, um
die gewünschte gesellschaftliche Akzeptanz zu erzielen. Allerdings ist hier die
Auswahl der Stakeholder unter ethischen Gesichtspunkten zu hinterfragen, wenn

sie primär strategisch motiviert ist. So merkt denn auch *Ulrich* kritisch an, daß Ethik hier instrumentalisiert wird für strategische Erfolgszwecke (vgl. *Ulrich, P.*, 1997, S. 418ff.), wobei die Einschätzung dazu allerdings je nach deontologischem oder teleologischem Standpunkt unterschiedlich ausfallen dürfte [406]. Problematischer ist das langfristige Harmonieversprechen, das jedoch gleichzeitig als eine Art Beschwörungsformel die Attraktion für die Verbreitung dieses Konzeptes ausmachen soll [407]:

„[S]ound ethics is good business in the long run.“
Raymond C. Baumhart, 1961, S. 10

Weiterreichende Ansätze sehen in der *Ethik eine Begrenzung des unternehmerischen Gewinnstrebens*. Hier wird die Gewinnorientierung prinzipiell als legitim erachtet, jedoch eine moralische *Selbstbindung* einer Unternehmung gefordert, die auch „etwas kosten kann“, ohne daß dies gleich den Charakter einer Investition hätte. Die Unternehmensethik wird als situationale Korrektur des Gewinnprinzips betrachtet:

„Unternehmensethik wird damit als eine *Konfliktethik* gedacht, die ein eigenständiges Steuerungspotential in all jenen Situationen entfaltet, in denen das in einer marktwirtschaftlichen Wettbewerbsordnung vom Prinzip her schon gerechtfertigte Gewinnstreben zu ethisch bedenklichen (großflächigen) Auswirkungen führt.“
Horst Steinmann; Albert Löhr, 1989a, S. 14

Noch weitergehend ist die Position einer *Ethik als kritische Grundlagenreflexion des* unternehmerischen Gewinnstrebens:

In dieser weitestgehenden Position wird gefordert, daß „.... jegliches unternehmerische Erfolgs- und Gewinnstreben dem *prinzipiellen* (nicht nur ad hoc gewährten) Vorrang der *Bedingung* der Legitimität und der Verantwortbarkeit gegenüber allen potentiellen Betroffenen unterstellt werden (Hervorhebung im Original, U.H./M.B.).“
Peter Ulrich, 1997, S. 427

Ulrich fordert weiter, daß strategische Entscheidungen grundsätzlich in unternehmensethische Wertorientierungen eingebettet und von diesen her begründbar sein müssen.

---

[406] Bereits 1927 findet sich eine derartige Kritik in einem Grundsatzartikel von *Lisowsky* (1927, S. 432ff.) unter dem Stichwort „Ethik als Rentabilitätsfaktor“. Diese betriebswirtschaftliche Instrumentalisierung der Ethik steht für ihn im Widerspruch zu dem eigentlichen Kern der Ethik. Ironisch verdeutlicht er eine derartige Reduktion mit der Empfehlung eines Geschäftsmanns, der seinem Sohn rät: „Mein Sohn, die sicherste und beste Möglichkeit im Geschäftsleben vorwärts zu kommen, ist Ehrlichkeit. Ich habe beides probiert.“ (*Lisowsky*, 1927, S. 433).

[407] Vgl. diese Problematik auch im Zusammenhang mit dem ökologischen Marketingkonzept *(Kap. 5.2.5.3)*.

Neben diesen Konzepten der *Erfolgserzielung* (profit making) werden auch Überlegungen in Richtung einer ethischen *Erfolgsverwendung* (profit spending) angestellt. Aus dem Gewinn werden hier nachträglich außerökonomische Wertansprüche an das Unternehmen bedient. Daraus entwickeln sich Strategien des unternehmerischen Mäzenatentums oder auch des Sponsoring. Diese betreffen die oben angegebenen weiten Pflichten des Unternehmens, deren Wahrnehmung jedoch zugleich marketingstrategische Erfolgsaspekte erfaßt. Dieses „corporate giving" hat in den USA seit langem im Rahmen des Ansatzes der „Corporate Social Responsibility" eine weit größere Bedeutung als in der Bundesrepublik Deutschland, was mit der unterschiedlichen Staatsrolle in sozialen Zusammenhängen zu tun hat. In Deutschland wird diese Seite strategischer Aktivitäten in dem Maße zunehmen, wie sich der Staat aus sozialen Aufgaben zurückzieht und daraus höhere gesellschaftliche Erwartungen an die Unternehmen herangetragen werden [408].

Vor dem Hintergrund dieser grundsätzlich unterschiedlichen Auffassungen zum Verhältnis von ökonomischen und moralischen Handlungsorientierungen werden in den Beiträgen zur Unternehmens- und Marketingethik *strategische Maßnahmen* diskutiert (vgl. *Kay-Enders*, 1996, S. 165ff.). Dazu gehört die ethische Fundierung der *Unternehmenskultur*, d. h. die Fähigkeit der Unternehmung, für die sozial-ökologischen Präferenzen der vom unternehmerischen Handeln Betroffenen empfänglich zu sein und ihnen zu entsprechen. Eine Konkretisierung moralischer Werte besteht mit *Verhaltenscodices* als operationalisierte Richtlinien für ethische Entscheidungen. Sie fundieren deontologische Werturteile und mindern moralische Wertkonflikte von Managern. Auf der Grundlage von Unternehmenskultur und Ethikcodes ist für strategisches Handeln eine entsprechende *Zielerweiterung* notwendig. Sie bildet den Bezugspunkt für ein *Leistungsbeurteilungs- und -anreiz-system*, in dem neben ökonomischen Erfolgsbeiträgen auch moralisches Handeln berücksichtigt wird. Der Überwachung und Berichterstattung der in einem Unternehmen praktizierten Moral dienen *Ethikaudits*. Spezifisch für den Marketingbereich beziehen sie sich auf strategische und operative Aspekte der Marktbearbeitung. Ähnlich dem Umweltbeauftragten im Bereich des ökologischen Marketing wird für die Institutionalisierung der Unternehmensmoral die Einrichtung von *Ethikkommissionen und -beauftragten* diskutiert, die nach innen und außen verschiedene Funktionen der Beratung und Information, Programmentwicklung und Kontrolle wahrnehmen können. Diese Einrichtung ist in den USA weit mehr verbreitet als in Deutschland.

Die bisher genannten Maßnahmen bilden zusammen ein *unternehmensinternes* Ethikprogramm der Implementierung und Sicherung moralischer Werte. Demgegenüber gibt es Vorschläge, die Unternehmungen *unternehmensexternen* Anspruchsgruppen gegenüber zu öffnen und an Wert- und Zielbildungsprozessen

---

408 Vgl. zu den gesellschaftlichen Problemen einer marktlichen Übernahme staatlicher Leistungen *Kap. 5.2.5.1.*

❏

Ein Beispiel für Verhaltenscodices von 1995, die über allgemeine Wertbezüge hinausgehen und sich auf konkrete Geschäftspraktiken beziehen.

Quelle: Cooperative Bank, Lancaster

The COOPERATIVE BANK

Following extensive consultation with our customers, with regard to how their money should and should not be invested, the Bank's position is that:

* It will not invest in or supply financial services to any regime or organisation which oppresses the human spirit, takes away the rights of individuals or manufactures any instrument of torture.

* It will not finance or in any way facilitate the manufacture or sale of weapons to any country which has an oppressive regime.

* It will actively seek and support the business of organisations which promote the concept of 'Fair Trade' i.e trade which regards the welfare and interest of local communities around the world.

* It will encourage business customers to take a pro-active stance on the environmental impact of their own activities, and will invest in companies and organisations that avoid repeated damage of the environment.

* It will actively seek out individuals, commercial enterprises and non-commercial organisations which have a complementary ethical stance.

* It will welcome suppliers whose activities are compatible with its Ethical Policy.

* It will not speculate against the pound using either its own money or that of its customers. It believes it is inappropriate for a British clearing bank to speculate against the British currency and the British economy using deposits provided by their British customers and at the expense of the British tax payer.

* It will try to ensure its financial services are not exploited for the purposes of money laundering, drug trafficking or tax evasion by the continued application and development of its successful internal monitoring and control procedures.

* It will not provide financial services to tobacco product manufacturers.

* It will not invest in any business involved in animal experimentation for cosmetic purposes.

* It will not support any person or company using exploitative factory farming methods.

* It will not engage in business with any farm or other organisation engaged in the production of animal fur.

* It will not support any organisation involved in blood sports, which involve the use of animals or birds to catch, fight or kill each other, for example fox hunting and hare coursing.

In addition, there may be occasions when the Bank makes decisions on specific business, involving ethical issues not included in this policy.

We will regularly re-appraise customers' views on these and other issues and develop our ethical stance accordingly.

Printed on 50% recycled paper and 50% Totally Chlorine Free (TCF) new pulp with no Optical Brightening Agents (OBA's).

GEN/2024/9/95/WYP

Our Co-operative Ethical Policy

zu beteiligen. Eine mögliche Form stellen Unternehmensdialoge dar, die auf der Grundlage diskursethischer Verfahrensregeln in Konfliktsituationen der Konsensbildung dienen sollen (vgl. *Hansen et al.*, 1995, S. 116f.; *Hansen/Niedergesäß/Rettberg*, 1996). Dieses strategische Instrument der Konfliktbewältigung kann je nach Ausgestaltung – und dabei insbesondere der Auswahl der Stakeholder – als strategisches Instrument der Akzeptanzsicherung oder als Legitimationsverfahren genutzt werden.

Strategische Ansätze auf der Makroebene

Die Makroebene umfaßt Maßnahmen, die einen überbetrieblichen Rahmen für die Entwicklung der Unternehmens- und Marketingethik schaffen. Autoren, die einem ökonomischen Determinismus anhängen und damit die ökonomischen Sachzwänge für ethisches Handeln sehr hoch einschätzen (vgl. u. a. *Homann/ Blome-Drees,* 1992) sehen auf dieser Ebene die wichtigsten Ansatzpunkte der Steuerung moralischen Verhaltens. Im Fall vorgesetzlicher Gestaltungsmöglichkeiten werden für die *Anbieterseite* kooperative Selbstverpflichtungsprogramme diskutiert. Anwendungsfelder sind vor allem *Codices für Branchen* [409] (vgl. *Schlegelmilch,* 1990, 1998) oder zunehmend auch für *horizontale strategische Allianzen* oder *vertikale Wertschöpfungspartnerschaften.* Für letztere wurde in bezug auf ökologische Verantwortungsübernahme das Konzept der *Product Stewardship* entwickelt (vgl. *Jakszentis/Kohl,* 1996).

Auf der *Nachfrageseite* und daher von Unternehmen strategisch nur bedingt steuerbar sind Aktivitäten einflußreich, mit denen positives aktives Verhalten der Unternehmen belohnt wird. Ein Modell in dieser Richtung stellt der Unternehmenstest dar, mit dem sozial-ökologisches Verhalten der Unternehmen getestet wird, um diese Informationen interessierten Konsumenten oder Investoren als Grundlage ihrer Marktentscheidungen zur Verfügung zu stellen (vgl. *imug,* 1997). Damit werden moralische Kategorien des Unternehmensverhaltens dem Marktmechanismus unterworfen und ökonomisiert.

Instrumentelle Ansätze

Die Betrachtung der Marktforschung und der Marketinginstrumente unter ethischen Gesichtspunkten ist der Kernbereich einer spezifischen Marketingethik und ein in den USA viel bearbeitetes Themenfeld (vgl. u. a. *Laczniak/Murphy,* 1993, S. 53ff.; *Smith/Quelch,* 1993, S. 281ff.; *Chonko,* 1995, S. 182ff.). Einen breiten Raum nehmen hier empirische Forschungen zur *Kritik am Marketing* ein. Das Problem dieser Beiträge liegt darin, daß die Bestandsaufnahme artikulierter Kritik ohne theoretische Basis ein Unterfangen ist, das sich dem Vorwurf eines positivistischen Vorgehens aussetzt. Außerdem geraten die Autoren unweigerlich in die Vielfalt moralischer Werte.

Auf der Basis der Marketingkritik werden in weiteren Beiträgen für die „4 P"-Bereiche und die Marktforschung konstruktive Vorschläge für moralisch wünschbare Ergebnisse gemacht. Dazu werden Kategorien, wie z. B. Fairness, Sicherheit, Wahrhaftigkeit, in den Handlungsempfehlungen konkretisiert, wobei häufig Fallstudien als „best practices" herangezogen werden. In dieser amerikanischen Literatur ist deutlich das Bemühen erkennbar, Praktikern Problembewußtsein und Problemlösungsansätze auf pragmatische Weise nahezubringen und Trainingsmaterial zusammenzustellen. Problematisch ist auch hier oft die Theorielosigkeit

---

[409] Ein prominentes Beispiel ist das Responsible Care-Programm der Chemischen Industrie. (vgl. *Hansen,* 1998).

in bezug auf ethische Urteilsfindung, die in der dargestellten Art eher den Charakter von common-sense-Moral hat.

5.2.5.4.3 Stand und zukünftige Perspektiven der Marketingethik

Während einerseits die quasi öffentliche und gesellschaftlich virulente Position von Unternehmen eine Auseinandersetzung mit moralischen, sozial-ökologischen Konsequenzen des Marketinghandelns notwendiger erscheinen läßt, wird andererseits aufgrund des zunehmenden gesellschaftlichen Wertepluralismus die moralische Urteilsfindung für Marketingmanager schwieriger. Die sich hier öffnende Schere zwischen gesellschaftlichen Anforderungen und moralischer Marketingkompetenz erfordert die weitere Entwicklung einer Marketingethik. Diese ist als Teilbereich einer Unternehmensethik zu verstehen. Lediglich marketingorientierte Inhalte, die spezifische materielle Kenntnisse voraussetzen, machen eine Etablierung dieses Anwendungsfeldes im Rahmen der Unternehmensethik sinnvoll. Im übrigen ist gerade im Zusammenhang mit prozeßorientierten Überlegungen zur Unternehmensführung eine enge Verbindung zwischen beiden wichtig.

Die Entwicklung der Marketingethik erfordert eine Basis in der Philosophie. Zu warnen ist vor theorielosen Übernahmen, wie sie bereits praktiziert werden und ohne Kontextüberlegung einen gewissen Dschungel der Beliebigkeit produzieren. Hier ist eine interdisziplinäre Zusammenarbeit mit Philosophen wünschenswert, wenngleich gegenseitige Sprach- und Einstellungsbarrieren überwunden werden müssen.

Die Marketingethik hat enge Berührungspunkte zu den Vertiefungskonzepten des Marketing und hier insbesondere zum ökologischen Marketing. Eine Reflexion inhaltlicher Bezüge dürfte vorteilhaft sein und Doppelarbeiten vermeiden. Die zunehmende Internationalität des Marketing erfordert eine interkulturelle Entwicklung der Marketingethik. Wie *Enderle* (1996, S. 3) mit Recht betont, ist eine Übertragung von Forschungsergebnissen, die den kulturellen Kontext nicht berücksichtigt, mit schwerwiegenden Problemen behaftet (vgl. *Carlin/Strong,* 1995).

Die Forschungsergebnisse zur Marketingethik sollten im Rahmen eines eigenständigen Faches in die Marketingausbildung einfließen. Damit wäre bei den zukünftigen Managern die moralische Marketingkompetenz und die Reflexionsbereitschaft bezüglich der sozial-ökologischen Folgen ihrer Entscheidungen zu verbessern, und es könnten Glaubwürdigkeitsdefizite dieses Berufsstandes abgebaut werden (vgl. *Raffée,* 1994).

5.2.5.5 Ökologieorientiertes Marketing
5.2.5.5.1 Identitätskern des ökologieorientierten Marketing [410]

In den 80er und 90er Jahren hat sich in der Bundesrepublik Deutschland das ökologieorientierte Marketing als eigenständiger Ansatz auf breiterer Basis durchgesetzt und gegenüber den USA auch in einigen Bereichen eine Vorreiterstellung erreicht. Allerdings gab es dort bedeutende Vorläufer in den 70er Jahren, als gesellschaftskritische Diskussionen u. a. auch ökologische Problemstellungen aufwarfen. In den USA hatte der consumerism und in speziellerem Zusammenhang die Furcht vor einer bevorstehenden Rohstoffknappheit bereits Anfang der 70er Jahre zu ökologieorientierten Marketingkonzepten geführt [411]. In der Bundesrepublik machte sich die Verbraucherpolitik dagegen erst langsam das Thema einer ökologisch orientierten Konsumreflexion und der damit verbundenen möglichen Maßnahmen zu eigen, und nur vereinzelte Marketingwissenschaftler streiften im Rahmen ihrer Marketingkritik ökologische Themen, wie z. B. mit Vorwürfen der künstlichen Bedarfsausweitung durch Obsoleszenzpolitik (vgl. *Bodenstein/Leuer*, 1977). Erst *Raffée* (1979) setzte sich systematisch mit der Rolle des Marketing als ökologischem *Problemverursacher* auseinander [412], wobei angesichts einer derartigen kritischen Bestandsaufnahme Lösungen zunächst weniger von Unternehmungen als von verbraucherpolitischen und staatlichen Institutionen erwartet wurden.

> Vorwürfe an das Marketing bzw. die Absatzwirtschaft, Umweltprobleme zu verursachen, gab es jedoch bereits weit vor den sozialen Bewegungen der 60er und 70er Jahre. So geißelte *Hermann Löns* bereits 1911 in einem Vortrag über „Naturschutz oder die Naturschutzphrase" die Werbung als Naturschändung und schlug als Gegenmaßnahmen rechtliche Regelungen, Aufklärung und Verbraucherboykott vor:
> „Von jedem Bauernhaus kreischt Sie ein Plakat an, daß Sie diesen Keks, jenen Luftreifen, diesen Sekt und jenes Zahnpulver kaufen müssen, wollen Sie sich zur Kulturmenschheit gerechnet wissen! Neben den Eisenbahnfahrgleisen stehen auf hohen Balken große Bretter und darauf sind scheußliche Bilder, unkünstlerische, rohe, dumme und gemeine Bilder gemalt, Fratzen ekelhaftester Art, die Ihnen zubrüllen, daß jeder Esel heute 'Jasmatzi' oder 'Unsere Marine" raucht. … Was ist aber gegen diese Pest zu machen? Nun, allerlei. Einmal kann man darauf dringen, daß Orts- und Kreissatzungen diese Entehrung der Heimat verbieten, sodann kann man bei Fahrten über Land den Bauern die Augen öffnen, wozu sie ihr Land hergeben, man kann die Wirtschaften meiden, die mit Plakaten beklebt sind, und kann schließlich alles boykottieren, was sich auf

---

410 Wir danken *Ulf Schrader*, wissenschaftlicher Mitarbeiter am Lehrstuhl Marketing I: Markt und Konsum, für seine wesentliche Mitarbeit an diesem Kapitel.

411 Vgl. *Zikmund/Stanton*, 1971; *Fisk*, 1974; *Henion*, 1976; *Henion/Kinnear*, 1976. Es finden sich auch die Bezeichnungen „ökologisches", „umweltorientiertes", „ökologisch orientiertes" oder schlicht „Öko"-Marketing, ohne daß mit den verschiedenen Begriffen systematisch unterschiedliche Bedeutungen verbunden wären. Anders verhält es sich in den USA, wo der Begriffswechsel von „Ecological Marketing" zu „Green Marketing" (vgl. *Ottmann*, 1993; *Wasik*, 1996) mit einer Stärkung der Praxisorientierung und einer Reduzierung der Auseinandersetzung mit theoretischen Grundlagen einherging.

412 Vgl. zusammenfassend zu ökologisch orientierten Vorwürfen an das Marketing *Raffée/Wiedmann*, 1985b, S. 229ff..

solche gemeingefährliche Weise anpreist. Jeder Heimatfreund sollte sich geloben: Ich kaufe nun gerade nicht diesen Keks, fahre nicht diese Pneumatiks, trinke nicht Sekt, rauche keine Jasmatzi, breche überhaupt mit allem, was mir die Freude an der Landschaft verekelt."
Hermann Löns, 1911, S. 6

Im Verhältnis zur betriebswirtschaftlichen Funktionenlehre Produktion (vgl. *Riebel,* 1955) oder zur volkswirtschaftlichen Wohlfahrtsökonomie [413] fanden ökologische Problemlagen eher relativ spät Eingang in das Marketing. Eine breitere Beschäftigung mit dem Thema Marketing und Ökologie setzte letztlich erst ein, als ökologische Probleme durch (partiell) steigende Rohstoffkosten, ein gewachsenes Umweltbewußtsein der Konsumenten sowie verschiedene Umweltschutzmaßnahmen des Staates und der Verbraucherpolitik zu veränderten Angebots- und Nachfragebedingungen auf Märkten führten. Diese ließen in einem offensiveren ökologieorientierten Marketing eine Chance für die Unternehmenspraxis erkennen und forderten die spezifischen *Problemlösungskompetenzen* des kommerziellen Marketing heraus [414]. Für *Freimann* (1988) eröffnet „Öko-Marketing" deshalb *keine neue Perspektive:* Verändert hätte sich nicht das Marketing, sondern der Markt, auf den hin und von dem her es arbeitet. Der Einbezug ökologischer Aspekte in das Marketing sei

„… nicht Ergebnis einer neuen 'ökologischen' Qualität des Marketing, sondern Ausdruck desselben Handlungsmusters, das den weitblickenden Kaufmann seit jeher auszeichnet und das die bisher unübertroffene Dynamik der Marktwirtschaft bei der Bedienung der stets im Wandel begriffenen Konsumwünsche der Menschen ausmacht"
Jürgen Freimann, 1988, S. 121

Bei der Bearbeitung „umweltbewußter" oder bspw. „prestigeorientierter" Marktsegmente herrsche eine „methodische Identität des Vorgehens" (vgl. *Freimann,* 1988, S. 120). Angesichts derartiger Kritik fragt sich, in welchem Ausmaß und unter welchen Bedingungen die Ökologieorientierung Auswirkungen auf die Identität des Marketing hat und die Einführung eines weiteren „Bindestrich-Marketing" begründet.

Implikationen der Ökologieorientierung für das Marketing
Zunächst hat die Ökologieorientierung zu einer Erweiterung des Objektbereiches der Marketingwissenschaft auf nicht-kommerzielle Institutionen beigetragen.

---

[413] *Pigou* verdeutlichte bereits zu Beginn des 20. Jahrhunderts seine Theorie der externen Effekte am Beispiel von Umweltschäden und entwickelte die Idee einer Öko-Steuer (vgl. *Pigou,* 1920).

[414] Vgl. z. B. die Zeitschriftenaufsätze von *Hasitschka,* 1984; *Raffée/Wiedmann,* 1985b; *Meffert et al.,* 1986; die Sammelbände von *Brandt et al.,* 1988; *Heinz,* 1988; sowie die Monographie von *Burghold,* 1990. Bis sich ökologieorientierte Ansätze auch in deutschen Standardlehrwerken wiederfinden, dauerte es jedoch weitere Jahre. Noch Mitte der 80er Jahre wurde Ökologie ganz am Rande als Teil der „Natur (z. B. Klima) …unbeeinflußbar durch Marketingaktivitäten" (*Meffert,* 1986b, S. 51) bzw. unter dem Stichwort der „klimatischen und geographischen Bedingungen" behandelt (*Nieschlag/Dichtl/Hörschgen,* 1985, S. 611).

❏
Zunächst beherrschte ein nüchterner Aufklärungscharakter das Marketing für Ökologie. Inzwischen wird auch in diesem Bereich die gesamte Bandbreite der Ansprachemöglichkeiten des kommerziellen Marketing genutzt. Hier ein Beispiel für eine emotionale, humorvoll-provokative Werbung der Partei „Die Grünen/Bündnis 90", die primär die Bindung an die Kernzielgruppen zu verstärken versucht.

Quelle: Marburger Magazin
Express, H. 24, 1990

Diese Behandlung der Ökologie als „Variante des Social Marketing" (vgl. *Raffée*, 1979, S. 42) bzw. des Non-Business-Marketing wird heute meist als *„Marketing für Ökologie"* (vgl. *Wiedmann*, 1988) bezeichnet. Sie beschreibt die Anwendung des Marketinginstrumentariums für ökologieorientierte Ziele z. B. durch staatliche Institutionen, Umwelt- und Verbraucherverbände oder Parteien.

Von größerer Bedeutung war jedoch die Vertiefung des kommerziellen Marketing durch die ergänzende Berücksichtigung ökologischer Aspekte, die sowohl inhaltlich als auch methodisch neue Perspektiven eröffnet hat. Dabei sind insbesondere folgende Entwicklungen hervorzuheben:

– *Interdisziplinarität in neuen Orientierungen*

Um die ökologische Vorteilhaftigkeit beurteilen, erreichen und sicherstellen zu können, werden im ökologieorientierten Marketing, insbesondere im Bereich der Produktpolitik, entsprechende *naturwissenschaftliche* [415] und *technische* Erkenntnisse rezipiert. Die Auseinandersetzung mit ökologieorientierten gesetzlichen Bestimmungen oder – im Sinne einer proaktiven Ausrichtung – mit in der Diskussion befindlichen Gesetzes- und Verordnungsentwürfen, erfordert zudem die Berücksichtigung *juristischer* Fragestellungen [416]. Insbesondere für die Erklärung des ökologieorientierten Konsumentenverhaltens erfolgt auch ein Rückgriff auf die *volkswirtschaftliche* Tradition der Beschäftigung mit Kollektivgütern, externen Effekten und Informationsdefiziten. Ebenfalls in den Bereich des Konsumentenverhaltens ist das Aufgreifen von Erkenntnissen der *Umweltpsychologie* einzuordnen.

– *Intradisziplinäre Integration*

Eine ökologieorientierte Optimierung kann nur gelingen, wenn nicht einzelne Produkte, sondern in einem integrativen Ansatz *übergreifende Prozesse* optimiert werden [417]. Dabei geht es zunächst um die Abstimmung der innerbetrieblichen Prozesse auf die Querschnittsaufgabe Umweltschutz. Dies hat tendenziell ein Zurückschrauben des Denkens in starren Funktionsbereichen und eine stärkere Betrachtung der ökologischen Bezüge in der Allgemeinen Betriebswirtschaftslehre zur Folge (vgl. *Meffert*, 1997, S. 4) [418]. Eine derartige intradisziplinäre Integration hat zu Horizonterweiterungen und Synergieeffekten geführt, jedoch geht mit ihr potentiell auch das Problem einer Sprachverwirrung einher. So ist bspw. der „Produktlebenszyklus" sowohl für die Ökonomie, insbesondere für das Marketing, als auch für ein übergreifendes betriebliches Umweltmanagement ein Kernkonzept - allerdings mit völlig unterschiedlichen Bedeutungsinhalten: In der betrieblichen Umweltökonomie wird unter Produktlebenszyklus der „Lebensweg" des einzelnen Produktes „von der Wiege bis zur Bahre", also von der Produktion über die Nutzung zur Entsorgung bzw. Verwertung verstanden. Traditionell bezieht sich der Begriff Produktlebenszyklus dagegen sowohl im Marketing als auch in der Volkswirtschaftslehre auf den ökonomischen Markt-

---

415 Allerdings ist diese Auseinandersetzung sehr instrumentell-, ergebnis- und anwendungsorientiert. So vermißt *Stitzel* (1994, S. 99) in der ökologieorientierten Betriebswirtschaftslehre eine „Auseinandersetzung mit den theoretischen Grundlagen der Beziehung zwischen der Unternehmung und ihren ökologischen Umsystemen".

416 Vgl. z. B. die intensiven Auseinandersetzungen mit dem Kreislaufwirtschaftsgesetz bei *Kirchgeorg* (1995a, 1997) oder mit der geplanten Elektronikschrottverordnung bei *Raabe* (1993a).

417 Dieser Trend zur Prozeßorientierung ist nicht auf das ökologieorientierte Marketing beschränkt, sondern findet sich bspw. auch im Bereich des Qualitätsmanagements (vgl. *Kap. 5.2.4.2.2*).

418 (Öko-)Controlling-Themen wie Öko-Bilanzen (vgl. *Meffert/Kirchgeorg*, 1998, S. 163ff.) und Öko-Audits (vgl. *Meffert/Kirchgeorg*, 1995a) oder Produktionsthemen wie Recycling (vgl. *Kleinaltenkamp*, 1985) sind für das ökologieorientierte Marketing ebenso relevant wie bspw. Marketingaspekte für die ökologieorientierte Unternehmensführung (vgl. z. B. *Hopfenbeck*, 1990; *Steger*, 1993; *Dyllick/Belz*, 1995). Wie weit diese Integration vorangeschritten ist, zeigt sich auch daran, daß *Meffert/Kirchgeorg* (1998) ihr Grundlagenwerk „Marktorientiertes *Umweltmanagement*" nennen und eben nicht „Ökologieorientiertes *Marketing*".

erfolg eines Produktes im Zeitablauf von der Innovation über die Reife bis zur Degeneration.

– *Stärkung der Langzeitbetrachtung*
Bereits für das Nachkauf- und Beziehungsmarketing (vgl. *Kap. 5.2.4.4*) wurde die Hinwendung des Marketing zu einer Zeitraumbetrachtung und seiner Abkehr von einzelnen zeitpunktbezogenen Transaktionen aufgezeigt. Im ökologieorientierten Marketing erhält diese zeitraumbezogene Betrachtungsweise eine weitere Bedeutung. Eine ökologische Optimierung von Leistungen kann nicht zeitpunktbezogen, sondern nur unter Berücksichtigung aller Phasen des ökologischen Produktlebenszyklus' erfolgen, letztlich sogar nur im Hinblick auf prinzipiell unendliche viele Durchläufe „von der Wiege bis zur Wiege". Während Zeit im Marketing bisher vor allem im Sinne einer *Beschleunigung* („time-to-Market") eine Rolle spielte, werden durch die Ökologieorientierung auch Fragestellungen der gezielten *„Entschleunigung"* relevant (vgl. u. a. *Bänsch, 1994*).

Die bewußte Berücksichtigung ökologischer Aspekte hat dem Marketing durchaus neue Perspektiven eröffnet, die sowohl für die Lösung ökologischer Probleme als auch für die Erreichung klassischer Marketingziele hilfreich sein können. Wie stark die Problemlösungskraft des ökologieorientierten Marketing ist, wird jedoch unterschiedlich eingeschätzt.

Umweltschutz durch Marktorientierung
Auch ökologieorientiertes Marketing ist – und insofern ist *Freimann* recht zu geben – letztlich nicht primär an der Ökologie, sondern am Markt orientiert. Allerdings wird diese Frage des Orientierungsschwerpunktes in der Literatur kaum diskutiert, denn es herrscht weitgehend ein *Harmonieverständnis* zwischen Umweltschutz und ökonomischem Erfolg vor. So wird ökologieorientiertes Marketing spätestens seit Beginn der 90er Jahre vor allem als sinnvolle wettbewerbsstrategische Option angesichts gesättigter Märkte diskutiert[419]. Ein derartiges Begriffsverständnis schlägt sich bspw. in der folgenden Definition nieder:

> „Einem *ökologieorientierten Marketing* kommt die Aufgabe zu, bei der Planung, Koordination und Kontrolle aller marktgerichteten Aktivitäten eine Vermeidung und Verringerung von Umweltbelastungen zu bewirken, um über eine dauerhafte Befriedigung der Bedürfnisse aktueller und potentieller Kunden unter Ausnutzung von Wettbewerbsvorteilen und bei Sicherung der gesellschaftlichen Legitimität die angestrebten Unternehmensziele zu erreichen."
> *Heribert Meffert/Manfred Kirchgeorg*, 1998, S. 273

Umweltschutz soll also in das Marketing integriert werden, *„um ... die angestrebten Unternehmensziele zu erreichen"*. Als Ausgangspunkt und Beleg einer solchen

---

419 Vgl. u. a. *Diller*, 1992b; *Kirchgeorg*, 1995b, Sp. 1944; *Meffert/Kirchgeorg*, 1995b, S. 979.

Position dienen häufig Fallstudien von Unternehmen, die ökonomisch-ökologische win-win-Situationen erreichen konnten. An diesen empirischen Beispielen und durch theoretische Überlegungen zeigen die Autoren auf, wie und warum sich der proaktive Einbezug der Ökologie in das Marketing positiv auf den Unternehmenserfolg auswirkt: Verkaufserfolge bei ökologiebewußten Konsumenten, Kosteneinsparungen im Beschaffungs- und Entsorgungsbereich sowie Imageverbesserungen in der Öffentlichkeit und damit evtl. die Verhinderung ökonomisch und ökologisch ineffizienter institutioneller Zwangslösungen (vgl. *Meffert*, 1997, S. 5) sind hier wichtige Aspekte. Auch umfassende empirische Untersuchungen haben bestätigt, daß Unternehmen, die dem Umweltschutz (nach eigener Einschätzung) eine besonders große Bedeutung beimessen, häufig auch in bezug auf andere Unternehmensziele überdurchschnittlich positiv abschneiden (vgl. z. B. *Raffée/ Förster/Fritz*, 1992, S. 249ff.; *Fritz*, 1995b). Zudem sind erreichte ökologische Einspareffekte nicht nur für sich und aufgrund von Wettbewerbsvorteilen für das jeweilige Unternehmen positiv zu bewerten, sondern auch wegen der so beschleunigten Eigendynamik der Ökologisierung der Marktwirtschaft: Zum einen wirken die erreichten „ökologischen Benchmarks" (*Schneidewind*, 1996) über den Markt als Antriebsfeder für weitere Entwicklungen auch bei Konkurrenten, zum anderen zeigen sie staatlichen Institutionen und kritischen Anspruchsgruppen, welche ökologischen Fortschritte möglich und damit grundsätzlich auch einforderbar sind.

Kritik am ökologieorientierten Marketing

Insgesamt herrscht also eine recht optimistische Sichtweise des Verhältnisses von Ökologie und Ökonomie im Marketing vor [420]. Viele Arbeiten vermitteln den Eindruck, ökologieorientiertes Marketing sei um so erfolgreicher, je „proaktiver" und „ganzheitlicher" der Umweltschutz betrieben wird [421]. Etwas überspitzt formuliert herrscht das Bild einer Welt vor, „... in der sich die Widersprüche von einzelwirtschaftlichem Handeln und intakten Öko-Systemen leicht auflösen lassen und ein bißchen Umweltorientierung die Umweltkrise beherrschbar macht" (*Stitzel*, 1994, S. 114). Mit diesem Optimismus befinden sich das Marketing und die Betriebswirtschaftslehre insgesamt in deutlichem Gegensatz zur eher pessimistischen Betrachtung des Ökologieproblems bspw. in der Philosophie, der Soziologie oder der Sozialpsychologie. Es scheint, als hätte die Marketingwissenschaft über ihre Erfolge als ökologischer Problemlöser vergessen, daß der Ursprung ihrer Ökologieorientierung in dem Vorwurf bestand, selbst Problemverusacher zu sein – ein Vorwurf, den sie bisher im Kern nicht entkräften konnte.

Während in der Marketingwissenschaft Ökologieorientierung i. d. R. als positive Auszeichnung verstanden wird [422], ist Ökologieorientierung in der Marketingpraxis

---

420 Die Auffassung über die Relationen von ökonomischen zu sozialen und ökologischen Zielen werden in *Kap. 5.2.5.4* diskutiert.
421 Ein Beispiel aus *Meffert/Kirchgeorg*, 1998, S. 205: „Die Antizipationsstrategie ist in besonderem Maße geeignet, ökologieorientierte Wettbewerbsvorteile zu erzielen ... Antizipationsstrategien (zeichnen sich) dadurch aus, daß der strategische Handlungsspielraum genutzt wird, um 'systembezogene bzw. integrierte Umweltschutzinnovationen' zu entwickeln."
422 Eine Ausnahme ist bei *Hansen* (1988b) zu finden, die dem Begriff „ökologieorientiertes Marketing" keine kryptonormative Bedeutung geben will und daher die ganze Spannweite verschiedener Orientierungen einbezieht.

❏
Eines der ersten Beispiele für eine anbieterseitige Aufforderung zum Konsumverzicht von Kaiser's Kaffee-Geschäft (Tengelmann) aus dem Jahr 1984. Derartige Maßnahmen konzentrieren sich allerdings meistens auf Bereiche, in denen bei hohem Imagegewinn relativ kleine Marktsegmente aufgegeben werden oder umweltschädliche Produkte relativ problemlos substituiert werden können (z. B. phosphatfrei, FCKW-frei).

Quelle: *Diederich/Grübling,* 1986

durchaus auch in Form *ökologisch-opportunistischer Scheinlösungen* anzutreffen. Entweder beschränken sich die entsprechenden Unternehmen auf eine ökologieorientierte Kommunikationspolitik ohne substantielle Änderungen der Leistungspolitik *(„pseudo-ökologisches Marketing")* oder sie konzentrieren sich auf isolierte ökologische Verbesserungen in nur einer Phase des Lebenszyklus', ohne Neben- und Folgewirkungen in anderen Lebenszyklusphasen mitzubetrachten *(„verkürztes-ökologisches Marketing")*. Während sich hier noch argumentieren ließe, daß derartige Praktiken in einer Mediengesellschaft schnell entlarvt und sich langfristig eher negativ auf den Unternehmenserfolg auswirken würden, bezeichnet die schwierige Frage der Angemessenheit des *„echten ökologischen Marketing"* [423] angesichts der realen ökologischen Situation das eigentliche Problem. Da durch menschliches Handeln i. d. R. immer irgendwelche ökologischen Schäden verursacht werden, versteht man unter Ökologieorientierung im Marketing meist eine Strategie im Sinne eines „weniger als" (vgl. u. a. *Meffert/Kirchgeorg,* 1998, S. 18) – unabhängig davon, wie groß die erzielte Reduktion von Schäden tatsächlich ist und auf welche Einheit sie sich bezieht [424]. Angesichts des gestiegenen materiellen Wohlstandes und des Interesses marketingtreibender Unternehmen an einer Bedarfsausweitung, wurden jedoch bis heute die meisten ökologischen Einsparungen durch Mengeneffekte überkompensiert. Die Harmonie zwischen Erfolgs- und Ökologieorientierung hat offensichtlich Grenzen, und ökologisch sinnvolle Aufforderungen zur Bedarfsreflexion und zum partiellen Konsumverzicht machen ökonomisch offensichtlich nur in den seltensten Fällen Sinn. Konflikte zwischen ökonomischen und ökologischen Zielen von Unternehmen werden jedoch – im Gegensatz zu Defiziten im ökologieorientierten Konsumentenverhalten – in Arbeiten zum ökologieorientierten Marketing kaum problematisiert (vgl. *Abb. 5-44*).

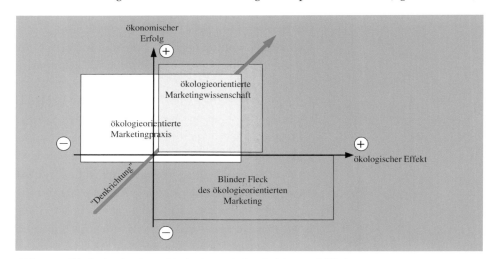

Abb. 5-44: Ökologieorientiertes Marketing zwischen Erfolgs- und Ökologieorientierung

---

423 Vgl. zu der Unterscheidung in pseudo-, verkürztes und echtes ökologisches Marketing *Schoenheit,* 1992, S. 333ff..

424 Als Beispiel für ein derart „erfolgreiches" ökologieorientiertes Marketing mit eher vernachlässigbaren ökologischen Effekten nennt *Stitzel* z. B. die in der zweiten Auflage „Marktorientiertes Umweltmanagement" von *Meffert/Kirchgeorg* als Fallstudie angeführte Entwicklung eines „umweltverträglichen" Einweg-Getränkedosenverschlusses bei Coca-Cola (vgl. *Stitzel,* 1994, S. 103). Nach der Logik der relativen Umweltverbesserung können auch große Sportwagen als besonders umweltfreundlich gelten, da sie relativ wenig Benzin/PS verbrauchen.

Vor dem Hintergrund des Leitbildes „Sustainable Development" wird insbesondere die Beliebigkeit der „relativen Ökologieorientierung" kritisiert (vgl. u. a. *Welford*, 1997). Zwar ist einsehbar, daß prinzipiell jede Form des Produzierens und Konsumierens ökologische Folgewirkungen hat und daß keine absoluten Maßstäbe existieren, anhand derer zwischen ökologischen und nicht-ökologischen Marktleistungen sicher unterschieden werden könnte, jedoch erhebt die Orientierung an der „relativen ökologischen Verbesserung" nahezu jede Produktentwicklung in den Rang einer ökologischen Innovation. Der Anspruch des Sustainable Development erfordert auch von Marketingwissenschaftlern eine *stärkere Reflexion der tatsächlichen ökologischen Wirkungen* von ökologieorientierten Marketingkonzeptionen. Es sind verstärkte Bemühungen notwendig, das vorherrschende „weniger-als"-Leitbild der betrieblichen Umweltökonomie – wo immer möglich – durch ein wissenschaftlich begründbares „soviel-wie"-Kriterium zu ersetzen (vgl. *Matten/Wagner*, 1998, S. 52f.). Den übergeordneten ökologischen Zielen von Umweltforschern, die Ressourceneffizienz im Sinne der Nachhaltigkeit global um einen Faktor 4 (vgl. *Weizsäcker/Lovins/Lovins*, 1995) und in Industrieländern um einen Faktor 10 (vgl. *Schmidt-Bleek*, 1994) zu erhöhen, werden jedenfalls nur die allerwenigsten Fallbeispiele gerecht, auf die ökologieorientierte Marketingwissenschaftler ihre optimistischen Einstellungen gründen.

5.2.5.5.2 Forschungsschwerpunkte

Das Forschungsfeld des ökologieorientierten Marketing kann anhand der folgenden Bereiche dargestellt werden:

a) Sustainable Development als strategische Leitorientierung

b) Ökologieorientierter Marketingmix als instrumentelle Umsetzung

c) Ökologieorientiertes Handelsmarketing

d) Ökologieorientiertes Konsumentenverhalten

ad a) Sustainable Development als strategische Leitorientierung
Sustainable Development gilt seit Beginn der 90er Jahre als das Leitbild der wissenschaftlichen und zunehmend auch der praktischen Beschäftigung [425] mit ökologischen Fragen im Marketing bzw. in der Unternehmensführung. In ihrer ausführlich rezipierten Interpretation dieses Leitbildes für die Ebene der Unternehmung leiten *Meffert/Kirchgeorg* (1993, S. 34f.) drei strategische Prinzipien ab, nämlich das Kreislauf-, das Verantwortungs- und das Kooperationsprinzip. *Matten/Wagner* (1998, S. 63ff.) haben gezeigt, daß diese Prinzipien nicht als gleichrangige, sondern als hierarchisch angeordnete Leitorientierungen zu begrei-

---

[425] So wurde bspw. die im Vorfeld der Umweltkonferenz von Rio 1991 verabschiedete „Business Charter for Sustainable Development" inzwischen von mehr als 900 Unternehmen weltweit unterzeichnet (*Matten/Wagner*, 1998, S. 57).

fen sind: Das *Verantwortungsprinzip* beschreibt das oberste Ideal der inter- und intragenerativen Gerechtigkeit. Um diese zu gewährleisten, bedarf es der ökologischen Nachhaltigkeit, die nur durch Befolgung des *Kreislaufprinzips* erreicht werden kann. Das Kreislaufprinzip läßt sich wiederum nur verwirklichen, wenn Unternehmen das *Kooperationsprinzip* befolgen. Während zu diskutieren ist, ob ein allgemein gefaßtes Verantwortungsprinzip tatsächlich eine Leitorientierung auf betrieblicher Ebene sein kann [426], wird eine Orientierung an Kreisläufen und das Eingehen überbetrieblicher Kooperationen als unabdingbar für die Sicherstellung einer ökologisch zukunftsfähigen Wirtschaftsweise angesehen.

Eine Orientierung am Kreislaufprinzip, die allein schon aufgrund des geltenden Kreislaufwirtschaftsgesetzes geboten ist, hat die Umwandlung der nach dem Durchflußprinzip organisierten Wirtschaftsweise in eine Kreislaufwirtschaft zum Ziel (vgl. u. a. *Kirchgeorg,* 1995a, 1997). Dazu sind Ansätze zur Verringerung des Ressourceneinsatzes auf der Inputseite mit Möglichkeiten der Vermeidung und Verwertung von Abfällen auf der Outputseite zu integrierten Lösungen zu verknüpfen. Aus unternehmerischer Sicht geht es dabei nicht nur um die Erzielung von ökologischen Einsparungen, sondern vor allem auch um die Realisierung von Kostenvorteilen. Um sie zu erreichen, ist der gesamte Marktweg von der Vorproduktions- und Produktionsphase über die Distributions- und Nutzungsphase bis hin zur Redistributions- und Entsorgungsphase zu betrachten. Die beabsichtigte Schließung von Stoff- und Wertschöpfungskreisläufen setzt dabei eine lebenszyklusübergreifende Kooperation der beteiligten Akteure voraus.

Die Orientierung am Kreislaufprinzip und implizit auch am übergeordneten Leitbild des Sustainable Development spiegelt sich bereits in *Ernest Callenbachs* Roman „Ökotopia" von 1975 wider. In dieser Mischung aus Zeitschriftenreportage und Science Fiction-Roman wird das Leben in Ökotopia im Jahre 1999 beschrieben. In diesem fiktiven, seit 1980 unabhängigen Land auf dem Territorium des ehemaligen US-Bundesstaates Kalifornien wird ein Gesellschaftsmodell nach ökologischen Grundprinzipien verfolgt. Dabei geht es jedoch keinesfalls nur um einen anderen Umgang mit der natürlichen Umwelt, sondern auch um veränderte Formen des sozialen Zusammenlebens und der Organisation von Arbeit.

„In Ökotopia werden Kunststoffe ausschließlich aus lebenden biologischen Grundstoffen (Pflanzen) und nicht, wie es bei uns die Regel ist, aus fossilen Stoffen (Petroleum, Kohle) gewonnen. Unmittelbar nach der Unabhängigkeit wurde auf diesem Gebiet eine intensive Forschungstätigkeit entfaltet, die bis heute andauert ... [Ein] Ziel bestand darin, sämtliche Kunststofferzeugnisse biologisch abbaubar, d. h. verwesungsfähig, zu machen. Das bedeutete, daß man sie den Feldern wieder als Dünger zuführen konnte, als Nahrung für neue

---

426 Interessanterweise wird dieses Prinzip von einem Autor propagiert, der sich an anderer Stelle skeptisch gegenüber einer ethischen Motivation zum Umweltschutz äußert und die Ökologieorientierung eher aus dem Wettbewerbsprinzip ableitet: „Über den Hebel der Wettbewerbsdynamik können die marktwirtschaftlichen Wege in eine 'sustainable society' erfolgreicher beschritten werden als durch bloße Appelle an die Verantwortungsethik und umweltrechtliche Zwänge" (*Meffert,* 1995b, S. 16).

Pflanzen, die man dann wiederum zu Kunststoff verarbeiten würde – in einem endlosen Kreislauf, von dem die Ökotopianer mit beinahe religiösem Eifer als einem System des 'stabilen Gleichgewichts' sprechen."
Ernest Callenbach, 1990, S. 104

Auf der betrieblichen Ebene steht jedoch noch vor der Umsetzungsfrage die Grundsatzentscheidung über den Umgang mit dem normativen Leitbild Sustainable Development bzw. mit der ökologischen Herausforderung als solcher. Auf seiten der Wissenschaft wurden dazu zahlreiche Ansätze einer Systematisierung von Reaktionsstrategien unternommen. Die meisten dieser Typologisierungen orientieren sich an der Einteilung von *Feldman* (1971) in Ignoranz, Widerstand, Anpassung und Innovation (vgl. *Kap. 4.2.2.3*), jedoch finden sich je nach Untersuchungszusammenhang oder empirischen Ergebnissen verschiedene Abweichungen und Ergänzungen[427]. In der Regel bleiben die Darstellungen auf reine Deskription beschränkt. Soweit Handlungsempfehlungen abgeleitet werden, stellen diese i. d. R. auf die Vorteilhaftigkeit der Innovationsstrategie ab.

ad b)   Ökologieorientierter Marketingmix als instrumentelle Umsetzung
Auf der operativen Ebene sind zahlreiche Beiträge zur Entwicklung eines ökologieorientierten Marketingmix entstanden[428]. Dabei wurde das bekannte Marketinginstrumentarium in Hinblick auf ökologieorientierte Fragestellungen interpretiert und entsprechend ergänzt. Den Prinzipien des Sustainable Development folgend, lag der Schwerpunkt der Betrachtung auf Möglichkeiten zur Erreichung tatsächlicher ökologischer Vorteile und ihrer glaubwürdigen Vermittlung. Trotz grundsätzlicher Wettbewerbsorientierung im ökologieorientierten Marketing spielten die jeweiligen ökonomischen Auswirkungen eher eine untergeordnete Rolle.

Im Rahmen der *Produktpolitik* stand die Debatte um die Definition des „ökologischen Produktes" im Vordergrund[429]. Diese unter starker Beteiligung von Ingenieuren geführte Diskussion[430] brachte verschiedene, z. T. Zielkonflikte aufwerfende Kriterien hervor, wie z. B. Emissions- und Ressourcenreduktion, Langlebigkeit oder Recyclinggerechtigkeit[431]. Die Perspektive beschränkte sich dabei nicht nur auf einzelne Produkte, sondern wurde erweitert um lebenszyklusübergreifende Überlegungen (vgl. u. a. *Kleinaltenkamp,* 1985; *Stahel,* 1991) sowie um den Einbezug von Dienstleistungen wie Wartung, Reparatur und technischer Modernisie-

❑
Das Freeplay-Radio von BayGen wird über einen internen Generator betrieben, der durch ein Kurbeln aufgezogen wird. Es benötigt somit weder Stromanschluß noch Batterien oder Akkus und produziert keinen Abfall beim Betrieb. Zunächst stand der Aspekt verbesserter Informationsmöglichkeiten für abgelegene Gegenden in Entwicklungsländer im Vordergrund. Inzwischen wird das in Südafrika produzierte Radio auch als fair gehandeltes Produkt in industrialisierten Ländern vertrieben.

Quelle: gepa Fair Handelshaus, Wuppertal

427 Vgl. u. a. *Hansen,* 1988b, S. 343ff.; *Kirchgeorg,* 1990, S. 46ff.; *Diller,* 1992b; *Meffert/Kirchgeorg,* 1998, S. 202ff..
428 Vgl. z. B. die Zusammenstellungen bei *Bruhn,* 1992, S. 545ff.; *Diller,* 1992, S. 14ff., und *Meffert/Kirchgeorg,* 1998, S. 284ff..
429 Vgl. u. a. *Thomé,* 1981; *Töpfer,* 1985; *Ringeisen,* 1988; *Bellmann,* 1990; *Türck,* 1990; *Bänsch,* 1994; *Bennauer,* 1994; *Kreibich,* 1994; *Schemmer et al.,* 1994; *Meffert/Kirchgeorg,* 1996b; *Dyckhoff/Ahn/Gießler,* 1997.
430 Wie stark dieser Bereich von Ingenieuren besetzt ist, zeigt die Tatsache, daß es inzwischen bereits eine VDI-Richtlinie „recyclinggerechtes Konstruieren" gibt.
431 Um in diesen Fällen fundierte Entscheidungen treffen zu können, wurden intensive Anstrengungen in dem Bereich der umweltbezogenen Informationsbeschaffung durch Ökobilanzen und Produktlinienanalysen unternommen (vgl. z. B. *Umweltbundesamt,* 1992; *Rubik/Teichert,* 1997, S. 13ff.; sowie kritisch zur möglichen Aussagekraft: *Spiller,* 1996, S. 347ff.), wobei auch hier das Marketing eher eine Rezipientenrolle eingenommen hat.

rung (vgl. u. a. *Stahel*, 1991; *Kirchgeorg*, 1997, S. 220ff.). Weniger Beachtung fand das Thema der organisatorischen Einbindung ökologieorientierter Produktinnovationen (vgl. *Ostmeier*, 1990). Die Beschäftigung mit der Verpackungspolitik kon-

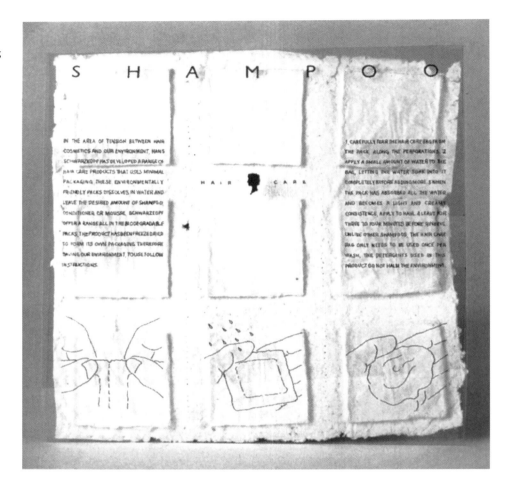

❏

Ein Produktkonzept von 1992, bei dem sich die vliesartige Verpackung beim Gebrauch mit Wasser in der Hand auflöst.

Quelle: Schwarzkopf AG, Hamburg

zentrierte sich weitgehend auf die naturwissenschaftliche Beurteilung von Mehrweg- und Einwegverpackungen (vgl. *Bojkow*, 1989; *Umweltbundesamt*, 1995).

Als das Kernproblem ökologieorientierter *Kommunikationspolitik* kristallisierte sich das Erreichen von Glaubwürdigkeit heraus. In diesem Zusammenhang konnten insbesondere informationsökonomische Erkenntnisse für das Marketing nutzbar gemacht werden (vgl. u. a. *Kaas*, 1992a; *Hüser*, 1993; *Spiller*, 1996). Ein vielbeachtetes Lösungsinstrument für derartige Probleme waren Gütesiegel (Öko-Label), die in der Praxis dazu dienen sollen, ökologische Vertrauenseigenschaften in Quasi-Sucheigenschaften zu überführen [432]. Ebenfalls als prinzipiell sinnvolle Reaktion auf die öffentliche Skepsis gegenüber einer rein kommunikativen Ver-

---

432 Vgl. *Hüser*, 1993, S. 276ff.; *Hansen/Kull*, 1994; *Wendorf*, 1994; *Landmann*, 1996.

❑
Eine Auswahl von ökologischen Gütesiegeln, die von staatlich kontrollierten Umweltzeichen (Deutschland: Blauer Engel; EU: Europablume) bis zu firmenindividuellen Umweltzeichen ohne externe Kontrolle reichen (die unteren drei Zeichen).

Quelle: Lehrstuhl Marketing I: Markt und Konsum, 1998

wertung von Umweltthemen wurde auch das Umweltsponsoring herausgestellt (vgl. *Bruhn*, 1990; *Zillessen/Rahmel*, 1991). Die Dialogorientierung erwies sich als angemessenes übergeordnetes Konzept zur Lösung von Glaubwürdigkeitsproblemen im ökologieorientierten Marketing (vgl. u. a. *Balderjahn*, 1996; *Hansen*, 1996)[433] und fand eine Konkretisierung in dem Instrument des Unternehmensdialogs. Als weiterer Ausdruck eines gewandelten PR-Verständnisses wurden auch Umweltberichte bewertet, die häufig in der Folge von Zertifizierungen im Rahmen eines EU-Öko-Audits publiziert werden (vgl. u. a. *Clausen/Fichter*, 1996). Allerdings steht in bezug auf dieses neue Kommunikationsinstrument eine tiefere Auseinandersetzung der Marketingwissenschaft noch weitgehend aus. Ähnlich verhält es sich auch in bezug auf die Werbung, deren Behandlung zwar breiten Raum einnimmt, sich jedoch stark auf die deskriptive Darstellung ökologischer Werbebotschaften konzentriert (vgl. u. a. *Hopfenbeck/Roth*, 1994, S. 78ff.; *Meffert/Kirchgeorg*, 1998, S. 318ff.)[434].

Zu dem Bereich der *Distributionspolitik* von Herstellern gehört das ökologieorientierte vertikale Marketing gegenüber den Händlern (vgl. *Ceyp*, 1996). Darüber hinaus ist die Distributionspolitik im Sinne der Kreislauforientierung keine Einbahnstraßenpolitik mehr, sondern umfaßt auch Redistributionsprobleme[435]. In dieser Hinsicht findet der Kooperationsaspekt besondere Brücksichtigung, wobei insbesondere die Zahl und Art der zu beteiligenden Akteure, die Entscheidung zwischen Hol- und Bringsystemen sowie die Abstimmung mit der vorwärtsgerichteten Distribution thematisiert werden.

In der ökologieorientierten *Preis- und Kontrahierungspolitik* wurden zunächst traditionelle Überlegungen wie zur Preisbereitschaft (vgl. u. a. *Müller/Kesselmann*, 1994) oder zu den Möglichkeiten der Preisdifferenzierung (vgl. *Meffert/Kirchgeorg*, 1998, S. 341) auf die Ökologieproblematik übertragen. In jüngerer Zeit fand die Kreislauforientierung auch bei der Preis- bzw. Vertragsgestaltung Berücksichtigung mit Themen, wie z. B. Pfand- und Mietsysteme oder prozeßorientierte Entsorgungskostenrechnung (vgl. u. a. *Dutz/Femerling*, 1994; *Kirchgeorg*, 1997, S. 222f.). Die Kosten-Erlös-Optimierung erfolgt dabei „Produktlebens- und Verwertungszyklus-übergreifend".

ad c) *Ökologieorientiertes Handelsmarketing*
Ökologieorientiertes Handelsmarketing ist erst in jüngerer Zeit ein viel beachteter Bereich[436]. Lange Zeit konzentrierten sich Beiträge zum ökologieorientierten Marketing auf andere Akteure und Arbeiten im Bereich des Handelsmarketing auf

---

433 Vgl. dazu auch die Ausführungen von *Meffert/Kirchgeorg* (1996a) zum „Fall Brent Spar" als eines der wenigen Beispiele, bei dem sich Marketingwissenschaftler ausführlich mit den Gründen für das Fehlschlagen einer Strategie auseinandersetzten.
434 Eine Ausnahme stellt hier die intensive Berücksichtigung der rechtlichen Grenzen ökologieorientierter Werbung durch juristische Fachvertreter dar (vgl. z. B. *Füger*, 1993; *Lambsdorff*, 1993).
435 Vgl. u. a. *Stockinger*, 1991; *Raabe*, 1993a; *Pfohl*, 1994; *Hansen/Raabe/Dombrowsky*, 1995; *Jakszentis/Kohl*, 1997; *Meffert/Kirchgeorg*, 1998, S. 374ff..
436 So sind in den letzten Jahren bspw. mehrere Promotionen zum Thema Handel und Ökologie erschienen (vgl. *Sieler*, 1994; *Funck*, 1996; *Warneke*, 1996; *Kull*, 1998).

andere Themen (vgl. *Mattmüller/Trautmann,* 1992; *Kull,* 1998, S. 39f.) [437]. Ein Grund dafür liegt sicher in der relativ geringen primären Betroffenheit des Handels. Die Erfüllung der Handelsfunktionen selbst ist ökologisch relativ neutral, die problematischen „Emissionen" des Handels sind vor allem die von ihm vertriebenen Produkte. Dabei hat der Handel als Mittler zwischen Kundenbedürfnissen und unternehmerischer Produktion jedoch zahlreiche ökologische Gestaltungspotentiale, die mit der ökologieorientierten Erweiterung des *gatekeeper-Konzeptes* begrifflich gefaßt werden konnten (vgl. *Hansen,* 1988b und 1992a; *Kap. 4.2.3.2*). In einer Dynamisierung dieser Sichtweise kann der Handel auch als „*ökologischer Diffusionsagent*" (vgl. *Hansen/Kull,* 1996) charakterisiert werden, der nicht nur über das „Offen" oder „Geschlossen" des Absatzkanals entscheidet, sondern mögliche Diffusionsprozesse auch selbst beschleunigt oder abbremst.

Dem Warenstrom-Aspekt der gatekeeper-Theorie folgend, widmen sich verschiedene Arbeiten im ökologischen Handelsmarketing schwerpunktmäßig der *Sortimentspolitik* (vgl. u. a. *Sieler,* 1994; *Funck,* 1996), wobei bestehende Informationsdefizite als ein entscheidendes handelsseitiges Hemmnis identifiziert werden konnten (vgl. u. a. *Beuermann/Sekul/Sieler,* 1995; *Meffert/Kirchgeorg,* 1998, S. 356). Dies gilt insbesondere dann, wenn der Handel sich nicht nur auf die Vermittlung von Herstellerware beschränkt, sondern selbst als Anbieter von ökologischen *Eigenmarken* tätig wird (vgl. *Kull,* 1998, S. 250ff.). Ein weiterer, mit dem Leitbild der Kreislaufwirtschaft in den Fokus der Betrachtung rückender Aspekt ist die Rolle des Handels im Rahmen von *Redistributionskonzepten* (vgl. u. a. *Costa/Franke/ Holthoff-Frank,* 1995; *Meffert/Kirchgeorg,* 1998, S. 359ff.). Aufgrund seiner besonderen Kundennähe wird ihm hier eine entscheidende Bedeutung zugesprochen. Eng damit verknüpft ist die Diskussion um Möglichkeiten zu einer ökologieorientierten *Servicepolitik* (vgl. *Kull,* 1998, S. 272ff.), wie z. B. durch ergänzende Wartungs- und Reparaturdienstleistungen (vgl. *Schwill,* 1995). Weitere untersuchte handelsspezifische Anknüpfungspunkte ergaben sich in der *Preispolitik* aus den besonderen Fähigkeiten des Handels zur kompensatorischen Preisstellung (vgl. *Kull,* 1998, S. 270ff.) sowie in der *Kommunikationspolitik,* und hier insb. hinsichtlich des Persönlichen Verkaufs (Fachverkäufer in der Rolle als „Umweltberater", vgl. *Hansen,* 1992a, S. 746; *Kull,* 1998, S. 245ff.; *Meffert/Kirchgeorg,* 1998, S. 369) und hinsichtlich der Institutionenwerbung (Glaubwürdigkeitsproblem, vgl. u. a. *Hopfenbeck/Teitscheid,* 1994, S. 96ff.). Insgesamt kann also festgestellt werden, daß sich die in Fallstudien dokumentierten intensiven Ökologisierungsbestrebungen im Handel (vgl. *Kull,* 1998, S. 315ff.) auch in einer differenzierten wissenschaftlichen Auseinandersetzung mit dem ökologieorientierten Handelsmarketing niedergeschlagen haben und nun wiederum von dieser Seite neue Impulse erhalten können.

---

437 Selbst bei aktuelleren Werken sind ökologische Aspekte vergleichsweise unterrepräsentiert. So handelt *Berekoven* (1995) die Ökologie auf einer Seite im Kontext der Verpackungsverordnung ab, auch *Pepels* (1995, S. 206f.) beschränkt sich auf eine Seite ökologische Anforderungen an die Verpackungsgestaltung und selbst die neun Seiten, die *Tietz* (1993b, Sp. 1224-1433) ökologischen Grundsätzen und Praxisbeispielen widmet, sind angesichts des Gesamtumfanges dieses Werkes relativ kurz.

ad d) Ökologieorientiertes Konsumentenverhalten

Im Rahmen der Theorie zum ökologieorientierten Marketing hat die Konsumentenforschung einen so bedeutsamen Platz, daß sie aus der allgemeinen Analyse der Konsumentenforschung ausgeklammert wurde, um sie an dieser Stelle zu präsentieren. Die im Bereich des ökologieorientierten Konsumentenverhaltens am häufigsten bearbeitete Fragestellung richtet sich auf den Zusammenhang zwischen Umweltbewußtsein und Umweltverhalten [438] (vgl. die Übersichten bei *Femers*, 1995, und *Meffert/Bruhn*, 1996). Dabei konnte auf sehr frühe Arbeiten der amerikanischen Umweltpsychologie (vgl. *Maloney/Ward*, 1973) und Konsumentenforschung (vgl. *Kinnear/Taylor/Ahmed*, 1974) zurückgegriffen werden. Allerdings ist auffällig, daß sich hinter gleichen Bezeichnungen häufig unterschiedliche Begriffe verbergen (*Wimmer*, 1995, S. 30; *Tiebler*, 1997, S. 184). So wird *Umweltbewußtsein* zwar einheitlich als mehrdimensionales Konstrukt definiert, jedoch sind die Operationalisierungen höchst verschieden. In der Umweltpsychologie bezeichnet der Begriff Umweltbewußtsein eine Einstellung mit affektiver, kognitiver und konativer Komponente (vgl. z. B. *Preisendörfer*, 1996); *Meffert/Bruhn* (1996) operationalisieren es über die drei Komponenten Umweltwissen, Umwelteinstellungen und (allgemeines) Umweltverhalten, *Mohnhemius* (1993) nur über Umweltwissen und eine affektive Einstellungskomponente [439]. *Wimmer* (1995, S. 30) bezeichnet das Umweltbewußtsein als „individuelle Werthaltung bzw. Grundeinstellung" und operationalisiert es über verschiedene, faktoranalytisch ausgewählte Statements. *Balderjahn* (1986) sieht im „umweltbewußten Konsumentenverhalten" den Oberbegriff, innerhalb dessen es Beziehungen zwischen verschiedenen Einstellungs-, Werte-, Persönlichkeits- und Verhaltenskomponenten zu untersuchen gilt. Schon auf der grundsätzlichen Begriffsebene gibt es also starke Unterschiede, die durch eine variierende Verhaltensnähe konkreter Items noch verstärkt werden.

Gleichfalls unterschiedlich ist das Vorgehen bei der Definition des *ökologischen Verhaltens*. In vielen Untersuchungen von Marketingwissenschaftlern wird ökologisches Verhalten auf das – z. T. von den Befragten selbst zu definierende – Kaufverhalten beschränkt [440]. *Wimmer* (1995, S. 31) gibt zu bedenken, daß für die Beurteilung der Ökologieverträglichkeit des Konsumentenverhaltens „... nicht nur Verhaltensweisen in der Kaufphase selbst interessieren, sondern auch solche in der Vorkauf- und insbesondere Nachkaufphase". Das Nachkaufverhalten spielt mit Ausnahme des Abfallverhaltens (*Altenburg/Balderjahn*, 1993; *Altenburg et al.*, 1996) im allgemeinen nur eine geringe Rolle [441]. Insgesamt wird der ökologieorientierten Konsumentenforschung vorgeworfen, sie orientiere sich häufig an ökolo-

---

[438] Interessanterweise findet das Thema „Umweltbewußtsein" in dem Standardlehrbuch „Konsumentenverhalten" von *Kroeber-Riel* erst in der 6., von *Weinberg* überarbeiteten Auflage Eingang, und auch dann nur im Rahmen eines Beispiels für die Verbraucherpolitik (vgl. *Kroeber-Riel/Weinberg*, 1996, S. 671ff.).

[439] Wie auch *Meffert/Kirchgeorg* (1998, S. 123ff.) bezeichnet *Mohnhemius* sowohl das Umweltbewußtsein als auch dessen affektive Komponente als Einstellung. Die konative Komponente „... erfährt ihre Berücksichtigung, indem das Umweltbewußtsein zum umweltbewußten Kaufverhalten ergänzt wird" (*Monhemius*, 1993, S. 20f.).

[440] Vgl. u. a. *Adlwarth/Wimmer*, 1986; *Bänsch*, 1990; *Herker*, 1993; *Monhemius*, 1993; *Wimmer*, 1995; *Fricke*, 1996.

[441] Eine Ausnahme ist die Dialoge 4 Studie, in der dann aber bspw. (als ein Indikator für Umweltbewußtsein) danach gefragt wird, ob man auf der Autobahn Tempo 130 nicht überschreitet (vgl. *Stern*, 1995, S. 418).

gisch relativ unbedeutenden Handlungen. Trotz der bestehenden beträchtlichen Unsicherheit bezüglich der Bewertung von ökologischen Folgen des Konsums wird gefordert, stärker als bisher zwischen substantiellen und eher symbolischen Fortschritten im ökologischen Konsumentenverhalten zu unterscheiden (vgl. *Bodenstein/Spiller/Elbers*, 1997, S. 7ff.).

Als wesentliches Ergebnis der primär deskriptiv angelegten Umweltbewußtseinsforschung steht der Nachweis einer sog. „*Verhaltenslücke*" (*Wimmer*, 1995, S. 32) zwischen einem hohen Umweltbewußtsein [442] und einem weniger stark ausgeprägten ökologieorientierten Kaufverhalten. Zur Begründung der bestehenden Verhaltenslücke wurden mit der Kollektivgutproblematik und den Informationsdefiziten häufig zwei volkswirtschaftliche Erklärungsansätze verwendet (vgl. u. a. *Wimmer*, 1995, S. 33) [443]. Die *Kollektivgutproblematik* bezeichnet das Dilemma, daß ökologische Vorteile primär als positive externe Effekte bzw. als Sozialnutzen anfallen, während potentielle Mehrkosten des umweltgerechten Konsums individuell zu tragen sind (vgl. *Kaas*, 1992a, S. 474f.; *Meffert*, 1993). In Anknüpfung an *Vershofen* (1959) konnte jedoch auch gezeigt werden, daß sich Sozialnutzen durchaus in Individualnutzen umwandeln läßt, wenn man Aspekte der Selbst- und Fremdachtung berücksichtigt (vgl. *Bänsch*, 1993). Für das ökologieorientierte Marketing wurde daraus abgeleitet, daß einerseits gerade bei „ökologischen" Produkten der individuelle Gebrauchsnutzen produktpolitisch sicherzustellen ist, und andererseits kommunikationspolitisch die Internalisierbarkeit des Sozialnutzens unterstützt werden muß. Dabei gewinnt auch das Problem der *Informationsdefizite* an Relevanz, das sich aus der Komplexität ökologischer Probleme und dem Charakter von Vertrauenseigenschaften ökologischer Produktqualitäten ergibt. Insbesondere *Kaas* und Mitarbeitern (vgl. u. a. *Kaas*, 1992b; *Hüser*, 1996) ist es hier gelungen, durch Anwendung informationsökonomischer Erkenntnisse Wege zur Überwindung einer ungewollten Informationsasymmetrie zwischen Anbietern und Nachfragern aufzuzeigen, die z. B. in den bereits genannten kommunikationspolitischen Instrumenten zur Erreichung von Glaubwürdigkeit ihren Niederschlag fanden.

5.2.5.5.3 Entwicklungsperspektiven des ökologieorientierten Marketing

Angesichts der Forderung nach Integrativität und Interdisziplinarität entsteht die Frage nach dem Sinn eines eigenständigen Forschungsgebietes „ökologieorientiertes Marketing". Dazu muß die Dualität der Marketingbegriffe unterschieden werden. Soweit ein Begriffsverständnis zugrunde gelegt wird, in dem Marketing als marktorientierter unternehmerischer Funktionsbereich aufgefaßt wird, erscheint es angesichts der Notwendigkeit integrativer ökologischer Betrachtungen als

---

442 Trotz höchst unterschiedlicher Operationalisierungsansätze ermitteln verschiedene Autoren ein etwa gleichgroßes Segment umweltbewußter (West-)Deutscher: Bei *Wimmer* (1995, S. 30f.) sind es 57 %, *Meffert/Bruhn* (1996, S. 639f.) kommen auf 55 %; *Preisendörfer* (1996, S. 18ff.) enthält sich einer aggregierenden Bewertung, jedoch stimmen die von ihm ermittelten Werte größenordnungsmäßig mit den oben genannten überein.
443 Zu weiteren Erklärungsansätzen vgl. *Meffert/Kirchgeorg*, 1998, S. 132ff..

wenig sinnvoll, ökologieorientiertes Marketing in dieser engen begrifflichen Auslegung zu betreiben, weil *innerbetriebliche* Problemzusammenhänge nicht erfaßt würden. Insofern muß ökologieorientiertes Marketing im Sinne einer marktorientierten Unternehmensführung interpretiert werden. Damit allerdings rückt das ökologieorientierte Marketing in die Nähe des betrieblichen Umweltmanagements. In diesem Bereich sind in den letzten Jahren im deutschsprachigen Raum spezielle Lehrstühle, Studien- und Schwerpunktfächer und übergreifende Lehrbücher entstanden [444]. Dennoch bleibt es sinnvoll, im Rahmen des Faches Marketing in seiner Managementorientierung ökologieorientierte Probleme zu bearbeiten, weil das spezifische Expertenwissen der Marketingforscher eine empirische Affinität zu vielen Umweltproblemen hat. Im Rahmen der Marketingtheorie ist darüber hinaus auch das notwendige *überbetriebliche* Verständnis ökologischer Lebenszyklen von Produkten insofern abrufbar, als Wertkettenanalysen hier zum gängigen Repertoire gehören.

Ökologieorientierte Marketingwissenschaft zwischen Theorie und Praxis
Ein Blick in die Autorenverzeichnisse von Fachzeitschriften im Bereich Betriebswirtschaftslehre und Umweltschutz (z. B. UmweltWirtschaftsForum und Ökologisch Wirtschaften) zeigt einerseits einen wachsenden Anteil von Unternehmenspraktikern und Mitarbeitern praxisorientierter Forschungsinstitute (z. B. Wuppertal Institut, Institut für ökologische Wirtschaftsforschung). Andererseits sind auch viele ökologieorientierte Hochschullehrer in praxisorientierte Forschungs- und Beratungsprojekte involviert, von denen die beteiligten Unternehmen eine hinreichende betriebswirtschaftliche Rentabilität erwarten. Damit wird die zunehmend enge Verzahnung von Wissenschaft und Praxis deutlich. Diese Entwicklung ist zwar gerade im Marketing durchaus typisch, jedoch hat sie im Bereich der Ökologieorientierung, wo sehr stark mit der Herausstellung von „best practices" gearbeitet wird, einen besonderen Stellenwert. Eine solche praxisorientierte Forschung in einer praktisch-normativen Wissenschaft wie der Betriebswirtschaftslehre ist ebenso begrüßenswert wie notwendig. Allerdings könnte in dieser Orientierung an einer Praxis, die im betrieblichen Erfolg den entscheidenden Maßstab ihres Handelns sehen muß, der entscheidende Grund für den anfangs beschriebenen „blinden Fleck" der ökologieorientierten Marketingwissenschaft liegen. Eine zu einseitige Orientierung an dem Maßstab der betriebswirtschaftlichen Rentabilität unter gegebenen Rahmenbedingungen verhindert u. U. eine Reflexion des Erreichten und des zu Erreichenden vor dem Hintergrund des Leitbildes Sustainable Development. Von daher wäre es eine u. E. notwendige Entwicklung der ökologieorientierten *Marketingwissenschaft,* neben der einzelbetrieblichen Perspektive in stärkerem Maße auch die Folgewirkungen des Marketingsystems als Ganzem zu

---

444 Vgl. u. a. *Steger,* 1993; *Freimann,* 1996; *Wagner,* 1997. Marketingwissenschaftler haben im Rahmen dieser Bestrebungen eher eine untergeordnete Rolle gespielt. Unter den neu eingerichteten Lehrstühlen für betriebliches Umweltmanagement ist keiner, der von einem Marketingwissenschaftler besetzt worden wäre. Auch die Studienschwerpunkte in diesem Bereich werden mit Ausnahme der Universität Münster nicht von Marketinglehrstühlen koordiniert. Von den 66 Mitgliedern der Wissenschaftlichen Kommission „Umweltwirtschaft" im Verband der Hochschullehrer für Betriebswirtschaft e. V. stammen gerade acht von Marketing- oder Handelslehrstühlen (Stand Oktober 1996). Darunter ist kein einziger, bei dem ein Zusatz „Umwelt-" in der Lehrstuhl- oder Institutsbezeichnung auftaucht.

betrachten, also die Forschungsagenda um ökologieorientiertes Makromarketing (vgl. *Kap.5.2.5.3.1*) zu erweitern [445]. Am Ende könnte dabei die Erkenntnis stehen, daß eine Harmonisierung von Ökonomie und Ökologie nicht allein durch Wettbewerbsorientierung zu erreichen ist, sondern auch durch eine Veränderung der Rahmenordnung herbeigeführt werden muß [446].

Zukünftige inhaltliche Schwerpunkte der Ökologieorientierung im Marketing
Eine Weiterentwicklung des ökologieorientierten Marketing sollte sich insbesondere auf Bereiche konzentrieren, in denen die spezifische Kernkompetenz des Marketing liegt, wo also Marketingwissen besonders sinnvoll und stärker als bisher in das betriebliche Umweltmanagement eingebracht werden kann.

Ein erster Aspekt ist die Dematerialisierung der Wirtschaft durch eine *verstärkte Dienstleistungsorientierung* (Konsum ohne Eigentum). Selbst wenn man den Vorwurf von *Freimann* (1988, S. 112) teilt, Marketing sei immer primär auf Absatzausweitung bedacht, besteht hier die Chance zu zeigen, daß diese Absatzausweitung nicht zwangsläufig eine Steigerung des Ressourcenverzehrs zur Folge hat. Wenn es gelingt, stärker als bisher die alte Marketingerkenntnis in die Praxis umzusetzen, daß Konsumenten letztlich nicht materielle Produkte, sondern immaterielle Problemlösungen nachfragen, kann eine Entkoppelung von Absatz und Ressourcenverzehr die Folge sein. Dieses Prinzip des „Leistungs- statt Produktabsatzes" (vgl. *Hansen/Schrader,* 1997a), also der Erbringung von Leistungen ohne den Verkauf materieller Produkte, wird von umweltorientierten Forschern verschiedenster Fachrichtungen thematisiert, Marketingwissenschaftler sind hier bisher jedoch kaum vertreten [447]. Eine stärkere Berücksichtigung des Marketing könnte jedoch auf der einen Seite Erwartungen dämpfen, hier sei ein völlig neuartiges Prinzip entdeckt worden, das den Großteil ökologischer Probleme lösbar macht (vgl. *Schrader/Einert,* 1998), auf der anderen Seite ließe sich die Umsetzbarkeit von Einzelprojekten durch die Anwendung von Erkenntnissen aus den Bereichen Dienstleistungsmarketing, Konsumentenverhalten und Investitionsgütermarketing sicherlich verbessern.

Ein weiteres Feld, in dem Marketingwissenschaftler vergleichsweise unterrepräsentiert sind, betrifft Überlegungen zur Rolle des Konsumenten im Rahmen des Sustainable Development und damit die *Sustainable Consumption* (vgl. *Scherhorn/Reisch/Schrödl,* 1997). In nahezu allen jüngeren Publikationen zum Sustainable Development wird dem Konsum ein besonders hoher Stellenwert zugebilligt (vgl. z. B. *BUND/Misereor,* 1996; *Umweltbundesamt,* 1997). Mit

---

445 In Deutschland werden Konflikte zwischen ökologischen Erfordernissen und betrieblicher Rationalität bisher am ehesten im Rahmen der Marketingethik reflektiert (vgl. *Hansen,* 1992b und die Ausführungen in *Kap. 5.2.5.4*).
446 Erste Überlegungen zur „Mitwirkung [des unternehmerischen Marketing] an der Transformation von der sozialen zur ökosozialen Marktwirtschaft" finden sich bei *Dyllick/Belz,*1995, S. 58.
447 Zwar finden sich zahlreiche der heute diskutierten Ideen bereits in dem 1973 publizierten Artikel „Consumption without Ownership" der Marketingwissenschaftler *Berry/Maricle,* jedoch blieb dieser Beitrag im deutschsprachigen Raum weitgehend unbeachtet.

Ausnahme der Untersuchungen zur Diskrepanz von Umweltbewußtsein und Umweltverhalten beteiligen sich Marketingwissenschaftler jedoch kaum an dieser Debatte. So wird z. B. die wissenschaftliche Bearbeitung des Themas Lebensstile und Ökologie, das in der Marktforschungspraxis durchaus Bedeutung haben könnte, weitgehend der Soziologie überlassen (vgl. u. a. *Reusswig,* 1994; *Gillwald,* 1995). Auch eine Berücksichtigung der Produktnutzungsphase im Sinne der lebenszyklusübergreifenden Produktverantwortung des KrW-/AbfG (vgl. *Wagner/Matten,* 1995, S. 52) findet kaum statt. Ökologische Fortschritte, die durch eine Einbindung des Konsumenten als Co-Produzenten zu erzielen sind, werden vernachlässigt. Neben diesen Einzelaspekten wirft das Leitbild einer Sustainable Consumption die Frage auf, ob die Marketingwissenschaft ihre bisherige Neutralität gegenüber Bedürfnissen beibehalten kann oder sich nicht stärker auch normativen Fragen eines wünschenswerten Konsummodells zuwenden sollte (vgl. u. a. *Hansen/Schoenheit/Devries,* 1995; *Hansen/Schrader,* 1997b; *Kilbourne/McDonagh/Prothero,* 1997).

Als letzter Bereich soll hier mit dem *Marketing für Ökologie* der Ausgangspunkt der Ökologieorientierung im Marketing angeführt werden. Dieses Feld wurde trotz des großen Stellenwertes, den *Raffée* (1979) ihm zubilligte, in der weiteren Entwicklung der ökologieorientierten Marketingwissenschaft allenfalls am Rande behandelt. In Zeiten rückläufiger öffentlicher Budgets und eines reduzierteren Bewußtseins für ökologische Probleme bei gleichzeitiger Verschärfung der globalen Bedrohung scheint jedoch ein Marketing von Non-Business-Organisationen für ökologisches Bewußtsein und Verhalten im höchsten Maße notwendig und aktuell zu sein.

Nr. 13
„Bin ich erst im Kaufrausch frag' ich gleich nach Umtausch weil ich an sich nichts brauch', kaufen tut gut"

Herbert Grönemeyer, 1983

6 FIN DE SIÈCLE UND DIE ZUKUNFT DES MARKETING

6 Fin de Siècle und die Zukunft des Marketing

Das Ende naht. Beim Schreiben dieses Buches befinden wir uns an der Schnittstelle zu einem neuen Jahrhundert und gleichzeitig zu einem neuen Jahrtausend, und diese Schnittstelle wird für zukünftige Leser schon wieder Geschichte sein. Diese werden auf eine Umbruchphase zurückblicken können, die eine immense symbolische Kraft entfaltete. Die Konflikte und Spannungen, aber auch die Erwartungen und Hoffnungen, deren Resultate für uns noch im Dunkeln liegen, werden sich für diese Leser zu den Bezugspunkten ihrer Gegenwart wandeln.

Ein derartiger Übergang hat schon immer die Imaginationskraft der Beteiligten angeregt. Für das Ende des 19. Jahrhundert wurde das kulturelle Unbehagen als *„Fin de Siècle"* beschrieben (vgl. *Fülberth/Dietz,* 1988). Im Bewußtsein einer ausgehenden Epoche führten Sinnkrisen und pessimistische Zukunftserwartungen zu Phänomenen wie einer ästhetischen Weltabwendung oder einer Zuflucht in übersteigerte Weltuntergangsszenarien. Gleichzeitig wurden aber auch euphorische Stimmen laut, die angesichts der industriellen, technischen und wissenschaftlichen Umwälzungen der damaligen Zeit mit dem neuen Jahrhundert die Lösung aller noch ausstehenden Menschheitsprobleme erwarteten. Viele „Rätsel" sind heute noch ungelöst und neue sind hinzugekommen. Ähnlich wie in der letzten Jahrhundertwende wird erneut versucht, Rechenschaft abzulegen und Folgerungen für die nahe Zukunft des nächsten Jahrhunderts abzuleiten.

In dem vorliegenden Buch wurde dargestellt, daß das Marketing als theoretische Idee und praktiziertes Handeln ein kleiner, aber nicht unwichtiger Mosaikstein dieses Jahrhunderts war. Neben den epochalen politischen, sozialen und kulturellen Umwälzungen mag dies nach einer typischen Überschätzung der Bedeutung des eigenen Beschäftigungsfeldes klingen. Ohne die Einbeziehung der Austrahlungskraft von Produktumgebung und marktlichen Austauschbeziehungen lassen sich aber unseres Erachtens weder das individuelle Empfinden und Bewußtsein des modernen Menschen verstehen, noch gesellschaftliche Veränderungen wie z. B. der Zusammenbruch des kommunistischen Machtbereiches. Ebenso sind die großen zukünftigen Probleme wie globale Gerechtigkeit oder ökologisches Überleben ohne Berücksichtigung marktlicher und konsumrelevanter Überlegungen nicht zu bewältigen.

Angesichts der engen Beziehungen zwischen Gesellschaft und Marketing verwundert es nicht, daß auch innerhalb des Marketing die Lautstärke zunimmt, mit der von Bestehendem Abschied genommen und Neues begrüßt wird. Zukünftige Marketinghistoriker werden hier für die 80er und 90er Jahre ein eigenes Genre identifizieren können: *„Die Marketing 2000-Literatur".* In dieser Kategorie werden sich die unterschiedlichsten Autoren wiederfinden, die sich über einen gemeinsamen

Gedanken verbinden lassen: Ein neues Paradigma der Marketingtheorie stehe kurz vor seiner Blüte und würde das traditionelle Marketing von Grund auf verändern. Die symbolträchtige Zeitenwende scheint eine Eigendynamik zu entwickeln, in der zunehmend ein Schlußstrich unter die Vergangenheit gezogen wird und somit Endzeitbetrachtungen ohne Ende produziert werden.

Aus unserer historischen Perspektive heraus sehen wir dabei die Gefahr, das bisher schon existierende Ungleichgewicht zwischen retrospektiver Analyse und darauf aufbauender Zukunftsorientierung zu verstärken. Diese fehlende Balance kann – vielleicht etwas pathetisch – nach dem großen deutschen Philosophen *Walter Benjamin* anhand des Bildes von dem „Engel der Geschichte" verdeutlicht werden, der auf die sich anhäufenden Trümmer der Vergangenheit blickt und diese zusammenfügen möchte.

❏ Den Bezugspunkt für Walter Benjamins Engel der Geschichte bildete das Aquarell „Angelus Novus", das Paul Klee 1920 malte.

Quelle: Chapeaurouge, 1990

> „Aber ein Sturm weht vom Paradiese her, der sich in seinen Flügeln verfangen hat. Dieser Sturm treibt ihn unaufhaltsam in die Zukunft, der er den Rücken kehrt, während der Trümmerhaufen vor ihm zum Himmel wächst. Das, was wir Fortschritt nennen, ist *dieser* Sturm."
> *Walter Benjamin*, 1974, S. 697f.

Wir wollen dieses Bild nicht überdehnen und sind uns auch der Gefahr einer gedanklichen „Fallhöhe" bewußt, wenn sich die Geschichtsphilosophie auf ein schmückendes Beiwerk einer Marketingphilosophie reduziert. Wir verbinden damit aber eine Grundidee, die sich durch das gesamte Buch zieht. Seit ihrer Entstehung hat sich die Marketingwissenschaft einem Sturm namens „Fortschritt" verschrieben. Sie hat das Diktum einer immer schneller werdenden Gesellschaft verinnerlicht und den Beschleunigungsprozeß aktiv gefördert. Von Relevanz scheinen nur noch die neuesten Publikationen zu sein, und bereits den Veröffentlichungen aus den 70er Jahren haftet als überdeutliches Stigma die Warnung des überschrittenen Verfalldatums an. Dem liegt die nicht reflektierte Prämisse zugrunde, daß sich der Erkenntniszuwachs kontinuierlich weiterentwickelt. Abgesehen von der wissenschaftstheoretisch kritisierten Theorie der linearen Kumulation zeigt sich hier auch die Übernahme einer historisch relativ jungen Idee, nämlich daß der Fortschritt notwendigerweise eine Verbesserung bedeutet (vgl. *Kap. 2.1.1.3*). Dies erschwert nicht nur eine retrospektive Analyse im Sinne eines „Ordnens und Zusammenfügens der Trümmer der Vergangenheit", es bestreitet auch per se deren Bedeutung für Gegenwart und Zukunft.

Bei *Benjamin* finden sich aber ebenso Ansätze für ein Denken in Gegensatzbegriffen. Er geht dabei aus von einer diskontinuierlichen Geschichtsentwicklung und der zentralen Bedeutung einzelner Momente. Die Aktualität des Augenblicks und die Notwendigkeit des Erinnerns fügen sich für ihn zusammen, indem einzelne geschichtliche Momente aus einem vermeintlich geordneten und abgeschlossenen Gesamtzusammenhang herausgebrochen werden, um sie „… mit dem Jetzt blitzhaft zu einer Konstellation" (*Benjamin*, 1983, S. 567) zusammen zu denken.

Wir sehen hierin eine Beziehung zu unserem eigenen Vorgehen, bei dem einzelne prägnante Situationen aus dem marketinggeschichtlichen Zusammenhang heraus-gegriffen und beleuchtet wurden. Sowohl die Auswahl als auch die Art der Be-handlung reflektieren notwendigerweise unsere aktuelle Perspektive. Umgekehrt wurden aber auch die aktuellen Marketingentwicklungen in Verbindung mit ihren geschichtlichen Beziehungen dargestellt. Wir verstehen damit nicht nur die Menschen sondern auch deren Ideen, wie das Marketing, als ein Produkt der Geschichte. Ob wir die Gegenwart oder die Zukunft betrachten, das Erinnern spielt dafür entweder unbewußt oder bewußt eine zentrale Rolle. Wenn ein Mensch persönliche Informationen nicht mehr abrufen kann und dies über eine einfache Vergeßlichkeit hinausgeht, spricht man von Symptomen einer *Amnesie,* die eine starke Beeinträchtigung der Handlungsfähigkeit zur Folge hat. Unsere Arbeit an der Marketinggeschichte verstehen wir deshalb als Baustein für eine „Gedächtnistherapie", die mögliche Identitätsprobleme und Orientierungsschwie-rigkeiten aufgrund eines Gedächtnisverlusts zu lindern vermag.

Es stellt sich nun die Frage nach den inhaltlich prägnantesten Punkten mit zu-kunftsweisender Bedeutung für das Marketing. Bevor dies aus einer allgemeinen Perspektive heraus beantwortet wird, sollen zunächst auch die persönlichen Erfahrungen und Lernmomente der Autoren erwähnt werden. Am Anfang stand die Überzeugung, daß die Beschäftigung mit der Wissenschafts- und Praxisent-wicklung des Marketing notwendig ist. Wir wollten unserem Ordnungs- und Strukturierungsbedürfnis angesichts einer äußerst vielfältigen und unübersicht-lichen Anmutung der Marketingdisziplin nachgehen, und wir hatten schließlich auch wissenschaftliche Neugier. Diese Gefühlslage hat sich im Laufe der Arbeit differenziert entwickelt zu Entdeckerfreude und Respekt einerseits und wissen-schaftlicher Enttäuschung und Besorgnis andererseits. So konnten wir entdecken, daß es z. B. weit vor der Erarbeitung des Marketingkonzeptes eine entwickelte Marketingliteratur gab, daß dort auch schon soziale Auswirkungen thematisiert wurden oder daß Unternehmen bereits um die Jahrhundertwende abnehmerorien-tierte Marketingmaßnahmen praktizierten. Der wachsende Respekt läßt sich vor allem an Beispielen festmachen wie an *Mataja's* Publikation aus dem Jahre 1910 über die Werbung, die auf wissenschaftlich hohem Niveau selbst heute noch wich-tige Ansatzpunkte zur Werbegestaltung liefern kann; an *Lisowsky's* Aufsatz zum Primat des Absatzes von 1936, der von der Ideenvielfalt immer noch über so man-che aktuelle Beiträge zu Chancen und Grenzen der marktorientierten Unterneh-mensführung hinausgeht; oder an *Kropff's* Arbeit zur Motivforschung aus dem Jahre 1960, der hier bereits Gedanken zu den kulturellen und symbolischen Aspekten des Konsums formulierte, die erst in den späten 80er Jahren über den Import aus den USA in Deutschland langsam wieder diskutiert wurden. Daneben bleibt als subjektive Wahrnehmung die Vielfalt und Präsenz an unverwechselbaren, eigenen Stimmen in der Marketingwissenschaft, die heutzutage weniger ausgeprägt zu finden sind. Autoren wie *Findeisen, Vershofen, Nieschlag* oder *Schäfer* verwen-deten einen individuellen Sprachstil, der nicht nur Ausdruck einer rhetorischen Präsenz war, sondern ebenso die bewußte persönliche Stellungnahme beinhaltete.

Wir haben aber auch Enttäuschungen durchlebt. Das hektischer werdende Publikationsverhalten führt neben innovativen Leistungen zu vielen „me-too"-Publikationen und zu einem z.T. etwas sorglosen Umgang mit geistigem Eigentum, indem bei Übernahmen nicht die Ursprünge von Theorien zurückverfolgt werden. Außerdem hat die Streitkultur unter Wissenschaftlern als Antriebskraft des Fortschritts nachgelassen. Es entsteht der Eindruck, daß Zeit und Mut für konstruktive Auseinandersetzungen zunehmend fehlen und auch in der Wissenschaft der Zeitgeist des „Leben und Lebenlassens" in individuellen Nischenpositionen eingezogen ist. Bequemes Harmoniestreben wird vielleicht allzu leicht mit der Tugend der Toleranz verwechselt.

Uns erscheinen angesichts dieser Erfahrungen mit der Marketinggeschichte die folgenden zwei Punkte als besonders signifikant für die Zukunft:

a) die wissenschaftlich fundierte Reflexion theoretischer Bezüge,

b) die Krisenbewältigung der Marketingwissenschaft durch die Umsetzung ihrer eigenen Erkenntnisse.

ad a) Die wissenschaftlich fundierte Reflexion theoretischer Bezüge

Die Marketingwissenschaft ist kein autarkes System. Ihre Fort- und Weiterentwicklung ist seit Beginn an von der Integration externer Konzepte geprägt gewesen. Dies vollzog und vollzieht sich nicht nur auf der Ebene der Beziehung zu anderen Disziplinen, sondern auch innerhalb der Disziplin, wenn Konzepte aus einem anderen sozialen und kulturellen Kontext wie den USA in die deutsche Marketingwissenschaft übernommen werden. Im Rahmen der aktuell diskutierten Marketingansätze tauchte dieses Phänomen bspw. in dem Beziehungsmarketing auf (mit den Vorschlägen einer theoretischen Fundierung über Austauschtheorien, dem Symbolischen Interaktionismus oder Systemansätzen), dem gesellschaftsorientierten Marketing (mit der potentiellen Übernahme von Theorien wie der Neuen Institutionenökonomik, der Evolutionstheorie oder der Postmoderne), dem ökologieorientierten Marketing (hier insbesondere mit Anknüpfungen an die Biologie und Systemtheorien) oder in dem Dienstleistungsmarketing (mit der Verbindung von anglo-amerikanischen Ansätzen und der Nordischen Schule).

Trotz einer Kritik an einem zu intensiven Rückgriff auf andere Disziplinen, die zu einer Vernachlässigung einer originären Theorieentwicklung geführt habe (vgl. z. B. *Sheth/Gardner/Garrett*, 1988, S. 187), wird die Interdisziplinarität in Zukunft eher noch an Bedeutung zunehmen. Die geschichtliche Betrachtung hat hier gezeigt, daß die Bezugnahme auf externe theoretische Konstrukte den Normalfall einer gelungenen theoretischen Weiterentwicklung darstellt. Dies reicht von den ursprünglichen Wurzeln des Marketing in volkswirtschaftlichen Ansätzen bis hin zur „Blütephase des Marketing", als in den 50er und 60er Jahren durch die Bezüge auf Verhaltenswissenschaften und Mathematik wichtige theoretische Pfeiler erarbeitet wurden. Allerdings gibt es auch Beispiele für weniger gelungene Erkenntnistransfers, wie den Aufstieg und Fall motivationspsychologischer Modelle im

Marketing. Hier wird die fehlende Überprüfung theoretischer Inkonsistenzen besonders deutlich. Die quantitative Operationalisierung einer psychologischen Theorie, die nach *Freud* zur subjektiven Interpretation von Krankheitsverläufen eingesetzt wurde, war von vornherein zum Scheitern verurteilt. Die spätere Integration im Rahmen der interpretativen Konsumentenforschung zeigt aber auch, daß hier nicht grundsätzliche Inkompatibilitäten zum Mißerfolg führten, sondern vielmehr die mangelnde *prozessuale Qualität* der Übernahme.

Als Schlußfolgerung ergibt sich daraus die dringende Notwendigkeit einer a priori Prüfung möglicher Inkompatibilitäten. Ein derartiges Prüfungsfeld stellt die *Abb. 6-1* dar. Hier findet sich eine Umsetzung der dem Buch zugrunde gelegten Annahme, daß theoretische Ideen nicht in einem Vakuum entstehen und existieren, sondern in einer Beziehung zu konkreten historischen Situationen. So erhalten Konstrukte ihre spezifische Bedeutung durch die Einbettung in Theorien, die wiederum einer bestimmten „Forschungstradition" bzw. einem „*Paradigma*" zugeordnet werden. Als primäre Elemente können hier unterschieden werden

– die Grundannahmen
    vgl. z. B. den Methodenstreit zwischen reiner und praktisch-normativer Wissenschaftsauffassung in *Kap. 3.2.1*,

– der soziale Kontext
    vgl. z. B. die Entwicklung der Erweiterungs- und Vertiefungskonzepte in *Kap. 4.2.1.2* und

– das spezifische Forschungsinteresse
    vgl. z. B. die strategischen und verbraucherpolitischen Strömungen im Nachkauf- und Beziehungsmarketing in *Kap. 5.2.4.4.*

In einem ersten *intraparadigmatischen Prüfungsschritt* liegt der Schwerpunkt auf der paradigma-inhärenten Perspektive. Prüfungskriterien beziehen sich zum einen auf die Art und Weise der Konstruktnutzung und auf die Identifikation der paradigmatischen Einbettung des eigenen und fremden Ansatzes. Als Beispiel kann das Gesellschaftsorientierte Marketing angeführt werden (vgl. *Kap. 5.2.5.3.2*), wo die intraparadigmatische Prüfung der Abschätzung von Grenzen und Risiken einer paradigmatischen Synthese dienen kann. Im Vordergrund stände dabei die systematische Herausarbeitung konzeptioneller Implikationen verschiedener Grundannahmen, wie z. B. der methodologische Individualismus oder die Dominanz sozialer Systeme für die Verwendung des Konstruktes „Austausch" in den verschiedenen Paradigmen. Für die *interparadigmatische Prüfung* steht die Frage nach Inkompatibilitäten der Forschungsprogramme und deren Konsequenzen im Vordergrund.

Neben dieser globalen Prüfung ist eine Analyse des kontextualen Wandels der Konstrukte erforderlich. Zu achten ist dabei insbesondere auf die Wahrung einer Konstanz von Inhalts-, Bezeichnungs- und Abstraktionsebene (vgl. *Anderson/*

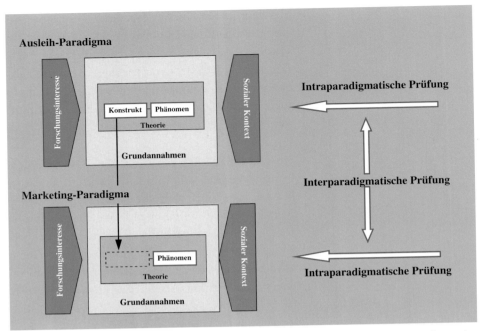

Abb. 6-1: Ein Prüfungsfeld zur wissenschaftlich reflektierten Übernahme externer Konstrukte nach Murray/Evers/Janda, 1995

Venkatesan, 1987, S. 278). Als Beispiel kann das Beziehungsmarketing angeführt werden, bei dem US-amerikanische Modelle zum Einfluß des Vertrauens und der Bindungskraft von Beziehungen in das deutsche Paradigma integriert werden. Die ersten kulturvergleichenden Studien zum Beziehungsmarketing weisen darauf hin, daß der Grad kooperativ oder konfliktär geprägter Marktverhältnisse durchaus Einfluß auf die Rolle des Vertrauens für Beziehungen haben kann (vgl. *Kap. 5.2.4.4.3*). Eine interparadigmatische Überprüfung könnte hierbei wichtige Impulse für die weitere theoretische Entwicklung geben.

Als eine Folgerung aus der geschichtlichen Betrachtung kann somit die Empfehlung für einen *bewußten und reflektierten* Ausleihprozeß stehen. Dieses Vorgehen steht im Gegensatz zu einem unreflektierten Ausleihen, einem naiven Empirismus („die empirische Prüfung wird die Nützlichkeit der Konstrukte schon zeigen") oder einem opportunistischen Ausleihen. Dadurch läßt sich auch eine Form des Ausleihens vermeiden, die man als das „Stille-Post"-Phänomen bezeichnen kann, nämlich wenn eine Integration von externen Konstrukten auf vorherigen Integrationen basiert und Konstrukte auf diese Weise kontinuierlich den Bezug zum Ursprungskontext verlieren. Ein somit reflektierterer Umgang mit Übernahmen aus anderen Disziplinen würde auch das Phänomen modischer Inflationierung von Begriffen reduzieren.

ad b)   die Krisenbewältigung der Marketingwissenschaft durch die Umsetzung ihrer eigenen Erkenntnisse

In *Kap. 5.2.1* wurden drei aktuell diskutierte Problembereiche der Marketingtheorie identifiziert. Als Wissenschaft befindet sie sich demnach in einer *Kompetenzkrise,* die veränderte Unternehmensrealität bedingt eine *Praxiskrise,* und in der gesellschaftlichen Wahrnehmung zeigt sich eine *Legitimationskrise.* Dazu wurde die historische Kontinuität einer Krisendiskussion mit ihren positiven Potentialen aufgezeigt, und es wurden konträre Erfolgseinschätzungen der Marketingtheorie mit ihrer *Methoden- und Theorievielfalt* und ihrer *Problemlösungskraft* angeführt. Allerdings dürfen dabei die realen Ursachen der gegenwärtigen Krisendiskussion nicht vernachlässigt werden.

In der Geschichte des Marketing wurde als prägnantes Entwicklungsmuster eine zunehmende Erweiterung der potentiellen Marketingnutzer und -objekte beschrieben. Aber selbst wenn *Kotler* im Rahmen des Generic Concepts (vgl. *Kap. 4.2.1.2.2*) die universale Anwendung des Austauschgedankens vorschlägt, so wird ein Marketingnutzer bisher konsequent vernachlässigt, nämlich die Marketingwissenschaft selbst. Es gibt inzwischen zwar Ansätze eines Bildungs- und Hochschulmarketing (vgl. z. B. *Alewell,* 1977; *Trogele,* 1994), jedoch fehlt eine Nutzung marketingtheoretischer Erkenntnisse für das System Marketingwissenschaft im Sinne eines „*Marketing für das Marketing*", wie sie hier am Beispiel der Krisendiskussion umgesetzt werden soll.

Einen Anknüpfungspunkt bieten *Peter* und *Olsen* (1983), die den Marketingcharakter der Wissenschaft betont haben. Demnach vermarktet die Marketingwissenschaft als *Produkt* Ideen in Form von Theorien mit dem Ziel der Übernahme in den Zielsegmenten. Hierzu zählen primär andere Wissenschaftler (Kollegen, Doktoranden, Studenten) und potentielle Marketinganwender (Unternehmen, Organisationen, Studenten als Multiplikatoren). Die *Distribution* kann z. B. über Arbeitspapiere, Artikel, Bücher oder Vorträge erfolgen, die wiederum durch *kommunikative Maßnahmen* wie Buchankündigungen oder direkte Gespräche unterstützt werden. Als *Preis* zahlen die Ideen-Abnehmer Adaptionskosten in Form von Zeit für die Beschäftigung mit den Ideen, möglichen Umstellungskosten (gegebenenfalls mit psychologischen Kosten der Modifikation eigener Ansichten) und von Zusatzkosten für Weiterbildungen oder notwendige Anschaffungen (Software, Meßgeräte, etc.) zur Umsetzung der Ideen. Wird nun die Marketingwissenschaft im Kontext ihrer Austauschbeziehungen mit wichtigen Stakeholdern betrachtet, ergibt sich eine Heuristik wie sie in *Abb. 6-2* dargestellt ist.

Hier stellt sich die *Praxiskrise* als ein Problem der Kundenbeziehungen dar, die *Kompetenzkrise* führt zur Betrachtung der Konkurrentenbeziehungen und die *Legitimationskrise* zur Thematisierung der Beziehungen zwischen Marketingwissenschaft und gesellschaftlichen Anspruchsgruppen.

Praxiskrise und die Kunden der Marketingwissenschaft
In der Darstellung der Beziehungen zu den Marketinganwendern der Praxis wird eine nachlassende Kundenbindung festgestellt. Als Handlungsempfehlungen für die Marketingwissenschaft steht hier eine *stärkere Bedürfnisorientierung* und eine

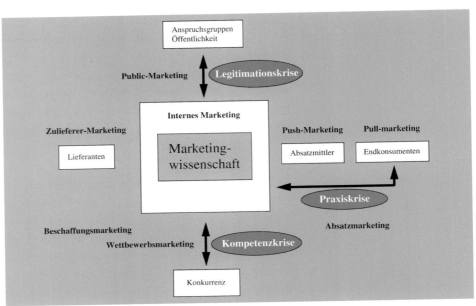

Abb. 6-2: Die Betrachtung der Marketingwissenschaft als potentieller Marketinganwender

verbesserte Produktpolitik im Vordergrund. Im Rahmen einer intensiveren
Bedürfnisorientierung lassen sich als positive Trends insbesondere die empirische
Forschung zu realen Schlüsselvariablen und Erwartungen von Marketingmanagern
anführen (z. B. *Meffert/Kirchgeorg*, 1994a). Eine wichtige produktpolitische
Maßnahme zur Verbesserung von Marketingideen zeigt sich z. B. im Beziehungs-
marketing in Form der Konzentration auf die Kundenorientierung und der stärke-
ren Thematisierung nachkaufbezogener Aspekte der Adaption von Marketing-
ideen. So stellt sich z. B. die Frage, was nach der Übernahme von Marketingideen
passiert. Die Beantwortung kann über die theoretische Berücksichtigung von
Implementierungsproblemen erfolgen oder über das Interne Marketing, das die
Funktionsfähigkeit von Marketingkonzepten durch eine Umsetzung innerhalb der
Unternehmen erhöht.

Bei einer Auslegung dieser Kundenorientierung dürfen nun allerdings im Rahmen
einer pluralistischen Wissenschaftsauffassung wichtige Kunden wie Verbraucher-
organisationen, Kulturinstitutionen, öffentliche Verwaltung etc. nicht vernachlässigt werden. Eine einseitige Marktdefinition für die Marketingtheorie würde die
Entfaltungsmöglichkeiten behindern und dem Gedanken einer sozialen Verantwortlichkeit nicht gerecht werden. In diesem Sinne kann an eine „Unternehmensethik der Marketingwissenschaft" gedacht werden, die einer stärkeren Thematisierung bedarf.

Desweiteren gibt es unterschiedliche Ziele und Motivationen der Wissensproduk-
tion im Marketing, was aber nicht zur Trennung der Absatzmärkte in einen Markt
für die Praxis und einen anderen für die Wissenschaft führen sollte. Ließe die Marketingwissenschaft die Praxis als Abnehmer ihrer Ideen außer acht, so bestände die

Gefahr einer „l'art pour l'art"-Wissensproduktion. Eine Vernachlässigung der Wissenschaftsorientierung in Form einer reinen Praxisberatung könnte allerdings auch in eine wissenschaftliche Stagnation umschlagen. Der von *Tietz* als sequentielle Verbindung bezeichnete Zusammenhang (vgl. *Tietz,* 1993c, S. 225) zeigt sich in der Ideenproduktion, die sich z. B. auf die Verbesserung von Forschungsmethoden richtet. Trotz primär wissenschaftlicher Ausrichtung werden hier auch Potentiale zur Verbesserung praxisrelevanter Handlungsempfehlungen entwickelt.

Kompetenzkrise und die Konkurrenten der Marketingwissenschaft
Im Dienstleistungs- und Beziehungsmarketing wurde auf die Gefahr disziplinärer Positionseinbußen hingewiesen. Eine marketingtheoretische Umsetzung des Problembereichs verweist auf die Notwendigkeit eines *Wettbewerbsmarketing* für die Marketingwissenschaft. Im Rahmen einer Konkurrenzanalyse zeigen sich hier z. B. die Ingenieurswissenschaften (TQM-Diskussion), die Psychologie (Werbeforschung) aber auch Unternehmensberater als potentielle Konkurrenten. Um drohenden Marktanteilsverlusten entgegenzuarbeiten, bieten sich für die Marketingwissenschaft Konzepte vom Benchmarking als Lernen von den Qualitäten der Wettbewerber (vgl. *Leibfried/McNair,* 1992) bis hin zu strategischen Allianzen an.

Bei der Konzentration auf die deutsche Marketingwissenschaft tritt als zusätzlicher Konkurrent insbesondere die amerikanische Marketingwissenschaft hinzu. 1970 verband *Meffert* (1970, S. 683f.) die Feststellung von Wettbewerbsvorteilen der amerikanischen Marketingtheorie mit der Hoffnung, den verbliebenen Vorsprung in ein paar Jahren aufzuholen. Diese Hoffnung hat sich hinsichtlich einer immer noch deutlichen Präferenz für amerikanische Marketingideen nicht ganz erfüllt. Zum einen ist hier eine forcierte Darstellung eigener, originärer Forschungsleistungen im internationalen Kontext notwendig, wobei mehr Publikationen in englischer Sprache notwendig wären, und zum anderen eine stärkere Kooperation der Marketingwissenschaft auf europäischer Ebene, um ein Gegengewicht aufzubauen. Eine wichtige Grundlage bildet dafür die Marketinggeschichte. Das Wissen um andere Traditionslinien und Perspektiven baut Mißverständnisse ab und schafft ein Bewußtsein dafür, daß es neben dem Import amerikanischer Ideen auch die Möglichkeit des Bezuges auf eine reichhaltige deutsche, bzw. europäische Marketingwissenschaft gibt.

Legitimationskrise und gesellschaftliche Anspruchsgruppen der Marketingwissenschaft
Die Marketingpraxis als sichtbarste Artikulation unternehmerischen Handelns steht in der gesellschaftlichen Kritik. Zieht man sich nicht auf den Standpunkt zurück, daß das alleinige Problem in einer mangelhaften Umsetzung der Marketingideen in der Praxis begründet sei, dann berührt diese Kritik auch die Marketingwissenschaft. Ihr kann hier neben inhaltlichen, also produktpolitischen Aspekten ein klassisches *Imageproblem* attestiert werden. Weder die dem Kunden zugute kommenden Marketingideen, noch die positiven gesellschaftlichen Lösungsangebote für soziale Probleme wie Umweltverschmutzung, Obdachlosigkeit oder

@ Nr. 9
„Right now I think I'm gonna plan a new trend
Because the line on the graph's getting low
And we can't have that
And you think, you're immune but
I can sell you anything
Anything from a thin safety pin
To a pork pie hat"

Joe Jackson, 1979

445

Drogenkonsum werden wahrgenommen. Es scheint, als würde das Marketing immer noch vielfach mit Werbung und einer „Oberflächenkosmetik" gleichgesetzt. Für die Marketingwissenschaft ist deshalb eine intensivere *Öffentlichkeitsarbeit,* gestützt auf empirische Imageanalysen, notwendig. Darüber hinaus ist hier aber auch ein Inhaltsproblem zu lösen. Ein innovativer und konstruktiver Umgang mit Legitimationsfragen kann dazu beitragen, gesellschaftliche Aufgaben der Wissenschaft und somit auch der Marketingwissenschaft besser zu erfüllen. So wäre - auf einer proaktiven Kommunikationspolitik aufbauend - die Nutzung dialogischer Verfahren für die Marketingwissenschaft selber denkbar. Wieso sollte für die Marketingwissenschaft nicht das möglich sein, was z. B. in der Philosophie praktiziert wird, wo romanhafte Umsetzungen (vgl. *Gaarder,* 1993) oder Diskussionsgruppen an Alltagsorten die positive gesellschaftliche Wahrnehmung förderten.

Am Schluß sei noch einmal betont, daß diese hypothetische Betrachtung der Marketingwissenschaft auf Analogien beruht. Deshalb stellt sich weniger die Frage, ob die Marketingwissenschaft wirklich ein potentieller Marketinganwender *ist.* Vielmehr sollte die Frage nach der *Nützlichkeit* der Analogie im Vordergrund stehen. Unseres Erachtens kann diese Perspektive bekannte Probleme neu darstellen und zur kreativen Findung von Problemlösungen genutzt werden. Was in jedem Fall daraus entnommen werden kann, ist die eindringliche Empfehlung, daß die Marketingwissenschaft ihre Erkenntnisse für sich selbst ernster nehmen und sie in diesem Sinne verarbeiten sollte. Auch das beste Produkt ist nur dann qualitativ wertvoll, wenn die Abnehmer daraus Nutzen ziehen können.

Dabei kann das „Marketing für das Marketing" durchaus mit einem gerechtfertigten „Produzentenstolz" umgesetzt werden, wie er sich auch in unserer geschichtlichen Betrachtung niedergeschlagen hat. Wir teilen damit die Hoffnung, daß die derzeitigen Endabrechnungen keinen finalen Schlußstrich mit dem Vergangenen vollziehen, sondern auch als Anlaß zur intensiveren historischen Beschäftigung genutzt werden. Ein Verweilen in den geschichtlichen Splittern vermag den – von *Walter Benjamin* ausgeliehenen – „Engel der Marketinggeschichte" dazu befähigen, statt blind vom Sturm des Fortschritts hinweggeweht zu werden, sich im Wissen um die Vergangenheit offenen Auges der Zukunft zuzuwenden.

Anhang I: Auswertung einer Umfrage zur Marketinggeschichte

Im Rahmen einer schriftlichen Befragung wurden 114 Marketingprofessoren an deutschsprachigen Hochschulen im Wintersemester 1997/1998 angeschrieben. Die Intention bestand darin, mittels einer Expertenbefragung für unsere subjektive Rekonstruktion der Marketinggeschichte einen weitestgehend konsensualen Bezugspunkt zu erhalten. Neben der Frage nach der Relevanz eigener und fremder Beiträge wurde zudem nach der Einschätzung von Funktion und Bedeutung der Marketinggeschichte gefragt. Es war hierbei nicht beabsichtigt, eine repräsentative Rangliste von Wissenschaftlern über die Wertschätzung im Kollegenkreis zu erhalten. Deshalb wurde auch bewußt auf die Vorgabe von Kriterien verzichtet, die ein derartiges Urteil stützen könnten. Vielmehr diente die Offenheit der Fragestellung auch einer Interpretation der Antworten hinsichtlich des zugrunde gelegten Sinn- und Kriterienzusammenhangs. Als Rücklauf ergab sich eine Quote von 58% (= 66 beantwortete Fragebögen). Die Antwortstrategien reichten hierbei von der Beantwortung nur einzelner Fragen bis hin zu beigelegten ausführlichen Begründungen. Die Auswertung bestand aus einer Häufigkeitsanalyse sowie einer ergänzenden interpretativen Textanalyse. Die wichtigsten Ergebnisse können wie folgt zusammengefaßt werden:

Frage 1: Sollte die Marketinggeschichte Bestandteil der Marketinglehre sein?

Von den gültigen 65 Antworten sind 83% positiv. Zum Ausdruck kommt hierbei aber weniger eine reale Präsenz im Lehrprogramm, als vielmehr die soziale Wertschätzung einer historischen Betrachtung der Disziplin im akademischen Kontext. Dies zeigt sich deutlich bei den angeführten Erläuterungen. Neben den wissenschaftlichen Begründungen für eine Aufnahme in das Lehrprogramm – die der Frage 2 zuzuordnen sind – steht bei den positiven und negativen Antworten deutlich die Praxis der Lehre im Vordergrund. Einer individuellen Wertschätzung werden oft die bestehenden Restriktionen entgegengestellt. Zum einen wird auf das jetzt schon „ausufernde" Lehrangebot hingewiesen. Zum anderen präferieren die Befragten eine Auslagerung der Marketinggeschichte in das Hauptstudium, das Promotionsstudium oder in eine allgemeine Wirtschafts- bzw. Betriebswirtschaftsgeschichte.

Frage 2: Es heißt, man könne aus der Geschichte lernen. Was wäre Ihrer Meinung nach die wichtigste Lehre aus der Marketinggeschichte für die zukünftige Weiterentwicklung der Marketingwissenschaft?

Die Antworten lassen sich in drei große Gruppen einordnen: Marketinggeschichte als Korrektiv, als Legitimation und als Innovator.

– Marketinggeschichte als *Korrektiv*

Über 25% der Antworten stellen den Aspekt des Korrektivs in den Vordergrund. Die Marketinggeschichte dient hierbei einer Neubewertung dessen, was als „wirklicher" Fortschritt in der Wissenschaftsentwicklung zu beurteilen sei. Es artikuliert sich dabei eine Unzufriedenheit über eine Vielzahl vermeintlicher Innovationen, bei denen es sich im historischen Kontext nur um bewußte oder unbewußte Wiederentdeckungen handelt. Eine „Zukunftsbewältigung" ist demnach nur über eine korrigierende Funktion der Marketinggeschichte möglich.

– Marketinggeschichte als *Legitimation*

Ein gleich großer Prozentsatz mit ebenfalls über 25% sieht in der Marketinggeschichte die Funktion einer Bestätigung für gewünschte Entwicklungen. Beachtung finden dabei weniger die prozessualen als vielmehr die inhaltlichen Aspekte der Marketinggeschichte. Nach Meinung der Befragten legitimiert die Marketinggeschichte so unterschiedliche normative Forderungen wie nach einer stärkeren Marktorientierung der Marketingpraxis, einer stärkeren Beachtung der Praxisprobleme oder der Rahmenbedingungen durch die Marketingwissenschaft sowie einer intensiveren qualitativen, ökonomischen, globalen oder verhaltenswissenschaftlichen Ausrichtung.

– Marketinggeschichte als *Innovator*

Mit über 30% stellt die Kategorie der Innovatorfunktion nach Meinung der Befragten die dominante Lehre aus der Marketinggeschichte dar. Hierzu zählen die Potentiale einer Erneuerung der Marketingwissenschaft aus einer verstärkten historische Perspektive heraus. Das Bewußtwerden von Vielfalt, Veränderungen und Dynamik der bisherigen Marketinggeschichte wird dabei als innovationsfördernd angesehen. Es ermöglicht demnach ein Denken in Komplexität, in verschiedenen Paradigmen und innerhalb verschiedener Kontexte.

Frage 3: Welche(r) deutschsprachige Marketingwissenschaftler(in) wird in seinem (ihrem) Beitrag für die Marketinggeschichte am meisten unterschätzt?

Bei insgesamt 25 angeführten Wissenschaftlern werden mit jeweils vier Nennungen am häufigsten erwähnt: Werner H. Engelhardt, Erich Gutenberg und Erich Schäfer. Danach folgten mit jeweils zwei Nennungen Erwin Dichtl, Ursula Hansen, Klaus-Peter Kaas, Werner Kroeber-Riel, Paul W. Meyer, Karl Oberparleiter und Wilhelm Vershofen. Diese Frage wurde von fast der Hälfte der Befragten nicht beantwortet. Es zeigt sich eine große Unsicherheit bezüglich möglicher anzuwendender Kriterien. Angesichts einer hohen Überschneidung mit der folgenden Frage nach den Leitbildern (14 der hier genannten Wissenschaftlern wurden auch als Leitbilder genannt) ist von einem dominanten Kriterium der wahrgenommenen Diskrepanz zwischen individueller und öffentlicher Wertschätzung – die sich z. B. in Zitierungen niederschlägt – auszugehen. Interessant sind hier auch die Begründungen einer Antwortverweigerung, die von den Antworten „keiner" und „Marketingwissenschaftler werden in der Regel eher überschätzt" bis hin zu „fast die gesamte zweite Generation" oder die ironische Antwort „ich" (mehrfach) reichen.

Frage 4: Welche zwei Wissenschaftler(innen) sind Ihre stärksten wissenschaftlichen Leitbilder?

Mit Abstand am häufigsten wird Werner Kroeber-Riel 14 mal angeführt. Danach folgen Erich Gutenberg mit 9, Heribert Meffert und Erich Dichtl mit jeweils 7 sowie Karl Popper mit 5 Nennungen. Bei insgesamt 47 erwähnten Leitbildern zeigt sich eine starke Streuung, die auch (wie oben Karl Popper) Namen außerhalb der Marketingwissenschaft beinhaltet. Diese reichen von Isaac Newton und Friedrich v. Hayek bis hin zu Eugen Drewermann. Als Kriterium wird oft die Zugehörigkeit zu einer bestimmten Forschungsgemeinschaft verwendet, was sich bspw. in der Nennung der akademischen Lehrer niederschlägt. Es zeigt sich aber auch eine gewisse Zurückhaltung gegenüber dem Konzept des „Leitbildes", was sich in Antwortverweigerungen oder Zusätzen wie „Kollegen, die ich schätze" oder „Kollegen, deren Arbeiten mir gefallen" artikuliert.

Frage 5: Welche beiden historischen Marketingpublikationen sollten Ihrer Meinung nach in keiner Zusammenstellung grundlegender Marketingtexte fehlen?

Bei insgesamt 55 angeführten Beiträgen wurden am häufigsten genannt:

8x: Erich Gutenberg (1955): Grundlagen der Betriebswirtschaftslehre, Bd. 2: Der Absatz
8x: Levitt, T. (1960): Marketing Myopia
6x: Nieschlag, R.; Dichtl, E.; Hörschgen (1968-1997): Marketing
5x: Kotler, P. (1972): A Generic Concept of Marketing
5x: Domitzlaff, H. (1939): Die Gewinnung des öffentlichen Vertrauens. Ein Lehrbuch der Markentechnik
5x: Kroeber-Riel, W. (1975): Konsumentenverhalten
5x Vershofen, W. (1940): Die Marktentnahme als Kernstück der Wirtschaftsforschung

Als Kriterien tauchen werkinhärente Aspekte auf wie Qualität der Darstellung, Innovationsgrad oder methodische Brillianz, aber auch über das Werk hinausgehende Kriterien wie das Auslösen von Diskussionen. Das Verhältnis von deutschen zu amerikanischen Autoren beträgt ca. 70% zu 30%. Probleme zeigen sich bezüglich des Begriffs der „historischen Marketingpublikation": Wo wird die Trennung zwischen Gegenwart und Vergangenheit verortet? In der Geschichtswissenschaft wird nicht von einer objektiven sondern kontingenten Trennung ausgegangen. Dies zeigt auch der sich ergebende Zeitraum, der von den ältesten absatzwirtschaftlichen Quellen vom Anfang des Jahrhunderts (Mataja, V. (1910): Die Reklame; Schär, J.F. (1911): Allgemeine Handelsbetriebslehre) bis hin zum Jahr 1993 (Engelhardt, W.H.; Kleinaltenkamp, M.; Reckenfelderbäumer, M.: Leistungsbündel als Absatzobjekte) reicht.

Die Unsicherheit gegenüber dem Begriff des „Historischen" belegen darüberhinaus auch die mehrfach auftauchenden Antworten wie „weiß nicht" oder „nie darüber nachgedacht". Selbst der Begriff der „Marketinggeschichte" wird dahingehend problematisiert, daß die Marketingwissenschaft noch zu jung für eine historische Betrachtung sei, bzw. die Frage nach der Zuordnung der absatzwirtschaftlichen Forschung in der ersten Hälfte des Jahrhunderts gestellt wird.

Anhang II: Liedtexte der verwendeten Musiktitel

Das von uns zusammengestellte Datenmaterial für die Marketinggeschichte nutzt auch Musik, die hier als kultureller Indikator betrachtet wird. Marketingphänomene wie Konsum, Eigentum, materialistische Orientierung oder Werbung werden eben nicht nur in Unternehmen oder Hochschulen diskutiert.

Die vorliegende Auswahl von 16 Stücken ist das Resultat von Recherchen, die sich auf den subjektiven Erfahrungsschatz der Autoren, auf fragmentarische Studien im Marketing und in der Musikwissenschaft sowie auf Diskussionen mit Kollegen stützten. Das Ergebnis sollte nicht als eine umfassende, vollständige Übersicht verstanden werden. Vielmehr bietet der musikalische Bereich ein reichhaltiges Potential für die Marketingwissenschaft, dessen Nutzung als Quelle zur Hypothesengenerierung, als Forschungsstimulus oder zur Stützung von Theorien bisher noch weitestgehend aussteht. Unsere Auswahl konzentriert sich auf den Bereich der Populärmusik. Im Vordergrund steht keine repräsentative Abbildung, bei der z. B. die jeweils erfolgreichsten Titel eines Jahres auf ihre Darstellung von Marketingphänomenen hin untersucht werden. Wir haben uns vielmehr auf Stücke konzentriert, die eine textliche Resonanz mit zeitspezifischen Marketingproblemen aus den jeweiligen Phasen aufweisen. Dies umfaßt dann sowohl sehr erfolgreiche Titel, als auch Titel, die kleinere Zielgruppen ansprachen. Letztere Stücke können dann weniger im Sinne eines breiten gesellschaftlichen Konsens interpretiert werden, sie zeigen jedoch die pointierte Artikulation einzelner Stimmungen.

Die Interpretation der Musiktitel setzt primär an den Liedtexten an. Für uns stellt die textliche Ebene zunächst den am leichtesten nachvollziehbaren Zugang zur Musik als Datenmaterial dar. Die weiteren musikalischen Parameter haben hier eine andere Funktion. Sie sollen den Hörern einen neuen Zugang zu den historischen Zeitphasen des Marketing ermöglichen. Wir glauben, daß Musik dabei neben Text und Bildern eine originäre Erfahrungsqualität erreichen kann. Dies beinhaltet zum einen die primäre akustische Wirkung, darüberhinaus jedoch auch durch zusätzliche Informationen wie die Patina der jeweiligen Stücke, deren Aufnahmequalität oder die spezifische Gesangsweise [1]. Im günstigsten Falle kann hier ein Bewußtsein dafür geschaffen werden, was im historischen Kontext als „normal" galt und heute vielleicht nur belustigend wirken mag.

Die Musik-CD zur Marketinggeschichte kritisiert somit auch eine künstliche Aufspaltung in zwei Lebensbereiche. Musik ist mehr als ein Analyseobjekt. Sie ist vielmehr eine Form der Welt-Wahrnehmung. Wer sich tagsüber – sei es als Student,

---

[1] Leider war es nicht für alle Titel möglich die jeweiligen Originalrechte zu erhalten. Hier haben wir Coverversionen einspielen lassen, die zwar die jeweilige Patina nur eingeschränkt wiedergeben können, u. E. aber durch die kreativen Interpretationen zum ästhetischen Reiz der Musik-CD nicht unwesentlich beigetragen haben.

Konsument, Marketingpraktiker oder -wissenschaftler – mit Marketing beschäftigt, muß deshalb nicht abends zu einem anderen Menschen werden, wenn er oder sie sich mit Musik oder anderen kulturellen Aktivitäten beschäftigt.

Musik-CD: „Marketing & Konsum"

1. Otto Reutter (1930): Ick wund're mir über gar nischt mehr
2. Billie Holiday (1952): These Foolish Things
3. Jupp Schmitz (1949): Wer soll das bezahlen?
4. Catarina Valente, Silvio Francesco, Peter Alexander (1956): Komm ein bißchen mit nach Italien
5. Hazy Osterwald-Sextett (1960): Konjunktur Cha-Cha
6. Simon & Garfunkel (1966): The Big Bright Green Pleasure Machine / Coverversion
7. Ton, Steine, Scherben (1971): Macht kaputt, was euch kaputt macht
8. Janis Joplin (1971): Mercedes Benz / Coverversion
9. Joe Jackson (1979): I'm the Man
10. The Slits (1979): Spend, Spend, Spend
11. Ideal (1980): Luxus
12. Phosphor (1980): Vor dem Regal (Liebeserklärung)
13. Herbert Grönemeyer (1983): Kaufen
14. Jonathan Richman (1986): Corner Store / Coverversion
15. Madonna (1986): Material Girl / Coverversion
16. Tote Hosen (1993): Kauf Mich / Coverversion

1. Otto Reutter (1930): Ick wund're mir über gar nicht mehr
Musik und Text: Otto Reutter, © Dreiklang-Dreimasken Verlag, Deutschland 1917
(P) PolyGram GmbH, mit freundlicher Genehmigung der PolyGram GmbH

Der beliebte Unterhalter Otto Reutter gilt als einer der legendärsten Couplet-Schreiber. In diesen kleinen Musikstücken, die eine Vorform des Schlagers bilden, griff er die alltäglichen Ereignisse der damaligen Zeit auf und verpackte sie in bissige Kommentare. Anders als seine zeitgenössischen Kollegen artikulierte er auch die Alltagsgefühle der „einfachen Leute". In dem hier verwendeten Couplet aus der Revue-Posse: „Geh'n sie bloß nicht nach Berlin" kommt die Zeit des Hungers, der Inflation und des Massenelends kurz nach dem ersten Weltkrieg zum Ausdruck.

Die Zeiten sind heute recht sonderbar,
det Wundern verlernt man janz und jar,
drum denke ick een für alle Mal:
„Wat ooch passiert, is mir egal,
und geht ooch alles die Kreuz und Quer,
ick wund're mir über garnicht mehr!"

Ick koofte mir kürzlich Ledersohl'n,
meine Frau ließ grade een Beefstück hol'n.
Det Beefstück war zäh und die Sohlen weich,
drum kocht' sie de Sohlen, ick fraß se gleich.
Uff det Beefstück loof ick noch heut umher,
ick wund're mir über garnicht mehr!

Man wird heut betrogen in eene Tour.
Ick koofte mir kürzlich 'ne große Uhr.
Na, det is een Ding, die macht Pläsier,
wenn die uff zwee steht, schlägt se vier,
und denn is't halb neun ungefähr,
ick wund're mir über garnicht mehr!

Ick koofte mir gestern von een'm Mann
zwee Frankfurter Würschte. Ick sah sie an:
„Sind det ooch Frankfurter?" Er sagt: „Ja"
Und wie ick se uffhabe, sagt er da:
„Det Pferd stammt direkt von Frankfurt her"-
ick wund're mir über garnicht mehr!

Det Sterb'n is bald teurer wie't Leben hier.
Et jibt jetzt schon Särge aus Packpapier.
Na, mir is't egal, ick bin nich stolz,
immer rin in die Pappe, ick brauch' keen Holz.
Lieg ick erst mal unten, ganz leger,
denn wund're ick mir über garnicht mehr!

Ick sagt' zu 'nem Mann: „Ick hab' genug,
Ick werd' aus die Steuerverordnung'n nich klug."
„ja", sagte er, „mir sind se ooch nich klar"-
Und wissen Sie denn, wat der Mann war?
Der war Obersteuersekretär!
ick wund're mir über garnicht mehr!

Wenn heutzutage een Minister geht,
dann bilden se een neues Kabinett.
Kabinettsbildung ist een schönes Wort.
Det Kabinett das haben se sofort
bloß mit de Bildung fällt's oft schwer
ick wund're mir über garnicht mehr!

Ick kam gestern in de Nacht nach Haus,
da räumten sie gerade mein'n Schreibtisch aus.
An meine Kommode stand een Mann,
der sagte zu mir: Fassen Sie doch mit an!
Sie seh'n doch, für een' is't zu schwer"-
Ick wund're mir über garnicht mehr!

Ick sucht' mir 'ne Wohnung und kriegt se nicht.
Jetzt hab ick 'ne Badestube gekriegt.
In de Badewanne wird's Bett gemacht,
der Hahn, der dröppelt die ganze Nacht.
Det Bett wird naß, keener weeß woher,
ick wund're mir über garnicht mehr!

Verkehrssteuern komm'n jetzt, die drücken sehr,
't wird immer verkehrter mit'm Verkehr.
Ick lernte 'ne Dame kennen hier,
ick ging mal ab und zu hin zu ihr.
Jetzt will die ooch Steuern, für'n „Verkehr"-
ick wund're mir über garnicht mehr!

Ne Hebamme war zu 'ner Frau bestellt,
da kamen gerade Zwillinge auff die Welt.
Als eener da war, da sagte sie:
„Acht Stunden sind 'rum, länger arbeite ich nie.
Den anderen den hole ich Morgen her." -
Ick wund're mir über garnicht mehr!

'n ollen Abreißkalender gab ick weg,
Mein Freund wollt' ihn zu'n jewissen Zweck.
Er kam Tag für Tag mit'm Datum aus.
Bloß wie die Obstzeit kam, mußt er öfter raus,
und Ende August sagt „Prost Neujahr!" er –
Ick wund're mir über garnicht mehr!

2. Billie Holiday (1952): These Foolish Things

Musik und Text: Harry Link, Jack Strachey, Holt Maschwitz, © Edition Boosey & Hawkes, Berlin, USA 1935
(P) Verve / PolyGram GmbH (LC: 0383), mit freundlicher Genehmigung der PolyGram GmbH

Dieses Stück kann als prototypische Darstellung der tieferen Produktbedeutungen charakterisiert werden. In der leidenschaftlichen Liebeserklärung verbinden sich Szenen des Konsums (wie Zigaretten, Flugzeug-Ticket, Seidenstrümpfe, Parfüm, Erdbeeren, Filme oder Bars) mit Erinnerungen an den geliebten Partner. Selten wurde die These, daß Menschen auch intensive emotionale Konsumerfahrungen über den Kauf hinaus machen, eindringlicher formuliert. Oder wie es der Konsumforscher Morris Holbrook mit Bezug auf die Textzeile „these things are dear to me" formulierte: „Any consumer researcher who listens to this expressive musical climax without getting the point has failed to harness the fusing energy of the human heart." (Holbrook, M. (1989): President's Column. In: ACR Newsletter, o.Jg. (June 1989), S. 3).

Oh will you never let me be
Oh will you never set me free
The ties that bound us
Are still around us
There's no escape that I can see
And still those little things remain
That bring me happiness or pain

A cigarette that bears a lipstick's traces
An airline ticket to romantic places
And still my heart has wings
These foolish things
Remind me of you

A tinkling piano in the next apartment
Those stumbling words that told you what my heart meant
A fairgrounds painted swings
These foolish things
Remind me of you

You came
You saw
You conquered me
When you did that to me I knew somehow this had to be

The winds of March that make my heart a dancer
A telephone that rings but who's to answer
Oh how the ghost of you clings
These foolish things
Remind me of you

Gardenia perfume lingering on a pillow
Wild strawberries only 7 francs a kilo

And still my heart has wings
These foolish things
Remind me of you

I know
That this
Was bound to be
These things have haunted me for you've entirely enchanted me

The sigh of midnight trains in empty stations
Silk stockings thrown aside and dance invitations
Oh how the ghost of you clings
These foolish things
Remind me of you

The smile of Garbo and the scent of roses
The waiters whistling as the last bar closes
The song that Crosby sings
These foolish things
Remind me of you

How strange
How sweet
To find you still
These things are dear to me that seem to bring you so near to me

The scent of smoking leaves the wail of steamers
Two lovers on the street who walk like dreamers
Oh how the ghost of you clings
These foolish things
Remind me of you
Just you ...

3. Jupp Schmitz (1949): Wer soll das bezahlen?

Musik: Jupp Schmitz, Text: Walter Stein, © Musikverlag Jupp Schmitz, Deutschland 1949

(P) PolyGram GmbH (LC: 5197), mit freundlicher Genehmigung der PolyGram GmbH

Dieser beliebte Karnevalsschlager hat sich inzwischen von seinem Entstehungskontext weitestgehend gelöst. Wenig bekannt ist der direkte Zusammenhang zu der Währungsreform im Nachkriegsdeutschland und den veränderten Marktverhältnissen. Dazu der Texter Walter Stein: „Morgens beim Rasieren. Wir hatten am Abend zuvor diskutiert. Wir entdeckten: Man muß in einem Liedtext dem Zeitgefühl Luft machen. Am nächsten Morgen fiel mir der Text ein und zwar sofort der ganze Refrain. 'Wer soll das bezahlen...?' Es war 1949. Es gab neues Geld und neue Bedürfnisse." (Linke, N. (1972): Karnevalsschlager. In: Helms, S. (Hrsg.): Schlager in Deutschland. Beiträge zur Analyse der Popularmusik und des Musikmarktes, Wiesbaden 1972, S. 112f.)

Sonntags, da sitzt in der Wirtschaft am Eck, immer ein feuchter Verein.
Bis gegen zwölf schenkt der Wirt tüchtig ein, dann wird das Taschengeld spärlich.
Vorigen Sonntag nun brachte der Wirt Runde um Runde herein,
bis gegen zwei Uhr der ganze Verein, fragte: Herr Wirt sag' uns ehrlich:

Refrain:
Wer soll das bezahlen, wer hat das bestellt,
wer hat soviel Pinke Pinke, wer hat soviel Geld?
Wer soll das bezahlen, wer hat das bestellt,
wer hat soviel Pinke Pinke, wer hat soviel Geld?

Kürzlich, da saß ich solide und brav, mit meiner Gattin zu Haus,
Plötzlich, da zog meine Gattin sich aus, wollt mich mit Neuem ergötzen.
Was denn, so dachte ich, das kennst du doch längst! Doch was dann kam, das war neu:
Wäsche und Strümpfe und Schuhe dabei. Da rief ich voller Entsetzen:

Refrain

4. Catarina Valente, Silvio Francesco, Peter Alexander (1956): Komm ein bißchen mit nach Italien

Musik: Heinz Gietz, Text: Kurt Feltz, © Edition Rialto Gerigmusik, Deutschland 1956

(P) PolyGram GmbH (LC: 0309), mit freundlicher Genehmigung der PolyGram GmbH

Der Schlager in den 50er Jahren war geprägt von einer neuen Lust am Verreisen. Insbesondere Italien war als Topos sehr beliebt und erschien als die Verkörperung aller Glücksversprechungen. Die reale Anziehungskraft wurde durch die geographische Nähe, einen günstigen Wechselkurs und vielleicht auch geringe Ressentiments aufgrund der gemeinsamen faschistischen Vergangenheit gefördert. Trotzdem hatten Ende der 50er Jahre nur 10% der deutschen Bevölkerung Italien bereisen können. Im Lichte von Tropfkerzen auf den „typisch italienischen" bastbespannten Weinflaschen träumte aber eine ganze Generation nach getaner Arbeit von dem blauen Meer, Nächten in San Remo und einem Leben als „schöne Reise".

Refrain:
Komm ein bißchen mit nach Italien,
komm ein bißchen mit an's blaue Meer
und wir tu'n als ob das Leben
eine schöne Reise wär'.
Komm ein bißchen mit nach Italien,
komm ein bißchen mit, weil sich das lohnt.
Denn am Tag scheint dort die Sonne
und am Abend scheint der Mond.

Aber dann, aber dann,
zeigt ein richt'ger Italiener
was er kann.
Aber dann, aber dann,
fängt beim Sternenschein die Serenade an.

Eine Nacht, eine Nacht in San Remo,
ist für uns so wunderschön.
Diese Nacht, diese Nacht in San Remo,
müßte nie zu Ende geh'n.

Refrain

Aber dann, aber dann,
zeigt ein richt'ger Italiener
was er kann.
Aber dann, aber dann,
fängt beim Sternenschein die Serenade an.

5. Hazy Osterwald-Sextett (1960): Konjunktur Cha-Cha
Musik: Paul Durand, Francis Lemarque, Text: Kurt Feltz, © Editions Paris Etoile, Paris, für Deutschland, Österreich, Schweiz: Edition Rialto Gerigmusik, Deutschland 1960
(P) PolyGram GmbH, mit freundlicher Genehmigung der PolyGram GmbH

Sarkastisch wurde der Zeitgeist des fortgeschrittenen Wirtschaftswunders vom Hazy Osterwald-Sextett kommentiert. Mußte Anfang der 50er Jahre noch das Träumen von fernen Ländern genügen, so profitierten inzwischen breite Schichten von dem Konjunkturaufschwung. Langsam setzte sich aber auch das Gefühl durch, daß es nicht mehr ständig aufwärts gehen wird. Wer sich noch den Traum von der kleinen, eigenen Firma erfüllen wollte, für den wurde es höchste Zeit, denn wer sich jetzt nicht sputete, der blieb auf der Strecke. Sechs Jahre später sang dann das Hazy Osterwald-Sextett bereits: „Der Fahrstuhl nach oben ist besetzt".

Refrain:
Geh'n Sie mit der Konjunktur {Geh'n Sie mit, geh'n Sie mit}
Geh'n Sie mit auf diese Tour. {Geh'n Sie mit, geh'n Sie mit.}

Nehmen Sie sich ihr Teil, sonst schäm'n Sie sich
und später geh'n Sie nicht zum großen Festbankett.

Refrain

Seh'n Sie doch, die andern steh'n schon dort
und nehm'n die Crème schon fort beim großen Festbankett.

Man ist, was man ist, nicht durch den inneren Wert, {den kriegt man gratis, wenn man Straßenkreuzer fährt.}
Man tut, was man tut, nur aus dem Selbsterhaltungstrieb,
{denn man hat sich nur selber lieb.}
Drum

Refrain

Holen Sie sich ihre Kohlen
wie der Krupp von Bohlen aus dem großen
Weltgeschäft

Ohjotoho!
C'est la vie, ohjo, Ohjotoho!
Und ich ziehe, ohjo, Ohjotoho,
meine Kursgewinne heut'.
{Pinke, Pinke, Pinke, Pinke}

Ohjotoho!
C'est bonheure, ohjo, Ohjotoho!
Und ich schwöre, ohjo, Ohjotoho,
auf die gute neue Zeit.
{Pinke, Pinke, Pinke, Pinke}

Refrain

Schöpfen Sie ihr Teil und schröpfen Sie.
Die andern köpfen Sie sonst später ohnehin.

Geh'n Sie mit der Konjunktur. {Geh'n Sie mit,
geh'n Sie mit.}
dreh'n Sie mit an dieser Uhr. {Geh'n Sie mit,
dreh'n Sie mit.}

Laufen Sie, wenn's sein muß raufen Sie
und dann verkaufen Sie mit Konjunkturgewinn.

Mein Freund hat 'ne Freundin und die ist, Gott
sei Dank,
{Chefsekräterin bei 'nem Boß von der Bank.}
Der Chef geht mit ihr soupieren und gibt ihr
dann im Schwips
{für uns're Aktien ein paar Tips.}
Drum

Refrain

Geld, das ist auf dieser Welt,
der einz'ge Kitt, der hält, wenn man davon
genügend hat.
Geld, das ist auf dieser Welt,
der einz'ge Kitt, der hält, wenn man davon
genügend hat.
Wenn man davon genügend hat, wenn man
davon genügend hat.

6. Simon & Garfunkel (1966): The Big Bright Green Pleasure Machine / Coverversion[*1]
Musik und Text: Paul Simon, © Paul Simon, USA 1966

Mit Anspielungen auf die düsteren Zukunftsvisionen eines Aldous Huxley und seinem Roman „Brave New World" erscheint hier die Marketingpraxis als eine monolithische Manipulationsmaschinerie. Die „normalen" Menschen sind demnach unzufrieden mit ihrem Arbeitsalltag – im Gegensatz zu den konsumkritischen Hippies – und ihnen wird als Scheinlösung das zu kaufende Glück angeboten. Gemäß der Theorie von den „falschen Bedürfnissen" produziert demnach der Kapitalismus ein Unglücklichsein, und seine scheinbaren Lösungsangebote des Konsums verstärken diesen Zustand nur noch. Interessanterweise stammt dieses Stück nicht von einer politisierten Rockband sondern von Musikern, die eher für ihre verträumten, weltfernen Liebeslieder bekannt wurden.

Do people have a tendency to dump on you
Does your group have more cavities than theirs
Do all the hippies seem to get the jump on you
Do you sleep alone when other sleep in pairs
Well there's no need to complain
We'll eliminate your pain
We can neutralize your brain

You'll feel just fine
Buy a big bright green pleasure machine

Do figures of authority just shoot you down
Is life within the business world a drag
Did your boss just mention that you'd better
shop around

To find yourself a more productive bag
Are you worried and distressed
Can't seem to get no rest
Put our product to the test
You'll feel just fine
Buy a big bright green pleasure machine

Do you nervously await the blows of cruel fate
Do your checks bounce higher than a rubber ball
Are you worried 'cause your girlfriend's just a
little late
Are you looking for a way to chuck it all

We can end your daily strife
At a reasonable price
You've seen it advertised in Life
You'll feel just fine
Buy a big bright green pleasure machine

7. Ton, Steine, Scherben (1971): Macht kaputt, was euch kaputt macht

Musik und Text: Krause/Möbius, © David Volksmund Verlag, Deutschland 1971 (P) David Volksmund Verlag und Produktion Ralph Steitz KG (LC: 3773), mit freundlicher Genehmigung der David Volksmund Verlag und Produktion Ralph Steitz KG

Anfang der 70er Jahre begann in der Bundesrepublik Deutschland die Fragmentierung des gesellschaftlichen Protests. Einige zog es in die Frauenbewegung, andere in marxistisch-leninistische Kadergruppen, einige versuchten den „Marsch durch die Institutionen", andere gingen zur „Politisierung des Proletariats" in die Fabriken oder als kämpfende Stadt-Guerilla in den Untergrund. Einig waren sie sich aber in der Ablehnung des „Konsumterrors", der für viele auch Gegengewalt legitimierte. Radikale Gruppen verstanden deshalb auch Kaufhaus-Brandstiftungen als solidarische Aktionen für das vietnamesische Volk, das sich dem amerikanischen Aggressor entgegenstellte. Gewalt gegen Sachen fand damals eine breite Akzeptanz und die als „Polit-Rockgruppe" bezeichneten „Ton, Steine, Scherben" lieferten dafür den Slogan.

Radios laufen
Platten laufen
Filme laufen
TV's laufen
Autos kaufen
Häuser kaufen
Möbel kaufen
Reisen kaufen
Wofür?

Macht kaputt,
was euch kaputt macht

Züge rollen
Dollars rollen
Maschinen laufen
Menschen schuften
Fabriken bauen
Maschinen bauen
Motoren bauen
Kanonen bauen
Für wen?

Macht kaputt,
was euch kaputt macht

Bomber fliegen
Panzer rollen
Polizisten schlagen
Soldaten fallen
die Aktien schützen
die Chefs schützen
das Recht schützen
den Staat schützen
Vor uns!

Macht kaputt,
was euch kaputt macht

8. Janis Joplin (1971): Mercedes Benz / Coverversion[*2]
Musik und Text: Joplin/McClure, © Strong Arm Music, USA 1971

Janis Joplin formulierte mit diesem Stück eine sarkastische Darstellung des American-Way-of-Life. Sie stellte ein materialistisches Ethos dar, bei dem eine tief verwurzelte Religiosität geschäftlichen Erfolg und ausgeprägten Konsum positiv bewertet, statt Askese und Enthaltsamkeit zu propagieren. Das Unternehmen Mercedes Benz verwendete 1996 dieses Musikstück in seinen amerikanischen Werbekampagnen. Ziel war es, die finanzkräftige Baby Boomer Generation anzusprechen, die sich einerseits nostalgisch an Woodstock erinnerte und andererseits auch die Früchte ihrer Arbeit genießen konnte. Der Aufschrei war derart groß, daß die Kampagne gestoppt werden mußte. Die protestierende Jugend von damals hatte sich zwar mit der Konsumwelt ausgesöhnt, eine kommerzielle Ironisierung des „Heiligtums der Gegenbewegung" ging ihr aber immer noch zu weit.

Oh lord won't you buy me a Mercedes Benz
My friends all drive porsches, I must make amends
Worked hard all my lifetime, no help from my friends
So oh lord won't you buy me a Mercedes Benz

Oh lord won't you buy me a color TV
Dialing for dollars is trying to find me
I wait for delivery each day until 3
So oh lord won't you buy me a color TV

Oh lord won't you buy me a night on the town
I'm counting on you lord, please don't let me down
Prove that you love me and buy the next round
Oh lord won't you buy me a night on the town

Oh lord won't you buy me a Mercedes Benz
My friends all drive porsches, I must make amends
Worked hard all my lifetime, no help from my friends
So oh lord won't you buy me a Mercedes Benz

9. Joe Jackson (1979): I'm the Man
Musik und Text: Joe Jackson, © Albion Music Ltd., GB 1979
(P) PolyGram GmbH, mit freundlicher Genehmigung der PolyGram GmbH

Die Betrachtung von Marketing und Konsum wurde Ende der 70er, Anfang der 80er Jahre komplexer. Was sich aber zunächst weniger änderte, war das Bild der Marketingpraxis in der populären Kultur. In Joe Jacksons Stück läßt sich eine Vielzahl von gängigen Klischees und Vorurteilen finden, die sich zu einem vernichtenden Urteil bündeln. Marketingmanager sind demnach zynische, unmoralische, allein vom Geld besessene Verkäufer, die dem Konsumenten nur unnötige Dinge aufzwingen wollen. In der Marketingtheorie ähnelt dieses Bild dem der Verkaufsorientierung. Bei Joe Jackson wird dieser Haltung aber darüber hinaus ein böser Wille zugeschrieben.

Pretty soon now you know I'm gonna make a comeback
And like the birds and the bees in the trees
It's a sure-fire smash

I'll speak to the masses through the media
And if you've got anything to say to me
You can say it with cash

Cause I've got the trash and you got the cash
So baby we should get along fine

Refrain:
So give me all your money cause I know you
think I'm funny
Well can't you hear me laughing can't you see me
smile
I'm the man {I'm the man I'm the man I'm the
man}
I'm the man who gave you the hula-hoop
I'm the man {I'm the man I'm the man I'm the
man}
I'm the man that gave you the yo-yo

Kung Fu oh that was one of my good ones
Well what's a few broken bones when we all
know
It's good clean fun
Skateboards I've almost made them respectable
You see I can't always get through to you
So I go for your son

I had a giant rubber shark and it really made a
mark
Did you looka looka lookit all the blood

Refrain

Right now I think I'm gonna plan a new trend
Because the line on the graph's getting low
And we can't have that
And you think you're immune but I can sell you
anything
Anything from a thin safety pin
To a pork pie hat

Cause I've got the trash and you got the cash
So baby we should get along fine

Refrain

I'm the man …

10. The Slits (1979): Spend, Spend, Spend

Musik und Text: The Slits/Palmolive, © The Slits/Palmolive, GB 1979
(P) Island / PolyGram GmbH (LC: 0407), mit freundlicher Genehmigung der
PolyGram GmbH

Bei der Frauen-Punkband „The Slits" scheint sich auf den ersten Blick die
Konsumkritik der späten 60er Jahre zu wiederholen. Der Kontext hatte sich aber
geändert. Die einfachen Dichotomien des „Gut – Böse", „Wir – die Anderen" und
„Entfremdetes Leben - Wahres Leben" hatten sich aufgelöst. So erscheint der
Konsum bei den Slits nicht einfach als Problem einer anderen, „bösen" Gesell-
schaft. Die Ich-Figur des Stückes steht in einem komplexen Feld von eigenen
Bedürfnissen, Ängsten und Erfahrungen von Konformitätsdruck und Rollen-
anpassung. Aus einer subjektiven Alltagssicht wird hier durchaus anerkannt, daß
Einkaufen auch eine empfundene Leere ausfüllen und Trost spenden kann.
Allerdings wird über den Chor im Refrain ebenso der potentielle Suchtcharakter
betont.

I'm chops in a flight behind but at least it's raining
I've a tendency to get bored to cooking
Recently my die life seems to have no meaning
I'm stucked with someone, we're not
communicating

Refrain:
I want to buy {can you be affected?}
I need consoling {you could be addicted}
I need something new

Something to be new would do
I want to satisfy this empty feeling
I need something new
something to be new will do
I want to satisfy this empty feeling

Walking down the streets looking in the windows
The TV, the lights, flickering, in those windows
Imaging myself moving in the kitchens
Somehow, I don't know, it should look so tempting

Refrain

I've got a new improved remedy
To all my lonely fantasies
When I spy myself with something new

Going home into bed, when I've treated myself
Life ain't quite so hard after a hard days work
I have found a hunch away gets rid of all my
worries
It's not pilgrimages stopping me committing a
crime

I have to buy {can you be affected?}
I need consoling {you could be addicted}
I need something new
Something to be new would do
I want to satisfy this empty feeling
I need something new
Something to be new will do
I want to satisfy this empty feeling

I've got a new improved remedy
To all my lonely fantasies.

11. Ideal (1980): Luxus

ISRC: DE-A62-92-6-057-0

Musik und Text: A. Humpe, A. Humpe, Krüger, Berendt, Deuker, ©
P.O.E.M.-Verlag, Deutschland 1980

(P) 1980 WEA Records / Warner Music Germany GMBH (LC: 4281) mit freundlicher Genehmigung der WEA RECORDS. Ein Geschäftsbereich der WARNER
MUSIC GERMANY GMBH

Ein Jahrzehnt nach „Ton, Steine, Scherben" war der Traum von einer anderen
Gesellschaft ausgeträumt. Die sozial-liberale Ära neigte sich ihrem Ende zu. Die
neue Jugend lebte den Kult des Mißverstehens. Die Lektion vergangener Generati-
onsschlachten lag in dem Mißerfolg einer offenen Kritik, die sofort inkorporiert
und kommerzialisiert werden konnte. Als Strategie gegen Vereinnahmung hieß die
Tageslosung nun „ironische Affirmation". Im Rahmen der Neuen Deutschen
Welle bezog sich die Gruppe „Ideal" auf den hedonistischen Zeitgeist der 80er
Jahre. Man verstand sich als kritisch-subversiv, wollte dabei aber auch Spaß haben
und gut aussehen.

Mal eben nach Jamaica fliegen,
das würd' mir liegen,
zu 'ner Rasta Party mit Sekt,
das wär' korrekt.
Am Flughafen wartet ein Rolls auf mich,
es geht tierisch ab, rein äußerlich

Refrain:
Ich steh auf Luxus
Tag und Nacht
Ich brauch Luxus
Tag und Nacht

Im Hilton miete ich 10 Zimmer,
das wollt' ich schon immer.
Ich springe nackt in 'nen Swimming Pool,
so fühl' ich mich wohl.
Ich fresse Lachs und Hummer bis ich nicht mehr
mag.

Totaler Luxus beruhigt die Nerven,
ich will mit Geld nur so um mich werfen.
Totaler Luxus kann mich retten,
Luxus ist wie Vitamintabletten.

Refrain

Totaler Luxus beruhigt meine Nerven,
ich will mit Geld nur so um mich werfen.
Totaler Luxus kann mich retten,
Luxus ist wie Vitamintabletten.

Ich brauch' Luxus,
Tag und Nacht.
Ich brauch' Luxus,
ich brauch' Luxus,
Tag und Nacht,
Totaler Luxus
Luxus

12. Phosphor (1980): Vor dem Regal (Liebeserklärung)

Musik und Text: Phosphor, © Phosphor, Deutschland 1980
(P) No Fun Records, mit freundlicher Genehmigung von Phosphor

Ende der 70er, Anfang der 80er Jahre entwickelte sich eine Musikkultur in Deutschland, die sich an den (meist) englischen Punk- und New Wave-Vorbildern orientierte. Neu war dabei die kreative Verwendung der deutschen Sprache im Spannungsfeld von dadaistischen Traditionen und banaler Alltagssprache. Bei der Band „Phosphor" zeigt sich eine ähnliche Haltung wie bei den „Slits". Es wird keine positive Alternative zur Konsumgesellschaft artikuliert, sondern eine Umwertung der Alltagsrealität vorgenommen. Wenn der gesellschaftliche Konsens beispielsweise Plastik als negativ definiert, dann wird um so lauter von einer positiven Identifikation mit Plastik gesungen. Die „Punkideologie" kann somit wie folgt paraphrasiert werden: „Wenn wir Gefangene einer Konsumgesellschaft sind, dann zeigen und lieben wir unsere Ketten."

Vor dem Regal, da steh 'ich gern
vor dem Regal, da träum ich gern
die Klimaanlage atmet mit
das Neonlicht das macht mich fit
Oh mein kleines Kaufhaus

Alles ist so schön Plastik
alles ist so schön bunt
Rolltreppen fahren mich in den Himmel
Schaufensterpuppen sind so lieb zu mir
Ah, mein kleines Kaufhaus

13. Herbert Grönemeyer (1983): Kaufen

Musik und Text: Herbert Grönemeyer (Grönland), © Musikverlag Hans Gerig, Deutschland 1983
(P) Intercord Tonträger GmbH (LC: 1109), mit freundlicher Genehmigung der Intercord Tonträger GmbH und Herbert Grönemeyer

Anders als „Slits" oder „Phosphor" arbeitet ein Künstler wie Herbert Grönemeyer für ein viel größeres und heterogenes Publikum. Seine Popularität basierte Anfang der 80er Jahre nicht unwesentlich auf der Fähigkeit, profane Alltagserfahrungen in einer populären Art musikalisch und textlich originell umzusetzen. Musikstücke wie „Currywurst" oder „Kaufen" produzierten eine hohe Höreridentifikation durch das Gefühl „Ja, kenne ich gut, geht mir genauso." In „Kaufen" beschreibt Herbert Grönemeyer mit leichtem Augenzwinkern eine affektiv aufgeladene Kaufsituation. Sie wird auf der einen Seite positiv erlebt, führt auf der anderen Seite aber auch zu einem erhöhten Konsum. Wo die „Slits" in ihrem thematisch verwandten Stück „spend, spend, spend" stärker die subjektive Perspektive als Auslöser beschreiben, tauchen bei Grönemeyer auch explizit Marketingpraktiken als Ursachen des erhöhten Konsums auf: Warenpräsentation, Verkaufsförderung, Verkaufspersonal sowie preispolitische und nachkauforientierte Maßnahmen.

Ich hab schon alles, ich will noch mehr.
Alles hält ewig, jetzt muß was Neues her.

Ich könnt' im Angebot ersaufen,
mich um Sonder-Posten raufen,
hab' diverse Kredite laufen, oh, was geht's mir gut.

Refrain:
Oh, ich kauf' mir was.
Kaufen macht soviel Spaß.
Ich könnte ständig kaufen gehn,
kaufen ist wunderschön.
Ich könnte ständig kaufen gehn,
kaufen ist wunderschön.
Ich kauf', ich kauf', was ist egal.

Hat das Fräulein dann bei mir abkassiert
was jetzt meins ist, schon nicht mehr interessiert
Bin ich erst im Kaufrausch
frag' ich gleich nach Umtausch
weil ich an sich nichts brauch', kaufen tut gut

Refrain

Vor lauter Augenweiden
kann ich mich nicht entscheiden
was muß ich Qualen leiden, oh, was soll ich tun

Refrain

14. Jonathan Richman (1986): Corner Store / Coverversion[*3]
Musik und Text: Jonathan Richman, © Warner Bros. Music Ltd., USA 1986

In der Musik lassen sich - ähnlich wie in anderen kulturellen Bereichen - eindeutig positive Darstellungen von Marketing und Konsumphänomenen nur vereinzelt finden. Eine Ausnahme stellt das Stück „Corner Store" dar, als Ode an den Tante-Emma-Laden. Mit Bezug auf die ansteigende Handelskonzentration steht der Neubau eines Einkaufszentrums im Mittelpunkt des Textes. Deutlich werden die Vorteile des billigeren one-stop-shopping erwähnt. Jedoch stellte Jonathan Richman der sterilen, anonymen Ladenatmosphäre im Einkaufszentrum eine persönliche Einkaufsbeziehung im Tante-Emma-Laden gegenüber. Ökonomisch-rationale Vorteile konnten zumindest bei diesem Sänger eine negativ erlebte Einkaufsbeziehung nicht kompensieren.

I walked past just yesterday
And I couldn't bare that new mall no more
I don't expect you're gonna feel my way
But you don't know the trees that were there before
And I want them to put back that old corner store

I walked past just like I say
And I felt that hurt that would not go home
I don't expect that you're gonna see it my way
But you may not know the trees I've known
And I want them to put back that corner store.

Refrain:
Bam a nib a nib a nib way oh
Bam a nib a nib a way oh web oh
Bam a nib a nib a no Corner store Corner store
Bam a nib a nib a nib way oh
Bam a nib a nib a way oh web oh
Bam a nib a nib a no Corner store Corner store

I don't care if it costs more money to shop there
Cause this was love, cause this was love
I don't care if you have to walk longer
I'll walk further, I'll pay more
I don't really want what the new market has got
I want what they've got at the corner store

And what did I feel when I walked by slow
I felt sorrow, sorrow, all around
Why I would feel that way I now know
I smell the ghost smell from the ground
That old wooden smell of the corner store

Refrain

I walked past to some fad I've seen
And I wished the worst for the place I shop
I don't expect you're gonna know what I mean
But I spot a trend that has got to stop
I want them to put back that corner store

Refrain

I walked past just one last time
And I couldn't soothe my poor heart's pain
I don't expect for you to feel like I do

I just want you to dig what I now name
I want them to put back that corner store

Refrain

15. Madonna (1986): Material Girl / Coverversion*4
Musik und Text: Peter Brown / Robert Rans, © Minong Publishing Company, USA 1984

Popularität im kulturellen Bereich basiert oftmals weniger auf einer Strategie des kleinsten gemeinsamen Nenners, als vielmehr auf der Öffnung eines kulturellen Produktes für möglichst viele Zielgruppen. Ein Paradebeispiel hierfür ist die Künstlerin Madonna, die in den 80er Jahren von der Schwulen-Szene oder dem postmodernen Feminismus genauso verehrt wurde, wie von Schulmädchen, Golf-GTI-Fahrern oder Anhängern der Musikgruppe „Modern Talking". Und jede Gruppe sah ihre persönliche Deutung der Künstlerin als die einzig maßgebliche an. In dem Stück „Material Girl" bieten sich zwei dominante Lesarten an. Zum einen geht es um eine Frau, deren ganzes Leben sich nur um materiellen Besitz dreht. Selbst die Wahl des Partners wird von der Liquidität abhängig gemacht. Zum anderen kann hier auch eine Frauenrolle gesehen werden, die niemals Opfer, niemals passiv ist und aggressiv, aktiv und bewußt ihren Weg in einer Männerwelt geht, aber zu ihren eigenen Bedingungen. So kann ebenso die Behandlung des Konsums in diesem Stück als passive Überanpassung an Konsumstandards, wie auch als Medium der aktiven Rollenausübung verstanden werden.

Some boys kiss me, some boys hug me
I think they're OK
If they don't give me proper credit
I just walk away

They can beg and they can plead, but
They can't see the light, {That's alright},
Cos the boy with the cold hard cash is
Always Mister Right

Refrain:
Cos we're living in a material world
And I am a material girl
You know that we are living in a material world
And I am a material girl

Some boys romance, some boys slow dance
That's all right with me
If they can't raise my interest then I
Have to let them be

Some boys try and some boys lie but
I don't let them play, {No way},
Only boys that save their pennies
Make my rainy day

Refrain

Living in a material world

Boys may come and boys may go and
That's all right you see
Experience has made me rich
Now they're after me

Refrain

Living in a material world

16. Tote Hosen (1993): Kauf Mich / Coverversion*5

Musik: Breitkopf, Text: Frege/Müller, © Edition DTH (BMG UFA Musikverlage), Deutschland 1993.

Die Rockband „Tote Hosen" ist dafür bekannt, daß sie innerhalb und außerhalb ihrer Musik zu gesellschaftspolitischen Themen kritisch Stellung bezieht. Dies verleiht ihr eine hohe Glaubwürdigkeit bei ihrem Publikum. Auf ihrer CD „Kauf mich" stand der Bereich des Marketing im Mittelpunkt. Die übergreifende Aussage eines alle Lebensbereiche vereinnahmenden Marketingdenkens wurde durch Werbepersiflagen auf der CD, ironische Marketingkampagnen für diese CD und insbesondere im gleichnamigen Titelstück formuliert. Während in dem ähnlichen Stück von Joe Jackson sich die Kritik nur an den Marketingmanager richtet, geht dieses Stück einen Schritt weiter. Die Ich-Figur des Textes umfaßt neben Marketingmanagern auch Objekte und Ideen, wie auch die Musiker selber, die hier ein Produkt verkaufen. Über die traditionelle Konsumkritik hinausgehend wird zudem der alltägliche Konsum in den Kontext von Moral und Verantwortung gestellt.

Wenn du mich wirklich haben willst, greif doch einfach zu.
Ich weiß genau, du denkst an mich, ich lass' dir keine Ruh.
Ich bin die Lottozahl, die dir fehlt zu deinem Glück.
Ich gehöre zu dir und du zu mir, warum nimmst du mich nicht mit?

Refrain:
Mich kann man kaufen, und es gibt mich im Sonderangebot.
Ja, ich bin käuflich, und zwar täglich rund um die Uhr.
Also kauf mich!

Ich bin dein neues Auto, dein Sexy-Körperspray.
Deine Alltags-Happy-Pille, wenn du mich hast, bist du ok.
Ich bin dein frischer Atem, bin 100% Geschmack.
Ich bin die große Freiheit im Spar-Fix-Power-Pack.

Refrain
Ich bin's, der im Schlußverkauf auf dem Wühltisch liegt.
ohne Haltbarkeitsdatum, lebenslänglich frisch
Wenn du mich benutzt hast, schmeiß mich einfach weg.
Geh nicht an mir vorüber, vielleicht kommen wir ins Geschäft.
Ich biete jedem meine Freundschaft an, der Geld dafür hinlegt.

Refrain
Kauf mich jetzt, bezahle später im Ratenangebot.
Du bist das Opfer, ich der Täter, rund um die Uhr.
Denn du kaufst mich, ich weiß, du kaufst mich.
Also kauf mich, bitte kauf mich.

* Coverversionen:

Dominic Dias – Gesang [1]
Anca Graterol – Gesang [2]
Mikkel Westwood – Gesang [3]
Bianka Wölk – Gesang [4]
Konrad Haas – Gesang [5]

Jens Bernewitz – Bass
Jens Balzereit – Bass
Dominic Dias – Schlagzeug
Carsten Littfin – E-Gitarre

Arrangiert von Konrad Haas und Wolfgang Stute
Mastering – Jens Bernewitz
Produziert in den „NOAH - STUDIOS HANNOVER" von Konrad Haas und Wolfgang Stute

Literaturverzeichnis

Aaker, D.A.; Batra, R.; Myers, J.G. (1992): Advertising Management, 4th ed. Englewood Cliffs 1992.

Abel, B. (1981): Grundlagen der Erklärung in der Betriebswirtschaftslehre. Überlegungen zu einer Kontroverse zwischen Konstruktivisten und Kritischen Rationalisten, Diss. Mannheim 1981.

Abelshauser, W. (1987): Die Langen fünfziger Jahre. Wirtschaft und Gesellschaft der Bundesrepublik Deutschland 1949-1966, Düsseldorf 1987.

Abelshauser, W.; Faust, A.; Petzina, D. (Hrsg.) (1985): Deutsche Sozialgeschichte 1914-1945. Ein historisches Lesebuch, München 1985.

Adlwarth, W.; Wimmer, F. (1986): Umweltbewußtsein und Kaufverhalten – Ergebnisse einer Verbraucherpanel-Studie. In: JB.AVF, 32. Jg. (1986), H. 2, S. 166 – 192.

Agnew, J.C. (1993): Coming Up For Air: Consumer Culture in Historical Perspective. In: Brewer, J.; Porter, R. (eds.): Consumption and the World of Goods, London, New York 1993, S. 19 – 39.

Ahlert, D. (1988): Marketing-Rechts-Management, Köln et al. 1988.

Ahlert, D. (1996): Distributionspolitik. Das Management des Absatzkanals, 3. Aufl. Stuttgart, Jena 1996 (1. Aufl. 1985).

Ahlert, D.; Schröder, H. (1990): „Erlebnisorientierung" im stationären Einzelhandel: eine Aufgabe des evolutionären Handelsmanagements. In: Marketing-ZFP, 12. Jg. (1990), H. 4, S. 221 – 229.

Ahlert, D.; Schröder, H. (1993): Vergleichende Werbung in den EG-Mitgliedsstaaten. In: MA, 55. Jg. (1993), H. 4, S. 172 – 175.

Ahlert, D.; Schröder, H. (1996): Rechtliche Grundlagen des Marketing, 2. Aufl. Stuttgart 1989 (1. Aufl. 1989).

Ahuvia, A.; Wong, N. (1995): Materialism: Origin and Implications or Personal Well-Being. In: Hansen, F. (ed.): European Advances in Consumer Research, Vol. 2 (1995), S. 172 – 178.

Albers, S. (1989a): Entscheidungshilfen für den Persönlichen Verkauf, Berlin 1989.

Albers, S. (1989b): Gewinnorientierte Neuproduktpositionierung in einem Eigenschaftsraum. In: ZfbF, 41. Jg. (1989), H. 3, S. 186 – 209.

Albers, S.; Brockhoff, K. (1977): A Procedure for New Product Positioning in an Attribute Space. In: European Journal of Operational Research, Vol. 1 (1977), S. 230 – 238.

Albers, S.; Peters, K. (1997): Die Wertschöpfungskette des Handels im Zeitalter des Electronic Commerce. In: Marketing-ZFP, 19. Jg. (1997), H. 2, S. 69 – 80.

Albert, H. (1967): Marktsoziologie und Entscheidungslogik, Neuwied, Berlin 1967.

Alderson, W. (1954): Factors Governing the Development of Marketing Channels. In: Clewett, R.M. (ed.): Marketing Channels for Manufactured Products, Homewood 1954, S. 5 – 34.

Alderson, W. (1957): Marketing Behavior and Executive Action, Homewood 1957.

Alderson, W. (1965): Dynamic Marketing Behavior: A Functionalist Theory of Marketing, Homewood 1965.

Alderson, W.; Shapiro, S.J. (1963): Marketing and the Computer, Englewood Cliffs 1963.

Alewell, K. (1977): Marketing-Management für Universitäten. In: Zeitschrift für Organisation, 47. Jg. (1977), H. 5, S. 263 – 274.

Altenburg, U.; Balderjahn, I. (1993): Bestimmungsgründe des Abfallverhaltens privater Haushalte: Ein Vergleich zwischen den Städten Hannover und Leipzig. In: JB.AVF, 39. Jg. (1993), H. 1, S. 61 – 86.

Altenburg, U.; Balderjahn, I.; Buchholz, P.; de Vries, W. (1996): Bestimmungsgründe des Abfallverhaltens privater Haushalte: Ein Vergleich zwischen den Städten Leipzig und Amsterdam. In: JB.AVF, 42. Jg. (1996), H. 3, S. 282 – 302.

Ambs, T. (1996): Multimedia: Ein Markt von Produzenten und Verfolgten? In: planung & analyse, o.Jg. (1996), H. 6, S. 46 – 48.

Anders, H.-J. (1991): Euro-Verbraucher – Realität oder Fiktion? In: Szallies, R.; Wiswede, G. (Hrsg.): Wertewandel und Konsum: Fakten, Perspektiven und Szenarien für Markt und Marketing, Landsberg/Lech 1991, S. 233 – 256.

Anderson, E.; Weitz, B.A. (1986): Make-or-Buy Decisions: Vertical Integration and Marketing Productivity. In: SMR, Vol. 27 (1986), No. 3, S. 3 – 19.

Anderson, J.C.; Håkansson, H.; Johanson, J. (1994): Dyadic Business Relationships Within a Business Network Context. In: JM, Vol. 58 (1994), No. 4, S. 1 – 15.

Anderson, P.F.; Venkatesan, M. (1987): Interdisciplinary Borrowing in Consumer Behavior: Legitimate Offspring? In: Belk, R.W. et al. (eds.): 1987 AMA Winter Educators' Conference: Marketing Theory, San Antonio 1987, S. 276 – 279.

Andreasen, A.R. (1995): Marketing Social Change: Changing Behavior to Promote Health, Social Development, and the Environment, San Francisco 1995.

Andreasen, A.R.; Best, A. (1977): Consumers Complain – Does Business Respond? In: HBR, Vol. 55 (1977), No. 4, S. 93 – 101.

Angehrn, O. (1974): Unternehmen und Verbraucheraktionen. In: MA, 36. Jg. (1974), H. 1, S. 1 – 5.

Angehrn, O. (1981): Marketing und Ethik. Die ethische Relevanz der Absatztätigkeit der Unternehmen. In: JB.AVF, 27. Jg. (1981), H. 1, S. 3 – 25.

Ansoff, H.I. (1966[1965]): Management-Strategie, München 1966 (Übers. v.: Corporate Strategy. An Analytical Approach to Business Policy for Growth and Expansion, New York 1965).

Applbaum, K.; Jordt, I. (1996): Notes Toward an Application of McCracken's „Cultural Categories" for Cross-Cultural Consumer Research. In: JCR, Vol. 23 (1996), No. 3, S. 204 – 218.

Arndt, J. (1978): How Broad Should the Marketing Concept be? In: JM, Vol. 42 (1978), No. 1, S. 101 – 103.

Arndt, J. (1979): Toward a Concept of Domesticated Markets. In: M, Vol. 43 (1979), No. 4, S. 69 – 75.

Arndt, J. (1981): The Conceptual Domain of Marketing: An Evaluation of Shelby Hunt's Three Dichotomies Model. In: EJM, Vol. 14 (1981), No. 3, S. 106 – 121.

Arndt, J. (1984): Perspectives and Paradigms in Consumer Research. In: Anderson, P.F.; Ryan, M.J. (eds.): 1984 AMA Winter Educators' Conference: Scientific Method in Marketing, Chicago 1984, S. 159 – 162.

Arnold, U. (1974): Personalmarketing. In: Marktforschung, 18. Jg. (1974), H. 3, S. 53 – 55.

Arnold, U. (1997): Beschaffungsmanagement, 2. überarb. u. erw. Aufl. Stuttgart 1997 (1. Aufl. 1995).

Arnold, M.J.; Fisher, J.E. (1996): Counterculture, Criticisms, and Crisis: Assessing the Effect of the Sixties on Marketing Thought. In: JMM, Vol. 16 (1996), No. 1, S. 118 – 133.

Arnould, E.J. (1995): West African Marketing Channels. Environmental Duree, Relationship Management, and Implications for Western Marketing. In: Sherry, J.F., Jr. (ed.): Contemporary Marketing and Consumer Behavior. An Anthropological Sourcebook, Thousand Oakes, London, New Delhi 1995, S. 109 – 168.

Arnould, E.J.; Price, L.L. (1993): River Magic: Extraordinary Experience and the Extended Service Encounter. In: JCR, Vol. 20 (1993), No. 1, S. 24 – 45.

Aspinwall, L. (1958): The Characteristics of Goods and Parallel Systems Theories. In: Kelley, E.J.; Lazer, W. (eds.): Managerial Marketing, Homewood 1958, S. 434 – 450.

Backhaus, K. (1997): Industriegütermarketing, 5. erw. und überarb. Aufl. München 1997 (1. Aufl. 1982, bis 4. Aufl. u. d. T. „Investitionsgütermarketing").

Backhaus, K. (1997): Relationship Marketing - Ein neues Paradigma im Marketing? In: Bruhn, M.; Steffenhagen, H. (Hrsg.): Marktorientierte Unternehmensführung: Reflexionen – Denkanstöße – Perspektiven. Festschrift für Heribert Meffert zum 60. Geburtstag, Wiesbaden 1997, S. 19 – 35.

Backhaus, K. et al. (1996): Multivariate Analysemethoden: Eine anwendungsorientierte Einführung, 8. verb. Aufl. Berlin et al. 1996 (1. Aufl. 1980).

Backhaus, K.; Bonus, H. (1996): Die Beschleunigungsfalle oder der Triumph der Schildkröte, 2. Aufl. Stuttgart 1996 (1. Aufl. 1994).

Backhaus, K.; Büschken, J.; Voeth, M. (1996): Internationales Marketing, Stuttgart 1996.

Backhaus, K.; Meyer, M. (1993): Strategische Allianzen und strategische Netzwerke. In: WiSt, 22. Jg. (1993), H. 7, S. 330 – 334.

Backhaus, K.; Piltz, K. (1990): Strategische Allianzen – eine neue Form kooperativen Wettbewerbs. In: Backhaus, K.; Piltz, K. (Hrsg.): Strategische Allianzen, ZfbF-Sonderheft 27, Düsseldorf 1990, S. 1 – 10.

Backhaus, K.; Plinke, W. (1986): Rechtseinflüsse auf betriebswirtschaftliche Entscheidungen, Stuttgart et al. 1986.

Baeumler, A. (1992[1912]): Die Wirkungen der Lichtbühne. Versuch einer Apologie des Kinematographentheaters. In: Schweinitz, J. (Hrsg.): Prolog vor dem Film. Nachdenken über ein neues Medium 1909-1914, Leipzig 1992, S. 186-194 (Erstabdruck in: März, 6. Jg. (1.6.1912), S. 334 – 341).

Bagozzi, R. (1974): Marketing as an Organized Behavioral System of Exchange. In: JM, Vol. 38 (1974), No. 4, S. 77 – 81.

Bagozzi, R. (1975): Marketing as Exchange. In: JM, Vol. 39 (1975), No. 4, S. 32 – 39.

Bagozzi, R.P. (1995): Reflections on Relationship Marketing in Consumer Markets. In: JAMS, Vol. 23 (1995), No. 4, S. 272 – 277.

Baker, M.J. (1995a): Marketing - Philosophy or Function? In: Baker, M. J. (ed.): Companion Encyclopedia of Marketing, London 1995, S. 3 – 22.

Baker, M.J. (1995b): The Future of Marketing. In: Baker, M. J. (ed.): Companion Encyclopedia of Marketing, London 1995, S. 1003 – 1018.

Baker, N. (1993[1988]): Rolltreppe oder die Herkunft der Dinge, Reinbek 1993 (Übers. v.: The Mezzanine, New York 1988).

Balderjahn, I. (1986): Das umweltbewußte Konsumentenverhalten. Eine empirische Studie, Berlin 1986.

Balderjahn, I. (1991): Ein Verfahren zur empirischen Bestimmung von Preisresponsefunktionen. In: Marketing-ZFP, 12. Jg. (1991), H. 1, S. 33 – 42.

Balderjahn, I. (1993): Marktreaktionen von Konsumenten: ein theoretisch-methodisches Konzept zur Analyse der Wirkung marketingpolitischer Instrumente, Berlin 1993.

Balderjahn, I. (1996): Dialogchancen im ökologischen Marketing. In: Hansen, U. (Hrsg.): Marketing im gesellschaftlichen Dialog, Frankfurt/Main, New York 1996, S. 311 – 327.

Ballwieser, W. (1987): Transaction Cost Analysis of Structural Changes in the Distribution System: Reflections on Institutional Developments in the Federal Republic of Germany. Comment. In: Journal of Institutional and Theoretical Economics, Vol. 143 (1987), No. 1, S. 86 – 89.

Bänsch, A. (1990): Marketingfolgerungen aus Gründen für den Nichtkauf umweltfreundlicher Konsumgüter. In: JB.AVF, 36. Jg. (1990), H. 4, S. 360 – 379.

Bänsch, A. (1993): Marketing für umweltfreundliche Konsumgüter – Prinzipielle Möglichkeiten und Grenzen. In: UWF, 1. Jg. (1993), H. 2, S. 13 – 18.

Bänsch, A. (1994): Die Planung der Lebensdauer von Konsumgütern im Hinblick auf ökonomische und ökologische Ziele. In: JB.AVF, 40. Jg. (1994), H. 3, S. 232 – 256.

Bänsch, A. (1998): Käuferverhalten, 8. durchges. und erg. Aufl. München et al. 1998 (1. Aufl. 1983; 5. Aufl. 1995).

Bartels, R. (1974): The Identity Crisis in Marketing. In: JM, Vol. 38 (1974), No. 4, S. 73 – 76.

Bartels, R. (1988): The History of Marketing Thought, 3rd ed. Columbus 1988 (1. Aufl. als „The Development of Marketing Thought, Homewood 1962")

Barth, K. (1996): Betriebswirtschaftslehre des Handels, 3. überarb. Aufl. Wiesbaden 1996 (1. Aufl. 1988).

Barthes, R. (1964[1957]): Mythen des Alltags, Frankfurt/Main 1964 (Übers. v.: Mythologies, Paris 1957).

Bass, F.M. (1969): A New Product Growth Model for Consumer Durables. In: Management Science, Vol. 15 (1969), No. 1, S. 215 – 227.

Batzer, E.; Täger, U.C. (1985): Einzelhandel: Anhaltender Strukturwandlungs- und Konzentrationsprozeß. In: ifo-schnelldienst, o.Jg. (1985), H. 1 – 2, S. 3 – 15.

Bauer, E. (1977): Markt-Segmentierung als Marketing-Strategie, Stuttgart 1977.

Bauer, E. (1997): Internationale Marketingforschung, 2. aktualisierte Aufl. München 1997 (1. Aufl. 1995).

Bauer, H.H. (1993): Marketing und Ethik? Vermarktete Ethik. In: Jacob, A.F. (Hrsg.): Vermarktete Ethik, Stuttgart 1993, S. 1 – 29.

Bauer, H.H. (1989): Marktabgrenzung, Berlin 1989.

Bauer, H.H.; Herrmann, A.; Mengen, A. (1994): Eine Methode zur gewinnmaximalen Produktgestaltung auf der Basis des Conjoint Measurement. In: ZfB, 64. Jg. (1994), H. 1, S. 81 – 94.

Bauer, R. (1960): Consumer Behavior as Risk Taking. In: Hancock, R.S. (ed.): Dynamic Marketing for a Changing World, Chicago 1960, S. 389 – 398.

Baumhart, R.C. (1961): How Ethical Are Businessmen? In: HBR, Vol. 39 (1961), No. 4, S. 6 – 9, 156 – 157.

Bea, F.X.; Beutel, R. (1992): Die Bedeutung des Exports für die Entwicklung der Kosten und die Gestaltung der Preise. In: Dichtl, E.; Issing, O. (Hrsg.): Exportnation Deutschland, 2. Aufl. München 1992, S. 243 – 261.

Beauvoir, S.d. (1981[1966]): Die Welt der schönen Bilder, Reinbek 1981 (Übers. v.: Les Belles Images, Paris 1966).

Bebié, A. (1978): Käuferverhalten und Marketing-Entscheidung. Konsumgüter-Marketing aus der Sicht der Behavioral Sciences, Wiesbaden 1978.

Beck, U. (1986): Risikogesellschaft, Frankfurt/Main 1986.

Beck, U. (1991): Überlebensfragen, Sozialstruktur und ökologische Aufklärung. In: Beck, U. (Hrsg.): Politik in der Risikogesellschaft, Frankfurt/Main 1991, S. 117-139.

Beck, U. (1996): Das Zeitalter der Nebenfolgen und die Politisierung der Moderne. In: Beck, U.; Giddens, A.; Lash, S. (Hrsg.): Reflexive Modernsierung. Eine Kontroverse, Frankfurt/Main 1996, S. 19 – 112.

Becker, J. (1993): Marketing-Konzeption. Grundlagen des strategischen Marketing-Managements, 5. verb. und erg. Aufl. München 1993 (1. Aufl. 1983 u. d. T. „Grundlagen der Marketing-Konzeption: Marketingziele, Marketingstrategien, Marketingmix").

Becker, J. (1994): Vom Massenmarketing über das Segmentmarketing zum kundenindividuellen Marketing (Customized Marketing). In: Tomczak, T.; Belz, C. (Hrsg.): Kundennähe realisieren, St. Gallen 1994, S. 15 – 30.

Becker, U.; Becker, H.; Ruhland, W. (1992): Zwischen Angst und Aufbruch. Das Lebensgefühl der Deutschen in Ost und West nach der Wiedervereinigung, Düsseldorf 1992.

Becker, W. (1991): Besonderheiten der Kalkulation von Außenhandelsaufträgen. In: ZfB, 61. Jg. (1991), H. 11, S. 1243 – 1265.

Behrens, G. (1988): Konsumentenverhalten: Entwicklung, Abhängigkeiten, Möglichkeiten, Heidelberg 1988.

Behrens, G. (1994): Der Realitätsbezug der empirischen Forschung. In: Forschungsgruppe Konsum und Verhalten (Hrsg.): Konsumentenforschung: gewidmet Werner Kroeber-Riel zum 60. Geburtstag, München 1994, S. 3 – 11.

Behrens, K.C. (1966): Über die betriebliche Marktforschung und ihre Organisation. In: ZfbF, 18. Jg. (1966), S. 279 – 285.

Bekmeier, S. (1989): Nonverbale Kommunikation in der Fernsehwerbung, Heidelberg 1989.

Belk, R.W. (1983): Wordly Possessions: Issues and Criticism. In: Bagozzi, R.P.; Tybout, A.M. (eds.): Advances in Consumer Research, Vol. 10 (1983), S. 514 – 519.

Belk, R.W. (1984): Three Scales to Measure Constructs Related to Materialism: Reliability, Validity, and Relationships to Measures of Happiness. In: Kinnear, T.C. (ed.): Advances in Consumer Research, Vol. 11 (1984), S. 291 – 297.

Belk, R.W. (1986): Art Versus Science as Ways of Generating Knowledge About Materialism. In: Brinberg, D.; Lutz, R.J. (eds.): Perspectives on Methodology in Consumer Research, New York et al. 1986, S. 3 – 36.

Belk, R.W. (1988): Possessions and the Extended Self. In: JCR, Vol. 15 (1988); No. 2, S. 139 – 168.

Belk, R.W. (1991a): The History and Development of the Consumer Behavior Odyssey. In: Belk, R.W. (ed.): Highways and Buyways: Naturalistic Research from the Consumer Behavior Odyssey, Provo 1991, S. 1 – 12.

Belk, R.W. (ed.) (1991b): Highways and Buyways: Naturalistic Research from the Consumer Behavior Odyssey, Provo 1991.

Belk, R.W. et al. (1991): Collecting in a Consumer Culture. In: Belk, R.W. (ed.): Highways and Buyways: Naturalistic Research from the Consumer Behavior Odyssey, Provo 1991, S. 178 – 215.

Belk, R.W.; Coon, S. (1993): Gift Giving as Agapic Love: An Alternative to the Exchange Paradigm based on Dating Experiences. In: JCR, Vol. 20 (1993), No. 3, S. 393 – 417.

Belk, R.W.; Dholakia, N. (1996): The Shaping of Consumption and Marketing Institutions. In: Belk, R.W.; Dholakia, N.; Venkatesh, A. (eds.): Consumption and Marketing: Macro Dimensions, Cincinnati 1996, S. 1 – 18.

Bell, D. (1973): The Coming of Post-Industrial Society: A Venture in Social Forecasting, New York 1973.

Bell, D. (1976): Die Zukunft der westlichen Welt. Kultur und Technologie im Widerstreit, Frankfurt/Main 1976 (Übers. v.: The Cultural Contradictions of Capitalism, New York 1976).

Bell, M.L.; Emory, C.W. (1971): The Faltering Marketing Concept. In: JM, Vol. 35 (1971), No. 4, S. 37 – 42.

Bellmann, K. (1990): Langlebige Gebrauchsgüter. Ökologische Optimierung der Nutzungsdauer, Wiesbaden 1990.

Belz, C. (1997): Industrie als Dienstleister, St. Gallen 1997.

Belz, C.; Müller, R.; Müller, F. (1996): Euromarketing: ein Zwischenfazit. In: Thexis, 13. Jg. (1996), H. 1, S. 2 – 8.

Belz, C.; Senn, C. (1995): Richtig umgehen mit Schlüsselkunden. In: HM, 17. Jg. (1995), H. 2, S. 45 – 54.

Bender, U. (1974): Die Marketing-Konfrontation zwischen Industrie und Handel. In: JB.AVF, 20. Jg. (1974), H. 4, S. 280-287.

Benjamin, R.; Wigand, R. (1995): Electronic Markets and Virtual Value Chains on the Information Superhighway. In: SMR, Vol. 36 (1995), No. 2, S. 62 – 72.

Benjamin, W. (1974): Über den Begriff der Geschichte. In: Tiedemann, R.; Schweppenhäuser, H. (Hrsg.): Walter Benjamin: Gesammelte Schriften, Bd. I:2, Frankfurt/Main 1974, S. 691 – 704.

Benjamin, W. (1982): Das Passagen-Werk. In: Tiedemann, R.; Schweppenhäuser, H. (Hrsg.): Walter Benjamin: Gesammelte Schriften, Bd. V:1, Frankfurt/Main 1982.

Benkenstein, M. (1987): F&E und Marketing: eine Untersuchung zur Leistungsfähigkeit von Koordinationskonzepten bei Innovationsentscheidungen, Wiesbaden 1987.

Benkenstein, M. (1993): Dienstleistungsqualität. Ansätze zur Messung und Implikationen für die Steuerung. In: ZfB, 63. Jg. (1993), H. 11, S. 1095 – 1116.

Bennauer, U. (1994): Ökologieorientierte Produktentwicklung. Eine strategisch-technologische Betrachtung der betriebswirtschaftlichen Rahmenbedingungen, Heidelberg 1994.

Bennigsen-Foerder, R.v. (1988): Politisierung des Konsums. In: MA, 50. Jg. (1988), H. 7, S. 334 – 339.

Benz, J. (1990): Kausalanalyse in der Marketingforschung auf verschiedenen Wegen. Kombination „traditioneller Verfahren" oder simultane Methoden? In: Marketing-ZFP, 12. Jg. (1990), H. 4, S. 241 – 249.

Benz, W. (1989): Die Bundesrepublik Deutschland 1949-1989. In: Weidenfeld, W.; Zimmermann, H. (Hrsg.): Deutschland-Handbuch. Eine doppelte Bilanz 1949- 1989, Bonn 1989, S. 48 – 68.

Berekoven, L. (1966): Der Begriff „Dienstleistung" und seine Bedeutung für eine Analyse der Dienstleistungsbetriebe. In: JB.AVF, 12. Jg. (1966), H. 4, S. 314 – 326.

Berekoven, L. (1978): Internationales Marketing, Wiesbaden 1978.

Berekoven, L. (1983): Der Dienstleistungsmarkt in der BRD, 2 Bde., Göttingen 1983.

Berekoven, L. (1993): Grundlagen des Marketing: Darstellung, Kontrollfragen und Lösungen, 5. Aufl. Herne et al. 1993 (1. Aufl. 1978 u. d. T. „Grundlagen der Absatzwirtschaft").

Berekoven, L. (1995): Erfolgreiches Einzelhandelsmarketing: Grundlagen und Entscheidungshilfen, 2. Aufl. München 1995 (1. Aufl. 1990).

Berger, K. (1979): Materialistische Analyse der Herausbildung und Entwicklung der Betriebswirtschaftslehre als eigenständiger Disziplin der Wirtschaftswissenschaften, Diss. Bremen 1979.

Bergler, G. (1933): Der chemisch-pharmazeutische Markenartikel. Darstellung des Wesens, der Absatzformen und des Kampfes um den Markt, Stuttgart 1933.

Bergler, G. (1961[1958]): Die Lage der Marktforschung und die Gesellschaft für Konsumforschung, Vortrag Mitgliederversammlung der GfK, Wiesbaden 10.9.1958. In: Bergler, G.: Verbrauchsforschung zwischen Mensch und Wirtschaft, Schriftenreihe der GfK e.V.: Marktwirtschaft und Verbrauch, Bd. 17, Nürnberg 1961, S. 41 – 61.

Bergler, G. (1961[1959a]): Die Wandlung der Konsumentenwünsche. Existenzbedarf und Wahlbedarf in wirtschaftlicher und psychologischer Sicht, Vortrag 8. Internationale Studientagung Rüschlikon-Zürich 29.6. – 1.7.1959. In: Bergler, G.: Verbrauchsforschung zwischen Mensch und Wirtschaft, Schriftenreihe der GfK e.V.: Marktwirtschaft und Verbrauch, Bd. 17, Nürnberg 1961, S. 178 – 195.

Bergler, G. (1961[1959b]): Freiheit und Gebundenheit des Verbrauchers im heutigen Markt. Vortrag 2. Nürnberger Studienwoche für Führungskräfte der Werbewirtschaft, Nürnberg 15.3.1959. In: Bergler, G.: Verbrauchsforschung zwischen Mensch und Wirtschaft, Schriftenreihe der GfK e.V.: Marktwirtschaft und Verbrauch, Bd. 17, Nürnberg 1961, S. 195 – 220.

Bergler, G. (1961[1959c]): Verbrauchs- und Motivforschung im Marketing. Vortrag 6. Werbewissenschaftliche Tagung, Wien 12 – 14.11.1959. In: Bergler, G.: Verbrauchsforschung zwischen Mensch und Wirtschaft, Schriftenreihe der GfK e.V.: Marktwirtschaft und Verbrauch, Bd. 17, Nürnberg 1961, S. 268 – 286.

Bergmann, G. (1994): Umweltgerechtes Produkt-Design: Management und Marketing zwischen Ökologie und Ökonomie, Neuwied et al. 1994.

Berry, L.L. (1980): Services Marketing Is Different. In: Business Magazine, Vol. 30 (1980), S. 24 – 29.

Berry, L.L. (1983): Relationship Marketing. In: Berry, L.L.; Shostack, G.L.; Upah, G.D. (eds.): Emerging Perspectives on Services Marketing, Chicago 1983, S. 25 – 28.

Berry, L.L. (1986): Big Ideas in Services Marketing. In: Venkatesan, M.; Schmalensee, D.H.; Marshall, C. (eds.): Creativity in Services Marketing, Chicago 1986, S. 6 – 8.

Berry, L.L. (1995): Relationship Marketing of Services – Growing Interest, Emerging Perspectives. In: JAMS, Vol. 23 (1995), No. 4, S. 236 – 245.

Berry, L.L.; Maricle, K.E. (1973): Consumption without Ownership: Marketing Opportunity for Today and Tomorrow. In: MSU Business Topics, Vol. 21 (1973), No. 2, S. 33 – 41.

Berry, L.L.; Parasuraman, A. (1991): Marketing Services – Competing Through Quality, New York 1991.

Berry, L.L.; Parasuraman, A. (1993a): Introduction to Special Section. In: JR, Vol. 69 (1993), No. 1, S. 10 – 12.

Berry, L.L.; Parasuraman, A. (1993b): Building a New Academic Field – The Case of Services Marketing. In: JR, Vol. 69 (1993), No. 1, S. 13 – 60.

Berth, R. (1959). Marktforschung zwischen Zahl und Psyche. Eine Analyse der befragenden Marktbeobachtung in Westdeutschland, Stuttgart 1959.

Bettman, J.R. (1979): An Information Processing Theory of Consumer Choice, Reading 1979.

Beuermann, G.; Sekul, S.; Sieler, C. (1995): Informationsgrundlagen einer ökologischen Sortimentspolitik im Einzelhandel. In: UWF, 3. Jg. (1995), H. 3, S. 44 – 54.

Beyeler, L. (1964): Grundlagen des kombinierten Einsatzes der Absatzmittel, Bern 1964.

Bidlingmaier, J. (1973): Marketing, 2 Bde., Reinbek 1973.

Biervert, B; Fischer-Winkelmann, W.F.; Rock, R. (1977): Grundlagen der Verbraucherpolitik, Reinbek 1977.

Bitner, M.J. (1997): Introduction to the Special Issue: Services Marketing. Perspectives on Service Excellence. In: JR, Vol. 73 (1997), No. 1, S. 3 – 6.

Bitner, M.J.; Booms, B.H.; Tetreault, M.S. (1990): The Service Encounter: Diagnosing Favorable and Unfavorable Incidents. In: JM, Vol. 54 (1990), No. 1, S. 71 – 84.

Blattberg, R.C.; Deighton, J. (1991): Interactive Marketing: Exploiting the Age of Adressability. In: SMR, Vol. 33 (1991), No. 1, S. 5 – 14.

Blau, P. (1964): Exchange and Power in Social Life, New York 1964.

Bleicker, U. (1983): Produktbeurteilung der Konsumenten, Würzburg, Wien 1983.

Böcker, F. (1978): Die Bestimmung der Kaufverbundenheit von Produkten, Berlin 1978.

Bode, M. (1993): Der Ansatz des symbolischen Konsumentenverhaltens in der wissenschaftstheoretischen Diskussion der Konsumforschung. In: Hansen, U. (Hrsg.): muk-premium, Bd. 4, Universität Hannover, Hannover 1993.

Bode, M. (1996): Lesarten der Werbung. Eine Übersicht zur Bedeutungsperspektive der Werbeforschung. In: Marketing-ZFP, 18. Jg. (1996), H. 3, S. 164 – 178.

Bode, M. (1997): Else Kling, Language, Self, and Everything Else. In: Semiotica, Vol. 113 (1997), No. 1/2, S. 189 – 205.

Bodenstein, G.; Leuer, H. (1982): Obsoleszenz und Warenproduktion. In: Hansen, U.; Stauss, B.; Riemer, M. (Hrsg.): Marketing und Verbraucherpolitik, Stuttgart 1982, S. 216 – 228.

Bodenstein, G.; Spiller, A.; Elbers, H. (1997): Strategische Konsumentscheidungen: Langfristige Weichenstellungen für den Umwelthandel. Ergebnisse einer empirischen Studie, Diskussionsbeitrag des Fachbereichs Wirtschaftswissenschaft der Gerhard-Mercator-Universität Nr. 234, Duisburg 1997.

Bodenstein, G; Leuer, H. (Hrsg.) (1977): Geplanter Verschleiß in der Marktwirtschaft, Frankfurt/Main 1977.

Bogaschewsky, R. (1995): Vertikale Kooperation – Erklärungsansätze der Transaktionskostentheorie und des Beziehungsmarketings. In: Kaas, K.P. (Hrsg.): Kontrakte, Geschäftsbeziehungen, Netzwerke: Marketing und neue Institutionenökonomik, Düsseldorf 1995, S. 159 – 178.

Böhler, H. (1977): Methoden und Modelle der Marktsegmentierung, Stuttgart 1977.

Böhler, H. (1992): Marktforschung, 2. überarb. Aufl. 1992 (1. Aufl. 1985).

Bojkow, E. (1989): Getränkeverpackungen und Umwelt. Daten und Fakten zur Verpackungsdiskussion, Wien, New York 1989.

Bol, J.W. et al. (1993): Markting Ethics: A Selected Annotated Bibliography of Articles, Chicago 1993.

Böll, H. (1961): Hierzulande. In: Gewerkschaftliche Monatshefte, 12. Jg. (1961), H. 3, S. 129 – 134.

Bongard, W. (1964): Fetische des Konsums. Portraits klassischer Markenartikel, Hamburg 1964.

Bongard, W. (1966[1963]): Männer machen Märkte: Mythos und Wirklichkeit der Werbung, Frankfurt/Main, Berlin 1966 (Erstausgabe Oldenburg, Hamburg 1963).

Booz, Allen & Hamilton (ed.) (1968): Management of New Products, Chicago 1968.

Borchmeyer, D. (Hrsg.) (1996): Vom Nutzen und Nachteil der Historie für das Leben: Nietzsche und die Erinnerung in der Moderne, Frankfurt/Main 1996.

Borden, N.H. (1964): The Concept of the Marketing Mix. In: JAR, Vol. 4 (1964), No. 2, S. 2 – 7.

Borowsky, P.; Vogel, B.; Wunder, H. (1989): Einführung in die Geschichtswissenschaft I: Grund-probleme, Arbeitsorganisation, Hilfsmittel, 5. überarb. und aktualisierte Aufl. Opladen 1989.

Borscheid, P. (1995): Am Anfang war das Wort. Die Wirtschaftswerbung beginnt mit der Zeitungs-annonce. In: Borscheid, P.; Wischerman, C. (Hrsg.): Bilderwelt des Alltags: Werbung in der Konsumgesellschaft des 19. und 20. Jahrhunderts, Stuttgart 1995, S. 20 – 43.

Boshof, E.; Düwell, K.; Kloft, H. (1994): Grundlagen des Studiums der Geschichte: eine Einführung, 4. überarb. Aufl. Köln, Weimar, Wien 1994.

Boudon, R.; Bourricaud, F. (1992): Soziologische Stichworte, Opladen 1992.

Bourdieu, P. (1988[1979]): Die feinen Unterschiede. Kritik der gesellschaftlichen Urteilskraft, Frankfurt/Main 1988 (Übers. v.: La distinction. Critique sociale du jugement, Paris 1979).

Bourne, F.S. (1957): Group Influence in Marketing and Public Relations. In: Likert, R.; Hayes, S.P., Jr. (eds.): Some Applications of Behavioral Research, Paris 1957, S. 207 – 257.

Bowen, D.E.; Lawler III, E.E. (1992): The Empowerment of Service Workers: What, Why, How, and When. In: SMR, Vol. 33 (1992), No. 3, S. 31 – 39.

Brandt, A. (1988): Neue Fertigungstechnologien und Handel. Eine transaktionskostentheoretische Analyse. In: Trommsdorff, V. (Hrsg.): Handelsforschung 1988, Heidelberg 1988, S. 143 – 161.

Brandt, A. et al. (Hrsg.) (1988): Ökologisches Marketing, Frankfurt/Main, New York 1988.

Brandtweiner, R.; Greimel, B. (1998): Elektronische Märkte. Ein praxisorientierter Problemaufriß mit Bezügen zur ökonomischen Theorie. In: WiSt, 27. Jg. (1998), H. 1, S. 37 – 42.

Brantl, S. (1985): Management und Ethik. Unternehmenspolitische Rahmenplanung und moralisch-praktische Rationalisierung der Unternehmensführung, München 1985.

Braus, P. (1995): Selling Good Behavior. In: American Demographics, Vol. 17 (1995), No. 11, S. 60 – 64.

Bristor, J.M.; Fischer, E. (1993): Feminist Thought: Implications for Consumer Research. In: JCR, Vol. 19 (1993), No. 4, S. 578 – 536.

Brockhoff, K. (1966): Unternehmenswachstum und Sortimentsänderungen, Köln 1966.

Brockhoff, K. (1993): Produktpolitik, 3. erw. Aufl. Stuttgart, Jena 1993 (1. Aufl. 1981).

Brockhoff, K. (1996): Management mit Innovationen: Planung und Durchsetzung, Wiesbaden 1996.

Bronder, C.; Pritzl, R. (Hrsg.) (1992): Wegweiser für strategische Allianzen - Meilen- und Stolpersteine bei Kooperationen, Wiesbaden 1992.

Brown, M. (1997): Banner Advertising: An Overview. In: The Cyber-Journal of Interactive Marketing, Vol. 1 (1997), No. 1, <http://www.cad.gu.edu.au/market/cjim/bannersites.htm>, Stand: 27.7.1997.

Brown, S. (1995): Postmodern Marketing, London 1995.

Brown, S. (1996): Art or Science? Fifty Years of Marketing Debate. In: Journal of Marketing Management, Vol. 12 (1996), No. 4, S. 243 – 267.

Brückner, P. (1967): Die informierende Funktion der Wirtschaftswerbung – Probleme und Problemwandel, Berlin 1967.

Bruhn, M. (1978): Das soziale Bewußtsein von Konsumenten. Erklärungsansätze und Ergebnisse einer empirischen Untersuchung in der Bundesrepublik, Wiesbaden 1978.

Bruhn, M. (1982a): Konsumentenzufriedenheit und Beschwerden. Erklärungsansätze und Ergebnisse einer empirischen Untersuchung in ausgewählten Kosumbereichen, Frankfurt/Main 1982.

Bruhn, M. (1982b): Makromarketing. In: DBW, 42. Jg. (1982), H. 3, S. 463 – 464.

Bruhn, M. (1989): Herausforderungen für das Marketing im nächsten Jahrhundert - eine Einführung des Herausgebers. In: Bruhn, M. (Hrsg.): Handbuch des Marketing: Anforderungen an Marketing Konzeptionen aus Wissenschaft und Praxis, München 1989, S. 1 – 20.

Bruhn, M. (1990): Sozio- und Umweltsponsoring, München 1990.

Bruhn, M. (1991): Qualitätssicherung im Dienstleistungsmarketing – eine Einführung in die theoretischen und praktischen Probleme. In: Bruhn, M.; Stauss, B. (Hrsg.): Dienstleistungsqualität: Konzepte, Methoden, Erfahrungen, Wiesbaden 1991, S. 19 – 47.

Bruhn, M. (1992): Integration des Umweltschutzes in den Funktionsbereich Marketing. In: Steger (Hrsg.): Handbuch des Umweltmanagements: Anforderungs- und Leistungsprofile von Unternehmen und Gesellschaft, München 1992, S. 537 – 555.

Bruhn, M. (1995a): Integrierte Unternehmenskommunikation. Ansatzpunkte für eine strategische und operative Umsetzung integrierter Kommunikationsarbeit, 2. überarb. und erw. Aufl. Stuttgart 1995 (1. Aufl. 1992).

Bruhn, M. (1995b): Internes Marketing als Forschungsgebiet der Marketingwissenschaft - Eine Einführung in die theoretischen und praktischen Probleme. In: Bruhn, M. (Hrsg.): Internes Marketing: Integration der Kunden- und Mitarbeiterorientierung: Grundlagen – Implementierung Praxisbeispiele, Wiesbaden 1995, S. 13 – 61.

Bruhn, M, (1997a): Marketing: Grundlagen für Studium und Praxis, 3. überarb. Aufl. Wiesbaden 1997 (1. Aufl. 1990).

Bruhn, M. (1997b): Multimedia-Kommunikation. Systematische Planung und Umsetzung eines interaktiven Marketinginstrumentariums, München 1997.

Bruhn, M.; Bunge, B. (1994): Beziehungsmarketing – Neuorientierung für Marketingwissenschaft und -praxis? In: Bruhn, M. (Hrsg.): Marktorientierte Unternehmensführung im Umbruch: Effizienz und Flexibilität als Herausforderungen des Marketing, Stuttgart 1994, S. 41 – 84.

Bruhn, M.; Stauss, B. (Hrsg.) (1995): Dienstleistungsqualität: Konzepte, Methoden, Erfahrungen, 2. Aufl. Wiesbaden 1995 (1. Aufl. 1991).

Bruhn, M.; Tilmes, J. (1994): Social Marketing: Einsatz des Marketing für nicht kommerzielle Organisationen, 2. überarb. u. erw. Aufl. Stuttgart 1994 (1. Aufl. 1989).

Brune, G. (1990): Mut zur Vernetzung. In: Rat für Formgebung (Hrsg.): Design-Management, Düsseldorf, Wien, New York 1990, S. 13 – 20.

Brune, G. (1991): Culture Encounter und komplementäres Marketing, Wiesbaden 1991.

Brune-Berns, S. (1995): Im Lichte der Großstadt - Werbung als Signum einer urbanen Welt. In: Borscheid, P.; Wischerman, C. (Hrsg.): Bilderwelt des Alltags: Werbung in der Konsumgesellschaft des 19. und 20. Jahrhunderts, Stuttgart 1995, S. 90 – 115.

Bubik, R. (1996): Geschichte der Marketing-Theorie. Historische Einführung in die Marketing-Lehre, Frankfurt/Main 1996.

Buchli, H. (1962-1966): 6000 Jahre Werbung. Zur Geschichte der Wirtschaftswerbung und der Propaganda, 3 Bde., Berlin 1962 – 1966.

BUND; Misereor (Hrsg.) (1996): Zukunftsfähiges Deutschland. Ein Beitrag zu einer global nachhaltigen Entwicklung, Studie des Wuppertal Instituts für Klima-Umwelt-Energie GmbH, Basel et al. 1996.

Bundesanstalt für Arbeit (1998): Der Arbeits- und Ausbildungsmarkt im Februar 1998, <http://www.arbeitsamt.de/Hst/informat/inhalt/statisti/index.htm>, 1998.

Burghold, J.A. (1990): Ökologisch orientiertes Marketing, 2. Aufl. Augsburg 1990 (1. Aufl. 1988).

Butler, P.; Brown, S. (1994): Broadening the Concept of Relationship Marketing: a Meta-Theoretical Perspective. In: Bell, J. et al. (eds.): Marketing: Unity in Diversity, Coleraine (Marketing Education Group Conference Proceedings) 1994, S. 135 – 143.

Buttle, F. (1996): SERVQUAL: Review, Critique, Research Agenda. In: EJM, Vol. 30 (1996), No. 1, S. 8 – 32.

Buzzell, R.D. (1963): Is Marketing a Science? In: HBR, Vol. 41 (1963), No. 1, S. 32-40, 166 – 170.

Buzzell, R.D. (1964): Mathematical Models and Marketing Management, Boston 1964.

Buzzell, R.D. (1997): Changing Requirements for Effective Marketing. In: Bruhn, M.; Steffenhagen, H. (Hrsg.): Marktorientierte Unternehmensführung: Reflexionen – Denkanstöße – Perspektiven. Festschrift für Heribert Meffert zum 60. Geburtstag, Wiesbaden 1997, S. 497 – 511.

Buzzell, R.D.; Gale, B.T. (1987): The PIMS Principles. Linking Strategy to Performance, Boston 1987.

Buzzell, R.D.; Gale, B.T.; Sultan, R.G.M. (1975): Market Share – A Key to Profitability. In: HBR, Vol. 53 (1975), No. 1, S. 97 – 106.

Buzzell, R.D.; Sisodia, R.S. (1995): Information Technology and Marketing. In: Baker, M. J. (ed.): Companion Encyclopedia of Marketing, London 1995, S. 301 – 317.

Cairns, J.P. (1962): Suppliers, Retailers, and Shelf Space. In: JM, Vol. 26 (1962), No. 3, S. 34 – 36.

Callenbach, E. (1990[1975]): Ökotopia: Notizen und Reportagen von William Weston aus dem Jahre 1999, Berlin 1990 (Übers. v.: Ecotopia: The Notebooks and Reports of William Weston, Berkeley 1975)

Campbell, C. (1987): The Romantic Ethic and the Spirit of Modern Consumerism, Oxford 1987.

Carlin, W.B.; Strong, K.C. (1995): A Critique of Western Philosophical Ethics: Multidisciplinary Alternatives for Framing Ethical Dilemmas. In: Journal of Business Ethics, Vol. 14 (1995), No. 5, S. 387 – 396.

Carroll, A.B. (1996): Business and Society. Ethics and Stakeholder Management, 3rd ed. London 1996.

Carroll, J.D.; Green, P.E. (1995): Psychometric Methods in Marketing Research: Part I, Conjoint Analysis. In: JMR, Vol. 32 (1995), No. 4, S. 385 – 391.

Carroll, J.D.; Green, P.E. (1997): Psychometric Methods in Marketing Research: Part II: Multidimensional Scaling. In: JMR, Vol. 34 (1997), No. 2, S. 193 – 204.

Carson, D. (1978): Gotterdammering for Marketing. In: JM, Vol. 42 (1978), No. 3, S. 11 – 19.

Cateora, P.R. (1996): International Marketing, 9th ed. Chicago et al. 1996.

Ceyp, M.H. (1996): Ökologieorientierte Profilierung im vertikalen Marketing, Schriften zu Marketing und Management Nr. 32, hrsg. v. H. Meffert, Frankfurt/Main 1996.

Chase, R.; Tansik, D. (1983): The Customer Contact Model for Organization Design. In: Management Science, Vol. 29 (1983), No. 9, S. 1037 – 1050.

Chonko, L.B. (1995): Ethical Decision Making in Marketing, Thousand Oaks, London, New Delhi 1995.

Chonko, L.B.; Dunne, P.M. (1982): Marketing Theory: A Status Report. In: Bush, R.F.; Hunt, S.D. (eds.): Marketing Theory: Philosophy of Science Perspectives, Chicago 1982, S. 43 – 46.

Clancy, K.J.; Shulman, R.S. (1993[1991]): Die Marketing-Revolution: vom Wunschdenken zur Rentabilität, Frankfurt/Main 1993 (Übers. v.: The Marketing Revolution: A Radical Manifesto for Dominating the Marketplace, New York 1991).

Clark, F. (1922): Principles of Marketing, New York 1922.

Clark, T. (1990): International Marketing and National Character: A Review and Proposal for an Integrative Theory. In: JM, Vol. 54 (1990), No. 4, S. 66 – 79.

Clausen, J.; Fichter, K. (1996): Umweltbericht – Umwelterklärung, München, Wien 1996.

Coates, J.F.; Coates, V.T.; Jarratt, J.; Heinz, L. (1986): Issues Management, Mt. Airy 1986.

Cohen, J.B.; Areni, C.S. (1991): Affect and Consumer Behavior. In: Robertson, T.S.; Kassarjian, H.H. (eds.): Handbook of Consumer Behavior, Englewood Cliffs 1991, S. 188 – 240.

Coleman, R.P. (1983): The Continuing Significance of Social Class to Marketing. In: JCR, Vol. 10 1983), No. 3, S. 265 – 280.

CommerceNet/Nielsen (1996): Internet Demographics, <http://www.commerce.net/work/pilot/ nielsen_96/>, Stand: 6.12.1996.

Converse, P.D. (1930): Elements of Marketing, New York 1930.

Converse, P.D. (1945): The Development of the Science of Marketing. An Exploratory Survey. In: JM, Vol. 10 (1945), No. 1, S. 14 – 23.

Copeland, M.T. (1923): The Relation of Consumers' Buying Habits to Marketing Methods. In: HBR, Vol. 1 (1923), No. 3, S. 282 – 289.

Corsten, H. (1988): Betriebswirtschaftslehre der Dienstleistungsunternehmungen, München et al. 1988.

Corsten, H. (1995): Externalisierung und Internalisierung als strategische Optionen von Dienstleistungsunternehmen. In: Bruhn, M.; Stauss, B. (Hrsg.): Dienstleistungsqualität: Konzepte, Methoden, Erfahrungen, 2. Aufl. Wiesbaden 1995, S. 189 – 206.

Cortese, A. (1997a): Special Report: A Way out of the Web Maze. In: Business Week (European Edition), o.Jg. (February 24 1997), S. 40 – 45.

Cortese, A. (1997b): Business Week/Harris Poll: A Census in Cyberspace. In: Business Week, May 5, 1997, <http://www.businessweek.com/1997/18/b352511.htm>, Stand: 11.7.1997.

Costa, C.; Franke, A.; Holthoff-Frank, K. (1995): Handelsunternehmen im Spannungsfeld umweltpolitischer Anforderungen. Der Weg von der Abfall- zur Kreislaufwirtschaft in der Distribution, München 1995.

Costa, J.A. (1994a): Introduction. In: Costa, J.A. (ed.): Gender Issues and Consumer Behavior, Newbury Park, London, New Delhi 1994, S. 1-10.

Costa, J.A. (ed.) (1994b): Gender Issues and Consumer Behavior, Newbury Park, London, New Delhi 1994.

Coupland, D. (1992[1991]): Generation X: Geschichten für eine immer schneller werdende Kultur, Hamburg 1992 (Übers. v.: Generation X. Tales for an Accelerated Culture, New York 1991).

Coupland, D. (1995): Microserfs, Glasgow 1995.

Courtney, J.A.; Van Doren, D.C. (1996): Succeeding in the Communiputer Age: Technology and the Marketing Mix. In: Industrial Marketing Management, Vol. 25 (1996), No. 1, S. 1 – 10.

Coutant, F.R. (1938): President's Annual Report. In: JM, Vol. 2 (1938), No. 2, S. 269 – 271.

Cox, R.; Alderson, W. (1950): Theory in Marketing, Chicago 1950.

Crespi, I. (1974): Behavioral Science: Techniques. General Concepts. In: Ferber, R. (ed.): Handbook of Marketing Research, New York 1974, S. 3.3 – 3.15.

Cronau, R. (1887): Das Buch der Reklame. Geschichte, Wesen und Praxis der Reklame, Ulm 1887.

Csikszentmihalyi, M. (1990): Flow: The Psychology of Optimal Experience, New York 1990.

Csikszentmihalyi, M.; Rochberg-Halton, E. (1981): The Meaning of Things. Domestic Symbols and the Self, Cambridge, London, New York 1981.

Daudel, S.; Vialle, G. (1992): Yield-Management: Erträge optimieren durch nachfrageorientierte Angebotssteuerung, Frankfurt/Main 1992.

Davidow, W.H.; Malone, M.S. (1992): The Virtual Corporation: Structuring and Revitalizing the Corporation for the 21st Century, New York 1992.

Davis, H.L.; Rigaux, B.P. (1974): Perception of Marital Roles in Decision Processes. In: JCR, Vol. 1 (1974), No. 1, S. 51 – 62.

Dawson, L.M. (1969): The Human Concept: New Philosophy for Business. In: Business Horizons, Vol. 12 (1969), No. 6, S. 29 – 38.

Dawson, L.M. (1971): Marketing Science in the Age of Aquarius. In: JM, Vol. 35 (1971), No. 3, S. 66 – 72.

Day, G.S. (1996): Using the Past as a Guide to the Future: Reflections on the History of the Journal of Marketing. In: JM, Vol. 60 (1996), No. 1, S. 14 – 16.

Day, R.L. (ed.) (1977): Consumer Satisfaction, Dissatisfaction and Complaining Behavior, Bloomington 1977.

De George, R.T. (1987): The Status of Business Ethics: Past and Future. In: Journal of Business Ethics, Vol. 6 (1987), No. 3, S. 201 – 211.

Dean, J. (1950): Pricing Policies for New Products. In: HBR, Vol. 28 (1950), No. 6, S. 45 – 53.

Debord, G. (1974[1967]): Die Gesellschaft des Spektakels, 2. Aufl. Düsseldorf 1974 (Übers. v.: La Société du Spectacle, Paris 1967).

Decker, R.; Gaul, W. (1990): Einige Bemerkungen über Expertensysteme für Marketing und Marktforschung. In: Marketing-ZFP, 12. Jg. (1990), H. 4, S. 257 – 271.

Deimel, K. (1989): Grundlagen des Involvement und Anwendung im Marketing. In: Marketing-ZFP, 11. Jg. (1989), H. 3, S. 153 – 161.

Devries, J. (1997): imug-Emnid: Verbraucher und Verantwortung. Ausgewählte Ergebnisse einer empirischen Untersuchung, imug-Arbeitspapier 6/97, Hannover 1997.

Dichter, E. (1964[1961]): Strategie im Reich der Wünsche, München 1964 (Übers. v.: The Strategy of Desire, New York 1961).

Dichtl, E. (1970a): Die Beurteilung der Erfolgsträchtigkeit eines Produktes als Grundlage der Gestaltung des Produktionsprogramms, Berlin 1970.

Dichtl, E. (1970b): Marketing und Wohlfahrtsökonomik. In: der markt, 9. Jg. (1970), H. 4, S. 100 – 111.

Dichtl, E. (1995): 25 Jahre Marketingwissenschaft in Deutschland. Zeit zum Feiern oder Anlaß zum Nachdenken? In: Marketing-ZFP, 17. Jg. (1995), H. 1, S. 54 – 55.

Dichtl, E.; Leibold, M.; Köglmayr, H.-G.; Müller, S. (1983): Die Entscheidung kleiner und mittlerer Unternehmen für die Aufnahme einer Exporttätigkeit. In: ZfB, 53. Jg. (1983), H. 5, S. 428 – 444.

Dichtl, E.; Müller-Heumann, G. (1972): Konsumententypologische und produktorientierte Marktsegmentierung. In: JB.AVF, 18. Jg. (1972), H. 4, S. 249 – 265.

Diery, H. (1996): Technologiefolgen-Abschätzung als strategische Aufgabe einer prospektiven Arbeits- und Organisationsgestaltung, Frankfurt/Main et al. 1996.

DIHT (Hrsg.) (1981): Investieren im Ausland, Bonn 1981.

Diller, H. (1990): Zielgruppen für den Erlebnishandel. Eine empirische Studie. In: Trommsdorff, V. (Hrsg.): Handelsforschung 1990, Wiesbaden 1990, S. 139 – 156.

Diller, H. (1992a): Preispolitik, 2. Aufl. Stuttgart et al. (1. Aufl. 1985).

Diller, H. (1992b): Umweltschutz im Marketing. In: Vogl, J.; Heigl, A.; Schäfer, K. (Hrsg.): Handbuch des Umweltschutzes, 3. Auflage, Teil III - 7.1., Landsberg am Lech 1992, S. 1 – 20.

Diller, H. (1993): Preisbaukästen als preispolitische Option. In: WiSt, 22. Jg. (1993), H. 6, S. 270 – 275.

Diller, H. (1994): Geschäftsbeziehungen als Gegenstand der Konsumentenforschung. In: Forschungsgruppe Konsum und Verhalten (Hrsg.): Konsumentenforschung: gewidmet Werner Kroeber-Riel zum 60. Geburtstag, München 1994, S. 201 – 214.

Diller, H. (1995): Beziehungsmanagement. In: Tietz, B.; Köhler, R.; Zentes, J. (Hrsg.): HWM 2. vollst. überarb. Aufl. Stuttgart 1995, Sp. 285 – 300.

Diller, H. (1997a): Preis-Management im Zeichen des Beziehungsmarketing. In: DBW, 57. Jg. (1997), H. 6, S. 749 – 763.

Diller, H. (1997b): Veränderungen im Marketing durch Online-Medien. In: Bruhn, M.; Steffenhagen, H. (Hrsg.): Marktorientierte Unternehmensführung: Reflexionen – Denkanstöße – Perspektiven. Festschrift für Heribert Meffert zum 60. Geburtstag, Wiesbaden 1997, S. 513 – 537.

Diller, H.; Gaitanides, M. (1989): Großkundenmanagement – Überlegungen und Befunde zur organisatorischen Gestaltung und Effizienz. In: DBW, 49. Jg. (1989), H. 2, S. 185 – 197.

Diller, H.; George, G. (1992): Computergestützte Preis- und Konditionenpolitik. In: Hermanns, A.; Flegel, V. (Hrsg.): Handbuch des Electronic Marketing, München 1992, S. 637– 656.

Diller, H.; Kusterer, M. (1988): Beziehungsmanagement. Theoretische Grundlagen und explorative Befunde. In: Marketing-ZFP, 10. Jg. (1988), H. 3, S. 211 – 220.

Dilthey, W. (1922[1883]): Einleitung in die Geisteswissenschaften (1883). In: Misch, G. (Hrsg.): Gesammelte Schriften, Bd. 1, Göttingen 1922.

Disch, W.K.A. (1966): Der Groß- und Einzelhandel in der Bundesrepublik Deutschland, Köln, Opladen 1966.

Dohmen, J. (1972): Marketing im gesellschaftlichen Kraftfeld. In: MA, 34. Jg. (1972), H. 5, S. 170 – 176.

Domizlaff, H. (1982[1939]): Die Gewinnung des öffentlichen Vertrauens. Ein Lehrbuch der Markentechnik, 3. Aufl. Hamburg 1982 (1. Aufl 1939).

Donabedian, A. (1980): The Definition of Quality and Approaches to its Assessment. Explorations in Quality, Assessment and Monitoring, Vol. 1, Ann Arbor 1980.

Doole, I.; Lowe, R.; Phillips, C. (1994): International Marketing Strategy. Analysis, Development and Implementation, London et al. 1994.

Dorfman, P.W.; Howell, J.P. (1988): Dimensions of National Culture and Effective Leadership Patterns: Hofstede Revisited. In: Advances in International Comparative Management, Vol. 3 (1988), S. 127 – 150.

Douglas, M.; Isherwood, B. (1979): The World of Goods. Towards an Anthropology of Consumption, New York 1979.

Doz, Y.L. (1992): Empirische Relevanz von Strategischen Allianzen in Europa. In: Bronder, C.; Pritzl, R. (Hrsg.): Wegweiser für Strategische Allianzen, Frankfurt/Main et al. 1992, S. 47 – 62.

Dreßen, W.; Kunzelmann, D.; Siepmann, E. (Hrsg.) (1991): Nilpferde des höllischen Urwalds: Situationistische Internationale, Gruppe SPUR, Kommune I (Katalog zur gleichnamigen Ausstellung des Werkbund-Archivs), Gießen 1991.

Drewes, C. (1992): Euro-Kommunikation. In: Meissner, H.G.; Simmet, H. (Hrsg.): Euro-Dimensionen des Marketing, Schriftenreihe des Lehrstuhls für Marketing Universität Dortmund, H. 7, Dortmund 1992, S. 82 – 94.

Droysen, J.G. (1977[1937]): Historik. Vorlesungen über Enzyklopädie und Methodologie der Geschichte, Hrsg. v. R. Hübner, 7. Aufl. Darmstadt 1977 (1. Aufl. 1937).

Drucker, P. (1954): The Practice of Management, Oxford 1954.

Drucker, P. (1969): The Age of Discontinuity, New York 1969.

Dülfer, E. (1995): Internationales Management in unterschiedlichen Kulturbereichen, 3. Aufl. München 1995.

Dunst, K.H. (1979): Portfolio Management. Konzeption für die strategische Unternehmensplanung, Berlin, New York 1979.

Durö, R.; Sandström, B. (1987): Marketing Warfare, Chickester et al. 1987.

Dutz, E.; Femerling, C. (1994): Prozeßmanagement in der Entsorgung: Ansätze und Verfahren. In: DBW, 54. Jg. (1994), H. 2, S. 221 – 245.

Dwyer, F.R.; Oh, S. (1988): A Transaction Cost Perspective on Vertical Contractual Structure and Interchannel Competitive Strategies. In: JM, Vol. 52 (1988), No. 2, S. 21 – 34.

Dyckhoff, H.; Ahn, H.; Gießler, T. (1997): Produktentstehung in einer Kreislaufwirtschaft. In: Steger, U. (Hrsg.): Handbuch des integrierten Umweltmanagements, München 1997, S. 197 – 215.

Dyllick, T.; Belz, F. (1995): Anspruchsgruppen im Öko-Marketing. Eine konzeptionelle Erweiterung der Marketing-Perspektive. In: UWF, 3. Jg. (1995), H. 1, S. 56 – 61.

Eckardstein, D.v.; Schnellinger, F. (1971): Personalmarketing im Einzelhandel, Berlin 1971.

Eisenberg, G.; Linke, H.-J. (Hrsg.) (1980): Fuffziger Jahre, Gießen 1980.

Eisendle, R.; Miklautz, R. (Hrsg.) (1992): Produktkulturen. Dynamik und Bedeutungswandel des Konsums, Frankfurt/Main, New York 1992.

Eiteneyer, H. (1977): Social-Marketing – Unternehmensphilosophie öffentlicher Unternehmungen. In: ZfbF, 29. Jg. (1977), S. 303 – 311.

Ellerbrock, K.-P. (1995): Vom Mäzenatentum zum Kultursponsoring. Kontinuitäten und Diskontinuitäten bei der Förderung von Kunst und Kultur für „werbliche Zwecke" in der modernen Kulturentwicklung. In: Borscheid, P.; Wischerman, C. (Hrsg.): Bilderwelt des Alltags: Werbung in der Konsumgesellschaft des 19. und 20. Jahrhunderts, Stuttgart 1995, S. 350 – 371.

Ellis, K.L.; Beatty, S.E. (1995): Customer Relationships with Retail Salespeople: A Conceptual Model and Propositions. In: Kardes, F.R.; Sujan, M. (eds.): Advances in Consumer Research, Vol. 22 (1995), S. 594 – 598.

Enderle, G. (1996): FOCUS: A Comparison of Business Ethics in North America and Continental Europe. In: Business Ethics, Vol. 5 (1996), No. 1, S. 33 – 46.

Enderle, G. (1997): Business and Corporate Ethics in the USA Philosophy and Practice, Working Paper University of Notre Dame, Indiana 1997.

Enderle, G. et al. (Hrsg.) (1993): Lexikon der Wirtschaftsethik, Freiburg et al. 1993.

Engel, J.F.; Blackwell, R.D.; Miniard, P.W. (1995): Consumer Behavior, 8th ed. Fort Worth et al. 1995 (1. Aufl. 1968, mit den Autoren Engel, J.F.; Kollat, D.T.; Blackwell, R.D.)

Engelhardt, W.H. (1976): Erscheinungsformen und absatzpolitische Probleme von Angebots- und Nachfrageverbunden. In: ZfbF, 28. Jg. (1976), H. 2, S. 77 – 90.

Engelhardt, W.H.; Freiling, J. (1997): Zusammenfassende Stellungnahme. In: DBW, 57. Jg. (1997), H. 2, S. 290 – 292.

Engelhardt, W.H.; Günter, B. (1981): Investitionsgüter-Marketing: Anlagen, Einzelaggregate, Teile, Roh- und Einsatzstoffe, Energieträger, Stuttgart et al. 1981.

Engelhardt, W.H.; Kleinaltenkamp, M.; Reckenfelderbäumer, M. (1993): Leistungsbündel als Absatz-objekte. Ein Ansatz zur Überwindung der Dichotomie von Sach- und Dienstleistungen. In: ZfbF, 45. Jg. (1993), H. 5, S. 395 – 426.

Engelhardt, W.H.; Kleinaltenkamp, M.; Reckenfelderbäumer, M. (1995): Leistungstypologien als Basis des Marketing – ein erneutes Plädoyer für die Aufhebung der Dichotomie von Sachleistungen und Dienstleistungen. Anmerkungen zum Beitrag von Heribert Meffert: „Marktorientierte Führung von Dienstleistungsunternehmen – neuere Entwicklungen in Theorie und Praxis". In: DBW, 55. Jg. (1995), H. 5, S. 673 – 677.

Enis, B.M.; Roering, K.J. (1980): Product Classification Taxonomies: Synthesis and Consumer Implications. In: Lamb, C.W., Jr.; Dunne, P.M. (eds.): Theoretical Developments in Marketing, Chicago 1980, S. 186 – 189.

Enquête-Kommission „Schutz des Menschen und der Umwelt" des Deutschen Bundestages (Hrsg.) (1994): Umweltverträgliches Stoffstrommanagement: Konzepte, Instrumente, Bewertung, Anwendungsbereiche, Band 1: Konzepte, Band 2: Instrumente, Band 3: Bewertung, Band 4: Anwendungsbereich Textilien, Band 5: Anwendungsbereiche Mobilität und Sekundärrohstoffe, Bonn 1994.

Enzensberger, H.M. (1962[1960]): Das Plebiszit der Verbraucher. In: Einzelheiten I – Bewußtseins-Industrie, Frankfurt/Main 1962, S. 167 – 172 (Erstabdruck in: Die Zeit, 25.11.1960).

Eretge, F. (1996): Freiheitsgrade bei marketingethisch relevanten Entscheidungen. Lehr- und Forschungsbericht Nr. 38 des Lehrstuhls für Marketing I: Markt und Konsum, Universität Hannover, Hannover 1996.

Erhard, L. (1962[1957]): Wohlstand für alle! Rede vor dem 7. Bundesparteitag der CDU am 14.5.1957 in Hamburg. In: Deutsche Wirtschaftspolitik. Der Weg zur sozialen Marktwirtschaft, Düsseldorf, Wien 1962, S. 337 – 353.

Erichson, B. (1981): TESI: Ein Test- und Prognoseverfahren für neue Produkte. In: Marketing-ZFP, 3. Jg. (1981), H. 3, S. 201 – 207.

Esch, F.-R. (1993): Verhaltenswissenschaftliche Aspekte der integrierten Marketing-Kommunikation. In: Werbeforschung & Praxis, 38. Jg. (1993), H. 1, S. 20 – 28.

Esch, F.-R. (1998): Marktreaktionen auf integrierte Kommunikation, Wiesbaden (im Druck).

Esch, F.-R.; Andresen, T. (1997): Messung des Markenwertes. In: Hauser, U.; MTP e. V. Alumni (Hrsg.): Erfolgreiches Markenmanagement, Wiesbaden 1997, S. 11 – 37.

Esch, F.-R.; Meyer, S. (1995): Umsetzung erlebnisorientierter Positionierungskonzepte in der Ladengestaltung von Handelsunternehmen. In: Trommsdorff, V. (Hrsg.): Handelsforschung 1995/1996: Informationsmanagement im Handel, Wiesbaden 1995, S. 287 – 312.

Esch, F.-R.; Muffler, T. (1989): Expertensysteme im Marketing. In: Marketing-ZFP, 11. Jg. (1989), H. 3, S. 145 – 152.

Ettenson, R.; Gaeth, G. (1991): Consumer Perceptions of Hybrid (Bi-National) Products. In: JCM, Vol. 8 (1991), No. 4, S. 13 – 18.

Eusterbrock, C.; Kolbe, L. (1995): Umkehrung des Marketing-Prozesses durch Online-Dienste: Der private Haushalt entscheidet selbst, Freiberger Arbeitspapiere Nr. 95/19, Technische Universität Bergakademie Freiberg, Fakultät für Wirtschaftswissenschaften, Freiberg 1995.

Evans, P.B.; Wurster, T.S. (1997): Strategy and the New Economics of Information. In: HBR, Vol. 75 (1997), No. 5, S. 71 – 82.

Ewen, S. (1976): Captains of Consciousness, New York 1976.

Fabris, G. (1990): Consumer Studies: New Perspectives. In: Marketing and Research Today, Vol. 18 (1990), No. 2, S. 67 – 74.

Fahy, J.; Taguchi, F. (1995): Reassessing the Japanese Distribution System. In: SMR, Vol. 36 (1995), No. 2, S. 49 – 61.

Fantapié Altobelli, C. (1991): Die Diffusion neuer Kommunikationstechniken in der Bundesrepublik Deutschland. Erklärung, Prognose und marketingpolitische Implikationen, Heidelberg 1991.

Fantapié Altobelli, C.; Fittkau, C. (1997): Formen und Erfolgsfaktoren der Online-Distribution. In: Trommsdorff, V. (Hrsg.): Handelsforschung 1997/98: Kundenorientierung im Handel, Wiesbaden 1997, S. 397 – 417.

Faria, A.J. (1983): The Development of the Functional Approach to the Study of Marketing to 1940. In: Hollander, S.C.; Savitt, R. (eds.) (1983): First North American Workshop on Historical Research in Marketing. Proceedings of a Conference, East Lansing 1983, S. 160 – 169.

Fässler, E. (1989): Gesellschaftsorientiertes Marketing. Marktorientierte Unternehmenspolitik im Wandel, Bern, Stuttgart 1989.

Featherstone, M. (1991): Consumer Culture and Postmodernism, Newbury Park 1991.

Feldman, L.P. (1971): Societal Adaption: A New Challenge for Marketing. In: JM, Vol. 35 (1971), No. 3, S. 54 – 60.

Femers, S. (1995): Umweltbewußtsein und Umweltverhalten im Spiegel empirischer Studien. In: asw, 38. Jg. (1995), H. 9, S. 117 – 122.

Ferrell, O.C.; Gresham, L.G. (1985): A Contingency Framework for Understanding Ethical Decision Making in Marketing. In: JM, Vol. 49 (1985), No. 3, S. 87 – 96.

Ferrell, O.C.; Perrachione, J.R. (1980): An Inquiry into Bagozzi's Formal Theory of Marketing Exchanges. In: Lamb, C.W., Jr.; Dunne, P.M. (eds.): Theoretical Developments in Marketing, Chicago 1980, S. 158 – 161.

Festinger, L. (1957): A Theory of Cognitive Dissonance, New York 1957.

Findeisen, F. (1924): Der Markenartikel im Rahmen der Absatzökonomik der Betriebe, Berlin 1924.

Findeisen, F. (1925): Absatztheorie. In: ZfB, 2. Jg. (1925), S. 1 – 20.

Fine, S.H. (1987): Social and Nonprofit Marketing: Some Trends and Issues. In: Belk, R.W. (ed.): Advances in Nonprofit Marketing, Vol. 2 (1987), S. 71 – 98.

Fink, D. (1997): Interview zur Zukunft von Multimedia im Marketing. In: Marktforschung & Management, 41. Jg. (1997), H. 1, S. 5 – 8.

Firat, A.F. (1987a): Historiography, Scientific Method and Exceptional Historical Events. In: Wallendorf, M.; Anderson, P. (eds.): Advances in Consumer Research, Vol. 14 (1987), S. 435 – 438.

Firat, A.F. (1987b): The Social Construction of Consumption Patterns: Understanding Macro Consumption Phenomena. In: Firat, A.F.; Dholakia, N.; Bagozzi, R.P. (eds.): Philosophical and Radical Thought in Marketing, Lexington 1987, S. 251 – 267.

Firat, A.F.; Dholakia, N. (1982): Consumption Choices at the Macro Level. In: JMM, Vol. 2 (1982), No. 2, S. 6 – 15.

Fischer, M. (1993): Make-or-Buy-Entscheidungen im Marketing, Neue Institutionenlehre und Distributionspolitik, Wiesbaden 1993.

Fischer, E.; Bristor, J. (1994): A Feminist Poststructuralist Analysis of the Rhetoric of Marketing Relationships. In: IJRM, Vol. 11 (1994), S. 317 – 331.

Community? An Exploratory Study of Internet Consumers' Behaviors. In: Corfman, K.P.; Lynch, J.G., Jr. (eds.): Advances in Consumer Research, Vol. 23 (1996), S. 178 – 182.

Fischer, H. (1959): Marketing oder die Verwirrung der Begriffe, Stuttgart-Degerloch 1959.

Fischer, H. (1960): Aufgaben der Marktforschung – Versuch einer Systematik. In: ZfhF, N.F., 10. Jg. (1960), S. 700 – 710.

Fischer-Winkelmann, W.F. (1972): Marketing: Ideologie oder operable Wissenschaft? München 1972.

Fischer-Winkelmann, W.F. (1976): Marginalien zur Konsumentensouveränität als einem Axiom der Marketing-Theorie. In: Fischer-Winkelmann, W.F.; Rock, R. (Hrsg.): Markt und Konsument, Teilband 2: Kritik der Marketing-Theorie, München 1976, S. 69 – 90 (Überarb. v.: ZfbF, 25. Jg. (1973), S. 161 – 175).

Fischer-Winkelmann, W.F.; Rock, R. (1976): Vom Elend der Markt- und Marketing-Theorie. In: Fischer-Winkelmann, W.F.; Rock, R. (Hrsg.): Markt und Konsument, Teilband 2: Kritik der Marketing-Theorie, München 1976, S. 11 – 38.

Fischer-Winkelmann, W.F.; Rock, R. (1977): Konsumerismus, Verbraucherinteressen und Marketinglehre. Zum Stand der deutschen absatzwirtschaftlichen Konsumerismusdiskussion. In: ZfB, 47. Jg. (1977), H. 3, S. 129 – 152.

Fishbein, M. (ed.) (1967): Readings in Attitude Theory and Measurement, New York 1967.

Fishbein, M.; Ajzen, I. (1975): Belief, Attitude, Intention, and Behavior: An Introduction to Theory and Research, Reading, Massachusetts 1975.

Fisher, J. (1987): Social Class and Consumer Behavior: The Relevance of Class and Status. In: Wallendorf, M.; Anderson, P. (eds.): Advances in Consumer Research, Vol. 14 (1987), S. 492 – 496.

Fisk, G. (1974): Marketing and the Ecological Crisis, New York 1974.

Fisk, G. (1990): Toward Maximum Understanding and Use of the Macromarketing Bibliography. In: JMM, Vol. 10 (1990), No. 1, S. 41 – 71.

Fisk, G. (ed.) (1967): Theories for Marketing Systems Analysis, New York 1967.

Fisk, R.P.; Brown, S.W.; Bitner, M.J. (1993): Tracking the Evolution of the Services Marketing Literature. In: JR, Vol. 69 (1993), No. 1, S. 61 – 103.

Fisk, R.P.; Brown, S.W.; Bitner, M.J. (1995): Services Management Literature Overview: A Rationale for Interdisciplinary Study. In: Glynn, W.J.; Barnes, J.G. (eds.): Understanding Services Management: Integrating Marketing, Organisational Behaviour, Operations and Human Ressource Management, Chichester et al. 1995, S. 1 – 32.

Fittkau, S.; Maaß, H. (1997): Ergebniszusammenfassung der W3B-Umfrage April/Mai 1997, <http://www.w3b.de/w3b-1997/april-mai/zusammenfassung.html>, Stand: 11.7.1997.

Flaig, B.B.; Meyer, T.; Ueltzhöffer, J. (1994): Alltagsästhetik und politische Kultur: zur ästhetischen Dimension politischer Bildung und politischer Kommunikation, 2. durchgesehene Aufl. Bonn 1994.

Flanagan, J.C. (1954): The Critical Incident Technique. In: Psychological Bulletin, Vol. 51 (1954), No. 4, S. 327–358.

Ford, D.; Leonidou, L. (1991): Research Developments in International Marketing: A European Perspective. In: Paliwoda, S.J. (eds.): New Perspectives on International Marketing, London 1991, S. 3–32.

Fornell, C. (1978): Corporate Consumer Affairs Departments – A Communications Perspective. In: JCP, Vol. 2 (1978), No. 4, S. 289–302.

Fornell, C. (1986): A Second Generation of Multivariate Analysis: Classification of Methods and Implications for Marketing Research, Working Paper University of Michigan 1986.

Fourastié, J. (1954[1952]): Die große Hoffnung des Zwanzigsten Jahrhunderts, Köln 1954 (Übers. v.: Le Grand Espoir du XXe Siècle. Progrès Technique – Progrès Economique – Progrès Social, Paris 1952).

Frank, R.E.; Massy, W.F.; Wind, Y. (1972): Market Segmentation, Englewood Cliffs 1972.

Frank, T. (1997): Why Johnny Can't Dissent. In: Frank, T.; Weiland, M. (eds.): Commodify Your Dissent: Salvos from The Baffler, New York 1997, S. 31 – 45.

Frederick, C. (1929): Selling to Mrs. Consumer, New York 1929.

Freeman, R.E. (1984): Strategic Management: A Stakeholder Approach, Boston 1984.

Freeman, R.E. (1997): Stakeholder Theory. In: Werhane, P.H.; Freeman, R. (eds.): The Blackwell Encyclopedic Dictionary of Business Ethics, Encyclopedia of Management, Vol. XI, Oxford, Cambridge 1997, S. 602 – 606.

Freimann, J. (1987): Die Öko-Welle – mehr als ein Modetrend? In: mehrwert, o.Jg. (1987), H. 29, S. 56 – 78.

Freimann, J. (1988): Mit Öko-Marketing aus der Umweltkrise? In: Heinz, B. (Hrsg.): Ökomarketing, Schriftenreihe des IÖW Nr. 18/88, Berlin 1988, S. 106 – 127.

Freimann, J. (1996): Betriebliche Umweltpolitik, Bern et al. 1996.

Freter, H. (1983): Marktsegmentierung, Stuttgart et al. 1983.

Freudenmann, H. (1965): Planung neuer Produkte, Stuttgart 1965.

Frey, B.S. (1981): Theorie demokratischer Wirtschaftspolitik, München 1981.

Fricke, A. (1996): Eine Kaufverhaltensanalyse bei Öko-Produkten unter besonderer Berücksichtigung des Kohortenprinzips. In: JB.AVF, 42. Jg. (1996), H. 4, S. 372 – 400.

Friedell, E. (1948): Kulturgeschichte der Neuzeit, Bd. 3, 22. Aufl. München 1948.

Friedman, M. (1953): The Methodology of Positive Economics. In: Friedman, M. (Hrsg.): Essays in Positive Economics, Chicago 1953, S. 3 – 43.

Friedman, M. (1971): Die soziale Verantwortung der Geschäftswelt. In: Schmölders, G. (Hrsg.): Der Unternehmer im Ansehen der Welt, Bergisch Gladbach 1971, S. 198 – 206.

Friedman, M. (1991): A „Brand" New Language, Westport 1991.

Friedrichs, J. (1968): Werte und soziales Handeln. Ein Beitrag zur soziologischen Theorie, Tübingen 1968.

Fritz, W. (1993): Marktorientierte Unternehmensführung und Unternehmenserfolg. In: Marketing-ZFP, 15. Jg. (1993), H. 4, S. 237 – 246.

Fritz, W. (1995a): Marketing-Management und Unternehmenserfolg, 2. überarb. und ergänzte Aufl. Stuttgart 1995 (1. Aufl. 1992).

Fritz, W. (1995b): Umweltschutz und Unternehmenserfolg. In: DBW, 55. Jg. (1995), H. 3, S. 347 – 357.

Fritz, W. (1997): Erfolgsursache Marketing - Warum marktorientiert geführte Unternehmen erfolgreich sind, Stuttgart 1997.

Fröhlich, W. (1987): Strategisches Personalmarketing, Düsseldorf 1987.

Fromm, E. (1967[1963]): Der moderne Mensch und seine Zukunft, 2. Aufl. Frankfurt/Main 1967 (Übers. v.: The Sane Society, London 1963).

Fromm, E. (1979[1976]): Haben oder Sein. Die seelischen Grundlagen einer neuen Gesellschaft, München (Übers. v.: To Have or To Be? New York et al. 1976).

Fuchs, M.; Kecskes, R. (1996): Umfrageforschung mit Telefon und Computer. Einführung in die computergestützte telefonische Befragung. In: KZfSS, 48. Jg. (1996), H. 1, S. 194 – 195.

Fuchs, W.A. (1995): Transkulturelle Werbung. Zur Internationalisierung der Marketing-Kommunikation. In: planung & analyse, o.Jg. (1995), H. 4, S. 68 – 72.

Füger, R. (1993): Umweltbezogene Werbung, Frankfurt/Main 1993.

Fülberth, G.; Dietz, G. (Hrsg.) (1988): Fin de siècle: 100 Jahre Jahrhundertwende, Berlin 1988.

Fullerton, R.A. (1987): The Poverty of Ahistorical Analysis: Present Weakness and Future Cure in U.S. Marketing Thought. In: Firat, A. F.; Dholakia, N.; Bagozzi, R.P. (eds.): Philosophical and Radical Thought in Marketing, Lexington 1987, S. 97 – 116.

Fullerton, R.A. (1988): How Modern is Modern Marketing? Marketing's Evolution and the Myth of the „Production Era". In: JM, Vol. 52 (1988), No. 1, S. 108 – 125.

Fullerton, R.A. (1994): Marketing Action and the Transformation of Western Consciousness: The Examples of Pulp Literature and Department Stores. In: Sheth, J.N.; Fullerton, R.A. (eds.): Research in Marketing, Supplement 6 (1994), S. 237 – 254.

Funck, D. (1996): Ökologische Sortimentspolitik im Handel, Göttingen 1996.

Fuzinski, A.D.U.; Meyer, C. (1997): Der Internet-Ratgeber für erfolgreiches Marketing, Düsseldorf, Regensburg 1997.

Gaarder, J. (1993): Sofies Welt, München 1993.

Galbraith, J.K. (1952): American Capitalism. The Concept of Countervailing Power, Cambridge 1952.

Galbraith, J.K. (1959[1958]): Gesellschaft im Überfluß, München, Zürich 1959 (Übers. v.: The Affluent Society, Boston, Houghton Mifflin 1958).

Galbraith, J.K. (1968[1967]): Die moderne Industriegesellschaft, München, Zürich 1968 (Übers. v.: The New Industrial State, Boston, Houghton Mifflin 1967).

Galm, U. (1957): Beiträge der Institutionalisten zur Bildung einer Theorie des Konsumentenverhaltens, Diss. Frankfurt/Main 1957.

Gardner, B.; Levy, S. (1955): The Product and the Brand. In: HBR, Vol. 33 (1955), No. 2, S. 33 – 39.

Gaul, W.; Baier, D.; Apergis, A. (1996): Verfahren der Testmarktsimulation in Deutschland: Eine vergleichende Analyse. In: Marketing-ZFP, 18. Jg. (1996), H. 3, S. 203 – 217.

Geertz, C. (1987): Dichte Beschreibung: Beiträge zum Verstehen kultureller Systeme, Frankfurt/Main 1987.

Geißler, R. (1996): Kein Abschied von Klasse und Schicht. Ideologische Gefahren der deutschen Sozialstrukturanalyse. In: KZfSS, 48. Jg. (1996), H. 2, S. 319 – 338.

Gelb, B.D.; Brien, R.H. (1971): Survival and Social Responsibility: Themes for Marketing Education and Management. In: JM, Vol. 35 (1971), No. 2 S. 3 – 9.

Gemünden, H.G. (1981): Innovationsmarketing: Interaktionsbeziehungen zwischen Hersteller und Verwender innovativer Investitionsgüter, Tübingen 1981.

Gemünden, H.G. (1993): Zeit - strategischer Erfolgsfaktor in Innovationsprozessen. In: Domsch, M.; Sabisch, H.; Siemers, S.H. (Hrsg.): F&E Management, Stuttgart 1993, S. 67 – 118.

Gemünden, H.G.; Ritter, T.; Walter, A. (eds.) (1998): Relationships and Networks in International Markets, Oxford 1998.

Ger, G.; Belk, R.W. (1996a): Cross-Cultural Differences in Materialism. In: Journal of Economic Psychology, Vol. 17 (1996), No. 1, S. 55 – 77.

Ger, G.; Belk, R.W. (1996b): I'd Like to Buy the World a Coke: Comsumption Scopes of the „Less Affluent World". In: JCP, Vol. 19 (1996), No. 3, S. 271 – 304.

Gerlach, S. (1988): Das Warenhaus in Deutschland. Seine Entwicklung bis zum Ersten Weltkrieg in historisch-geographischer Sicht, Stuttgart 1988.

Germain, R. (1994): The Adoption of Statistical Methods in Market Research: The Early Twentieth Century. In: Sheth, J.N.; Fullerton, R.A. (eds.): Research in Marketing, Supplement 6 (1994), S. 87 – 101.

Gerpott, T.J. (1996): Multimedia. Geschäftssegmente und betriebswirtschaftliche Implikationen. In: WiSt, 25. Jg. (1996), H. 1, S. 15 – 20.

GfK Lebensstilforschung (Hrsg.) (o.Jg.): Euro-Socio-Styles: Ein neues Informationssystem, Nürnberg o.Jg.

Giddens, A. (1995[1993]): Soziologie, Wien, Graz 1995 (Übers. v.: Sociology, 2nd fully rev. and updated ed. Cambridge 1993).

Gierl, H. (1989): Individualisierung und Konsum. In: MA, 51. Jg. (1989), H. 8, S. 422 – 428.

Gierl, H. (1991): Lebensstil und Preislagenwahl der Konsumenten. In: ZfbF, 43. Jg. (1991), H. 5, S. 387 – 417.

Gierl, H. (1993): Globale Konsumentensegmentierung. In: Der Markt, 32. Jg. (1993), H. 126, S. 125 – 139.

Gillwald, K. (1995): Ökologisierung von Lebensstilen. Argumente, Beispiele, Einflußgrößen, Wissenschaftszentrum Berlin, Berlin 1995.

Gilmore, J.H.; Pine, B.J., II (1997): The Four Faces of Mass Customization. In: HBR, Vol. 75 (1997), No. 1, S. 91 – 101.

Ginsberg, A. (1956): A Supermarket in California. In: Howl and other Poems, San Francisco 1956, S. 23 – 24.

Glatzer, W. (1989): Die materiellen Lebensbedingungen in der Bundesrepublik Deutschland. In: Weidenfeld, W.; Zimmermann, H. (Hrsg.): Deutschland-Handbuch. Eine doppelte Bilanz 1949 – 1989, Bonn 1989, S. 276 – 291.

Glennie, P. (1995): Consumption Within Historical Studies.In: Miller, D. (ed): Acknowledging Consumption, London, New York 1995, S. 164 – 203.

Globus Infografik GmbH (1998a): Der wahre Einkommensfortschritt, Hamburg 1998, Oa-4708.

Globus Infografik GmbH (1998b): Führend auf den Weltmärkten, Hamburg 1998, Wa-4682.

Globus Kartendienst GmbH (1994): Vormarsch der Scanner-Kassen, Hamburg 1994, Ea-1888.

Goeschel, A. (Hrsg.) (1968): Richtlinien und Anschläge. Materialien zur Kritik der repressiven Gesellschaft, München 1968.

Goldhagen, D.J. (1996): Hitlers willige Vollstrecker: ganz gewöhnliche Deutsche und der Holocaust, Berlin 1996 (Übers. v.: Hitler's Willing Executioners: Ordinary Germans and the Holocaust, New York 1996).

Gomberg, L. (1903): Handelsbetriebslehre und Einzelwirtschaftslehre, Leipzig 1903.

Götte, A.; Kümmerlein, K. (1996): Der Einsatz von Multimedia in der Marktforschung. In: planung & analyse, o.Jg. (1996), H. 6, S. 36 – 41.

Götz, P. (1992): Strategische Allianzen. In: Diller, H. (Hrsg.): Vahlens großes Marketinglexikon, München 1992, S. 1108.

Grabner-Kräuter, S. (1997): State of the Art der amerikanischen Business Ethics-Forschung. In: ZfbF, 49. Jg. (1997), H. 3, S. 210 – 235.

Graf, C.; Litzenroth, H. (1993): Bringt mehr Werbung mehr Umsatz – Ökonomische Werbewirkungs-
messung mit GfK-BehaviorScan. In: Media-Perspektiven, o.Jg. (1993), H. 11-12, S. 549 – 555.

Greiner, B. (1997): Test the West. Über die „Amerikanisierung" der Bundesrepublik Deutschland In:
Blätter für deutsche und internationale Politik, 42. Jg. (1997), H. 11, S. 1367 – 1378.

Greyser, S.A.; Diamond, S.L. (1974): Business is Adapting to Consumerism. In: HBR, Vol. 52 (1974),
No. 5, S. 38 – 56.

Griebel, H.D. (1982): Zur Theorie des Handelsbetriebes. Ein spieltheoretisch-institutioneller Beitrag zu
einer Theorie des Binnenhandels, Diss. Frankfurt/Main 1982.

Gries, R.; Ilgen, V.; Schindelbeck, D. (1995): Ins Gehirn der Masse kriechen – Werbung und
Mentalitätsgeschichte, Darmstadt 1995.

Griese, J. (1992): Auswirkung globaler Informations- und Kommunikationssysteme auf die
Organisation weltweit tätiger Unternehmen. In: Staehle, W.H.; Conrad, P. (Hrsg.): Management-
forschung 2, Berlin, New York 1992, S. 163 – 175.

Grønhaug, K. (1977): Exploring Consumer Complaining Behavior: A Model and Some Empirical
Results. In: Perrault, W.D., Jr. (ed.): Advances in Consumer Research, Vol. 4 (1977), S. 159 – 165.

Grönroos, C. (1984): A Service Quality Model and its Marketing Implications. In: EJM, Vol. 18 (1984),
No. 4, S. 36 – 44.

Grönroos, C. (1990): Service Management and Marketing. Managing
the Moments of Truth in Service Competition, Lexington 1990.

Grönroos, C. (1994): Quo Vadis Marketing? Toward a Relationship Marketing Paradigm. In: Journal of
Marketing Management, Vol. 10 (1994), No. 5, S. 1 – 13.

Grönroos, C. (1995[1990]): Relationship Approach to Marketing in Service Contexts: The Marketing
and Organizational Behavior Interface. In: Payne, A. et al. (eds.): Relationship Marketing for Competitive Advantage: Winning and Keeping Customers, Oxford et al. 1995, S. 82-91 (Erstabdruck in:
Journal of Business Research, Vol. 20 (1990), No. 1, S. 3 – 11).

Grönroos, C. (1996): From Marketing Mix to Relationship Marketing: Towards a Paradigm Shift in
Marketing. Key-Note Paper at the Management Decision Conference, <http://www.
mcb.co.uk/services/conferen/feb96/relation.mar/new_phil/backgrnd.htm> (Stand: 1.3.1996).

Grönroos, C. (1997[1994]): From Scientific Management to Service Management: A Management
Perspective for the Age of Service Competition. In: Gabbott, M.; Hogg, G. (eds.): Contemporary
Services Marketing. A Reader, London et al. 1997, S. 345 – 360 (Erstabdruck in: International
Journal of Service Industry Management, Vol. 5 (1994), No. 1, S. 5 – 20).

Gröppel, A. (1991): Erlebnisstrategien im Einzelhandel: Analyse der Zielgruppen, der Ladengestaltung
und der Warenpräsentation zur Vermittlung von Einkaufserlebnissen, Heidelberg 1991.

Gröppel, A. (1994): Die Dynamik der Betriebsformen des Handels – Ein Erklärungsversuch aus
Konsumentensicht. In: Forschungsgruppe Konsum und Verhalten (Hrsg.): Konsumentenforschung: gewidmet Werner Kroeber-Riel zum 60. Geburtstag, München 1994, S. 379 – 397.

Grüneberg, N. (1973): Konsumerismus - Einstellungskonzeption und unternehmenspolitische
Aufgabe. In: MA, 35. Jg. (1973), H. 9, S. 445 – 451.

Gruner & Jahr (Hrsg.) (1993): Europe 1993: Media, Hamburg 1993.

Grunert, K.G. et al. (1995): The Changing Consumer in Germany. In: IJRM, Special Issue: The
Changing Consumer in the European Union, Vol. 12 (1995), No. 5, S. 417 – 433.

Gueck, M.; Heidel, K.; Kleinert, U. (1992): Multis, Markt und Krise. Unternehmensstrategien im
Strukturbruch der Weltwirtschaft, Heidelberg 1992.

Guiltinan, J.P. (1987): The Price Bundling of Services. A Normative Framework. In: JM, Vol. 51 (1987),
No. 2, S. 74 – 85.

Gümbel, R. (1985): Handel, Markt und Ökonomik, Wiesbaden 1985.

Gummesson, E. (1987): The New Marketing - Developing Long-Term Interactive Relationships. In: Long Range Planning, Vol. 20 (1987), No. 4, S. 10 – 20.

Gummesson, E. (1990): The Part-time Marketer, Center for Service Research, Karlstad, Schweden 1990.

Gutenberg, E. (1953): Zum „Methodenstreit". In: ZfhF, NF, 5. Jg. (1953), S. 327 – 355.

Gutenberg, E. (1966): Über einige Fragen der neueren Betriebswirtschaftslehre. In: ZfB, 36. Jg. (1965), 1. Ergänzungsheft, S. 1 – 17.

Gutenberg, E. (1984): Grundlagen der Betriebswirtschaftslehre, Bd. 2: Der Absatz, 17. Aufl. Berlin et al. 1984 (1. Aufl. 1955, 2. Aufl. 1956).

Hädecke, W. (1993): Poeten und Maschinen. Deutsche Dichter als Zeugen der Industrialisierung, München, Wien 1993.

Haedrich, G.; Tomczak, T. (1993): Erlebnis-Marketing: Angebotsdifferenzierung durch Emotionalisierung. In: Thexis, 10. Jg. (1993), H. 1, S. 35 – 41.

Haedrich, G.; Tomczak, T. (1996): Produktpolitik, Stuttgart et al. 1996.

Hagel, J., III; Armstrong, A.G. (1997): Net Gain: Expanding Markets through Virtual Communities, Boston 1997.

Håkansson, H. (1987): Industrial Technological Development: A Network Approach, London 1987.

Håkansson, H.; Johanson, J. (1993): The Network as a Governance Structure: Interfirm Cooperation beyond Markets and Hierarchies. In: Grabher, G. (ed.): The Embedded Firm: On the Sociooeconomics of Industrial Networks, London, New York 1993, S. 3 – 25.

Haller, S. (1997): Handels-Marketing, Ludwigshafen 1997.

Hamilius, J.P. (1971): Intellektuelle und Unternehmer. In: Schmölders, G. (Hrsg.): Der Unternehmer im Ansehen der Welt, Bergisch Gladbach 1971, S. 223 – 266.

Hamilton, D. (1989): Thorstein Veblen as the First Professsor of Marketing Science. In: Journal of Economic Issues, Vol. 23 (1989), No. 4, S. 1097 – 1103.

Hammann, P. (1974): Modelle zur Preispolitik. In: Hansen, H.R. (Hrsg.): Computergestützte Marketingplanung, München 1974, S. 198 – 217.

Hammann, P.; Erichson, B. (1994): Marktforschung, 3. überarb. und erw. Aufl. Stuttgart, New York 1994 (1. Aufl. 1978).

Hammel, W. (1963): Das System des Marketing – dargestellt am Beispiel der Konsumgüterindustrie, Freiburg 1963.

Hammer, M.; Champy, J. (1993): Reengineering the Corporation, New York 1993.

Hansen, P. (1970): Der Markenartikel – Analyse seiner Entwicklung und Stellung im Rahmen des Markenwesens (Betriebswirtschaftliche Schriften, H. 36), Berlin 1970.

Hansen, P. (1972): Die handelsgerichtete Absatzpolitik der Hersteller im Wettbewerb um den Regalplatz – Eine aktionsanalytische Untersuchung, Berlin 1972.

Hansen, U. (1979): Verbraucherabteilungen als Frühwarnsysteme. In: ZfB, 49. Jg. (1979), Erg.-H. 2, S. 120 – 134.

Hansen, U. (1982): Die Stellung der Konsumenten im Prozeß der unternehmerischen Produktentwicklung. In: Marketing-ZFP, 4. Jg. (1982), H. 1, S. 27 – 36.

Hansen, U. (1988a): Marketing und soziale Verantwortung. In: DBW, 48. Jg. (1988), H. 6, S. 711 – 721.

Hansen, U. (1988b): Ökologisches Marketing im Handel. In: Brandt, A.; Hansen, U.; Schoenheit, I; Werner, H. (Hrsg.): Ökologisches Marketing, Frankfurt/Main, New York 1988, S. 331-362.

Hansen, U. (1990): Absatz- und Beschaffungsmarketing des Einzelhandels: Eine Aktionsanalyse, 2. neubearb. und erw. Aufl. Göttingen 1990 (1. Aufl. 1976).

Hansen, U. (1992a): Umweltmanagement im Handel. In: Steger, U. (Hrsg.): Handbuch des Umweltmanagements: Anforderungs- und Leistungsprofile von Unternehmen und Gesellschaft, München 1992, S. 733 – 755.

Hansen, U. (1992b): Die ökologische Herausforderung als Prüfstein ethisch verantwortlichen Unternehmerhandelns. In: Wagner, G.R. (Hrsg.): Ökonomische Risiken und Umweltschutz, München 1992, S. 109 – 128.

Hansen, U. (1993): Verbraucher, Verbraucherverbände und Verbraucherpolitik. In: Wittmann, W. et al. (Hrsg.): HWB, 5. Aufl. Stuttgart 1993, Sp. 4463 – 4477.

Hansen, U. (1995): Ethik und Marketing. In: Tietz, B.; Köhler, R.; Zentes, J. (Hrsg.): HWM, 2. vollst. überarb. Aufl. Stuttgart 1995, Sp. 615 – 628.

Hansen, U. (1996): Marketing im gesellschaftlichen Dialog. In: Hansen, U. (Hrsg.): Marketing im gesellschaftlichen Dialog, Frankfurt/Main New, York 1996, S. 33 – 53.

Hansen, U. (1998): Anregungen von Responsible Care für die Betriebswirtschaftslehre. In: Wagner, G.-R. (Hrsg.): Umwelt und Wirtschaftsethik, Stuttgart 1998, S. 130 – 145.

Hansen, U.; Bode, M. (1995): Religion und Konsum, Lehr- und Forschungsbericht Nr. 35 des Lehrtuhls für Marketing I: Markt und Konsum, Universität Hannover, Hannover 1995.

Hansen, U.; Bode, M. (1997): Blinde Flecken der Marketingwissenschaft: Das Problemfeld der „4 Gs". In: Bruhn, M.; Steffenhagen, H. (Hrsg.): Marktorientierte Unternehmensführung: Reflexionen – Denkanstöße – Perspektiven. Festschrift für Heribert Meffert zum 60. Geburtstag, Wiesbaden 1997, S. 57 – 83.

Hansen, U. et al. (1995): Unternehmensdialoge als besondere Verfahren im Rahmen des Interessenausgleichs zwischen Unternehmen und Gesellschaft. In: Hansen, U. (Hrsg.): Verbraucher- und umweltorientiertes Marketing. Spurensuche einer dialogischen Marketingethik, Stuttgart 1995, S. 109 – 125.

Hansen, U.; Hennig, T. (1995a): Der Co-Produzenten-Ansatz im Konsumgütermarketing. Darstellung und Implikationen einer Neuformulierung der Konsumentenrolle. In: Hansen, U. (Hrsg.): Verbraucher- und umweltorientiertes Marketing. Spurensuche einer dialogischen Marketingethik, Stuttgart 1995, S. 309 – 331.

Hansen, U.; Hennig, T. (1995b): Konsum-Kompetenz als Zielgröße eines beziehungsorientierten Konsumgütermarketing – Explorative Befunde. In: Diller, H. (Hrsg.): Beziehungsmanagement, Dokumentation des 2. Workshops der Arbeitsgruppe „Beziehungsmanagement" der wissenschaftlichen Kommission für Marketing im Verband der Hochschullehrer für Betriebswirtschaftslehre vom 29. – 30. September in Heiligenstadt, Nürnberg 1995, S. 69 – 96.

Hansen, U.; Jeschke, K. (1992): Nachkaufmarketing. Ein neuer Trend im Konsumgütermarketing? In: Marketing-ZFP, 14. Jg. (1992), H. 2, S. 88 – 97.

Hansen, U.; Kull, S. (1994): Öko-Label als umweltbezogenes Informationsinstrument: Begründungszusammenhänge und Interessen. In: Marketing-ZFP, 16. Jg. (1994), H. 4, S. 265 – 274.

Hansen, U.; Kull, S. (1996): Der Handel als ökologieorientierter Diffusionsagent – theoretische Überlegungen und ein Blick in die Praxis. In: JB.AVF, 42. Jg. (1996), H.1, 2. 90 – 115.

Hansen, U.; Niedergesäß, U.; Rettberg, B. (1996): Dialogische Kommunikationsverfahren zur Vorbeugung und Bewältigung von Umweltskandalen. Das Beispiel des Unternehmensdialoges. In: Bentele, G.; Steinmann, H.; Zerfaß, A. (Hrsg.): Dialogorientierte Unternehmenskommunikation. Grundlagen – Praxiserfahrungen – Perspektiven, Berlin 1996, S. 307 – 331.

Hansen, U.; Raabe, T.; Dombrowsky, B. (1995): Die Gestaltung des Konsumgüter-Recycling als strategische Netzwerke. In: UWF, 3. Jg. (1995), H.1, S. 62 – 69.

Hansen, U.; Schoenheit, I.; Devries, J. (1994): Sustainable Consumption und der Bedarf an unternehmensbezogenen Informationen. In: Forschungsgruppe Konsum und Verhalten (Hrsg.): Konsumentenforschung: gewidmet Werner Kroeber-Riel zum 60. Geburtstag, München 1994, S. 227 – 244.

Hansen, U.; Raabe, T.; Schoenheit, I. (Hrsg.) (1988): Konsumentenbeteiligung an der Produktentwicklung – Dialoge zwischen Unternehmen und Verbrauchern, Hannover 1988.

Hansen, U.; Schoenheit, I. (Hrsg.) (1985): Verbraucherabteilungen in privaten und öffentlichen Unternehmen, Frankfurt/Main, New York 1985.

Hansen, U.; Schoenheit, I. (Hrsg.) (1987): Verbraucherzufriedenheit und Beschwerdeverhalten, Frankfurt/Main, New York 1987.

Hansen, U.; Schrader, U. (1997a): „Leistungs- statt Produktabsatz" für einen ökologischeren Konsum ohne Eigentum. In : Steger, U. (Hrsg.): Handbuch des integrierten Umweltmanagements, München 1997, S. 87 – 110.

Hansen, U.; Schrader, U. (1997b): A Modern Model of Consumption for a Sustainable Society. In: JCP, Vol. 20 (1997), No. 4, S. 443 – 468.

Hansen, U.; Stauss, B. (1979): Verbraucherabteilungen in Unternehmen - eine Chance für Unternehmen und/oder Verbraucher? In: JoCP, Vol. 3 (1979), No. 1, S. 86 – 91.

Hansen, U.; Stauss, B. (1982): Marketing und Verbraucherpolitik – Ein Überblick. In: Hansen, U.; Stauss, B.; Riemer, M. (Hrsg.): Marketing und Verbraucherpolitik, Stuttgart 1982, S. 2 – 20.

Hansen, U.; Stauss, B. (1983): Marketing als marktorientierte Unternehmenspolitik oder als deren integrativer Bestandteil? In: Marketing-ZFP, 5. Jg. (1983), H. 2, S. 77 – 86.

Hansen, U.; Stauss, B.; Riemer, M. (Hrsg.) (1982): Marketing und Verbraucherpolitik, Stuttgart 1982.

Hanser, P. (1995): Aufbruch in den Cyberspace. In: asw, 38. Jg. (1995), H. 8, S. 34 – 39.

Hasitschka, W. (1984): Ökologisches Marketing. In: Marketing-ZFP, 6. Jg. (1984), H. 4, S. 245 – 254.

Hasitschka, W.; Hruschka, H. (1982): Nonprofit-Marketing, München 1982.

Hätty, H. (1989): Der Markentransfer, Heidelberg 1989.

Haudenschild, C. (1989): Konsum als Mittel der Lebensweltstilisierung. Eine Konfrontation der neoklassischen Nachfragetheorie mit der Erfahrung des Konsums im Alltag, Bern et al. 1989.

Hauschildt, J. (1997): Innovationsmanagement, 2. Aufl. München 1997 (1. Aufl. 1993).

Häussermann, E.A. (1991): Marketing und Mode. In: Geisbüsch, H.-G.; Geml, R.; Lauer, H. (Hrsg.): Marketing, 2. Aufl. Landsberg/Lech 1991, S. 761-770.

Hawken, P. (1993): The Ecology of Commerce: A Declaration of Sustainability, New York 1993.

Hedinger, B. (1996): Las Vegas an der Alster oder Der Hamburger Reklamestreit. In: Bäumler, S. (Hrsg.): Die Kunst zu werben: Das Jahrhundert der Reklame, Köln 1996, S. 94 – 102.

Heede, S. (1981): From Micromarketing to Macromarketing: Radical Social System Paradigms. In: JMM, Vol. 1 (1981), No. 2, S. 60 – 61.

Heenan, D.A.; Perlmutter, H.V. (1979): Multinational Organizational Development. A Social Architectural Perspective, Reading 1979.

Heide, J.B.; John, G. (1988): The Role of Dependance Balancing in Safeguarding Transaction-Specific Assets in Conventional Channels. In: JM, Vol. 52 (1988), No. 1, S. 20 – 35.

Heinen, E. (1966): Das Zielsystem der Unternehmung. Grundlagen betriebswirtschaftlicher Entscheidungen, Wiesbaden 1966.

Heinen, E. (1969): Zum Wissenschaftsprogramm der entscheidungstheoretischen Betriebswirtschaftslehre. In: ZfB, 39. Jg. (1969), H. 4, S. 207 – 220.

Heinen, E.; Dill, P. (1990): Unternehmenskultur aus betriebswirtschaftlicher Sicht. In: Simon, H. (Hrsg.): Herausforderung Unternehmenskultur, Stuttgart, S. 12 – 24.

Heinz, B. (Hrsg.) (1988): Ökomarketing, Schriftenreihe des IÖW Nr. 18/88, Berlin 1988.

Heinzelbecker, K. (1995): Datenbanken, externe. In: Tietz, B.; Köhler, R.; Zentes, J. (Hrsg.): HWM, 2. vollst. überarb. Aufl. Stuttgart 1995, Sp. 420 – 430.

Hellauer, J. (1927): Gedanken zur Konsumfinanzierung. In: ZfB, 4. Jg. (1927), S. 71 – 72.

Helmstädter, E. (1989): Die Wirtschaftsordnung in der Bundesrepublik Deutschland: Soziale Marktwirtschaft. In: Weidenfeld, W.; Zimmermann, H. (Hrsg.): Deutschland-Handbuch. Eine doppelte Bilanz 1949 – 1989, Bonn 1989, S. 241 – 257.

Helsen, K.; Jedidi, J.K.; DeSarbo, W.S. (1993): A New Approach to Country Segmentation Utilizing Multinational Diffusion Patterns. In: JM, Vol. 57 (1993), No. 4, S. 60 – 71.

Henderson, B.D. (1971): Construction of a Business Strategy. The Boston Consulting Group, Series on Corporate Strategy, Boston 1971.

Henion, K.E. (1976): Ecological Marketing, Columbus 1976.

Henion, K.E.; Kinnear, T.C. (Eds.) (1976): Ecological Marketing, Educational Workshop Series No. 1, Austin 1976.

Hennig-Thurau, T. (1998): Konsum-Kompetenz: Eine neue Zielgröße für das Management von Geschäftsbeziehungen, Frankfurt/Main et al. 1998.

Hennig-Thurau, T.; Klee, A. (1997): The Impact of Customer Satisfaction and Relationship Quality on Customer Retention: A Critical Reassessment and Model Development, In: Psychology & Marketing, Special Issue on Relationship Marketing, Vol. 14 (1997), No. 8, S. 737 – 764.

Henning, F.-W. (1979): Die Industrialisierung in Deutschland 1800 bis 1914 (Wirtschafts- und Sozialgeschichte Bd. 2), 5. Aufl. Paderborn et al. 1979.

Hensmann, J.; Meffert, H.; Wagner, P.-O. (1996): Marketing mit multimedialen Kommunikationstechnologien - Einsatzfelder und Entwicklungsperspektiven, Arbeitspapier Nr. 101 der Wissenschaftlichen Gesellschaft für Marketing und Unternehmensführung e.V., Münster 1996.

Hentschel, B. (1990): Die Messung wahrgenommener Dienstleistungsqualität mit SERVQUAL. Eine kritische Auseinandersetzung. In: Marketing-ZFP, 12. Jg. (1990), H. 4, S. 230 – 240.

Hentschel, B. (1991a): Beziehungsmarketing. In: WISU, 20. Jg. (1991), H. 1, S. 25 – 28.

Hentschel, B. (1991b): Multiattributive Messung von Dienstleistungsqualität. In: Bruhn, M.; Stauss, B. (Hrsg.): Dienstleistungsqualität, Wiesbaden 1991, S. 311 – 343.

Herbert, U.; Hundt, S. (1987): Fallstudie: Der Preiskrieg auf dem Zigarettenmarkt. In: mehrwert, o.Jg. (1987), Nr. 29, S. 124 – 160.

Herker, A. (1993): Eine Erklärung des umweltbewußten Konsumentenverhaltens. Eine internationale Studie, Frankfurt/Main 1993.

Hermanns, A. (1991): Grundlagen des Mode-Marketing. In: Herrmanns, A.; Schmitt, W.; Wißmeier, U.K. (Hrsg.): Handbuch Mode-Marketing, Frankfurt/Main 1991, S. 11 – 63.

Hermanns, A. (1995): Aufgaben des internationalen Marketing-Managements. In: Hermanns, A.; Wißmeier, U.K. (Hrsg.): Internationales Marketing-Management. Grundlagen, Strategien, Instrumente, Kontrolle und Organisation, München 1995, S. 23 – 68.

Hermanns, A.; Flegel, V. (1992a): Electronic Marketing – Grundlagen, Einsatzfelder, Chancen und Risiken. In: Hermanns, A.; Flegel, V. (Hrsg.): Handbuch des Electronic Marketing, München 1992, S. 1 – 24.

Hermanns, A.; Flegel, V. (1992b): Einsatzbedingungen, Integrationspotentiale und Perspektiven für das Electronic Marketing. In: Hermanns, A.; Flegel, V. (Hrsg.): Handbuch des Electronic Marketing, München 1992, S. 905 – 924.

Hermanns, A.; Flegel, V. (Hrsg.) (1992): Handbuch des Electronic Marketing, München 1992.

Hermanns, A.; Wißmeier, U.K. (1995): Entwicklung, Bedeutung und theoretische Aspekte des internationalen Marketing-Managements. In: Hermanns, A.; Wißmeier, U.K. (Hrsg.): Internationales Marketing-Management. Grundlagen, Strategien, Instrumente, Kontrolle und Organisation, München 1995, S. 1 – 21.

Heskett, J.L. et al. (1994): Putting the Service-Profit Chain to Work. In: HBR, Vol. 72 (1994), No. 2, S. 164 – 174.

Heskett, J.L.; Sasser, W.E., Jr.; Schlesinger, L.A. (1997): The Service Profit Chain, New York et al. 1997.

Hess, J.M.; Cateora, P.R. (1966): International Marketing, Homewood 1966.

Hess, T.; Brecht, L. (1996): State of the Art des Business Process Reengineering, Wiesbaden 1996.

Heydt, A.v.d. (1998): Efficient Consumer Response (ECR): Basisstrategien und Grundtechniken, zentrale Erfolgsfaktoren sowie globaler Implementierungsplan, 3. akt. und erw. Aufl. Frankfurt et al. 1998 (1. Aufl. 1997).

Hildebrandt, L. (1995): Kausalanalyse. In: Tietz, B.; Köhler, R.; Zentes, J. (Hrsg.): HWM, 2. vollst. überarb. Aufl. Stuttgart 1995, Sp. 1125 – 1135.

Hildebrandt, L.; Trommsdorff, V. (1983): Konfirmatorische Analysen in der empirischen Forschung. In: Forschungsgruppe Konsum und Verhalten (Hrsg.): Innovative Marktforschung, Würzburg, Wien 1983, S. 139 – 160.

Hilke, W. (1989): Grundprobleme und Entwicklungstendenzen des Dienstleistungs-Marketing. In: Hilke, W. (Hrsg.): Dienstleistungsmarketing, Wiesbaden 1989, S. 5 – 44.

Hilke, W. (1993): Kennzeichnung und Instrumente des Direkt-Marketing. In: Hilke, W. (Hrsg.): Direkt-Marketing, Wiesbaden 1993, S. 5 – 30.

Hill, R.P. (ed.) (1996): Marketing and Consumer Research in the Public Interest, Newbury Park 1996.

Hill, W.; Rieser, I. (1990): Marketing-Management, Bern, Stuttgart 1990.

Hirsch, J. (1910): Das Warenhaus in Westdeutschland; Organisation und Wirkungen, Leipzig 1910.

Hirsch, J. (1925): Der moderne Handel, seine Organisation und Formen und die staatliche Binnenhandelspolitik (Grundriß der Sozialökonomik, V. Abt., 2. Teil), 2. völlig neubearb. Aufl. Tübingen 1925.

Hirschman, A.O. (1974[1970]): Abwanderung und Widerspruch, Tübingen 1974 (Übers. v.: Exit, Voice, and Loyalty. Responses to Decline in Firms, Organizations, and States, Cambridge 1970.

Hirschman, E.C. (1987): Movies as Myths: An Interpretation of Motion Picture Mythology. In: Umiker-Sebeok, J. (ed.): Marketing and Semiotics. New Directions in the Study of Signs for Sale, Berlin, New York, Amsterdam 1987, S. 335 – 373.

Hirschman, E.C. (1991): Presidential Address 1991: Secular Mortality and the Dark Side of Consumer Behavior: Or How Semiotic Saved my Life. In: Holman, R.H.; Solomon, M.R. (eds.): Advances in Consumer Research, Vol. 18 (1991), S. 1 – 4.

Hirschman, E.C. (ed.) (1989): Interpretive Consumer Research, Provo 1989.

Hirschman, E.C.; Holbrook, M.B. (1986): Expanding the Ontology and Methodology of Research on the Consumption Experience. In: Brinberg, D.; Lutz, R.J. (eds.): Perspectives on Methodology in Consumer Research, New York 1986, S. 213-251.

Hodges, M.E.; Sasnett, R.M. (1993): Multimedia Computing – Case Studies from MIT Project Athena et al. 1993.

Hoffman, D.L.; Novak, T.P. (1996a): A New Marketing Paradigm for Electronic Commerce, Paper submitted for the Special Issue on Electronic Commerce for: The Information Society, <http:// www2000.ogsm.vanderbilt.edu/novak/new.marketing.paradigm.html>, Stand: 19.2. 1996.

Hoffman, D.L.; Novak, T.P. (1996b): Marketing in Hypermedia Computer-Mediated Environments: Conceptual Foundations. In: JM, Vol. 60 (1996), No. 3, S. 50 – 68.

Hoffmann, F.; Rebstock, W. (1989): Unternehmensethik. In: ZfB, 59. Jg. (1989), H. 6, S. 667 – 687.

Hoffmann, K. (1972): Der Produktlebenszyklus. Eine kritische Analyse, Freiburg 1972.

Hofstede, G. (1984): Culture's Consequences: International Differences in Work-Related Values, Newbury Park 1984.

Hofstede, G. (1990): Cultures and Organizations: Software of the Mind, London 1990.

Holbrook, M.B. (1984): Belk, Granzin, Bristor, and the Three Bears. In: Anderson, P.F.; Ryan, M.J. (eds.): AMA Winter Educators' Conference: Scientific Method in Marketing, Chicago 1984, S. 177 – 178.

Holbrook, M.B. (1987): The Study of Signs in Consumer Esthetics: An Egocentric Review. In: Umiker-Sebeok, J. (ed.): Marketing and Semiotics. New Directions in the Study of Signs For Sale, Berlin, New York, Amsterdam 1987, S. 73 – 121.

Holbrook, M.B.; Grayson, M.W. (1986): The Semiology of Cinematic Consumption: Symbolic Consumer Behavior in „Out of Africa". In: JCR, Vol. 13 (1986), No. 3, S. 374 – 381.

Holbrook, M.B.; Hirschman, E.C. (1982): The Experiential Aspects of Consumption: Consumer Fantasies, Feelings, and Fun. In: JCR, Vol. 9 (1982), No. 2, S. 132 – 140.

Holbrook, M.B.; Howard, J.A. (1977): Frequently Purchased Nondurable Goods and Services. In: Ferber, R. (ed.): Selected Aspects of Consumer Behavior: A Summary from the Perspective of Different Disciplines, Washington 1977, S. 189 – 222.

Holert, T.; Terkessidis, M. (Hrsg.) (1996): Mainstream der Minderheiten. Pop in der Kontroll-gesellschaft, Berlin, Amsterdam 1996.

Hollander, S.C. (1984): Sumptuary Legislation: Demarketing by Edict. In: JMM, Vol. 4 (1984), No. 1, S. 4 – 16.

Hollander, S.C. (1986): A Rearview-Mirror Might Help Us Drive Forward: A Call for More Historical Studies in Retailing. In: JR, Vol. 62 (1986), No. 1, S. 7 – 10.

Holt, D.B. (1995): Consumption and Society: Will Marketing Join the Conversation? In: JMR, Vol. 31 (1995), No. 4, S. 487 – 494.

Homann, K.; Blome-Drees, F. (1992): Wirtschafts- und Unternehmensethik, Göttingen 1992.

Homburg, C. (1992): Die Kausalanalyse. In: WiSt, 21. Jg. (1992), H. 10, S. 499-509, 541 – 544.

Homburg, C. (1995): Kundennähe von Industriegüterunternehmen: Konzeption – Erfolgswirkungen – Determinanten, Wiesbaden 1995.

Homburg, C. (1998): Quantitative Betriebswirtschaftslehre: Entscheidungsunterstützung durch Modelle, 2. überarb. und erw. Aufl. Wiesbaden 1998 (1. Aufl. 1991 u. d. T.: „Modell-gestützte Unternehmensplanung").

Hondrich, K.O. (1983): Bedürfnisse, Ansprüche und Werte im sozialen Wandel. In: Hondrich, K.O.; Vollmer, R. (Hrsg.): Bedürfnisse. Stabilität und Wandel, Opladen 1983, S. 15 – 74.

Honneth, A. (Hrsg.) (1993): Kommunitarismus: eine Debatte über die moralischen Grundlagen moderner Gesellschaften, Frankfurt/Main, New York 1993.

Hopfenbeck, W. (1990): Umweltorientiertes Management und Marketing, Landsberg/Lech 1990.

Hopfenbeck, W. (1993[1991]): The Green Management Revolution: Lessons in Environmental Excellence, New York 1993 (Übers. v.: Umweltorientiertes Management und Marketing. Konzepte – Instrumente - Praxisbeispiele, 2. durchges. Aufl. Landsberg/Lech 1991).

Hopfenbeck, W.; Roth, P. (1994): Öko-Kommunikation. Wege zu einer neuen Kommunikationskultur, Landsberg/Lech 1994.

Hopfenbeck, W.; Teitscheid, P. (1994): Öko-Strategien im Handel, Landsberg/ Lech 1994.

Hornby, Nick (1996[1995]): High Fidelity, Köln 1996 (Übers. v.: High Fidelity, London 1995).

Houston, F.S. (1986): The Marketing Concept: What It Is and What It Is Not. In: JM, Vol. 50 (April 1986), S. 81 – 87.

Houston, F.S.; Gassenheimer, J.B. (1987): Marketing and Exchange. In: JM, Vol. 51 (1987), No. 4, S. 3 – 18.

Howard, J.A.; Sheth, J.N. (1968): A Theory of Buyer Behavior. In: Kassarjian, H.H.; Robertson, T.S. (ed.): Perspectives in Consumer Behavior, Glenview 1968, S. 467 – 487.

Howard, J.A.; Sheth, J.N. (1969): The Theory of Buyer Behavior, New York et al. 1969.

Hruschka, H. (1996): Marketing-Entscheidungen, München 1996.

Hundhausen, C. (1951): Werbung um öffentliches Vertrauen. Public Relations, Essen 1951.

Hundt, S. (1977): Zur Theoriegeschichte der Betriebswirtschaftslehre, Köln 1977.

Hundt, S. (1987): Der Konflikt zwischen Industrie und Handel im Marketing für Konsumgüter. In: mehrwert, o.Jg. (1987), H. 29, S. 79 – 123.

Hunt, H.K. (ed.) (1977): Conceptualization and Measurement of Consumer Satisfaction and Dissatisfaction, Cambridge 1977.

Hunt, S.D. (1976): The Nature and Scope of Marketing. In: JM, Vol. 40 (1976), No. 3, S. 17 – 28.

Hunt, S.D. (1977): The Three Dichotomies Model of Marketing: An Elaboration of Issues. In: Slater, C.C. (ed.): Macro-Marketing: Distributive Processes from a Societal Perspective, Boulder 1977, S. 52 – 56.

Hunt, S.D. (1983): Marketing Theory. The Philosophy of Marketing Science, Homewood 1983.

Hunt, S.D. (1989): Naturalistic, Humanistic, and Interpretive Inquiry: Challenges and Ultimate Potential. In: Hirschman, E.C. (ed.): Interpretive Consumer Research, Provo 1989, S. 185 – 198.

Hunt, S.D. (1991): Positivism and Paradigm Dominance in Consumer Research: Toward Critical Pluralism and Rapprochement. In: JCR, Vol. 18 (1991), No. 1, S. 32 – 44.

Hunt, S.D.; Burnett, J.J. (1982): The Macromarketing/Micromarketing Dichotomy: A Taxonomical Model. In: JM, Vol. 46 (1982), No. 3, S. 11 – 26.

Hunt, S.D.; Morgan, R.M. (1994): Relationship Marketing in the Era of Network Competition. In: Marketing Management, Vol. 3 (1994), No. 1, S. 18 – 28.

Hunt, S.D.; Vitell, S.J. (1993): The General Theory of Marketing Ethics: A Retrospective and Revision. In: Smith, N.C.; Quelch, J.A.: Ethics in Marketing, Homewood 1993, S. 775 – 784.

Hüser, A. (1993): Institutionelle Regelungen und Marketinginstrumente zu Überwindung von Kaufbarrieren auf ökologischen Märkten. In: ZfB, 63. Jg. (1993), H. 3, S. 267 – 287.

Hüser, A. (1996): Marketing, Ökologie und ökonomische Theorie: Abbau von Kaufbarrieren bei ökologischen Produkten durch Marketing, Wiesbaden 1996.

Hutchinson, K.D. (1952): Marketing as a Science: An Appraisal. In: JM, Vol. 16 (1952), No. 3, S. 286 – 293.

Hutter, H.W. (Hrsg.) (1996): Endlich Urlaub! Die Deutschen reisen (Begleitbuch zur Ausstellung im Haus der Geschichte der Bundesrepublik Deutschland), Köln 1996.

Hüttner, M. (1992): Marktforschung. In: Diller, H. (Hrsg.): Vahlens großes Marketinglexikon, München 1992, S. 721 – 724.

imug (Hrsg.) (1997): Unternehmenstest - Neue Herausforderungen für das Management der sozialen und ökologischen Verantwortung, München 1997.

imug-EMNID (1996): Verbraucher und Verantwortung, Bielefeld, Hannover 1996.

imug et al. (Hrsg.) (1995): Der Unternehmenstester – Ein Ratgeber für den verantwortlichen Einkauf. Die Lebensmittelbranche, Reinbek 1995.

Inglehart, R. (1971): The Silent Revolution in Europe: Intergenerational Change in Post-Industrial Societies. In: American Political Science Review, Vol. 65 (1971), No. 4, S. 991 – 1017.

Inglehart, R. (1977): The Silent Revolution: Changing Values and Political Styles Among Western Publics, Princeton, New York 1977.

Inglehart, R. (1990): Cultural Shift in Advanced Industrial Society, Princeton, New York 1990.

Irrgang, W. (1989): Strategien im vertikalen Marketing. Handelsorientierte Konzeption der Industrie, München 1989.

Irrgang, W. (Hrsg.) (1993): Vertikales Marketing im Wandel: aktuelle Strategien und Operationalisierungen zwischen Hersteller und Handel, München 1993.

Isaac, A. (1923): Die Entwicklung der wissenschaftlichen Betriebswirtschaftslehre in Deutschland seit 1898, Berlin 1923.

Israel, J. (1972): Der Begriff Entfremdung. Makrosoziologische Untersuchung von Marx bis zur Soziologie der Gegenwart, Reinbek 1972.

Jacobeit, S.; Jacobeit, W. (1995): Illustrierte Alltags- und Sozialgeschichte Deutschlands 1900 – 1945, Münster 1995.

Jacoby, J. (1978): Consumer Research: A State of the Art Review. In: JM, Vol. 42 (1978), No. 2, S. 87 – 96.

Jakszentis, C.; Kohl, M. (1996): Product Stewardships für Elektronikprodukte: Eine Analyse unter redistributionslogistischen Gesichtspunkten. In: Hansen, U. (Hrsg.): muk-Premium, Bd. 7, Universität Hannover, Hannover 1996.

Jenner, T. (1996): Zur Integration des Marketing in das strategische Management. In: Die Unternehmung, 50. Jg. (1996), H. 1, S. 33 – 47.

Jerke, A. (1974): Entwicklung der Marktforschung. In: Behrens, K.C. (Hrsg.): Handbuch der Marktforschung, Wiesbaden 1974, S. 13 – 28.

Jeschke, K. (1995): Nachkaufmarketing - Kundenzufriedenheit und Kundenbindung auf Konsumgütermärkten, Frankfurt/Main, New York 1995.

Johnson, R.M. (1971): Market Segmentation: A Strategic Management Tool. In: JMR, Vol. 8 (1971), No. 1, S. 13 – 18.

Jolson, M.A. (1978): Marketing Management, New York 1978.

Jonas, H. (1979): Das Prinzip Verantwortung - Versuch einer Ethik für die technologische Zivilisation, Frankfurt/Main 1979.

Jones, D.G.B. (1988): Origins of the Functional Approach in Marketing. In: Shapiro, S.; Walle, A.H. (eds.): Marketing: A Return to the Broader Dimension. Proceedings of the Winter Educators' Conference, Chicago 1988, S. 166 – 170.

Jones, D.G.B. (1994): Biography and the History of Marketing Thought: Henry Charles Taylor and Edward David Jones. In: Sheth, J.N.; Fullerton, R.A. (eds.): Research in Marketing, Supplement 6 (1994), S. 67 – 85.

Jones, D.G.B. (1995): Historical Research in Marketing. In: Baker, M. J. (ed.): Companion Encyclopedia of Marketing, London 1995, S. 23 – 43.

Jones, D.G.B.; Monieson, D.D. (1990): Early Development of the Philosophy of Marketing Thought. In: JM, Vol. 54 (1990), No. 1, S. 102 – 113.

Jones, M.T.; Venkatesh, A. (1996): The Role of the Transnational Corporation in the Global Marketplace: A Critical Perspective. In: Belk, R.W.; Dholakia, N.; Venkatesh, A. (eds.): Consumption and Marketing: Macro Dimensions, Cincinnati 1996, S. 282 – 310.

Jonsson, K.O. (1973): Handelsmarketing für Zielgruppen. In: moderner markt, o.Jg. (1973), H. 6, S. 48 – 55.

Jöreskog, K.G.; Sörbom, D. (1988): LISREL VII: A Guide to the Program and Applications, Chicago 1988.

Kaas, K.P. (1987): Marktforschung 2000. Zur Entwicklung von Angebot und Nachfrage auf dem Markt für Marketinginformationen. In: Schwarz, C.; Sturm, F.; Klose, W. (Hrsg.): Marketing 2000. Perspektiven zwischen Theorie und Praxis, Wiesbaden 1987, S. 123 – 137.

Kaas, K.P. (1992a): Marketing für umweltfreundliche Produkte. In: DBW, 52. Jg. (1992), H. 4, S. 473 – 487.

Kaas, K.P. (1992b): Marketing und neue Institutionenlehre, Arbeitspapier Nr. 1 aus dem Forschungsprojekt Marketing und ökonomische Theorie der Universität Frankfurt, Frankfurt/Main 1992.

Kaas, K.P. (1992c): Marketing-Mix. In: Diller, H. (Hrsg.): Vahlens Großes Marketinglexikon, München 1992, S. 682 – 686.

Kaas, K.P. (1994): Ansätze einer institutionsökonomischen Theorie des Konsumentenverhaltens. In: Forschungsgruppe Konsum und Verhalten (Hrsg.): Konsumentenforschung: gewidmet Werner Kroeber-Riel zum 60. Geburtstag, München 1994, S. 245 – 260.

Kaas, K.P. (1995): Marketing zwischen Markt und Hierarchie. In: Kaas, K.P. (Hrsg.): Kontrakte, Geschäftsbeziehungen, Netzwerke: Marketing und neue Institutionenökonomik, Düsseldorf 1995, S. 19 – 42.

Kaas, K.P. (1997a): Marketing für Finanzdienstleistungen – Probleme und Entwicklungstendenzen. In: Bruhn, M.; Steffenhagen, H. (Hrsg.): Marktorientierte Unternehmensführung: Reflexionen – Denkanstöße - Perspektiven. Festschrift für Heribert Meffert zum 60. Geburtstag, Wiesbaden 1997, S. 455 – 469.

Kaas, K.P. (1997b): Wirtschaftsethische Aspekte des Absatz- und Beschaffungsmarketing, Arbeitspapier Nr. 8 des Lehrstuhls für Marketing, Frankfurt/Main 1997.

Kaase, M. (1989): Bewußtseinslagen und Leitbilder in der Bundesrepublik Deutschland. In: Weidenfeld, W.; Zimmermann H. (Hrsg.): Deutschland-Handbuch. Eine doppelte Bilanz 1949 – 1989, Bonn 1989, S. 203 – 220.

Kahmann, J. (1972): Absatzpolitik multinationaler Unternehmungen. Ein Leitfaden für nationales und internationales Marketing, Berlin 1972.

Kale, S.H.; Barnes, J.W. (1992): Understanding the Domain of Cross-National Buyer-Seller Interactions. In: Journal of International Business Studies, Vol. 23 (1992), No. 1, S. 101 – 132.

Kambil, A. (1995): Electronic Commerce: Implications of the Internet for Business Practice and Strategy. In: Business Economics, Vol. 30 (1995), No. 4, S. 27 – 33.

Kangun, N. et al. (1975): Consumerism and Marketing Management. In: JM, Vol. 39 (1975), No. 2, S. 3 – 10.

Kanso, A. (1992): International Advertising Strategies: Global Commitment to Local Vision. In: JAR, Vol. 32 (1992), No. 1, S. 10 – 14.

Kant, I. (1968[1788]): Kritik der praktischen Vernunft. In: Kants gesammelte Schriften, Bd. V, Berlin 1968.

Karmasin, H. (1998): Produkte als Botschaften, 2. überarb. und erw. Aufl. Wien 1998 (1. Aufl. 1993).

Kassarjian, H.H. (1982): The Development of Consumer Behavior Theory. In: Mitchell, A.A. (ed.): Advances in Consumer Research, Vol. 9 (1982), S. 20 – 22.

Katona, G. (1953): Rational Behavior and Economic Behavior. In: Psychological Review, Vol. 60 (1953), No. 5, S. 307 – 318.

Katona, G. (1960): Das Verhalten der Verbraucher und Unternehmer. Über die Beziehungen zwischen Nationalökonomie, Psychologie und Sozialpsychologie, Tübingen 1960 (Deutsche Überarbeitung von: Psychological Analysis of Economic Behavior, New York, Toronto, London 1951).

Katterle, S. (1966): Methodenprobleme der praktischen (normativen) und der theoretischen (explikativen) Betriebswirtschaftslehre. In: ZfbF, 18. Jg. (1966), S. 286-300.

Katz, E.; Lazarsfeld, P.F. (1955): Personal Influence: The Part Played by People in the Flow of Mass Communication, New York 1955.

Kay-Enders, B. (1996): Marketing und Ethik: Grundlagen – Determinanten – Handlungsempfehlungen, Wiesbaden 1996.

Keith, R.J. (1960): The Marketing Revolution. In: JM, Vol. 24 (1960), No. 1, S. 35 – 38.

Keitz, B.v. (1986): Blickaufzeichnung. Nicht Marktanteile prognostizieren, aber Werbung optimieren!, Teil 3. In: asw, 29. Jg. (1986), H. 9, S. 112 – 120.

Kekre, S.; Mudhopadhyay, T. (1992): Impact of Electronic Data Interchange Technology on Quality Improvement and Inventory Reduction Programs: A Field Study. In: International Journal of Production Economics, Vol. 28 (1992), No. 3, S. 265 – 282.

Kelley, W.T. (ed.) (1973): New Consumerism: Selected Readings, Columbus 1973.

Kelz, A. (1989): Die Weltmarke, Idstein 1989.

Kemna, H. (1990): Das Key Account Management der 90er Jahre. In: Thexis, 7. Jg. (1990), H. 1, S. 29 – 35.

Kerin, R.A. (1996): In Pursuit of an Ideal: The Editorial and Literary History of the Journal of Marketing. In: JM, Vol. 60 (1996), No. 1, S. 1 – 13.

Kernan, J.B. (1995): Framing a Rainbow, Focusing the Light: JCR's First Twenty Years. In: Kardes, F.R.; Sujan, M. (eds.): Advances in Consumer Research, Vol. 22 (1995), S. 488 – 496.

Kessler, S.; McKenna, W. (1978): Gender. An Ethnomethodological Approach, New York et al. 1978.

Kheir-El-Din, A. (1991): The Contribution of Marketing to Competitive Success. In: Baker, M.J. (ed.): Perspectives on Marketing Management, Vol. 1 (1991), S. 1 – 28.

Kiesewetter, H. (1989): Industrielle Revolution in Deutschland 1815 – 1914, Frankfurt/Main 1989.

Kilbourne, W.; McDonagh, P.; Prothero, A. (1997): Sustainable Consumption and the Quality of Life: A Macromarketing Challenge to the Dominant Social Paradigm. In: JMM, Vol. 17 (1997), No. 1, S. 4 – 24.

Kinnear, T.C.; Taylor, J.-R.; Ahmed, S.A. (1974): Ecologically Concerned Consumers: Who are They? In: JM, Vol. 38 (1974), No. 2, S. 20 – 24.

Kinnebrock, W. (1993): Integriertes Eventmarketing: Vom Marketing-Erlebnis zum Erlebnismarketing, Wiesbaden 1993.

Kirchgeorg, M. (1990): Ökologieorientiertes Unternehmensverhalten, Wiesbaden 1990.

Kirchgeorg, M. (1995a): Kreislaufwirtschaft – neue Herausforderungen für das Marketing. In: Marketing-ZFP, 17. Jg. (1995), H. 4, S. 232 – 248.

Kirchgeorg, M. (1995b): Öko-Marketing. In: Tietz, B.; Köhler, R.; Zentes, J. (Hrsg.): HWM, 2. vollst. überarb. Aufl. Stuttgart 1995, Sp. 1943 – 1954.

Kirchgeorg, M. (1997): Neue Perspektiven der marktorientierten Unternehmensführung in der Kreislaufwirtschaft. In: Bruhn, M.; Steffenhagen, H. (Hrsg.): Marktorientierte Unternehmens- führung: Reflexionen - Denkanstöße - Perspektiven. Festschrift für Heribert Meffert zum 60. Geburtstag, Wiesbaden 1997, S. 205 – 228.

Kirsch, W. (1979): Die verhaltenswissenschaftliche Fundierung der Betriebswirtschaftslehre. In: Raffée, H.; Abel, B. (Hrsg.): Wissenschaftstheoretische Grundfragen der Wirtschaftswissenschaften, München 1979, S. 105 – 120.

Kirsch, W. (1992): Kommunikatives Handeln, Autopoiese, Rationalität – Sondierungen zu einer evolutionären Führungslehre, München 1992.

Kirsch, W. (1996): Wegweiser zur Konstruktion einer evolutionären Theorie der strategischen Führung. Kapitel eines Theorieprojektes, München 1996.

Kirsch, W. (1997): Strategisches Management: die geplante Evolution von Unternehmen, München 1997.

Kirsch, W.; Kutschker, M.; Lutschewitz, H. (1980): Ansätze und Entwicklungstendenzen im Investitionsgütermarketing: auf dem Wege zu einem Interaktionsansatz, Stuttgart 1980.

Klages, H. (1988): Wertedynamik. Über die Wandelbarkeit des Selbstverständlichen, Osnabrück 1988.

Klages, H. (1992): Die gegenwärtige Situation der Wert- und Wertwandelforschung - Probleme und Perspektiven. In: Klages, H.; Hippler, H.-J.; Herbert, W. (Hrsg.): Werte und Wandel. Ergebnisse und Methoden einer Forschungstradition, Frankfurt/Main, New York 1992, S. 5 – 39.

Klein, M. (1995): Wieviel Platz bleibt im Prokrustesbett? Wertewandel in der Bundesrepublik Deutsch- land zwischen 1973 und 1992 gemessen anhand des Inglehart-Index. In: KZfSS, 47. Jg. (1995), H. 2, S. 207 – 230.

Kleinaltenkamp, M. (1985): Recycling-Strategien, Berlin 1985.

Kleinaltenkamp, M. (1993): Standardisierung und Marktprozeß. Entwicklungen und Auswirkungen im CIM-Bereich, Wiesbaden 1993.

Kleinewefers, H. (1996): Wie der volkswirtschaftliche Nutzen maximiert wird. In: Neue Züricher Zeitung, Nr. 154 (5.7. 1996), S. 23.

Klinz, W.R. (1969): Marktsegmentierung in der Automobilindustrie. In: JB.AVF, 15. Jg. (1969), H. 3, S. 167 – 180.

Kluth, H. (1957): Das Sozialbewußtsein in der westdeutschen Gesellschaft. In: Schmid, C. et al. (Hrsg.): Grundfragen moderner Wirtschaftspolitik, Frankfurt/Main 1957, S. 7 – 28.

Knoblich, H. (1969): Betriebswirtschaftliche Warentypologie. Grundlagen und Anwendungen, Köln, Opladen 1969.

Knyphausen, D.z. (1988): Unternehmungen als evolutionsfähige Systeme. Überlegungen zu einem evolutionären Konzept der Organisationstheorie, München 1988.

Knyphausen-Aufseß, D.z. (1997): Strategisches Management auf dem Weg ins 21. Jahrhundert. In: DBW, 57. Jg. (1997), H. 1, S. 73 – 90.

Koch, W. (1950): Grundlagen und Techniken des Vertriebs, 2 Bde., Berlin 1950.

Köhler, R. (1968): Das Problem „richtiger" preispolitischer Entscheidungen bei unvollkommener Voraussicht. In: ZfbF, 20. Jg. (1968), S. 249 – 274.

Köhler, R. (1993a): Beiträge zum Marketing-Management. Planung, Organisation, Controlling, 3. erw. Aufl. Stuttgart 1993 (1. Aufl. 1988).

Köhler, R. (1993b): Produktpolitik – Strategische Stoßrichtung und Erfolg von Produktinnovationen. In: Hauschildt, J.; Grün, O. (Hrsg.): Ergebnisse empirischer betriebswirtschaftlicher Forschung, Stuttgart 1993, S. 255 – 293.

Köhler, R.; Hüttemann, H. (1989): Marktauswahl im internationalen Marketing. In: Macharzina, K.; Welge, M.K. (Hrsg.): Handwörterbuch Export und internationale Unternehmung, Stuttgart 1989, Sp. 1428 – 1440.

Kohli, A.; Jaworski, B. (1990): Market Orientation: The Construct, Research Propositions, and Managerial Implications. In: JM, Vol. 54 (1990), No. 2, S. 1 – 18.

Kollat, D.T.; Blackwell, R.D.; Robeson, J.F. (1972): Strategic Marketing, New York et al. 1972.

Komenar, M. (ed.) (1997): Electronic Marketing, New York 1997.

Konegen, N.; Sondergeld, K. (1985): Wissenschaftstheorie für Sozialwissenschaftler: Eine problemorientierte Einführung, Opladen 1985.

Konert, F.-J. (1986): Vermittlung emotionaler Erlebniswerte – Eine Marketing-Strategie für gesättigte Märkte, Heidelberg et al. 1986.

Konrad, L. (1991): Strategische Früherkennung. Eine kritische Analyse des „weak signals"-Konzeptes, Bochum 1991.

Koppelmann, U. (1988): Design und Marketing – Kunst contra Kommerz oder sich ergänzende Disziplinen? In: DBW, 48. Jg. (1988), H. 3, S. 299 – 309.

Koppelmann, U. (1995): Beschaffungsmarketing, 2. überarb. und erw. Aufl. Berlin et al. 1995 (1. Aufl. 1993).

Koppelmann, U. (1997): Produktmarketing: Entscheidungsgrundlage für Produktmanager, 5. vollst. überarb. und erw. Aufl. Berlin et al. 1997 (1. Aufl. 1978 u. d. T. „Grundlagen des Produktmarketing: zum qualitativen Informationsbedarf von Produktmanagern").

Koslowski, P. (1988): Prinzipien der ethischen Ökonomie, Tübingen 1988.

Kotler, P. (1972a): A Generic Concept of Marketing. In: JM, Vol. 36 (1972), No. 2, S. 46 – 54.

Kotler, P. (1972b): What Consumerism Means for Marketers. In: HBR, Vol. 50 (1972), No. 3, S. 48 – 57.

Kotler, P. (1974[1972]): Marketing-Management. Analyse, Planung und Kontrolle, Stuttgart 1974 (Übers. v.: Marketing Management: Analysis, Planning, and Control, 2nd ed. Englewood Cliffs 1972).

Kotler, P. (1975): Marketing for Nonprofit Organizations, Englewood Cliffs 1975.

Kotler, P. (1986): The Prosumer Movement: A New Challenge for Marketers. In: Lutz, R.J. (ed.): Advances in Consumer Research, Vol. 13 (1986), S. 510 – 513.

Kotler, P. (1994): Marketing Management - Analysis, Planning, Implementation and Control, 8. ed. Englewood Cliffs 1994 (1. Aufl. 1967).

Kotler, P.; Andreasen, A.R. (1996): Strategic Marketing for Non-Profit Organizations, 5th ed. Englewood Cliffs, NJ 1996.

Kotler, P.; Bliemel, F. (1995): Marketing-Management: Analyse, Planung, Umsetzung und Steuerung, 8. vollst. neu bearb. und erw. Aufl. Stuttgart 1995 (1. Aufl. Kotler, P., 1974).

Kotler, P.; Fox, K.F.A. (1985): Strategic Marketing for Educational Institutions. Englewood Cliffs 1985.

Kotler, P.; Haider, D.; Rein, I. (1993): Marketing Places: Attracting Investment, Industry, and Tourism to Cities, States and Nations, New York 1993.

Kotler, P.; Levy, S.J. (1969): Broadening the Concept of Marketing. In: JM, Vol. 33 (1969), No. 1, S. 10 – 15.

Kotler, P.; Roberto, E. (1991[1989]): Social Marketing Düsseldorf, Wien, New York 1991 (Übers. v.: Social Marketing: Strategies for Changing Public Behavior, New York 1989).

Kotler, P.; Zaltman, G. (1971): Social Marketing: An Approach to Planned Social Change. In: JM, Vol. 35 (1971), No. 3, S. 3 – 12.

Kötter, R. (1986): Modell und ökonomische Realität. Die Relevanz der Gleichgewichtstheorie als Grundlage der ordnungs- und wirtschaftspolitischen Diskussion. In: Hödl, E.; Müller, G. (Hrsg.): Die Neoklassik und ihre Kritik, Diskussionsband zu „Ökonomie und Gesellschaft" Jahrbuch 1, Frankfurt/Main 1986, S. 41 – 59.

Kreibich, R. (1994): Ökologische Produktgestaltung in der Kreislaufwirtschaft. In: UWF, 2. Jg. (1994), H. 5, S. 13 – 22.

Kreutzer, R. (1989a): Global Marketing - Ansatzpunkte und Erfolgsbedingungen. In: Raffée, H.; Wiedmann, K.-P. (Hrsg.): Strategisches Marketing, Stuttgart 1989, S. 518 – 551.

Kreutzer, R. (1989b): Global-Marketing - Konzeption eines länderübergreifenden Marketing, Wiesbaden 1989.

Kroeber-Riel, W. (1973): Konsumentenverhalten und Marketing, Opladen 1973.

Kroeber-Riel, W. (1974): Ideologische Komponenten der entscheidungsorientierten Absatztheorie. In: Weinberg, P.; Behrens, G.; Kaas, K.P. (Hrsg.): Marketingentscheidungen, Köln 1974, S. 29 – 49.

Kroeber-Riel, W. (1992a): Globalisierung der Euro-Werbung. Ein konzeptioneller Ansatz der Konsumentenforschung. In: Marketing-ZFP, 14. Jg. (1992), H. 4, S. 261 – 267.

Kroeber-Riel, W. (1992b): Konsumentenverhalten, 5. Aufl. München 1992 (1. Aufl. 1975).

Kroeber-Riel, W. (1993a): Bildkommunikation. Imagerystrategien für die Werbung, München 1993.

Kroeber-Riel, W. (1993b): Strategie und Technik der Werbung: Verhaltenswissenschaftliche Ansätze, 4. Aufl. Stuttgart et al. 1993 (1. Aufl. 1988).

Kroeber-Riel, W. (1995): Konsumentenverhalten. In: Tietz, B.; Köhler, R.; Zentes, J. (Hrsg.): HWM, 2. vollst. überarb. Aufl. Stuttgart 1995, Sp. 1234 – 1246.

Kroeber-Riel, W.; Meyer-Hentschel, G. (1982): Werbung – Steuerung des Konsumentenverhaltens, Würzburg, Wien 1982.

Kroeber-Riel, W.; Neibecker, B. (1983): Elektronische Datenerhebung: Computergestützte Interviewsysteme. In: Forschungsgruppe Konsum und Verhalten (Hrsg.): Innovative Marktforschung, Würzburg, Wien 1983, S. 193 – 208.

Kroeber-Riel, W.; Weinberg, P. (1996): Konsumentenverhalten, 6. völlig überarb. Auflage München 1996 (1. Aufl. 1975, 5. Aufl., 1992, Kroeber-Riel, W.).

Kropff, H.F.J. (1960): Motivforschung. Methoden und Grenzen, Essen 1960.

Krulis-Randa, J.S. (1981): Die Entstehung der Marketingidee. In: Krulis-Randa, J.S.; Schneebeli, R.; Siegenthaler, H. (Hrsg.): Geschichte in der Gegenwart, Festschrift für Max Silberschmidt, Zürich 1981, S. 95 – 117.

Kuckartz, U. (1997): Grünes Trikot für Deutschland? Das Umweltbewußtsein der Deutschen im internationalen Vergleich. In: Zeitschrift für Umweltpolitik & Umweltrecht, 20. Jg. (1997), H. 4, S. 433 – 462.

Kuhlmann, E. (1970): Das Informationsverhalten der Konsumenten, Freiburg 1970.

Kuhlmann, E. (1990): Verbraucherpolitik: Grundzüge ihrer Theorie und Praxis, München 1990.

Kuhn, T.S. (1970): The Structure of Scientific Revolutions, 2nd ed. Chicago 1970.

Kühn, R. (1984): Heuristische Methoden zur Bestimmung des Marketing-Mix. In: Mazanec, J.; Scheuch, F. (Hrsg.): Marktorientierte Unternehmensführung, Wien 1984, S. 185 – 202.

Kühn, R. (1993): Das „Made-in-Image" Deutschlands im internationalen Vergleich. In: Marketing-ZFP, 15. Jg. (1993), H. 2, S. 119 – 126.

Kühn, V. (Hrsg.) (1992): Wir sind so frei: Kabarett in Restdeutschland 1945 – 1970, Weinheim, Berlin 1992.

Kulhavy, E. (1974): Dienstleistungsmarketing. In: Tietz, B. (Hrsg.): HWA, Stuttgart 1974, Sp. 459 – 464.

Kull, S. (1998): Ökologieorientiertes Handelsmarketing. Grundlegungen, konzeptuelle Ausformungen und empirische Einsichten, Frankfurt/Main et al. 1998.

Kumcu, E. (1987): Historical Method: Toward a Relevant Analysis of Marketing Systems. In: Firat, A.F.; Dholakia, N.; Bagozzi, R.P. (eds.): Philosophical and Radical Thought in Marketing, Lexington 1987, S. 117-133.

Kümpers, U.A. (1976): Marketingführerschaft. Eine verhaltenswissenschaftliche Analyse des vertikalen Marketing, Diss. Münster 1976.

Kustin, R.A. (1994): A Special Theory of Globalization: A Review and Critical Evaluation of the Theoretical and Empirical Evidence. In: Journal of Global Marketing, Vol. 7 (1994), No. 3, S. 79 – 101.

Kuß, A. (1991): Käuferverhalten, Stuttgart 1991.

Laakmann, K. (1995): Value-Added-Services als Profilierungsinstrument im Wettbewerb. In: Meffert, H. (Hrsg.): Schriften zu Marketing und Management, Bd. 27, Frankfurt/Main 1995.

Laczniak, G.R.; Lusch, R.F.; Murphy, P.G. (1979): Social Marketing: Its Ethical Dimensions. In: JM, Vol. 43 (1979), No. 2, S. 29 – 36.

Laczniak, G.R.; Murphy, P.G. (1993): Ethical Marketing Decisions – The Higher Road, Boston et al. 1993.

Laib, P. (1998): Grundlegende strategische Entscheidungen von Dienstleistungs-Anbietern. In: Meyer, A. (Hrsg.): Handbuch Dienstleistungs-Marketing, 2 Bde. Stuttgart 1998, S. 509 – 526.

Lambsdorff, H.G. (1993): Werbung mit Umweltschutz, Stuttgart et al. 1993.

Landmann, U. (1996): Umwelt- und Verpackungszeichen in Europa. Umweltbewußtes Einkaufen oder Handelshemmnis? In: Vogl, J.; Heigl, A.; Schäfer, K. (Hrsg.) (1992): Handbuch des Umweltschutzes, 3. Auflage, 86. Erg.Lfg. 6/96, Teil III – 7.4., Landsberg/Lech.

Langner, H. (1996): Marketing und Marktforschung: zwischen global und lokal. Global Marketing – eine Fiktion. In: planung & analyse, o.Jg. (1996), H. 4, S. 9 – 13.

Lantz, G.; Loeb, S. (1996): Country of Origin and Ethnocentrism: An Analysis of Canadian and American Preferences using Social Identity Theory. In: Corfman, K.P.; Lynch, J.G., Jr. (eds.): Advances in Consumer Research, Vol. 23 (1996), S. 374 – 378.

Lavidge, R.J. (1970): The Growing Responsibility of Marketing (Marketing in the 1970s: A Symposium). In: JM, Vol. 34 (1970), No. 1, S. 25 – 28.

Lavidge, R.J.; Steiner, G.A. (1961): A Model for Predictive Measurements of Advertising Effectiveness. In: JM, Vol. 25 (1961), No. 4, S. 59 – 62.

Lazer, W. (1964): Life Style Concepts and Marketing. In: Greyser, S. (ed.): Toward Scientific Marketing, Chicago 1964, S. 130 – 139.

Lazer, W. (1969): Marketing's Changing Social Relationships. In: JM, Vol. 33 (1969), No. 1, S. 3 – 9.

Lazer, W.; Shaw, E. (1988): The Development of Collegiate Business and Marketing Education in America: Historical Perspectives. In: Shapiro, S.; Walle, A.H. (eds.): Marketing: A Return to the Broader Dimension. Proceedings of the Winter Educators' Conference, Chicago 1988, S. 147 – 152.

Leeflang, P.S.H.; Raij, F.van (1995): The Changing Consumer in the European Union: A „Meta-Analysis". In: IJRM, Special Issue: The Changing Consumer in the European Union, Vol. 12 (1995), No. 5, S. 373 – 387.

Lehtinen, J.R. (1989): Global Service Styles - Experimental Study on Service Production Processes in Different Cultures. In: Bitner, M.J.; Crosby, L.A. (eds.): Designing a Winning Service Strategy: 7th Annual Services Marketing Conference, Chicago 1989, S. 109 – 112.

Leibfried, K.; McNair, C.J. (1992): Benchmarking, New York 1992.

Leighton, D.S.R. (1972): Neuere Entwicklungen in der Marketingtheorie. In: Bidlingmaier, J. (Hrsg.): Modernes Marketing – Moderner Handel, Wiesbaden 1972, S. 49 – 65.

Leinkauf, S.; Zundel, S. (1994): Funktionsorientierung und Ökoleasing - Strategien und Instrumente einer proaktiven Umweltpolitik, Schriftenreihe des IÖW, Nr. 79/ 94, Berlin 1994.

Leiss, W.; Kline, S.; Jhally, S. (1990): Social Communication in Advertising: Persons, Products, & Images of Well-Being, 2nd ed. Toronto et al. 1990.

Leitherer, E. (1955): Die Entwicklung der modernen Markenformen. In: MA, 17. Jg. (1955), H. 10, S. 539 – 566.

Leitherer, E. (1961): Geschichte der handels- und absatzwirtschaftlichen Literatur, Köln, Opladen 1961.

Leitherer, E. (1974): Absatzlehre, 3. überarb. Aufl. Stuttgart 1974 (1. Aufl. 1964).

Leitherer, E. (1966): Methodische Positionen der betrieblichen Marktlehre. In: BFuP, 18. Jg. (1966), H. 10, S. 552 – 570.

Leitherer, E. (1978): Betriebliche Marktlehre. Zweiter Teil: Die Aktionsbereiche, Stuttgart 1978.

Leitherer, E. (1991): Industriedesign. Entwicklung – Produktion – Ökonomie, Stuttgart 1991.

Leuer, H. (1978): Verbraucherrecht, Leerformel oder neues Rechtsgebiet. In: Biervert, B. et al. (Hrsg.): Plädoyer für eine neue Verbraucherpolitik, Wiesbaden 1978, S. 101 – 123.

Levitt, T. (1960): Marketing Myopia. In: HBR, Vol. 38 (1960), No. 4, S. 45 – 56.

Levitt, T. (1965): Exploit the Product Life Cycle. In: HBR, Vol. 43 (1965), No. 6, S. 81 – 94.

Levitt, T. (1981): Marketing Intangible Products and Product Intangibles. In: HBR, Vol. 59 (1981), No. 3, S. 94 – 102.

Levitt, T. (1983): The Globalization of Markets. In: HBR, Vol. 61 (1983), No. 3, S. 92 – 102.

Levy, S.J. (1959): Symbols for Sale. In: HBR, Vol. 37 (1959), No. 4, S. 117 – 124.

Levy, S.J. (1966): Social Class and Consumer Behavior. In: Newman, J.W. (ed.): Knowing the Consumer, New York 1966, S. 146 – 160.

Lewis, B. (1997): Social Marketing. In: Lewis, B.; Litter, D. (eds.): The Blackwell Encyclopedic Dictionary of Marketing, Oxford, Cambridge 1997, S. 228.

Lewis, S. (1922): Babbitt, New York 1922.

Lichtenthal, J.D.; Beik, L.L. (1984): A History of the Definition of Marketing. In: Sheth, J.N. (ed.): Research in Marketing, Vol. 7 (1984), S. 133 – 163.

Lilien, G.L.; Kotler, P.; Moorthy, K.S. (1992): Marketing Models, Englewood Cliffs 1992.

Lingenfelder, M. (1996): Die Internationalisierung im europäischen Einzelhandel: Ursachen, Formen und Wirkungen im Lichte einer theoretischen Analyse und empirischen Bestandsaufnahme, Berlin 1996.

Link, J.; Hildebrand, V. (1995): Mit IT immer näher zum Kunden. In: HM, 17. Jg. (1995), H. 3, S. 24 – 28.

Link, R. (1991): Aktienmarketing in deutschen Publikumsgesellschaften, Wiesbaden 1991.

Lippmann, H. (1980): Beschaffungsmarketing, Bielefeld et al. 1980.

Lisowsky, A. (1927): Ethik und Betriebswirtschaftslehre. In: ZfB, 4. Jg. (1927), S. 253 – 258, 363 – 372, 429 – 442.

Lisowsky, A. (1936): Primat des Absatzes? In: ZfB, 13. Jg. (1936), S. 11 – 30.

Little, R.W. (1970): The Marketing Channel - Who Should Lead This Extra-Corporate Organization? In: JM, Vol. 34 (1970), No. 1, S. 31 – 38.

Lockley, L. (1974): History and Development of Marketing Research. In: Ferber, R. (ed.): Handbook of Marketing Research, New York S. 1.3 – 1.15.

Löffelholz, J. (1952): Betriebswirtschaft am Scheideweg? Einige grundsätzliche Gedanken zum gegenwärtigen Methodenstreit. In: ZfB, 22. Jg. (1952), H. 7/8, S. 387 – 400.

Lohmeyer, J. (1984): Technology Assessment: Anspruch, Möglichkeiten und Grenzen, Diss. Bonn 1984.

Löns, H. (1987[1911]): Der Naturschutz oder die Naturschutzphrase (1911), Sonderdruck in: Beiträge und Veröffentlichungen des Verbandes der Hermann-Löns-Kreise in Deutschland und Österreich e.V., Walsrode 1987.

Lovelock, C.H. (1984): Services Marketing – Text, Cases, and Readings, Englewood Cliffs, NJ 1984.

Lüdtke, H. (1992): Lebensstile: Formen der Wechselwirkung zwischen Konsum und Sozialstruktur. In: Eisendle, R.; Miklautz, R. (Hrsg.): Produktkulturen. Dynamik und Bedeutungswandel des Konsums, Frankfurt/Main, New York 1992, S. 135 – 155.

Lury, C. (1996): Consumer Culture, Oxford 1996.

Maase, K. (1992): BRAVO Amerika: Erkundungen zur Jugendkultur der Bundesrepublik in den fünfziger Jahren (Schriftenreihe des Hamburger Institut für Sozialforschung), Hamburg 1992.

Mager, J.; Helgeson, J.G. (1987): The Development of Marketing Thought: Cultural Changes and Marketing Evolution. In: Belk, R.W. et al. (eds.): 1987 AMA Winter Educators' Conference: Marketing Theory, San Antonio 1987, S. 326 – 331.

Mahajan, V.; Muller, E. (1979): Innovation Diffusion and New Product Growth Models in Marketing. In: JM, Vol. 43 (1979), No. 4, S. 55 – 68.

Maleri, R. (1973): Grundzüge der Dienstleistungsproduktion, Berlin et al. 1973.

Malhotra, N.K. (1988): Some Observations on the State of the Art in Marketing Research. In: JAMS, Vol. 16 (1988), No. 1, S. 4 – 24.

Malhotra, N.K. (1992): Shifting Perspective on the Shifting Paradigm in Marketing Research: A New Paradigm in Marketing Research. In: JAMS, Vol. 20 (1992), No. 4, S. 379 – 387.

Malik, F. (1993): Systemisches Management, Evolution, Selbstorganisation, Bern, Stuttgart, Wien 1993.

Malik, F. (1996): Strategie des Managements komplexer Systeme: ein Beitrag zur Management-Kybernetik evolutionärer Systeme, Bern et al. 1996.

Malik, F.; Probst, G.J.B. (1981): Evolutionäres Management. In: Die Unternehmung, 35. Jg. (1981), S. 121 – 140.

Mallen, B.E. (ed.) (1967): The Marketing Channel – A Conceptual Viewpoint, New York, London, Sydney 1967.

Maloney, M.P.; Ward, M.P. (1973): Ecology: Let's Hear from the People. An Objective Scale for the Measurement of Ecological Attitudes and Knowledges. In: American Psychologist, Vol. 8 (1973), S. 583 – 586.

Mamiya, C.J. (1992): Pop Art and Consumer Culture: American Super Market, Austin 1992.

Mann, A. (1996): Online-Service. In: Hünerberg, R. (Hrsg.): Handbuch Online-Marketing: Wettbewerbsvorteile durch weltweite Datennetze, Landsberg/Lech 1996, S. 157 – 179.

Marcuse, H. (1967[1964]): Der eindimensionale Mensch: Studien zur Ideologie der fortgeschrittenen Industriegesellschaft, Darmstadt, Neuwied 1967 (Übers. v.: One-Dimensional Man. Studies in the Ideology of Advanced Industrial Society, Boston 1964).

Marr, R.; Picot, A. (1991): Absatzwirtschaft. In: Heinen, E. (Hrsg.): Industriebetriebslehre. Entscheidungen im Industriebetrieb, 9. vollst. neu bearb. und erw. Aufl. Wiesbaden 1991, S. 423 – 523.

Martineau, P. (1958): Social Classes and Spending Behavior. In: JM, Vol. 23 (1958), No. 4, S. 121 – 130.

Martineau, P. (1959[1957]): Kaufmotive. Neue Weichenstellung für Werbung und Kundenpflege, Düsseldorf 1959 (Übers. v.: Motivation in Advertising, New York 1957).

Maslow, A.H. (1954): Motivation and Personality, New York 1954.

Mataja, V. (1910): Die Reklame. Eine Untersuchung über Ankündigungswesen und Werbetätigkeit im Geschäftsleben, Leipzig 1910.

Matten, D.; Wagner, G.R. (1998): Konzeptionelle Fundierung und Perspektiven des Sustainable Development-Leitbildes. In: Steinmann, H.; Wagner, G.R. (Hrsg.): Umwelt und Wirtschaftsethik, Stuttgart 1998, S. 51 – 79.

Mattmüller, R.; Trautmann, M. (1992): Zur Ökologisierung des Handels-Marketing – der Handel zwischen Ökovision und Ökorealität. In: JB.AVF, 38. Jg. (1992), H. 2, S. 129 – 155.

Mattsson, L.-G. (1995): Relationships and Networks. In: Baker, M. J. (ed.): Companion Encyclopedia of Marketing, London 1995, S. 202 – 212.

Maynard, H.H. (1941): Marketing Courses Prior to 1910. In: JM, Vol. 6 (1941), No. 2, S. 382 – 384.

Maynard, H.H.; Weidler, W.C.; Beckman, T.N. (1927): Principles of Marketing, New York 1927.

McCarthy, E.J. (1960): Basic Marketing: A Managerial Approach, Homewood 1960.

McCracken, G. (1989): Who is the Celebrity Endorser? Cultural Foundations of the Endorsement Process. In: JCR, Vol. 16 (1989), No. 3, S. 310 – 321.

McCracken, G. (1992[1987]): Die Geschichte des Konsums: Ein Literaturüberblick und Leseführer. In: Rosenberger, G. (Hrsg.): Konsum 2000. Veränderungen im Verbraucheralltag, Frankfurt/Main, New York 1992, S. 25-53 (Übers. v.: The History of Consumption: A Literature Review and Consumer Guide. In: JCP, Vol. 10 (1987), No. 2, S. 139 – 166).

McDonald, S.C. (1997): The Once and Future Web: Scenarios for Advertisers. In: JAR, Vol. 37 (1997), No. 2, S. 21 – 28.

McGarry, E.D. (1953): Some New Viewpoints in Marketing. In: JM, Vol. 18 (1953), No. 1, S. 33 – 40.

McInnis, W. (1964): A Conceptual Approach to Marketing. In: Cox, R.; Alderson, W.; Shapiro, S.J. (eds.): Theory in Marketing, Homewood 1964, S. 51 – 67.

McKenna, R. (1991a): Marketing is Everything. In: HBR, Vol. 69 (1991), No. 1, S. 65 – 79.

McKenna, R. (1991b): Relationship Marketing, Reading 1991.

McKenna, R. (1995): Real-Time Marketing. In: HBR, Vol. 73 (1995), No. 4, S. 87 – 95.

McKitterick, J.B. (1957): What is the Marketing Management Concept? In: Bass, F.M. (ed.): The Frontiers of Marketing Thought and Science, Chicago 1957, S. 71 – 82.

McLuhan, M.; Fiore, Q. (1967): War and Peace in the Global Village, New York 1967.

McNair, M.P. (1931): Trends in Large-Scale Retailing. In: HBR, Vol. 10 (1931), No. 1, S. 30 – 39.

McQuarrie, E.F. (1996): The Marketing Research Toolbox. A Concise Guide for Beginners, Newbury Park 1996.

Meadows, D.H.; Meadows, D.; Randers, J.; Behrens, W. (1972): The Limits to Growth. A Report for the Club of Rome's Project on the Predicament of Mankind, New York 1972.

Meffert, H. (1970): Perspektiven des Konsumgüter-Marketing in den 70er Jahren. In: Zeitschrift für betriebswirtschaftliche Forschung und Praxis, 22. Jg. (1970), S. 683 – 692.

Meffert, H. (1973): Konsumerismus – neue Dimension des Marketing? In: MA, 35. Jg. (1973), H. 6, S. 320 – 331.

Meffert, H. (1986a): Multinationales oder globales Marketing? Voraussetzungen und Implikationen globaler Internationalisierungsstrategien. In: Gaugler, E.; Meissner, H.G.; Thom, N. (Hrsg.): Zukunftsaspekte der anwendungsorientierten Betriebswirtschaftslehre, Festschrift zum 65. Geburtstag von E. Grochla, Stuttgart 1986, S. 191 – 209.

Meffert, H. (1986b): s. Meffert, H. (1998b).

Meffert, H. (1989a): Globale Marketingstrategien. In: Macharzina, K.; Welge, M.K. (Hrsg.): Handwörterbuch Export und internationale Unternehmung, Stuttgart 1989, Sp. 1412 – 1427.

Meffert, H. (1989b): Klassische Funktionenlehre und marktorientierte Führung – Integrationsperspektiven aus der Sicht des Marketing. In: Adam, D. ; Backhaus, K.; Meffert, H.; Wagner, H. (Hrsg.): Integration und Flexibilität: Eine Herausforderung für die Allgemeine Betriebswirtschaftslehre (51. Wissenschaftliche Jahrestagung des Verbandes der Hochschullehrer für Betriebswirtschaftslehre e.V. 1989 in Münster, Wiesbaden 1989), S. 373 – 408.

Meffert, H. (1989c): Marketing und allgemeine Betriebswirtschaftslehre – Eine Standortbestimmung im Lichte neuerer Herausforderungen der Unternehmensführung. In: Kirsch, W.; Picot, A. (Hrsg.): Die Betriebswirtschaftslehre im Spannungsfeld zwischen Generalisierung und Spezialisierung, Festschrift zum 75. Geburtstag von Edmund Heinen, Wiesbaden 1989, S. 337 – 357.

Meffert, H. (1992): Marketing-Geschichte. In: Diller, H. (Hrsg.): Vahlens Großes Marketinglexikon, München 1992, S. 662 – 665.

Meffert, H. (1993): Umweltbewußtes Konsumentenverhalten: Ökologieorientiertes Marketing im Spannungsfeld zwischen Individual- und Sozialnutzen. In: Marketing-ZFP, 15. Jg. (1993), H. 1, S. 51 – 54.

Meffert, H. (1994a): Marketing-Management: Analyse – Strategie – Implementierung, Wiesbaden 1994.

Meffert, H. (1994b): Marktorientierte Führung von Dienstleistungsunternehmen – neuere Entwicklungen in Theorie und Praxis. In: DBW, 54. Jg. (1994), H. 4, S. 519 – 542.

Meffert, H. (1994c): Marktorientierte Unternehmensführung im Umbruch – Entwicklungsperspektiven des Marketing in Wissenschaft und Praxis. In: Bruhn, M. (Hrsg.): Marktorientierte Unternehmensführung im Umbruch: Effizienz und Flexibilität als Herausforderungen des Marketing, Stuttgart 1994, S. 3 – 39.

Meffert, H. (1994d): Vorwort. In: Meffert, H. (Hrsg.): Lexikon der aktuellen Marketingbegriffe: von Affinity- bis Zielgruppenmarketing, Wien 1994, S. 9 – 10.

Meffert, H. (1994e): Was kann der Motor Marketing leisten? In: asw, 37. Jg. (1994), H. 10, S. 16 – 30.

Meffert, H. (1995a): Entgegnung zum Beitrag von W. H. Engelhardt, M. Kleinaltenkamp und M. Reckenfelderbäumer: „Leistungstypologien als Basis des Marketing - ein erneutes Plädoyer für die Aufhebung der Dichotomie von Sachleistungen und Dienstleistungen". In: DBW, 55. Jg. (1995), H. 5, S. 678 – 682.

Meffert, H. (1995b): Markt und Umwelt - Bedingungen eines ökologieorientierten Marketing. In: UWF, 3. Jg. (1995), H. 1, S. 16 – 17.

Meffert, H. (1995c): Marktorientierte Führung im Umbruch. In: Horizont, 12. Jg. (1995), Nr. 41, S. 32.

Meffert, H. (1997): Stand und Perspektiven des Umweltmanagements in der betriebswirtschaftlichen Forschung und Lehre. In: Weber, H. (Hrsg.): Umweltmanagement. Aspekte einer umweltbezogenen Unternehmensführung, Stuttgart 1997, S. 3 – 28.

Meffert, H. (1998a): Dienstleistungsphilosophie und -kultur. In: Meyer, A. (Hrsg.): Handbuch Dienstleistungs-Marketing, 2 Bde. Stuttgart 1998, S. 121 – 138.

Meffert, H. (1998b): Marketing. Grundlagen marktorientierter Unternehmensführung: Konzepte – Instrumente – Praxisbeispiele, 8. vollst. neubearb. und erw. Aufl. Wiesbaden 1998 (1. Aufl. 1977; 7. Aufl. 1986b).

Meffert, H.; Althans, J. (1982): Internationales Marketing, Stuttgart et al. 1982.

Meffert, H.; Benkenstein, M. (1989): Die Wertkette. In: DBW, 49. Jg. (1989), H. 6, S. 785 – 787.

Meffert, H.; Bolz, J. (1995): Erfolgswirkungen der internationalen Marketing-Standardisierung. In: Marketing-ZFP, 17. Jg. (1995), H. 2, S. 99 – 109.

Meffert, H.; Bruhn, M. (1981): Beschwerdeverhalten und Zufriedenheit von Konsumenten. In: DBW, 41. Jg. (1981), H. 4, S. 597 – 613.

Meffert, H.; Bruhn, M. (1996): Das Umweltbewußtsein von Konsumenten. In: DBW, 56. Jg. (1996), H. 5, S. 631 – 648.

Meffert, H.; Bruhn, M. (1997): Dienstleistungsmarketing: Grundlagen, Konzepte, Methoden, 2. überarb. und erw. Aufl. Wiesbaden 1997 (1. Aufl. 1995).

Meffert, H. et al. (1986): Marketing und Ökologie – Chancen und Risiken umweltorientierter Absatzstrategien der Unternehmungen. In: DBW, 46. Jg. (1986), H. 2, S. 140 – 159.

Meffert, H.; Hensmann, J. (1987): Medien 2000: Thesen zu den Auswirkungen und Entwicklungsperspektiven elektronischer Medien im Marketing. In: Schwarz, C.; Sturm, F.; Klose, W. (Hrsg.): Marketing 2000: Perspektiven zwischen Theorie und Praxis, Wiesbaden 1987, S. 253 – 269.

Meffert, H.; Kirchgeorg, M. (1993): Das neue Leitbild Sustainable Development – der Weg ist das Ziel. In: HM, 15. Jg. (1993), H. 2, S. 34 – 45.

Meffert, H.; Kirchgeorg, M. (1994a): Marketing – Quo Vadis? – Herausforderungen und Entwicklungsperspektiven des Marketing aus Unternehmenssicht, Arbeitspapier Nr. 89 der Wissenschaftlichen Gesellschaft für Marketing und Unternehmensführung e.V., Münster 1994.

Meffert, H.; Kirchgeorg, M. (1994b): Marketingausbildung im Umbruch? – Bestandsaufnahme und Perspektiven aus Sicht der Hochschullehrer. In: Bruhn, M. (Hrsg.): Marktorientierte Unternehmensführung im Umbruch: Effizienz und Flexibilität als Herausforderungen des Marketing, Stuttgart 1994, S. 565 – 586.

Meffert, H.; Kirchgeorg, M. (1995a): Ökologische Zertifizierung und Marketing – Analyse der Erfolgsvoraussetzungen und marktbezogenen Wirkungen des EG-Öko-Audits. Arbeitspapier Nr. 95 der Wissenschaftlichen Gesellschaft für Marketing und Unternehmensführung e.V., Münster 1995.

Meffert, H.; Kirchgeorg, M. (1995b): Green Marketing. In: Baker, M.J. (ed.): Companion Encyclopedia of Marketing, London 1995, S. 979 – 1002.

Meffert, H.; Kirchgeorg, M. (1996a): Die verpaßten Chancen eines Dialogs – Der Fall „Brent Spar". In: Hansen, U. (Hrsg.): Marketing im gesellschaftlichen Dialog, Frankfurt/Main, New York 1996, S. 391 – 404.

Meffert, H.; Kirchgeorg, M. (1996b): Ökologieorientierte Produktgestaltung. In: Kern, W. et al. (Hrsg.): Handwörterbuch der Produktionswirtschaft, 2. Aufl. Stuttgart 1996, Sp. 1325 – 1338.

Meffert, H.; Kirchgeorg, M. (1998): Marktorientiertes Umweltmanagement. Konzeption – Strategie – Implementierung, 3. Aufl. Stuttgart 1998 (1. Aufl. 1992).

Meffert, H.; Meurer, J. (1993): Internationales Marketing im neuen Europa. In: der markt, 32. Jg. (1993), H. 4, Schwerpunktheft „Paneuropäisches Marketing", S. 220 – 230.

Meier, G. (1996): Die CAPI-Technik der zweiten Generation: Optimieren die neuen Eingabemethoden die Interview-Ergebnisse? In: planung & analyse, o.Jg. (1996), H. 4, S. 54 – 59.

Meinefeld, W. (1977): Einstellung und soziales Handeln, Reinbek 1977.

Meinig, W. (1984): Produktdifferenzierung durch Dienstleistung. In: Marktforschung & Management, 28. Jg. (1984), H. 4, S. 133 – 142.

Meissner, H.G. (1981): Außenhandels-Marketing, Stuttgart 1981.

Meissner, H.G. (1987): Strategisches Internationales Marketing, Berlin et al. 1987.

Meissner, H.G. (1992): Dynamik des Marketing in Europa. In: Meissner, H.G.; Simmet, H. (Hrsg.): Euro-Dimensionen des Marketing, Schriftenreihe des Lehrstuhls für Marketing Universität Dortmund, H. 7, Dortmund 1992, S. 1 – 12.

Meissner, H.G.; Gerber, S. (1980): Die Auslandsinvestition als Entscheidungsproblem. In: BFuP, 32. Jg. (1980), H. 3, S. 217 – 228.

Mellerowicz, K. (1952): Eine neue Richtung in der Betriebswirtschaftslehre? Eine Betrachtung zu dem Buch von E. Gutenberg: „Grundlagen der Betriebswirtschaftslehre" – I. Band: Die Produktion. In: ZfB, 22. Jg. (1952), H. 3, S. 145 – 161.

Melz, T. (1987): Wirtschaftstheorie und Ethik, Pfaffenweiler 1987.

Meran, J. (1985): Theorien in der Geschichtswissenschaft, Göttingen 1985.

Mertens, P. (1996): Electronic shopping: Differenzierungspotentiale durch neue Informationstechnologien. In: Wildemann, H. (Hrsg.): Innovation und Kundennähe: Wachstumsstrategien im Wettbewerb, München 1996, S. 255 – 284.

Metzger, G.D. (1990): Single Source: Yes and No (The Backward View). In: Marketing Research, Vol. 2 (1990), No. 4, S. 27 – 33.

Meyer, A. (1985): Produktdifferenzierung durch Dienstleistungen. In: Marketing-ZFP, 7. Jg. (1985), H. 2, S. 99 – 107.

Meyer, A. (1998a): Dienstleistungs-Marketing: Grundlagen und Gliederung des Handbuches. In: Meyer, A. (Hrsg.): Handbuch Dienstleistungs-Marketing, 2 Bde. Stuttgart 1998, S. 3 – 22.

Meyer, A. (1998b): Perspektiven im Dienstleistungs-Marketing. In: Meyer, A. (Hrsg.): Handbuch Dienstleistungs-Marketing, 2 Bde. Stuttgart 1998, S. 1901 – 1917.

Meyer, A.; Dullinger, F. (1998): Leistungsprogramm von Dienstleistungs-Anbietern. In: Meyer, A. (Hrsg.): Handbuch Dienstleistungs-Marketing, 2 Bde. Stuttgart 1998, S. 711 – 735.

Meyer, A.; Mattmüller, R. (1987): Qualität von Dienstleistungen. Entwurf eines praxisorientierten Qualitätsmodells. In: Marketing-ZFP, 9. Jg. (1987), H. 3, S. 187 – 195.

Meyer, M. (1987): Die Beurteilung von Länderrisiken der internationalen Unternehmung, Berlin 1987.

Meyer, M. (1995): Ökonomische Organisation der Industrie: Netzwerkarrangements zwischen Markt und Unternehmen, Wiesbaden 1995.

Meyer, P.W.; Tostmann, T. (1978): Dienstleistungsmarketing. Genese einer Dienstleistungstheorie und der systeminhärenten Implikationen für das Marketing. In: JB.AVF, 24. Jg. (1978), H. 4, S. 286 – 294.

Meyrowitz, J. (1985): No Sense of Place. The Impact of Electronical Media on Social Behaviour, New York 1985.

Michalzik, P. (1996): Die Offensive der Marketingstrategien. In: Frankfurter Rundschau, 8.7.1996, S. 8.

Mick, D.G. (1986): Consumer Research and Semiotics: Exploring the Morphology of Signs, Symbols, and Significance. In: JCR, Vol. 13 (1986), No. 2, S. 196 – 213.

Milde, H. (1995): Panelforschung. In: Tietz, B.; Köhler, R.; Zentes, J. (Hrsg.): HWM, 2. vollst. überarb. Aufl. Stuttgart 1995, Sp. 1967 – 1979.

Miller, D. (ed.) (1995): Acknowledging Consumption. A Review of New Studies, London 1995.

Mintzberg, H.; Waters, J.A. (1985): Of Strategies, Deliberate and Emergent. In: Strategic Management Journal, Vol. 6 (1985), No. 3, S. 257 – 272.

Miracle, G.E.; Albaum, G.S. (1970): International Marketing Management, Homewood 1970.

Mitchell, A. (1983): The Nine American Life Styles, New York 1983.

Molenaar, C. (1996): Interactive Marketing, Hampshire 1996.

Monhemius, K. C. (1993): Umweltbewußtes Kaufverhalten von Konsumenten – Ein Beitrag zur Operationalisierung, Erklärung und Typologie des Verhaltens in der Kaufsituation, Frankfurt/Main et al. 1993.

Monieson, D.D. (1981): What Constitutes Usable Knowledge in Macromarketing. In: JMM, Vol. 1 (1981), No. 1, S. 14 – 22.

Monieson, D.D. (1988): Intellectualization in Macromarketing: A World Disenchanted. In: JMM, Vol. 8 (1988), No. 2, S. 4 – 10.

Moorthy, K.S. (1987): Managing Channel Profits: Comment. In: Marketing Science, Vol. 6 (1987), No. 4, S. 375 – 379.

Morello, G. (1993): Attitudes Towards Time in European, USA and Japanese Companies. In: Raaij, W.F.v.; Bamossy, G.J. (eds.): European Advances in Consumer Research, Vol. 1 (1993), S. 28 – 38.

Morgan, R.F. (1996): An Internet Marketing Framework for the World Wide Web, Working Paper Sheffield University Management School 1996 (veröffentlicht in: Journal of Marketing Management, Vol. 13 (1996), No. 8, S. 757 – 767).

Morgan, R.M.; Hunt, S.D. (1994): The Commitment-Trust Theory of Relationship Marketing. In: JM, Vol. 58 (1994), No. 3, S. 20 – 38.

Moritz, C.-H. (1992): Umweltverträglichkeitsprüfungen bei der Stiftung Warentest: Elemente einer Zwischenbilanz. In: MA, 54. Jg. (1992), H. 5, S. 222 – 231.

Morley, D. (1991): Where the Global meets the Local: Notes from the Sitting Room. In: Screen, Vol. 32 (1991), No. 1, S. 1 – 15.

Moxter, A. (1957): Methodologische Fragen der Betriebswirtschaftslehre, Köln, Opladen 1957.

Moyer, R. (1972): Macro Marketing: A Social Perspective, New York 1972.

Mühlbacher, H. (1982): Selektive Werbung, Linz 1982.

Mühlbacher, H. (1995): Internationale Produkt- und Programmpolitik. In: Hermanns, A.; Wißmeier, U. K. (Hrsg.): Internationales Marketing-Management. Grundlagen, Strategien, Instrumente, Kontrolle und Organisation, München 1995, S. 139 – 175.

Müller, W.G. (1996): Die Standardisierbarkeit internationaler Werbung: Kulturen verlangen Adaption. Empirische Ergebnisse eines kommunikationstheoretischen Ansatzes. In: Marketing-ZFP, 18. Jg. (1996), H. 3, S. 179 – 190.

Müller, H.-P. (1989): Ein neues Paradigma der Differenzierungs- und Ungleichheitsforschung? In: KZfSS, 41. Jg. (1989), H. 1, S. 53 – 71.

Müller, H.-P. (1992): De gustibus non est disputandum? Bemerkungen zur Diskussion um Geschmack, Distinktion und Lebensstil. In: Eisendle, R.; Miklautz, E. (Hrsg.): Dynamik und Bedeutungswandel des Konsums, Frankfurt/Main, New York 1992, S. 117 – 134.

Müller, S.; Geppert, D. (1996): Interaktives Fernsehen als Promoter des Home-Shopping. In: WiSt, 25. Jg. (1996), H. 2, S. 85 – 89.

Müller, S.; Kesselmann, P. (1994): Die Preisbereitschaft von Konsumenten bei umweltfreundlich verpackten Produkten – Ergebnisse einer Conjoint-Analyse. In: ZfbF, 46. Jg. (1994), H. 3, S. 260 – 278.

Müller, S.; Kesselmann, P. (1996): Akzeptanz von computergestützten Erhebungsverfahren. Ein empirischer Vergleich mit der traditionellen Fragebogentechnik. In: Marketing-ZFP, 18. Jg. (1996), H. 3, S. 191 – 202.

Müller, S.; Köglmayr, H.-G. (1986): Die psychische Distanz zu Auslandsmärkten: Ein verkanntes Exporthemmnis. In: ZfbF, 38. Jg. (1986), H. 9, S. 788 – 804.

Müller, S.; Kornmeier, M. (1995): Internationales Konsumgütermarketing. In: Hermanns, A.; Wißmeier, U.K. (Hrsg.): Internationales Marketing-Management. Grundlagen, Strategien, Instrumente, Kontrolle und Organisation, München 1995, S. 339 – 386.

Müller, S.; Kornmeier, M. (1996): Global Marketing: Mythos oder reale Handlungsperspektive? In: planung & analyse, o.Jg. (1996), H. 4, S. 14 – 23.

Müller-Hagedorn, L. (1983): Wahrnehmung und Verarbeitung von Preisen durch Verbraucher. Ein theoretischer Rahmen. In: ZfbF, 35. Jg. (1983), H.11/12, S. 939 – 951.

Müller-Hagedorn, L. (1993): Handelsmarketing, 2. überarb. und erw. Aufl. Stuttgart et al. 1993 (1. Aufl. 1984).

Müller-Hagedorn, L.; Toporowski, W. (1994): Wirtschaftsstufenübergreifende Optimierung der Logistik. In: Trommsdorff, V. (Hrsg.): Handelsforschung 1993/1994, Wiesbaden 1994, S. 123 – 142.

Müller-Heumann, G. (1971): Consumerism: Das Ende des Marketing. In: der markt, 10. Jg. (1971), H. 4, S. 109 – 117.

Müller-Merbach, H. (1989): Zur Ethik ökonomischen Handelns. In: Deppe, H.-D. (Hrsg.): Geldwirtschaft und Rechnungswesen, Göttingen 1989, S. 3 – 25.

Müller-Stewens, G. (1995): Portfolio-Analysen. In: Tietz, B.; Köhler, R.; Zentes, J. (Hrsg.): HWM, 2. vollst. überarb. Aufl. Stuttgart 1995, Sp. 2041 – 2055.

Müller-Stewens, G.; Hillig, A. (1992): Motive zur Bildung Strategischer Allianzen. In: Bronder, C.; Pritzl, R. (Hrsg.): Wegweiser für Strategische Allianzen, Frankfurt /Main et al. 1992, S. 65 – 101.

Murphy, P.E.; Enis, B.M. (1986): Classifying Products Strategically. In: JM, Vol. 50 (1986), No. 3, S. 24 – 42.

Murray, J.B.; Evers, D.J.; Janda, S. (1995): Marketing, Theory Borrowing, and Critical Reflection. In: JMM, Vol. 15 (1995), No. 2, S. 92 – 106.

Murray, J.B.; Ozanne, J.L. (1991): The Critical Imagination: Emancipatory Interest in Consumer Research. In: JCR, Vol. 18 (1991), No. 2, S. 129 – 144.

Musil, R. (1932): Der Mann ohne Eigenschaften, Hamburg 1932.

Myers, J.; Gutman, J. (1974): Life Style: The Essence of Social Class. In: Wells, W. (ed.): Life Style and Psychographics, Chicago 1974, S. 235 – 256.

Nader, R. (1965): Unsafe at any Speed. The Designed-in Dangers of the American Automobile, New York 1965.

Naether, F.-T. (1996): Marktforschung im Cyberspace: Chancen und Grenzen. In: planung & analyse, o.Jg. (1996), H. 2, S. 28 – 33.

Narver, J.; Slater, S. (1990): The Effect of Market Orientation on Business Profitability. In: JM, Vol. 54 (1990), No. 4, S. 20 – 35.

Nava, M. (1991): Consumerism Reconsidered: Buying and Power. In: Cultural Studies, Vol. 5 (1991), No. 2, S. 157 – 173.

Neibecker, B. (1990): Werbewirkungsanalyse mit Expertensystemen, Heidelberg 1990.

Neumann, E.; Sprang, W.; Hattemer, K. (Hrsg.) (1968): Werbung in Deutschland 1968. Jahrbuch der deutschen Werbung, Düsseldorf, Wien 1968.

Nevett, T. (1989): The Uses of History in Marketing Education. In: Journal of Marketing Education, Vol. 11 (1989), No. 2, S. 48 – 53.

Nevett, T. (1991): Historical Investigation and the Practice of Marketing. In: JM, Vol. 55 (1991), No. 3, S. 13 – 23.

Nevett, T.R.; Nevett, L. (1994): The Origins of Marketing: Evidence from Classical and Early Hellenistic Greece (500-300 B.C.). In: Sheth, J.N.; Fullerton, R.A. (eds.): Research in Marketing, Supplement 6 (1994), S. 3 – 12.

Nickel, O. (Hrsg.) (1997): Strategisches Event-Marketing, München 1997.

Nickels, W.G.; Wood, M.B. (1997): Marketing. Relationships, Quality, Value, New York 1997.

Nicklisch, H. (1933): Die Betriebswirtschaftslehre im nationalsozialistischen Staat. In: DBW, 26. Jg. (1933), H. 7, S. 173 – 177.

Nicosia, F.M. (1966): Consumer Decision Process, Englewood Cliffs 1966.

Nicosia, F.M.; Mayer, R.N. (1976): Towards a Sociology of Consumption. In: JCR, Vol. 3 (1976), No. 2, S. 65 – 75.

Nielsen (ed.) (1994): Europe Retail Trends 1993, Diemen 1994.

Nieschlag, R. (1949[1939]): Die Versandgeschäfte in Deutschland, Deutsches Institut für Wirtschaftsforschung, Sonderheft Neue Folge H. 4, 4. unveränderte Aufl. Berlin 1949 (1. Auflage 1939).

Nieschlag, R. (1954): Die Dynamik der Betriebsformen im Handel, Schriftenreihe des Rheinisch-Westfälischen Industrieinstitutes für Wirtschaftsforschung NF Nr. 7, Essen 1954.

Nieschlag, R. (1963): Was bedeutet die Marketing-Konzeption für die Lehre von der Absatzwirtschaft? In: ZfhF, NF., 15. Jg. (1963), S. 549 – 559.

Nieschlag, R. (1972): Binnenhandel und Binnenhandelspolitik, 2. neubearb. Aufl. Berlin 1972 (1. Aufl. 1959).

Nieschlag, R. (1973): Herstellermarketing und Händlermarketing im Wettbewerb. In: verbraucher-markt information, o.Jg. (1973), H. 9, S. 36 – 48.

Nieschlag, R.; Dichtl, E.; Hörschgen, H. (1997): Marketing, 18. durchges. Aufl. Berlin 1997 (1. Aufl. 1968 u. d. T. „Einführung in die Lehre von der Absatzwirtschaft", ab 4. Aufl. 1971 mit verändertem Titel).

Norton, J.A.; Bass, F.M. (1987): A Diffusion-Theory Model of Adoption and Substitution for Successive Generations of High Technology Products. In: Management Science, Vol. 33 (1987), No. 9, S. 1069 – 1086.

Nunner-Winkler, G. (1993): Verantwortung. In: Enderle, G. et al. (Hrsg.): Lexikon der Wirtschafts-ethik, Freiburg et al. 1993, Sp. 1185 – 1192.

O'Guinn, T.C.; Faber, R.J.; Rice, M. (1985): Popular Film and Television as Consumer Acculturation Agents: America 1900 to the Present. In: Tan, C.T.; Sheth, J.N. (eds.): Historical Perspectives in Consumer Research: National and International Perspectives, Singapore 1985, S. 297 – 300.

O'Shaughnessy, J. (1988): Competitive Marketing: A Strategic Approach, 2nd ed. Boston 1988.

O.V. (1972): Der Verbraucher – ein unmündiges Wesen? Vorbildliche deutsche Gesetzgebung. In: MA, 34. Jg. (1972), H. 10, S. 356 – 365.

O.V. (1997): Interaktives Marketing: Erfolgreiche Methode oder heiße Luft? In: HM, 19. Jg. (1997), H. 2, S. 71 – 83.

O.V. (1998): Top 30: Die größten Handelsunternehmen der Branche 1997 von M+M EUROdATA und Lebensmittel Zeitung. In: Lebensmittelzeitung, 50. Jg. (1998), H. 5, S. 4.

Oberparleiter, K. (1930): Funktionen- und Risikenlehre des Warenhandels, Berlin, Wien 1930.

OECD (1997): Electronic Commerce: Opportunities and Challenges for Government, Paris 1997.

Oehme, W. (1992): Handels-Marketing: Entstehung, Aufgabe, Instrumente, 2. neubearb. u. erw. Aufl. München 1992 (1. Aufl. 1983).

Oess, A. (1991): Total Quality Management. Die ganzheitliche Qualitätsstrategie, 2. erw. Aufl. Wiesbaden 1991.

Ogilvy, J. (1990): This Postmodern Business. In: Marketing and Research Today, Vol. 18 (1990), No. 1, S. 4 – 22.

Opaschowski, H.W. (1987): Leben nach dem Jahr 2000. Was sich ändert, wenn wir uns nicht ändern. In: Schwarz, C.; Sturm, F.; Klose, W. (Hrsg.): Marketing 2000: Perspektiven zwischen Theorie und Praxis, Wiesbaden 1987, S. 341 – 369.

Opaschowski, H.W. (1994): Schöne, neue Freizeitwelt? Hamburg 1994.

Opaschowski, H.W. (1997a): Deutschland 2010. Wie wir morgen leben – Voraussagen der Wissenschaft zur Zukunft unserer Gesellschaft, Hamburg 1997.

Opaschowski, H.W. (1997b): Einführung in die Freizeitwissenschaft, 3. aktualisierte u. erw. Aufl. Opladen 1997.

Ordelheide, D.; Rudolph, B.; Büsselmann, E. (Hrsg.) (1991): Betriebswirtschaftslehre und Ökonomische Theorie, Stuttgart 1991.

Ortlieb, H.-D. (1962): Das Ende des Wirtschaftswunders. Unsere Wirtschafts- und Gesellschafts-ordnung in der Wandlung, Wiesbaden 1962.

Ostmeier, H. (1990): Ökologieorientierte Produktinnovationen. Eine empirische Analyse unter besonderer Berücksichtigung ihrer Erfolgseinschätzung, Frankfurt/Main et al. 1990.

Otnes, P. (ed.) (1988): The Sociology of Consumption. An Anthology, Oslo 1988.

Ott, W. (1959): Die GfK-Gesellschaft für Konsumforschung e.V. nach dem Kriege. In: JB.AVF, 5. Jg. (1959), H. 4, S. 304 – 325.

Ottman, J.A. (1993): Green Marketing, Lincolnwood 1993.

Ozanne, J.L.; Hudson, L.A. (1989): Exploring Diversity in Consumer Research. In: Hirschman, E.C. (ed.): Interpretive Consumer Research, Provo 1989, S. 1 – 9.

Packard, V. (1958[1957]): Die geheimen Verführer, Düsseldorf 1958 (Übers. v.: The Hidden Persuaders, New York 1957).

Pälike, F. (1995): Zeitschriften für das Marketing. In: Tietz, B.; Köhler, R.; Zentes, J. (Hrsg.): HWM, 2. vollst. überarb. Aufl. Stuttgart 1995, Sp. 2791 – 2801.

Palmer, A.; Bejou, D. (1995): The Effects of Gender on the Development of Relationships between Clients and Financial Advisers. In: International Journal of Bank Marketing, Vol. 13 (1995), S. 18 – 27.

Palmer, A.; Hodgson, M. (1996): An Analysis of the Congruence of Gender Effects on Relationship Marketing Strategy. In: Sheth, J.N.; Söllner, A. (eds.): 1996 International Conference on Relationship Marketing: Development, Management and Governance of Relationships, Berlin, S. 53 – 67.

Papadopolous, N.; Heslop, L. (eds.) (1993): Product-Country Images, New York 1993.

Parasuraman, A.; Zeithaml, V.A.; Berry, L.L. (1985): A Conceptual Model of Service Quality and its Implications for Future Research. In: JM, Vol. 49 (1985), No. 4, S. 41 – 50.

Parasuraman, A.; Zeithaml, V.A.; Berry, L.L. (1988): SERVQUAL: A Multiple-Item Scale for Consumer Perceptions of Service Quality. In: JR, Vol. 64 (1988), No. 1, S. 12 – 40.

Paschen, H.; Gresser, K.; Conrad, F. (1978): Technology Assessment: Technologiefolgenabschätzung, Frankfurt/Main et al. 1978.

Pavia, T.M.; Costa, J.A. (1994): Gender Dimensions of the Alphabetic Characters with Implications for Branding. In: Costa, J. (ed.): Gender and Consumer Behavior, Newbury Park 1994, S. 184 – 204.

Payne, A. et al. (1995a): Introduction. In: Payne, A. et al. (eds.): Relationship Marketing for Competitive Advantage: Winning and Keeping Customers, Oxford et al. 1995, S. VII – X.

Payne, A. et al. (1995b): Relationship Marketing – Key Concepts. In: Payne, A. et al. (eds.): Relationship Marketing for Competitive Advantage: Winning and Keeping Customers, Oxford et al. 1995, S. 3 – 17.

Payne, J.L. (1991): Marketing Insights in the 1990s: The View From Coca-Cola USA. In: Marketing Research, Vol. 3 (1991), No. 4, S. 3 – 7.

Peemöller, J. (1981): Gegenleistungs- (Kompensations-) geschäfte, Düsseldorf 1981.

Pepels, W. (1995): Handelsmarketing und Distributionspolitik. Das Konzept des Absatzkanal-managements, Stuttgart 1995.

Pepels, W. (1998): Marketing: Lehr- und Handbuch mit Praxisbeispielen, 2. bearb. und erw. Aufl. München et al. 1998 (1. Aufl. 1996).

Perlitz, M. (1993): Internationales Management. In: Wittmann, W. et al. (Hrsg.): HWB, 5. Aufl. Stuttgart 1993, Sp. 1855 – 1872.

Perreault, W.D., Jr. (1992): The Shifting Paradigm in Marketing Research. In: JAMS, Vol. 20 (1992), No. 4, S. 367 – 375.

Peter, J.P.; Olson, J.C. (1983): Is Science Marketing? In: JM, Vol. 47 (1983), No. 4, S. 111 – 125.

Petermann, G. (1972): Aktuelle Probleme des Marketing im Handel. In: Bidlingmaier, J. (Hrsg.): Modernes Marketing – Moderner Handel, Wiesbaden 1972, S. 485 – 499.

Peterson, E. (1974): Consumerism as a Retailer's Asset – How a Supermarket Chain Turned the Planks of the Consumer Advocates' Platform into a Marketing Tool. In: HBR, Vol. 52 (1974), No. 3, S. 91 – 101.

Peterson, H.J. et al. (1993): Die Bedeutung des internationalen Dienstleistungshandels für die Bundesrepublik Deutschland, Berlin 1993.

Peterson, I. (1996): Papers Jump for Internet but Aren't Always Sure Why. In: The New York Times, <http://www.nytimes.com/library/cyber/week/0226interact.html>, 26. 2.1996.

Petty, R.E.; Cacioppo, J.T. (1986): Communication and Persuasion: Central and Peripheral Routes to Attitude Change, New York 1986.

Petty, R.E.; Cacioppo, J.T.; Schumann, D. (1983): Central and Peripheral Routes to Advertising Effectiveness: The Moderating Role of Involvement. In: JCR, Vol. 10 (1983), No. 2, S. 135 – 146.

Pfohl, H.-C. (1994): Bedeutung der Entsorgung für die Unternehmenslogistik. In: Hansmann, K.-W. (Hrsg.): Marktorientiertes Umweltmanagement, Schriften zur Unternehmensführung Nr. 50/51, Wiesbaden 1994, S. 116 – 158.

Picot, A. (1982): Transaktionskosten in der Organisationstheorie: Stand der Diskussion und Aussagewert. In: DBW, 42. Jg. (1982), H. 2, S. 269 – 284.

Picot, A. (1986): Transaktionskosten im Handel. Zur Notwendigkeit einer flexiblen Strukturentwicklung in der Distribution. In: Betriebs-Berater, 41. Jg. (1986), Beil. 13 zu H. 27, S. 1 – 16.

Picot, A.; Neuburger, R. (1997): Der Beitrag virtueller Unternehmen zur Marktorientierung. In: Bruhn, M.; Steffenhagen, H. (Hrsg.): Marktorientierte Unternehmensführung: Reflexionen – Denkanstöße – Perspektiven. Festschrift für Heribert Meffert zum 60. Geburtstag, Wiesbaden 1997, S. 119 – 139.

Picot, A.; Reichwald, R. (1994): Auflösung der Unternehmung? Vom Einfluß der IuK-Technik auf Organisationsstrukturen und Kooperationsformen. In: ZfB, 64. Jg. (1994), H. 5, S. 547 – 570.

Picot, A.; Reichwald, R.; Wigand, R.T. (1998): Die grenzenlose Unternehmung: Information, Organisation und Management, 3. überarb. Aufl. Wiesbaden 1998 (1. Aufl. 1996).

Pieper, A. (1994): Einführung in die Ethik, 3. Aufl. Tübingen, Basel 1994.

Piercy, N.F.; Cravens, D.W. (1995): Marketing Organization and Management. In: Baker, M. J. (ed.): Companion Encyclopedia of Marketing, London 1995, S. 249 – 276.

Pigou, A.C. (1920): The Economics of Welfare, London 1920.

Pine, J., II (1993): Mass Customization: The New Frontier in Business Competition, Boston 1993.

Plinke, W. (1989): Die Geschäftsbeziehung als Investition. In: Specht, G.; Silberer, G.; Engelhardt, W.H. (Hrsg.): Marketing-Schnittstellen, Festschrift zum 60. Geburtstag von Hans Raffée, Stuttgart 1989, S. 305 – 321.

Plinke, W. (1992): Ausprägungen der Marktorientierung im Investitionsgüter-Marketing. In: ZfbF, 44. Jg. (1992), H. 9, S. 830 – 846.

Plummer, J.T. (1974): The Concept and Application of Life-Style Segmentation. In: JM, Vol. 38 (1974), No. 1, S. 33 – 37.

Popper, K.R. (1995[1958]): Die Anfänge des Rationalismus (Ansprache an die Aristotelian Society, 1958). In: Lesebuch: Ausgewählte Texte zu Erkenntnistheorie, Philosophie der Naturwissenschaften, Metaphysik, Sozialphilosophie, Tübingen 1995, S. 4 – 11.

Porter, M.E. (1985[1980]): Wettbewerbsstrategie. Methoden zur Analyse von Branchen und Konkurrenten, 3. Aufl. Frankfurt/ Main 1985 (Übers. v.: Competitive Strategy. Techniques for Analyzing Industries and Competitors, New York 1980).

Porter, M.E. (1986[1985]): Wettbewerbsvorteile. Spitzenleistungen erreichen und behaupten, Frankfurt/Main 1986 (Übers. v.: Competitive Advantage. Creating and Sustaining Superior Performance, New York, London 1985).

Potter, D.M. (1954): People of Plenty, Chicago 1954.

Preisendörfer, P. (1996): Umweltbewußtsein in Deutschland. Ergebnisse einer repräsentativen Bevölkerungsumfrage 1996, Berlin 1996.

Priddle, J. (1994): Marketing Ethics, Macromarketing, and the Managerial Perspective Reconsidered. In: JMM, Vol. 14 (1994), No. 2, S. 47 – 62.

Prinz, M. (1990): Die Arbeitswelt in der Weimarer Republik zwischen Weltkrieg und Wirtschaftskrise. Die Ausgangssituation im Deutschen Reich. In: Nitschke, A. et al. (Hrsg.): Jahrhundertwende: der Aufbruch in die Moderne 1880 – 1930, Bd. 2, Reinbek 1990, S. 7 – 33.

Qureshi, B.; Baker, J. (1998): Category Management and Effective Consumer Response. The Role of Market Research. In: Marketing and Research Today, Vol. 26 (1998), No. 1, S. 23 – 31.

Raabe, T. (1993a): Die Elektronik-Schrott-Verordnung: Perspektiven einer aktiven herstellerseitigen Redistributionspolitik. In: JB.AVF, 39. Jg. (1993), H. 3, S. 281 – 307.

Raabe, T. (1993b): Konsumentenbeteiligung an der Produktinnovation, Frankfurt/Main 1993.

Raabe, T. (1995): Makromarketing. In: Tietz, B.; Köhler, R.; Zentes, J. (Hrsg.): HWM, 2. vollst. überarb. Aufl. Stuttgart 1995, Sp. 1427 – 1436.

Raffée, H. (1969): Kundeninformation und Beschaffungsentscheidung des privaten Haushalts, Stuttgart 1969.

Raffée, H. (1974): Grundprobleme der Betriebswirtschaftslehre, Göttingen 1975.

Raffée, H. (1974): Konsumentenverhalten. In: Tietz, B. (Hrsg.): HWA, Stuttgart 1974, Sp. 1025 – 1044.

Raffée, H. (1975): Haushalt, Wirtschaftslehre des privaten. In: Grochla, E.; Wittmann, W. (Hrsg.): HWB, 2. Bd., 4. Aufl. Stuttgart 1975, Sp. 1791 – 1812.

Raffée, H. (1979): Marketing und Umwelt, Stuttgart 1979.

Raffée, H. (1980a): Gegenstand, Methoden und Konzepte der Betriebswirtschaftslehre. In: Baetge, J. et al. (Hrsg.): Vahlens Kompendium der Betriebswirtschaftslehre, Bd. 1, München 1984, S. 1 – 46.

Raffée, H. (1980b): Grundfragen der Marketingwissenschaft. In: WiSt, 9. Jg. (1980), H. 7, S. 317 – 324.

Raffée, H. (1980c): Marketing in öffentlichen Betrieben – Ansatzpunkte und Entwicklungsperspektiven. In: Meffert, H. (Hrsg.): Marketing im Wandel, Wiesbaden 1980, S. 201 – 211.

Raffée, H. (1984): Marktorientierung der BWL zwischen Anspruch und Wirklichkeit. In: Die Unternehmung, 38. Jg. (1984), Nr. 1, S. 3 – 18.

Raffée, H. (1993): Gegenstand, Methoden und Konzepte der Betriebswirtschaftslehre. In: Blitz, M. et al. (Hrsg.): Vahlens Kompendium der Betriebswirtschaftslehre, Bd. 1, 3. Aufl. München 1993, S. 1 – 46.

Raffée, H. (1994): Die Überwindung von Standortnachteilen mit Hilfe eines gesellschaftsorientierten Marketing. In: Dichtl, E. (Hrsg.): Standort Bundesrepublik. Die Wettbewerbsbedingungen auf dem Prüfstand, Frankfurt/Main 1994, S. 309 – 326.

Raffée, H. (1995): Marketing-Wissenschaft. In: Tietz, B.; Köhler, R.; Zentes, J. (Hrsg.): HWM, 2. vollst. überarb. Aufl. Stuttgart 1995, Sp. 1668 – 1682.

Raffée, H.; Förster, F.; Fritz, W. (1992): Umweltschutz im Zielsystem von Unternehmen. In: Steger, U. (Hrsg.): Handbuch des Umweltmanagements: Anforderungs- und Leistungsprofile von Unternehmen und Gesellschaft, München 1992, S. 241 – 256.

Raffée, H.; Fritz, W.; Wiedmann, K.-P. (1994): Marketing für öffentliche Betriebe, Stuttgart et al. 1994.

Raffée, H.; Kreutzer, R. (1986): Organisatorische Verankerung als Erfolgsbedingung eines globalen Marketing. In: Thexis, 3. Jg. (1986), H. 2, S. 10 – 21.

Raffée. H.; Segler, K. (1989): Konkurrenzanalyse, internationale. In: Macharzina, K.; Welge, M.K. (Hrsg.): Handwörterbuch Export und internationale Unternehmung, Stuttgart 1989, Sp. 1118 – 1134.

Raffée, H.; Specht, G. (1974): Basiswerturteile der Marketing-Wissenschaft. In: ZfbF, 26. Jg. (1974), S. 373 – 396.

Raffée, H.; Wiedmann, K.-P. (1985a): Corporate Communications als Aktionsinstrument des strategischen Marketing. In: Raffée, H.; Wiedmann, K.-P. (Hrsg.): Strategisches Marketing, Stuttgart 1985, S. 662 – 691.

Raffée, H.; Wiedmann, K.-P. (1985b): Die Selbstzerstörung unserer Welt durch unternehmerische Marktpolitik? In: Marketing-ZFP, 7. Jg. (1985), H. 4, S. 229 – 239.

Raffée, H.; Wiedmann, K.-P. (1985c): Wertewandel und gesellschaftsorientiertes Marketing – Die Bewährungsprobe strategischer Unternehmensführung. In: Raffée, H.; Wiedmann, K.-P. (Hrsg.): Strategisches Marketing, Stuttgart 1985, S. 552 – 611.

Raffée, H.; Wiedmann, K.-P. (1987a): Dialoge 2 – Der Bürger im Spannungsfeld von Öffentlichkeit und Privatleben, Hamburg 1987.

Raffée, H.; Wiedmann, K.-P. (1987b): Gesellschaftliche Mega-Trends als Basis einer Neuorientierung von Marketing-Praxis und Marketing-Wissenschaft. In: Schwarz, C.; Sturm, F.; Klose, W. (Hrsg.): Marketing 2000: Perspektiven zwischen Theorie und Praxis, Wiesbaden 1987, S. 185 – 209.

Raffée, H.; Wiedmann, K.-P. (1988): Der Wertewandel als Herausforderung für Marketingforschung und Marketingpraxis. In: Marketing-ZFP, 10. Jg. (1988), H. 3, S. 198 – 210.

Raffée, H.; Wiedmann, K.-P. (1995): Nonprofit-Marketing. In: Tietz, B.; Köhler, R.; Zentes, J. (Hrsg.): HWM, 2. vollst. überarb. Aufl. Stuttgart 1995, Sp. 1929 – 1942.

Rahders, R. (1989): Verfahren und Probleme der Bestimmung des optimalen Werbebudgets, Idstein 1989.

Raij, W.F.v. (1985): The Psychological Foundation of Economics: The History of Consumer Theory. In: Tan, C.T.; Sheth, J.N. (eds.): Historical Perspectives in Consumer Research: National and International Perspectives, Singapore 1985, S. 8 – 13.

Randall, D. (1997): Consumer Strategies for the Internet: Four Scenarios. In: Long Range Planning, Vol. 30 (1997), No. 2, S. 157 – 168.

Ranke, L.v. (1874[1824]): Geschichte der romanischen und germanischen Völker von 1494 bis 1514, 2. Aufl. Leipzig 1874, S. VII (1. Aufl. 1824).

Rassuli, K.M.; Hollander, S.C. (1986): Desire: Induced, Innate, Insatiable? Historian's Views of Consumer Behavior. In: JMM, Vol. 6 (1986), No. 2, S. 4 – 24.

Rassuli, K.M.; Hollander, S.C. (1987): Comparative History as a Research Tool in Consumer Behavior. In: Wallendorf, M.; Anderson, P. (eds.): Advances in Consumer Research, Vol. 14 (1987), S. 442 – 446.

Rawls, J. (1993[1971]): Eine Theorie der Gerechtigkeit, 7. Aufl. Frankfurt/Main 1993 (Übers. v.: A Theory of Justice, Cambridge 1971).

Reber, G. (1993): Internationalisierung der Betriebswirtschaftslehre. In: Wittmann, W. et al. (Hrsg.): HWB, 5. Aufl. Stuttgart 1993, Sp. 1899 – 1915.

Rebstock, W. (1988): Unternehmensethik, Werte und Normen für die Unternehmung, Spardorf 1988.

Reichheld, F.F.; Sasser, W.E. (1990): Zero Defections. Quality Comes to Service. In: HBR, Vol. 68 (1990), No. 5, S. 105 – 111.

Reinhardt, D. (1995a): Beten oder Bummeln? Der Kampf um die Schaufensterfreiheit. In: Borscheid, P.; Wischerman, C. (Hrsg.): Bilderwelt des Alltags: Werbung in der Konsumgesellschaft des 19. und 20. Jahrhunderts, Stuttgart 1995, S. 116 – 125.

Reinhardt, D. (1995b): Vom Intelligenzblatt zum Satellitenfernsehen: Stufen der Werbung als Stufen der Gesellschaft. In: Borscheid, P.; Wischerman, C. (Hrsg.): Bilderwelt des Alltags: Werbung in der Konsumgesellschaft des 19. und 20. Jahrhunderts, Stuttgart 1995, S. 44 – 63.

Reiß, M. (1997): Aktuelle Konzepte des Wandels. In: Reiß, M.; Rosenstiel, L.v.; Lanz, A. (Hrsg.): Change Management. Programme, Projekte und Prozesse, Stuttgart 1997, S. 31 – 90.

Reiß, M.; Rosenstiel, L.v.; Lanz, A. (Hrsg.) (1997): Change Management. Programme, Projekte und Prozesse, Stuttgart 1997.

Rengelshausen, O. (1997): Werbung im Internet und in kommerziellen Online-Diensten. In: Silberer, G. (Hrsg.): Interaktive Werbung: Marketingkommunikation auf dem Weg ins digitale Zeitalter, Stuttgart 1997, S. 101 – 145.

Repgen, K. (1982): Über Rankes Diktum von 1824: „Bloss sagen, wie es eigentlich gewesen". In: Historisches Jahrbuch der Görresgesellschaft, 102. Jg. (1982), S. 439 – 449.

Reusswig, F. (1994): Lebensstile und Ökologie, sozial-ökologisches Arbeitspapier 43, Institut für sozial-ökologische Forschung, Frankfurt/Main 1994.

Reve, T. (1986): Organization for Distribution. In: Sheth, J.; Bucklin, L.P.; Carman, J.M. (eds.): Research in Marketing, Vol. 8 (1986), S. 1 – 26.

Richards, T.J.; Richards, L. (1994): Using Computers in Qualitative Research. In: Denzin, N.K.; Lincoln, Y.S. (eds.): Handbook of Qualitative Research, Thousand Oaks 1994, S. 445 – 462.

Richins, M.L.; Dawson, S. (1992): A Consumer Values Orientation for Materialism and its Measurement: Scale Development and Validation. In: JCR, Vol. 19 (1992), No. 3, S. 303 – 316

Ridder, H.-G. (1994): Personalmarketing – Das Personal als Kunde? In: Marktforschung & Management, 38. Jg. (1994), H. 4, S. 150 – 153.

Riebel, P. (1955): Die Kuppelproduktion, Opladen 1955.

Riedl, J.; Busch, M. (1997): Marketing-Kommunikation in Online-Medien. In: Marketing-ZFP, 19. Jg. (1997), H. 3, S. 163 – 176.

Riemer, M. (1986): Beschwerdemanagement, Frankfurt/Main, New York 1986.

Ries, A.; Trout, J. (1986): Marketing Warfare, New York 1986.

Riesman, D. (1958[1952]): Die einsame Masse, Hamburg 1958 (Übers. v.: The Lonely Crowd, New Haven 1952).

Ringeisen, P. (1988): Möglichkeiten und Grenzen der Berücksichtigung ökologischer Gesichtspunkte bei der Produktgestaltung, Bern et al. 1988.

Ringelnatz, J. (1964[1928]): Reklame. In: Gesammelte Schriften Berlin 1964, S. 272f. (Erstveröffentlichung 1928).

Ringle, G. (1977): Exportmarketing, Wiesbaden 1977.

Ritchie, K. (1995): Marketing to Generation X, New York et al. 1995.

Ritter, G.A.; Kocka, J. (Hrsg.) (1982): Deutsche Sozialgeschichte 1870 – 1914. Dokumente und Skizzen, 3. durchges. Aufl. München 1982.

Robin, D.P. (1970): Toward a Normative Science in Marketing. In: JM, Vol. 34 (1970), No. 4, S. 73 – 76.

Rogers, E.M. (1962): Diffusion of Innovations, New York 1962.

Rokeach, M. (1968): Beliefs, Attitudes and Values, San Francisco 1968.

Rook, D.W. (1985): The Ritual Dimension of Consumer Behavior. In: JCR, Vol. 12 (1985), No. 3, S. 251 – 264.

Rosenstiel, L.v. (1969): Psychologie der Werbung, Rosenheim 1969.

Rosenstiel, L.v.; Ewald, G. (1979): Marktpsychologie, Bd I: Konsumentenverhalten und Kaufentscheidung, Bd II: Psychologie der absatzpolitischen Instrumente, Stuttgart et al. 1979.

Rübberdt, R. (1972): Geschichte der Industrialisierung. Wirtschaft und Gesellschaft auf dem Weg in unsere Zeit, München 1972.

Ruberg, C. (1952): Verkaufsorganisation, Essen 1952.

Rubik, F.; Teichert, V. (1997): Ökologische Produktpolitik, Stuttgart 1997.

Rudmin, F.; Richins, M. (eds.) (1992): Meaning, Measure, and Morality of Materialism, Provo 1992.

Ruhfus, R. E. (1976): Kaufentscheidungen von Familien, Wiesbaden 1976.

Rumelt, R.P. (1987): Theory, Strategy, and Entrepreneurship. In: Teece, D.J. (ed.): The Competitive Challenge, Cambridge 1987, S. 137 – 158.

Ruppen, L. (1978): Marketing und Umweltschutz, Fribourg 1978.

Rusche, T. (1993): Philosophische versus ökonomische Imperative einer Unternehmensethik, Ethik und Wirtschaft im Dialog Bd. 2, Hamburg 1993.

Rusche, T. (1996): Shell und Brent Spar – Unternehmensethische Analyse, Diskurse und Zukunftsverantwortung. In: Hansen, U. (Hrsg.): Marketing im gesellschaftlichen Dialog, Frankfurt/New York 1996, S. 405 – 414.

Rüsen, J. (1986): Rekonstruktion der Vergangenheit. Grundzüge einer Historik II: Die Prinzipien der historischen Forschung, Göttingen 1986.

Rust, H. (1995): Trends. Das Geschäft mit der Zukunft, Wien 1995.

Rust, R.T.; Oliver, R.W. (1994): The Death of Advertising (Notes and Comments). In: Journal of Advertising, Vol. 23 (1994), No. 4, S. 71 – 77.

Sabel, H. (1971): Produktpolitik in absatzwirtschaftlicher Sicht: Grundlagen und Entscheidungsmodelle, Wiesbaden 1971.

Sachs, W.S.; Benson, G. (1978): Is it Time to Discard the Marketing Concept? In: Business Horizons, Vol. 21 (1978), No. 4, S. 68 – 74.

Samiee, S.; Roth, K. (1992): The Influence of Global Marketing Standardization on Performance. In: JM, Vol. 56 (1992), No. 2, S. 1 – 17.

Samuels, W. J. (1991): Institutional Economics. In: Greenaway, D.; Bleaney, M.; Stewart, I.M. (eds.): Companion to Contemporary Economic Thought, London, New York 1991, S. 105 – 118.

Sandmeier, W. (1990): Informationsversorgung mit Online-Datenbanken, Frankfurt/Main 1990.

Sarkar, M.B.; Butler, B.; Steinfield, C. (1996): Intermediaries and Cybermediaries: A Continuing Role for Mediating Players in the Electronic Marketplace. In: Journal of Computer Mediated Communication, Vol. 1 (1996), No. 3, <http://www.ascusc.org/jcmc/vol1/issue3/sarkar.html>

Savage, G.T.; Nix, T.W.; Whitehead, C.J.; Blair, J.D. (1991): Strategies or Assessing and Managing Organizational Stakeholders. In: Academy of Management Executives, Vol. 5 (1991), No. 2, S. 61 – 75.

Savitt, R. (1980): Historical Research in Marketing. In: JM, Vol. 44 (1980), No. 4, S. 52 – 58.

Scammon, D.L.; Lawrence, B.L.; Williams, S.D. (1995): Increasing the Supply of Providers for the Medically Underserved: Marketing and Public Policy Issue. In: Journal of Public Policy & Marketing, Vol. 14 (1995), No. 1, S. 35 – 47.

Schaeffler, R. (1991): Einführung in die Geschichtsphilosophie, 4. Aufl. Darmstadt 1991.

Schäfer, E. (1928): Grundlagen der Marktbeobachtung mit einer Darstellung der Beobachtungspraxis in der deutschen Porzellanindustrie, Nürnberg 1928.

Schäfer, E. (1952): Selbstliquidation der Betriebswirtschaftslehre? In: ZfB, 22. Jg. (1952), H. 11, S. 605 – 615.

Schäfer, E. (1953): Grundlagen der Marktforschung. Marktuntersuchung und Marktbeobachtung, 3. Aufl. Köln, Opladen 1953 (Überarb. der 2. Aufl. Nürnberg 1940).

Schäfer, E. (1981): Absatzwirtschaft: Gesamtwirtschaftliche Aufgabe – Unternehmerische Gestaltung, 3. wesentl. erw. Aufl. Stuttgart 1981 (1. Aufl. als „Die Aufgaben der Absatzwirtschaft", Leipzig 1943; 2. Aufl. 1950).

Schaninger, C.M. (1981): Social Class Versus Income Revisited: An Empirical Investigation. In: JMR, Vol. 18 (1981), No. 2, S. 192 – 208.

Schanz, G. (1990): Jenseits vom Empirismus₁. In: Schanz, G.: Die Betriebswirtschaftslehre als Gegenstand kritisch-konstruktiver Betrachtungen, Stuttgart 1990, S. 141 – 158.

Schär, J.F. (1911): Allgemeine Handelsbetriebslehre, I. Band, Leipzig 1911.

Scharf, A.; Schubert, B. (1997): Marketing: Einführung in Theorie und Praxis, 2. aktualisierte Aufl. Stuttgart 1997 (1. Aufl. 1995).

Schatz, H. (1989): Massenmedien in der Bundesrepublik Deutschland. In: Weidenfeld, W.; Zimmermann, H. (Hrsg.): Deutschland-Handbuch. Eine doppelte Bilanz 1949-1989, Bonn 1989, S. 389 – 401.

Scheel, W.; Wimmer, F. (1974): Kritik am Marketing. Einzelwirtschaftliche und gesellschaftliche Aspekte des Konsumerismus. In: JB.AVF, 20. Jg. (1974), H. 4, S. 287 – 304.

Schelsky, H. (1953): Wandlungen der deutschen Familie in der Gegenwart. Darstellung und Deutung einer empirisch-soziologischen Tatbestandsaufnahme, Dortmund 1953.

Schemmer, M. et al. (1994): Erweiterung der Prozeßkette „Produktentwicklung" mit dem Ziel umweltgerechterer Produkte. In: UWF, 2. Jg. (1994), H. 5, S. 24 – 30.

Schenk, H.-O. (1970): Geschichte und Ordnungstheorie der Handelsfunktionen. Entwicklungsgeschichtliche und ordnungstheoretische Untersuchungen zur Lehre von den Handelsfunktionen in Marktwirtschaft und Zentralverwaltungswirtschaft, Berlin 1970.

Schenk, H.-O. (1980): Handelsmarketing. In: Falk, B. (Hrsg.): Dienstleistungsmarketing, Landsberg am Lech 1980, S. 29 – 58.

Schenk, H.-O.; Tenbrink, H.; Zündorf, H. (1984): Die Konzentration im Handel: Ursache, Messung, Stand und Auswirkungen der Konzentration im Handel und konzentrationspolitische Konsequenzen, Berlin 1984.

Scherer, A.G. (1995): Pluralismus im strategischen Management, Wiesbaden 1995.

Scherhorn, G. et al. (1975): Verbraucherinteresse und Verbraucherpolitik. Schriften der Kommission für wirtschaftlichen und sozialen Wandel, Band 17, Göttingen 1975.

Scherhorn, G.; Reisch, L.A.; Raab, G. (1990): Addictive Buying in West Germany: An Empirical Study. In: JCP, Vol. 13 (1990), No. 4, S. 355 – 387.

Scherhorn, G.; Reisch, L.A.; Schrödl, S. (1997): Wege zu nachhaltigen Konsummustern. Überblick über den Stand der Forschung und vorrangige Forschungsthemen, Marburg 1997.

Scheuch, F. (1975): Investitionsgüter-Marketing, Opladen 1975.

Scheuch, F. (1982): Dienstleistungsmarketing, München 1982.

Scheuing, E.E. (1972): Das Marketing neuer Produkte, Wiesbaden 1972.

Schildt, A. (1995): Moderne Zeiten. Freizeit, Massenmedien und Zeitgeist" in der Bundesrepublik der 50er Jahre, Hamburg 1995.

Schlegelmilch, B. (1990): Die Kodifizierung ethischer Grundsätze in europäischen Unternehmen: eine empirische Untersuchung. In: DBW, 50. Jg. (1990), Nr. 3, S. 365 – 374.

Schlegelmilch, B. (1998): Marketing Ethics: An International Perspective, London 1998.

Schmalen, H. (1992): Kommunikationspolitik – Werbeplanung, 2. Aufl. Stuttgart 1992 (1. Aufl. 1985).

Schmalen, H.; Binninger, F.-M. (1994): Ist die klassische Diffusionsmodellierung wirklich am Ende? In: Marketing-ZFP, 15. Jg. (1994), H. 1, S. 5 – 11.

Schmalenbach, E. (1911/1912): Die Privatwirtschaftslehre als Kunstlehre. In: ZfhF, 6. Jg. (1911/1912), S. 304 – 316.

Schmalenbach, E. (1928): Die Betriebswirtschaftslehre an der Schwelle der neuen Wirtschaftsverfassung. In: ZfhF, 22. Jg. (1928), S. 241 – 251.

Schmid, B. (1993): Elektronische Märkte. In: Wirtschaftsinformatik, 35. Jg. (1993), H. 5, S. 465 – 480.

Schmid, B. (Hrsg.) (1995): Electronic Mall: Banking und Shopping in globalen Netzen, Stuttgart 1995.

Schmid, G. (1989): Die neue institutionelle Ökonomie: Königsweg oder Holzweg zu einer Institutionentheorie des Arbeitsmarktes? In: Leviathan, 18. Jg. (1989), H. 3, S. 386 – 408.

Schmidt-Bleek, F. (1994): Wieviel Umwelt braucht der Mensch. MIPS – das Maß für ökologisches Wirtschaften, Berlin et al. 1994.

Schmölders, G. (1963): Zehn Jahre ökonomische Verhaltensforschung in Köln. In: Ordo, Jahrbuch für die Ordnung von Wirtschaft und Gesellschaft, 14. Jg. (1963), S. 259 – 273.

Schneider, D. (1981): Geschichte betriebswirtschaftlicher Theorie: Allgemeine Betriebswirtschaftslehre für das Hauptstudium, München, Wien 1981.

Schneider, D. (1983): Marketing als Wirtschaftswissenschaft oder Geburt einer Marketingwissenschaft aus dem Geiste des Unternehmensversagens? In: ZfbF, 35. Jg. (1983), H. 3, S. 197 – 223.

Schneider, U. (1990): Bevölkerungsentwicklung und Konsumgüternachfrage in der Bundesrepublik. Ein Ausblick auf die 90er Jahre. In: Marketing-ZFP, 12. Jg. (1990), H. 4, S. 272 – 278.

Schneidewind, U. (1996): Ökologische Benchmarks. Katalysatoren für ein ökologisches Lernen in Unternehmen und Branchen. In: UWF, 4. Jg. (1996), H. 3, S. 36 – 42.

Schnutenhaus, O. (1927): Absatztechnik der amerikanischen industriellen Unternehmung, Berlin 1927.

Schnutenhaus, O. (1932): Das Gebiet der Absatzlehre. Ein Beitrag zur Systematik der Betriebswirtschaftslehre. In: Der praktische Betriebswirt, 12. Jg. (1932), S. 647 – 652.

Schoenheit, I. (1992): Marketing für Ökologie als Kritik von Anbieter- und Verbraucherinteressen. In: Eisendle, R.; Miklautz, E. (Hrsg.): Produktkulturen: Dynamik und Bedeutungswandel des Konsums, Frankfurt, New York, S. 329 – 346.

Scholz, C. (1995a): Einfluß des virtuellen Unternehmens auf den Handel. In: Trommsdorff, V. (Hrsg.): Handelsforschung 1995/96: Informationsmanagement im Handel, Wiesbaden 1995, S. 123 – 134.

Scholz, C. (1995b): Personalmarketing. In: Tietz, B.; Köhler, R.; Zentes, J. (Hrsg.): HWM 2. vollst. überarb. Aufl. Stuttgart 1995, Sp. 2004 – 2019.

Schönberger, K. (1995): „Hier half der Marshallplan". Werbung für das europäische Wiederaufbauprogramm zwischen Propaganda und Public Relations. In: Diesener, G.; Gries, R. (Hrsg.): Propaganda in Deutschland. Zur Geschichte der politischen Massenbeeinflussung im 20. Jahrhundert, Darmstadt 1996, S. 193 – 212.

Schoppe, S.G. (1992): Zur methodologischen Einordnung der internationalen Betriebswirtschaftslehre (IntBWL). In: Schoppe, S. G. (Hrsg.): Kompendium der Internationalen Betriebswirtschaftslehre, 2. verb. Aufl. München, Wien 1992, S. 1 – 3.

Schouten, J.W.; McAlexander, J.H. (1995): Subcultures of Consumption: An Ethnography of the New Bikers. In: JCR, Vol. 22 (1995), No. 1, S. 43 – 61.

Schrader, U.; Einert, D. (1998): Die Umsetzung des „Leistungs- statt Produktverkaufs" im Konsumgütersektor. In: Ö-Team (Hrsg.): Arbeit und Umwelt - Gegensatz oder Partnerschaft?, Frankfurt/Main 1998, S. 271 – 292.

Schreiber, R.L. (1985): Ökomarketing: Die Management-Jahrhundertaufgabe. In: Marketing-ZFP, 7. Jg. (1985), H. 4, S. 291 – 296.

Schreyögg, G. (1990): Unternehmenskultur in multinationalen Unternehmen. In: BFuP, 42. Jg. (1990), H. 5, S. 379 – 390.

Schröder, H. (1995): Rechtsrahmen des Marketing. In: Tietz, B.; Köhler, R.; Zentes, J. (Hrsg.): HWM, 2. vollst. überarb. Aufl. Stuttgart 1995, Sp. 2215 – 2234.

Schroeder, J.E. et al. (1993): Social Time Perspective and Cross-Cultural Consumer Behavior: A Framework and Some Results. In: Raaij, W.F.v.; Bamossy, G.J. (eds.): European Advances in Consumer Research, Vol. 1 (1993), S. 18 – 23.

Schubert, B. (1995): Conjoint-Analyse. In: Tietz, B.; Köhler, R.; Zentes, J. (Hrsg.): HWM, 2. vollst. überarb. Aufl. Stuttgart 1995, Sp. 376 – 389.

Schudrowitz, O. (1968): Die Entwicklung der Lehre vom Handel und Absatz und ihr Einfluß auf die Betriebswirtschaftlehre, Diss. Erlangen-Nürnberg 1968.

Schudson, M. (1984): Advertising: The Uneasy Persuasion, New York 1984.

Schultz, D.; Tannenbaum, S.; Lauterborn, R. (1996): The New Marketing Paradigm - Integrated Marketing Communications, Lincolnwood 1996.

Schulz, R. (1972): Kaufentscheidungsprozesse des Konsumenten, Wiesbaden 1972.

Schulz-Klingauf, H.-V. (1960): Selbstbedienung – Der neue Weg zum Kunden, Düsseldorf 1960.

Schulze, G. (1993): Die Erlebnisgesellschaft: Kultursoziologie der Gegenwart, Frankfurt/Main, New York 1993.

Schulze, H.S. (1992): Internes Marketing von Dienstleistungsunternehmen: Fundierungsmöglichkeiten mittels ausgewählter Konzepte der Transaktionsanalyse, Frankfurt/Main et al. 1992.

Schulze, H.S. (1993): Dienstleistungswerbung - Ursachen, Anforderungen und Lösungsansätze der externen Massenkommunikation von Dienstleistungsunternehmen am Beispiel ausgewählter Print-Kampagnen. In: JB.AVF, 39. Jg. (1993), H. 2, S. 139 – 164.

Schumann, J. (1984): Grundzüge der mikroökonomischen Theorie, 4. Aufl. Berlin, Heidelberg, New York 1984.

Schütz, P. (1994): Die Lebenszyklen des Marketing. In: asw, 37. Jg. (1994), S. 32 – 36.

Schütz, V. (1997a): Profit im Web nur durch Push-Marketing möglich. In: Horizont, 14. Jg. (1997), Nr. 7, S. 1.

Schütz, V. (1997b): Werbetreibende investieren in Multimedia: 2. Multimedia-Barometer von GfK, MGM und HORIZONT. In: Horizont, 14. Jg. (1997), Nr. 20, S. 58.

Schwartz, E.I. (1996): Advertising Webonomics 101. In: Wired, Vol. 4 (1996), No. 2, S. 74 – 82.

Schwartz, G. (1963): Development of Marketing Theory, Cincinnati 1963.

Schwarz, G. (1931): Kohlenpott. Ein Buch von der Ruhr, Berlin 1931.

Schweiger, G.; Schrattenecker, G. (1995): Werbung – Eine Einführung, 4. Aufl. Stuttgart, Jena, New York 1995 (1. Aufl. 1986).

Schwenzer, J.E. (1960): Marktforschung. In: Seischab, H.; Schwantag, K. (Hrsg.): HWB, 3. völlig neu bearb. Aufl. Stuttgart 1960, Sp. 3905 – 3914.

Schwill, J. (1995): Reparaturservice als Marketingaufgabe des Handels, Frankfurt/Main et al. 1995.

Segler, K. (1989): Corporate-Identity. In: Macharzina, K.; Welge, M.K. (Hrsg.): Handwörterbuch Export und internationale Unternehmung, Stuttgart 1989, Sp. 254 – 266.

Seidel, H. (1977): Erschließung von Auslandsmärkten, Berlin 1977.

Selle, G. (1994): Geschichte des Design in Deutschland, Frankfurt/Main 1994.

Selter, G. (1982[1973]): Idee und Organisation des Konsumerismus. in: Hansen, U.; Stauss, B.; Riemer, M. (Hrsg.): Marketing und Verbraucherpolitik, Stuttgart 1982, S. 22-42 (Erstabdruck in: Soziale Welt, 24. Jg. (1973), H. 2/3, S. 185 – 205).

Servatius, H.-G. (1991): Vom strategischen Management zur Evolutionären Führung: Auf dem Weg zu einem ganzheitlichen Denken und Handeln, Stuttgart 1991.

Seyffert, R. (1914): Die Reklame des Kaufmanns, Leipzig 1914.

Seyffert, R. (1929): Allgemeine Werbelehre, Stuttgart 1929.

Sharma, D.D. (1993): Introduction: Industrial Networks in Marketing. In: Advances in International Marketing, Vol. 5 (1993), S. 1 – 9.

Shaw, A.E. (1912): Some Problems in Market Distribution. In: Quarterly Journal of Economics, Vol. 26 (1912), No. 4, S. 703 – 765.

Shaw, W. H. (1996): Business Ethics Today: A Survey. In: Journal of Business Ethics, Vol. 15 (1996), No. 5, S. 489 – 500.

Sherry, J.F., Jr. (1983): Gift Giving in Anthropological Perspective. In: JCR, Vol. 10 (1983), No. 2, S. 157 – 168.

Sherry, J.F., Jr. (1991): Postmodern Alternatives: The Interpretive Turn in Consumer Research. In: Robertson, T.S.; Kassarjian, H.H. (eds.): Handbook of Consumer Behavior, Englewood Cliffs 1991, S. 548 – 591.

Sherry, J.F., Jr. (ed.) (1995): Contemporary Marketing and Consumer Behavior. An Anthropological Sourcebook, Thousand Oakes, London, New Delhi 1995.

Sheth, J.N. (1971): The Multivariate Revolution in Marketing. In: JMR, Vol. 35 (1971), No. 1, S. 13 – 19.

Sheth, J.N. (1972): Marktsegmentierung als relevante Planungshilfe des Marketing – Marktsegmentierung als Strategie des Marketing –. In: JB.AVF, 18. Jg. (1974), H. 2, S. 129 – 145.

Sheth, J.N. (1973): A Model of Industrial Buyer Behavior. In: JM, Vol. 37 (1973), No. 4, S. 50 – 56.

Sheth, J.N. (1982): Consumer Behavior: Surpluses and Shortages. In: Mitchell, A.A. (ed.): Advances in Consumer Research, Vol. 9 (1982), S. 13 – 16.

Sheth, J.N.; Gardner, D.M.; Garrett, D. (1988): Marketing Theory: Evolution and Evaluation, New York 1988.

Shostack, G.L. (1987): Service Positioning Through Structural Change. In: JM, Vol. 51 (1987), No. 1, S. 34 – 43.

Sieben, G.; Schildbach, T. (1994): Betriebswirtschaftliche Entscheidungstheorie, 4. durchges. Aufl. Düsseldorf 1994 (1. Aufl. 1975).

Sieler, C. (1994): Ökologische Sortimentsbewertung, Wiesbaden 1994.

Sietmann, R. (1997): Electronic Cash: Der Zahlungsverkehr im Internet, Stuttgart 1997.

Sigle, H. (1994): Strategische Allianzen bei Mannesmann. In: ZfbF, 46. Jg. (1994), H. 10, S. 871 – 884.

Silberer, G. (1983): Einstellungen und Werthaltungen. In: Irle, M. (Hrsg.): Handbuch der Psychologie, Band 12, 1. Halbband: Marktpsychologie, Göttingen, Toronto, Zürich 1983, S. 533 – 625.

Silberer, G. (1991): Werteforschung und Werteorientierung im Unternehmen, Stuttgart 1991.

Silberer, G. (1995): Marketing mit Multimedia im Überblick. In: Silberer, G. (Hrsg.): Marketing mit Multimedia: Grundlagen, Anwendungen und Management einer neuen Technologie im Marketing, Stuttgart 1995, S. 3 – 31.

Silberer, G. (1997): Interaktive Werbung auf dem Weg ins digitale Zeitalter. In: Silberer, G. (Hrsg.): Interaktive Werbung: Marketingkommunikation auf dem Weg ins digitale Zeitalter, Stuttgart 1997, S. 3 – 20.

Silberer, G.; Jaekel, M. (1996): Marketingfaktor Stimmungen: Grundlagen, Aktionsinstrumente, Fallbeispiele, Stuttgart 1996.

Silk, A.J. (1993): Marketing Science in a Changing Environment. In: JMR, Vol. 30 (1993), No. 4, S. 401 – 404.

Silk, A.J.; Urban, G.L. (1978): Pre-Test-Market Evaluation of New Packaged Goods: A Model and Measurement Methodology. In: JMR, Vol. 15 (1978), No. 2, S. 171 – 191.

Simitis, K. (1976): Verbraucherschutz – Schlagwort oder Rechtsprinzip?, Baden-Baden 1976.

Simmons, L.C.; Munch, J.M. (1996): Is Relationship Marketing Culturally Bound: A look at GuanXi in China. In: Corfman, K. P.; Lynch, J.G., Jr. (eds.): Advances in Consumer Research, Vol. 23 (1996), S. 92 – 96.

Simon, H. (1985): Bessere Marketingentscheidungen mit Scanner-Daten. In: Köhler, R. et al. (Hrsg.): Scanning – Zukunftsperspektiven für Handel, Industrie und Marktforschung, Dortmund 1985, S. 5 – 21.

Simon, H. (1986): Herausforderung an die Marketingwissenschaft. In: Marketing-ZFP, 8. Jg. (1986), H. 3, S. 205 – 213.

Simon, H. (1991): Kundennähe als Wettbewerbsstrategie und Führungsherausforderung, Arbeitspapier, Johannes Gutenberg Universität, Mainz 1991.

Simon, H. (1992): Preismanagement, 2. Aufl. Wiesbaden 1992 (1. Aufl. 1982).

Simon, H. (1995): Preismanagement Kompakt, Wiesbaden 1995.

Simon, H.; Arndt, J. (1980): The Shape of the Advertising Function. In: JAR, Vol. 20 (1980), No. 4, S. 11 – 28.

Simon, H.; Kucher, E. (1988): Die Bestimmung empirischer Preisabsatzfunktionen. In: ZfB, 58. Jg. (1988), H. 1, S. 171 – 183.

Simon, H.; Homburg, C. (Hrsg.) (1995): Kundenzufriedenheit. Konzepte – Methoden – Erfahrungen, Wiesbaden 1995.

Simon, H.; Wiese, C. (1992): Europäisches Preismanagement. In: Marketing-ZFP, 14. Jg. (1992), H. 4, S. 246 – 256.

Simon, H.; Wiese, C. (1995): Internationale Preispolitik. In: Hermanns, A.; Wißmeier, U.K. (Hrsg.): Internationales Marketing-Management. Grundlagen, Strategien, Instrumente, Kontrolle und Organisation, München 1995, S. 225 – 255.

Sinclair, U. (1985[1937]): Am Fließband. Mr. Ford und sein Knecht Shutt, Hamburg 1985 (Übers. v. The Flivver King, Pasadena 1937).

SINUS-Lebensweltforschung (Hrsg.) (1992): Lebensweltforschung und soziale Milieus in West- und Ostdeutschland, Heidelberg 1992.

Skiera, B.; Albers, S. (1994): COSTA: Ein Entscheidungs-Unterstützungs-System zur deckungs-beitrags-maximalen Einteilung von Verkaufsgebieten. In: ZfB, 64. Jg. (1994), H. 10, S. 1261 – 1283.

Slater, C.C. (ed.) (1977): Macro-Marketing: Distributive Processes from a Societal Perspective, Boulder 1977.

Smith, A. (1978[1789]): Der Wohlstand der Nationen. Eine Untersuchung seiner Natur und seiner Ursachen, München 1978 (Übers. v.: An Inquiry into the Nature and Causes of the Wealth of Nations, 5th rev. ed. London 1789).

Smith, B.C.; Leimkuhler, J.F.; Darrow, R.M. (1992): Yield Management at American Airlines. In: Interfaces, Vol. 22 (1992), No. 1, S. 8 – 31.

Smith, N.C.; Quelch, J. A. (1993): Ethics in Marketing, Burr Ridge, Boston, Sydney 1993.

Smith, R.A.; Lux, D.S. (1993): Historical Method in Consumer Research: Developing Causal Explanations of Change. In: JCR, Vol. 19 (1993), No. 4, S. 595 – 610.

Smith, W.R. (1956): Product Differentiation and Market Segmentation as Alternative Marketing Strategies. In: JM, Vol. 21 (1956), No. 3, S. 3 – 8.

Solomon, R.C. (1992): Corporate Roles, Personal Virtues: An Aristotelian Approach to Business Ethics. In: Business Ethics Quarterly, Vol. 2 (1992), No. 3, S. 317– 339.

Solund, M. <dms@hhs.se> (1996): Re: REQUEST – Theory/practice/culture linkage. In: ELMAR <elmar@sc.edu>, 12.1.1996, archiviert bei: <http://cards.badm.sc.edu/elmar/raw/ d148.txt>

Specht, G. (1974a): Marketing-Management und Qualität des Lebens, Stuttgart 1974.

Specht, G. (1974b): Öffentliche Güter, Marketing für. In: Tietz, B. (Hrsg.): HWA, Stuttgart 1974, Sp. 1565 – 1574.

Specht, G. (1979): Die Macht aktiver Konsumenten, Stuttgart 1979.

Specht, G. (1986): Grundprobleme eines strategischen markt- und technologieorientierten Inno-vationsmanagements. In: WiSt, 15. Jg. (1986), H. 12, S. 609 – 613.

Spiller, A. (1996): Ökologieorientierte Produktpolitik, Marburg 1996.

Spratlen, T.H. (1972): The Challenge of a Humanistic Value Orientation in Marketing. In: Kangun, N. (ed.): Society and Marketing. An Unconventional View, New York et al. 1972, S. 403 – 413.

Staehle, W.H. (1969): Die Unternehmung als Koalition und die Notwendigkeit der Werbung um Koalitionsteilnehmer. In: ZfB, 39. Jg. (1969), H. 6, S. 377 – 390.

Stahel, W. (1991): Langlebigkeit und Material-Recycling. Strategien zur Vermeidung von Abfällen im Bereich der Produkte, Essen 1991.

Stalk, G.; Hout, T.M. (1990): Competing Against Time: How Timebased Competition is Reshaping Global Markets, New York 1990.

Standop, D. (1978): Zur Anpassung der Unternehmenspolitik an ein verschärftes Recht der Produzenenhaftung. In: DBW, 38. Jg. (1978), H. 2, S. 189 – 202.

Statistisches Bundesamt (Hrsg.) (1989): Datenreport 1989. Zahlen und Fakten über die Bundesrepublik Deutschland, Bonn 1989.

Statistisches Bundesamt (Hrsg.) (1997a): Datenreport 1997. Zahlen und Fakten über die Bundesrepublik Deutschland, Bonn 1997.

Statistisches Bundesamt (Hrsg.) (1997b): Statistisches Jahrbuch für die Bundesrepublik Deutschland, Wiesbaden 1997.

Stauss, B. (1980): Verbraucherinteressen. Gegenstand, Legitimation und Organisation, Stuttgart 1980.

Stauss, B. (1985): Strategische Marketingreaktionen auf verbraucher- und umweltpolitische Herausforderungen – ein Erklärungsmodell. In: Hansen, U.; Schoenheit, I. (Hrsg.): Verbraucherabteilungen in privaten und öffentlichen Unternehmen, Frankfurt/Main, New York 1985, S. 65 – 108.

Stauss, B. (1987): Ein bedarfswirtschaftliches Marketingkonzept für öffentliche Unternehmen, Baden-Baden 1987.

Stauss, B. (1991a): „Augenblicke der Wahrheit" in der Dienstleistungserstellung: Ihre Relevanz und ihre Messung mit Hilfe der Kontaktpunkt-Analyse. In: Bruhn, M.; Stauss, B. (Hrsg.): Dienstleistungsqualität: Konzepte, Methoden, Erfahrungen, Wiesbaden 1991, S. 345 – 365.

Stauss, B. (1991b): Dienstleister und die vierte Dimension. In: HM, 13. Jg. (1991), H. 2, S. 81 – 89.

Stauss, B. (1991c): Gesellschaftsorientiertes Marketing. Zur Diskussion um die Erweiterung der Marketing-Konzeption. In: Corsten, H.; Schuster, L.; Stauss, B. (Hrsg.): Die soziale Dimension der Unternehmung, Berlin 1991, S. 119 – 141.

Stauss, B. (1991d): Internes Marketing als personalorientierte Qualitätspolitik. In: Bruhn, M.; Stauss, B. (Hrsg.): Dienstleistungsqualität: Konzepte, Methoden, Erfahrungen, Wiesbaden 1991, S. 257 – 276.

Stauss, B. (1992): Dienstleistungsmarketing und Dienstleistungsmanagement. In: DBW, 52. Jg. (1992), H. 5, S. 675 – 689.

Stauss, B. (1993): Using the Critical Incident Technique in Measuring and Managing Service Quality. In: Scheuing E.; Christopher W. (Hrsg.): The Service Quality Handbook, New York et al. 1993, S. 408 – 427.

Stauss, B. (1994): Total Quality Management und Marketing. In: Marketing-ZFP, 16. Jg. (1994), H. 3, S. 149 – 159.

Stauss, B. (1995): Internationales Dienstleistungsmarketing. In: Hermanns A.; Wissmeier U. K. (Hrsg.): Internationales Marketing Management: Grundlagen, Strategien, Instrumente, Kontrolle und Organisation, München 1995, S. 437 – 474.

Stauss, B.; Hentschel, B. (1991): Dienstleistungsqualität. In: WiSt, 20. Jg. (1991), H. 5, S. 238 – 244.

Stauss, B.; Hentschel, B. (1992): Messung von Kundenzufriedenheit – Merkmals- oder ereignisorientierte Beurteilung von Dienstleistungsqualität. In: Marktforschung & Management, 36. Jg. (1992), H. 3, S. 115 – 122.

Stauss, B.; Neuhaus, P. (1995): Das Qualitative Zufriedenheitsmodell (QZM). In: Diller, H. (Hrsg.): Beziehungsmanagement, Dokumentation des 2. Workshops der Arbeitsgruppe „Beziehungsmanagement" der wissenschaftlichen Kommission für Marketing im Verband der Hochschullehrer für Betriebswirtschaftslehre vom 29.-30. September in Heiligenstadt, Nürnberg 1995, S. 137 – 166.

Stauss, B., Schulze, H.S. (1990): Internes Marketing. In: Marketing-ZFP, 12. Jg., H. 3, S. 149 – 158.

Steffenhagen, H. (1972): Konflikt und Koordination in Distributionssystemen. Ansätze einer verhaltenswissenschaftlichen Gleichgewichtsanalyse, Diss. Münster 1972.

Steffenhagen, H. (1994): Marketing. Eine Einführung, 3. überarb. Aufl. Stuttgart et al. 1994 (1. Aufl. 1988).

Steffenhagen, H. (1996): Wirkungen der Werbung. Konzepte – Erklärungen – Befunde, Aachen 1996.

Steffenhagen, H. (1997): Erfolgsfaktorenforschung für die Werbung – Bisherige Ansätze und deren Beurteilung. In: Bruhn, M.; Steffenhagen, H. (Hrsg.): Marktorientierte Unternehmensführung, Wiesbaden 1997, S. 323 – 350.

Steger, U. (1993): Umweltmanagement: Erfahrungen und Instrumente einer umweltorientierten Unternehmensstrategie, 2. Aufl. Wiesbaden 1993 (1. Aufl. 1988).

Stegmüller, B. (1993): Überlegungen zur Entwicklung internationaler Marketing-Konzeptionen. In: JB.AVF, 39. Jg. (1993), H. 4, S. 386 – 403.

Steinfield, C. (1996): Electronic Commerce: An Introduction to the Special Issue. In: Journal of Computer Mediated Communication, Vol. 1 (1996), No. 3, <http://www.ascusc.org/jcmc/vol1/issue3/genintro.html>.

Steinhilper, R.; Hudelmaier, U. (1993): Erfolgreiches Produktrecycling zur erneuten Verwendung oder Verwertung, Eschborn 1993.

Steinmann, H. (Hrsg.) (1978): Betriebswirtschaftslehre als normative Handlungswissenschaft. Zur Bedeutung der Konstruktiven Wissenschaftstheorie für die Betriebswirtschaftslehre, Wiesbaden 1978.

Steinmann, H.; Löhr, A. (1987): Unternehmensethik. Begriff, Problemstände und Begründungsleistungen. In: Wissenschaftliche Gesellschaft für Theologie / Evangelische Akademie Loccum (Hrsg.): Theologische Aspekte der Wirtschaftsethik, Loccumer Protokoll Bd. 2, S. 21 – 92.

Steinmann, H.; Löhr, A. (1989a): Einleitung: Grundfragen und Problembestände einer Unternehmensethik. In: Steinmann, H.; Löhr, A. (Hrsg.): Unternehmensethik, Stuttgart 1989, S. 3 – 21.

Steinmann, H.; Löhr, A. (1989b): Wider eine empirische Wendung der Unternehmensethik – Replik auf den Beitrag von H. Lenz und S. Zundel. In: ZfbF, 41. Jg. (1989), H. 4, S. 325 – 328.

Steinmann, H.; Löhr, A. (1994): Grundlagen der Unternehmensethik, 2. überarb. u. erw. Aufl. Stuttgart 1994.

Steinmann, H.; Oppenrieder, B. (1985): Brauchen wir eine Unternehmensethik? In: DBW, 45. Jg. (1985), H. 2, S. 170 – 183.

Stern (1995): Dialoge 4. Gesellschaft – Wirtschaft – Konsumenten. Zukunftsgerichtete Unternehmensführung durch werteorientiertes Marketing, Die Stern Bibliothek, Gruner + Jahr, Hamburg 1995.

Stern, B.B. (1989): Literary Criticism and Consumer Research: Overview and Illustrative Analysis. In: JCR, Vol. 16 (1989), No. 3, S. 322 – 333.

Stern, L.W. (1967a): The Concept of Channel Control. In: JR, Vol. 43 (1967), No. 2, S. 14 – 20.

Stern, L.W. (ed.) (1967b): Distribution Channels: Behavioral Dimensions, Boston 1967.

Stern, L.W.; Reve T. (1980): Distribution Channels as Political Economies: A Framework for Comparative Analysis. In: JM, Vol. 44 (1980), No. 3, S. 52 – 64.

Sterne, J. (1995): World Wide Web Marketing: Integrating the Internet into your Marketing Strategy, New York 1995.

Steuer, J. (1992): Defining Virtual Reality: Dimensions Determining Telepresence. In: Journal of Communication, Vol. 42 (1992), No. 4, S. 73 – 93.

Stitzel, M. (1994): Arglos in Utopia? Die Literatur zum Umweltmanagement bzw. zur ökologisch orientierten Betriebswirtschaftslehre. In: DBW, 54. Jg. (1994), H. 1, S. 95 – 116.

Stockinger, W. (1991): Probleme einer ökologisch orientierten Redistribution – Eine transaktionskostentheoretische Analyse. In: Hansen, U. (Hrsg.): muk-premium, Bd. 2, Universität Hannover, Hannover 1991.

Stratmann, M. (1996): Zur Entwicklung der Einzelhandelsbetriebsform Versandhandel und den daraus entstehenden Besonderheiten für das Marketing-Mix, diskussionbeiträge fachbereich wirtschaftswissenschaft Nr. 221, Gesamthochschule Hagen 1996.

Strohmeyer, K. (1980): Warenhäuser. Geschichte, Blüte und Untergang im Warenmeer, Berlin 1980.

Strutz, H. (Hrsg.) (1992): Strategien des Personalmarketing, Wiesbaden 1992.

Süchting, J. (1993): Finanzmarketing. In: Wittmann, W.; Kern, W.; Köhler, R. (Hrsg.): HWB, 5. Aufl., Bd. 1, Stuttgart 1993, Sp. 1124 – 1134.

Sullivan, D.; Bauerschmidt, A. (1991): The „Basic Concepts" of International Business Strategy: A Review and Reconsideration. In: Management International Review, Vol. 31 (1991), S. 111 – 124.

Sundhoff, E. (1956): „Der Absatz". Zum 2. Band von Gutenbergs „Grundlagen". In: BFuP, 8. Jg. (1956), H. 5, S. 257 – 283.

Sundhoff, E. (1979): Dreihundert Jahre Handelswissenschaft. Beiträge zur Geschichte der Betriebswirtschaftslehre (Schriften zur Handelsforschung; Nr. 60), Göttingen 1979.

Sunnus, E.M. (1992): Überschuldungsprobleme privater Haushalte als Gegenstand der Beratung. In: Haushalt und Wissenschaft, 40. Jg. (1992), H. 6, S. 274 – 278.

Sutton, R.; Rafaeli, A. (1988): Untangling the Relationship between Displayed Emotions and Organizational Sales: The Case of Conveniences Stores. In: Academy of Management Journal, Vol. 31 (1988), No. 3, S. 461 – 487.

Swartz, T.A.; Bowen, D.E.; Brown, S.W. (1992): Fifteen Years After Breaking Free: Services Then, Now and Beyond. In: Advances in Services Marketing and Management, Vol. 1 (1992), S. 1 – 21.

Swoboda, B. (1995): Interaktive Medien am Point of Sale. Verhaltenswissenschaftliche Analyse der Wirkung multimedialer Systeme, Wiesbaden 1995.

Sydow, J. (1992): Strategische Netzwerke. Evolution und Organisation, Wiesbaden 1992.

Szallies, R. (1990): Zwischen Luxus und kalkulierter Bescheidenheit – Der Abschied von Otto Normalverbraucher – Ein Rück- und Ausblick über 50 Jahre Konsumentenverhalten. In: Szallies, R.; Wiswede, G. (Hrsg.): Wertewandel und Konsum: Fakten, Perspektiven und Szenarien für Markt und Marketing, Landsberg/Lech 1990, S. 41 – 58.

Tansuhaj, P.; Wong, J.; McCullough, J. (1987): Internal and External Marketing: Effects on Customer Satisfaction in Banks in Thailand. In: International Journal of Bank Marketing, Vol. 5 (1987), No. 3, S. 73 – 83.

Tedlow, R.S. (1990): New and Improved: The Story of Mass Marketing in America, Oxford 1990.

Tedlow, R.S. (1993): The Fourth Phase of Marketing. Marketing History and the Business World Today. In: Tedlow, R.S.; Jones, G. (eds.): The Rise and Fall of Mass Marketing, London, New York 1993, S. 8 – 35.

Tedlow, R.S. (1997): Auf der Datenautobahn lauert der Tod. In: HM, 19. Jg. (1997), H. 2, S. 76 – 78.

Thomé, G. (1981): Produktgestaltung und Ökologie, München 1981.

Thompson, C.J.; Locander, W.B.; Pollio, H.R. (1989): Putting Consumer Experience Back into Consumer Research: The Philosophy and Method of Existential-Phenomenology. In: JCR, Vol. 16 (1989), No. 3, S. 133 – 146.

Tiebler, P. (1997): Ökologieorientiertes Marketing in der Unternehmenspraxis, Sternenfels 1997.

Tietz, B. (1992): Eurostrategien im Einzelhandel. Konzepte und empirische Befunde. In: Marketing-ZFP, 14. Jg. (1992), H. 4, S. 233 – 238.

Tietz, B. (1993a): Binnenhandelspolitik, 2. neubearb. Aufl. München 1993 (1. Aufl. 1986).

Tietz, B. (1993b): Der Handelsbetrieb: Grundlagen der Unternehmenspolitik, 2. Aufl. München 1993.

Tietz, B. (1993c): Die bisherige und zukünftige Paradigmatik des Marketing in Theorie und Praxis. Zweiter Teil: Zur künftigen Entwicklung des Marketing. In: Marketing-ZFP, 15. Jg. (1993), H. 3, S. 149 – 163 und H. 4, S. 221 – 236.

Tietz, B. (1995): Efficient Consumer Response (ECR). In: WiSt, 24. Jg. (1995), H. 10, S. 529 – 530.

Toffler, A. (1987[1980]): Die dritte Welle. Zukunftschancen. Perspektiven für die Gesellschaft des 21. Jahrhunderts, München 1987 (Übers. v.: The Third Wave, New York 1980).

Tomczak, T. (1992): Forschungsmethoden in der Marketingwissenschaft. Ein Plädoyer für den qualitativen Forschungsansatz. In: Marketing-ZFP, 14. Jg. (1992), H. 2, S. 77 – 87.

Töpfer, A. (1985): Umwelt- und Benutzerfreundlichkeit von Produkten als strategische Unternehmensziele. In: Marketing-ZFP, 7. Jg. (1985), H. 4, S. 241 – 251.

Töpfer, A. (1992): Marktsättigung. In: Diller, H. (Hrsg.): Vahlens großes Marketinglexikon, München 1992, S. 732.

Töpfer, A. (1995): Efficient Consumer Response – Bessere Zusammenarbeit zwischen Handel und Hersteller. In: Trommsdorff, V. (Hrsg.): Handelsforschung 1995/1996: Informationsmanagement im Handel, Wiesbaden 1995, S. 187– 200.

Topritzhofer, E. (1974): Marketing-Mix. In: Tietz, B. (Hrsg.): HWA, Stuttgart 1974, Sp. 1247– 1264.

Tostman, T. (1985): Globalisierung der Werbung: Faktum oder Fiktion. In: HM, 7. Jg. (1985), H. 2, S. 54 – 60.

Trevino, L.K. (1986): Ethical Decision Making in Organizations: A Person-Situation Interactionist Model. In: Academy of Management Review, Vol. 11 (1986), No. 3, S. 601 – 617.

Trinkfass, G. (1997): The Innovation Spiral. Launching New Products in Shorter Time Intervals, Wiesbaden 1991.

Trogele, U. (1994): Strategisches Marketing für deutsche Universitäten: die Anwendung von Marketingkonzepten amerikanischer Hochschulen in deutschen Universitäten, 2. durchges. Aufl. Frankfurt/Main et al. 1994.

Trommsdorff, V. (1975): Die Messung von Produktimages für das Marketing, Köln et al. 1975.

Trommsdorff, V. (1989): Konsumentenverhalten, Stuttgart, Berlin, Köln 1989.

Trommsdorff, V. (1991): Innovationsmarketing. Querfunktion der Unternehmensführung. In: Marketing-ZFP, 13. Jg. (1991), H. 3, S. 178 – 185.

Trommsdorff, V. (1993): Professionelle Marktforschung in der Zukunft – für die Zukunft. In: planung & analyse, o.Jg. (1993), H. 2, S. 27– 36.

Trommsdorff, V. (Hrsg.) (1994): Kooperation im Handel und mit dem Handel, Forschungsstelle für den Handel Berlin (FfH) e.V., Wiesbaden 1994.

Tscheulin, D.K. (1992): Optimale Produktgestaltung: Erfolgsprognose mit Analytic Hierarchy Process und Conjoint-Analyse, Wiesbaden 1992.

Tuchman, B.W. (1965[1962]): August 1914, Frankfurt/Main, Wien, Zürich 1965 (Übers. v.: The Guns of August, New York 1962).

Tucker, W.T. (1974): Future Directions in Marketing Theory. In: JM, Vol. 38 (1974), No. 2, S. 30 – 35.

Türck, R. (1990): Das ökologische Produkt: Eigenschaften, Erfassung und wettbewerbsstrategische Umsetzung ökologischer Produkte, Ludwigsburg, Berlin 1991.

Ulrich, H. (1981a): Die Betriebswirtschaftslehre als anwendungsorientierte Sozialwissenschaft. In: Geist, M.; Köhler, R. (Hrsg.): Die Führung des Betriebes, Stuttgart 1981, S. 1 – 25.

Ulrich, H. (Hrsg.) (1981b): Management-Philosophie für die Zukunft, Bern, Stuttgart 1981.

Ulrich, P. (1983): Konsensus-Management: Die zweite Dimension rationaler Unternehmensführung. In: BFuP, 35. Jg. (1983), H. 1, S. 70 – 84.

Ulrich, P. (1997): Integrative Wirtschaftsethik: Grundlagen einer lebensdienlichen Ökonomie, Bern et al. 1997.

Umweltbundesamt (1995): Ökobilanz für Getränkeverpackungen, Texte 52/95, Berlin 1995.

Umweltbundesamt (1997): Nachhaltiges Deutschland. Wege zu einer dauerhaft umweltgerechten Entwicklung, Berlin 1997.

Umweltbundesamt (Hrsg.) (1992): Ökobilanzen für Produkte, Texte 38/92, Berlin 1992.

United Nations (1998): World Population Projections to 2150, Population Division of the Department of Economic and Social Affairs at the United Nations, <http://www.undp.org:81/popin/wdtrends/execsum.htm>, New York 1998.

Uusitalo, L.; Uusitalo, J. (1981): Scientific Progress and Research Traditions in Consumer Research. In: Monroe, K.B. (ed.): Advances in Consumer Research, Vol. 8 (1981), S. 559 – 563.

Varadarajan, R.P.; Menon, A. (1988): Cause-Related Marketing: A Coalignment of Marketing Strategy and Corporate Philanthropy. In: JM, Vol. 52 (1988), No. 3, S. 58 – 74.

Veblen, T. (1986[1899]): Theorie der feinen Leute – Eine ökonomische Untersuchung der Institutionen, Frankfurt/Main 1986 (Übers. v.: The Theory of the Leisure Class: An Economic Study of Institutions, New York 1899).

Venkatesh, A.; Dholakia, N. (1986): Methodological Issues in Macromarketing. In: JMM, Vol. 6 (1986), No. 2, S. 36 – 52.

Verein Deutscher Ingenieure (Hrsg.) (1931): Vertriebshandbuch für industrielle Betriebe, Berlin 1931.

Vershofen, W. (1940): Handbuch der Verbrauchsforschung, Berlin 1940.

Vershofen, W. (1959[1940]): Die Marktentnahme als Kernstück der Wirtschaftsforschung, Berlin, Köln 1959 (Neuausgabe des ersten Bandes von „Handbuch der Verbrauchsforschung", Berlin 1940).

Vershofen, W. (1960): Warum? Die alte Frage (Zugleich Anmerkungen zu zwei neuen Büchern). In: JB.AVF, 6. Jg. (1960), H. 1, S. 79 – 89.

Vester, M. et al. (1993): Soziale Milieus im gesellschaftlichen Strukturwandel: Zwischen Integration und Ausgrenzung, Köln 1993.

Vinçon, H. (Hrsg.) (1992): Frank Wedekind's Maggi-Zeit. Reklamen/Reiseberichte/Briefe, Darmstadt 1992.

Vinson, D.E.; Scott, J.; Lamont, L. (1977): The Role of Personal Values in Marketing and Consumer Behavior. In: JM, Vol. 41 (1977), No. 2, S. 44 – 50.

VomHoltz, R. (1997): Der Zusammenhang zwischen Mitarbeiterzufriedenheit und Kundenzufriedenheit, München 1997.

Wagner, G.R. (1997): Betriebswirtschaftliche Umweltökonomie, Stuttgart 1997.

Wagner, G.R.; Matten, D. (1995): Betriebswirtschaftliche Konsequenzen des Kreislaufwirtschaftsgesetzes. In: Zeitschrift für angewandte Umweltforschung, 8. Jg. (1995), H. 1, S. 45 – 57.

Waller, M.E.; Jones, J.W. (1988): Aspects of Early Market Research, 1879-1917: An Overview. In: Shapiro, S.; Walle, A.H. (eds.): Marketing: A Return to the Broader Dimension. Proceedings of the Winter Educators' Conference, Chicago 1988, S. 153 – 159.

Walter, R. (1995): Wirtschaftsgeschichte: vom Merkantilismus bis zur Gegenwart, Köln et al. 1995.

Warhol, A. (1975): The Philosophy of Andy Warhol, San Diego 1975.

Warneke, D. (1996): Problemstellungen der Ökologieorientierung im Handel, Göttingen 1996.

Wasik, J.F. (1996): Green Marketing and Management. A Global Perspective, Camebridge 1996.

Waterschoot, W.v. (1995): The Marketing Mix. In: Baker, M. J. (ed.): Companion Encyclopedia of Marketing, London 1995, S. 433 – 448.

Waterschoot, W.v.; Bulte, C.V.d. (1992): The 4P Classification of the Marketing Mix Revisited. In: JM, Vol. 56 (1992), No. 4, S. 83 – 93.

WCED (World Commission on Environment and Development) (1987): Our Common Future, Oxford, UK 1987.

Weber, G. (1996): Strategische Marktforschung, München, Wien 1996.

Weber, M. (1920): Gesammelte Aufsätze zur Religionssoziologie, Bd. 1, Tübingen 1920.

Webster, C.; Beatty, R.C. (1997): Nationality, Materialism, and Possession Importance. In: Brucks, M.; MacInnis, D.J. (eds.): Advances in Consumer Research, Vol. 24 (1997), S. 204 – 210.

Webster, F.E., Jr. (1992): The Changing Role of Marketing in the Corporation. In: JM, Vol. 56 (1992), No. 4, S. 1 – 17.

Webster, F.E., Jr. (1994): Defining the New Marketing Concept, In: Marketing Management, Vol. 2 (1994), No. 4, S. 23 – 31.

Webster, F.E., Jr.; Wind, Y. (1972): A General Model for Understanding Organizational Buying Behavior. In: JM, Vol. 36 (1972), No. 2, S. 12 – 19.

Wehle, J.H. (1880): Die Reklame. Ihre Theorie und Praxis, Wien, Pest, Leipzig 1880.

Wehrli, H.P. (1994): Beziehungsmarketing – ein Konzept. In: der markt, 33. Jg. (1994), H. 4, S. 191 – 199.

Weiber, R. (1992): Diffusion von Telekommunikation – Problem der Kritischen Masse, Wiesbaden 1992.

Weiber, R. (1993): Chaos: Das Ende der klassischen Diffusionmodellierung. In: Marketing-ZFP, 14. Jg. (1993), H. 1, S. 35 – 46.

Weiber, R.; Adler, J. (1995a): Der Einsatz von Unsicherheitsreduktionsstrategien im Kaufprozeß: Eine informationsökonomische Analyse. In: Kaas, K.P. (Hrsg.): Kontrakte, Geschäftsbeziehungen, Netzwerke: Marketing und neue Institutionenökonomik, Düsseldorf 1995, S. 61 – 77.

Weiber, R.; Adler, J. (1995b): Informationsökonomisch begründete Typologisierung von Kaufprozessen. In: ZfbF, 47. Jg. (1995), H. 1, S. 43 – 65.

Weiber, R.; Kollmann, T. (1997): Interactive Marketing – von der medialen Massen- zur multimedialen Einzelkommunikation. In: Link, J.; Brändli, D.; Schleuning, C.; Kehl, R.E. (Hrsg.): Handbuch Database Marketing, Ettlingen 1997, S. 533 – 555.

Weiber, R.; Rosendahl, T. (1997): Anwendungsprobleme der Conjoint-Analyse. In: Marketing-ZFP, 19. Jg. (1997), H. 2, S. 107 – 118.

Weiers, R.M. (1988): Marketing Research, 2nd ed. Englewood Cliffs 1988.

Weinberg, P. (1981): Das Entscheidungsverhalten der Konsumenten, Paderborn 1981.

Weinberg, P. (1992): Erlebnismarketing, München 1992.

Weinberg, P. (1994): Emotionale Aspekte des Entscheidungsverhaltens. Ein Vergleich von Erklärungskonzepten. In: Forschungsgruppe Konsum und Verhalten (Hrsg.): Konsumentenforschung: gewidmet Werner Kroeber-Riel zum 60. Geburtstag, München 1994, S. 171 – 181.

Weinberg, P. (1995): Emotional Aspects of the Decision Behavior. A Comparison of Explanation Concepts. In: Hansen, F. (ed.): European Advances in Consumer Research, Vol. 2 (1995), S. 246 – 250.

Weinberg, P.; Behrens, G. (1978): Produktqualität. Methodische und verhaltenswissenschaftliche Grundlagen. In: WiSt, 7. Jg. (1978), H. 1, S. 15 – 18.

Weinberg, P.; Gröppel (1988): Formen und Wirkungen erlebnisorientierter Kommunikation. In: Marketing-ZFP, 10. Jg. (1988), H. 3, S. 190 – 197.

Weinberg, R.S. (1960): An Analytic Approach to Advertising Expenditure Strategy, New York 1960.

Weinhold, H. (1961): Bedeutung und Stellung des Marketing in der Wirtschaft. In: JB.AVF, 8. Jg. (1962), H. 3/4, S. 339 – 357.

Weis, H.C. (1997): Marketing, 10. überarb. und aktualisierte Aufl. Ludwigshafen 1997 (1. Aufl. 1977).

Weisenfeld-Schenk, U. (1989): Die Einflüsse von Verfahrensvariationen und der Art des Kaufentscheidungsprozesses auf die Reliabilität der Ergebnisse bei der Conjoint Analyse, Berlin 1989.

Weizsäcker, E.U.v.; Lovins, A.B.; Lovins, L.H. (1995): Faktor vier. Doppelter Wohlstand – halbierter Naturverbrauch. Der neue Bericht an den Club of Rome, München 1995.

Welford, R. (1997): Hijacking Environmentalism. Corporate Responses to Sustainable Development, London 1997.

Welge, M.K. (1980): Management in deutschen internationalen Unternehmungen: Ergebnisse einer empirischen Studie, Stuttgart 1980.

Welge, M.K. (1995): Strategische Allianzen. In: Tietz, B.; Köhler, R.; Zentes, J. (Hrsg.): HWM 2. vollst. überarb. Aufl. Stuttgart 1995, Sp. 2397 – 2410.

Wendorf, G. (1994): Umweltzeichen im Spannungsfeld zwischen Konsumenten und Unternehmen, Frankfurt/Main et al. 1994.

Wensley, R. (1995): Marketing Strategy. In: Baker, M. J. (ed.): Companion Encyclopedia of Marketing, London 1995, S. 215 – 233.

Westphal, U. (1989): Werbung im Dritten Reich, Berlin 1989.

Westphalen, J.v. (1996[1985]): Warum ich Monarchist geworden bin, München 1996 (Erstausgabe Zürich 1985).

Weyermann, M.; Schönitz, H. (1912): Grundlegung und Systematik einer wissenschaftlichen Privat-wirtschaftslehre und ihre Pflege an Universitäten und Fach-Hochschulen, Karlsruhe 1912.

Whittier, C.L. (1955): Creative Advertising, New York 1955.

Wiedmann, K.-P. (1986): Public Marketing und Corporate Communications als Bausteine eines strate-gischen und gesellschaftsorientierten Marketing, Arbeitspapier Nr. 38 des Instituts für Marketing, Universität Mannheim 1986.

Wiedmann, K.-P. (1988): Marketing für Ökologie als Rahmenkonzept umwelt- und verbraucherpoliti-scher Institutionen und Verbände. In: Brandt, A.; Hansen, U.; Schoenheit, I; Werner, H. (Hrsg.): Ökologisches Marketing, Frankfurt/Main 1988, S. 216 – 265.

Wiedmann, K.-P. (1989): Gesellschaft und Marketing – Zur Neuorientierung der Marketigkonzeption im Zeichen des gesellschaftlichen Wandels. In: Specht, G.; Silberer, G.; Engelhardt, W.H. (Hrsg.): Marketing-Schnittstellen, Festschrift zum 60. Geburtstag von Hans Raffée, Stuttgart 1989, S. 227 – 249.

Wiedmann, K.-P. (1992): PR. Wandel - Wege -Wagnisse, Arbeitspapier Nr. 96 des Instituts für Marketing, Universität Mannheim, Mannheim 1992.

Wiedmann, K.-P. (1993): Rekonstruktion des Marketingansatzes und Grundlagen einer erweiterten Marketingkonzeption, Stuttgart 1993.

Wiedmann, K.-P. (1996a): Grundkonzept und Gestaltungsperspektiven der Corporate Identity-Strate-gie, 2. Aufl. Schriftenreihe Marketing Management, Universität Hannover, Hannover 1996.

Wiedmann, K.-P. (1996b): Unternehmensführung und gesellschaftsorientiertes Marketing. In: Bruch, H.; Eickhoff, M.; Thiem, H. (Hrsg.): Zukunftsorientiertes Management. Handlungshinweise für die Praxis, Frankfurt/Main 1996, S. 234 – 262.

Wiedmann, K.-P.; Raffée, H. (1995): Konzeptionelle Grundlagen und Gestaltungsperspektiven des Social Marketing. In: Marktforschung & Management, 39. Jg. (1995), H. 1, S. 4 – 9.

Wiendieck, G.; Bungard, W.; Lück, H.E. (1983): Konsumentenentscheidungen – Darstellung und Diskussion konkurrierender Forschungsansätze. In: Irle, M. (Hrsg.): Enzyklopädie der Psychologie, Bd. 5, Göttingen, Toronto, Zürich 1983, S. 1 – 63.

Wieselhuber, N. (1981): Konzeption und Realisation von Produkt-Design in der Konsumgüter-industrie: eine aktionsanalytische Untersuchung, Berlin 1981.

Wikström, S. (1995): Value Creation Through Company-Consumer Interaction. In: The Market 2019 - A Future Study edited by IVA and MTC, (im Druck).

Wildt, M. (1994): Am Beginn der „Konsumgesellschaft": Mangelerfahrungen, Lebenshaltung, Wohl-standshoffnung in Westdeutschland in den fünfziger Jahren, Hamburg 1994.

Williams, O.F.; Murphy, P.E. (1990): The Ethics of Virtue: A Moral Theory for Marketing. In: JMM, Vol. 10 (1990), No. 1, S. 19 – 29.

Williamson, O.E. (1985): The Economic Institutions of Capitalism. Firms, Markets and Relational Contracting, New York, London 1985.

Williamson, O.E.; Ouchi, W.G. (1981): The Markets and Hierarchies Program of Research: Origins, Implications, Prospects. In: Van de Ven, A.H.; Joyce, W.F. (eds.): Perspectives on Organization Design and Behaviour, New York 1981, S. 347 – 370.

Wilson, D.T.; Moller, K.E.K. (1991): Buyer-Seller Relationships. Alternative Conceptualizations. In: Paliwoda, S.J. (eds.): New Perspectives on International Marketing, London 1991, S. 87 – 107.

Wimmer, F. (1975): Das Qualitätsurteil des Konsumenten. Theoretische Grundlagen und empirische Ergebnisse, Frankfurt/Main 1975.

Wimmer, F. (1987): Die Produktwahrnehmung und Qualitätsbeurteilung durch den Verbraucher. In: Lisson, A. (Hrsg.): Qualität – Die Herausforderung, Berlin et al. 1987, S. 503 – 523.

Wimmer, F. (1993): Empirische Einsichten in das Umweltbewußtsein und Umweltverhalten der Konsu-menten. In: Wagner, G.R. (Hrsg.): Betriebswirtschaft und Umweltschutz, Stuttgart 1993, S. 44 – 78.

Wimmer, F. (1995): Der Einsatz von Paneldaten zur Analyse des umweltorientierten Kaufverhaltens von Konsumenten. In: UWF, 3. Jg. (1995), H. 1, S. 28 – 34.

Wimmer, F.; Zerr, K. (1995): Service für Systeme – Service mit System. In: asw, 38. Jg. (1995), H. 7, S. 82 – 87.

Wind, Y. (1972): Life Style Analysis. A New Approach. In: Allvine, F. C. (ed.): Relevance in Marketing, Marketing in Motion, Chicago 1972, S. 302 – 305.

Wind, Y.; Douglas, S.P.; Perlmutter, H.V. (1973): Guidelines for Developing International Marketing Strategy. In: JM, Vol. 37 (1973), No. 2, S. 14 – 23.

Windsperger, J. (1987): Zur Methode des Transaktionskostenansatzes. In: ZfB, 57. Jg. (1987), H. 1, S. 59 – 76.

Winick, C. (1961): Anthropology's Contributions to Marketing. In: JM, Vol. 25 (1961), No. 3, S. 53 – 60.

Wißmeier, U.K. (1992): Strategien im internationalen Marketing – Ein entscheidungsorientierter Ansatz, Wiesbaden 1992.

Wißmeier, U.K. (1995): Strategisches internationales Marketing-Management. In: Hermanns, A.; Wißmeier, U.K. (Hrsg.): Internationales Marketing-Management. Grundlagen, Strategien, Instrumente, Kontrolle und Organisation, München 1995, S. 101 – 137.

Wiswede, G. (1972): Der Mythos vom manipulierten Verbraucher. Eine gesellschaftskritische These im Lichte sozialwissenschaftlicher Verhaltenstheorie. In: JB.AVF, 18. Jg. (1972), H. 3, S. 157 – 170.

Wiswede, G. (1973): Motivation und Verbraucherverhalten. Grundlagen der Motivforschung, 2. neubearb. Aufl. München, Basel 1973 (1. Aufl. 1965).

Wiswede, G. (1991): Soziologie, 2. völlig überarb. und erw. Aufl. Landsberg/Lech 1991.

Witkowski, T.H. (1989): History's Place in the Marketing Curriculum. In: Journal of Marketing Education, Vol. 11 (1989), No. 2, S. 54 – 57.

Wochnowski, H. (1996): Veranstaltungsmarketing. Grundlagen und Gestaltungsempfehlungen zur Vermarktung von Veranstaltungen, Frankfurt/Main et al. 1996.

Wolfrum, B. (1995): Technologie-Marketing. In: Tietz, B.; Köhler, R.; Zentes, J. (Hrsg.): HWM, 2. vollst. überarb. Aufl. Stuttgart 1995, Sp. 2449 – 2460.

Wright, P. (1994): Scholarly Influence within the Field of Consumer Behavior. In: ACR Newsletter, o.Jg. (March 1994), S. 13 – 14.

Wright-Isak, C.; Prensky, D. (1993): Early Marketing Research: Science and Application. In: Marketing Research: A Magazine of Management and Application, Vol. 5 (1993), No. 4, S. 16 – 23.

Zahorik, A.; Rust, R. (1992): Modeling the Impact of Service Quality on Profitability - A Review. In: Advances in Services Marketing and Management, Vol. 1 (1992), 247 – 276.

Zaltman, G.; Pinson, C.R.A.; Angelmar, R. (1973): Metatheory and Consumer Research, New York 1973.

Zanger, C.; Sistenich, F. (1996): Eventmarketing. Bestandsaufnahme, Standortbestimmung und ausge-wählte theoretische Ansätze zur Erklärung eines innovativen Kommunikationsinstruments. In: Marketing-ZFP, 18. Jg. (1996), H. 4, S. 233 – 242.

Zapf, W. (1989): Sozialstruktur und gesellschaftlicher Wandel in der Bundesrepublik Deutschland. In: Weidenfeld, W.; Zimmermann, H. (Hrsg.): Deutschland-Handbuch. Eine doppelte Bilanz 1949 – 1989, Bonn 1989, S. 99 – 124.

ZAW (Hrsg.) (1970): Werbung 1970. ZAW-Jahresbericht, Bonn 1970.

ZAW (Hrsg.) (1997): Werbung in Deutschland 1997, Bonn 1997.

Zeithaml, V.A. (1981): How Consumer Evaluation Processes Differ Between Goods and Services. In: Donnelly, J.H.; George, W.R. (eds.): Marketing of Services, Chicago 1981, S. 39 – 47.

Zeithaml, V.A.; Bitner, M.J. (1996): Services Marketing, New York et al. 1996.

Zentes, J. (1987): Neuere Entwicklungen in der Marktforschung: Datengewinnung. In: Marketing-ZFP, 9. Jg. (1987), H. 1, S. 37 – 42.

Zentes, J. (1995): Internationales Marketing. In: Tietz, B.; Köhler, R.; Zentes, J. (Hrsg.): HWM, 2. vollst. überarb. Aufl. Stuttgart 1995, Sp. 1031 – 1045.

Zentes, J. (1996): Grundbegriffe des Marketing, 4. Aufl. Stuttgart 1996 (1. Aufl. 1983).

Zentes, J. (1997): Internationalisierung europäischer Handelsunternehmen – Wettbewerbs- und Implementierungsstrategien. In: Bruhn, M.; Steffenhagen, H. (Hrsg.): Marktorientierte Unternehmensführung: Reflexionen - Denkanstöße - Perspektiven. Festschrift für Heribert Meffert zum 60. Geburtstag, Wiesbaden 1997, S. 159 – 180.

Zentes, J.; Ferring, N. (1995): Internationales Handelsmarketing. In: Hermanns, A.; Wißmeier, U.K. (Hrsg.): Internationales Marketing-Management. Grundlagen, Strategien, Instrumente, Kontrolle und Organisation, München 1995, S. 410 – 436.

Zerfaß, A.; Emmendörfer, A. (1994): Gesellschaftsorientiertes Marketing und sozial verantwortliche Unternehmensführung, Diskussionsbeitrag Nr. 80 des Lehrstuhls für Allgemeine Betriebswirtschaftslehre und Unternehmensführung der Universität Erlangen-Nürnberg, Nürnberg 1994.

Zikmund, W.; Stanton, W. (1971): Recycling of Solid Wastes: A Channels of Distribution Problem. In: JM, Vol. 35 (1971), No. 3, S. 34 – 39.

Zillessen, R.; Rahmel, H. (Hrsg.) (1991): Umweltsponsoring, Frankfurt/Main 1991.

Zimmer, J. (1996): Profile und Potentiale der Onlinenutzung. In: Media Perspektiven, o.Jg. (1996), H. 9, S. 487 – 492.

Zinkhan, G.M. et al. (1990): Methods of Knowledge Development in Marketing and Macromarketing. In: JMM, Vol. 10 (1990), No. 2, S. 3 – 17.

Zola, É. (1976[1883]): Paradies der Damen, München 1976 (Übers. v.: Au Bonheur des Dames, Paris 1883).

Quellenverzeichnis für das Bildmaterial

Albus, V.; Borngräber, C. (1992): Design-Bilanz: neues deutsches Design der 80er Jahre in Objekten, Bildern, Daten und Texten, Köln 1992.

Armanski, G. (Hrsg.) (1988): Fin de siècle: 100 Jahre Jahrhundertwende, Berlin 1988.

Art Director's Club (Hrsg.) (1996): Art Director's Club für Deutschland: Jahrbuch 1996, Frankfurt/Main 1996.

Bär, L.S.; Bignens, C. (Hrsg.) (1994): Hüllen füllen. Verpackungsdesign zwischen Bedarf und Verführung (Museum für Gestaltung Zürich), Sulgen 1994.

Bäumler, S. (Hrsg.) (1996): Die Kunst zu werben: das Jahrhundert der Reklame (Münchner Stadtmuseum), Köln 1996.

Böhm, E. (Hrsg.) (1984): Kultur-Tagebuch: 1900 bis heute, Braunschweig 1984.

Buchsteiner, T.; Letze, O. (Hrsg.) (1994): Tom Wesselmann 1959-1993, Ostfildern 1994.

Deutsches Historisches Museum (Hrsg.) (1996): „Wir sind wieder wer" - die Fünfziger. Photographien aus dem Wirtschaftswunderland (Deutsches Historisches Museum Berlin), Heidelberg 1996.

Diederich, R.; Grübling, R. (Hrsg.) (1986): „Wir haben die Erde nur geborgt": Plakate gegen die Umweltzerstörung, Weinheim 1986.

Diederich, R.; Grübling, R. (Hrsg.) (1989): Stark für die Freiheit. Die Bundesrepublik im Plakat, Hamburg 1989.

Döring, J. (Hrsg.) (1994): Plakatkunst von Toulouse-Lautrec bis Benetton (Museum für Kunst und Gewerbe), Hamburg 1994.

Döring, J. (Hrsg.) (1996): Gefühlsecht - Graphikdesign der 90er Jahre (Museum für Kunst und Gewerbe), Hamburg 1996.

Ellridge, A. (1992): Mucha und der Sieg des Jugendstils, Paris 1992.

Erlhoff, M. (Hrsg.) (1990): Deutsches Design 1950-1990. Designed in Germany, München 1990.

Ferber, C. (Hrsg.) (1985): Annoncen – Offerten – Avancen. Zwölf Jahrzehnte Werbung in der Presse, Frankfurt/Main, Berlin 1985.

Flaig, B.B.; Meyer, T.; Ueltzhöffer, J. (1994): Alltagsästhetik und politische Kultur: zur ästhetischen Dimension politischer Bildung und politischer Kommunikation, 2. durchgesehene Aufl. Bonn 1994.

Hansen, U.; Blüher, K. (1993): Handel und Konsumkultur: Einkaufsszenen im Handel, Hannover 1993.

Jaeger, D.; Jaeger, S. (Hrsg.) (1988): Jaeger's Katalog der 50er. Anonymes Design eines Jahrhunderts, Frankfurt/Main 1988.

Knoll, L.; Reinoß, H. (1974): Wir haben es erlebt. Die letzten 25 Jahre, Gütersloh 1974.

Kriegeskorte, M. (1992): Werbung in Deutschland 1945-1965: die Nachkriegszeit im Spiegel ihrer Anzeigen, Köln 1992.

Kriegeskorte, M. (1995): 100 Jahre Werbung im Wandel: eine Reise durch die deutsche Vergangenheit, Köln 1995.

Langguth, G. (Hrsg.) (1995): Politik und Plakat. 50 Jahre Plakatgeschichte am Beispiel der CDU, Bonn 1995.

Leitherer, E.; Wichmann, H. (1987): Reiz und Hülle. Gestaltete Warenverpackungen des 19. und 20. Jahrhunderts, Basel, Boston 1987.

Lottner, P. (1990): „Typographie kann unter Umständen Kunst sein": Ring „neuer werbegestalter" 1928 – 1933. Ein Überblick (Sprengel Museum Hannover), Hannover 1990.

Menzel, P. (1998[1994]): So lebt der Mensch. Familien aus aller Welt zeigen, was sie haben, 4. Aufl. Hamburg 1998 (Übers. v.: Material World. A global Family Portrait, San Francisco 1994).

Neumann, E.; Sprang, W. (Hrsg.) (1965): Werbung in Deutschland 1965. Jahrbuch der deutschen Werbung, Düsseldorf, Wien 1965.

Neumann, E.; Sprang, W.; Hattemer, K. (Hrsg.) (1968): Werbung in Deutschland 1968. Jahrbuch der deutschen Werbung, Düsseldorf, Wien 1968.

Neumann, E.; Sprang, W.; Hattemer, K. (Hrsg.) (1971): Werbung in Deutschland 1971. Jahrbuch der deutschen Werbung & Art Directors Annual, Düsseldorf, Wien 1971.

Pedersen, B.M. (ed.) (1997): Graphis Design 1997: The International Annual of Design and Illustration, Zürich 1997.

Plagemann, V. (Hrsg.) (1984): Industriekultur in Hamburg: des Deutschen Reiches Tor zur Welt, München 1984.

Rademacher, H.; Grohnert, R. (Hrsg.) (1992): Kunst! Kommerz! Visionen! Deutsche Plakate 1888 – 1933 (Deutsches Historisches Museum), Berlin 1992.

Sailer, A. (1965): Das Plakat. Geschichte, Stil und gezielter Einsatz eines unentbehrlichen Werbemittels, München 1965.

Schalk, W.; Thoma, H.; Strahlendorf, P. (Hrsg.) (1992): Jahrbuch der Werbung in Deutschland, Österreich und der Schweiz 1992, Düsseldorf 1992.

Schalk, W.; Thoma, H.; Strahlendorf, P. (Hrsg.) (1996): Jahrbuch der Werbung in Deutschland, Österreich und der Schweiz 1996, Düsseldorf 1996.

Schalk, W.; Thoma, H.; Strahlendorf, P. (Hrsg.) (1997): Jahrbuch der Werbung in Deutschland, Österreich und der Schweiz 1997, Düsseldorf 1997.

Schepers, W. (Hrsg.) (1998): '68 - Design und Alltagskultur zwischen Konsum und Konflikt (Kunstmuseum Düsseldorf), Köln 1998.

Stukenbrok, A. (1974): Illustrierter Hauptkatalog 2 1926, Hildesheim, New York 1974.

Urban, D. (Hrsg.) (1997): Plakate: Über 400 ausgewählte Arbeiten von führenden Gestaltern, München 1997.

Sachregister